城乡关系与变革

Urban-Rural Relationship and Transformation

黄祖辉　编著

Selected Works of Huang Zuhui

黄祖辉文集

第三卷
Volume 3

ZHEJIANG UNIVERSITY PRESS
浙江大学出版社

黄祖辉文集

Selected Works of
Huang Zuhui

卷首语

中国的城乡关系正在从城乡分割向城乡统筹和城乡融合演进。良好的城乡关系与制度是解决中国"三农"问题和现代化发展的关键。必须从根本上破解城乡二元体制，建立城镇化引领乡村发展体制机制，推进城乡要素双向流动，加快农村人口非农化和市民化进程。

目　录

第三篇　城乡关系与城镇化

第四篇　农村工业与区域发展

第一篇
中国"三农"问题与改革

中国"三农"问题：
分析框架、现实研判和解决思路[①]

在 30 多年的改革开放中,中国经济保持年均 9.8% 的增长率的持续高速增长,经济社会发生深刻变化,总体经济实力已位居世界第三,总体社会已实现基本小康水平,但与此同时,中国当前面临的经济社会结构性矛盾也十分突出,国际金融危机的爆发更使矛盾加剧,经济社会的转型与升级日趋迫切。中国经济社会结构性矛盾体现在多个方面,其中"三农"问题处于矛盾的核心。因此,高度重视"三农"问题,妥善解决"三农"问题,无论对于中国经济社会结构性矛盾的化解、经济社会的转型与升级,还是在国际金融危机下的化危为机和内需拉动,都具有极其重要和深远的意义。基于此,本文就中国"三农"问题的分析框架、现实研判和解决思路进行探讨。

一、研究中国"三农"问题的分析框架

当前,中国"三农"问题已不仅仅是一个经济问题,也是一个社会问题和政治问题;已不仅仅是一个提高农民收入、改善农村面貌、稳定农业发展的问题,也是一个如何谋求农业、农村、农民长远发展的问题;已不仅仅是一个"三农"本身的问题,也是一个关系到整个国民经济与社会发

① 本文作者为黄祖辉、徐旭初、蒋文华。本文内容发表在《中国农村经济》2009 年第 7 期,被中国人民大学期刊复印资料《社会主义经济理论与实践》2009 年第 12 期全文转载。本文也是国家社科基金首批重大项目"解决中国'三农'问题的理论、思路与对策研究"(04ZD012)的阶段性研究成果。

展全局性的问题,是一个涉及中国改革深化、经济社会转型和现代化发展的问题,因此,必须将中国"三农"问题置于中国改革深化、经济社会转型和现代化发展的视域中来加以考察与研判。

从这一视域出发,本文构建了一个中国"三农"问题的分析框架,或可称之为"三维一体"的中国"三农"问题分析框架(见图1)。

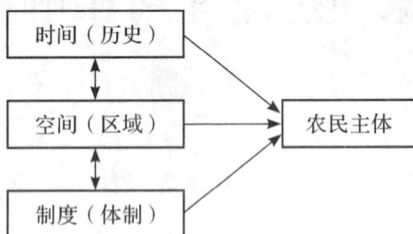

```
┌──────────────┐
│  时间(历史)  │
└──────────────┘
       ↕                    ┌──────────┐
┌──────────────┐ ─────────→ │  农民主体 │
│  空间(区域)  │            └──────────┘
└──────────────┘ ─────────↗
       ↕
┌──────────────┐
│  制度(体制)  │
└──────────────┘
```

图 1 "三维一体"的中国"三农"问题分析

(一)维度一:时间(历史)

考察中国"三农"问题的基本维度,一是时间维度(或称为历史维度),即必须将中国"三农"问题及其解决放在中国经济社会发展的历史进程中来加以考察与研判。由此,可以发现中国"三农"问题产生、演进乃至逐步解决的必然性、紧迫性和阶段性。

首先,必须考虑中国"三农"问题的历史传统,这并非出于对历史知识和历史分析的偏好,而是由于中国数千年的农耕文明提供了太多的经验事实,以至于任何稍有历史意识的人,都不可能无视这种历史的启示。更加重要的是,现在的情形和未来的进程都极大地依赖于历史的轨迹,因此,必须考虑中国"三农"问题的历史传统,将当前的"三农"问题视为一种历史的延续和遗产。

其次,由于历史沿革的递进性,从而中国"三农"问题及其解决呈现出忽隐忽现的阶段性,因此,努力把握这种阶段性特征则成为讨论"三农"问题及其解决的基本要求之一。事实上,不仅改革开放前后的中国"三农"问题具有鲜明的差异性,就是改革开放以来的"三农"问题,也呈现出显著的阶段性特征。

最后,不仅必须深刻地透视中国"三农"问题的历史延续,而且还应敏锐地捕捉"三农"问题的历史变轨(甚至是细节)以及在不确定性环境冲击下的突然跃迁。在此意义上,必须高度注意中国"三农"问题(特别是一些战略性农业资源问题)的悄然累积以及解决方案的成本、风险和或然性后果。

(二)维度二:空间(区域)

空间维度(或称区域维度)也是考察中国"三农"问题的基本维度之一,即必须将中国"三农"问题及其解决放在中国经济社会发展的区域结构中来加以考察与研判。由此,可以感知中国"三农"问题产生、演进乃至逐步解决的复杂性及其多元性。

首先,中国是一个人口大国,是一个农业人口众多、农村面积广阔的大国,这一基本国情从根本上决定了在中国几乎考虑任何全局性问题都必须重视在空间维度上的考量。这是基于我国区域差异性的基本研究维度。

其次,基于中国各地不同的自然条件、产业结构、发展路径以及诸多非经济因素的影响,各地经济和社会发展水平呈现出显著的差异,这些差异有时甚至远远大于欧洲某些国家之间的差异。而且,地方文化传统、公众思维模式、政府治理环境等非经济因素对当地经济与社会发展的影响往往远较一些经济因素深刻。问题不止于此,这些区域间的经济和社会发展水平差异在过去30年中不仅没有缩小,反而不断扩大,而且越来越成为其进一步发展的路径的一部分。

再次,农业密切依存于自然条件,而自然条件的千差万别则决定了农业生产的区域性特征。中国各地独具特色的农业生产结构模式,就是在长期的资源配置和历史的自然发展过程中,通过强制性或诱致性变迁形成的。这就使得农业的区域性结构转变比其他产业的转变更为困难,因为区域自然条件制约着区域农业结构转变的可能性和程度。

最后,在中国现实的政治格局中,各地地方政府具有相对的治权独立性,这就意味着,即使在同一制度导向下,区域性的制度安排仍或多或少存在差异性。市场化进程中制度环境的深刻变迁,使得地方政府演变成了拥有特殊利益结构、效用偏好和相当的行动自主性的行为主体,进而形成了地方政府行为以及地方经济发展模式的区域性和个性化差异。

而这种差异性就构成中国"三农"问题的空间维度的基本内涵之一。

（三）维度三：制度（体制）

制度维度（或称为体制维度）更是考察中国"三农"问题的基本维度之一，即必须将中国"三农"问题及其解决放在中国经济社会发展的制度约束中来加以考察和研判。由此，可以洞察中国"三农"问题产生、演进乃至逐步解决的制度根源及其艰巨性。

要解决中国"三农"问题，必须从有关制度安排的选择和演替中去寻找有效答案。就农业而言，传统的古典理论认为农业产出取决于土地、劳动和资本的数量。而新发展经济学认为，农业发展主要取决于能够不断提高土地和劳动力生产率的制度安排。制度本身不能增加农业资源，但可以改变生产要素配置的环境和相对价格，从而影响农业发展的方向、速度和效率。制度安排通过对所有制或产权的内容和结构的规定，以及通过对价格和贸易的干预，制约了农业经营主体行为的深度和广度，界定了农民权利损益的程度及可能性，因此，制度强烈地影响着农业的盛衰成败。它是健康的农业发展的关键，又是人为的农业衰退的根源。因此，对于中国"三农"问题而言，制度虽不是灵丹妙药，但无疑起着至关重要的作用。显而易见，在所有影响农民、农村和农业发展的因素中，制度居于核心地位。

首先，需要关注作为制度的政策。任何一国农业的盛衰成败，都可以在有关政策安排中找到根本性原因。而在中国的社会经济框架中，政策更是无处不在地浮现在制度的表面。有关影响农业发展的要素的相互连带和作用，在中国被经验性地概括为"发展农业，一靠政策，二靠科技，三靠投入"的朴素说法。然而，从三者的作用方式和相互关系中，其实都清楚地认识到政策是影响农业发展的决定性变量，或者说，所谓的"三靠"归根结底就是一靠——靠政策。因此，对于作为制度的政策及其作用必须给予充分的重视。

其次，需要关注一些更为深层的制度。在中国，二元社会结构是这些更为深层的制度中的硬核，是中国特有的制度安排。现在可以确认，之所以中国的"三农"问题难以解决甚至积重难返，其深层原因在于城乡二元社会结构。在这种以户籍制度为表征、以社会福利制度为核心内容的二元差序格局的背后,是城乡居民在政治地位和政治能力上的实质性差异。中国改革开放以来,农业政策与农村制度的持续偏差,农民群体的弱势性,都可从这里找到根源性解释。

最后,需要在宪政层面上思考中国的"三农"问题。在一定意义上,中国"三农"问题之复杂和深刻就在于,其解决不仅需要进行操作层次和治理层次的诸多具体变革,还需要在更为基础层次的变革和创新。

(四)一体:农民主体

一个完整的研究框架不能只包含几个研究维度,还应该清醒地认识到,任何研究的出发点在于研究者的基本价值判断(即价值观),无论这些研究是直接与研究者休戚相关的,或是看似与研究者并无什么利益纠葛。

事实上,中国"三农"问题给人以一片错综复杂的图像,不仅因为其本身是一个内在层次和联系都极为丰富的问题,而且在既有的政治文化、经济体制和社会心理条件下,不同的社会角色对它的感受迥然有异。因此,必须明确相关主体的价值判断及其影响。彼此价值判断不同,则可能发现的问题也难以相同,对政策、制度的评价以及所指出的解决问题的方法就更难以相同。基于此,本文力图树立一种客观公正的态度,理性地剖析中国"三农"问题,进而阐明旨在解决中国"三农"问题的理论、思路和对策。

在三个维度的基础上,本文将农民作为中国"三农"问题的核心主体,首先在于中国"三农"问题尽管是农业问题、农村问题与农民问题的统称,但其核心问题是农民问题,是农民的生存、转型和发展问题,而农业与农村问题在很大程度上不过是农民问题的派生。其次,将农民作为中国"三农"问题的核心主体,是基于"三农"问题的复杂性,是努力建构"三农"问题分析框架和分析范式方面的尝试。再次,将农民作为中国"三农"问题的核心主体,也体现了对"三农"问题的基本价值观,隐含着对解决"三农"问题的基本倾向,即以三个维度为视角,以农民问题为切入点,以解决农民问题为突破口,在对中国"三农"问题进行现实研判的基础上,提出解决中国"三农"问题的基本思路。

二、中国"三农"问题的现实研判

（一）中国"三农"问题是一个极其复杂、相互关联、风险叠加的问题集合

中国"三农"问题不仅必然地服从于社会化大生产、市场经济、工业化、城市化、全球化等人类社会演进的客观规定性，也根本地受制于中国作为人地关系紧张、区域差异极大的人口大国的基本国情，而且还依赖于中国经济发展、政治进步、社会转型、文化变革的历史进程，更因中国作为发展中大国在市场化、全球化条件下实现后发工业化、城市化进程而凸显急迫。

（二）就中国经济社会发展的历史进程而言，"三农"问题几乎是必然的伴生物，既是贡献，又是代价

毫无疑问，经济与社会形态的转型是考察中国"三农"问题及其解决的基本背景。这种转型意味着中国经济社会全方位的艰难和深刻的"阵痛"、"蜕变"，同时，一刻不可忽略的是，这种转型是在深厚的历史路径依赖中发生、发展的。自近代以来中国的社会经济大转型期，既是一种符合人类社会演进规律的从农村社会向城市社会、从农业社会向工业社会变迁的常规进程，同时更是一种由中国特定国情所决定的从二元社会结构向一元社会结构变迁的特殊进程。而中国"三农"问题的产生、演进乃至逐步解决，都是不可抉择地嵌入在这一社会经济大转型期中，甚至可以说，中国"三农"问题正是这一社会经济大转型期的主要表征之一。正是在此意义上，"三农"问题几乎是中国经济社会发展的历史进程中必然的伴生物，既是贡献，又是代价。

然而，现在的问题是：这种基于二元社会结构、要素市场人为扭曲和自然资源环境恶化的贡献与代价交织的状况不能再延续下去了。一方面，传统的基于二元社会结构进而要素市场人为扭曲的粗放式经济增长

方式已经难以为继。这不仅因为这种经济增长方式有悖于现代市场经济规律,还在于中国自然资源环境已然发生深刻变化,难以支撑经济持续快速增长,因而,这种粗放和扭曲的经济增长方式已经呈现出显著的后劲衰竭、环境恶果,进而影响国民经济的持续健康发展。另一方面,作为中国最大的社会群体,农民长期处于低偿或无偿的奉献和牺牲中,这既缺乏效率基础,也不符合社会公平与正义,而且十分危险。一个使最大社会群体持续相对贫困的社会是无法持续发展的,一个使城乡长期处于严重分隔状态的社会是无法和谐发展的,更为重要的是,长此以往,必将影响中国社会的稳定和中国共产党执政的基础。

在中国可以预见的未来,农业仍将长期具有最为重要的基础产业地位,农村仍将长期承担农业生产、农民生活、生态循环等基础功能,农民仍将长期是中国最为庞大的产业劳动者群体。尽管农业劳动者在中国将不断减少,但大国小农的格局在中国仍将长期存在。中国的成败并不取决于北京、上海拥有多少座高楼大厦,而在于广大农村、众多农民的经济社会命运。因此,现在必须尽快建立"以工促农、以城带乡"的长效机制,实现"工业反哺农业、城市支持农村"的转型和补偿,以形成城乡经济社会发展一体化的新格局。这种转型和补偿已经迫在眉睫,势在必行。这种转型和补偿势必是经济社会利益格局的巨大调整,是市场、政府和社会多方力量的深刻整合,是在经济增长基础上正确处理各种社会矛盾的历史过程和社会结果。

(三)就中国经济社会发展的整体框架而言,影响中国"三农"问题解决的长期性障碍因素是资源环境问题和人力资本问题

就中国"三农"问题而言,影响其解决的障碍因素,短期来看是体制性问题,如社保制度、农村土地制度、农村金融制度、劳动力市场、农民组织、政府体制等诸多根植于城乡二元社会体制和高度集中与集权的资源配置体制。但从长期来看,影响中国"三农"问题解决的障碍因素却是中国的资源环境问题和人力资本问题,并且两者互为制约,这已构成中国经济社会转型升级、"三农"问题解决的两大瓶颈和两难选择。也就是说,中国经济的进一步发展正面临两大约束。一是资源环境约束,即中国目前的资源状况(包括土地与能源等)已难以支撑粗放式经济的持续

高速增长。换言之,如果中国经济发展仍然按照传统方式走下去,则不仅土地矛盾会进一步加剧,生态环境会进一步恶化,而且国内能源供给不足和国家能源安全问题将会进一步凸显。二是人力资本约束。中国尽管人口众多,劳动力充裕,但从质量和结构角度看,则存在文化程度偏低、对现代产业或产业转型升级适应能力弱的特点,这大大制约了中国经济从数量粗放型向质量效率型的转变。这就意味着,若仍按粗放式经济增长方式发展,则中国的资源与环境将面临空前压力,难以为继;但要转变经济增长方式,则中国现行的人力资本结构在相当长一段时期恐怕难以与之相适应,进而有可能在劳动就业、收入差距、社会矛盾等方面带来更大的压力与风险。

因而,必须着眼于中国经济社会的总体发展,用"中西结合"的方法来探寻中国"三农"问题的解决之道。比如,一旦转变经济增长方式势在必行,尤其要从中国人力资本状况的实际出发,探求适合中国产业基础和人力资本特点的内生型经济转型和产业升级之路;另一方面,必须把增强人力资本,即提高中国劳动力(特别是农村劳动力)的素质作为经济转型和产业升级的基本任务和重要工作。

(四)中国"三农"问题的实质与解决

从根本上说,中国"三农"问题的实质是中国特定转型过程中的发展问题,即中国特定转型过程中农业、农村、农民的发展问题,即提高农业、农村、农民的现代性的问题。中国"三农"问题的核心是农民问题,而农民问题的核心则是农民的生存、转型与发展问题,是占中国人口70%、世界人口16%的众多人口的生存、转型与发展问题。

所谓农民的生存、转型与发展是指农民在经济、政治、社会、文化等方面的生存、转型与发展,是农民主体性得以彰显,现代性得以提升,最终成为适应市场经济和民主政治的现代主体的过程。换言之,所谓农民的生存、转型与发展,也就是农民逐步获得较为合理的从业方式、较为满意的经济收入、较为合意的生活品质、较为公平的主体地位、较为充足的知识水平的过程。简言之,就是提升农民主体性和现代性的问题。

何谓中国"三农"问题的解决?实际上,一方面,就是农业主体与非农主体之间经济社会差异不再显著,也就是城乡一体化的实现。在此意义上,统筹城乡发展、城乡一体化是一个根本的取向。城乡一体化并不意味着是城乡无差异或城乡一致化,城乡一体化的核心内涵应该是城乡之间不存在人为的影响公民自由迁徙与选择的制度障碍。从这一意义上讲,中国"三农"问题的解决过程既是城乡一体化程度不断提高的过程,更是农民主体性得以确认、维护和提高的过程。另一方面,也就是中国的农业成为现代农业、农村成为现代农村、农民成为现代农民的时候。在此意义上,实现"三农"现代化是一个根本的取向。中国"三农"问题的解决过程就是"三农"现代化程度不断提高的过程。简言之,就是农民现代性得以建构、培育和提高的过程。

因此,不应就农业谈农业,就农村谈农村,而要从农民主体的视角来看这些问题。可以认为,中国现在已经到了必须从农民主体的视角来审视中国"三农"问题的时候了,已经到了必须以农民发展为核心来解决中国"三农"问题的时候了。其原因在于:

一是中国共产党坚持以人为本,始终把实现好、维护好、发展好最广大人民的根本利益作为党和国家一切工作的出发点和落脚点。无疑,实现好、维护好、发展好占中国人口大多数的农民的根本利益,应该是中国"三农"工作的出发点和落脚点。因此,必须尊重农民主体地位,发挥农民首创精神,保障农民各项权益,走共同富裕的道路,促进农民的全面发展。

二是任何历史发展进程都是历史主体的主体性提高的过程。事实上,无论是建设现代农业,还是建设现代农村(社会主义新农村),如果没有现代农民这个主体,一切最终还是落不到实处。发展现代农业,建设现代农村,都必须落实到培育现代农民上。知识化、组织化的农民才是建设社会主义新农村的最主要的力量。农民发展了,则意味着农业综合生产能力的提高,意味着类似某些拉美国家的社会困境难以出现,意味着城乡二元结构得以消除。因此,中国"三农"问题的本质必然不是农业问题或农村问题,而是农民问题,是农民发展问题,是提升农民主体性和现代性的问题。

总而言之,解决中国"三农"问题,必须确立基于农民主体视角的"三农观"。这种"三农观",一是确认农民是中国社会经济发展的重要主体;

二是维护、增进农民的主体地位和权益；三是引导、培育农民成为现代主体。

三、中国"三农"问题的解决思路

在新的历史条件下，解决中国"三农"问题的基本思路可以归纳为：着眼于中华民族的长远发展，基于全面建设小康社会、加快推进社会主义现代化的历史使命，以科学发展和社会和谐为引领，深刻认识农业基础地位，以人为本，以提升农民主体性和现代性为核心，以农民发展为根本任务，以维护、增进农民的地位和权益为切入点，深化农村基本经济制度、农业生产经营体制、农村公共品体系、城乡协调发展机制的改革，调整利益分配格局，发展现代农业，推进新农村建设，逐步实现中国"三农"问题的根本解决。

（一）通过永佃、转移、组织、统筹，提高农民的主体性

所谓永佃，是指农民在完整物权意义上拥有对农地的永久经营权，从而使其成为真正的财产主体和权益主体。土地问题是中国"三农"问题的核心。永佃是对农村基本经济制度的深化和完善，不仅有利于发展适度规模经营，提高农业综合生产能力，而且有利于确认和维护农民的基本权益。

所谓转移，是指在工业化、城市化进程中进一步将剩余劳动力转移出农业领域。在一定意义上，中国"三农"问题也是一种人口问题。只有适量并且精干的农民从事农业，现代农业才有保证。基于此，"精""减"农民是解决中国"三农"问题的必由之路。这里的"精"与"减"，就是既要减少农民，又要使农业劳动者成为精干的、新型的农业经营主体。因此，在现有农业劳动者基础上或者通过适当引进的方式，培育新型农业经营主体极为重要，为此，必须在转移农业剩余劳动力的同时，通过农村土地制度和社保制度的改革，积极探索农业经营主体的"退出"与"进入"机制。

所谓组织，是指赋予农民合法自组织的权利和空间。农民的自组织

包括农民专业合作组织、村民自治组织以及其他各类社会经济组织。对农民组织的赋权,是农民获得主体性的主要标志之一。事实上,农民通过民主选举、民主控制进行村社自治,通过自愿联合、民主控制进行农业合作,是生活在农村的农业从业者的基本生活方式与生产方式。

所谓统筹,是指政府对农村公共品(如社会保障、基础教育、公共交通、医疗卫生、广播电视等)进行一体化的统筹安排。政府统筹,不仅是基于农民应有的公民权利,也是基于反哺农村的发展规律。

(二)通过提高知识水平、组织化程度、社会参与能力,提高农民现代性

主体性不等于现代性,主体性提高不等于现代性提高。主体性是现代性的前提和基础,现代性是主体性的发展和深化。主体性得以确认、维护和提高,只是使农民具有财产主体和权益主体的地位,而农民现代性得以建构、培育和提高,则是进一步使农民具有参与、适应和融入现代社会的素质和能力,即知识水平、组织化程度和社会参与能力。

如前所述,一旦转变经济增长方式势在必行,必须把提高中国劳动力(特别是农村劳动力)的素质视为基本任务和主要工作。农民劳动力素质无疑以农民的科学文化知识水平为基本内容。现代农业主体必须是具有较高的知识水平的现代农民。

提高组织化程度既是现代市场经济的基本要求,又是考察一个社会是否具有现代性的重要指标。一方面,农民必须融入产业组织(即农业组织化)。农业组织化的实质在于实现从自然农户向法人农户的转变,实现传统农业向现代农业的转变,构建适应现代化发展要求的新的农业经营主体和农业经营体系。另一方面,农民必须进行社会组织化,如村民自治组织等。对农民自组织的赋权既是中国构建社会主义市场经济体制的基本前提,又是中国走向现代化国家的重要标志。而问题的关键在于这些农民组织在既定制度框架中的赋权程度。

长期以来,广大农民不仅由于体制的刚性桎梏,也由于自身知识的贫乏、视野的狭窄和素质的低下,其创新意识、进取精神以及利益表达的行动能力的加强被严重妨碍。因此,必须努力提高农民的社会参与能力,亦即提高农民对资源的控制能力、社会行动和利益表达能力。

而农民的社会参与能力的提高,必须建立在农民的知识水平和组织化程度的提高之上。

(三)进一步深化市场机制和社会体制改革,促进中国"三农"问题的解决

进一步深化改革是解决中国"三农"问题的基本路径。中国"三农"问题是一个复杂的问题,既需要进一步深化市场机制改革,以推进要素市场化,也需要进一步推进社会体制的改革,以统筹城乡社会发展。解决中国"三农"问题还必须依靠市场和政府的共同作用。在面临国际金融危机的情况下,政府的强势干预是必要的,但绝不可以为政府能够包办一切,要看到我国市场经济体制还远没有构建好这一基本事实。

在解决"三农"问题方面,市场机制改革主要是解决要素市场化问题。此外,应大力发挥市场机制在激励地方政府关注、投入和发展农业方面的重要作用。现在,并不是要不要加大政府农业投入的问题,而是政府(特别是地方政府)有无发展农业的积极性的问题。因此,要设计、形成地方政府之间围绕农业经营资源的市场化交换机制,也即允许地方政府之间适当地进行区域性农业经营资源的市场化交易。在中国地方政府日益"地方化"的情形下,有时通过市场机制激励地方政府关注、投入和发展农业,远比通过行政体制更有效。

在解决"三农"问题方面,社会体制改革的基本目标是:建立城乡平等的社会发展体制,着力解决农村公共品供给问题和农民赋权问题,促使农民从自然人向市场人转变,再从市场人向社会人转变。

(四)明确中央政府在解决"三农"问题上的首要责任,发挥中央政府在解决"三农"问题上的主要作用

在相当意义上,中国"三农"问题是具有公共品性质的问题。因此,要强调各级政府在解决"三农"问题上的责任和作用。然而,应该清醒地意识到,由于政府的财政收入主要是来自非农产业,地方政府天然地具有更愿意关注、投入和发展非农产业的倾向,因此,要重视解决地方政府的农业发展激励问题。事实上,要解决农民的农业经营激励问题,前提

就是要解决好地方政府的农业发展激励问题。而这除了强调农业的基础地位,增加政府对农业的投入,还要改变激励结构,更好地利用市场机制调动地方政府发展农业的积极性,切实转变口号农业的弊端。现实中,中央政府与地方政府在"三农"问题上的立场、偏好往往不一样。不要过于指望地方政府具有承担国家粮食安全的内在激励。要明确中央政府在解决"三农"问题上的首要责任,发挥中央政府在解决"三农"问题上的主导作用。

(五)解放思想,鼓励创新,优势互补,差异发展

中国"三农"问题的阶段性特征,要求不断创新"三农"政策,而中国区域发展的极度不平衡,要求中央的"三农"政策应该体现分类指导,或者说,要在相对统一的宏观"三农"政策框架下,赋予不同地区"三农"政策自主权,允许不同地区结合自身实际,进行"三农"政策与改革的大胆探索与试验。

实施差别化战略和分类指导,本质上是统筹发展战略的重要体现,是中国地区发展不平衡情况下的明智选择,是区域生产关系适应区域生产力发展的必然要求。从制度变迁的路径看,区域发展的不平衡以及社会阶层的不断分化或异质化,已经导致不同地区和不同利益集团对制度或市场的多元化需求。作为制度供给的主体,中央政府不宜沿袭传统的思路和模式,即单纯以自上而下的、单一的、统一的或者说一刀切的思路和方法来提供制度或实现制度的创新与变迁,而应根据制度需求的新特点,提供多元的、有差别的、分类指导的制度选择与安排,同时,为地方和基层政府的制度供给与创新提供更为宽松的空间,以处理好解决中国"三农"问题过程中的局部突进与全局推进的关系。

农村经济发展与改革的若干思考①

20世纪80年代,我国农村经济的发展取得了举世瞩目的成就。90年代,我们应在加快城市经济体制改革步伐的同时,继续注重农村经济的发展与改革,使城乡经济比翼齐飞。

一、应多从宏观经济角度考虑农村的发展与改革问题

事实表明,经过20世纪80年代的改革与发展,我国的农村经济已在整个国民经济体系中占有愈来愈重要的地位,不仅农业,就是农村非农产业的变动,也会对国民经济的发展产生重要影响。因此,如果说在80年代,把农村经济的发展与改革置于整个国民经济的系统中来考虑与把握还显得不迫切的话,那么,到了90年代,这种考虑与把握就显得极为迫切了。现实农村经济中的不少问题,如:在确立农村小康目标的前提下,如何寻找实现这一目标的有效途径? 我国的农村工业究竟应在整个工业化进程中担当什么角色? 目前农村工业布局相对分散、结构与城市工业基本雷同的格局,是否应长期保持下去? 农业剩余劳力的转移,是否应继续保持"离土不离乡"、"进厂不进城"的格局? 我国的农业现代化道路,究竟应选择什么样的道路? 90年代农村经济体制改革的重点究竟是什么? 在农村经济自成体系的情况下,如何协调城乡关系和具有双重含义的工农关系(即城乡之间的工农关系和农村中新出现的工农关系)? 如何建立起既适合农村经济社会系统,又适合城市经济社会

---

① 本文作者为黄祖辉。本文内容发表在《经济问题》1993年第1期。

系统的宏观调控体系？如此等等，这些具有根本性的问题，都是不能回避的，正确解决这些问题的方法与思路，如果单纯从农村或农业的角度去考虑和把握，是难以得到令人满意的结果的，只有将其置于整个宏观经济社会系统中，才能找到理想的答案和途径。

二、继续推进农业剩余劳动力的转移

农村实现小康目标的根本途径是农村经济本身的发展和农民实际收入的增长。如何实现农村经济的发展和农民实际收入的增长？从 20 世纪 80 年代不少地区的发展经验来看，关键是不断推进农业剩余劳力向非农产业转移。这是我国农村实现小康目标的一条主要途径，理由在于：

第一，农业是国民经济的基础，但农业并不是国民收入中份额越来越大的产业。从某种意义上讲，如果说解决基本生存或温饱问题应主要靠农业的话，那么解决小康或人民进一步富裕的问题，就应更多地依靠非农产业的发展，并且要在非农产业不断发展的基础上，把农业剩余劳力转移出去。

第二，维持现有农村就业格局，仅仅通过宏观或微观上的政策措施来提高农民的收入水平，如不断提高农产品的价格，对农产品减免税，对农民实行收入补贴以及继续实施乡镇企业"以工补农"等，短期内会有一定效果；但是从长期看，这样做只能提高农民的名义收入水平，不仅不利于农村经济的综合发展，而且还会产生不少负面作用，如加重财政负担，促使物价水平全面上涨等，因为我们不可能建立起确保 8 亿农民收入达到小康水平的工农产品价格体系。

三、注重农村工业化、城市化、农业现代化的协调发展

农村工业化和城市化，不仅是农村经济发展的现实需要，也是整个工业化和城市化进程不可缺少的组成部分。农村工业化、城市化和农业

现代化之间存在着密切的关联性。工业化和城市化是同一事物发展过程中的两个方面，是农业现代化的重要条件和保证。

但是，从目前的实践看，这三者的关系并不很协调。特别是在经济发达地区的农村，农村城市化的进程相对于农村工业化和农业现代化的要求看，已显得过于滞后。由农村城市化进程过慢所直接或间接带来的诸如农村工业布局过于分散、农村第三产业发展过于缓慢、农业转移劳力不能彻底脱离土地、农业土地规模经营步履艰难、农业生态环境严重恶化等问题，已严重地阻碍了这些地区农村工业化和农业现代化的进程。

农村城市化进程过于缓慢的原因，除了在农村工业发展初期，宏观上缺乏对农村工业布局与农村城镇发展合理配套的准备，从而没有对农村工业的空间布局给予及时的引导外，主要的原因是：传统的城市发展思路与体制阻碍了城市的兴起与发展。因为在传统的城市发展思路与体制下，城市建设的资金，城市居民的就业、教育、医疗、住房以及各种社会福利，统统要由国家包揽，发展一个新城市，意味着国家将要承受很大的并且永无止境的财政负担。如果没有足够的财力，维持原有大中城市的发展都有困难，又怎么能谈得上在农村发展许多中小城市呢？

因此，加快农村城市化的进程，不仅要有非农产业的发展，而且还必须突破传统的城市发展思路与体制。要充分发挥地方财政、农村企业和农民的积极性，要对城市的户籍制度、就业制度、住房制度、医疗制度等一系列的社会福利制度进行改革。目前，不少地区正在开展撤区并乡和扩镇的工作，这不仅是农村行政管理体制的一项重大改革，而且也是农村生产力要素在空间重新组合、加快农村城市化进程的有利时机；应抓住这一时机，大胆实施农村城市化战略，并且，要与农村工业布局的调整和转移劳力的迁移进城结合起来，只有这样，城市化的进程才能推动农村工业化和农业现代化的发展。

由于我国经济发展水平的不平衡性较明显，城市化滞后问题在经济发达地区比较突出，但在欠发达地区的情况并不是如此。因此，应从本地区的实际出发来认识和把握农村工业化、城市化和农业现代化这三者的关系。

四、把市场体系的构造与完善作为深化农村改革的重点

我国经济体制改革,20 世纪 80 年代是"农村热,城市冷";90 年代以来却是"城市热,农村冷",这是很不正常的。如何继续加快农村经济体制改革的步伐,关键是要明确深化农村经济体制改革的重点。笔者认为,在农村第一步改革基本完成的情况下,应不失时机地把农村改革的重点转向构造与完善农村的市场体系。

具体说来,农村进一步改革的重点应是:

第一,进一步建立与完善农村的要素市场。包括在交通便利、已有发展基础的集镇和中小城市建立零售、批发、期货等形式的各类农产品专业市场,以及在农村建立非农商品的专业市场;在农村开发、城镇规划的基础上,建立和发展农村房地产业市场;进一步建立和完善农村的金融市场,不断拓展各类金融业务和网络;建立科技、信息等方面的劳务市场等。

第二,深化农产品价格体制和农村流通体制的改革。其思路是进一步减少由政府直接控制的商品种类、数量及其价格,扩大市场调节的份额;继续鼓励多形式、多渠道的商品流通和产销直接见面;政府对农产品的购销控制,由直接经营和价格管制,转为更多地运用储备制度、市场监测与组织制度、税收手段以及适度的价格调控手段。

如同农村第一步改革一样,确立以市场运行机制构造为农村改革的重点,也不应排斥其他与之相配套的改革,这些改革主要是:①进一步完善农村双层经营体制;②加快县乡级管理体制的改革等。

总之,农村经济的发展与改革远没有穷尽,但只要我们始终不渝地以经济建设为中心,以建立社会主义的市场运行机制为改革的目标,解放思想,大胆实践和探索,我国的农村经济发展与改革在 20 世纪 90 年代必将取得更大的成功。

改革推力是新农村建设的关键①

新农村建设需要依靠八股力量,那就是规划的引力、农民的动力、政府的财力、科技的撑力、干部的能力、市场的活力、部门的合力、改革的推力。本文专门谈谈改革推力问题,因为我觉得其他几种力量能不能发挥,都与改革推力有密切的关系。

在讨论改革推力问题时,有必要先涉及一下新农村建设的时代背景问题。首先是新农村建设跟我们现在经常谈的几个时期的关系问题。我们现在经常谈关键时期,即人均 GDP 超过 1000 美元以后是经济发展的关键期、社会矛盾的突显期。毫无疑问,新农村建设对于平稳渡过这个关键期是很有意义的。第二是新阶段,或者说"两个趋向"。这是说我国现在从总体上看已处在经济社会发展的新阶段,即"以工补农,以城带乡"的发展新阶段。这是新农村建设的条件论,表明我们已经具备了一定的条件来从事新农村建设。第三就是转型期。中国,包括世界上很多社会主义国家都处在转型期,都被称作转型国家。转型包括两个方面:一是经济转型,二是体制转型。我想就这个问题与新农村建设及其改革的关系展开谈一下。世界上对转型有不同的认识,我们国家的转型是一种渐进性的转型。现在看来国际上对中国的转型还是比较认同的,原因是我们转型绩效很好,经济增长速度持续 28 年保持在 9% 以上,这在人类历史上是罕见的。但是反过来讲,我们也需要反思:我们是凭什么获得这么高的、这么持续的经济增长呢?我的总结就是我们靠了一个独特的转型模式,以及在这个转型模式下的两大红利的贡献。所谓独特的模

---

① 本文作者为黄祖辉。本文为 2006 年 9 月 9 日本人在"第三届浙江发展论坛:从杭州实践看沿海发达地区新农村建设路径选择"上的发言整理稿。

式就是渐进性的转型模式,它的重要特点是:转型不是一步到位的,并且是政治上相对集中,经济上相对放开。这种"一紧一松"的渐进性转型模式的最大优点是能够将政治优势和市场优势结合在一起,形成一种集中治理和分散治理相结合的混合治理结构,从而既有助于改革进程的推进与控制,改革过程中政局与社会的相对稳定,同时又为市场在资源配置、行为主体激励等方面的作用发挥留有较大的空间和余地。所谓两大要素红利的贡献,是指在这种独特的改革与发展模式作用下,一方面,由于市场机制的激励,要素流动和重组不断加快;但另一方面,由于城乡二元社会结构改革和政府职能转变相对滞后,要素价格的决定出现扭曲,使得大量来自农村的劳动力和土地,在源源不断地融入工业化和城市化的过程中,呈现出明显的低价性和低偿性,这就为工业化和城市化的发展提供了丰厚的红利。可以说,这种丰厚的红利现象是我国改革开放以来经济持续高速增长和过热的基本原因。两大红利刺激了投资的需求增长和出口拉动,但却没有相应地带动消费需求的同步增长。现在看来,这样的增长模式已不可持续。因为这种增长方式比较粗放,导致资源环境压力很大。同时,劳动力和土地的低价性,导致占人口70%左右的广大农村居民收入太低,进而引致国内消费需求持续不足。这种消费需求的不足又引起不少产业的产能过剩和产品过剩,以及社会居民收入差距,尤其是城乡差距的不断扩大,进而又影响到社会的稳定和谐。所以我们已经不可能,也不应该再依靠这两大红利来支撑我们的经济增长了。

从供给角度讲,我国经济增长正面临两大难题或压力。一个就是能源供给的压力,我们的石油能源对国际市场的依赖度已到50%以上,这是一个国际社会都感到非常担心的问题。第二个压力是人力资本供给的压力。我们的劳动力总量尽管很大,但结构或质量并不理想。如果我们要实现经济增长方式的转变,就面临着我们的劳动力结构或人力资本结构的不适应。我们现在的产业工人中有三分之二都是农民工,他们的知识结构、教育水平是适应粗放型经济增长方式的,因此,要转型,就会带来空前的社会就业压力。但是如果我们仍然按现行模式搞下去,我们的能源供给就有问题,国际社会在一定时期内也难以适应,国际矛盾和贸易冲突会不断加剧。可以说,能源与人力资本的双重制约是当前我国经济社会发展面临的两大难题和两难选择。正是基于这样的背景考虑，我认为国家及时提出新农村建设这么一个命题，是一个非常实际、明智和具有深远战略意义的选择。

如果新农村建设搞得好的话，是完全能够起到"一石数鸟"作用的。第一，通过新农村建设拉动国内消费需求，特别是广大农民消费的需求。而如果我们的增长能主要依赖于国内需求的话，那就比较稳健和可持续，而这个消费需求的提高主要是取决于广大农村居民收入的提高。第二，新农村建设可以改善人力资本。通过加快发展农村教育，提高农民的素质，经济增长方式的转型就比较容易，当然，人力资本质量与结构的改善并不是短期就能做到的，需要长期的努力。第三，很显然，新农村建设能使地区差别尤其是城乡差别不断缩小。第四，新农村建设的一个重要任务是实现农村的管理民主，这必定会改善现行乡村治理结构，同时会有助于基层政府机构的改革和职能的转变。总之，如果新农村建设搞得好，对于我国经济进一步发展和转型是具有极其重要意义的。

必须强调，改革是新农村建设成败的关键。从宏观层面来看，新农村建设肯定要涉及国民收入、资源配置方式的调整，这个调整实际上是社会利益关系的重大调整，这实际就是一场改革。另外，新农村建设一定要推进政府体制和职能的进一步转变，否则很多事情就做不成。此外，新农村建设还要求我们的二元社会结构获得实质性的突破。这些都是很重要的改革。从微观层面来看，新农村建设必然会促进要素的市场化进程。要素市场化是我们的改革到目前为止比较滞后的方面，就是土地、劳动力、资本的市场化比较滞后。新农村建设会使这一问题被提上重要的议事日程。还有就是市场组织化问题。组织化实际上是市场化的重要组成部分，因为现代市场经济绝不是无序经济，而是最讲究制度化与组织化的经济。我们的组织体系不能说不发达，但实际上都是与原来的计划经济相适应的，与市场经济相适应的组织发展却比较滞后。比如我们的非政府中介组织、我们的农村社区自治组织、我们的农业合作与产业化组织，就发展得相当缓慢。

最近，我去了不少农村，做了些实地考察，觉得当前我国农村新农村建设中确实面临着很多难题，这些难题从本质上看都与体制有关系，需要通过改革来解决。一是新农村建设的钱从哪里来？我国村级经济发展差异很大,很多村没有钱,如何建设新农村? 单纯靠政府不具有可持续性。二是农村集体所有的土地,集体可不可以动? 因为新农村建设会涉及村庄的整治和空间的调整,但现行土地政策在这方面具有制约性。三是新农村建设涉及许多具体的事情,由谁来干? 谁来做决定? 对这些问题做进一步的细究,就涉及一些深层次的问题。如:谁是新农村建设的投入主体? 农村,或者说农村社区的公共品,到底由谁来投入? 农村社区集体的土地,集体到底有没有配置权和处置权? 谁是新农村建设的主体? 分散的、缺乏组织或自治性的农民能不能成为新农村建设的主体? 针对这些问题,我想主要从微观的角度,谈谈当前新农村建设迫切需要推动的改革事项。

第一,土地制度的深化改革。我国的工业化和城市化进程很快,但是土地制度却与此不相适应。现行的土地制度,基本上仍是停留在20世纪80年代土地家庭联产承包责任制的水平,虽然有一点点的完善,但是步伐不大,并且仅仅停留在民间层面,缺乏政府明确的支持和法律的支撑。最近我对越南的土地制度改革进行了了解,觉得他们在这方面的改革力度要比我们大。越南人口尽管比我们少得多,但人多地少的矛盾与我们差不多。越南的改革总体上是跟我们学的,但在我们的基础上有创新。就土地制度而言,越南的土地是国家代表人民所有,农村土地也是实行家庭联产承包责任制,1993年出了个新的土地法,2003年又做了新的完善。核心是推行土地使用权的市场化。在越南,法律上明确规定农民承包的土地可以转包、出租、继承、抵押、入股和出售,城里人也可以介入这种土地使用权和承包权的市场交易。国家则主要在土地总量与用途结构、土地价格等方面进行调控。有人说这是土地私有化,但他们并不承认,认为这只不过是土地使用权的可交易化或市场化。相比之下,我国目前的土地制度不仅跟不上工业化和城市化发展的需要,而且也不能适应农业发展(如规模化经营)和新农村建设的需要。我觉得在新农村建设中,在确保农地不减少,尊重农民意愿的条件下,应给村集体对土地更多的配置权。另外,要加快农地使用权或者经营权的市场化,要引入市场机制。现在不少农民也不是在真正从事农业,土地闲置和利用率低的现象普遍存在。只有在政府管制下充分发挥市场机制在土地资源配置中的作用,土地利用效率和价值才能真正实现,农民利益和劳动力要素的优化配置才能真正实现。

第二,推进农村公共品供给的改革。农村公共品的供给是长期被忽视,或者原来就不是很被重视的问题,因为我们的公共品供给长期以来一直是偏向城市或者大的公共品供给,而农村区域性的、社区性的公共品供给机制并不健全,这一问题随着税费制度的改革和新农村的建设已突显出来。农村区域性和社区性的公共产品究竟由谁供给?又如何供给?需要通过改革的思路来解决。首先需要区别公共产品的类型。现实中的公共产品包含多种类型,有大公共品,如大江大湖的治理;小公共品,如区域或社区范围的湖泊、流域、山林的治理和道路的修建等;有硬性的和软性的公共品之分,前者如公共基础设施,后者如义务教育、社会保障以及公共政策或制度的提供等。一项物品是否属于公共品,既可以从对其消费的排他性程度和互竞性程度来界定,又可以从伦理的和道德的角度来界定。政府应该是公共品供给的主体,但并不是唯一的供给者。根据物品的公共性质及其相关制度的安排与演变,市场在公共品的供给和管理中也可以发挥重要的作用。此外,由于政府是分级的,不同等级的政府对公共品的供给需要有个分工。因此,在对公共品的分类基础上,进一步构建农村及其社区公共品的多元供给机制就极为必要。当前,除了要加大各级政府对农村公共品的供给外,社区自身增强对社区性公共品的供给,是一个值得特别关注的问题,而要做到这一点,社区组织与主体的建设就显得尤为重要。如果缺乏社区组织在这方面的功能,那政府在这方面的压力就会加大。

第三,推进农村社区组织的改革。尽管我们有比较明确的农村组织体系与条例,但仔细考察的话,可以发现我国的农村社区不仅发展差异很大,而且类型很多,组织结构也很复杂,并不像我们想象的那么简单。实际中的村落,有些是村企合一的,有些是村企分离的,有些是有村无企业的,有些甚至是“空壳村”。我前一段时间去了一次浙江东阳的花园村,这是一个民营企业与村社区一体的村,企业董事长兼任村书记,同时又兼并了周边的9个村,包括外来人口,该村总计已有5万多人口。该村的新农村建设就比较有条件,既有经济实力,又有很强的带头人,关键是体制和政策上是否有利,是否有创新。但是,这样的村(实际已是一个中心村,或者相当于一个镇)在中国并不普遍,即使在沿海发达地区也不普遍。当前大多数的村是那些没有村属企业，或者企业与村相分离，缺乏集体经济实力的村。因此，从普遍的角度讲，加快农村社区股份合作制的改革是我国村社区组织发展的一种选择，这种类型的村在实践中已有不少，需要进一步总结和完善。在农村社区组织的改革中，强化社区村民的自治功能很重要，村干部民主选举和村务公开是一个方面，但还要强化村务自理和社员参与度，不然的话，新农村建设中的农民主体地位就落不到实处。分散的、非自治的、无组织的农民不可能成为新农村建设的主体，如果在这样的情况下让农民参与新农村建设，反而会被看成是增加农民负担。反之，农民就会成为自身社区的主人，也就是新农村建设的真正意义上的主体，这样，许多事情就会转变成农民自己的事，而不是政府的事。

第四，关于现代农业发展的改革。这个问题是新农村建设的首要任务。在中国，小规模的、农业劳动力比例比较高的、组织化程度相对弱的农业生产格局，看来会长时间存在。我认为，从 GDP 的结构变动趋势看，我们的农业可以比较容易地达到发达国家的水平，比如浙江的农业 GDP 已经仅占 6% 左右，但从就业角度看，则很难达到发达国家的水平，比如浙江，农业劳动力比重仍然接近 30%。从全国看，农业 GDP 已经下降到 16% 左右，但农业劳动力比重仍然高达 50% 左右，这就提出了一个小农占主体的国家如何实现农业现代化的问题。主要的途径，一是通过非农产业和城市化的发展，不断转移农业劳动力，使农业劳动力的比重尽可能地和农业 GDP 的比重大体相当。二是通过农村土地制度的进一步改革，实现农业土地的适度规模经营。三是通过农业科技推广体制的进一步改革，提高农业科技成果的应用率和贡献率。四是建立农业经营者的进入与退出机制。这一机制很重要。因为现实中，包括许多发达地区，从事农业的经营者许多都是老年人和妇女，无论是他们的体力还是知识结构，都难以适应现代农业的发展需要。但按照现行的农业经营体制，又难以淘汰他们。这就需要在土地家庭承包经营制度的基础上，研究与探索农业经营者的进入退出机制。浙江花园村在这方面的探索值得我们思考。该村通过对农业经营者提出年龄要求和经营责任要求，同时引入社保替代与相关福利机制，"淘汰"了那些年龄超过 60 岁，没有体力、能力和精力来搞好农业的经营者，使得农业经营主体的年龄结构和素质结构得到了明显的改善。另外,克服小农局限性及其素质状况问题的重要途径是加快农业的组织化,如加快发展农业专业合作组织,农业和农民组织化程度的提高,可以缓和小农与现代农业不相适应的矛盾。此外,要加大政府对农业的支持。按照世界贸易组织(WTO)的规则,我国政府对农业的支持空间还非常大。

第五,推进农村的综合配套改革。这就是要加快推进乡镇机构、农村义务教育和县乡财政管理体制的改革。这项改革,按照中央领导的说法,是无心插柳柳成荫。也就是说,原来这个问题也想解决,但没有下决心,现在是紧迫了,不搞不行了。这应该说与农村税费制度改革有关。为了巩固税费制度改革成果,防止农民负担反弹,需要推进这项改革,但改革的意义绝不仅仅是防止农民负担反弹,它将进一步推动政府的转型。上述改革的目的是要把不应该由政府承担的经济活动和社会事务交给市场、中介组织,促使政府将主要的精力与财力放在提供公共品和良好的制度环境方面。需要特别指出的是,非政府中介组织的发展对政府职能的转换意义重大,两者关系处理得好,就会形成互为促进和互补的关系,反之,则会互相制约和相互冲突。

总之,无论从新农村建设与我国转型的关系看,还是从实践中新农村建设面临的问题看,加大改革力度,不断深化改革,以改革来推进我国的新农村建设,应该成为各级领导的基本共识、工作的出发点和紧迫的任务。

仍然是巨大的,如果我们能解决好中国 60%～70% 的低收入人口的收入问题,则我们自身的发展空间仍很大。当然这并不是说我们要放弃国际市场,而是应该国际国内两个市场一起抓,因为中国在当今国际上的作为是有长远战略意义的,尽管现在国际需求受到很大的影响,但是从全球化趋势看,从中国这样一个新兴经济体在新一轮的国际分工和利益重组中获取有利位置角度看,中国应该迎难而上,要继续保持中国在国际贸易总量中的增长势头。

至于危机对中国的影响,我觉得从短期看起来,沿海地区,尤其是出口导向的地区受的影响相对较大,与此相关,对就业也有一定的负面影响。但在国家的强势干预下,国内经济有所回暖,不过国际经济态势仍不乐观,因此中国能否就此走出困境,还有待观望。

二、对中国经济高速增长的源泉与代价的看法

首先我们需要对持续 30 年的中国经济高速增长进行反思。中国经济奇迹般的高速增长的原因,或者说中国经济高速增长的源泉,在于我们的"一紧一松"(政治紧、经济松)的渐进式改革模式,在这种改革模式下,政府得以强势推动经济发展,得以主动把握改革进程,但与此同时,渐进式的改革也使市场机制难以一步到位,城乡二元社会结构没有得到消除,进而带来了体制的漏洞和要素价格的扭曲,土地、劳动力、资本以及资源环境的价格被明显低估和忽略,这为企业的发展提供了有利条件和红利现象。此外,巨大的市场需求,尤其是空前的国际市场需求,也为中国的企业发展,为中国经济的增长提供了千载难逢的机遇。

进一步说,中国经济高速增长的源泉是这种独特转型模式下的土地、劳动、资本以及环境这四大资源的红利贡献,即低成本,甚至无偿的贡献。当然,这种低成本的增长方式必定是非常粗放的,必定存在巨大的社会成本和长期代价,集中表现在资源不断耗竭,环境日益恶化,企业发展依赖要素低成本和资源高消耗,社会成本不断累积,经济社会结构矛盾不断加剧。现实已经表明,土地、劳动、环境这三大资源的红利现象

已到尽头,而国际金融危机则使中国的快速粗放增长的势头受阻,快速粗放增长的代价与矛盾更加显现和加剧。

三、对当前政府强势调控及其影响的看法

在经济危机下,政府对经济的干预是必然的选择,但如果干预不当或者干预过度,则会带来不利影响和后果。对于中国这样一个仍处在体制转型中的国家来说,尤其需要注意这一点。最近一段时期的各级政府对经济的强势介入与干预,一方面对经济的回暖产生了积极作用,但另一方面,也出现了一些值得关注的新情况和新问题。主要表现在以下几个方面。

1."一进一退"现象

这也可称作"国进民退"现象,即国有经济在这一轮的政府宏观调控中获得大力支持,在国民经济社会中的地位不断上升,而民营经济,特别是民营中小企业,在这一轮政府宏观调控中获得支持相对不多,发展环境不如过去。

2."两个替代"倾向

一是存在政府替代市场的倾向。在应对世界金融危机的过程中,政府强势出手,积极干预,取得的效果很明显,但存在政府替代市场的倾向,由于政府直接干预和补贴盛行,市场作用有所削弱,市场扭曲可能加剧。二是存在政府推动替代改革推动的倾向。各级政府普遍存在偏重通过行政手段和财政手段解决问题,忽略通过体制改革和机制创新手段解决问题,以至存在体制滞后,甚至倒退的情况。如农村土地制度改革、二元社会体制突破、政府职能转变等体制改革,进展不快,力度不大。简言之,是政府权力过于集中,政府过于强势。整个经济社会中几乎是政府这只有形手在起作用,市场这只无形手的作用不是越来越弱,就是越来越扭曲。如前所说,在经济社会中,特别是在经济危机中,政府的调控是非常必要的,但必须处理好政府与市场的关系,防止政府行为过度,政府的干预必须以不损坏、不扭曲市场机制为前提,否则,我们就会在经济

增长和转型中产生新的代价,即体制倒退的代价,因为毕竟中国的市场经济体制本身并不成型和成熟,比较脆弱,极易受到伤害。

3. 诸多两难选择

在国家对经济的调控和中国经济的转型中,存在诸多两难选择。一是缓解资源环境压力与缓解劳动就业压力的两难选择;二是提高土地利用效率与保障粮食安全的两难选择;三是保持经济增长速度与实现经济转型的两难选择;四是低成本竞争与解决有效需求不足的两难选择;五是保持地方(微观)自主性活力与保持中央(宏观)调控力的两难选择。能否破解这些两难问题,关系中国经济的转型、走出困境和可持续发展。

4. 存在多种偏差

一是经济转型升级中的偏差。无论在认识上还是行动上,各地普遍存在过于重视外生型、替代型的产业转型升级,忽视内生型、延伸型的产业转型升级。二是拉动内需中的偏差。主要是偏重投资需求的拉动,而对居民消费需求的拉动则明显乏力和办法不多。三是产业结构与就业结构存在明显偏差。主要表现在相对重视产业结构升级,忽视就业结构升级,以至就业结构的演进明显滞后于产业结构的演进。显著标志是:中国农业在 GDP 中的比重已经降至 10% 左右,但农业劳动力的比重仍然高达 45% 左右,农业劳动力的下降速度明显慢于农业 GDP 的下降。四是城市化进程的偏差。主要表现在进城农民的市民化进程明显滞后于人口和产业在城市的集聚过程,城市化水平存在高估现象。五是国民经济与资源配置存在偏差。一方面是农村土地、劳动力和资本(包括农民资金积累)的非农化倾向十分明显,另一方面是政府在资源配置中仍然存在比较明显的非农偏好和城市偏好。六是国民收入分配存在严重偏差。主要是国家(政府)财政增长和投资增长过多,而城乡居民收入增长过少,进而消费增长过少。

四、对中国经济转型与升级之路的看法

我的基本看法是:宁可放弃一定的增长速度,努力在转变经济发展

方式、扭转经济社会结构失衡方面寻求突破,通过体制改革推动、城市化拉动和内源发展驱动的思路,走出转型升级新路,实现整个国民经济与社会的健康发展。

(一)以体制机制突破推动经济转型与升级

对中国而言,经济转型将是长期的过程。因为中国的粗放式经济增长方式是有体制成因的,因此,如果没有政治与社会体制的进一步转型,换句话说,如果没有生产要素(土地、资本、劳动)和环境资源的合理配置以及利益合理分配的形成机制,经济的转型与升级实际是很困难的,是难以实现的。从这一意义上讲,只有通过改革深化,以体制机制转型为突破口,才能真正实现经济的转型与升级。现阶段的改革重点应该是政府体制和社会体制,改革的方案必须是综合配套的,改革的推进必须是自上而下与基层(包括省市级)试点示范相结合。

(二)从农村工业化推动向城市化拉动转型

要科学认识中国特色新型城市化道路,由于中国城乡二元社会结构的存在,中国的城市化不仅应是人口与产业的集聚过程,而且也应是转移农民的市民化过程,是各类城市人口和谐共处、城市理性发展的过程。与此同时,中国的城市化道路还必须考虑30年来农村工业化进程中的产业分布与集聚对城市化的要求,考虑城市化进城中转移农民的市民化的成本因素,考虑信息化和现代交通网络(轨道)设施发展对城市化的影响。

考虑到上述因素,有必要将城市化作为推进和拉动经济转型与升级的一个重要切入点。回顾中国改革开放以来的经济发展轨迹,工业化推动,尤其是农村工业化推动起了重要作用。农村工业化推动经济的增长,优点是多方面的,主要是启动快、门槛低、成本低、就业与收入效应明显。但是这种发展道路也有它的局限性,主要是增长方式粗放、产业层次低、分散与小规模,对资源环境的消耗代价比较大,城市化相对滞后。随着产业的发展和竞争的加剧,这种发展模式的局限性已越来越显露,现在已到了由城市化来拉动经济发展与转型的时候。要通过城市化这一平台和载体,既推动产业与人口的集聚、第三产业的发展,又解决好广大进城务工经商农民的市民化待遇问题,实现产业集聚、人口集聚与转移进城农民市民化的"三位一体"。

中国的城市化总体上是一个大、中、小城市协调发展的过程,但我认为应该更注重中小城市及其集群的发展。其主要理由是:中小城市及其集群的发展更符合中国农村工业化的发展路径,更有利于区域产业集群与块状经济的发展,更有助于实现内生型和延伸型的产业转型与升级,更能够以较低的成本解决进城农民的市民化问题。

中小城市及其集群的发展至少可以从三个方面对经济转型与升级进行拉动。一是与区域块状经济发展相衔接,以城市化拉动区域产业集群转型与升级。实践表明,中国许多的产业集群位于县乡镇,产业和人口都已达到相当大的规模,迫切需要通过城市化来拉动其进一步的转型与升级发展。二是与新农村建设相衔接,以城市化拉动中心镇(村)区域经济转型与升级。要将城市化与新农村建设相结合,以城市化带动新农村建设,应将新农村建设置于城市化体系中推进,而不是将两者相互对立,相互割裂开来。也就是说,一方面,城市化不应仅仅是大城市的发展,也应包括中小城市、中心镇,甚至中心村的发展;另一方面,要将新农村建设纳入城市化体系,通过城乡统筹、规划引导、村庄整合、人口迁移等措施来推进新农村建设。三是与现代交通与信息网络建设相衔接,以城市化拉动区域中心城市转型升级和城市集群的发展。信息化、网络化和现代交通(轨道)设施的发展使得城市发展不一定要追求个体城市的无限膨胀,大城市在人口拥挤、交通不畅、空气污染、生活昂贵等方面的弊端已越来越显露,而城市的集群式发展是一个趋势与方向。区域城市集群的发展,既有助于改善城市环境和居民生存状况,又能够加快现代服务业发展,增加就业机会,促进经济转型与升级。

(三)高度重视内源发展驱动经济转型与升级

主要是做好三篇文章。一是做好传统产业内生型和延伸型的转型与升级这篇文章。二是做好产业集群转型与升级这篇文章。要在同质性的企业集聚基础上发展专业化分工基础上的产业集聚;要发挥产业集群的生产性服务功能和外部规模经济性功能;要将产业集群的发展与城市化的进程紧密结合起来。三是做好包括企业组织、农民组织、行业组织等产业组织的转型与升级这篇文章。着力解决同业企业(包括分散农户)的恶性竞争、技术创新乏力、规模优势不足等问题。

农村仍可以成为现阶段
我国深化改革的切入点①

一、现阶段我国深化改革的紧迫性与切入点

我国 20 世纪 70 年代末开始的改革是从农村起步的,改革是渐进式的,从农村到城市,从微观到宏观,从经济到社会,从单项到综合,经过 30 多年的改革开放,我国经济社会发展取得了举世瞩目的成就,经济总量位居全球第二,人均收入已达到中等偏下收入国家水平。但是,我国在经济高速增长和世界影响力不断增强的同时,也出现了不少新问题和新矛盾,如人均收入水平还不高,经济增长方式比较粗放,资源环境代价很大,农村人力资源结构失衡,区域发展不平衡严重,收入分配尤其是城乡居民收入差距很大,产业结构与就业结构不协调,农业组织化与产业化经营发展缓慢,农业劳动力就业转移滞后于身份转变,城乡二元社会结构没有得到彻底破解,社会不和谐、不稳定的隐患很多,要素市场化滞后,农村基层组织与乡村治理结构不完善,基层政府职能依然存在偏差。此外,国际发展环境趋紧,竞争日趋加剧。这些问题与矛盾的存在,既有必然性,又有或然性,也就是说,我国当前存在的诸多问题与矛盾,既与经济转型与发展的过程与阶段有关,这也可以说是任何国家在发展过程中都可能经历的问题,但又与我国体制改革的渐进性特点导致体制变迁

---

① 本文作者为黄祖辉,写于 2012 年 7 月。《我国科学报》2017 年 3 月 29 日第 5 版发表了本文的核心内容。

不彻底,不完善,不能够一步到位有关,这样的问题很具有我国的特殊性。如果不能坚持正确的改革方向,在渐进式改革的道路上深化改革,那么我们就会陷入改革渐而不进的困境和陷阱,就会使改革半途而废、前功尽弃。

很显然,我国当前正处在深化改革、改革攻坚的关键时期,正处在经济社会进一步转型发展的关键时期,要实现科学的转型与发展,要解决好当前经济社会存在的诸多问题与矛盾,唯有推进改革、深化改革。所谓深化改革,一是要对影响经济社会健康发展的体制机制的深层次问题进行突破,二是在改革路径和方式上寻求突破,变单项的改革为综合配套的改革,这是现阶段我国深化改革和改革攻坚的基本要求和重要标志。

现阶段我国深化改革的切入点在哪?这看起来是个需要权衡的问题。我们既可以从重大问题的视角切入,又可以从体制层面的视角切入,但依笔者之见,从农村切入是个比较好的选择。这是因为,我国农村人口众多,占全国人口 50%,而这一区域的发展总体仍然比较滞后,没有农村的全面发展和现代化,就不能实现我国的现代化,要实现我国农村的全面发展和现代化,就必须深化农村改革。其次,我国改革从农村起步,新一轮改革仍将农村作为切入点,能体现改革的连续性和衔接性。再次,经过 30 多年的改革与发展,我国农村在生产要素、产业发展以及政治与文化等方面已与城市,与整个国民经济社会的关系非常密切,农村改革的深化,将进一步推动整个国民经济与政治体制的改革走向深入。当然,新一轮的农村改革绝不能就农村论农村,而是要把农村的改革置于整个经济社会的系统中去把握,按照城乡统筹、城乡一体、综合配套的思路来推进。

进一步讲,推进现阶段我国农村的新一轮改革,是我国改革整体战略的重要组成,是解决现阶段我国经济社会诸多矛盾的正确选择,是扭转我国经济社会发展偏差的重大举措,是我国渐进式改革发展阶段的必然趋势和经济社会进一步转型发展的急迫要求。将农村继续作为新时期我国改革的切入点,并不是否定过去 30 多年来的农村改革,并不是对我国渐进式改革模式的否定,而是对我国农村改革的深化,是对我国渐进式改革模式的深化、完善与发展。

二、现阶段我国农村改革的重点、取向与配套

现阶段我国农村的改革要以科学发展观为统领,按照统筹城乡、城乡一体发展的基本方略,处理好改革与发展、改革与稳定的关系,处理好区域差异性与改革的关系,农村改革与城市改革,农村改革与整个经济体制、社会体制、政治体制的关系,通过改革理论的创新与发展,改革的顶层设计和基层试验,重点改革的突破和关联改革的配套来整体推进。基于这样的认识,现阶段我国农村的改革至少应涉及九个方面的制度改革。这些改革涉及经济社会的方方面面,相互关系错综复杂,必须在明确重点、明确取向、明确关系的基础上,综合配套,整体推进。图 1 展示了现阶段我国农村改革的主要内容、重点、取向以及相关制度改革的关联性。

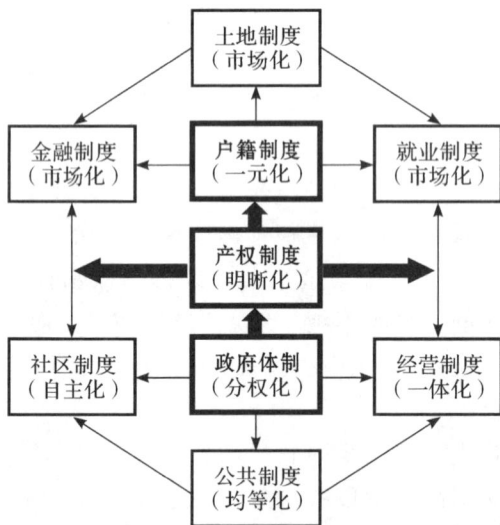

图 1　现阶段我国农村改革的内容框架

根据图 1,现阶段我国农村有三项制度的改革最为关键(图 1 中加粗字所示),可以称作关键性制度。

一是产权制度。产权制度是民生基本权益能否得到保障、市场机制

能否有效运行、社会和谐能否顺利实现的制度基础,因此,产权制度是关键性制度,现阶段农村产权制度改革的基本取向应该是明晰化与可交易化,其目的是提高产权制度的效率。现代产权理论的发展与实践表明,所有权并非产权制度安排的唯一出路与选择,产权是一种权利束,具有可分解性。现代产权制度效率的关键是明晰具体分解后的各类产权关系,以明确并保障相关产权主体的权益。

二是政府体制。政府通常是改革的推手,是制度的供给方和协调方,很显然,政府自身体制的建构和完善,对整个体制的改革和效率将起到决定性的作用,因此,政府体制也是关键性制度,现阶段政府体制改革的基本取向是分权化与服务化。其目的是推进政府职能的转换,形成政府、市场、社会组织的有效分工与协同治理。政府的分权应包含三个层次,一是中央政府相关权力向地方政府的纵向释放,使地方政府权职更相符;二是政府相关权力向市场的横向释放,使市场机制作用得以充分发挥;三是政府相关权利向社会组织的横向释放,使社会组织功能得以充分发挥。

三是户籍制度。户籍制度是我国城乡关系的制度阀门,是城乡二元社会结构能否破解的关键,但需要强调的是,现阶段我国户籍制度的改革与设计必须与相关制度的改革,如公共制度、土地制度、就业制度等的改革相关联、相配套,才能取得实质性的突破。也就是说,我国户籍制度具有复杂性,户籍制度改革的关键在于改革和调整内含于户籍制度的相关权利结构与利益关系,而不仅仅是改变或取消户籍的谓称,从这一意义上讲,户籍制度是关键性制度,户籍制度改革的基本取向是一元化与属地化。其目的是破解城乡二元化的户籍制度,消除户籍制度背后的城乡居民权利的不平等,实现农村劳动力的职业转移与身份转换相一致,以及城市对农村进城人口的包容。

除了产权制度、政府体制、户籍制度这三项农村改革的关键性制度外,土地、劳动、资本这三大要素性制度的改革不可或缺。在图1中,这三大要素制度分别表示为土地制度、就业制度和金融制度,按照社会主义市场经济体制的本质要求,这些要素制度的改革取向无疑应该是市场化。当然,要素市场化并不排斥政府对市场、对要素的必要调控。在这三项要素制度中,农村土地制度的改革与产权制度的改革密切相关,换句话说,没有土地产权制度的改革深化,农村土地制度的改革将难以取得实质性的进展。但土地制度改革并不等同于土地产权制度改革,它还涉及农村土地承包制度、土地流转与交易制度、农村宅基地制度以及农村土地用途管制制度、征地制度等的改革。农村就业制度的主要对象是农民,农民就业制度的改革涉及农民的农业就业与非农业就业两个方面的体制。两者都与劳动保障制度相关,除此之外,农民农业就业制度还与农业土地家庭承包经营制度的完善有关,而农民非农业就业制度则更与城乡户籍制度的改革密切相关。金融制度的改革主要是指农村金融制度的改革,重点是解决农村金融的缺失与扭曲现象,探索建立能适应农户、农民合作社、中小企业发展需要的农村金融体系。简言之,这三项要素制度的改革既依赖于产权制度、政府体制、户籍制度这三项重点制度的改革,又相互作用与关联,并且影响其他相关制度的改革。

此外,还有三项关联性制度的改革必不可少。一是农村公共制度,二是农业经营制度,三是农村社区管理制度。

以公共品供给与分享为特征的农村公共制度,涉及公共教育、基本医疗、基础设施与社会保障等领域。这一制度是新时期农村改革的重要内容,它的改革取向是公共资源分享均等化和城乡全覆盖,这既是户籍制度的改革要求,又是农村土地制度进一步突破的重要前提。也就是说,我国农村土地制度的市场化改革除了受制于土地产权制度外,还受制于土地对农民的基本生存保障功能,因此,如果公共性的社会保障不能为全体农民所分享,则农村土地制度的改革将难以取得实质性的突破。从这一意义上讲,图1中户籍制度、土地制度和公共制度这三项制度的改革存在重要关联性,应该联动推进。

农业经营制度的核心是农业的组织制度。主要是指与整个现代农业产业链相匹配的农业经营制度或组织的改革与创新,包括农业的家庭经营制度、合作经营制度、公司经营制度以及农业的科技推广制度等的改革与创新。农业经营制度改革的基本取向应该是一体化,也就是说,我国农业经营制度的改革既要着眼于具体的某一经营制度或组织的完善与创新,更需考虑这些单个经营制度或组织之间的连接与协同,以形成既能发挥各自制度优势,又能相互协同的一体化的农业组织体系与经营制度。

　　农村社区管理制度的改革主要涉及两种类型的社区管理制度。一是传统的村落社区,二是城市化和新农村建设过程中出现的农村新社区。改革的重点是完善乡村社区治理结构,实现社区经济组织与社会组织相分离,社区集体经济与资产股份合作化,社区公共事务自主化。农村社区管理制度改革的基本取向是自主化,即建立村民自治与管理民主的农村社区。这一改革目标能否实现,很大程度上取决于政府体制与产权制度的改革进程,前者取决于政府职能的转换程度和政府权力的释放程度,后者取决于农村社区集体产权的明晰程度和实现形式。

"市场起决定性作用"
与农村产权制度改革①

一、"市场在资源配置中起决定性作用"的意涵与关键

要让市场在资源配置中起决定性作用,意味着我国政府与市场目前的关系要做出重大的调整。调整将涉及政府体制、政府职能的转换,按照我国政府目前的强势状态看,这一调整将削弱政府的不少功能,这些功能将为市场所替代,毫无疑问,这会触及政府部门的相关权利与利益格局及其调整,这将是一场拿自己开刀的革命,我们的各级政府和部门对此有没有充分的认识? 有没有做好充分的思想和行动的准备?

要让市场在资源配置中起决定性作用,意味着我国的市场体系与机制必须进一步健全和完善。党的十八届三中全会在这方面做了多方位的阐述,极具针对性和深刻性。健全和完善市场经济体系与机制有许多工作要做。一是建立城乡要素平等交换机制。解决这一问题的关键是破解城乡二元体制,赋予城乡居民平等的权益,包括财产权益和公共权益,这是因为,微观主体的权利平等是市场经济体系得以正常运行的基本前提,如果做不到这一点,就不可能建立起要素平等交换的机制,市场交换机制就会被扭曲。二是推进要素市场化进程。我国目前的情况是产品的市场化程度较高,但存在扭曲现象,而土地、劳动力、资本这些基本生产要素的市场化程度很不尽如人意,既滞后又扭曲,其原因既与政

---

① 本文作者为黄祖辉。本文内容发表在《湖州师院学报》2014 年第 1 期。

府过度干预市场有关,又与不同微观主体的权益不平等有关,尤其是与广大农民的权益缺失有关。因此,公报中所提及的"让广大农民平等参与现代化进程","赋予农民更多财产权利","建立城乡统一的建设用地市场"等主张就极为重要,它不仅关系到农村劳动力这一生产要素能否自由流动、其价格能否充分实现,也关系到农民的土地权益、房产权益、金融权益能否得到充分实现。简言之,土地、劳动力、资本这些基本生产要素的市场化的重要性在于,它不仅是建构社会主义市场经济体系不可或缺的组成部分,也是让农民获得更多财产权利、经营权利,实现城乡要素合理配置、城乡发展一体化、经济社会现代化的必由之路。

无论是建立城乡要素的平等交换机制,还是推进生产要素的市场化进程,核心是要实现要素主体的权利平等,而要实现要素主体的权利平等,就必须深化资源与要素的产权制度改革,目标是建立主体明晰、赋权充分、治权有效、配置优化的产权制度。

发挥市场决定性作用的关键是产权制度的建构。产权是一种权利束,具有可分解性。产权不仅仅指财产性的权利,还包括其他非财产性的权利。实践中,产权制度可从两个视角进行考察,一是从赋权结构与治权结构的角度;二是从生存权益与发展权益的角度。完整的产权,既需要赋予,更需要保护。产权的赋予是赋权范畴,就是产权界定,从法学角度讲就是产权的立法,用法律来赋权。产权的保护是治权范畴,或者说是产权的维护。一种产权如果仅体现在赋权上,而没有一定的治权结构相匹配,这种产权仍然是不完整的,或者说,这种产权即使是明晰的,也不一定能得到实现。从产权的赋权结构看,大体要涉及政治权益、经济权益、社会权益、财产权益这些方面。法律是一种能够兼容赋权和治权的制度,立法是赋权,执法是治权。法律、法规、法制中的"律"、"规"、"制"都具有"治"的含义。此外,政策、仲裁、交易这些范畴,同样既有赋权含义,又有治权功能。

就我国农民而言,其权益一方面是赋权不足,另一方面是治权滞后。也就是说,我国农民的权益,从赋权角度,或者说从产权界定的角度来看,仍然是不充分的。以农民的土地产权为例,农村土地承包经营权的物权属性至今还没有被赋予,使得农民的土地难以作为抵押物。又如,农民的宅基地及其住房,至今没能真正成为农民的财产,不能直接进入市场交易。这表明,对农民的土地赋权仍然是不足的,由于赋权不充分,产权就不完整,进而缺乏交易性和变现性。产权的交易性既可以看成是赋权的结果,又可以看成是治权的一个方面。对于治权问题,就是产权的保护,也就是维权问题,实质上就是治权结构问题。在我国,它是明显滞后于赋权进程的,治权结构的滞后性直接导致农民权益得不到有效保护,经常受到侵害。比如,国家在法律、政策上都规定了农民的土地承包经营权利,尽管不很完整,但在法律或政策层面上讲,应该是明确的。但是为何农民的土地权益经常受到侵害?很大程度上是治权上的问题,是治权滞后问题。

从生存权益与发展权益的角度看,生存权是一种最为基础的权利,是维持人类基本生存所必需的一种权益。比如,劳动者就业的权益,最低收入的保障权益,基本的医疗保障权益,基本的养老权益,基本的教育权益等,这些都应该是生存权,是每个公民必须拥有的权益。生存权不是一成不变的,随着人类经济社会的发展,这种公民的生存权益也会发生变化。与改革以前我国居民温饱都没解决的时候相比,很显然,现在城乡居民的生存权益要求就要高些,范围也会更广些。总体上看,这种对人类生存所必需的权益的要求会越来越高。第二种权益是发展权,它是生存权以外的其他权益。以农民土地权益为例,无论是土地流转的权益,还是征地价格与土地出让价格间的价格差,都包含着发展权益,而不仅仅是生存权益。现实中,我们给农民的土地补偿往往不充分,有的就是给他最基本的生存性补偿,而没有充分体现他的发展权益。在这一问题上存在争论,就是这种发展权到底归谁?农民是不是应该拥有或者拥有多少的发展权益?总体看来,我国农民的生存权益是在不断完善,但仍然不充分,并且不时会受到这样那样的侵害。就我国农民的发展权益而言,则体现得更不充分,而这又与农民的基本权益不足有关,这也是我国目前城乡二元社会结构和社会不公正事件频频发生的制度成因,即权益结构的失衡。

生存权是每个公民必须拥有的权利,因此,它应该是一种公共权,是公共产品,与公共产权的安排密切相关,这种权益应该由国家(政府)来赋予,不宜通过市场的途径来获得。而发展权与私人产权相关,可以看成是私权,是一种私人产品。在市场经济条件下,与发展权益密切相关的私人产权的实现,应该与这种权益的交易性,或者说与市场机制的完善有关。也就是说,发展权益的实现应该与完善的市场机制联系起来,否则,发展权益是难以实现的。这是私人产权的性质所决定的,如果发展权不能交易,那就不能称其为私人产权。如果要能有效地交易,则必须建立和完善相应的市场体系与机制。

二、在农村产权制度改革中改进赋权与治权

改进赋权就是要赋予农民完整的权利,尤其是他们的公共权利。关于农民的基本医疗、养老等社保权利,这几年已有不少改善,但与城市居民相比,差距仍不小。还有农民的基本教育权利,在法律上都明确了,也在不断改善中,但仍存在这种权益在实践中得不到很好保障的情况,并且区域间的差距较大。类似这些权利,必须由国家赋予。当然国家分中央政府和地方政府,但总体上应主要由中央政府赋予为好。

关于财产权利,实际上是一种经济权利。如农民的土地权益、房产权益等,应该进一步赋予。农民的土地物权属性问题,应尽快得到解决。在这一问题上,法学界与经济学界似乎有不同的看法。不少法学界人士认为,既然农村土地是承包经营的,那么这种权利就应该属于债权的性质。但实际上,中国的农村土地承包经营与一般的企业承包经营在本质上是不一样的,农民的土地承包权利是长久拥有的,只要农民不愿意放弃,他就可以拥有这样的权利,并且这种权利是可以再转让和流转的,因此,其实质上已具有物权的性质。如果我国农民的土地承包权不能够物权化,土地就难以抵押,难以抵押的土地权利或产权毫无疑问是不完整的,其价值是打折扣的,或者是难以有效实现的。农民的宅基地及其房产权益也是如此,依然存在赋权不足问题。为什么城里人花钱买的房子可以进入市场交易,而农民花钱投资的房产不能直接进入市场交易?应该结合对农村宅基地制度的改革,赋予农民房产直接进入市场交易的权利。

还有一个很重要的权利就是市场权利。所谓市场权利,就是要有公平的市场进入权,要有市场的处置权,或者说市场交易权。因为如果产

权不能交易,或者说是很有限制的交易,这种产权就难有交换价值,就不能实现它的价值。对于农民权益与市场经济的关系,也存在不同的看法。有些学者认为,当前我国社会分化现象、农民收入低下以及社会矛盾激化是市场经济发展的结果,把社会分化和社会不公等现象归咎于市场经济,进而认为有必要通过取代市场的途径来解决这些问题。这种看法并不正确,存在很大片面性和危险性。事实上,权益问题,无论是赋权,还是治权,都与市场经济的本质要求不矛盾。我们现阶段出现的种种社会问题和矛盾,恰恰是市场经济体制需要解决的问题,而不是市场经济本身的问题。因为真正完整的、成熟的市场经济,它的一个基本前提,就是微观主体的权利平等性和公平性,这是市场经济的最本质要求。而我们在发展市场经济的过程中,恰恰没有注重解决好这一问题,没有及时消除城乡二元社会权利结构,这就违反了市场经济的基本规律,导致了市场经济主体地位的不平等和权利不平等,进而导致要素价格的扭曲,资源配置的失衡,收入分配的不公,社会矛盾的激化。从这个意义上讲,解决好农民权益的赋权与治权问题,维护社会公平与公正,恰恰是市场经济本质要求。不仅如此,市场经济还涉及民主制度,健康、成熟的市场经济必须以民主制度作为保障,否则市场扭曲就难以避免。因此,市场经济体制实际是把双刃剑。不能只要市场的效率、市场的激励,还必须满足市场在权利公平、民主制度等方面的要求。如果不认识到这一点,市场就会失灵和失效。我们现在所要做的,一方面是要加大政府对社会矛盾的调控,另一方面是要坚定市场化改革的方向,不断完善市场经济体制,而不是把现阶段社会存在的矛盾与市场体制对立起来,对市场存在不信任感和排斥感,用政府替代市场,用政府包揽一切,这种倾向带来的后果会导致体制的倒退,值得引起我们的高度关注。从这一意义上讲,党的十八届三中全会公报所提出的"使市场在资源配置中起决定性作用"的观点,具有深刻的意义。

建立完善的治权结构,就是要建立完善的民众权益保障体系。就治权体系来看,一种是外生的治权体系,可以称之为"他治"体系。国家的法律与宪法体系、仲裁体系以及市场交易体系等,都可以看成是外生的治权体系。另一种是内生的治权体系。因为任何权益的保障不仅要靠外在的治权体系,而且还要依靠内生的治权体系。就农民的权益保障来说,既需要依靠外生治权体系的不断完善,也要依靠农民自身的努力。我国农民权益之所以经常受到侵害,一方面固然与赋权不足有关,与外生治权体系不完善有关,但另一方面也与内生的治权体系不完善有关,也就是与农民自身有关,即与农民权益的自我保护意识差,尤其与自组织化程度太低有关。事实上,经济社会微观主体的组织化也是市场经济的基本要求。同时,从农民权益的保护来讲,也是不可缺少的。如果微观主体像一盘散沙,缺乏组织化,不仅主体权益难以得到有效保护,而且市场经济也难以有效运行。所以,在农民权益保障问题上,我们既要加强与完善外生治权体系建设,又要重视加强内生治权体系建设,也就是说,农民必须建立起保护自身权益的组织。

权益的可交易性是治权结构不可或缺的内容。必须建立和完善私人产权(权益)的交易体系与机制。不仅私人产权(权益)要可交易化,在我国,由于不少公共权益和公共服务具有地方化供给的特性,因此,对于这样的公共品,也应该引入市场交易机制。就现阶段农民工的社保权益、农村义务教育的权益、农民的土地承包权和宅基地权而言,都应该允许跨地区流动和交易。这些权益有些是属于发展权,有些则属于生存权,但在农村人口不断流动,城乡二元社会结构还没有完全破解的情况下,就有必要引入交易机制,只有这样,农民才能真正获得更多的财产权益,城乡要素的流动才能更合理,经济社会的发展才能更健康。

准确把握中国乡村振兴战略^①

党的十九大提出实施乡村振兴战略,不仅是继中国新农村建设战略后着眼于农业农村优先发展和着力解决中国"三农"问题的又一重大战略,而且也是着眼于解决新时代中国发展不平衡和不充分,尤其是解决城乡发展不平衡和农村发展不充分矛盾的重大举措。实施乡村振兴战略,不仅需要充分认识这一战略的重大意义,而且需要准确把握乡村振兴战略的科学内涵、目标任务及其实施路径。

一、准确把握乡村振兴战略的科学内涵

首先,要准确把握乡村振兴战略和城市化战略的关系。通过乡村振兴战略解决中国城乡发展不平衡和农村发展不充分的矛盾,并非意味着中国城市化战略将放缓,更不是要用乡村振兴战略来替代城市化战略。恰恰相反,乡村振兴战略必须置于城乡融合、城乡一体的架构中推进,并且应以新型城市化战略来引领,以建成"以城带乡"、"以城兴乡"、"以工哺农"、"以智助农"、"城乡互促共进"融合发展的美丽乡村和实现乡村振兴。当前,无论从中国产业转型升级和协调发展的要求,还是从三次产业结构的演进规律看,中国均处在城市化加快发展的时期。尽管由于城乡二元结构的影响,中国城市化进程中仍存在农业转移人口市民化滞后

① 本文作者为黄祖辉。本文内容发表在《中国农村经济》2018 年第 4 期,被中国人民大学期刊复印资料《社会主义经济理论与实践》2018 年第 7 期全文转载。本文研究得到教育部党的十九大精神专项项目"乡村振兴战略的路径与政策研究"的资助。

和城市群发展不充分等问题,但党的十八大以来的一系列重大方针和举措表明,破解城乡二元结构,推进城乡发展一体化,推进以人为本的新型城镇化,到 2020 年解决"三个一亿人"①问题,以城市群为主体构建大中小城市和小城镇协调发展的城镇格局,加快农业转移人口市民化②,正在成为中国城市化战略坚定不移推进的重点与方向。从世界发达国家的现代化历程看,城市化是现代化的必经之路。城市化是人口和非农产业在空间集聚的过程,城市化必然是乡村本土人口减少的过程,但是,城市化并不排斥乡村的现代化和振兴,相反,乡村的现代化和振兴要以城市化的充分发展为前提。因此,从人口流动和空间集聚的角度讲,中国乡村振兴的过程,一定是城市化充分发展的过程,是人口与产业在城乡之间优化配置、城乡互动和融合发展的过程。其基本的逻辑是:城市化离不开乡村人口和要素的融入,而乡村振兴和现代化也离不开城市对乡村的带动和城市人口对乡村的向往。

中国乡村振兴战略与城市化战略的逻辑关系进一步表明,乡村振兴的战略重点与任务既在乡村,又在乡村以外。要实现城乡人口的交互流动和优化配置,必须拓宽乡村振兴战略的视野,既重视乡村内部的建设发展和体制机制的创新,又重视乡村振兴外部环境的改善。由于中国的城乡二元结构具有社会保障和财产权利双层二元的特性,因此,从破解城乡二元结构的体制机制的角度看,以城乡社会保障体制和农村集体产权制度为重点的三大联动改革,即城乡联动、区域联动以及中央和地方联动的改革,应纳入乡村振兴的战略框架,并成为乡村振兴战略的基本驱动力。也就是说,破解城乡二元结构,建立城乡一体、城乡融合、城乡互促共进的体制机制,应成为乡村振兴和乡村现代化的必要条件。

其次,要准确把握中国乡村形态及其变化趋势。改革开放以来,随着工业化、城市化和市场化的发展,中国不仅已有 2.6 亿农村劳动力转向城镇就业,而且村庄的数量也在不断减少,从 2000 年的 66 万个行政

---

① 参见李克强,2016:《政府工作报告》,中国政府网(www.gov.cn)。
② 参见习近平,2017:《决胜全面建成小康社会 夺取新时代中国特色社会主义伟大胜利——在中国共产党第十九次全国代表大会上的报告》,中国政府网(www.gov.cn)。

村,减少到 2016 年末的 52.6 万个行政村①。并且这些村庄已经分化成不同的类型,从人口集聚状况与生活方式看,大体可以分成三大类型。一类是已被城镇化覆盖或即将被覆盖的村庄,如城中村、镇中村和城郊村,这些村庄人口集聚程度比较高,村民生产和生活相分离,空间人口既包括村民,也包括非村民。另一类是 2005 年国家实施新农村建设以来由若干村庄"撤扩并"逐步形成的,人口相对集聚、村民生产与生活相分离、社区服务功能基本健全的中心村。还有一类是人口集聚度不高、村民生产生活依然不分离的传统村庄。很显然,这些不同类型的村庄,在乡村振兴中将会有不同的发展走向:有的会很快融入城镇化,直接成为城市的组成部分;有的可能成为乡村社区的服务中心或新型田园生态小城镇;有的村庄,如"一方水土养不活一方人口"的贫困村,或者空心村,则有可能随着人口的迁移或村庄的撤并而逐渐消亡;而大量的村庄,通过乡村振兴战略的实施,会成为"产业兴旺、生态宜居、乡风文明、治理有效、生活富裕"和乡愁依旧的美丽家园。

中国乡村形态分化与发展的态势表明,随着城市化和工业化的发展,中国乡村人口分布正在逐步从分散的自给型经济分布向相对集聚的市场型经济分布转变,乡村人口的空间格局与分布正在发生着剧变。这种剧变过程意味着,一方面,乡村的发展和振兴不仅需要城市化的引领,而且也需要乡村人口自身在空间上的相对集聚和优化分布,这两者应该是同步的过程;另一方面,乡村人口空间格局与分布的变化,也为乡村振兴战略的实施提供了创新空间,具体而言,是为"乡"和"村"的有机结合、优化配置和融合发展提供了创新空间。从中国不同区域乡村的不同类型和发展实际出发,既可以以"村"为基本载体实施乡村振兴战略,也可以以"乡"为载体实施乡村振兴战略。也就是说,在有条件的乡村区域,可以通过体制机制的改革创新,探索以"乡"主导、以"乡"带"村"、"乡""村"共治与融合发展的新型乡村治理结构,对乡村组织、干部体制、人口集聚、产业发展、公共服务和产权制度等进行深化改革和优化配置,实现新型城镇化与乡村振兴的深度融合。总而言之,中国乡村振兴战略与城

---

① 数据来源:《2016 年城乡建设统计公报》,住房和建乡建设部网站(www.mohurd.gov.cn)。

市化战略并不是个矛盾体,而是"你中有我,我中有你"的相互交融关系。在中国乡村振兴的进程中,乡村定将成为农业转移人口市民化的助推器,田园生态城镇的新空间,城乡居民对美好生活向往与追求的宜居地。

二、准确把握乡村振兴战略的目标任务

实现农业农村现代化是中国乡村振兴战略的总目标。这一目标的实现将分为三个阶段,也就是:到 2020 年,乡村振兴取得重要进展,制度框架和政策体系基本形成;到 2035 年,乡村振兴取得决定性进展,农业农村现代化基本实现;到 2050 年,乡村全面振兴,农业强、农村美、农民富的目标全面实现①。具体的建设目标和任务集中体现为党的十九大报告中关于实施乡村振兴战略的"二十字"方针,也就是要"按照产业兴旺、生态宜居、乡风文明、治理有效、生活富裕的总要求,建立健全城乡融合发展体制机制和政策体系,加快推进农业农村现代化"②。"产业兴旺、生态宜居、乡风文明、治理有效、生活富裕"这"二十字"方针与2005 年党在十六届五中全会提出的建设社会主义新农村的"生产发展、生活宽裕、乡风文明、村容整洁、管理民主"的"二十字"方针相比,无论在提法的表述及其内涵方面,还是在目标要求等方面,都有了不少全新的意涵和指向,必须予以准确把握,使相关政策和建设举措既切合乡村振兴战略的总体要求,又与各地乡村发展的实际紧密结合,产生切实的效率。

"产业兴旺"是乡村振兴的经济基础。"产业兴旺"具有丰富的内涵,不能仅局限于第一产业农业的发展,而应着眼于"接二连三"、三次产业融合、功能多样、质量取胜的现代农业产业的兴旺与发展。因此,必须着眼于建立现代农业的三大体系,即产业体系、生产体系、经营体系的建构

---

①　参见《中共中央国务院关于实施乡村振兴战略的意见》,新华网(www.xinhuanet.com)。

②　参见习近平,2017:《决胜全面建成小康社会 夺取新时代中国特色社会主义伟大胜利——在中国共产党第十九次全国代表大会上的报告》,中国政府网(www.gov.cn)。

与完善;注重现代农业产业链延长、价值链提升和利益链完善;突出产业发展的绿色化、优质化、特色化和品牌化;推进多类型农业适度规模经营和多元化专业化农业服务发展;统筹兼顾培育新型农业经营主体和扶持小农户,实现小农户和现代农业发展的有机衔接。

"生态宜居"是乡村振兴的环境基础。要赋予"生态宜居"更多的内涵。首先,宜居的乡村生态环境不是仅仅针对乡村百姓宜居的生态环境,也应该是能满足城市居民对美好生活向往的宜居环境,即对城市居民开放、城乡互通的"生态宜居"。其次,实现乡村"生态宜居"必须对生态保护、生态产权、生态交易、生态利益等体制机制进行改革创新,以实现乡村自然生态环境保护与开发利用的和谐统一,使"生态宜居"的乡村既成为城乡居民对美好生活向往的所在地,又成为"绿水青山就是金山银山"的所在地和富裕农民的重要源泉。

"乡风文明"是乡村振兴的文化基础,也是乡村德治的本质体现。中国是个有着悠久文明历史的古国,同时也是个崇尚中国特色社会主义和现代生态文明的大国。这意味着,实现乡村振兴中的"乡风文明",既要体现具有明显中国特色的五千年历史传承的农耕文明,又应该彰显与现代工业化、城市化、信息化社会发展相适应的现代文明,也就是说,是体现传统文明和现代文明相互融合与发展的"乡风文明"。如何把这两种文明有机结合、融为一体,形成中国特色的现代乡村文明体系,是乡村振兴战略实施中需要重点研究和实践探索的课题。

"治理有效"是乡村振兴的社会基础。治理与管理的重要区别在于,治理强调的是多元的参与性和协同性,而管理强调的是纵向的主导性和服从性。乡村的"治理有效"是国家治理体系现代化和乡村"善治"的必然要求和重要组成,"治理有效"应该既体现治理手段的多元化和刚柔相济,即"三治合一",又体现治理效果的可持续性和低成本性,并且能为广大农民群众所认可、所满意。法治、德治、自治这一乡村治理体系从制度安排的角度看,法治属于正式制度和他治偏向的制度安排,德治则属于非正式制度和自治偏向的制度安排,两者一"刚"一"柔",可以实现刚柔相济、张弛有度的治理效果。自治是村民自主和民主参与的重要前提和制度安排,是乡村"治理有效"的重要制度基础。要实现乡村社区的有效自治,一方面,要清晰自治的边界,并对乡村社区组织进行必要的赋权;

另一方面,要充分发挥社区集体组织的自主性和能动性。

"生活富裕"是乡村振兴的民生目标。具体而言,就是要消除乡村贫困,持续增加乡村居民收入,同时缩小城乡居民在收入和社会保障方面的差距,实现乡村人口全面小康基础上的"生活富裕"。居民收入水平是"生活富裕"最重要的衡量标志,但"生活富裕"不仅仅体现在收入方面,还应具体体现在居民生活质量方面,体现在家庭和睦、社会和谐等方面。从这一意义上讲,"生活富裕"是乡村振兴战略的终极目标。

还需要把握的是,乡村振兴战略"二十字"方针所体现的五大目标任务是相互联系的有机体,因此,不仅要准确把握这"二十字"方针的科学内涵和要求,还要把握好这"二十字"方针所内含的五大目标任务的内在逻辑性和相互关联性,以便在乡村振兴战略实施中能做到整体设计、突出重点、方法得当、有序推进、事半功倍。具体而言,在乡村振兴战略推进过程中,首先,要把实现乡村百姓"生活富裕"作为乡村振兴的根本性目标。其次,要把乡村"治理有效"与"乡风文明"建设紧密结合起来,通过"治理有效"促进"乡风文明"建设,通过"乡风文明"建设提高乡村德治水平,实现"三治合一"的乡村"善治"格局。再次,要把"产业兴旺"与"生态宜居"有机结合起来,使"生态宜居"既成为乡村百姓"生活富裕"的重要特征,又成为"产业兴旺"的重要标志。这是因为,中国乡村的"产业兴旺"并不单纯体现第一产业农业的"产业兴旺",更要体现乡村三次产业融合和功能多样的"产业兴旺",其中,诸如乡村休闲旅游业和各种类型的康养产业的发展,无疑要以乡村"生态宜居"为基础和前提。

在准确把握乡村振兴战略科学内涵和目标任务的同时,还应确立科学的推进思路和推进路径。本文构建了中国乡村振兴战略的推进思路和推进路径框架,详见图1所示。按照本文图1的构想,中国乡村振兴战略的推进,应从区域新型城镇化战略和乡村差异化发展的实际出发,把握"二十字"方针的科学内涵及其目标任务的相互关系,然后制定具体的落地规划。在乡村振兴战略的具体推进过程中,还应把握"三条路径"的同步协调,即"五个激活"驱动、"五位一体"协同和"五对关系"把控的同步协调。也就是说,实施乡村振兴战略,首先,要对乡村振兴战略的科学内涵和目标任务进行充分论证;其次,要与区域城镇化进程和乡村发展实际紧密结合,对各地区不同形态的乡村及其发展进行合理定位,做

从区域新型城镇化战略和乡村差异化发展实际出发

产业兴旺	生态宜居	乡风文明	治理有效	生活富裕
三大体系粮食安全	市民宜居村民宜居	现代文明传统文明	治、法治自治、德治	消除贫困全面小康

三条路径同步协调

"五个激活"驱动	"五位一体"协同	"五对关系"把控
激活市场激活主体激活要素激活政策激活组织	农民主体政府主导企业引领科技支撑社会参与	乡村与城市政府与市场人口与流动表象与内涵短期与长期

总目标：农业农村与农民现代化

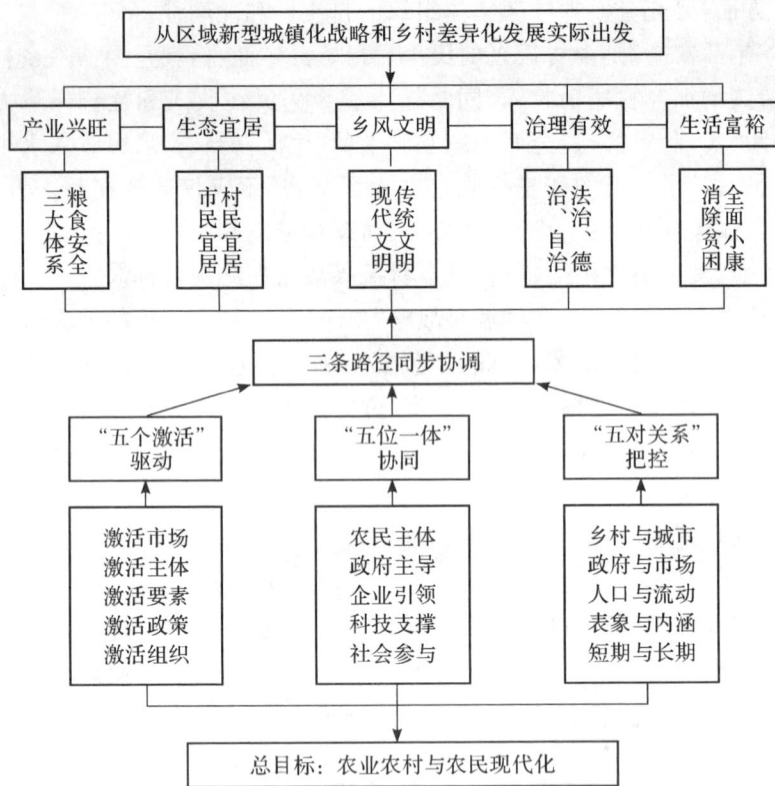

图 1　中国乡村振兴战略推进思路与推进路径框架

好顶层设计，制定出具体的计划安排，而不宜仓促出台与实施建设项目，切忌操之过急，避免走弯路。

三、准确把握乡村振兴战略的推进路径

（一）"五个激活"的驱动路径

推进乡村振兴，必须激活市场、激活主体、激活要素、激活政策、激活组织。这"五个激活"要通过深化改革来实现。换言之，乡村振兴战略必须靠改革来驱动，这是乡村振兴战略最重要的推进路径。

1.激活市场就是要充分发挥市场在乡村振兴,尤其是在实现产业兴旺中的作用

激活市场主要涉及两个层面的改革。一是推进发挥市场机制作用与功能的改革。即以完善产权制度和要素市场化配置的改革为重点,实现产权有效激励、要素自由流动、价格反应灵活、竞争公平有序、企业优胜劣汰①。二是推进政府职能转换的改革。即改变政府干预与包办过多,进而替代市场的状况,以实现政府和市场的合理分工。就乡村振兴的诸多建设任务而言,如果没有市场作用的充分发挥,单纯靠各级政府主导和投入,乡村振兴所采取的举措充其量只是在短期内可行,长期不一定可持续。

2.激活主体就是要激活乡村振兴中的经营主体

首先,经营主体能否被激活取决于它是否是市场的主体。从这一意义上讲,激活市场是激活主体的前提,市场不活,主体一定不活。其次,激活主体还必须赋权于主体。换言之,在乡村振兴的过程中,要通过产权制度和经营制度的改革,赋予广大农民更多的财产权益和经营权利,使其能在市场竞争中拥有与城市居民平等的主体权利。

3.激活要素就是要激活土地、劳动力、资本、技术这些基本生产要素

激活要素实际上是市场能否被激活和要素所有者能否被激活的基础与关键。因此,还是需要坚定不移地推进要素市场化配置的改革。

4.激活政策实质上仍要通过激活政府的途径来实现

这并不是要求政府无所不能,而是要求政府处理好与市场的关系。有为的政府应该既能在"市场失灵"时替代市场,又能在"市场有效"时充分发挥市场的作用。也就是说,政府的政策应该既能及时弥补"市场失灵",又能有效发挥"市场作用"。

---

① 参见习近平,2017:《决胜全面建成小康社会 夺取新时代中国特色社会主义伟大胜利——在中国共产党第十九次全国代表大会上的报告》,中国政府网(www.gov.cn)。

5.激活组织既与主体有关,又与制度有关

组织本身就是主体,不同的组织代表着不同的主体;同时,组织也是一种制度,不同的组织代表着不同的组织制度安排。在乡村振兴中,激活组织的重点是通过组织制度的改革与创新,促进农户家庭组织、农民合作组织、农业企业组织、农业行业组织等多种产业组织和社会组织的协同发展,以激活不同类型的经营主体和经营机制,实现现代农业经营主体与经营体系的有机契合。

(二)"五位一体"的协同路径

推进乡村振兴战略需要全社会多主体、多力量、多机制的介入与协同,这种介入与协同的结构应该是农民主体、政府主导、企业引领、科技支撑、社会参与的"五位一体"。

1."农民主体"就是让广大农民成为乡村振兴的主体力量,而不是旁观者和跟随者

要使农民成为乡村振兴的主体力量,必须确立农民在乡村的主体地位。首先,要完善乡村治理体系,赋予农民主体权利和主体责任,强化村民的自主意识和自治功能。其次,作为乡村振兴主体的农民,必须是组织化的农民,而不是分散的农民,分散的农民难以适应现代农业的发展,难以担当乡村振兴的主体责任。因此,提高农民的组织化程度,如促进农民合作组织的健康发展、乡村社区集体组织的完善发展,应成为乡村振兴战略的重要组成部分。此外,作为乡村振兴主体的农民,一定是"老农人"和"新农人"并存、二者相互交融和融为一体的农民,这是中国农业农村发展中人力资源变化的趋势所在。因此,通过教育、社保、产权等体制的深化改革与"新农人"政策的完善,提升乡村人力资源质量,优化农民主体结构,是让农民成为乡村振兴主体的重要环节。

2."政府主导"是指政府在乡村振兴战略实施中应主要发挥制导和引导的作用

所谓"制导",首先是中央政府对乡村振兴战略的实施与推进进行科学的顶层设计,以明晰乡村振兴的科学内涵、推进思路、发展目标、阶段任务等,确保乡村振兴战略沿着正确的方向前行。其次是各级政府根据

顶层设计,结合地方实际,制定具体的实施规划和推进乡村振兴战略的改革方案与工作计划。所谓"引导",可以看成是政府制导作用的进一步体现和延伸。只有将政府的制导作用和引导作用有效结合,才能充分体现政府在乡村振兴战略实施中的主导作用。政府的引导作用主要体现在三个方面:一是政策引导,二是示范引导,三是投入引导。中国政府对农业农村发展应该说很重视,将"三农"工作置于各项工作"重中之重"的地位,每年都发布与"三农"有关的中央一号文件,经常出台支农惠农政策,频繁建立各种类型的试验区、示范区,不断加大农业农村投入。但是,从政府引导的作用效果来看,仍存在政策之间协同性不够、精准引导作用发挥不够,不少改革试验区和发展示范区流于形式、实际的示范引导作用发挥不够,政府投入面广量大但"四两拨千斤"的引导作用发挥不够等问题。这表明,有效发挥政府在实施乡村振兴战略中的主导作用,还有很大的提升与优化空间。

3."企业引领"是指各类企业,尤其是涉农类企业,应在乡村振兴中发挥龙头引领的作用

这种引领作用主要体现在三个方面:一是投资农业的引领。农业不仅是一个投资回报期较长的产业,也是一个集经济再生产和自然再生产于一体、市场风险和自然风险较高的产业。对于这样的产业,单纯依靠农民的投资热情是远远不够的,必须鼓励和引导企业和工商资本投资农业,使其对农业投资起引领作用,并且支持企业进入农业的适宜领域,与农民共同推进产业兴旺发展。二是产业融合的引领。农村三次产业融合发展是农业产业化经营和纵向一体化发展的必然,是农业多功能发展的要求。产业融合程度既取决于产业链相关主体利益机制的建构,又取决于产业链中核心主体的引领作用。尽管中国农业产业的基本主体是农户和以农户为基本成员的农民合作社,但从农村三次产业融合发展和农业产业化经营的现实看,却基本是企业主导的格局。因此,在农村产业融合发展的过程中,除了重视广大农民主体和合作组织的培育外,更应重视企业在产业融合中的龙头引领作用和企业与农民之间利益机制的完善,以形成产业融合的共赢格局。三是带动小农的引领。企业对小农的引领不仅体现在发展理念、技术应用、市场开拓这些方面,还应该体现在引领小农融入现代农业方面。党的十九大报告提出要实现小农户

与现代农业发展的有机衔接,是着眼于"大国小农"这一中国基本国情的发展要点。实现小农户与现代农业发展的有机衔接,既取决于小农自身能力的提升、小农的组织化以及适合于小农的现代农业模式的选择,又取决于有助于克服小农局限性的体制机制的建构,如面向小农的社会化服务体系的建立与完善、农村土地制度和社保制度的进一步完善、政府产业政策对小农的惠及和惠及方式的创新等。在这些方面,企业有很大的引领空间,如组织小农、建立基地、提供培训;建立面向小农的服务体系;通过小农生产要素的资产化、股份化,与小农建立长期的互利共赢关系;等等。

4."科技支撑"就是要在乡村振兴中充分发挥科学技术的力量

首先是发挥农业技术对现代农业的支撑作用。现代农业是"接二连三"、功能多样的农业产业,要支撑这样的农业产业发展,必须拓宽农业技术的范畴,建立现代农业技术体系。也就是说,不仅要重视提高土地产出率和劳动生产率的技术进步,而且要重视提高资源利用率和质量安全的技术进步;不仅要重视第一产业农业的技术进步,而且要重视第二、第三产业农业的技术进步;不仅要重视单项技术应用的效率,而且要重视技术集成与组合应用的效率。其次是发挥互联网技术对农业农村发展的支撑作用。短期看,互联网技术对农业农村发展来说既是机遇,更是挑战,主要表现为不少分散化、小规模、组织化程度不高的小农不适应代表高科技、由精英主导的互联网技术及其业态的渗透和冲击。这说明,要发挥科技在乡村振兴中的支撑作用,不仅取决于科学技术本身的应用效率及其对农业农村的适用性,还取决于科技应用主体对技术进步的适应能力,以及与技术进步、推广应用相关的体制机制的变革,如小农的组织化、公共服务体系的建构、线上与线下的协同和互联网的规制完善等,都应加快跟进。

5."社会参与"是乡村振兴的重要力量和关键

这种社会力量既内涵于乡村社会,更来自城市社会。社会参与的主要力量包括企事业单位、社会团体、民间组织与志愿者;社会参与的主要方式包括自主参与、合作参与、协同参与等;社会参与的主要内容包括创业参与、服务参与、援助参与、投资参与等。高校与科研机构具有人才和

科技的优势,应成为社会参与乡村振兴的重要力量。具有乡村情怀的能
人贤达是社会参与乡村振兴的积极力量,应予以积极鼓励和引导。重要
的是,要建立和完善社会参与乡村振兴战略的体制机制。例如,出台鼓
励高校和科研机构在乡村建立研发基地、科技平台的相关政策;建立乡
村振兴信息平台;建立大学生到乡村就业和志愿服务的激励机制,并出
台相关政策;为返乡创业人员、新乡贤和志愿者提供对接平台;完善企业
社会责任的考核与激励机制;梳理和完善各种形式的社会帮扶乡村振兴
的项目与激励措施等。

(三)"五对关系"的把控路径

同步协调推进乡村振兴战略,还需把控"五对关系",即乡村与城市
的关系、政府与市场的关系、人口与流动的关系、表象与内涵的关系、短
期与长期的关系。

1.把控乡村与城市的关系

前文在对乡村振兴科学内涵的阐述中,实际上想表明一个基本观
点,即城市化离不开乡村要素的支撑,乡村振兴离不开城市化的带动,乡
村振兴战略与城市化战略是相互依存与互动的关系,不能把两者对立起
来。再者,从中国现阶段三次产业结构的演进趋势以及工业化、城市化、
农业现代化这"三化"的关系看,中国仍存在城市化和农业现代化均滞后
的问题。其中,农业现代化滞后的一个重要成因是产业结构和就业结构
不协调,即全社会从事农业的劳动力比重依然大大高于农业在 GDP 中
的比重。通过城市化的进一步发展不断减少农业劳动力,是解决城市化
和农业现代化双重滞后的基本途径。这表明,城市化战略和乡村振兴战
略不仅要双轮驱动,而且要有机衔接。现实的难点在于,中国仍然存在
城乡二元结构,因此,要实现这两大战略的双轮驱动和有机衔接,还是要
在消除城乡二元结构这一城乡发展一体化的最大制约因素[①]的同时,以
新型城镇化战略的引领,推进乡村振兴战略的有效实施,实现两大战略
的互促共进和有机衔接。

---

① 参见习近平,2013,《关于〈中共中央关于全面深化改革若干重大问题的决定〉
的说明》,新华网(www.xinhuanet.com)。

2.把控政府与市场的关系

在推进乡村振兴战略的进程中,政府主要起主导作用。但政府要发挥好主导作用,关键还是要处理好与市场的关系,充分发挥市场在资源配置方面的基础性作用。政府和市场的关系本质上不是不同主体之间的关系,而是不同机制或制度之间的关系,两者构成经济社会最重要的治理架构。政府运行机制的主要优势在于通过科层体系的制度安排,降低市场交易中的不确定性和交易成本。而市场运行机制的主要优势在于通过竞争体系的制度安排,提高竞争效率,并且降低科层体系下的组织控制成本。在乡村振兴战略的实施中实现政府和市场的合理分工、优势互补,要求政府除了发挥制导和引导的作用外,还应对非竞争性和非排他性的资源配置以及类似公共产品的供给,提供制度安排和发挥主导性作用。在除此之外的资源配置以及产品与物品的供给方面,应充分发挥市场的主导作用,通过市场机制来配置和供给。实践中,还应注重政府与市场的有机结合,如政府提供公共服务或公共产品,然后由市场来具体运营。此外,处理好政府与市场的关系还需要充分发挥行业组织制度的作用,以克服政府和市场都低效情况下的不足,形成政府、市场、行业组织"三位一体"的经济治理结构。

3.把控人口与流动的关系

在乡村振兴中把握人口和流动的关系,实际上就是要把控好乡村"留守人口"与"流动人口"的关系,这与对乡村振兴内涵的认识有关,与对乡村振兴与城市化关系的把握有关。改革开放40年来,随着工业化和城市化的发展,中国大量乡村人口实现了非农化和向城市的转移。但与此同时,由于城乡二元结构的存在,中国乡村人口的非农化和向城市的转移又很不彻底。这集中表现为:乡村年轻人流向城市的多,举家流向城市的少;非迁移性质的流动人口多,迁移进城定居的人口少。这种乡村人口的流动性状导致了乡村"三留"人口(留守老人、留守儿童、留守妇女)的常态化和村落人口经常性(除春节、清明节等重要节日外)的"空心化"或村庄人气不旺。这不仅给乡村家庭的稳定性与和谐性带来了隐患,而且也给乡村社区的治理和建设带来了"缺人"的挑战。面对如此性状的乡村人口,出路并不是简单地通过乡村建设吸引乡村外出人口回归乡村或"返乡创业",而是要通过城乡二元体制的破解和城乡一体化的发展,实现乡村人口在城乡之间的自由流动和择业。与此同时,要结合乡村村落的差异化发展,不断优化乡村人口在乡村空间的分布。毫无疑问,振兴的乡村应该是有"人气"的乡村,但这种"人气"一定是在城乡人口分布优化和乡村繁荣发展基础上所形成的"人气",而不是单纯依靠乡村人口增加所产生的"人气"。从城市化战略和乡村振兴战略的内在关系看,乡村振兴的过程应该是乡村本土人口减少,但空间分布优化的过程。乡村振兴中乡村的"人气",很大程度上将取决于城市化的充分发展和城市人口对乡村的向往与流动。

4.把控表象与内涵的关系

乡村振兴应体现在表象与内涵两个层面。表象是乡村振兴的外在形态,内涵是乡村振兴的内在本质。乡村振兴的外在形态因不同村落自然生态与资源禀赋的不同,会呈现不同的形态风貌。在实施乡村振兴战略的过程中,首先要从区域乡村自然生态的特点出发,进行乡村形态和风貌的规划设计,不宜脱离自身实际,简单照搬其他自然生态不同地区的乡村外在形态和风貌。乡村振兴的外在形态和风貌,既取决于乡村的自然生态特点与资源禀赋,更取决于乡村振兴的内涵,即其内在的本质。换句话说,决定或衡量一个地区的乡村是否振兴的,不是它的外在形态,而是它的内在本质。这主要体现为乡村发展的体制机制,如治理有效的乡村自治制度,激励与约束相融的乡村生态环境保护与利用机制,健康向上的文明乡风,产权界定清晰并且具有活力的村集体产权制度,完善的乡村社保制度和农民财产权益制度,等等。因此,乡村振兴中应高度重视内涵建设,要内涵建设和表象建设两手抓,并且以内涵建设促进表象建设。

5.把控短期与长期的关系

把控乡村振兴战略的长短期关系,有利于在乡村振兴战略实施中做到分清轻重缓急和实现可持续发展。乡村振兴是个需要长期实施的战略,不可能一蹴而就,因此切忌操之过急,更不能搞形象工程或单纯追求乡村外在形态的变化。要按照中央有关乡村振兴战略的三阶段发展要求,制定短期与长期相结合、内在与外在相结合的规划与行动计划。此外,乡村振兴战略实施中对于长短期关系的把控,不仅要考虑战略目标和建设项目的长短期结合,还要考虑体制机制改革与建构的长短期结合。要突出改革先行和重点突破,注重改革措施的配套和落地。对于国家已经明确的改革思路和举措,力求在短期内抓落实,大胆推进,力争取得成效并有所创新;对于国家没有完全明确但有原则性指导意见的改革,应根据自身发展的实际与条件,进行积极的探索和大胆的试验,争取为国家提供经验与思路。

我国农业供给侧结构调整：
历史回顾、问题实质与改革重点[①]

2016 年中央一号文件提出的"农业供给侧结构性改革"，是 2015 年中央经济工作会议关于供给侧结构调整与改革在农业领域的贯彻，具有极强的针对性。对于供给侧的结构调整与改革问题，目前政府部门比较重视供给侧方面的"去库存、去产能、去杠杆、降成本和补短板"这些问题，但相对忽视供给侧方面的制度性改革问题。我们认为，解决好现阶段我国供给侧的种种问题，不仅要重视供给侧的"三去、一降、一补"，而且要重视供给侧的制度性改革，并且要将这两者有机结合起来，以达到对供给侧问题的既治标，又治本。本文以农业供给侧为对象，通过对我国改革开放以来农业供给侧结构的三次重大调整和改革的回顾与评价，对当前我国农业供给侧所存在的问题实质进行分析，在此基础上，着重从制度改革的视角，对我国农业供给侧问题的化解提出思路与改革重点。

一、改革开放以来我国农业供给侧的
三次重大调整与改革

回顾我国改革开放以来的农业供给侧结构调整与变革，从国家层面

---

① 本文作者为黄祖辉、傅琳琳、李海涛。本文内容发表在《南京农业大学学报（社会科学版）》2016 年第 6 期，被中国人民大学期刊复印资料《农业经济研究》2017 年第 1 期全文转载。

看,主要有过三次重大的结构调整和改革,这三次重大的结构调整与改革,有的成效明显,有的效果却不很明显。

(一)20 世纪 70 年代末期:农产品供给不足下的农业经营制度和价格改革

从 1949 年新中国成立后到 1978 年的近 30 年中,我国走了一条计划经济和公有制的经济发展道路,在农业领域,则是按统购统销的计划经济体制和集体统一经营与分配的模式运行,这一制度安排始终没有解决好农产品的充分供给问题,供给短缺,配额消费,是当时农业和整体国民经济的常态。1978 年 12 月,中央召开了党的十一届三中全会,这次会议是具有重要里程碑意义的会议,会议做出了实行改革开放的重大决策。在农业发展方面,针对农产品供给长期不足的状况,会议提出要"按劳分配","克服平均主义","提高农产品收购价格",同时明确"社员自留地、家庭副业和集市贸易是社会主义经济的必要补充部分"。1979 年 9 月的十一届四中全会,进一步通过了《关于加快农业发展若干问题的决定》,允许农民在国家统一计划指导下,因时因地制宜,保障他们的经营自主权,发挥他们的生产积极性。1980 年 9 月,中共中央下发《关于进一步加强和完善农业生产责任制的几个问题》,肯定了包产到户的社会主义性质。到 1983 年初,农村家庭联产承包责任制在全国范围内得到了全面推广。农村家庭联产承包责任制的推行和农产品价格的放开,从农业供给侧的角度看,并不是农业产业结构的调整,而是农业经营制度和价格制度的改革,因而可以说是农业供给侧制度的改革,其本质是改变供给主体非激励的计划供给体制,转集体经营为农户家庭经营,同时对经营者引入价格激励和分配激励,这一改革大大调动了农业经营主体的农产品供给积极性,使主要农产品——粮食供给不足的问题很快得到缓解。粮食产量由 1978 年的 3.04 亿吨增加到 1984 年的 4.07 亿吨,创了当时我国粮食产量的历史新高,年均增长 4.9%,一举扭转了中国粮食长期严重短缺的局面,甚至出现了粮食的相对过剩和卖粮难。

(二)20 世纪 80 年代中期:农产品供给结构单一下的产业结构调整

伴随着农业改革所带来的粮食供给能力和供给量的持续提高,我国农业供给侧的结构出现了问题,表现为农业长期以粮为纲,农产品供给结构过于单一和畸形,粮食供给过量,其他类型农产品却依然供给不足,满足不了城乡居民对食品多样化的需求。基于此,1985 年的中央一号文件及时做出了"在稳定粮食生产的同时,积极发展多种经营"的农业产业结构调整的决策。调整的主要手段是适度放宽粮食政策,减少国家对粮食的计划订购,同时逐步放开其他农副产品价格。这一调整,大大改变了我国农产品的供给格局,据统计[①],从 1984 年至 1995 年这十一年间,尽管我国粮食产量增长速度有所下降,年均仅递增 1.2%,但通过农业生产结构的调整,其他农产品在这一时期却得到了迅速发展。1995年,猪牛羊肉、水产品、禽蛋、牛奶和水果产量分别达到 4254 万吨、2517万吨、1676 万吨、562 万吨和 4211 万吨,分别比 1984 年增长了 1.8 倍、3.1 倍、2.9 倍、1.6 倍和 3.3 倍,多样化的农产品供给,总体上满足了城乡居民基本小康生活的食物消费需求。

(三)20 世纪 90 年代中期:农产品供给过剩下的农业战略性结构调整

进入 20 世纪 90 年代以来,尤其是邓小平的 1992 年南方谈话后,我国的改革开放和市场经济进一步加快,整体经济明显升温,农业也不例外,增长加快,但与此同时,大多数农产品的供给呈现过剩和买方市场的现象,农民又面临农产品的卖难问题。尽管 90 年代与 80 年代的农产品过剩都是结构性的相对过剩,但是两者却存在本质上的区别,80 年代中期的农产品过剩是农业结构过于单一下的粮食相对过剩,而 90 年代的农产品供给过剩,则是在农产品生产结构调整后又出现的相对过剩,并且过剩的波及面比较广,这样的农产品供给过剩和卖难问题,原因比较

---

① 《中国的粮食问题》白皮书,中华人民共和国国务院新闻办公室,1996 年 10 月。

复杂,往往与农业的纵向结构、组织结构、空间结构以及农产品的品质结构相关联,因而很难通过简单的产品种类结构或数量结构的调整而解决。面对这样的农产品供给状况,政府采取了一系列措施。先是在1993年总结山东诸城等经验的基础上,出台了大力发展农业产业化经营的文件,重点是培育农业龙头企业,通过"公司＋农户"的模式,帮助农民进入市场,解决农产品卖难问题。然后在90年代中后期①,又提出要大力推进"农业的战略性结构调整"②,这一思想在2000年的党的十五届五中全会上得到进一步的明确。从当时的中央有关文件精神解读来看,农业的战略性结构调整还是有不少新意,归结起来,涉及四种类型的农业结构调整与优化:一是调整与优化农业区域空间结构,进一步发挥区域农业比较优势;二是调整与优化农业的品质结构,进一步满足市场多元化消费需求;三是调整与优化农业的组织结构,进一步提高农业的组织化程度;四是调整和优化农业的纵向结构,进一步推进农业的产业化经营和纵向一体化。然而,值得深思的是,与改革开放以来前两次的农业供给侧结构的重大调整和改革相比,90年代中后期的围绕农业供给侧问题所提出的农业战略性结构调整效果并不是很明显,没有达到当时的预期,以至于"农业战略性结构调整"这一农业供给侧的重大结构调整和改革几年后就逐渐淡出政府和学者的视野。

二、我国农业供给侧结构调整 与改革的启示与问题实质

时至今日,当我们再次面对农业供给侧结构调整和改革这一问题时,回顾改革开放以来我国农业供给侧结构三次重大的调整与改革的实践历程,分析个中原因与规律,总结经验教训,对现阶段我国农业供给侧的结构调整与改革,会有不少的启示。

① 这一轮调整在很多地方,实际上是从1998年开始的(范小建:对农业和农村经济结构战略性调整的回顾与思考,《中国农村经济》,2003年第6期)。

② 陈锡文等:当前农业的中心任务是实行战略性结构调整,《管理世界》2000年第1期。黄祖辉:抓住机遇,加快浙江农业结构调整,《浙江社会科学》,2001年第2期。

首先,农业供给侧是个多元素和多组合的关联性系统结构。这一系统结构不仅包含了产品(初级产品、加工产品、服务产品)与要素(土地、劳动、资本、技术以及自然禀赋的资源)的关联结构,而且也包含与此相关的制度(产权、合约、文化、组织、政策、法律等)安排结构。在这些形成供给的多元素和多组合的关联结构中,土地、劳动、资本、技术以及自然资源的禀赋,是供给的物质基础和潜在能力,通过这些要素的不同组合,形成消费者所需的实物产品和服务产品,然后通过一定的交易机制,完成供给与需求的转换。在整个农业供给侧的关联结构中,产权、合约、文化、组织、政策、法律等制度元素及其安排,左右着供给主体的行为,进而也决定着要素的组合方式、组合效率和供给效果,是整个农业供给侧的机制性因素。由于政府是制度供给与安排的主要主体,因此,在农业供给侧结构调整和改革过程中,从政府作为的角度讲,应重视制度层面的安排和改革推进,而不是单纯的行政干预。

其次,农业供给侧的形成与演进具有内生性和外生性的特点。人类社会自分工和交易产生以来,就存在"供"和"求"两个侧面,现实中,随着分工的细化和产业链的延伸,供给方和需求方往往不绝对,具有相对性,比如,生产者对于要素的供给而言,就是需求方,但对于产品消费者而言,他却是供给方。整个农业乃至整个经济的供给侧就是在这种供求的相对性和主体角色的不断转换过程中形成的。农业分工的细化与产业链的延伸,会使得农业产业主体的角色转换频繁、主体与主体的关联度加强,进而农业供给侧的结构趋于复杂化。这一供给侧的形成与演进特点,是供给侧结构变化与演进的内在逻辑或内生性特点。除此之外,农业供给侧的结构变化与演进,还受制于若干外生性因素的作用。一是消费需求。包括消费者对供给品数量与质量的需求,它决定供给侧与需求侧的吻合度。二是市场竞争。包括供方竞争与买方竞争两个方面,它决定供给侧的变革压力大小。一般而言,如果市场是买方主导,即处于买方市场,则供给侧的竞争会加剧,其结构变革的压力也会随之增大。反之,买方的竞争会加剧,供给侧的结构变革压力并不大。三是技术变革。在制度安排给定情况下,它决定供给侧的投入产出效率。四是制度安排。包括正规制度和非正规制度,它决定供给侧的主体行为、治理结构和交易费用。需要进一步指出的是,在上述四项外生性因素中,需求是基础性的决定因素,需求决定竞争,而这种由需求所决定的竞争,又决定着技术与制度的变革。就农业与食品产业而言,消费需求的变化是有规律所循的,因此,农业供给侧的结构调整与改革,关键是要依据需求变化趋势和市场竞争特点,重点在供给侧的技术变革和制度变革上做文章。

最后,现阶段我国农业供给侧问题的实质是制度变迁滞后。回顾我国改革开放以来农业供给侧的三次重大结构调整与改革,可以发现,尽管在提法上不尽相同,难易程度也不一样,但其成功和不足的背后,都与供给侧的体制机制创新与改革的针对性与力度有关。毫无疑问,针对农产品供给全面短缺问题的第一次农业供给侧的变革之所以取得明显成效,起决定性作用的是推进农业经营机制和农产品价格制度的改革。至于20世纪80年代中期的农业产业结构的有效调整,表面上看是政府对农产品计划任务结构的调整,但其背后所伴随的一系列措施,如农产品价格的放开,统派购制度的逐步取消,农业劳动力流动的放宽,均体现着我国农业供给侧体制从计划经济体制向市场经济体制的转变,具有明显的制度推进效应。而90年代中后期针对农产品进一步过剩现象和竞争力不足的问题而提出农业战略性结构调整之所以没能取得预期的效果,根本原因是对当时我国农业战略性结构调整的难度和关键路径缺乏精准的判断,因而在实践中没能坚持以改革为统领来持续推进农业战略性结构调整。很显然,与当时农业战略性结构调整密切关联的农业纵向结构、组织结构、区域结构以及品质结构的优化和调整,单纯依靠政府行政推动是难以奏效的,必须着眼于适应市场经济供给体系的构建,通过改革的深化与配套来实现。

时至今日,我国的农业供给侧依然面临着供给过剩和国际竞争力不足的问题,并且随着农业全球化竞争的加剧和消费全球化选择的加快,这一问题还在不断地加重。普遍存在的现象是,从粮食产业看,一方面是政府补贴负担越来越重,另一方面却是粮食库存积压和粮价高于国际市场。从其他农业产业来看,一方面是各地政府大力支持和招商引资发展,另一方面却是产品供给过剩,地区竞争加剧,导致价格下跌,农民利益受损。从产业链的角度看,尽管政府强调要三次产业融合发展,但实践中代表农民的组织化依然滞后,农民依然难以与下游有效和平等地对接;同时,产品质量依然难以追溯,消费者仍然对食品质量安全缺乏信心。而从体制层面看,无论是各类新型农业经营主体,还是投资农业的工商企业,越来越多的经营主体从事农业并不是着眼于市场需求,而是着眼于政府政策支持。"只要政府能支持,不愁经营会亏本"的心理已具普遍性。可见,我国目前的农业供给侧体制不是在进步,而是在倒退,已逐渐偏离市场需求导向、市场机制主导的轨道,变成了政府主导和政绩取向的农业供给侧体制。

三、推进我国农业供给侧结构调整与改革的思路和重点

基于上述对我国改革开放以来三次农业供给侧结构重大调整与改革的回顾、评价、启示以及对当前我国农业供给侧问题与实质的判断,本文认为,当前我国农业供给侧的结构调整与改革,要重点突出改革推动和战略性结构调整;不仅要将政府行政推动和改革推动有机结合,而且要将现行农业供给侧结构调整的"三去、一降、一补"策略与农业战略性结构调整有机结合;着重处理好政府干预与市场主导的关系,着眼于建立政府干预、市场主导、行业协调、农民(企业、合作社)主体的"四位一体"农业供给侧的治理架构,使我国农业供给侧结构与制度尽快适应全球化、市场化和现代农业发展的需要。

就当前我国农业供给侧的改革而言,重点应推进以下三个方面的改革。

一是推进农业调控体制改革,优化农业供给侧治理结构。要通过政府职能的进一步转换和政绩考核体系的改革,遏制地方政府各自为战、盲目发展和区域过度竞争,制约政府对农业进行偏离市场需求、扭曲市场价格和经营者行为的干预,以有效发挥市场调节供求关系、主导经营者行为的基础性作用。并且在政府职能转换的同时,通过赋权扩能,加快跨区域农业行业组织的发展,真正发挥行业组织在产能控制、供给调整、有序竞争、质量监控、品牌打造、信息服务、价格协调、贸易促进等方面的作用,建立政府、市场、行业与产业经营主体"四位一体"、职责明确、功能互补的农业供给侧治理结构。

二是推进农业经营制度改革,提高农业供给侧经营水平。农业全产业链大多环节多、形态多,并且跨域一产、二产和三产,往往难以用一种经营制度或一种组织模式来驾驭。因此,必须通过农业经营制度的改革和组织制度的优化,充分发挥农户家庭经营、农民合作经营、企业公司经营和行业自我协调的各自功能和制度优势。在此基础上,还应促进这些经营制度及其组织的有机结合和集成创新,形成家庭经营、合作经营、公司经营、行业协调"四位一体"的现代农业经营体系,以推进农业的多类型适度规模经营和多元化、专业化服务,提高农业供给侧的产业融合度、产业化经营水平和纵向一体化效率。

三是推进农业要素制度改革,提高农业供给侧配置效率。我国农产品市场的价格扭曲,既与政府过度干预有关,也与农业生产要素的市场化滞后有关。首先是农村土地和生态资源产权制度不完善,导致土地和生态资源的市场交易和市场配置能力不足。其次是农民社保和财产权益不完整,导致农业农村劳动力流动不畅,劳动力价格形成存在扭曲现象。再次是金融市场化滞后和农民财产权益不完整,导致农民农业信贷难、抵押难和保险难。农业生产要素的市场化滞后,致使要素在空间、产业链的配置效率降低,为此,必须加快生产要素的市场化取向的改革,重点是进一步推进农村土地产权制度、农民住房制度和社保制度、农村金融制度的改革,赋予农民更多财产权利和要素经营权,提高市场对农业供给侧生产要素的配置能力和配置效率。

参考文献

[1]陈锡文,杜鹰,唐仁建,宋洪远. 论新阶段农业和农村经济的战略性结构调整[J]. 管理世界,2000(1):146-160.

[2]范小建. 对农业和农村经济结构战略性调整的回顾与思考[J]. 中国农村经济,2003(6):4-10.

[3]国务院新闻办公室. 中国的粮食问题 [EB/OL]. (1996-10-02). http://news. xinhuanet. com/zhengfu/2022-11/15 content_630934. htm.

[4]黄祖辉. 抓住机遇,加快浙江农业结构调整[J]. 浙江社会科学,2001(11):59-62.

农业农村优先发展的制度体系建构①

2019 年 10 月 31 日,党的十九届四中全会审议通过了《关于坚持和完善中国特色社会主义制度,推进国家治理体系和治理能力现代化若干重大问题的决定》(以下简称《决定》)。《决定》回顾与总结了我国国家制度和国家治理体系的形成历程、基本特点和显著优势,提出了坚持和完善这一制度体系的总体目标,并且从政治、经济、社会、文化、生态和国防、外交以及国家统一等方面进行了具体的阐述,这是一份确立我国重大制度建构及其方向的统领性文件,具有极其丰富与深刻的内涵和重要的历史意义。围绕十九届四中全会《决定》精神,本文着重就农业农村优先发展的制度体系建构作如下探析。

一、我国农业农村优先发展的时代背景和制度需求

农业农村优先发展是党在十九大报告中提出的"三个优先"发展之一,也是党中央长期以来一贯重视"三农"问题,始终将"三农"工作作为"重中之重",将"三农"发展作为经济社会"压舱石"的进一步体现。改革开放以来,经过农业经营与分配制度、农产品价格与购销制度、农村土地与宅基地制度、农业税费与金融制度、集体经济和社区治理制度、产业组织与产业化制度、农村公共服务与保障制度等一系列制度的改革探索,以及"城乡统筹"、"新农村建设"、"脱贫攻坚"、"乡村振兴"等一系列农业农村重大发展战略和举措的实施,我国农业农村已发生了翻天覆地的变

---

① 本文作者为黄祖辉。本文内容发表在《中国农村经济》2020 年第 6 期。

化,成效十分显著,但是,对照"农业要强、农村要美、农民要富"的追求,农业农村现代化的要求以及中华民族"两个百年"的奋斗目标,我国农业农村的发展依然滞后,仍然是整个国民经济社会发展的短板,是不平衡和不充分发展的重点。因此,农业农村优先发展,本质上就是要补上国民经济发展中的农业农村发展短板,就是要解决农业农村发展的不平衡和不充分问题。

从制度角度看,我国农业农村能否实现优先发展,不仅需要政府的政策倾斜,而且需要政治、经济、文化、社会、生态"五位一体"的制度支撑。从农业农村优先发展的现实需求来看,重点是要建立体现中国特色基本经济制度和社会制度本质特征的农业农村经济与社会发展的制度。在党的十九届四中全会的《决定》中,经济制度建构的核心是坚持社会主义基本经济制度,充分发挥市场在资源配置中的决定性作用,更好发挥政府作用。社会制度建构的核心是要建立共建共治共享的社会治理制度和统筹城乡的民生保障制度。限于篇幅,本文重点讨论我国农业农村优先发展的经济制度建构问题。

二、改革以来我国经济制度的演变与判析

经过改革开放,我国的经济制度已从政府完全统制、所有制形式和收入分配方式单一的计划经济制度,逐步转向政府、市场、行业共同介入,多种所有制和多种分配方式并存的经济制度,但市场在资源配置中的决定性作用仍没有得到充分的体现,行业组织在经济运行中的作用基本上是缺位的。其原因从表象看是政府在经济运行中介入过多,代替了许多市场和行业组织的功能。从深层次原因看,是对社会主义基本经济制度的本质,尤其是对政府和市场在经济运行中的关系及其本质要求还缺乏准确的把握。就农业农村经济的运行看,之所以市场在资源配置中还不能起决定性作用,一是农业产业在粮食安全、自然环境影响等方面具有超经济的特性,进而政府干预是相对普遍的。二是政府职能和行为边界模糊,缺乏自我规制。三是没有充分认识到市场制度能否充分发挥作用,不仅与政府职能边界有关,还与生产要素的市场化程度有关,而要

素市场化又与市场的基础性制度,即要素产权的制度建构有关。很显然,如果要素产权的权属不清晰、权能不充分,甚至缺乏可交易性,市场就不可能在资源配置中起决定性作用。在这样的情景下,不仅政府取代市场具有必然性,而且政府还会缺乏职能转变的动力,甚至产生职能强化的冲动。因此,在党的十九大报告中,将我国经济体制改革的重点表达为"完善产权制度和要素市场化配置",是很切中要害的。这意味着,建立和完善我国社会主义的市场经济制度,就是要处理好"有为政府、有效市场、有能行业"的关系,以及与这一关系紧密关联的公有经济和民营经济、公有产权与私有产权、按劳分配和按其他要素分配的关系。这些关系在《决定》中都有指向性的阐述与界定,但在实践中,仍然缺乏明确可依的规则或法律依据,弹性似乎很大。

需要进一步指出的是,本文所指的"有为政府",是指既能克服市场失灵,在公共领域和重大事件处置中能发挥强势主导作用,并且又能充分发挥市场作用和行业组织功能的政府,这意味着,如果市场作用发挥得不够,与"政府有为"不够是有关的。"有效市场"是指能克服政府局限,并能高效激活市场主体活力和自主性的市场。而"有能行业"则是指在政府和市场都失灵或低效的情况下,能够发挥有效功用的行业组织。概括起来,在中国特色社会主义制度体系中,如果说"自治、法治、德治"的"三位一体"是社会治理的基本制度架构,那么,"有为政府、有效市场、有能行业"的"三位一体"则是经济治理的基本制度架构,三者在经济运行中功能互补,不可或缺。

三、建构农业农村优先发展的供给侧制度

在十九届四中全会的《决定》中,除了阐述社会主义基本经济制度的本质特征外,还特别强调要"坚持以供给侧结构性改革为主线,加快建设现代化经济体系"。就农业农村而言,供给侧结构性改革的实质,就是要通过供给侧制度体系的建构,优化农业农村优先发展的制度环境。在2017年的中央一号文件中,农业农村供给侧结构性改革的总基调是坚持"三个激活"、"三条底线"、"三大调整"。其中"三个激活"指激活市场、

激活主体和激活要素,"三个激活"的本质就是建立和完善有利于农业农村优先发展和高质量发展的供给侧制度体系。

(一)激活市场:关键是转变政府职能和完善市场机制同步

激活市场就是要让市场在农业农村供给侧的资源配置中起决定性作用,但这种决定性作用的发挥也是有条件的。一是要建立在政府更好发挥作用和行业组织协同的基础上,二是要建立在市场机制完善的基础上,以形成本文所述的"政府有为、市场有效、行业有能"、"三位一体"的农业农村供给侧的制度体系,使我国农业农村供给侧的制度能适应农业农村的高质量发展和全球化竞争。

当前,我国农业农村供给侧的主要问题还是政府介入和干预过多。表现为市场供求关系主要是政府在调控,而不是市场和行业;地方政府掌握资源多,行为如同企业,但又不受市场约束,而是政绩驱动,各自为战,竞争过度,跨区域统一市场始终形不成。在这样的格局下,市场主体也普遍存在重政府、轻市场行为,分化和异化问题比较突出。

因此,要激活市场,关键是要转变政府职能,但要转变政府职能,一方面要同步改革地方政府政绩考核制度,另一方面,必须建立与完善市场机制,也就是要激活市场主体和要素,同步推进产权制度改革和要素市场化。很显然,如果政府职能不转变,政府过度干预市场、替代市场的问题就不可能得到解决,但同时,如果市场赖以发挥作用的基础性制度,如产权与交易制度不完善,那么政府即使转变职能,激活市场和发挥市场资源配置决定性作用也是一句空话。

政府转变的职能,一部分由市场来承担,一部分要由行业组织来承担,因此,在政府职能转变的同时,还应对行业组织赋权赋能,使行业组织能突破区域行政壁垒,实现跨区域发展。让行业组织替代政府的部分职能,在行业供给调适、有序竞争、质量追溯、品牌营造、信息服务、价格协调、贸易促进和主体培育等方面发挥比政府和市场更为有效的作用。

(二)激活主体:关键是赋权赋能和经营制度适配

在社会主义市场经济体系中,市场主体是市场体系的组成,主体和市场相互依存,是"皮之不存,毛将焉附"的关系。在农业农村供给侧结构性改革中,激活主体的关键是要对作为农业农村经营主体的产业组织或者农民赋权赋能,使其具有经济性、独立性、平等性和激励相容的特征。当前,我国农业经营主体在经济性上还存在财产权不完整和权能不充分的问题,如农民房屋不能买卖,进而难以抵押;又如合作社缺乏内置金融功能,合作金融步履艰难。在独立性上,主要是主体普遍过于依附政府,同时,在农村集体经济组织社会功能嵌入的情况下,农民经济人和社会人身份难以有效分离,弱化了农民作为市场主体的独立性特征。在平等性上,主要是存在因制度与政策的偏差而导致主体在市场竞争中的地位不平等问题,一是缘于城乡不平等的居民基本公共保障制度,二是与政府对农业经营主体培育与扶持的偏差性有关。

经营制度对经营主体行为具有指向作用,在农业农村的供给侧,存在家庭经营、合作经营、公司经营等多种类型的经营制度,这些制度具有自身功能属性,各自有其最适宜的领域与主体对象。因此,要激活农业农村经营主体,还需重视经营制度的完善及其与经营主体的相互适配性,使家庭经营、合作经营、公司经营等市场主体形成分工合作、竞争有序、激励相容、具有竞争活力的主体结构。在我国农业农村供给侧结构性改革中,从经营制度与经营主体相互适配的角度激活主体,一是要坚持和完善我国农村基本经营制度,处理好集体经营和家庭经营、合作经营关系。二是要对农业合作经营主体进一步赋权赋能,比如赋予其合作金融与抵押保险等功能。三是重视家庭农场与合作社规范化发展,防止因主体行为扭曲、经营组织异化而导致的经营制度失效和市场失灵。四是鼓励工商企业进入农业适宜领域,防止经营制度与经营主体错配。五是政府育农、惠农政策要注意惠及普通农民,防止经营主体过度分化而导致的社会冲突。

(三)激活要素:关键是建立要素市场化的制度体系

土地、劳动力、资本、技术、信息等生产要素是经济运行过程中市场配置和主体营运的基本对象。激活要素要以市场和主体的激活为前提,而要素激活又是市场与主体激活的基础。在农业农村供给侧结构性改革中,激活要素的关键是建立要素市场化的制度体系,也就是让市场在资源配置中起决定性作用,但同时,这一制度体系的建构除了要充分体现更好发挥政府和行业作用外,还需要体现公有制为主体、多种所有制经济共同发展,按劳分配为主体、多种分配方式并存的我国社会主义基本经济制度的要求。从我国农业农村制度现状看,激活要素,就是要建立土地要素"三权分置"、集体经济和农民家庭经营、合作经营、公司经营共同发展,以及多种分配方式并存基础上的要素市场化制度体系,这具有很大的挑战性。

目前,我国农业农村要素的市场化总体上是滞后的,从土地、劳动力、资本三大要素看,土地要素的市场化程度依然不高,在"三权分置"下,仅经营权的市场化比较充分;劳动力要素的市场化仍存在扭曲,原因主要是城乡基本公共保障的二元结构以及相应的户籍制度制约,使得农村劳动力在市场竞争中处于不平等的地位,同时也制约了农村劳动力要素的充分流动,难以优化配置。资本要素的市场化主要存在两个问题,一是农村金融结构不完善,突出表现为合作金融严重滞后于农村合作经济的发展,二是农民信贷难与抵押难问题始终没能得到根本解决。

基于以上论述,本文认为,在农业农村供给侧结构性改革中,激活要素,建立和完善要素市场化制度体系,以下四个方面的改革深化和探索极为重要。一是继续深化农村集体经济制度改革。在集体资产确权颁证、股份合作改革的基础上,探索股份转让和市场化交易路径。同时,对于具备经济条件或经历村庄整合的集体经济,应推进政社分离改革,促使农民经济人和社会人的有效分离。二是进一步探索集体公有制的有效实现形式。在承包地和宅基地"三权分置"框架下,探索集体和农民混合所有基础上的承包土地和宅基地市场化交易制度。三是同步加快城乡一体公共保障和财产制度改革,破解劳动力要素市场化中城乡劳动力基本权利不对等问题。四是同步推进农村金融制度改革。通过补上农村合作金融短板和推进农户住房财产与土地权益市场化,从根本上解决农民主体与农民合作社主体信贷难与抵押难问题。

第二篇
人口流动与农民工

城市化和人口迁移的相关理论研究①

一、人口城市化经典理论

人口城市化是城市化过程中最重要的一块内容,历史上许多学者从不同角度研究了人口流动的原因、规律,借此探讨城市的成长机制。古典经济学创始人威廉·配第最早从经济发展的角度揭示了人口流动的原因。在其著作《政治算术》中,比较利益差异被看成是人口流动的直接原因。马克思、恩格斯和列宁认为人口流动的根本原因在于社会分工和生产社会化。列宁还指出,城乡差别是城乡人口流动的经济动因。

以屠能(Thünen,1826)、韦伯(Weber,1909)、克里斯塔勒(Christaller,1933)和廖什(Losch,1939)为代表的区位理论确定了城市的分布状态与分布形式。

德国经济学家屠能在他 1926 年发表的《孤立国》中提出了工业区位论的基本思想。其主要论点有:①手工业工场在布局上主要指向交通方便、技术劳动集中、具有相当消费能力的城市。但那些在加工过程中原料使用过多的工场则应布局在原料产地,以节约运费。②占用大量投资的工厂设在资金较充裕的富国较为有利。③工厂的规模受到市场及其销售量的限制,而规模的大小又限制着分工的水平与可能应用机械替代劳动的程度。分工与机械化水平则在很大程度上影响着制成品的成本。

① 本文作者为黄祖辉、钱文荣、邵峰。本文内容选自 2004 年浙江省社科规划办重大项目"城市化进程中的农民市民化问题研究"课题研究成果第二章。

这里,屠能提出了工业布局的指向问题,即交通指向、市场指向和原料、资金指向,而且初步意识到了规模与经济效益的联系。

韦伯的最重要的贡献是将区位因素理论系统化。区位因素,指的是在特定地点或在某几个同类地点进行一种经济活动比在其他地区进行同种经济活动可能获得更大利益的因素。这种利益也就是生产成本的节约。韦伯对区位因素进行了三种不同的分类:一般区位因素(运费、劳动费、地租等)和特殊区位因素(特殊生产技术要求);地方区位因素与聚集、分散因素;自然技术因素与社会文化因素。韦伯比屠能的进步之处在于:①韦伯看到自然技术因素和社会文化因素对工业区位的影响;②韦伯建立了一套指标体系,力求借此为不同的工业找到最优区位;③韦伯奠定了工业向城市聚集的理论基础。

韦伯对聚集因素和分散因素下了明确定义:聚集因素是由于把生产按某种规模集中到同一地点进行,因而给生产或销售方便带来利益或造成的节约。分散因素则是因为把生产分散(分布到多个点上)进行而带来的利益或造成的节约。工业的聚集可以分成两个阶段:低级阶段主要表现为工厂规模的扩大,高级阶段则表现为许多在生产上、销售上存在着密切联系的工厂向一个地点集中。聚集使企业便于采用新技术,使生产进一步专业化;可以更好地开展厂际分工协作,更合理地组织劳动力,更廉价地购入原材料,大量运销产品;更易于取得银行贷款,并且还可以共同使用许多辅助设施与基础设施,减少间接开支,从而可以按不同比例降低每个参加聚集的工厂的生产成本。聚集经济并不是无条件的,那种无任何联系的、过渡的偶然性聚集,只会给地区经济造成恶果。

在工业化的过程中,城市之所以迅速发展是由于两个方面的变化:一是生产规模的扩大,二是生产的集中或聚集。前者涉及工业规模经济效益,后者涉及工业聚集经济效益。

规模经济效益指的是一个生产单位的规模扩大时,它的长期平均成本降低,从而生产节约。英国 20 世纪 60 年代的一项实证研究表明:化学品、基本金属、资本设备和像汽车、电气用品之类的耐用消费品能获得规模经济效益。聚集经济效益的对象是宏观单位,如城市和区域。城市聚集经济效益是指城市规模扩大后引起企业某些外部经济效益增加。如果把规模经济效益称作内部效益(指企业),聚集经济效益则是指外部效益(指整个城市)。

　　在韦伯以后,有许多经济学家都阐述了聚集经济。

　　刘易斯(W. A. Lewis)的两部门人口模型以及后来的费景汉(John C. H. Fei)、拉尼斯(G. Ranis)和乔根森(D. W. Jorgenson)、托达罗(M. P. Todaro)等人分析了人口从农村向城市流动的一般规律。

　　发展经济学家刘易斯在对发展中国家的城市化做了研究之后指出:"一个城市在其规模达到 30 万人以后,就会失去其规模效益。相当经济的办法是应该发展大批的农村小城镇,每一个小城镇都拥有一些工厂、电站、中等学校、医院以及其他一些能够吸引居民的设施。"刘易斯在这里提出了城市的适度规模问题。

　　佩鲁(F. Perroux)、缪尔达尔(G. Myrdal)、赫希曼(A. D. Hirsthman)等人指出了区域发展的不平衡现象。霍华德(Ebenezer Howard)的"田园城市"则提出了使各区域相对均衡发展的基本思路。除了上述各种经典理论以外,根据 20 世纪 70 年代后世界城市化发展的新特点,国外学者也进行了大量新的研究,例如,对由美国城市规划师贝利(B. J. Berry)首先提出的"逆城市化"(deurbanization)现象的研究、美国学者诺瑟姆(Ray. M. Northem)关于城市化阶段的研究、日本学者矶村英一关于评价城市化指标体系的研究等,都对我们研究中国的城市化问题具有重要的借鉴意义。

　　近年来,相关理论又有了较大发展。美国城市地理学家诺瑟姆(Northem,1979)提出了城市发展的 Logistic 生长曲线,把城市化过程分为三个阶段,并分析了每个阶段人口流动的不同特点;维拉隆加(Vilallonga,1998)认为人口迁移是一种复杂的社会现象,人们的迁移习惯、家庭经验、工作经验、成功的社会价值和个人价值实现等因素都会影响其迁移行为。斯塔克和布鲁姆(Stark & Bloom,1985)认为劳动力的迁移行为并不是仅仅由自己决定,而是与家庭共同商量的结果,而"关系网和地缘、亲缘关系"式的迁移是一种广为人知的迁移行为特征模式。塞堡等人(Seeborg et al.,2000)则在对中国问题进行研究后,指出政府必须努力消除一系列的制度障碍,并用经济动力来鼓励农村人口迁移。

　　人们常用的用于分析城乡结构变动的模式主要有三种,即刘易斯的劳动力与两部门结构发展模型及其在其基础上形成的费景汉-拉尼斯劳动力流动模型、指出农业剩余是劳动力从农业部门转移到工业部门的充分与必要条件的乔根森模型,还有托达罗模型,它指出城乡实际收入的差距和城市中的就业概率这两个因素是城乡间劳动力流动的决定变量。

二、人口迁移若干经典理论

(一)推-拉理论

推-拉理论认为,人口迁移的原因是原住地的推力或排斥力和迁入地的拉力或吸引力的相互作用。推-拉理论最早可追溯到英国人口学家E. G. 拉文斯坦。拉文斯坦根据 1881 年的英国人口普查资料,写了论文《人口迁移法则》,1885 年发表于英国皇家统计学会会刊。后来,又参考 20 几个国家的资料,用同一题目于 1889 年在英国皇家统计学会会刊上发表另一篇论文。拉文斯坦的基本结论是:虽然受歧视、受压迫、沉重的负担、气候不佳、生活条件不合适等因素都是促进人口迁移的因素,但经济动机是主要的。可见,拉文斯坦已经在这里初步提出了推-拉理论,并认为拉力是主要的。

但明确提出推-拉理论概念的,应该是唐纳德·博格。唐纳德·博格在 20 世纪 50 年代末指出,从运动学的观点看,人口流动是两种不同方向的力作用的结果,一种是促使人口流动的力量,即有利于人口流动的正面积极因素,另一种是阻碍人口流动的力量,即不利于人口流动的负面消极因素。在人口流出地,存在着一种起主导作用的推力,把原有居民推出其常居地。产生推力的因素有自然资源枯竭、农业生产成本增加、农村劳动力过剩导致的失业和就业不足、较低的经济收入水平等。在流入地,存在着一种起主导作用的拉力把外地人口吸引过来。产生拉力的因素有较多的就业机会、较高的工资收入、较高的生活水平、较好的受教育机会、较完善的文化设施和交通条件、较好的气候环境等。不过,在这个过程中也有一些负面因素阻碍着人口的流动,如在流出地,家人团聚的欢乐、熟悉的社区环境、在出生和成长地长期形成的社交网络等可能对人口流出产生拉力,而流动可能带来的家庭分离、陌生的生产生活环境、激烈的竞争、生态环境质量下降等可能使流入地对人口的流入产生推力。

而 E. S. 李认为,除了迁出地和迁入地因素外,影响人口流动的因素还有中间因素和迁移者介入因素。他认为,迁入地和迁出地促进或阻碍人口流动的因素在不同人身上产生不同的作用效果,人们最终是否迁移,取决于对迁入地和迁出地正负因素的权衡与选择。个人的性格、爱好、敏感程度、对其他地方的认知程度、与外界接触情形都会影响其对迁入地与迁出地的评价,也影响其对中间阻碍因素的认识。

本文比较全面地考虑了 E. S. 李提出的四方面因素,比如在设计"未进城农民的进城决策问卷表"和进行统计分析时,充分考虑了农民个体因素、家庭因素、所在乡村因素、相关制度因素及目标城市基本情况对其进城意愿的影响。

(二)成本-收益理论

人口迁移的成本-收益理论从迁移成本和收益出发来解释人们的迁移行为。这一理论可追溯到美国芝加哥经济学派的代表 T. W. 舒尔茨,他在研究人力资本投资时,明确把"个人和家庭进行流动以适应不断变化的就业机会"看作人力投资的五个主要方面之一。既然是一种投资行为,流动者在做出决策时就必须考虑流动的成本与收益问题。史杰斯泰德(Siaastad)同样也把人口流动看成提高人力资源生产效率的一种投资,他还进一步把人口流动过程中的成本、收益分成货币成本、收益及非货币成本、收益。斯达科用这种观点来解释人口流动的动因,他指出人们流动时的花费是投资的成本,流动后的所得则是其收益,对流动行为的决策取决于成本和收益的比较。

本文也吸取了这一理论的内核,在设计"近年进城农民问卷调查表"时,调查了其转移前后的收益状况及流动过程所需成本等。

本文考虑的主要成本项目有以下几个方面:

①直接成本。这是农民为了迁移以及迁移后在城市生活直接而又必须支付的费用,如农民为了办理"农转非"所必需的开支,从农村搬到城市所必需的搬迁成本、直接的交通成本,农民在城市购房或租房的费用,子女的教育费用等。

②机会成本。农民转入城市后，由于放弃了原有从事的工作，从而失去了原有工作可能获得的收入及其附带的福利，以及在农村原有集体分红等福利，这些共同构成了农民进城的机会成本。

③心理成本。农民离开原来熟悉的工作、生活环境，离开亲朋好友，对友谊及乡土、亲人的眷恋等所付出的精神上的代价，即为农民进城所支付的心理成本。

收益项目主要有：

①直接收益。农民进城的直接收益来自农民在转入城市后从新的职业获取的收益。

②间接收益。这是指转入城市以后，新的环境所提供的各种便利所引致的农民部分开支的节省。如迁入地齐全的公共服务设施、较多的社会福利和完备的社会保障体系等，都有可能为农民提供间接的收益，并改善农民的生活质量。由于城市教育水平较高，从而能获得更好的教育，对于子女教育投资的收益率明显提高。另外，迁入城市后，能增长自己的见识，开阔视野，获得新的技能，也是间接收益的内容。

③心理收益。这是指由于进城而带来的非经济性效用的总和，包括城市良好的工作、生活条件和环境，由于成为城里人而带来的社会地位提高，由于自我价值的实现而带来的心理满足等。

(三)预期收入理论

预期收益理论认为，农民是否进城取决于他对迁移收益与成本预期的权衡。

M. P. 托达罗(Michael P. Todaro)认为，劳动力迁移是经济发展过程中一个必然的现象，而且决定农村潜在迁移者是否迁移的根本因素是城乡结构差异和对于迁移成本与收益的权衡，即预期收入。他认为，欠发达国家的人口从农村向城市流动取决于两个主要变量：一是城乡实际收入差距；二是城市中的就业概率。这两者共同构成了农民进城的预期收入，这种预期收入是城市实际工资收入与就业概率的乘积和农村实际收入之差。他还指出，在城市存在高失业率情况下，农民如果进入城市现代部门，所预期的收入只能是较低的，甚至可能低于农村的实际收入。但如果进入传统部门就业的话，由于竞争性减弱，传统部门所提供的就业机会增多,预期收入相对得到提高,从而更刺激了农村中潜在的迁移人口继续进入城市。因此,在考虑农村人口进城的动机时,不能只考虑在模型中所能计算到的预期收入,而必须更广泛地考虑诸如城市中传统部门的规模及其就业机会、劳力的迁移规模及速度,乃至于城市劳力的职业分布等因素。

本文认为,对于未进城农民来说,其进城决策主要取决于在现有信息条件下,对于进城的预期收入与成本之间的比较。这样,除了前述的真实的成本收益外,影响农民进城的一个重要因素便是农民得到的信息,实际上,本文将表明,类似于已进城农民的生产生活情况等信息对于未进城农民的进城决策有重要影响。另外,如果农民进城后,其实际的收益远远小于其预期收益时,其可能选择重新回到农村,本文对这一问题给予了充分的重视。

三、国内学者的相关论述

近年来,国内学者对农民市民化问题进行了比较广泛深入的研究。

(一)农民市民化概念及其分类

黄祖辉等(1989)在国内提出了进城农民市民化的概念,在《农村工业化、城市化和农民市民化》一文中,他们认为:"要实现农村的城市化,不仅要有非农产业的发展,而且也要有农民市民化的发展。……农村城市化的过程也就是农民市民化的过程。当然,农民的市民化并不是指所有的农民都转变为城市居民,而是指转移农民的市民化。农民市民化的意义在于:农村的发展最终应体现在农民身份的转变上,而农民身份的转变既应该从其收入水平、生活方式、居住环境、文化素质的变化来反映,又应该从整个社会的人口比例与分布结构来反映。……在农村工业化和城市化的过程中,应把农民市民化过程放在同步地位,使三者的发展保持协调一致。"黄朗辉(2002)认为,农民市民化从字面意义上讲,就是农民变成市民。市民化的过程是农村个体不断习惯城市生活方式的过程,它意味着人们不断被吸引到城市中,意味着变农村意识、行动方式和生活方式为城市意识、行动方式和生活方式的全部过程。

陈欣欣(2002)总结出我国农民的市民化过程一般要经过三个阶段的演变:第一步是农村劳动力的非农化,第二步是向城市的流动,第三步是放弃土地承包权,落户城市,实现迁移。当前,我国农村较多的转移劳动力走过了第一步,少数走过了第二步,但只有极少数实现了真正的市民化,即放弃土地承包权,落户城市。本文前述的概念也借鉴了这一论述。

上述市民化是指农民受经济利益的驱使而主动做出向城市迁移的决策,并最终成为市民的过程,因此,我们不妨称之为"主动市民化"。

此外,在城市发展过程中,征用农民的土地,把城郊区的农村划入市区,当地的农民土地被征用后"农转非"成为市民。土地被征用的农民不同于普通农民,失去了一个农民应该拥有的最基本的土地保障。他们也不同于一般市民,虽然在土地被征用后,大部分农民办理了"农转非"手续,从客观上讲,他们成了市民,但不论其思想意识还是能力素质都还跟不上一般的市民,而且其居住环境和生活习惯仍带有明显的农村色彩。但是他们最终将融入城市的社会经济生活,成为真正意义上的市民(葛永明,2002)。此种类型的市民化并不是农民自己做出的身份变更决策,而是与政府的政策有关,因此我们称之为"被动市民化"。

(二)农村剩余劳动力迁移

1.决定农村剩余劳动力转移的因素

要研究农村剩余劳动力转移,就要了解是什么因素导致农民做出进城决策。对此,国内有许多学者从不同的角度加以分析。蒋乃华、封进(2002)通过实证分析,表明处在不同经济发展阶段和地区的农民的进城意愿不同,且影响他们进城意愿的主要因素也存在差别。在二元经济特征基本消失的经济发达地区,农民的城乡意识已经淡泊,他们的收入状况、受教育状况和年龄状况都与进城意愿无关。处于中等发达地区的农民进城意愿受到诸多因素的影响,总体上,平均年龄较小、平均受教育程度较高、非农收入比例较大、已有一定非农工作经历的农户家庭更愿意迁进城市。在经济欠发达地区,农民进城的意愿主要受到非农收入的影响:王桂新等(2002)分析了发达地区农村人口城市化个人影响因素,结果发现在农村人口(劳动力)诸个人因素中,年龄、文化程度、家庭规模和收入水平等对城市化的发展影响较大;朱农(2002)利用问卷调查数据,分析了城乡收入差距对中国劳动力迁移的影响,结果表明收入差距在迁移决策中起着显著作用;西宝等(2002)则分析了剩余劳动力转移的推-拉效应。

2.农村剩余劳动力迁移的制约因素

刘光平(2002)认为农村剩余劳动力迁移的制约因素是:农村劳动力总体素质较低,剩余劳动力数量大;乡镇企业发展和小城市建设步伐缓慢,农村劳动力转移缺乏有效的载体;对农民的就业歧视短期内难以根除,制度障碍依然存在;劳务市场竞争激烈,中西部地区劳动力价格优势明显;劳动力市场发育缓慢,外出转移组织化程度低;全社会的就业压力进一步增大;土地束缚难以解脱。吴迅等(2002)认为承包制、户籍制度是农村剩余劳动力转移的两大障碍。宋洪远(2002)认为户籍管理的歧视、就业制度的歧视、社会保障的歧视、教育培训的歧视构成了农村劳动力转移的制约因素。

(三)进城农民的市民化问题

农村剩余劳动力进城寻找工作机会,成为农民工,为城市的发展建设做出贡献,但进城仅仅是市民化的必要途径,要真正成为市民还有很长的一段路要走。国内学者对进城农民工的工作、生活状况等做了诸多研究。

1.进城农民工的社会地位

孙树菡、张恩圆(2002)将城市外来人口或进城务工人员称作都市边缘群体,他们既没有融入工作、生活于其中的城市,也没有被该城市所接纳。这一群体从普遍的意义上来讲就是由农村进入城市打工的农民,即农民工。他们已成了介于农民和工人(市民)之间的一个社会阶层。因为从职业上看,他们不再是从事农业生产的农民,而是在城市从事第二、第三产业的工人;但从身份上看,他们仍然是农民,因为他们的户口仍留在农村,他们的"家"仍然在农村。他们的职业与身份不一致,导致在工作及工作以外的诸多方面遭受着不平等的待遇,其基本权益、劳动权益、劳动保护权益、社会保险权益均无保障。

赵延东、王奋宇(2002)的研究结果表明,城乡流动人口的人力资本对其经济地位获得有着重要的影响,主要表现为正规教育与培训的作用。流动人口的社会资本对其经济地位获得的作用则更为明显。值得注意的是,流动人口不仅面临着对原有的人力资本进行转换,使之能更好地在新的环境中发挥作用的问题,还面临着突破在"乡土社会"中形成的"原始社会资本"的束缚、建立新型社会资本的任务,这也正是进城农民能否成为市民的关键。

2.进城农民的工作情况

李强、唐壮(2002)研究了城市农民工的就业情况,发现非正规就业是中国农民工的就业主渠道。非正规就业就是没有取得正式的就业身份,地位不很稳定的就业,即所谓的临时工。但由于传统上以为非正规就业就是违法就业的错误认识,因此农民工的非正规就业经常被打击,造成了他们在城市谋生艰难,缺乏保障,甚至引发一些社会问题,如一些农民工因生活窘迫而走上违法犯罪的道路,成为城市的不安定因素。

3.进城农民的生活情况

进城农民的生活包括衣食住行等各方面,但目前对衣食行的研究很少,从总体上看其水平低于城市居民。而对于住这一方面,国内学者有一些研究,如吴维平、王汉生(2002)对京沪两地流动人口住房现状进行分析,发现流动人口基本上被置于主流的住房分配体制之外,而近年来城市住房体制改革则似乎在很大程度上忽视了这一群体的需求。

4.对进城农民回乡的研究

中国现阶段的情况是农民进城打工后又回乡的不在少数,一些学者对此做了研究。这可以说是一种"逆市民化"的过程,要研究市民化不能不对此有所涉及。白南生、何宇鹏(2002)对安徽、四川两省农村外出劳动力回流情况进行研究,发现外出人群与未外出人群在性别结构、年龄构成、婚姻状况、文化程度等方面存在比较明显的差异,而回流人群在人口学特征方面更加接近于未外出人群而不是外出人群。对回流原因的调查表明,因外地就业困难而回流的呈上升趋势,因个人原因或家庭原因的回流呈下降趋势,以回乡投资为目的的回流仅占 2.5%。林斐(2002)对安徽百名回乡创办企业的"打工"农民进行问卷调查及分析,认为由打工返乡农民创办的企业,各有优势,各有所长,具有较强的发展能力和较大的发展潜力。但由于内部环境和外部环境等诸多因素的影响,目前还存在数量有限、发展空间不足和发展后劲不足的问题。而刘光明、宋洪远(2002)也对安徽、四川两省四县 71 位回乡创业者做了案例分析。值得注意的是,能够回乡创业的"农民"已不再是传统意义上的农民,他们受到了城市文明的熏陶,在思想观念和行为等方面都更像是"市民",从严格的意义上说,他们应该是市民。因此,回乡创业不能算是回流,而仅是一种投资行为,一旦他们认为有必要,又会重返城市。

综上所述,农民向市民的转变显然不仅体现于居住地向城市集中,而且要在生产劳动和生活方式、行为观念和价值取向等方面真正融入城市社会,这是一个深刻的社会转型和重构过程。

(四)农民被动市民化

被动市民化即由于城市扩容而被征用土地的农民通过"农转非"成为市民。关于这种类型的市民化,国内学者的论述主要有以下几方面。

1. 土地被征用问题

(1)农民的安置方式

对征地"农转非"人员的安置,各地采用的操作方式主要有两种,即货币安置和招工安置。货币安置是指政府或用地业主通过支付一定倾向量置换农民使用的土地,让农民自己解决就业和生活出路。货币安置一般有两种方法:一种是一次性货币安置,即对失去土地使用权的农民一次性发放货币;另一种是分期货币安置,即征地单位由村级组织代理逐月发放生活费。从形式上看,货币安置符合大多数市场经济体制国家征地的惯例。货币安置有省心省力的优点,但也有没有与社会保障制度同步衔接,是低水平的生活安排等问题。

招工安置是指地方政府或用地单位依据征地数量有比例地安排"农转非"人员就业。这是从计划经济体制时期延续下来的一种老办法,现在实施起来困难加大。因为有征地"农转非"人员的文化素质和技能不能满足用地单位的要求、用工单位的市场化改革与招工安置在制度安排上存在矛盾和基础设施项目无法提供就业岗位等问题。

李炯、邱源惠(2002)以杭州为例分析了以上两种安置方法存在的问题,提出开发性安置的办法,这是通过开发性项目的建设解决征地"农转非"人员的生产和生活出路的一种安置方式的创新。这种安置方式将农民置换土地使用权获得的安置费,通过开发性项目的投资转化为生产性的物质资本,使征地"农转非"人员通过与生产性物质资本结合实现再就业。这种安置方式兼顾了征地"农转非"人员的就业和长远的生活保障,可以打消他们的"出卖土地即失业"的忧虑,使其避开只身进入劳动力市场竞争就业时在文化素质和技能方面的劣势。

(2)当前土地征用中存在的问题

征地补偿标准的规定不尽科学合理,存在着保障征地"农转非"人员利益与降低建设投资成本的矛盾;政府对征地后的农业人口安置困难较大,存在着加强政府统一征地管理与安置包袱加重的矛盾;征地补偿费用的分配管理缺乏严格统一的规范,存在着加强资金集中管理与缺少有效投资渠道的矛盾(葛永明,2002)。

土地征用价格低,主要是指套用国家标准的征地补偿、以国家公益性建设名义的征地补偿和一些乡镇建设征地补偿的补偿费偏低的情况。目前,土地补偿费的分配和使用管理不规范,征地"农转非"人员尚有后顾之忧(郭占恒,2002)。

土地被征用问题似乎与市民化问题关系不大,实际上在研究被动市民化时这个问题十分重要。因为农民的土地被征用,其安置的情况与他们是否能顺利实现市民化密切相关,而在土地征用中出现的一些问题,也会影响其市民化的进程。

2."城中村"问题

(1)定义

"城中村"是中国社会转型时期的特有现象,近来已引起学者、政府和媒体的关注。一些学者从不同角度对其下了定义,主要有:所谓"城中村"是指在城市化快速发展过程中,城市将一些距离新、旧城较近的村庄包入城市建设用地内,这些被纳入城市建设用地的村庄被称为"城中村"(李钊,2001)。

　　"城中村"是指改革开放以来,在一些经济发达地区或城市,疾风暴雨式的城市建设和快速城市化导致城市用地急剧膨胀,把以前城市周边的部分村落及其耕地纳入城市用地范围。大部分耕地的性质由集体所有制转化为全民所有制,而在征地过程中返还给乡村的用地和以前的村民住宅用地、自留山丘等维持以前的集体所有制性质不变,在这些用地上以居住功能为主形成的社区则被称为"城中村"(敬东,1999)。

　　"城中村"是指从地域角度上讲已被纳入城市范畴的局部地区,就其社会属性而言,却仍属于传统的农村矛盾现象,是一种特殊的社区(代堂平,2002)。

　　(2)主要问题

　　代堂平认为"城中村"引发的问题主要是,围绕"城中村"土地的使用而引发的城市规划问题、围绕"城中村"流动人口及第三产业的管理而引发的社会问题和围绕"地中村"基础设施建设引发的矛盾问题。马中柱写道,"城中村"的规划、建设、管理极其混乱,外来人口膨胀,内面的出租屋成为黄赌毒的温床、超生游击队的藏身之穴,这些和现代城市的生态、整洁与舒适是大相径庭的。

　　"城中村"的"村民"是否成为真正的市民了呢？一位记者评述道,这些洗脚上田的农民,他们不用劳作,有村社的分红和出租屋的租金,足可以高枕无忧。他们成为居住在城市里的特殊群体——出入城市公共场合,却没有得体的打扮和相应的气质,对宗族观念、对求神拜佛的尊崇弥漫了整个村落。城市在进化,村庄在消失,村民在夹缝中裂变。老人在麻将桌上消磨着他们的最后岁月,中年人在文化水平低下、被社会的先进产业淘汰的情况下,固守现状,任何一项有关"城中村"新政策的出台,都会令其对自己的生存状况担忧。

　　显然,尽管"城中村"的村民大多数办理了"农转非"手续,而且他们所居住的地方已划归为市区,但是他们却不能算是真正意义上的市民。这可能是因为"城中村"具有中国农村所保存的传统农业社会的特点,其比较牢固的传统意义上的负面社会因素大体上有:宗法血族关系对传统的传承,生产要素简单化和低层次化使农村缺乏突破自我的"文化力",传统农业社会生产形式的单一性导致社会结构的封闭性和社会结构变迁的某种停滞性,小规模农业经济形成多重不平衡性与不稳定性,传统农业技术含量低及教育程度偏低所形成的价值观的低层次化(张鸿雁，2002)。而这些特点短期内无法消除，所以"城中村"的改造需要一段很长的时间，可能要花一两代人的时间。

李培林对广州"城中村"的调查发现，"城中村"融入城市的艰难，并不仅仅在于生活的改善，也不仅仅是非农化和工业化的问题，甚至也不单纯是变更城乡分割的户籍制度问题，而在于它最终要伴随产权的重新界定和社会关系网络的重组，而此过程也是村民实现真正意义上市民化的过程。

参考文献

[1]Andren P. Barkley，"The Determinants of the Migration of Labor out of Agriculture in the United States，1940—1985"，American Journal of Agricultural Economics，1990(3).

[2]Arunava Bhattacharyya，Elliott Parker，"Labor Productivity and Migration in Chinese Agriculture A Stochastic Frontier Approach"，China Economic Review，1999(1).

[3] Christpher J. Cool，"Rural-Urban Migration Rates and Development：A Quantitative Note"，Review of Urban & Regional Development Studies，1999(1).

[4] Lakshmi A，Rajagopolan R，"Socio-economic Implications of Coastal Zone Degradation and Their Mitigation：A Case Study from Coastal Villages in India."，Ocean & Coastal Management，2000(8-9).

[5]Lewell F. Gunter，Joseph C. Jarrett，James A. Duffield，"Effect of U. S. Immigration Reform on Labor-Intensive Agricultural Commodities"，American Journal of Agricultural Economics，1992(4).

[6]M. C. Seeborg，2000，"The New Rural-urban Labor Mobility in China：Causes and Implication"，Journal of Socio-Economics，2000(29).

[7]Mercedes Arbaiza Vilallonga，"Labor Migration During The First Phase of Basque Industrialization：The Labor Market and Family Motivations"，The History of The Family，1998(3).

[8]Oded Stark and David E. Bloom，"The New Economics of Labor Migration"，The American Economic Review，1985(73).

［9］Ray M. Northem，Urban Geography，New York，1979.

［10］Robert D. Emerson，"Migratory Labor and Agriculture"，American Journal of Agricultural Economics，1989(3).

［11］T. W. 舒尔茨，《制度与人的经济价值的不断提高》，上海三联书店、上海人民出版社，1995。

［12］白南生、何宇鹏，《回乡，还是外出？——安徽四川二省农村外出劳动力回流研究》，《社会学研究》，2002(3)。

［13］蔡昉、都阳，《迁移的双重动因及其政策含义——检验相对贫困假说》，《中国人口科学》，2002(4)

［14］陈成鲜等，《我国城市人口合理规模的系统预测研究》，《中国管理科学》，2002(4)。

［15］陈锡文，《发展小城镇是我国农业和农村现代化的重要途径》，《城乡建设》，1996(4)。

［16］代堂平，《关注"城中村"问题》，《社会》，2002(5)。

［17］樊纲，《城市化：中国经济发展的中心环节》，《改革月报》，2000(11)。

［18］甘满堂，《城市农民工与转型中国社会的三元结构》，《福州大学学报(哲社版)》，2001(4)。

［19］高佩义，《中外城市化比较研究》，南开大学出版社，1991。

［20］葛永明，《在农村工业化、城市化进程中必须高度重视和关心"失土农民"》，《调研世界》，2002。

［21］辜胜阻、成德宁，《农村城镇化的战略意义与战略选择》，《中国人口科学》，1999(3)。

［22］辜胜阻、简新华，《当代中国人口流动与城镇化》，武汉大学出版社。

［23］顾益康、邵峰，《全面推进城乡一体化改革——新时期解决"三农"问题的根本出路》，《中国农村经济》，2003(1)

［24］郭占恒，《浙江省土地征用与工业化、城市化、非农化进程》，《经济研究参考》，2002。

［25］国家建设部，《"十五"全国城镇发展布局规划》，2002。

［26］国务院，《全国城市规划工作会议纪要》(国发〔1980〕299 号)。

［27］何景熙，《开流断源：寻求充分就业的中国农村劳动力非农化转移

理论与模型》,《人口与经济》,2001(2)。

[28]何伟,《城中村难题如何解》,《人民日报》,2002-07-24。

[29]黄文忠主编,《上海卫星城与中国城市化道路》,上海人民出版社,2003。

[30]黄祖辉,《城市化与非农化：现代化战略的重点》,《浙江社会科学》,2000(10)。

[31]黄祖辉、顾益康、徐加,《农村工业化、城市化和农民市民化》,《经济研究》,1989(3)。

[32]江立华,《论城市农民工的平等竞争权问题》,《华中师范大学学报(人文社科版)》,2002(4)。

[33]江曼琦等,《从农村人口流动看我国城市化发展的道路》,《城市》,1999(4)。

[34]江泽民,《在中国共产党第十六次全国代表大会上的报告》,2002。

[35]蒋乃华、封进,《农村城市化进程中的农民意愿考察——对江苏的实证分析》,《管理世界》,2002(2)。

[36]孔祥智,《论长江三角洲地区的城市化和城市带建设》,《南京经济学院学报》,2002(5)。

[37]李建民,《持续的挑战——21世纪中国人口形势问题与对策》,科学出版社,2000。

[38]李炯、邱源惠,《征地"农转非"人员安置问题探析——以杭州市为例》,《中国农村经济》,2002(6)。

[39]李培林,《巨变：村落的终结——都市里的村庄研究》,《中国社会科学》,2002(1)。

[40]李强,《当前我国城市化和流动人口的几个理论问题》,《江苏行政学院学报》,2002(1)。

[41]李强、唐壮,《城市农民工与城市中的非正规就业》,《社会学研究》,2002(6)。

[42]李实、岳希明,《中国城乡收入差距调查》,《财经》,2004(4)。

[43]林斐,《对安徽省百名"打工"农民回乡创办企业的问卷调查及分析》,《中国农村经济》,2002(3)。

[44]林风,《断裂：中国社会的新变化——访清华大学社会学系孙立平教授》,《中国改革》,2002(4)。

[45]林坚,《中国农民进镇意愿、动因及期望调查分析》,《农经研究通讯》,2002(2)。

[46]刘光明、宋洪远,《外出劳动力回乡创业:特征、动因及其影响——对安徽、四川两省四县 71 位回乡创业者的案例分析》,《中国农村经济》,2002(3)。

[47]刘家强,《中国人口城市化、道路模式与战略选择》,西南财经大学出版社,2000。

[48]马力宏、邵峰、高抗,《农村城镇化问题研究》,杭州大学出版社,1997。

[49]民政部,《民政事业发展统计报告》,2003。

[50]钱文荣、马继国,《中国城市化道路探索——以海宁市为例》,中国农业出版社,2003。

[51]钱文荣、邬静琼,《城市化过程中农村企业迁移意愿实证研究》,《浙江社会科学》,2003(1)。

[52]饶会林、丛屹,《再论城市规模效益问题》,《财经问题研究》,1999(10)。

[53]邵峰,《城市文明的渗透》,《中国城市化》,2003(1)。

[54]宋洪远,《关于农村劳动力流动的政策问题分析》,《管理世界》,2002(5)。

[55]孙立平,《90 年代中期以来中国社会结构演变的新趋势》,《经济管理文摘》,2002(23)。

[56]孙树菡、张恩圆,《都市边缘群体及其社会保障权益》,《经济与管理研究》,2002(6)。

[57]王桂新等,《发达地区农村人口城市化个人影响因素之分析——以浙江省柯桥、柳市两镇为例》,《人口研究》,2002(1)。

[58]王小鲁、夏小林,《优化城市规模推动经济增长》,《经济研究》,1999(9)。

[59]王一鸣,《关于加快城市化进程的若干问题研究》,《宏观经济研究》,2000(2)。

[60]卫珑,《关于我国城市化问题的讨论综述》,《经济管理文摘》,2002(17)。

[61]温铁军,《中国的城镇化道路与相关制度问题》,《开放导报》,2000

(5)。

[62]吴维平、王汉生,《寄居大都市:京沪两地流动人口住房现状分析》,《社会学研究》,2002(3)。

[63]吴迅、曹亚娟,《农村剩余劳动力转移问题的再讨论》,《人口与经济》,2002(4)。

[64]西宝、成力为,《我国农村剩余劳动力转移与城市化战略选择》,《中国软科学》,2002(10)。

[65]席公会等,《关于农民外出打工情况的调研》,《宏观经济管理》,2002(10)。

[66]夏海勇,《城市人口的合理承载量及其测定研究》,《人口研究》,2002(1)。

[67]夏仕应,《中国农业剩余劳动力向何处去?——访美国前经济学会会长盖尔·约翰逊教授》,《决策咨询》,2001(9)。

[68]肖艳,《全球视野下的中国农业劳动力转移》,《社会》,2002(11)。

[69]许庆明,《加快城市化进程的动力结构分析》,《中国农村经济》,2001(11)。

[70]杨开忠,《中国城市化驱动中国经济增长的机制与概念模型》,《城市问题》,2001(3)。

[71]杨云彦,《中国人口迁移与城市化问题研究,中国人口发展评论:回顾与展望》,人民出版社,2000。

[72]应风其、张忠根,《农民进城:动力、阻力及制度创新》,《农业经济》,2002(10)。

[73]曾坚朋、谭媛,《珠江三角洲"二世祖"生活方式的剖析》,《社会》,2002(8)。

[74]张鸿雁,《农村人口都市化与社会结构变迁新论——孟德拉斯〈农民的终结〉带来的思考》,《民族研究》,2002(1)。

[75]张康清,《从上海的流动人口进城看中国人中城市化的两大痼疾》,《人口世界》,2001(9)。

[76]张林秀、霍艾米等,《经济波动中农户劳动力供给行为研究》,《农业经济问题》,2000(5)。

[77]张仁寿,《农民进城动力探析》,《中国农村经济》,2001(3)。

[78]赵延东、王奋宇,《城乡流动人口的经济地位获得及决定因素》,

农村工业化、城市化和农民市民化①

为了进一步推动农村经济的发展,从根本上解决我国城乡二元结构的矛盾,在稳定农业发展的同时,应将农村工业化、城市化和农民市民化进程协调一致,既要在农村大力发展非农产业,促使大量的剩余劳动力从农业中转移出来,又应逐步使农村的非农产业(特别是乡镇工业)和转移劳动力向在农村发展或新建的城市集聚,使农业转移劳动力转变为城市市民。

这是因为,农村工业化是整个国家工业化的不可缺少的组成部分。农村工业化不仅意味着现有农村社区的经济结构由以农业为主向以工业为主转变,而且还意味着农村工业规模不断扩大,水平不断提高,以及在一定空间范围内的集聚。农村城市化,也并不是指农村社区被城市社区所完全取代和农民生活方式与城市居民的趋同,而是指从农村非农产业发展和农业劳动力转移的需要出发,相应加快现有农村社区中的城市建设与发展,它包含现有农村城市(主要指县、地级市)的发展和一些具备条件的农村集镇向城市的过渡以及新城市的建设。由于城市是人口与非农产业发展和集聚的产物,因此,要实现农村的城市化,就不仅要有非农产业的发展,而且也要有农民市民化的发展。事实上,如果没有农民的市民化,就不可能有农村的城市化,从这一意义上讲,农村城市化的

---

① 本文作者为黄祖辉、顾益康、徐加。本文内容发表在《经济研究》1989 年第 3 期。本文的主要贡献是阐释了我国农村改革进程中农村工业化和城市化以及进城农民市民化的关系,揭示了农业劳动力流动中有可能同时存在"城市病"和"农村病"的问题,并且在国内外首次提出了"农业转移人口市民化"的概念和政策主张。本文获得"纪念农村改革十周年理论讨论会"优秀论文、浙江省第十四届哲学社会科学突出学术贡献奖。

过程也就是农民市民化的过程。当然,农民的市民化并不是指所有的农民都转变为城市居民,而是指转移农民的市民化。农民市民化的深远意义在于:农村的发展最终应体现在农民身份的转变上,而农民身份的转变既应该由其收入水平、生活方式、居住环境、文化素质的变化来反映,又应该由整个社会的人口比例与分布结构来反映。所以,农村的发展绝不意味着农民队伍的壮大,而应该是伴随着从事农业人口相对减少过程的发展。所以,在农村工业化和城市化的过程中,应把农民市民化过程放在同步地位,使三者的发展保持协调一致。

强调农村工业化、城市化和农民市民化协调配套的意义在于,它能避免城乡经济发展中的两种偏向:一方面可以避免农村剩余劳动力大量、自发地涌入已具规模的现有大、中城市,从而导致城市过度膨胀所产生的"城市病";另一方面又可以避免农村工业的布局紊乱、大量农业转移劳动力长期滞留农村、农业现代化受阻的"农村病"。

一、农村工业化、城市化和农民市民化不协调的表现

现实中的我国农村,特别是一些农村工业起步早、农业劳动力转移比较多的地区,农村工业化、城市化和农民市民化相互间的不协调已表现得很突出,主要反映在以下三个方面。

第一,农村工业布局与发展缺乏同农村城市发展的配套,分布不合理,乡土色彩过于浓厚。工业布局大体上都是村办工业办在村,乡(镇)工业办在乡(镇),县办工业办在县城。至于企业人员的组合也大多是以本村、本乡、本县为主。这种行政区域隶属性的工业布局和血缘关系浓厚的企业人员组合,既容易促成地方政府对企业的过多干预,又不利于企业干部、职工队伍的优化组合。而分布过于离散,又带来基础设施利用的不经济、土地资源的浪费以及工业污染的扩散等弊端。近几年,我国农村耕地资源锐减,农村大气、河流、湖泊以及农产品污染不断加重的事实,与农村工业发展中的布局不合理是有直接联系的。

第二,农业转移劳动力绝大部分仍滞留在农村,离土不离乡,转移半径不大。一些进入大中城市的农村劳动力,只能成为城市的流动人口和

流民,难以成为市民。而所谓已实现转移的劳动力,其中绝大多数也并没有彻底转移,而是与农业保持着直接或间接的联系,这既反映了农民兼业化的普遍性,又表明我国农业劳动力转移的不彻底性。

第三,农业出现"副业化"趋势。在一些经济发达地区,强壮劳动力大多已转而从事非农业,只在早晚、节假日和农忙季节搞一点农业劳动,而长年从事农业劳动的主要是妇女、儿童和老人;农业投入逐年下降;农民对粮食等基本必需品的生产大多抱着"不想多搞,不想不搞,不想搞好"的心态。农业的这种"副业化"趋势任其下去,农业的停滞乃至萎缩将难以避免。

二、出现"农村病"的原因

本文把以上种种表现称之为"农村病"。"农村病"是与"城市病"相对应的一种特殊社会病态的概括,是乡镇工业及小城镇有了一定程度发展,而农村城市化、农业现代化滞后于农村工业化,农村人口及其他生产要素的流动受到人为政策阻碍,过多的人口和从农业中转移出来的非农劳动者仍滞留在农村所引发的社会经济病症。"农村病"不仅严重阻碍农村经济的进一步发展,还使原有的城乡二元结构矛盾进一步深化,集中表现为二元结构矛盾的双重性,即一方面固有的城乡、工农矛盾仍然存在,另一方面这种矛盾又延伸到了农村内部:不仅使固有的农民与城市市民的利益矛盾没有得到消除,农村社区内部也出现了从事农业与从事非农产业的劳动者之间的利益矛盾。"农村病"出现的原因,主要在于以下方面。

(一)国家宏观调控乏力

主要是国家在鼓励农村积极发展商品经济的同时,缺乏及时有效的调控手段。诸如农村土地资源的使用与补偿,农村城镇的合理布局与规划,农村自然、生态环境的保护与治理,乡镇工业的布局指导与调整以及信贷、税收等手段的使用,不是缺少相应的制度保证、法律约束,就是有关政策措施的出台明显滞后于发展的需要,使得农村的发展出现一定程度的自发性、盲目性。

(二)城乡、工农利益悬殊

这使得即使农民有非农产业可转移,政府对农民的这种转移也采取容忍的政策,农民的身份也很难改变。因为在现行体制下,转移农民只有争取到能够享受国家粮、油、副食品补贴供应的保证和医疗、就业保障的城市居民身份,才有可能毫不犹豫地脱离农业,脱离土地,否则他们就只能保持对土地的使用权,这是农民在现行体制下的必然抉择。

(三)农民行为的普遍短期化

农村改革打破了"大锅饭"的分配制度,其直接效应与其说是调动了农民从事商品经济的积极性,毋宁说是激发了农民追求自我利益的欲望。我国农民长期处于自然经济环境,小农意识比较浓厚,小农意识同追求自我利益的欲望相结合,行为上必然短期化。

(四)改革付出的代价

由于改革没有先例,不付出代价不可能,并且代价本身是和发展联结在一起的。改革的代价既可表现为即期代价,又可以表现为远期代价。即期代价容易为人们觉察和重视,而远期代价常常被人们忽视。农村家庭联产承包责任制推行的一个重要远期代价就是土地的过于细分化,以及乡镇工业的布局问题、污染问题等。远期代价也可以说是我国农村工业发展所付出的代价,它以隐含的、累积性的形式逐渐显露。当然,我们必不能由此而否定我国农村这两项改革与发展的巨大意义。问题在于,我们必须认识到代价的大小及对这种代价的补偿,现在已经到了补偿代价的时候了。

(五)改革理论的不清晰

"农村病"的出现与改革理论的不清晰和实践偏差不无关系。

其一,"三就地"思路的不足。就地生产、就地加工、就地销售的"三就地"思路曾一度作为我国农村工业发展的指导思想,尽管这一思路在实践中对农村工业的起步、剩余农业劳动力的转移以及乡村产业结构的改善和经济实力的增强起到了积极的作用,但是它却是一种放大了的自然经济思路,因而存在明显的不足:不利于商品经济和社会分工的发展,在很大程度上导致了农村工业布局的不合理。

其二,"离土不离乡"思路的局限性。提出"离土不离乡"或"进厂不进城"思路的本意,是避免发达国家曾经出现过的农村剩余劳动力大量涌进城市,导致城市过度膨胀的"城市病",然而却忽视了"农村病"出现的可能。从一定意义上讲,"农村病"比"城市病"更为危险,治理难度与代价更大。事实上,农业劳动力"不离乡难离土","不进城难离农"。因此,把"离土不离乡"作为农业劳动力转移的一种主要的、最佳的模式,并冠之以"中国特色"来推行是值得商讨的。姑且撇开现有大中城市是否应该允许农民进城这一点不论,"离土不离乡"充其量只能是农业劳动力初始转移过程中的一种暂时状态,把这种暂时的状态凝固化、模式化,势必会造成大量农业转移劳动力长期滞留农村,进而导致"农业副业化"、"工业乡土化"的格局,这显然与改革的最终目标相违背。

其三,"小城镇道路"思路的偏差。顾名思义,"小城镇道路"应包含农村城市和集镇两个方面的发展,而实践中却明显偏差为"小集镇道路"。仅以浙江省为例,1952 年只有 195 个建制镇,到 1984 年发展到255 个建制镇,至 1986 年又猛增到 573 个,两年时间翻了一番多。相比之下,农村城市发展却缓慢得多,全省 89 个县中,县级市仅有 9 个(截至1987 年底)。当然,对于小集镇发展热,应从两方面考察,一方面,农村小集镇的发展具有重要意义,它促进了以"乡土工业"为主体的农村工业的发展,为农业剩余劳动力转移提供了一定的空间,为农村商品经济的起动提供了一定的市场条件,丰富了农村的文化业余生活,开阔了农民的视野等。但从另一方面看,小集镇也有其明显的局限性,盲目发展更有许多不利之处,主要是:小集镇属于乡村社区的范畴,只能为农民"离土不离乡"提供可能,不能从根本上解决剩余劳动力长期滞留农村的问题;小集镇规模狭小,分布离散,只能为"乡土工业"发展提供条件,难以集聚大工业,使"乡土工业"向现代工业转变;小集镇不能使农民转变为市民,在人口规模和投资规模上都缺乏扩张的动力;小集镇经济辐射力有限,盲目发展,会造成土地资源利用的不经济和生产能力的闲置。因此,对于这样的"小城镇道路"是否可行,有必要在理论上进一步加以探讨。

三、防止"农村病"的对策思路

为了防止"农村病"的恶化和蔓延,推动农村经济与改革的进一步发展,应该把农村工业化、城市化和农民市民化的协调问题提到重要议事日程。就经济发达地区的农村来讲,当前这三方面的关系问题主要是农村中小城市发展步履相对缓慢,既不能适应农村工业布局调整和集聚的需要,又不能适应转移农民市民化的要求。为此,我们提出以下的对策思路。

第一,加快农村中小城市的发展步伐,把县(地)级城市的发展作为重点。要使经济、自然条件相对具备,有发展前途的县城成为县(地)经济、政治、文化中心,使它们与周围其他大中城市和下属集镇、农村形成有机的联系。对于经济相对不发达的地区,小集镇发展仍可以放在比较重要的地位,但应考虑其布局的合理性和规模效益,不要操之过急。对于在农村商品经济中崛起的、具有经济中心作用、辐射力强的一些集镇,应创造条件使其向城市过渡。

第二,农村城市的发展应彻底摒弃由国家包揽的传统道路。要既发挥地方政府、企业在城市筹建、发展中的作用,又发挥农民在城市发展、建设中的自主作用,要提倡走农民建设、农民进城的路子。国家对农村城市的发展应偏重在布局、规模以及基础设施管理等方面的咨询、指导,以及经济、法律和必要行政手段的保证上。

第三,在农村城市规划与发展中,应把调整农村工业布局不合理的状况和鼓励农村转移劳动力进城作为一个重点。为此,农村城市应实行更开放的政策,要在有利于城市健康发展的前提下,本着公开、平等的竞争原则,使一部分农民和非农产业转入城市。与此同时,现有大中城市也应进一步调整农民、非农产业进城的政策。农民进城后,应确立其市民的地位。"市民"的概念、地位和待遇应当在城市经济体制改革中赋予全新的内涵。垄断、特权不应是市民的标志,市民应该只不过是象征着由产业分工、城乡分离所带来的在城市相对稳定居住或就业的人口的总称，市民的利益增长应取决于其本身的贡献大小。

第四，要正确处理好农业发展与农村工业化、城市化、农民市民化的关系。农业的稳定发展和现代化，不仅是农村工业化、城市化和农民市民化的重要前提，而且也是农村工业化、城市化和农民市民化本身的一个重要目标。因此，既要避免就农业论农业、单纯依靠政府提高农副产品价格或靠其他行政手段来"稳定"农业的倾向，又要避免单纯考虑农村工业化、城市化的进程，忽视农业面临萎缩可能的倾向。要处理好这两方面的关系，从当前来看，唯一的选择是：在理顺价格体系的同时，尽快建立国家影响的市场调节机制。此外，应特别注重依靠科学技术进步的手段来稳定和提高农业生产力，推动农业的现代化进程。

我国农业劳动力的转移[①]

　　本文认为:20 世纪 80 年代我国农业剩余劳动力的转移具有一定的自发性,"就地转移"方式是农民迫不得已的选择,既有合理性,又有局限性;80 年代农民收入的增长,在很大程度上取决于农业劳动力的转移速度,而后者又主要决定于农村工业和投资的增长速度;80 年代农业劳动力转移的规模和速度尽管相当可观,但农业和耕地上的劳动力负担依然没有减轻,除了紧缩政策和城乡壁垒因素外,农村城市化进程过于缓慢是制约 80 年代农业剩余劳动力协调和有效转移的重要因素。本文认为,90 年代我国农业剩余劳动力转移的前景不容乐观,因为农业劳动力的比重还必须有较大幅度的降低,未来 10 年已不可能像过去那样依靠农村工业外延高速增长来大规模转移农业劳动力。要想克服上述不利因素,今后农业劳动力应由向第二产业转移为主,逐步转变为向第三产业转变为主,由"离土不离乡"逐步转变为以农村城镇为载体的易地转移为主,由以相对自发性的转移为主转变为计划转移与市场调节相结合。乡镇工业对劳动力的吸纳,也应由外延扩展转变为内涵发展。

　　在经济的发展过程中,农业劳动力的剩余及其转移是一个不容回避的过程。在实践过程中,我国选择了一条与大多数发达国家的实践有区别的"就地转移"的道路。这不仅对经典的农业劳动力转移理论提出了挑战,也为我国的经济理论工作者和实践部门的同志提出了崭新的亟待研究与探索的课题,其核心是:我国的农业剩余劳动力的转移道路能否

　　[①]　本文作者为黄祖辉。本文内容发表在《中国社会科学》1992 年第 4 期。本文的主要贡献是提出并揭示了我国 20 世纪 80 年代乡镇企业对农村劳动力的吸纳主要是靠资本积累的吸纳,而非创新(或内涵)的吸纳。这一论断为我国经济以要素投入扩展为特征的粗放型增长提供了依据。

继续走下去？这条道路能否加快我国现代化建设的步伐？能否比发达国家的道路更为经济有效？回答这些问题仅靠 20 世纪 80 年代的转移实践和成效来印证，看来还不充分，并且也为时过早。80 年代的转移实践仅仅是我们在朝着适合自己国情的发展道路上迈出的重要一步，我国的农业剩余劳动力转移能否最终成功，还要取决于未来相当长时期，尤其是 90 年代的进一步转移状况。因此，有必要在认真总结过去 10 年转移实践的基础上，把着眼点放在研究探索 90 年代乃至 21 世纪的我国农业剩余劳动力的转移前景与进一步发展的路子，这无论从理论探索还是从实践发展的需要看，都是极有意义的。

一、20 世纪 80 年代转移实践的启示

20 世纪 80 年代我国农业剩余劳动力的转移实践至少可为我们提供以下重要的结论与启示。

第一，20 世纪 80 年代我国农业劳动力的转移具有一定的自发性，"就地转移"是农民在传统体制下迫不得已的选择，既有合理性，又有发展的局限性。

我国农业劳动力在 20 世纪 80 年代中较大规模转移的动力和必然性，应该说已累积多年，只是在农村改革启动之后，才得以比较明显地展示。但是，这种转移具有一定的自发性。最直观的表现是"离土不离乡"的"就地转移"极为普遍，其比重约占转移总量的 82.4%。我国农业剩余劳动力在农村的"就地转移"，实质上是农民在农村改革的推动下，为了摆脱自身贫穷状况，面对城市改革相对滞后，尤其是城市就业、户籍、福利等体制没有松动，从而在农民进城受阻的情况下迫不得已的选择。尽管如此，我们认为它仍然是我国农业剩余劳动力初始转移方式的正确选择，问题在于不应把"就地转移"方式绝对化、静止化。"就地转移"不是也不应是我国农业剩余劳动力转移的最终形态，"就地转移"并不意味着转移劳动力不需进城，而是先"就地转移"就业，然后通过农村城市化的发展逐步进城。

实践也表明，"就地转移"在我国既有其存在的合理性，又有其发展

的局限性。前者主要表现在：①"就地转移"节省了国家的就业投资。目前全国 4 亿多农村劳动力中,已有 1/5 在乡镇企业工作,如果这些人由国家包下来安排,则需投资 3 万多亿元,而乡镇企业安排他们就业只用了不足 2000 亿元。[①]　②"就地转移"缓解了城市过度膨胀的压力。很显然,如果目前在乡镇企业就业的近 1 亿劳动力,加上其直接赡养的人口都直接进入现有的大中城市的话,则意味着城市人口要增加 1.62 亿(按 1.75 的赡养系数计算),这不仅会使现有城市的人口急剧膨胀,而且还会推动城市交通、住房、社会福利、财政补贴等矛盾的激化,而农业劳动力在农村的"就地转移",至少从短期看是缓解了这方面的矛盾。③"就地转移"推动了农村经济的发展,缩小了城乡间的收入差距。1980 年,农村社会总产值占全社会总产值的比重只有 32.7%,而 1990 年,该比重已上升到 48.4%。此外,城乡居民的相对收入差距也有一定的缩小,1980 年,城市居民人均年收入为农民的 2.29 倍,而 1990 年为 1.73 倍(均扣除了物价变动因素),10 年间相对差距缩小了 0.56 倍。至于"就地转移"所面临的局限性,主要体现在两个方面:一是容易造成非农产业布局无序化,特别是对于农村工业来说,布局过于分散,会导致规模不经济和土地资源浪费以及农业生态环境的恶化;二是不易使转移劳动力真正脱离农业和土地,而转移劳动力如果长期滞留在农村,对于农业的现代化,尤其是对于土地的规模经营是不利的。

第二,20 世纪 80 年代,我国农民人均收入的增长很大程度上是取决于农业劳动力的转移状况,而农业劳动力的转移状况又与农村工业的发展,特别是乡镇企业的投资扩张密切相关。

农民收入增长与农业劳动力转移的关系,主要表现为:①农民人均收入变动与农村非农产业劳动力变动呈基本同步的关系,两者相关系数为 0.96;②农民收入中来自非农产业的收入比重呈不断上升趋势;③来自非农产业的收入对农民收入的边际贡献率$(\Delta x / \Delta y)$[②]与农业劳动力的转移状况也基本相关(见表 1)。

---

①　数据源于 1991 年 2 月 18 日的《新民晚报》。

②　即农民人均收入中来自非农产业的收入增量,Δy 为农民人均收入增量。

表 1   20 世纪 80 年代农业劳动力转移与农民收入变动关系

指标	1981 年	1983 年	1985 年	1988 年	1989 年
农村非农产业劳动力比上年增长(%)	7.39	14.06	14.03	5.93	−0.14
农民人均收入比上年增长(%)	16.78	14.68	11.89	17.82	10.37
农民人均收入中来自非农产业的比重(%)	10.71	16.51	21.69	27.22	28.03
来自非农产业收入的边际贡献率(%)	22.29	44.48	51.01	37.38	35.85

注:表中数据均根据当年《中国统计年鉴》的资料计算。农民收入变动指标包括了价格变动的因素。

农业劳动力的转移取决于农村工业的发展,主要表现在:①农村转移劳动力的绝大多数是由农村本身吸纳的(见表 2);②农村工业的劳动力增长与其产值的增长具有基本相同的态势(以乡镇企业的职工人数变动与其产值的变动为例)(见图 1)。

表 2   农村转移劳动力的行业分布

行业	1980 年	1985 年	1987 年	1988 年	1989 年
农村工业(%)	64.80	57.66	58.16	57.45	55.99
第三产业(%)	20.40	22.69	23.36	23.34	23.90
其他(%)	14.80	19.65	18.48	19.21	20.11

注:农村工业包含了建筑业。数据来源同表 1。

根据图 1,我们实际已可以得出初步判断:我国乡镇企业在 20 世纪 80 年代的发展是以技术相对不变的外延扩张为特点的。有关研究成果也表明:1978—1988 年,乡镇企业按可比价格计算的总产值增加额中,89.6%是依靠增加固定资产和劳动力的投入来取得的。[①] 既然农业劳动力的转移与乡镇企业的发展密切相关,而乡镇企业在 80 年代的发展又具有外延扩大的特点,因此,我们完全有理由进一步认为:乡镇企业能

① 中国社会科学院农村发展所:《中国农业剩余劳动力转移的道路选择》,《中国农村经济》1990 年第 10 期。

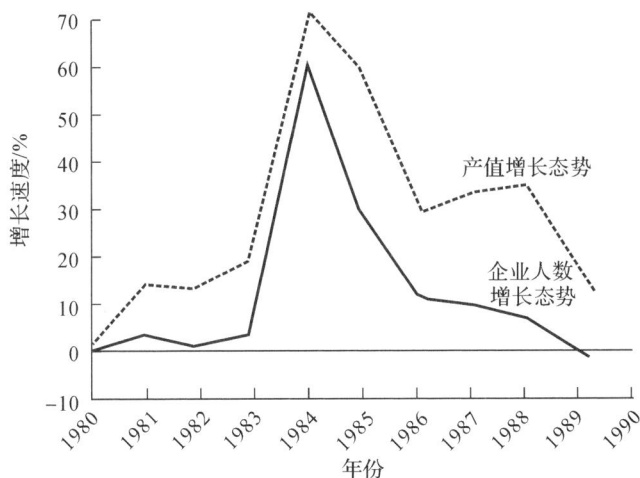

图 1　乡镇企业职工人数与产值增长态势

在 80 年代吸纳如此之多的转移劳动力,主要应归因于其发展的外延特性,特别是投资的外延扩张。这一点,可以借用费-拉尼斯关于资本积累和创新分别对劳动就业吸纳程度的公式 $\eta_L = \eta_K + (B_L + J)/\varepsilon_n$ [①]来进一步分析证明(分解结果见图 2)。

从图 2 以及进一步的试算,可以得出以下结论:

①尽管我国乡村两级乡镇企业势动力增长速度较快,但同期内企业资产原值增长速度却更快,年平均增长率高达 21%,而前者为 5%。因此,乡镇企业劳动力的增加是靠资本积累的吸纳,而非创新(或内涵)的吸纳。

②按照费-拉尼斯模式含义,由资本积累吸纳的劳动力等于资本积累的增长率。据此计算,1980—1989 年我国乡村两级乡镇企业资产积累吸纳的劳动力,累计应当为 8339.53 万人,但实际吸纳的劳动力只有

---

①　式中:η_L 为乡镇企业职工人数增长率;η_K 为乡镇企业固定资产增长率;η_K 衡等于由资产积累吸纳的乡镇企业职工人数增长率,后者记为 η_r;$\eta_L - \eta_r$(即 η^K)= $(B_L + J)/\varepsilon_n$。由创新吸纳的乡镇企业职工人数增长率记为 η_h(费景汉、拉尼斯:《劳动剩余经济的发展》,华夏出版社,1989 年)。

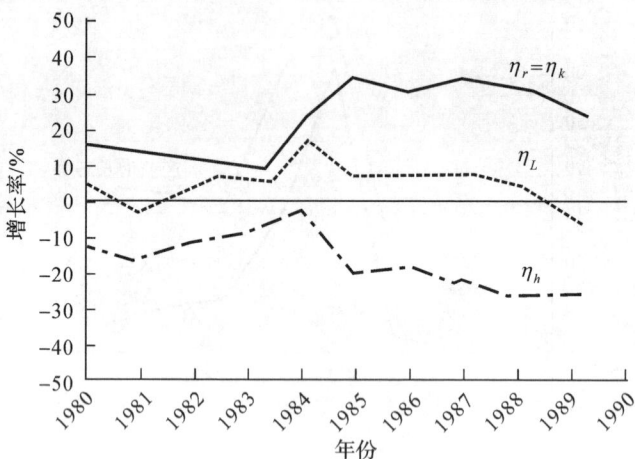

图 2　资产积累与创新对劳动力的吸纳分解

1810.89 万人①，少吸纳 6528.64 万人。

　　③由于 20 世纪 80 年代，乡村两级乡镇企业资本积累实际吸纳的劳动力少于其应当吸纳的劳动力，因此由创新（或内涵）吸纳的劳动力人数在 10 年中均为负值。

　　这就表明，尽管乡镇企业安排就业比起国营企业安排就业能节省较多的投资，但是它依然是以投资的不断扩大来推动的，并且这种吸纳还具有多用资本、少用劳动的倾向。

　　第三，20 世纪 80 年代，我国农业剩余劳动力的转移速度尽管相当可观，但农业耕地上的人口压力依然没有减轻（见表 3）。

---

　　①　这一吸纳数量不包括组办、联户办和个体乡镇企业的职工人数（4646.55 万）和 1979 年乡镇企业的 2909.34 万职工人数存量。

表3　我国农村劳动力、耕地变化状况

统计量	1979年	1989年	累计增加量	年均增长速度
合计	31025万人	40939万人	9914万人	2.81％
农业劳动力	27835万人	32441万人	4606万人	1.54％
非农业劳动力	3190万人	8498万人	5308万人	10.29％
耕地面积	149000亩	143484亩	−5516亩	−0.37％
农业劳均耕地	5.35亩	4.42亩	−0.93亩	−0.19％

注：表内资料来自1980、1981、1990年的《中国统计年鉴》。其中：农村工业产值按现行价格计算，城市人口不包括城市中的农业人口。"农村城市化"指标用表中的非农业劳动力、耕地面积、农业劳均耕地来代替。

从表3可知，我国20世纪80年代农业劳均耕地面积减少的原因有两个方面。一是各种原因所导致的耕地总面积减少；二是农业劳动力本身的增加。而农业劳动力在其转移速度如此之高的情况下依然增加的原因在于同期内农村劳动力的自然增长，尽管其增长速度并不快，但由于基数大，绝对增加量仍很大。因此，要使我国农业劳动力在经济发展过程中，不仅相对量（80年代，农村非农产业劳动力比重从10％上升到20％），绝对量都有所下降，并不容易。

第四，影响20世纪80年代我国农业剩余劳动力稳定协调转移的一个重要因素，是农村城市化①的进程过于滞后。

在20世纪80年代后期，我国农业剩余劳动力的转移出现了一些波动，其主要表现是：①转移速度明显放慢，1989年还出现了转移量的负增长；②转移劳动力的逆流与盲流现象在一些经济发达地区的农村和大城市中频繁出现。其原因，除了80年代后期实施的宏观紧缩政策以及长期存在的城乡壁垒政策外，农村城市化进程过于滞后是一个重要因素。其主要标志是农村工业化进程和农业劳动力转移进程明显快于农村城市化的进程（见表4）。

---

①　农村城市化在我国有特殊的含义，它是指在农村中发展中小城市以及使转移农民进城转变为市民的过程（黄祖辉：《农村工业化、城市化与农民市民化》，《经济研究》1989年第3期）。

表 4　农村工业化、城市化与农业劳动力转移进程

统计量	1979 年	1980 年	1989 年	增加量	年均增长速度
农村工业产值	—	544 亿元	5886 亿元	5342 亿元	30.29%
农村非农产业劳动力		3438 万人	8498 万人	5060 万人	10.57%
农村劳动力在城镇就业量	—	127.4 万人	120.0 万人	−7.4 万人	−0.66%
50 万以下人口城市数	160	—	388	228	9.26%
50 万以下城市人口	3140.5 万人	—	6625.0 万人	3484.5 万人	7.75%

　　注:资料来自 1980、1981、1990 年的《中国统计年鉴》。其中,农村工业产值按现行价格计算,城市人口不包括城市中的农业人口。"农村城市化"指标以表中农村劳动力在城镇就业量、50 万以下人口城市数、50 万以下城市人口来代替。

　　城市是工业和人口集聚的重要载体,城市化进程与工业化进程以及农业剩余劳动力的转移具有密切的关系。资金短缺以及就地办厂、就地转移的思路,是我国农村城市化进程缓慢的重要原因。从短期看,农村城市化进程缓慢似乎不会影响农村工业的发展和农业剩余劳动力的转移,但是从长期看,却并非如此。首先,它不利于工业规模集聚效应的发挥和基础设施、土地资源的经济利用;其次,它不利于第三产业的发展,从而会减少劳动力向第三产业转移的机会;最后,它不利于转移劳动力从土地上彻底转移出来,尤其在现行城乡不同的就业、户籍、福利保障等体制条件下,农业转移劳动力如果长期不能改变其农民身份的话,则会给社会留下不稳定的隐患,一旦有条件,这种隐患,诸如"盲流"、"逆流"甚至更为剧烈的冲击流便会触发。

　　总之,20 世纪 80 年代我国农业劳动力的转移实践告诉我们:农业剩余劳动力的不断转移,对农村经济发展,特别是对农民收入的提高,具有明显的推动作用。但是这种转移的基础并不坚实,转移具有一定自发性;转移依赖于非农产业,特别是农村工业的外延扩展;转移劳动力基本分布在乡村,进城不易,离农也难,具有转移不彻底的痕迹。此外,由于农业劳动力自然增长量大于转移量,因而进一步推进农业剩余劳动力的转移仍将极其紧迫。

二、20世纪90年代的转移前景与政策思路

20世纪90年代是我国社会主义现代化建设的关键时期。在这10年中,我们既要实现国民生产总值比1980年翻两番的目标,又要实现人民生活达到小康水平的目标。如何实现上述两项目标,关键在于未来10年中农村、农业和农民的发展,其中,农业剩余劳动力的利用与转移状况,将起至关重要的作用。从80年代的转移实践和启示出发,联系未来10年的相关因素与条件,我们认为90年代我国农业劳动力的转移任务相当艰巨,前景不容乐观。其主要的根据如下。

第一,就收入水平而言,实现小康目标不但要求总量平均指标应达到相应水平(如年人均国民收入达到800~1000美元),还要求绝大多数人的生活收入水平达到相应的标准。两者相比,后者更具有实质性的意义。从我国城乡居民收入差距仍较大,且低收入的农民又占大多数的实际情况出发,小康收入目标的实现一方面要依赖于总体国民收入的增长和人口增长率的控制,另一方面则要取决于国民收入的分配状况。而在国民收入的分配中,除了要处理好积累与消费的关系外,还要处理好城乡居民的收入分配关系,其核心是提高占目前人口80%左右的农民的相对收入水平。从20世纪80年代的实践看,提高农民收入的途径无非两条,一是调整工农产品价格体系,二是转移农业多余劳动力。改革不合理的工农产品价格体系固然重要,但依我们看,其效果是有限的,不能把农民收入的提高寄希望于提高农产品价格,因为我们不能设想建立一个足以保障8亿多农民实际收入到达小康水平的工农产品价格交换体系,这不仅在理论上是荒谬的,而且在实践中也是根本行不通的。提高农民收入的积极有效的途径,是在农业稳定发展的基础上推进农业剩余劳动力的转移,这并不是要否定价格改革的必要性,而是在于强调。要考虑把城乡居民的收入分配与增长建立在劳动力资源在不同产业合理分布的基础上,否则,真正意义上的小康目标是难以实现的。根据80年代的经验,农民人均收入增长与农业劳动力的转移有密切关系,大体是

农民人均实际纯收入增长 1%，要求农村非农产业劳动力①增长 1.225%。如果这种关系在 90 年代依然存在的话，我们可以粗略推算实现农村小康收入目标所要求的农业劳动力就地转移的速度。假定以现行价格水平计算，农民年人均纯收入 1200 元（相当于目前一些经济较发达地区的农民年人均纯收入水平）为小康生活的收入标准，则农民人均收入需从 1990 年起以年均 6.65% 的速度递增，才能到 2000 年时实现平均收入水平的小康目标；同时，农业劳动力的就地转移速度应保持在 8.15% 的年均递增水平，这一速度尽管慢于 80 年代，但绝对量却高于 80 年代的水平，大体是要求农村非农产业劳动力到 2000 年末增加 1.16 亿左右（不包含通过其他途径从农村进入城市成为城市居民的劳动力）。可见，要实现小康目标，不仅要求国民生产总值翻两番，而且还需要农业劳动力大量转移，这是很艰巨的任务。

第二，目前我国农业劳动力剩余量有 1 个亿②，而 20 世纪 90 年代预计农村至少将净增 8000 万劳动力，因此，如果 90 年代城市化进程和城乡劳动力就业与流动体制没有重大的突破，即使农业劳动力能按上述设想转移，农业上的劳动力仍将有剩余。尽管农村非农产业劳动力比重将有较明显的提高，但农业劳动力的绝对量预计不会有较明显的下降，随着耕地资源的逐步减少，耕地上的劳动力负担仍将不轻，即农业劳均耕地面积将进一步减小，因而农业发展依然不能摆脱因劳动力过多而效益相对不高的困境。与此同时，整个农村也会由于就地转移劳动力队伍过于庞大而产生一系列的不稳定因素和矛盾。

第三，如果以上分析是从转移的任务及其对农业、农村影响的角度考虑的话，那么，从对农业劳动力吸纳的条件看，20 世纪 90 年代的前景更不容乐观。一方面，在 90 年代，我们不大可能再获得像 80 年代那样的依靠乡镇企业的外延扩展来吸纳大量农村剩余劳动力的条件。注重技术进步的内涵发展，不仅将成为城市工业，也将成为农村工业进一步发展的主旋律，这就会在很大程度上为农业劳动力的进一步吸纳带来不

---

① 这里所指的农村非农产业劳动力，实质上等同于从农业中就地转移出来的劳动力。

② 中国社会科学院农村发展所：《中国农业剩余劳动力转移的道路选择》，《中国农村经济》1990 年第 10 期。

利影响。另一方面,城市本身人口的增长,会使得其业已存在的就业矛盾更趋尖锐,期望城市能大量吸纳农村转移劳动力,至少在相当长时期内仍是不现实的。

总而言之,一方面有大量的农业剩余劳动力需要,也应该转移出去,另一方面城市和农村工业又不具备充分吸纳的条件,这正是 20 世纪 90 年代我国农业劳动力转移前景不容乐观的问题核心所在。

要解决上述矛盾,挖掘农业内部潜力,走农业劳动力相对集约的农业现代化道路以及适当调快经济增长速度,特别是继续保持农村工业相对快的增长势头,不失为值得考虑的思路。如果撇开这两条途径,从农业劳动力继续转移的角度考虑,我们认为,我国 20 世纪 90 年代的农业劳动力转移应在 80 年代的基础上实现四个转变:农业劳动力的转移,由向第二产业转移为主,逐步转变为向第三产业转移为主;农村第二产业对劳动力的吸纳,由以外延扩展吸纳为主,逐步转变为以内涵发展吸纳为主;农业劳动力的转移,由以"离土不离乡"的"就地转移"为主,逐步转变为以农村城镇为载体的"易地转移"为主;农业劳动力由相对自发性的转移,逐步转变为计划与市场相结合调控下的转移。

实现以上四个转变的主要政策思路与措施是:

第一,加快农村第三产业的发展步伐。我国第三产业就业比重偏低,从农村来看更是如此,1989 年农村三次产业的劳动力分布大体是 70∶12∶9。第三产业从发展看是最能容纳劳动力的产业,因此,20 世纪 90 年代我国农业劳动力能否继续实现较大规模的转移,很大程度上取决于第三产业的发展。就农村而言,发展第三产业一是要在广大农民中进一步树立社会分工与商品意识,逐步消除自给自足、自成体系的自然经济观念,当然,这种思想观念的转变必须建立在大力发展商品经济的基础上;二是要继续加强农村社会化服务体系的建设,使产前、产中、产后的各项服务专业化、规模化,而不是都由农民一家一户自己来解决;三是要加强农村集镇建设。农村集镇建设要同农民的迁移适当结合起来,以避免集镇布局过于分散,要使之成为农村第三产业的中心。

第二,加快农村城市化的进程。农村城市化是我国整个城市化过程的重要组成部分,无论从农村城市化进程滞后的实际,还是从农村劳动力进一步转移的需要看,加快农村城市化进程在 20 世纪 90 年代都是至关重要的。它不仅有利于第三产业的发展,而且对于优化整个国民经济的空间布局,如农村工业的相对集中、农村土地资源的经济利用、农村转移劳动力的市民化①,都会产生积极的影响。其主要的思路是:把城市发展的重点放在农村,控制现有大城市的发展规模,发展中小城市和中心集镇,特别是要加快近年来晋级的县(地)级市的发展,逐步使有条件(包括人口条件、经济条件等)的地区,每个行政区至少有一个中等规模的城市,每个县都有一个小规模的城市和若干布局合理的中心集镇。农村城市的建设与发展要改变完全由国家包揽的办法,要走国家、地方政府、农村企业和农户共同出资、共同建设与发展的路子,特别要提倡农民建城、农民进城、农民管城、农民兴城的做法,使城市容纳更多的转移劳动力。

第三,注重农村工业技术进步的类型选择,提高其内涵吸纳劳动力的比重。从这一思路出发,在 20 世纪 90 年代,关键要处理好农村工业上等级、上水平、提高经济效益与尽可能多地安排就业、提高社会效益之间的关系。一是必须认识到,农村工业在发展中广泛吸纳农业转移劳动力,具有极大的社会效益,并且只要经营管理得当,其经济效益并非就差。二是在农村工业的发展中,要改变单纯依靠投资增长和产值增长来带动就业增长,而经济效益却很差甚至出现负增长的格局。三是对农村工业的技术进步,要从宏观上给予调控和指导,要有的放矢地选择技术,尽可能地选择中性的或劳动密集型的技术,积极发展既能大量容纳劳动力,又有经济效益的乡镇企业。

第四,不断完善农村劳动力的流动机制。其核心是建立有调控的劳动力市场,改变农村劳动力要么滞留在农村,要么盲流到城市的无序状况。为此,要疏通流动渠道,灵活控制闸门。一是要把农业劳动力的转移提到社会就业合理化的高度来认识,把其纳入国民经济或地方经济的宏观发展计划。这并不意味着要求国家来承揽农村的就业任务,而是要求国家和地方政府在制定经济发展计划和产业政策中,应考虑农业转移劳动力的存量、流量、流向的变化及其对社会经济发展的影响和作用。二是为了使国家和地方政府能更好地掌握、调控农业劳动力的转移进

---

① 黄祖辉:《农村工业化、城市化与农民市民化》,《经济研究》1989 年第 3 期。

程,应进一步发展地方性劳务市场,并在此基础上相应建立劳务监察、服务中心和全国性网络,以克服干预的生硬性和流动的盲目性。三是要积极推进城市就业和福利体制的改革。对这一问题有两点需要认识:①限制农民进城,并不是要禁止他们进城,而主要是着眼于量上的控制;②限制农民进城,不应以"铁饭碗"的就业体制为盾牌。事实上,尽管过去10年来农民进城总量还不多,但是他们在城市中的活力,特别是在建筑、环卫等一些被城市劳动者视为繁重、低下的行业中的竞争力已是有目共睹。因此,与其遮遮盖盖、含含糊糊地让农民名不正、言不顺地挤进城,还不如正视现实,把握时机,让农民堂堂正正、名正言顺地进城。当然,这并不是要不加控制地完全打开城市闸门,因为城市的就业量毕竟受到其本身人口规模和产业发展的限制,所以在量上仍应有所控制,但这种控制不应是一种简单的、近乎粗暴的"管、卡、压"。关键还是要改革现行的城市就业体制和福利保障体制,要让农民参与城市就业的竞争,要增强社会而不是企事业单位对待业、退业人员的福利保障功能。

需要进一步阐明的是:上述的政策思路和措施是建立在我国农业剩余劳动力太多这一判断基础上的,因而在正常情况下,这些政策思路的实施并不会导致农业的萎缩;相反,由于农业劳动力剩余量大,农业本身还需不断向深度与广度开发,使其在发展中增强有效容纳、消化劳动力的能力。与此同时,农民本身也需不断提高自身的素质,以增强其对技术进步、经济发展和产业转移的适应性。

总之,只要我们充分认识20世纪90年代我国农业剩余劳动力转移的严峻性、紧迫性,确立明智的思路,采取积极有效的政策和措施,我们就能在进一步推进农业劳动力转移的基础上,有步骤地实现国民经济的第二步战略目标。

技术进步与农业劳动力转移①

技术、资金、劳动力,都是现代社会生产力的基本构成要素。因此,劳动力的流动和转移,作为一个资源重新配置过程,一方面要受制于各产业的技术水平和技术状况,另一方面也会对产业的技术进步产生巨大影响。本文通过对浙江省农村 20 世纪 80 年代农业劳动力转移与农村产业技术进步之间的关系进行实证分析和研究,以揭示它们间的相互影响机理和协调发展的关系。

一、农业技术装备与农业劳动力转移

现代农业,不仅依靠土地、资本和劳动的投入,而且越来越依赖于现代工业物质技术对农业的装备。传统农业向现代农业转化过程中的一个显著特点,就是实现资金对劳动的替代,提高农业的有机构成,使农业的技术装备程度不断提高,并有较高的土地和劳动生产效率。浙江省是典型的人多地少区域,其传统农业是一种具有"精耕细作"特征的劳动密集型产业,它不但吸纳了大量农村劳动力,而且保持了较高的土地生产率。然而随着 20 世纪 80 年代浙江省大规模农业劳动力的转移,这种传统的劳动密集型农业开始发生由量到质的变化,突出表现在以下几方面。

第一,替代劳动技术装备程度不断提高。从资源匹配的角度来看,现代农业物质技术可分为两大类:替代技术和非替代技术。前者在农业

---

① 本文作者为徐加、黄祖辉。本文内容发表在《农业经济问题》1992 年第 12 期。

中的应用,可减少劳动力的占用和消耗,以提高农业劳动生产率为主要目标;后者主要是提高农业的资源利用效率,增加农业产出,以提高农业土地生产率为主要目的。显然,在农业中存在有大量剩余劳动的情况下,替代技术在进入农业时,必将遇到劳动力的阻碍与抵抗,因为这些技术的采用将使传统的农业劳动力失去就业机会,浙江省农村 20 世纪 70 年代农业机械化的起伏徘徊历史已充分证明了这一点。但是,随着农业劳动力不断从农业转移出来,要维持原有的或更高的农业产出水平,就必然需要替代技术来顶替原来劳动力的功能,这就会促进农业中替代技术装备程度的不断提高。对全省 26 个样本村的抽样调查结果表明,每亩耕地拥有的农机总动力在 1980—1989 年增加了 23.8%,年平均增长 2.4%,机灌面积占灌溉面积的比重提高了 3.1 个百分点。而同期这 26 个样本村的农业劳动力比重却下降了 21.4 个百分点,由 1980 年的 89.5% 下降到 1989 年的 68.1%,年平均下降 2.4 个百分点。又据 26 个村 1989 年资料的相关分析,农业劳动力数量与农机总动力、机耕面积、机播面积、机收面积等替代技术装备程度指标均呈现负相关,即农业中替代技术装备的程度随着农业劳动力数量的减少而不断提高(见表 1)。由此可见,农业劳动力的转移,对于促进替代技术在农业中的运用是有积极意义的。

表 1　浙江省农业劳动力与技术装备的相关系数

统计量	农机总动力	机耕面积	机播面积	机收面积	灌溉面积	用电量	化肥用量
农业劳动力数量	−0.0241	−0.1361	−0.0708	−0.1394	0.7912	0.2160	0.2214

第二,非替代技术不受劳动力转移的影响。从表 1 的相关分析结果可见,26 个样本村的非替代技术装备指标(灌溉面积、用电量、化肥用量)与农业劳动力数量呈正相关,这似乎表明农业劳动力数量的减少将导致非替代技术装备程度的下降。但是,进一步的研究表明,结论并非如此。在 1980—1989 年,26 个样本村平均每亩耕地的化肥用量增加了 112.4%,年平均增长 8.7%;平均每亩耕地的用电量增加了 4.8 倍,年平均增长 21.6%。所以,尽管这些村的农业劳动力相对份额大幅度下降,但这并没有导致非替代技术装备程度的下降,相反是提高了。这表

明,这些村的劳动力转移是处于合理的界限之中,即农业劳动力的转移量既没有超出农业生产对劳动力的需求界限,也没有超越非替代技术对劳动力的匹配要求。事实上,从农业劳动力的绝对数量变动来看,这 26个村在 1980—1989 年并没有减少,而是增加了 2.6%,年平均增加 0.3%。

第三,农业有机构成提高,开始从劳动密集型向资金、技术密集型转化。随着农村劳动力由农业向非农业的转移,以"精耕细作"为特征的劳动密集型农业开始发生根本性的变化。尽管农业中劳动力的绝对数量仍略有增加,但在整个农业投入中,物质、资金的投入增长更快。资金投入的份额不断提高,表明农业逐步向资金技术密集型转化。据上述 26个样本村的抽样调查资料分析,在 1980—1989 年,农业固定资产原值增加了 3.3 倍,年平均增长 17.7%,比同期农业劳动力的增长速度高出 17.4 个百分点;每亩地农用固定资产增长近 4 倍,年平均增长 19.5%。在这种增长态势下,样本村每个农业劳动力拥有的农用固定资产,由 1980 年的 1390 元增加到 1989 年的 5871 元,增加了 3.2 倍,年平均增长 17.4%,使整个农业的有机构成得到大幅度提高。

上述的分析表明,浙江省农村 20 世纪 80 年代大规模的农业劳动力转移浪潮,极大地推动和促进了农业物质技术装备程度的提高,为农业的现代化打下了良好的物质技术基础。

二、广义技术进步与农业劳动力转移

物质技术是技术进步的物质基础,但如果从更大的范围加以考察,产业的技术进步还应包括生产工艺(农艺、园艺、饲养技术)、管理技术等"软技术"的应用、推广和进步。因此,为更进一步分析农业劳动力转移与技术进步的相互关系,我们采用技术水平测定法和广义科技进步定量模型,对上述 26 个样本村 20 世纪 80 年代农业、非农业的广义技术进步进行了定量评估(见表 2)。

表 2　浙江省农村广义技术进步评估结果

统计量		农业	非农产业
年平均技术进步速度(%)		1.72	2.59
年平均经济增长速度(%)		10.03	26.49
经济增长贡献(%)	技术进步	17.15	9.78
	资金投入	81.45	58.17
	劳动投入	1.40	32.05

从表 2 的评估结果可见：

第一，在 1980—1989 年，样本村广义农业年平均技术进步速度为1.72%，非农产业为 2.59%。但是，技术进步对产业经济增长的贡献，农业要大于非农产业，农业技术进步贡献率为 17.15%，即农业产值增加 100 个百分点中，有 17.15% 的增长归功于技术进步，而非农产业技术进步贡献率为 9.78%。

第二，在产业经济增长中，农业中的资金贡献率达 81.45%，而劳动贡献率只有 1.40%。这表明 20 世纪 80 年代浙江省的农业发展，主要依靠以提高农业物质技术装备为基础的资金投入和技术进步，农业已进入依靠物质技术进步发展的阶段，农业劳动投入数量对农业增长的贡献越来越小。因此，90 年代农业的发展将主要取决于物质技术装备程度的进一步提高和劳动力素质的改善与提高。

第三，表 2 的评估结果还说明从产业经济增长的角度来看，浙江省农村的农业现代化水平要高于非农产业的现代化水平。其理由是：①农业有机构成的提高速度比非农产业要快。26 个样本村在 1980—1989年，每个非农产业劳动力拥有的固定资产增加了 2.2 倍，而农业为 3.2倍；前者年平均增长速度为 13.6%，比农业低 3.8 个百分点。②经济增长中技术进步的贡献农业大于非农产业。③产业经济增长中，非农产业的资金贡献率为 58.17%，比农业低 23.28 个百分点，而劳动贡献率达32.05%，比农业高 30.65 个百分点。这说明浙江省农村非农产业的发展，在较大程度上是依靠了劳动投入量的增加。这与浙江省农村非农产业层次不高、规模普遍不大、劳动密集型企业占主导的特点是密切相关的。

三、劳动生产率与农业劳动力转移

农业劳动力转移,从资源配置的角度而言,就是指农业劳动力的相对份额下降和非农产业劳动力的相对份额上升。因此,它的发生与发展,对农村两大产业的劳动生产率有着极大的影响。浙江省农村传统的劳动密集型农业,通过精耕细作,创造了较高的土地生产率,但农业劳动生产率较低,随着20世纪80年代大规模的农业劳动力转移,农业中的劳动力占用和消耗相对减少,而农业的产出却在物质技术装备程度不断提高和农业技术进步的带动下仍有大幅度的提高,从而使农业劳动生产率有了显著提高。1980年,全省农业劳动力的劳均创造产值为676元,到1989年达2353元,9年间提高了2.5倍,年平均增长14.9%。而同期农业劳动力年平均净转移速率为4.8%,这意味着在80年代,平均从农业领域净转移出1%的劳动力,可使农业劳动生产率提高3.1%。另据统计,1980—1989年,浙江全省农村非农产业劳动力年平均增长速度为21.6%。这使农业劳动生产率与农村非农劳动力相关增长比例为1∶1.45,低于全国农村1978—1988年1∶2的水平,表明浙江省农村80年代大规模的农业劳动力转移是适度的,不但没有牺牲农业,使农业劳动生产率停滞,相反,在伴随着农业生产率不断提高的同时,推进了农村工业化的进程。究其原因,主要的一点就是以大量的资金投入农业,从而迅速提高了农业的物质技术装备程度和科技进步。

与此同时,20世纪80年代浙江省农业劳动力的大规模转移,也没有导致农村非农产业的劳动生产率下降,而是得到了较大幅度的提高。据统计,全省农村非农产业的劳均产值在1980年为5122元,1989年达到10531元,年平均增长8.3%。其主要原因,是在农村非农产业发展过程中,保证了大量的资金投入,使转移进去的农业劳动力得到相应的资金匹配,进而使产出的增长速度大于劳动力的增长速度,使得非农产业在大量吸纳农业剩余劳动力的同时,仍能提高劳动生产率。据样本村的统计资料,在1980—1989年,非农产业劳动力年平均增长16.9%,但同期非农产业固定资金年平均增长速度达32.8%,非农产业产出年平均增长速度达 30.3%,从而使非农产业的劳均固定资金拥有量提高了 2.2 倍,年平均增长 13.6%,劳均产值提高了 1.7 倍,年平均增长 11.5%。由此可见,在农业劳动力存在剩余的情况下,只要非农产业劳动力的增长速率低于其产出的增长速率,农业劳动力的转移是可以促使农业和非农产业的劳动生产率同时得到提高的。这将提高整个农村劳动力资源的利用效率。例如,浙江省农村工业在 1980—1989 年,产出的年平均增长速度为 32.3%。农村工业劳动力的年平均增长速度为 19.2%,结果农村工业劳动生产率由 1980 年的 5914 元提高到 1989 年的 15188 元,年平均增长 11.0%。而在 1982—1983 年和 1984—1985 年,由于农村工业劳动力的年增长速度大于其产出的增长速度,农村工业的劳动生产率出现了下降的情况。

四、结论与建议

根据以上的分析与判断,可以得出以下几点结论与建议。

第一,浙江省农村 20 世纪 80 年代大规模的农业劳动力转移,从技术进步和经济增长的角度评价,基本上处于正常的、良性的状态,并没有出现许多发展中国家工业化进程中牺牲农业,以农业劳动生产率停滞,甚至下降的代价来实现农业剩余劳动力尽快转移的非良性现象。

第二,在浙江省农村 20 世纪 80 年代的农业劳动力转移进程中,由于保证了一定的农业资金投入,提高了农业物质技术装备程度,促进了农业的广义技术进步,使得工业化进程中农业劳动要素较多向工业转移的同时,保证了农业产出的增长总态势,促进了农业劳动生产率的迅速提高,这为二元经济结构的顺利转换创造了良好的条件。

第三,20 世纪 80 年代浙江省农村的非农产业在吸纳大量农业剩余劳动力的同时,仍提高了自身的劳动生产率。但随着农村工业的升级换代、"上档次"和技术进步的加快,以及向资金、技术密集型的转化,在 90 年代中,如果没有巨大的资金投入和高速的技术进步,特别是非替代劳力型的技术进步,农村工业对农业剩余劳动力的吸纳能力将明显下降。

基于上述分析结论,我们认为,如果要在 20 世纪 90 年代更好地促进农业劳动力的转移,提高农业劳动力资源的综合利用效率,使农村经济有更快、更好的协调发展,有必要采取以下对策措施。

第一,在加速农村工业化的同时,仍需保持对农业的足够重视,要继续增加对农业的投入,特别是资金、技术的投入,以进一步提高农业的物质技术装备程度,加快农业的现代化进程。

第二,在农村产业发展仍需大量资金投入,而国内资金相对短缺的情况下,必须把"国门"开得更大一些,提高农村产业的外向型程度,大胆地吸收利用外资,以实现农村技术进步和就业水平的同步提高。

第三,要大力发展农村第三产业,增加第三产业对农业剩余劳动力的吸纳比重,使农村劳动力资源在三大产业间得到更加合理的配置,提高其利用效率。

投资与农业劳动力转移^①

　　20 世纪 80 年代,我国选择了一条农业剩余劳动力"就地转移"的道路。"就地转移"所需的投资比"进城转移"要少得多,一般说来,两者之间的投资差距在 3 倍左右(指 80 年代后期的水平比较),但这并不意味着农业劳动力的"就地转移"对投资的依赖就不大。为此,有必要对投资和农业劳动力的转移关系进行深入研究。

一、20 世纪 80 年代投资与农业劳动力转移的实证分析

　　20 世纪 80 年代我国农业劳动力向非农产业的转移,无论是速度还是规模都是相当可观的。从浙江省的实践看,1980—1989 年,全省共有557.2 万个农业劳动力转移到农村非农产业,年均转移 61.9 万,平均每年的转移速度(指农村非农产业劳动力的年增长速度)为 19.1%,其中乡镇企业吸纳了 72.0% 的转移劳动力。在农业劳动力的转移过程中,其资金也在以更快的速度增长。以乡镇企业(村以上)为例,1982—1990年,乡镇企业劳动力的年均增长速度为 4.0%,而固定资产原值和流动资金的年均增长速度分别为 26.0%、41.9%,人均资金占有量的年均增长速度达 28.6%,大大快于其劳动力的增长速度。与全民所有制企业相比,人均资金占有量已由 1985 年,全民企业是乡镇企业的 4.2 倍降低为 1990 年的 2.5 倍。这一方面表明乡镇企业的资产实力和技术装备水平在迅速提高,另一方面也意味着农业转移劳动力的就业成本在不断提

---

　　①　本文作者为黄祖辉、徐加、李虹。本文内容发表在《浙江学刊》1992 年第 3 期。

高,农业劳动力的转移对投资的依赖度在增大。当投资增长速度快时,农业劳动力的转移速度也较快,如 1984—1988 年,全省农村固定资产投资额年递增率高达 40.5%,农村非农产业劳动力的年递增率也达到 18.8%,平均每年转移出 90.57 万农业劳动力。而当投资增长速度减缓时,农业劳动力的转移速度也就明显放慢,如 1988 年下半年经济紧缩后,农村固定资产投资迅速下降,1990 年比 1988 年下降 3.8%,平均每年递减 1.9%,与此同时,农业劳动力的转移速度也大大下降,并出现了大量的"回流",农村非农产业劳动力由 1988 年的 726.87 万降至 1990 年的 698.27 万,年平均下降 2.0%。

20 世纪 80 年代农业劳动力转移与投资的关系还可以借助费-拉尼斯关于资本积累与创新分别对劳动力的吸纳程度模型,即 $\eta_L = \eta_K + \dfrac{B_L + J}{\varepsilon_{LL}}$,并结合有关资料来进一步分析。[①]

分析结果表明:

第一,浙江省乡镇企业职工变动(η_L)与资金变动(η_K)呈现基本一致的变动态势,表明两者之间存在较强的相关性(相关系数为 0.7),即企业职工增长变动在很大程度上是依赖于资金的积累程度或投资的扩张程度。

第二,按照费-拉尼斯的定义,由资金积累吸纳的劳动力变动率应恒等于资金积累的变动率,即 $\eta_L = \eta_K$,但实际的现象是 $\eta_L > \eta_K$。这表明乡镇企业实际吸纳的劳动力远不及资金积累应吸纳的劳动力,它进一步说明乡镇企业在 20 世纪 80 年代发展中,具有追求投资扩张和多用资金、少用劳动力以及用资金替代劳动力的倾向。

第三,由于非农产业劳动力的增长明显依赖于企业资金(或投资)的扩张,因此,依靠创新(或内涵)途径,即用较少的资金来吸纳较多的劳动力(表现为 $\eta_h > \eta_L$),从总体看并不存在(即使有这样的局部现象,也完全被掩盖了),具体表现为 η_h 变动率($\eta_h = \dfrac{B_L + J}{\varepsilon_{LL}}$)在 20 世纪 80 年代均

---

① 模型含义可参见费景汉、拉尼斯:《劳力剩余经济的发展》,1989 年,华夏出版社,第 54-120 页。本文利用该模型的具体分析步骤从略。

处于零以下水平,为负值。

当然,农村非农产业中不同行业的资金(或投资)与劳动力就业之间的关系并不完全同上述结论一致,如服务业、商业等第三产业劳力变动与资金的变动就不呈现明显的相关性,但由于其在农村经济中比重还不大,因而还不能决定农村非农产业劳动力变动与资金(或投资)变动关系的总态势。

二、20世纪90年代投资与农业劳动力转移前景的估价

对浙江省20世纪90年代的农业劳动力转移与投资前景的估价,是基于以下前提条件的:①90年代农村劳动力的自然增长速度与80年代相同,即年递增率为3.3%,可以认为这些新增劳动力绝大部分是农业劳动力。②剩余农业劳动力的进一步转移依然是农村、农业发展的重要条件。"就地转移"的格局不出现根本性的变化。③为实现全省社会经济发展战略的第二步目标,90年代农村非农产业的劳动力占农村总劳动力比重至少要由35%上升到45%。

从上述前提出发,可以得出:①20世纪90年代全省农村劳动力将自然增长约800万,到2000年末,农村劳动力将达到2834.0万。②按90年代末农村农业与非农业劳动力5.5∶4.5的目标比例划分,届时全省农业劳动力将达1559.0万,比1990年末增加222.5万,而农村非农产业劳动力将达1275.0万,比1990年末增加577.0万。

以上浙江省农业与在村非农产业劳动力在20世纪90年代的变化将意味着:①农业劳力的相对比重在90年代尽管会进一步下降,但其绝对量却仍然会增加。②如果农村非农产业劳动力要达到45%的比重,则农村非农产业劳动力从90年代起必须以年均6.2%的速度增长,每年平均需要净转移农业劳动力57.7万。这表明90年代浙江省农业劳动力转移的任务并不轻,前景不容乐观。

要实现以上转移目标,从投资的角度看,可以给出以下几种分析。

第一,撇开流动资金因素,假定农村非农产业人均占有固定资产额保持在1990年的水平不变,则农村非农产业固定资产的年递增速度应

与农村非农产业的劳力增长保持一致,为年递增 6.2%。根据测算①,在 20 世纪 90 年代大体需新增固定资产 330.37 亿元(不包括价格变动因素),即年均需增固定资产净投资 33.04 亿元。

第二,按照浙江省 20 世纪 90 年代全社会固定资产投资年均增长 5%的目标估算。到 2000 年,农村第二、第三产业生产性固定资产投资额累计为 462.24 亿元,扣除其中约占 30%的重置性(更新改造)固定资产投资,则为 323.56 亿元,按 1990 年末的非农产业人均固定资产装备水平计算,大体可吸纳劳动力 565.8 万人,比达到农业劳动力转移目标应吸纳的人数少 11.0 万人。

第三,假定 20 世纪 90 年代浙江省农村非农产业人均固定资产额可变,并且以递增的速度变化,则可以设想以下几种变化率所相应需要的固定资产投资额和投资递增速度(见表 1)。

表 1　浙江省农业劳动力转移与 2000 年固定资产投资需求预测

统计量	农村非农产业人均固定资产增长率			
	14%	10%	5%	0%
固定资产占有水平(元/人)	21235	14857	9330	2728
累计需增投资额(亿元)	2307	1494	789.5	330.6
年均投资额(亿元)	230.7	249.4	78.9	3.3
年固定资产递增率(%)	21.07	16.3	11.5	6.2
年投资递增率(%)	39.3	31.6	20.6	5.4

注:①这里的固定资产投资扣除了重置投资部分和非生产性投资(如居民住宅投资)部分的投资,是生产性固定资产的净投资。②14%的增长率是扣除了价格因素后的 20 世纪 80 年代浙江省乡镇企业(村以上)人均固定资产年平均增长率。

从表 1 中的有关数据可知,人均资产装备率的提高,将使固定资产投资速度大大加快,远远超过 5%的规划指标。其中,如果人均固定资产装备率按 14%或 10%速度递增的话,则农村非农产业的人均固定资产装备水平,到 2000 年时大体上将分别与全民独立核算工业企业和全部独立核算工业企业 1990 年时的装备水平相当。很显然,这对投资的

---

①　按抽样调查资料和有关统计资料的测算,浙江省 1990 年末农村非农产业的固定资产为 400 亿元左右,人均为 5728.44 元。

需求量是巨大的,若没有外部资金的引入或投资政策的倾斜,很难实现这样的目标。

三、结论、选择与政策思路

20 世纪 80 年代和 90 年代的农业劳动力转移与投资关系的分析、预测足以使我们清醒地意识到:80 年代依靠投资优先增长来刺激经济增长并且带动农业劳动力迅速转移的实践,使我们对 90 年代的农业劳动力转移速度和固定资产投资速度的选择处于难以两全的境地。一方面,如果确保固定资产的投资增长速度(如控制在 5% 的增长水平),则农业劳动力进一步转移的目标将很难实现。农业劳动力如果在 90 年代不能按预期目标转移的话,将会对第二步经济战略目标,特别是对农村"小康"目标的实现会产生不利影响。另一方面,若要确保 90 年代农业劳动力转移目标的实现,则固定资产投资规模和速度势必会突破计划,如果控制不当的话,有可能引发新的投资膨胀或通货膨胀。面对这样的形势,我们认为应着重在投资上做文章,并且避免两种偏向,即既要避免80 年代中期曾出现的投资失控、膨胀过度的状况,又要避免把投资压缩得过紧,使转移劳动力不仅难以增大,而且还会大量回流农业。为此,一方面,不能选择人均固定资产额增长过快的方案,从前面的分析中看,10% 以上人均资产年增长率的方案就不宜采纳,另一方面,资产装备水平保持不变(甚至下降)的方案看似稳妥,但也不宜采纳,因为它忽视了企业资产装备水平不断提高是现代经济发展的基本规律,忽略了 80 年代高速增长的惯性作用。可供选择的方案是适当控制农村非农产业人均固定资产装备率提高的幅度,适度突破固定资产投资规模,确保农业劳动力转移目标的实现。具体说来,就是采纳前面分析中所提到的人均固定资产年增长率控制在 5% 左右水平的方案。

实施这一方案意味着:①在实现浙江省农业劳动力转移目标的同时,农村非农产业人均固定资产装备水平将从 1990 年的 5728 元上升到 2000 年的 9330 元。②要实现这一方案,20 世纪 90 年代浙江省农村非农产业需净增固定资产投资 789.50 亿元,平均每年投资 78.95 亿元。

若按 1990 年全省农村非农产业固定资产净投资水平框算数 24.50 亿元为基数推算,则要求农村非农产业固定资产年净投资平均增加额为 13.50 亿元。③相应地,该方案要求浙江省农村非农产业固定资产规模和固定资产净投资需从 20 世纪 90 年代起分别以 11.5% 和 20.6% 的速度增长。前者低于 1982—1990 年浙江省乡镇企业(村以上)固定资产规模年平均增长 19.0% 的速度(已扣除物价因素);后者相当于 1981—1990 年浙江省城乡集体经济年平均投资增长的速度。

实施这一方案虽然仍有一定的难度(主要是投资增长速度有可能超过预定计划),但是,为了使浙江省经济发展走在全国前列,为了实现浙江省社会经济发展的第二步战略目标,我们应该做出这样的选择。至于投资规模是否会由此而失控,则主要取决于整个宏观的调控能力和具体的投资政策,并不会单纯因投资增长速度的适当加快而失控。事实上,由于存在城乡投资结构上的差异,农村非农产业的投资增长,在一定时期内总要稍快些,这并不意味着整个固定资产的投资增长也必然会达到这样的速度,此外,这一速度与 20 世纪 80 年代中期(1984—1988 年)农村固定资产投资平均增长 40.5% 的速度相比(扣除物价因素仍达 30% 以上),也只能属中等水平,这对于地处沿海开放地带、经济相对发达的省份来说,是适合的。另外,这一速度从投资的潜力来看也是适当的,浙江省 1990 年 198.60 亿元的社会总投资中,属于非生产性投资超过 50%;属于农村集体、个体投资占 46.1%,在农民个人的 64.70 亿元投资中,有 90% 是用于非生产性投资,若能将农村特别是农民的过多的非生产性投资,适当地引导到生产性领域来,则整个社会的投资增长压力会大大减小。

实施这一方案,还需要一系列的政策配套,主要包括投资政策、产业政策、企业政策以及就业政策等方面的配套,大体的思路是:

第一,在投资政策上,一要对农村非农产业的投资,特别是安排就业的投资,采取支持政策。也就是说,即使对全社会的投资规模要在总量上实行控制,但是对农村非农产业的就业开发性贷款,仍应采取非限制性政策。二要继续鼓励农村非农产业发展中的"以资带劳"、"以资入股"的做法,使资金更多向生产性领域流动。三要加快农村金融市场的建设。除了要大力发挥银行和信用合作社在农村融资活动中的主力军作用外,还应适时在一些地区培育或发展农村证券市场,应在政策上确保农民也能依靠其金融资产不断谋求其收入的增长。

第二,在产业政策上,一是应对农村非生产性投资,特别是住宅类投资,要加以一定的限制,如可考虑在贷款利率、地产税等方面给予调节。二是除了对农业仍须采取相对稳定的扶持政策外,对农村非农产业的发展,应特别注重农村第三产业的发展。农村第三产业具有投资相对节省、容纳就业量相对多的特点,其发展的领域不仅是城市的商业服务业等,而且还涉及农业产前、产后的社会化服务领域,发展潜力很大。三是要继续注重浙江省外向型经济的发展。在 20 世纪 90 年代,浙江省应推行包括农村在内的全方位外向型经济发展战略,以充分发挥地处沿海的地理优势。在发展外向型经济的过程中,应重点发展利用外资型企业,这样可以大大缓解农业劳动力转移进程中投资不足的矛盾,此外,应积极开拓国内外劳务市场,不断提高浙江省劳务队伍在国内外市场的占有率。

第三,在企业政策上,一是要在鼓励企业走技术进步道路的基础上,对企业技术进步的类型进行间接干预。比如,在投资或资源配置上,对劳动相对密集型的企业技术进步,应采取积极的支持政策,以防止企业片面地用资本替代劳动的技术,不断提高非农产业对劳力的内涵吸纳能力。二是对农村企业(或项目)的投资效益评估,要既考虑其经济效益和生态效益,又注重其就业效益,以促使农村非农产业的经济效益与就业效益同步增长。三是要允许企业大胆探索各种新型的组织形式。从当前农村的实际看,应对股份合作型企业的发展采取支持政策,并不断对这种企业组织形式进行规范,使这种融资能力和就业吸纳能力均较强的农村企业得到进一步发展。

第四,在就业政策上,一是要继续大力发展农村非农产业,努力为农业转移劳动力提供更多的就业机会。二是要积极推广"龙港"经验,使农业转移劳动力能在农村城镇的发展基础上,在城镇安家就业。三是要逐步消除城乡就业政策上的差异,使农业转移劳动力能与城市劳动力有平等的就业机会。当前关键是要加快城市就业体制的改革,普遍推行合同就业制度;此外,应加强农村劳动力就业前与就业后的培训,使劳动者能不断适应产业发展的要求。

进城农民城镇生活稳定性及市民化意愿①

进城农民能否稳定地在城镇工作和生活,并逐步放弃土地承包权、落户城镇,最终实现其身份和地位的本质变化即市民化,对于突破城乡二元经济社会体制、统筹城乡经济社会发展、逐步推进城乡一体化具有十分重要的意义。本文以我国经济相对发达的浙江省为研究对象,以对近年进入城镇的农民的问卷调查为基础,对这一问题进行探讨。

一、样本简况

本文共调查已进城农民 328 人,其中还未农转非的 182 人,已农转非的 146 人,其基本情况如下。

(一)地区和性别分布

样本的地区和性别分布情况如表 1 所示。

① 本文作者为黄祖辉、钱文荣、毛迎春。本文内容发表在《中国人口科学》2004 年第 2 期,被《新华文摘》2004 年第 12 期转载。本文研究得到教育部重大攻关项目"中国农村与农民问题研究"子课题"城乡统筹发展的理论与政策"(03JZD0031)的资助。

表 1 已进城农民调查样本地区与性别分布情况

单位：人

样本		合计	洞头	海宁	湖州	浦江	绍兴	桐乡
未农转 非居民	合计	182	48	11	71	20		32
	男	149	37	9	62	16		25
	女	33	11	2	9	4		7
已农转 非居民	合计	146	30	21	21	33	31	10
	男	92	20	12	12	26	15	7
	女	54	10	9	9	7	16	3

（二）年龄分布

被调查对象的年龄最小为 17 岁，最大为 73 岁，平均 39 岁，大多为正在从事劳动的青壮年人口，样本具体分布如表 2 所示。

表 2 已进城农民调查样本年龄分布情况

年龄	20 岁 以下	21— 25 岁	26— 30 岁	31— 35 岁	36— 40 岁	41— 45 岁	46— 50 岁	51— 55 岁	56— 60 岁	60 岁 以上
分布（％）	1.36	6.82	14.10	17.73	19.54	16.81	14.55	7.73	0.91	0.45

（三）受教育年限

被调查样本中，受教育年限最低者为 0 年（文盲），但只占 1％，最高者为 17 年，大多集中在 5～12 年，即从小学毕业到高中毕业之间（见表 3）。

表 3 已进城农民调查样本受教育年限分布情况

受教育年限	0 年	1～ 3 年	4～ 6 年	7～ 9 年	10～ 12 年	13～ 15 年	15 年 以上
分布（％）	1	9	39	87	56	26	2

二、进城农民重新回到农村的可能性

浙江省已进城农民在城镇的稳定性如何？什么样的人、在什么条件下重新回到农村的可能性较大？对于"以后你会不会回到农村"这一问题，样本户的回答如表 4 所示。

表 4 已进城农民回农村的意愿

统计量	合计	现在生活很好，不打算回去	如果生活工作不满意就回去	不管怎样都要回去	不管怎样都不会回去了	其他
频数	322	61	53	27	152	29
比例(%)	100	18.9	16.5	8.4	47.2	9.0

表 4 显示，已经进城的农民中，有重新回农村想法的占了 24.9%，那么，影响进城农民回农村意愿的主要因素有哪些呢？为此，我们运用模型做进一步的分析。

(一)模型构建

本文利用 SPSS10.0 版本中的 Multinomial Logistic(多分类无序变量的逻辑回归)方法，分析样本户的特征变量与重新回农村意愿之间的相关关系，其模拟方程如下：

$$y = \beta^i x + \xi。$$

式中，x 为决定是否有回农村想法的因素，包括受访者的性别、年龄、婚姻状况、受教育年限、职业、个人年收入、进城时间长短、家庭人均收入等客观因素以及个人对现有生活满意度、工作满意度等主观因素。y 表示该观察值的重新回到农村的意愿，共有三个选项：第一，有重新回农村意愿；第二，无回农村意愿；第三，没想过。

假定 ξ 的累积分布为 Logistic 分布，模拟的 Logistic 模型是：概率(回农村)＝概率($\xi > \beta^i x$)。在模型拟合过程中，我们根据对偏回归系数的检验情况，逐步剔除自变量，最后的模型检验结果如表 5 和表 6 所示。

表 5　模型适用性检验

模型	−2 Log Likelihood	Chi-Square	df	Sig.
Intercept Only	383.272			
Final	82.920	300.352	260	0.043

表 6　偏回归系数检验

变量	−2 Log Likelihood of Reduced Model	Chi-Square	df	Sig.
Intercept	82.920	0.000	0	0.000
进城时间	114.555	8.907	2	0.012
生活满意度	103.099	20.179	8	0.010
户口类别	222.325	124.922	2	0.000

最后的参数估计值如表 7 所示。

(二)结果分析

从上述的模型中,我们可以发现,进城时间、户口类别和生活满意度等因素对于农民重新回农村的意愿有影响,但由于在 Logistic 模型中,回归系数 B 不能直接反映自变量对因变量的影响程度,所以我们利用 SPSS10.0 版本中的 Crosstabs、Means 等方法对各种影响因子做进一步的分析。

1.户口类别

具有不同类别户口的已进城农民对于"以后你会不会回到农村"的回答如表 8 所示。

从表 8 可知,有回农村意愿的进城农民,几乎都是农业户口,在已经是非农户口的进城农民中,有 92.1% 的人无回农村的想法,只有 3.6% 的人在生活工作不满意的情况下可能重新回到农村。因此,在下面对其他因素的分析中,我们重点讨论还未农转非的进城农民。

2.生活满意度

模型显示,对现有生活满意度越高,回农村的欲望就越小。那么,样本户对现有生活的满意度如何呢?对于"与农村相比,你对目前的生活状况满意吗"这一问题,进城农民的回答如表 9 所示。

表 7　已进城农民重新回农村意愿 Logistic 模型参数估计

	变量	B	Std. Error	Wald	df	Sig.	Exp(B)
	Intercept	7.460	10058.206	0.000	1	0.999	
	进城时间	−5.23E−02	0.051	1.817	1	0.178	0.297
	户口＝1	33.783	328.817	0.011	1	0.918	46973878851191 9.000
	户口＝2	0			0		
有回农村意愿	生活满意度＝1.00	32.856	1489.213	0.000	1	0.982	18580646731716 1.600
	生活满意度＝2.00	29.388	1489.211	0.000	1	0.984	57951023200092. 120
	生活满意度＝3.00	29.738	1489.212	0.000	1	0.984	82212777857618. 340
	生活满意度＝4.00	26.392	1489.215	0.000	1	0.986	28954500246 0.435
	生活满意度＝5.00	0			0		
	Intercept	−27.680	4257.348	0.000	1	0.995	
	进城时间	6.54E−03	0.053	2.341	1	0.126	0.901
无回农村意愿	户口＝1	33.673	264.239	0.016	1	0.899	42062541761994 9.700
	户口＝2	0			0		
	生活满意度＝1.00	17.742	3508.656	0.000	1	0.996	50725676. 984

续表

变量		B	Std. Error	Wald	df	Sig.	Exp(B)
无回农村意愿	生活满意度=2.00	16.956	3508.655	0.000	1	0.996	23115973.260
	生活满意度=3.00	18.133	3508.655	0.000	1	0.996	74997774.057
	生活满意度=4.00	−18.732	3562.436	0.000	1	0.996	7.323E−09
	生活满意度=5.00	0			0		

注:"生活满意度"指"与农村相比,你对目前的生活状况满意吗":①很满意,②比较满意,③差不多,④不满意,⑤很不满意。户口指:①农业户口,②非农业户口。

表8　不同户口类型的已进城农民回农村的意愿

户口类型	现在生活很好,不打算回去		如果生活工作不满意就回去		不管怎样都要回去		不管怎样都不会回去了		其他		合计	
	频数	占比(%)	频数	占比(%)	频数	占比(%)	频数	占比(%)	频数	占比(%)	频数	占比(%)
农业户口	50	27.5	48	26.2	27	15.0	34	18.8	23	12.5	182	100.0
非农业户口	11	7.8	5	3.6	0	0.0	118	84.3	6	4.3	140	100.0
合计	61	18.9	53	16.5	27	8.4	152	47.2	29	9.0	322	10C.0

表 9　进城农民对目前生活的满意度(与原农村生活相比)

项目	合计	很满意	较满意	差不多	不满意	很不满意
比例(%)	100.0	17.3	61.8	16.8	3.2	0.9

表 9 显示,与原农村生活相比,79.1%的居民表示满意,只有20.9%的人表示与农村差不多、不满意或很不满意。下面我们从与进城农民生活相关的多个方面做进一步的分析。

(1)社会保障情况

进城农民现在享受的社会保障情况如下:①失业保险(24.3%),②城市居民最低生活费保障(3.0%),③养老保险(30.9%),④医疗保险(6.8%)。由此可知,从总体上看,进城农民享受的社会保障明显不够,这可能是增强进城农民稳定性并实现市民化的主要障碍之一。

(2)住房情况

住房作为居民的主要生活资料,其好坏直接反映了居民的生活质量。样本户的住房情况如下:①单独租(12.3%),②和人合租(8.2%),③借亲友的(4.5%),④购买商品房(45.9%),⑤自建(20.5%),⑥其他(8.6%)。这表明进城农民的住房条件还是不错的。

(3)对城市生活的适应度

对于"你觉得你适应城市生活吗"这一问题,进城农民的回答如表10 所示。

表 10　进城农民对城市生活的适应度

项目	合计	很适应	比较适应	不太适应
比例(%)	100.0	27.5	66.7	5.8

从表10 可知,大多数进城农民自己认为已经适应城市生活,回答不太适应的只有5.8%。

(4)与原城镇居民的交往情况

对于"你和那些以前就是城市居民的人交往情况如何"这一问题,进城农民的回答如表11 所示。

表 11　进城农民与原城市居民的交往情况

项目	合计	交往很多	有些交往	交往较少	没有交往
比例(%)	100.0	24.5	62.3	11.8	1.4

表 11 显示,从总体看,进城农民与原城市居民的交往情况较好。

3. 进城时间长短

进城时间长短不同的居民对于"是否回农村"的回答情况如表 12 所示。

表 12　进城时间长短不同的居民的回农村意愿

单位:%

进城时间	现在生活很好,不打算回去	不管怎么样都要回去	不管怎么样都不会回去了	如果生活工作不满意就回去	其他
1 年以下	16.7	33.3	16.7		33.3
1~2 年	11.1		11.1	77.8	
2~3 年	25.0	12.6		37.5	25.0
3~5 年	20.0	13.3	6.7	46.7	13.3
5~7 年	36.5	27.3	18.2	9.0	9.0
7~10 年	40.1	9.9		9.9	40.1
10 年以上	46.6	22.9	22.9	7.6	
平均	28.8	27.4	15.8	11.0	17.1

注: Chi-Square 检验显著值为 Pearson Chi-Square (0.000), Likelihood Ratio (0.000)。

从表 12 可知,进城 1~2 年的居民回农村的欲望最强烈,以后随着进城时间的延长,有回农村想法的人越来越少。因此,如何帮助新进城农民尽快适应城市生活,应成为政府相关部门重视的问题。

4. 对现有工作的满意度

在上述的 Logistic 模型中,工作满意度的偏回归系数没有通过检验,但是由于我们在调查过程中明显感觉到进城农民对现有工作的不满意,因此,在这里我们以进城而还未农转非的农民为统计对象,运用 Crosstabs 进行进一步的分析,结果如表 13 所示。

表 13　对工作满意度不同的进城居民的回农村意愿

单位:%

工作满意度	现在生活很好,不打算回去	不管怎么样都不会回去了	如果生活工作不满意就回去	不管怎么样都要回去	其他
很满意	24.8		50.4	24.8	
较满意	45.0	10.0	20.0	15.0	10.0
一般	25.7	7.6	33.3	17.9	15.4
不满意	14.2	28.7	14.2		42.9
很不满意		50.0		50.0	
平均	28.8	27.4	15.8	11.0	17.1

注:Chi-Square 检验显著值为 Pearson Chi-Square (0.004),Likelihood Ratio (0.013)。

表 13 的统计结果似乎有点出乎意料,对现有工作最满意的群体,回答要回去的比例最高,其中 50.4% 的人回答"如果生活工作不满意就回去"。对一些居民的典型调查显示,这部分人大多有较强的工作能力,对生活工作要求较高,一旦对城市的工作生活不满,便希望回到农村去创业。如果说这一部分人回到农村创业,对于推动城乡一体化还有一定促进作用的话,那么对现有工作很不满意者有强烈的回农村欲望(在这一组中有 50% 的人表示"不管怎么样都要回去",大大高于其他组的比例)就更值得我们给予足够的重视。那么,进城农民对现有工作的总体满意度又如何呢?对于"你对目前的工作状况满意吗"这一问题,进城农民的回答如表 14 所示。

表 14　进城农民的工作满意度

单位:%

项目	合计	很满意	较满意	一般	不满意	很不满意
比例	100.0	14.5	37.7	39.5	6.4	1.8

通过与表 9 的比较,我们可以发现,进城农民对工作的满意度低于对生活的满意度,如何创造良好的工作条件是当前城市政府面临的重要问题。下面我们从与进城农民工作相关的若干方面做进一步的分析。

（1）找工作的途径与容易度

被调查进城农民，在城镇找工作的主要途径如表15所示。

表15 进城农民找工作途径

单位:%

项目	自己一家一家找	外出劳务的老乡介绍	通过职业介绍所等中介机构	家乡有组织的劳务输出	在城镇工作的亲戚朋友介绍	其他
比例	55	3.3	5.0	2.7	19.5	14.5

表15显示，进城农民在找工作方面，明显存在渠道不畅的问题，大多数依靠自己一家一家找，或者靠在城镇工作的亲戚朋友介绍，通过劳务市场等渠道找到工作的很少。那么，进城农民自己认为找工作容易吗？调查统计结果如表16所示。

表16 进城农民在城里找工作容易度

单位:%

项目	合计	很难	较难	一般	很容易
比例	100.0	34.6	32.2	30.5	2.7

很显然，大多数进城农民认为在城市找工作有较大的难度。

（2）职业培训

对于"你进入城镇后，是否参加过职业培训"这一问题，进城农民的回答如表17所示。

表17 进城农民参加职业培训情况

单位:%

项目	合计	没有	参加过1次	参加过2次	参加过3次	参加过4次	参加过4次以上
比例	100.0	59.1	18.2	11.4	3.6	0.9	6.8

从表17可知，大多数农民进城后基本未得到必要的职业培训，这对于长期生活工作在农村的农民来说，可能成为适应城市相关工作的严重阻碍。

三、进城农民进一步稳固自己市民角色的意愿

上面的分析显示,已农转非的进城农民在城市已经具有相当大的稳定性,其回到农村的可能性微乎其微。由于户口对于城市居民事实上和心理上的重要性,在对户籍制度进行彻底改革从而消除户口二元结构以前,居住在城镇的农业户口人员对城镇户口的追求成为其稳固自己市民角色愿望的最直接表现。因此,这一部分我们主要研究已进城而还未农转非人员的农转非意愿及其影响因素。

(一)农转非意愿

对于"你是否想农转非成为城市居民"这一问题,182位已居住在城市但还未农转非的居民的回答如表18所示。

表18 居住在城镇的农业户口人员农转非愿望

	合计	想	不想	无所谓统计量
频数	182	55	68	59
比例(%)	100.0	30.22	37.36	32.42

表18显示,已进城农民农转非的愿望并不强烈,只有30.22%的农民明确表示想农转非。那么,其影响因素又有哪些呢?

(二)已进城农民农转非意愿的影响因素

通过分析和检验,我们发现以下几方面对于已进城农民农转非意愿具有重要影响。

1.进入本城镇时间长短

进入时间长短对农转非意愿的影响如表19所示。表19显示,想农转非人员的进城时间大多在2年以下和10年以上,而其他人群农转非的意愿相对较弱。由此可以认为:农民刚进城时,较多的人抱有一种彻底转换角色的愿望,但随着时间的推移,他们也许在工作、生活等方面遇

到了种种不如意,其愿望便会逐渐减弱。而能够住 10 年以上者,要么是在城市生活工作方面的成功者,要么已经是铁心住在城市者,因此希望农转非的比例又开始提高。

表 19 进城时间长短与农转非意愿

单位:%

进城时间	想	不想	无所谓
1 年以下	80.0	11.2	8.8
1~2 年	33.3	22.3	44.4
2~3 年	13.2	30.8	56.0
3~5 年	12.5	56.3	31.2
5~7 年	18.2	45.4	36.4
7~10 年	15.5	53.8	30.7
10 年以上	53.2	23.4	23.4
合计	30.2	37.4	32.4

注:Chi-Square 检验显著值为 Pearson Chi-Square(0.000),Likelihood Ratio(0.000)。

2. 性别

不同性别的人,对农转非的态度有明显差别(见表 20)。

表 20 不同性别进城农民的农转非意愿

单位:%

性别	想	不想	无所谓
男	21.4	30.9	47.6
女	37.5	50.2	12.4

注:Chi-Square 检验显著值为 Pearson Chi-Square(0.000),Likelihood Ratio(0.000)。

从表 20 可知,与男性相比,女性进城农民更希望农转非。

(三)进城农民想或不想农转非的原因

已进城农民想或不想农转非的原因分别如表 21、表 22 所示。

表 21　已进城农民想农转非的原因

项目	更容易就业	有利于子女的培养教育	提高社会地位	提高生活质量	更多的发展机会	其他
比例（%）	22.2	29.6	7.4	11.1	14.8	14.8

表 22　已进城农民不想农转非的原因

项目	舍不得失去土地	对"在城里打工、过农村生活"很满意	在城市要找一份稳定的工作很困难	在农村生活已经习惯了	城市的社会关系太复杂	农村的环境质量比城市好	城市的生活费用太高,缺乏经济实力	其他
比例（%）	53.1	6.3	6.3	3.1	3.1	3.1	6.3	9.4

怕失去承包地是已进城农民不想农转非的首要原因,占了 53.1%,而对城市生活的不习惯、不满意,以致农民存在想回农村的想法也是其中的重要原因。

四、简要的结论

第一,进城农民大多对进城后的生活感到满意,他们在城市社会的融入度也较高,大多数进城农民与原城镇居民关系良好。但是,出于希望回农村创业、城镇社会保障条件差和在找工作方面存在的较大困难等原因,四分之一左右的已进城农民有重新回农村的想法。

第二,户口依然是判断进城农民是否市民化的一个重要标志,但这并不意味着农民一旦农转非,其地位和角色就会发生根本性的改变。随着大量农业户口的居民进入城镇工作和生活,在研究城市化问题时,理论界在界定城镇人口时面临着以居住地、工作地还是以户口为标准的问题。一般认为,只要居住在城镇或者虽然居住在农村但在城镇有稳定的工作,便可认为是城镇居民,而不必考虑其户口是否为非农。但本文的调查统计显示:已经取得非农户口的居民在城镇长期生活下去的愿望要比农业户口的进城者强烈得多,他们已稳定地成为城镇居民;已经进城而没有农转非的居民中,有重新回农村想法的占了 41.2%,因此他们并没有稳定地成为真正的城镇居民。但是,进城农民对于农转非并没有非常强烈的愿望,想农转非者只占了 30.22％。因此,我们认为并不是城市户口就可使得进城农民地位提高,而是那些已具有一定地位、工作生活稳定的人往往愿意农转非,从而成为"真正"的城镇居民。

第三,有效地帮助新进城的农民尽快适应城镇的工作和生活,对于实现农民市民化具有重要意义。大多数进城农民在进城的最初 1～2 年,并不想马上农转非而成为真正的城镇居民,而是要等到工作生活比较稳定,并能适应城镇生活时才会考虑农转非的问题,反之,则可能考虑回到农村。随着时间的推移,希望农转非的人数会增加,而希望回农村的人数将逐步减少。

第四,类似浙江省这样经济相对发达地区的农村,尤其是一些集镇已具备较好的创业环境,一些受教育程度高、创业能力强的进城者回乡创业的欲望较为强烈,城镇如何提高对人才的吸引力是一个值得研究的问题。调查显示,受教育程度较高者对现有工作最满意度也较高,但回答"如果生活工作不满意就回去"的比例也最高。对一些居民的典型调查显示,这部分人大多有较强的工作能力,对生活工作要求较高,一旦对城市的工作生活不满,就希望回到农村去创业。

参考文献

[1]白南生、何宇鹏(2002):《回乡,还是外出? ——安徽四川二省农村外出劳动力回流研究》,《社会学研究》,第 3 期。

[2]顾益康、邵峰(2003):《全面推进城乡一体化改革——新时期解决"三农"问题的根本出路》,《中国农村经济》,第 2 期。

[3]林坚(2002):《中国农民进镇意愿、动因及期望调查分析》,《农经研究通讯》,第 2 期。

[4]郁杰英(2000):《新跨越——当代农村青年报告(1999—2000)》,浙江人民出版社。

[5]赵晓辉、魏武(2004):《中国社科院调查结果:中国城乡收入差距世界最高》,新华网,2 月 25 日。

对农村妇女外出务工状况的调查与分析[①]

——以在杭州市的农村务工妇女为例

农民工是在计划经济向市场经济转型的过程中形成的一个特殊的社会群体。随着市场经济的发展,农民工的数量不断增多,已成为我国产业工人的重要组成部分。英国学者亨·萨·梅恩曾指出:"我们可以说,迄今为止进步社会的运动都是从身份迈向契约的运动。"然而,我国农民工在"从身份到契约"的运动过程中却经历了一个独特的"身份+契约"阶段,承受着身为农民和工人的双重负担。在现实劳动关系中,农民工处于十分不利的地位,除了诸多体制性障碍的制约外,他们的权益也屡屡遭到侵害。中国社会科学院的一项调查显示,我国农村妇女外出务工的比例已经达到了 40%,而且还在持续上升(魏伟,2004)。为此,本文以杭州市为例,具体地考察我国农村妇女外出务工的现实状况。

一、样本选取

农村人口大规模地向城市转移,是我国由传统农业社会向现代工业社会转变的必然结果。作为浙江省的省会以及政治、经济、科教和文化中心,杭州市已形成较为完备的制造业体系,电子信息、医药化工、机械

① 本文作者为黄祖辉、宋瑜。本文内容发表在《中国农村经济》2005 年第 9 期。本文的研究得到国家社科重大项目"解决中国'三农'问题的理论、思路与对策研究"(04ZD012)的资助。本文为"中国农村妇女与城镇化发展"国际研讨会录选论文。

制造、纺织服装和食品饮料等五大支柱产业的主导作用日益明显,具备相当的市场竞争力。所以,本文对我国农村妇女外出务工状况的考察,选取的就是在杭州市务工的外来农村妇女的样本。2004 年 12 月,笔者对来自 19 个省份的农村妇女进行了调查,共取得有效问卷 112 份,其中,59 人来自西部,37 人来自中部,16 人来自东部。从年龄构成看,18—20 岁、21—30 岁、31—40 岁、41—50 岁、51—60 岁的被调查者分别有 3 人、30 人、54 人、22 人、3 人,分别占总数的 2.7％、26.8％、48.2％、19.6％、2.7％。可见,30 岁左右的农村妇女是外出务工农村妇女的主体。

(一)样本属性之一:文化程度

应该承认,外出的农民工大多是农村的精英,但是,与城市工人相比,他们的文化程度仍然普遍偏低。从表 1 可以看出,在杭州市务工的农村妇女中,拥有初中文化程度的最多,比例高达 41.96％,其次依次为小学毕业、高中、文盲、小学肄业,比例分别为 33.93％、8.90％、8.04％、7.14％。

表 1　外出务工农村妇女的文化程度

单位:人

年龄	文化程度					合计
	文盲	小学肄业	小学毕业	初中	高中	
18—20 岁	0	0	0	2	1	3
21—30 岁	4	0	4	18	4	30
31—40 岁	2	7	23	19	3	54
41—50 岁	1	1	10	8	2	22
51—60 岁	2	0	1	0	0	3
合计	9	8	38	47	10	112

(二)样本属性之二:婚姻状况

家庭、婚姻以及生育状况都对农村妇女外出务工有一定的影响,其中以婚姻状况对其影响最为明显。笔者发现,在外出务工的农村妇女中,已婚妇女为大多数,占总数的 85.7％;未婚妇女仅 13 人,占 11.6％,并且多为 20 岁左右的年轻人;寡居、离婚所占的比例更少,分别为1.8％、0.9％(见表 2)。

表 2　外出务工农村妇女的婚姻状况

单位:人

年龄	婚姻状况				合计
	未婚	已婚	寡居	离婚	
18—20 岁	3	0	0	0	3
21—30 岁	10	19	0	1	30
31—40 岁	0	54	0	0	54
41—50 岁	0	20	2	0	22
51—60 岁	0	3	0	0	3
合计	13	96	2	1	112

二、外出务工农村妇女的流动特征及家庭生活状态

(一)外出务工农村妇女的流动特征

农村妇女外出务工具有以下几个方面的流动特征:

第一,在外出务工农村妇女家庭中,户均外出务工比例一般较大。20 世纪 90 年代初,外出务工者多为农村家庭中的成年子女。而如今在外出务工农村妇女家庭中,其家庭成员外出务工的比例明显增大,高达40％。从"父母在,不远游"到"好男儿志在四方",部分传承千年的伦理定律被打破,传统和相对稳定的农村家庭模式因为城市的吸纳正在发生改变,经历着有史以来少有的深刻变化。

第二,外出务工农村妇女的丈夫一般也在外务工,而且夫妻双方的工作地点往往在一处。在人们的印象中,对农民而言,离婚应该是慎之

又慎的事情。然而,近年来,外出务工使夫妻产生矛盾,进而导致家庭解体的现象却大有增加的趋势。在农村的离婚人群中,夫妻一方外出务工而导致离婚的比例竟高达五成以上(广志等,2004)。所以,为尽可能地避免家庭的破裂,许多农村妇女选择了同丈夫一起出来打工。农村夫妻共同外出务工,是自 20 世纪 80 年代中后期以来,人口流动进程中出现的一个较为突出的新现象,是与我国经济社会结构变迁这一大背景和总趋势相吻合的。

第三,外出务工农村妇女的子女一般都留在老家。大批农民工告别赖以生存的土地,告别温暖的小家庭,无可奈何地把孩子托付给爷爷、奶奶或外公、外婆,甚至是亲戚、朋友。这些在家留守的孩子们成为继离异家庭子女之后又一值得特别关注的社会群体(胡佳清等,2002)。事实上,在农村,隔代抚养、教育孩子的现象已相当普遍,其抚养者不是年老体弱多病,就是文化程度很低甚至是文盲,根本无法负起家庭教育、管理孩子的责任。他们中的大多数将孩子的成长、教育完全托付给学校。

(二)外出务工农村妇女的家庭生活状态

我国农村劳动力的供给为城市工业的发展提供了丰富而廉价的劳动力资源。然而,农民工过低的收入背后却隐藏着重重的危机,如无法保证子女接受正常的教育,等等。从表 3 可以看出,我国农村妇女外出务工后,其家庭收入、支出主要具有两个特点。

表 3　2003 年外出务工农村妇女家庭收入的主要来源

家庭收入主要来源	样本数	百分比(%)
作物	4	3.57
牲畜	0	0.00
外出务工	101	90.17
小商贩	2	1.79
运输	2	1.79
服务	0	0.00

续表

家庭收入主要来源	样本数	百分比(%)
矿业	1	0.89
其他	2	1.79
合计	112	100.00

第一,家庭收入较低,一般居于本村平均水平,外出务工是其最为重要的收入来源,寄回家的钱在本村外出务工者中属于中等偏少。大体上讲,外出务工农村妇女的年家庭现金收入为1.6万元左右,非现金收入为800多元。有90.17%的被调查者认为,外出务工是其家庭收入的第一来源。农民工已经成为我国产业工人的重要组成部分,是我国推进工业化和城市化进程不可或缺的力量。但是,农民工工资长期维持不变,实际收入水平反而下降(贺朝晖等,2005)。究其原因,主要有以下两个方面:一方面,农民工自身的素质和能力使他们大多在报酬较低的产业部门就业。另一方面,不健全的制度因素导致农民工在就业时受到了不公平的待遇。

第二,外出务工妇女大多有子女在各类学校就读,教育花销很大,家庭负担很重。据中央教育科学研究所教育发展研究部对三省五县的调研,留守孩子占适龄就学孩子总数的47.7%("中国农村留守儿童问题研究"课题组,2004)。农村义务教育阶段,对于千千万万个农村家庭而言,要想生存下来,就必须外出务工。他们寄回家里的钱,成为留守孩子的基本生活来源。随着外出务工人数的日益增多和竞争的日益加剧,工资并没有得到相应的增长,这使他们和他们的家庭生活变得异常艰辛。

三、外出务工农村妇女的成本和收益及就业模式选择

(一)外出务工农村妇女的成本和收益

从"离土不离乡"到跨区域流动,从独闯天下到举家外出,从分散盲目流动到有组织转移,都是农民在对外出务工成本和收益的比较过程中

逐步完成的。那么,农村妇女外出务工的成本和收益到底如何呢? 本文通过对农村妇女外出务工的沉淀成本、机会成本、直接收益及间接收益等,具体地考察了这一问题。从表 4、表 5、表 6 和表 7 可以看出,我国农村妇女外出务工的成本和收益主要反映在以下几个方面。

表 4　农村妇女外出务工的沉淀成本来源

来源	样本数	百分比(%)
自有积蓄	100	89.29
父母	5	4.47
亲戚朋友赠与	1	0.89
亲戚朋友借款	4	3.57
信用社贷款	1	0.89
银行贷款	1	0.89
合计	112	100.00

表 5　农村妇女外出务工的机会成本

外出务工前	样本数	百分比(%)
读书	4	3.57
务农	45	40.18
在乡企工作	4	3.57
从事非农产业	2	1.79
经商、市场运销	2	1.79
在家闲着	3	2.68
未回答	52	46.42
合计	112	100.00

表6　农村妇女外出务工的直接收益

基本工资（元）	样本数	百分比（%）	加班工资（元）	样本数	百分比（%）	奖金福利（元）	样本数	百分比（%）
0	0	0.00	0	89	79.47	0	96	85.72
0～300	3	2.68	0～30	3	2.68	0～30	2	1.78
300～600	51	45.54	30～60	2	1.78	30～60	4	3.58
600～900	42	37.50	60～90	1	0.89	60～90	0	0.00
900～1200	9	8.04	90～120	8	7.15	90～120	5	4.46
1200以上	5	4.46	120以上	7	6.25	120以上	3	2.68
未回答	2	1.78	未回答	2	1.78	未回答	2	1.78
合计	112	100.00	合计	112	100.00	合计	112	100.00

表7　农村妇女外出务工的理由（间接收益）

第一理由	样本数	百分比（%）	第二理由	样本数	百分比（%）	第三理由	样本数	百分比（%）
在家粮食不够吃	8	7.14	在家粮食不够吃	6	5.36	在家粮食不够吃	1	0.89
在家无前途	23	20.54	在家无前途	17	15.18	在家无前途	9	8.04
打工收入高	66	58.93	打工收入高	17	15.18	打工收入高	1	0.89
到城市闯一闯	8	7.14	到城市闯一闯	8	7.14	到城市闯一闯	9	8.04
学技术	0	0.00	学技术	1	0.89	学技术	0	0.00
别人叫我出来	4	3.57	别人叫我出来	11	9.82	别人叫我出来	7	6.25
未回答	3	2.68	未回答	52	46.43	未回答	85	75.89
合计	112	100.00	合计	112	100.00	合计	112	100.00

第一，外出务工的沉淀成本主要是指出来打工的各种花费，一般依靠自己平时的积蓄，路费在所有支出中占有较大的比重。被调查者的平均路费支出为233.69元，有89.29%的人打工费用来源于自己的积蓄。从本质上看，路费是劳动力要素流动中的运输成本，因此，对于劳动供给者的农民工，这项成本在其劳动供给决策过程中的作用是举足轻重的。

第二,外出务工的机会成本主要反映在老家务农的收益损失上。如果不出来打工,可以读书、务农、在乡镇企业工作,或者从事非农产业、市场运销,等等。在被调查者中,有 40.18% 的人认为,外出务工损失的收益主要是在老家务农的收入。尽管农村劳动力总体过剩,但是,进一步考察劳动力队伍的内部结构,不难发现,外出务工的劳动力和在家留守的劳动力存在着质的差别。外出者是农村劳动力的精英,他们的文化程度高,市场意识强,是发展农业和农村经济最为急需的劳动力,而非过剩、"多余"的部分。

第三,外出务工的直接收益主要是每月的基本工资,通常情况下无加班工资和奖金、福利。45.54% 的外出务工农村妇女的月工资水平在 300~600 元;79.47% 的人从来没有拿到过任何加班工资;85.72% 的人从来没有得到过任何奖金、福利。事实上,城市职工和外来农民工的收入结构有很大差别,尤其是城市职工除获得货币工资以外,还享有许多物质福利。

第四,外出务工的间接收益主要是增长了见识、学到了技术,一般说来,这方面的收获还是很大的。在被调查者中,有 20.54% 的人把"在家没有前途"作为外出务工的首选理由。她们觉得外出务工,可以看看外面的世界,开阔一下视野,学点东西。从农村到城市,外出务工农民更新了观念,转变了生活方式,既富了口袋,又富了脑袋。在这样的大背景下,许多农民工正在向"蓝领"亦即产业工人转化。与此同时,不少农民已不满足于在外打工挣钱,而是返乡创业,促进了当地经济的发展。

(二)外出务工农村妇女的就业模式选择

第一,外出务工农村妇女一般是靠他人介绍找到工作的。在现代社会,大众传媒获得了异常飞速的发展,各层组织体系的末梢已触及社会的每一个角落,信息的传递在以惊人的速度加快,而其成本则在以惊人的幅度降低。然而,在那些关系到农民切身利益的个人决策,例如职业选择中,农民的主要信息来源依然是亲属和朋友。进入杭州市务工的农村妇女,有 50.00% 的人是通过城里的亲戚、朋友或已在城里定居的老乡找到工作的,有 10.71% 的人是通过家人的介绍找到工作的(见表8)。

表8　农村妇女外出务工岗位的获得途径

途径	样本数	百分比（%）
政府帮助	0	0.00
劳务中介	16	14.29
单位到家乡招聘	2	1.79
城里亲戚、朋友或老乡介绍	56	50.00
家人介绍	12	10.71
劳务市场	26	23.21
合计	112	100.00

　　第二，外出务工农村妇女一般在小规模的饭店、旅馆及娱乐场所工作。这些单位的类型一般是私人企业，经营规模一般小于5人或为21～100人，具体岗位一般为服务员（见表9、表10）。应该承认，她们当中的绝大多数跻身都市的本意是为了闯世界、见世面、挣大钱。可是，当从闭塞贫瘠的农村乍到花花世界时，个别人难以抵挡物欲利诱，贪图享乐，但又不愿辛勤劳作，便不惜出卖肉体、出卖灵魂，这是忠实厚道的父老乡亲万万没有料到的。

表9　农村妇女外出务工的行业和单位类型

所属行业	样本数	百分比（%）	单位类型	样本数	百分比（%）
运输业	4	3.57	自办小企业	7	6.25
建筑业	10	8.93	他人办小企业	11	9.82
纺织业	15	13.39	集体企业	6	5.36
制造业	14	12.50	私人企业	23	20.53
服务、娱乐业	30	26.78	国有企业	17	15.18
经商	3	2.68	外资企业	1	0.89
家政	20	17.86	家政服务企业	17	15.18
其他	16	14.29	其他	28	25.00
未回答	0	0.00	未回答	2	1.79
合计	112	100.00	合计	112	100.00

表 10　农村妇女外出务工的企业经营规模和具体岗位

经营规模 (雇员人数)	样本数	百分比(%)	具体岗位	样本数	百分比(%)
≤5 人	33	29.47	服务员	47	41.96
6～20 人	25	22.32	零工	27	24.11
21～100 人	33	29.47	工人	34	30.36
101～500 人	19	16.96	工头、小组长	1	0.89
501～1000 人	0	0.00	技术人员	1	0.89
≥1000 人	1	0.89	经理	2	1.79
未回答	1	0.89	其他	0	0.00
			未回答	0	0.00
合计	112	100.00	合计	112	100.00

四、外出务工农村妇女的弱势处境及工资拖欠症结

(一)外出务工农村妇女的弱势处境

按照社会学家对"弱势群体"的定义,它指的是一个在社会性资源的分配上具有经济利益的贫困性、生活质量的低层次性和承受力的脆弱性等的特殊社会群体。无疑,农民工在弱势群体的范畴之内。从表 11、表 12 可以看出,我国外出务工农村妇女的弱势处境主要表现在以下两个方面。

表 11　外出务工农村妇女的文化程度与劳动技能

文化程度	有劳动技能		文化程度	无劳动技能	
	样本数	百分比(%)		样本数	百分比(%)
文盲	3	11.54	文盲	6	6.98

续表

文化程度	有劳动技能		文化程度	无劳动技能	
	样本数	百分比(%)		样本数	百分比(%)
小学肄业	2	7.69	小学肄业	6	6.98
小学毕业	4	15.38	小学毕业	34	39.53
初中	12	46.15	初中	35	40.70
高中	5	19.23	高中	5	5.81
合计	26	100.00	合计	86	100.00

表 12 外出务工农村妇女的文化程度和正规培训

文化程度	有正规培训		文化程度	无正规培训	
	样本数	百分比(%)		样本数	百分比(%)
文盲	3	7.14	文盲	6	8.82
小学肄业	2	4.76	小学肄业	6	8.82
小学毕业	19	45.24	小学毕业	19	27.94
初中	13	30.95	初中	32	47.07
高中	5	11.91	高中	5	7.35
合计	42	100.00	合计	68	100.00

第一,大多数外出务工的农村妇女基本上没有任何劳动技能。在被调查者中,有 76.79% 的人表示,她们并没有什么手艺或技能,而在这 76.79% 的人中,初中及以下文化程度的又占了 94.19%。近年来,随着用工单位对进城务工农民素质要求的不断提高,光靠体力已无法跟上市场的需求,没有文化和技能,要在城里找到合适的工作很难,干粗活、重活,工资低不说,还随时有被"炒鱿鱼"的危险。与富裕地区的农民相比,贫困地区的农民家庭底子薄,劳动力比较匮乏,孩子小学、初中毕业后,根本不可能被家长送去技校读书,他们要帮家里干农活、挣钱。而作为一家之主的大人,就更不可能丢下外出务工挣钱的机会去

学手艺了。

第二,大多数外出务工的农村妇女没有接受过正规培训,即使有,时间也很短。在被调查者中,仅有 38.18% 的人表示,她们接受过技术培训。在接受过培训的人中,尽管平均培训周期接近 14 天,但大多数人接受的培训却只有 7 天。这就造成外出务工农村妇女的就业面较窄,她们只能从事一些没有技术含量或技术含量较低的工作。

(二)外出务工农村妇女的工资拖欠症结

从表 13、表 14 可以看出,我国农村妇女外出务工的工资发放主要具有以下两个特点。

第一,工资发放频率不一。据调查,在按月发放工资的单位中,私人企业、国有企业、家政服务业、他人小企业和集体企业的比例较高,分别占 21.18%、20.00%、15.29%、10.59% 和 7.05%;按季发放工资的单位只有家政企业,占该类型的 100.00%;在按年发放工资的单位中,私人企业和他人小企业比例较高,分别占 25.00%;有钱就发的单位均为私人企业,占 100.00%;每月给生活费,剩余工资在工程完成时发的主要有私人企业、他人小企业和其他,各占 33.33%。《劳动法》第五十条明确规定:"工资应当以货币形式按月支付给劳动者本人。"这里的劳动者没有任何身份和地域的差别,也就是说,对农民工同样必须按月足额支付工资,可是真正执行该规定的单位并不多。

第二,拖欠工资情况较为普遍。据调查,经常拖欠工资的单位主要有他人小企业和外资企业,均占 50.00%;在偶尔拖欠工资的单位中,私人企业、他人小企业和家政服务业比例较高,分别占 50.00%、12.50% 和 6.25%;在拖欠过,后来补上了的单位中,只有家政服务企业和私人企业,分别占 66.67% 和 33.33%;在从不拖欠工资的单位中,国有企业、私人企业、家政服务业、他人小企业和集体企业的比例分别占 20.00%、15.30%、14.12%、9.41%、7.06%。

表 13　外出务工农村妇女工资的发放频率

单位类型	发放频率												合计
	按月发放		按季发放		按年发放		有钱就发		每月给生活费，剩余工资到工程完成时发		其他		
	样本数	百分比（%）	样本数	百分比（%）	样本数	百分比（%）	样本数	百分比（%）	样本数	百分比（%）	样本数	百分比（%）	样本数
自办小企业	3	3.53	0	0.00	0	0.00	0	0.00	0	0.00	3	21.40	6
他人小企业	9	10.59	0	0.00	1	25.00	0	0.00	1	33.34	0	0.00	11
集体企业	6	7.05	0	0.00	0	0.00	0	0.00	0	0.00	0	0.00	6
私人企业	18	21.18	0	0.00	1	25.00	1	100.00	1	33.33	1	7.14	22
私人企业	17	20.00	0	0.00	0	0.00	0	0.00	0	0.00	0	0.00	17
外资企业	1	1.18	1	100.00	0	0.00	0	0.00	0	0.00	0	0.00	1
家政服务业	13	15.29	0	0.00	0	0.00	0	0.00	0	0.00	3	21.40	17
其他	18	21.18	0	0.00	2	50.00	0	0.00	1	33.33	7	50.00	28
合计	85	100.00	1	100.00	4	100.00	1	100.00	3	100.00	14	100.00	108

表14　外出务工农村妇女工资的拖欠频率

单位类型	拖欠频率								合计
	经常		偶尔		曾经拖欠,已补上		从不		
	样本数	百分比(%)	样本数	百分比(%)	样本数	百分比(%)	样本数	百分比(%)	样本数
自办小企业	0	0.00	0	0.00	0	0.00	4	4.71	4
他人小企业	1	50.00	2	12.50	0	0.00	8	9.41	11
集体企业	0	0.00	0	0.00	0	0.00	6	7.06	6
私人企业	0	0.00	8	50.00	2	33.33	13	15.30	23
国有企业	0	0.00	0	0.00	0	0.00	17	20.00	17
外资企业	1	50.00	0	0.00	0	0.00	0	0.00	1
家政服务业	0	0.00	1	6.25	4	66.67	12	14.12	17
其他	0	0.00	5	31.25	0	0.00	24	29.40	29
合计	2	100.00	16	100.00	6	100.00	85	100.00	108

五、外出务工农村妇女的边缘地位及社会保障缺失

(一)外出务工农村妇女的边缘地位

与农村其他外出务工人群一样,从职业上看,外出务工的农村妇女已不再是从事农业生产的农民,而是在城市从事第二、第三产业的工人。但从身份上看,她们仍然是农民,因为她们的户口仍留在农村,因此,她们处于城市边缘地位。

从表15、表16可以看出,几乎所有外出务工的农村妇女都没有取得城市户口。如果问她们为什么未取得,表示"没有钱买"的占31.25%,列第一位。其他依次为,表示"未考虑过"的占27.68%,表示"不够条件"的占16.97%,表示"不想要"的占16.07%,表示"不想花钱买"的占7.14%。

表 15 外出务工农村妇女有无城市户口

有无户口	样本数	百分比(%)
没有	111	99.11
有	0	0.00
未回答	1	0.89
合计	112	100.00

表 16 外出务工农村妇女无城市户口的原因

原因	样本数	百分比(%)
不想要	18	16.07
不够条件	19	16.97
没有钱买	35	31.25
不想花钱买	8	7.14
未考虑过	31	27.68

原因	样本数	百分比(%)
未回答	1	0.89
合计	112	100.00

(二)外出务工农村妇女的社会保障缺失

任何一个群体的社会保障机制的建立,都必须经历一个不断完善的过程,农民工社会保障制度的可行性也必须经过认真的论证。从表17、表18可以看出,我国农村妇女外出务工的社会保障缺失主要反映在以下两个方面。

表17　外出务工妇女有无社会保障

社会保障	有无社会保障	样本数	百分比(%)
医疗保险	没有	105	93.75
	有	7	6.25
	合计	112	100.00
养老保险	没有	106	94.64
	有	6	5.36
	合计	112	100.00

表18　外出务工妇女的养老途径

养老途径	样本数	百分比(%)
靠自己的积蓄	29	27.36
靠子女	71	66.98
靠政府	0	0.00
靠村上救济	0	0.00
其他	5	4.72
未作回答	1	0.94
合计	106	100.00

第一，绝大多数外出务工的农村妇女都没有医疗保险。调查显示，外出务工农村妇女中没有医疗保险的占 93.75％，只有 6.25％具有医疗保险。由于缺乏医疗保险，经济问题成为外出务工农村妇女看病难的一个主要因素，不少妇女提出怕花钱多或因上班没有时间而不去医院看病。进城务工的农村妇女渴望能够与城里人一样享有社会保障，但在企业与农村妇女的雇佣过程中，双方在很大程度上都存在着短期行为，大部分企业受利益的驱动，对外出务工农村妇女的社会保障问题根本不予考虑。

第二，绝大多数外出务工的农村妇女都没有养老保险，将来养老主要靠子女。如果不能很好地解决农民工的养老问题，在不久的将来，会出现十分尴尬的局面。退休的农民工将在哪里养老，城市还是农村？谁将承担养老义务，自己、子女还是国家、社会？调查显示，外出务工农村妇女将来养老主要是靠自己的积蓄和子女，其中依靠子女占绝大多数。而依靠子女养老模式，在人口老龄化的冲击下，老人和年轻一辈都可能难以保证良好的生活质量，这将会给社会带来诸多的不稳定因素。

六、结论性评述

综上所述，以杭州市为例，本文考察了我国农村妇女外出务工的现实状况。不难发现，在外出务工的农村妇女中，已婚妇女为大多数。与城市工人相比，她们的文化程度普遍偏低。许多农村妇女外出前并没有联系好工作，出来后，一般是经城里的亲戚、朋友或已在城里定居的老乡介绍找到工作的，在饭店、旅馆及娱乐业做服务员。在外出务工的农村妇女家庭中，户均外出务工比例一般较大，其丈夫一般也在外务工，而且夫妻双方的工作地点往往在一处，子女一般都留在老家。她们外出务工的直接收益主要是每月的基本工资。大多数外出务工的农村妇女基本上没有任何劳动技能，也没有接受过任何形式的正规培训，即使接受了正规培训，其培训时间也很有限。几乎所有外出务工的农村妇女都没有取得城市户口，绝大多数的农村妇女没有医疗保险和养老保险。

改变农村妇女外出务工的现状，关键在于提高外出务工农村妇女的素质。联合国在《内罗毕提高妇女地位前瞻性战略》中指出,人力资源开发是妇女平等地参与发展的一个重要基础。为了执行这一战略,许多国家都把提高妇女素质放在妇女发展的优先地位加以考虑。对于我国这样一个农业大国,农村妇女占妇女总人口的绝大多数,她们的素质问题直接制约着我国妇女发展的总体水平。新中国成立后,尽管"男女平等"得到了大力的倡导,但仍然存在着"重男轻女"的落后思想。尤其是在文明程度偏低、知识相对贫乏的农村,妇女的地位依然很低,使得她们失去了许多创业、就业的良机。社会主义市场经济体制的建立、改革的深入、经济的发展,为我国农村妇女发展带来了新的机遇。在这一背景下,应对新的挑战,全面开发农村妇女的各种潜能,努力提高她们的综合素质和适应市场经济的能力,为她们谋求一方发展的空间,就显得尤为迫切。

参考文献

[1]广志、信焕、张晨,"离婚率高出城镇,外出务工成农村'婚姻杀手'",《人民日报》,2004 年 9 月 17 日。

[2]贺朝晖、黄妮娟,"民工荒影响企业生产能力和劳动力成本",《民营经济报》,2005 年 5 月 31 日。

[3]胡佳清、刘中华,"家庭教育的真空谁来填补——对单亲家庭、父母长期外出务工家庭子女教育的调查",《中国教育报》,2002 年 4 月 14 日。

[4]魏伟,"进城务工女性已占全部务工人员的 40%",央视国际(http://www.cctv.com.cn),2004 年 1 月 13 日。

[5]周晓虹,《西方社会学历史与体系(第一卷 经典贡献)》,上海:上海人民出版社,2002 年。

[6]"中国农村留守儿童问题研究"课题组,"农村留守儿童问题调研报告",教育研究,2004(10):15-18。

农民工及其子女的教育问题与对策[①]

——基于杭州市农民工家庭的调查与分析

一、引言

20 世纪 80 年代末以来,我国农民开始大规模向城市流动,称之为"民工潮"。1 亿多农民用这种自发的方式叩响了城市的大门,既实现了非农就业,增加了收入,又推进了城市化的进程和国民经济的快速发展。但与此同时,"民工潮"也给我国经济社会带来了一系列亟待解决的新问题,农民工及其子女的教育问题就是其中之一。这一问题主要表现在两个方面:一是农民工子女的教育问题;二是农民工自身的教育及技能培训问题。由于在城市务工的农民工有的把子女带到城市,有的把子女留在家乡,因此,农民工子女的教育问题又可以分为两个方面,即流动儿童的教育问题和留守儿童的教育问题。

浙江省是农民工的输入大省,每年的外来劳动力超过 1000 万人,在为浙江省经济社会发展做出巨大贡献的同时,他们及其子女的教育状况如何? 我们的教育制度和城市应如何适应这一新情况? 基于这些想法,我们以杭州市为例,对 200 多户在杭州市务工的农民工家庭进行了问卷调查和家庭访谈。在对调查数据整理与分析的基础上,围绕上述农民工

① 本文作者为黄祖辉、许昆鹏。本文内容发表在《浙江大学学报(人文社会科学版)》2006 年第 4 期。本文研究得到国家社科基金重大项目"解决中国'三农'问题的理论、思路与对策研究"(04ZD012)的资助。

子女及农民工自身的教育问题,结合相关研究文献,形成如下调查分析报告和政策建议。

二、流动儿童教育问题的多元性

流动儿童的教育问题是我国农村劳动力大规模向城市转移这一特定背景下产生的一个社会和教育问题,它涉及第二代移民的发展,所以至关重要。流动儿童进入城市,首先要保障他们能够享受到公平的受教育的权利。户籍制度的改革能降低公立学校的入学门槛,进而在一定程度上解决流动儿童在城市上学难的问题。随着城市化进程的推进和城乡一体化改革的深入,传统户籍制度造成的教育机会的不公平问题将会逐步得到解决。但是,流动儿童的教育问题绝不仅仅体现为户籍制度带来的上学难问题,它实际上受制于多方面因素的影响,是一个多元化的问题,需要通过其他的配套措施予以解决。

(一)流动儿童的聚集地与城市教育资源分布的不平衡性

流动人口由于其职业特征和经济方面的因素,在城市中的分布往往呈现出聚集性的特点,一般分布在城市的城乡接合部。这些地带往往是城市教育资源布局最为薄弱的地带,这就形成了这些居住地的教育需求与教育供给的不平衡。这种不平衡状况使流动儿童入学在客观上仍存在着较大的困难。以杭州市为例,2005 年 10 月底,杭州市外来流动人口超过 218 万人,其中务工人员超过 137 万人。[1]他们主要居住在杭州市的江干、拱墅等区的城乡接合部,而杭州市的优质中小学教育资源则主要分布在市中心。按照我们的调查,20%左右的农民工带子女进城,如果以务工人员总数为基数做进一步推算,杭州市至少有 26 万名农民工子女需要就学。据我们对杭州市江干区的调查,该区近年来要求在区内就学的农民工子女数量增长迅速,尽管区政府采取不少措施甚至扩大中小学规模,但仍然远远满足不了需求。

（二）流动儿童学习过程的不连续性

流动儿童家庭的流动性在很大程度上是由其父母,即农民工在城市就业的不稳定所造成的。大多数农民工在城市从事的是劳动强度大、辛苦、劳累的工作,他们的工资和待遇不仅比城市居民低,而且岗位很不稳定,这导致农民工家庭在城市的流动性。这种流动性使得其子女,即流动儿童的学习过程也具有流动性和不连续性的特点,经常随着父母工作地点的变动而变动。在我们此次的调查中,有一户来自浙江省衢州市的农民工家庭情况最为典型,该家庭有一个正在读六年级的孩子。在短短的六年学习生涯中,他共转学了三次:第一次是从一个为煤矿工人子女办的民工子弟学校转到家乡的学校;第二次是从家乡的学校转到杭州市的一所公办学校;后来又转到目前就读的这所公办学校。对浙江省杭州、温州、宁波、金华、丽水、衢州等 6 市处于义务教育阶段的 595 位流动儿童的调查结果显示:学生的转学比例很高,有过转学经历的学生达79.67%,其中有过多次转学经历者达 12.61%。[2]这种流动性和不连续性对流动儿童的教育有较大的不利影响。

一方面,容易导致流动儿童入学延迟。据对国内第一所专门招收流动人口子女的公办民助、自收自支的小学——杭州天成小学的调查,天成小学各班平均跨越的年龄段为 4.3 岁,其中一个班级覆盖了 7 个年龄段的儿童。[3]对北京、深圳等 9 个城市的流动儿童发展与需求调查的结果也表明:流动儿童超龄入学接受义务教育的比例为 4.8%。[4]这种延迟性将大大影响流动儿童的正常发展。

另一方面,容易导致流动儿童学习成绩滑坡。由于目前我国的教育存在着明显的区域性差异,不但各地的教育水平与质量不一,而且使用的教材也不统一,这就给经常转换学校的流动儿童的学习带来了困难,不少学生因此学习成绩下滑。我们的调查结果表明:流动儿童学习成绩中等以下者占 64.7%;5 个初中辍学者辍学的主要原因是学习成绩差而不愿再继续上学。另外,对北京、深圳等 9 个城市流动儿童的调查也得出了同样的结论:在儿童辍学或一直没有上学的原因中,"孩子自己不想上学"占 50.8%,"成绩差"占 34.1%。[4]

这一问题对我国的义务教育普及化是一个挑战,它意味着:今后义务教育阶段学生辍学的主要原因可能不再是经济方面的原因,而主要是这些流动儿童学习的不连贯和地点的不稳定所导致的成绩滑坡、学习兴趣丧失,进而辍学。如果这一问题得不到解决,我国下一代劳动力的素质提升速度将会变缓。

此外,频繁的转学要求流动儿童不断适应新的环境,这会使其心理经常处于不稳定的状态,容易引发其他方面的社会问题。

(三)农民工家庭对其子女教育功能的弱化

对于孩子的教育来说,社会、学校、家庭是三个不可分割的环节,各自必须承担一定的责任。但是流动儿童家长较低的受教育水平、超长的工作时间,使他们很难有能力与精力对孩子实施良好的家庭教育。

调查结果表明:农民工家庭均十分重视其子女的教育,且期望较高,占总数72.3%的家庭期望其子女能达到大学及以上文化程度;21.3%的家庭虽然持不确定态度,但表示文化程度越高越好。但有44.6%的家长因自身文化水平低而无力辅导子女的功课;20.3%的家长因工作太忙而无时间辅导子女的功课。

目前,进入城市生活的流动儿童,大部分处于小学阶段,他们不但在学习上需要家长的辅导,而且在心理上也需要家长的正确引导。自身的家庭环境与城市生活的差距会使他们产生强烈的心理反差,而年龄幼小的他们对事物的判断力有限,或产生自卑心理,或感到待遇不公,这种心理如果不经过正确引导,他们就难以实现与社会的有效融合,甚至会引发反社会的行为。

总之,家庭教育功能的弱化对儿童的早期教育十分不利,它会导致社会和学校对儿童教育难度的加大。

三、留守儿童教育面临的困难

我国目前留守儿童的规模十分庞大,国家统计局资料显示,2004年,农村外出务工劳动力达11823万人,随同父母进入城市的6至14岁义务教育阶段适龄儿童达700万人,而留守在家的儿童有2200多万人。

留守儿童教育问题的最主要原因是缺乏父母的有效监护和亲情关爱。因此,结束留守是解决这一问题的基本途径。有两种途径可以使留守儿童回到父母身边:一是外出务工农民把孩子接到务工城市;二是加快外出务工农民的市民化进程,使他们在城市定居下来,这是最根本的解决措施。但从目前的现实来看,这两种途径的实现均存在难处。

第一,农民工子女留守农村的主要原因源于经济状况而不是户籍制度。此次在杭州市被调查的 202 户农民工家庭,只有 74 户把孩子带到了城市,其中还有 8 户是把大孩子留在家中,把小孩子带到城市。他们做出这种选择的首要原因就是"城市生活费用太高,经济上负担不起",100％的被访者选择了此选项。另据对北京市 619 户流动农民家庭的调查,在城市较低的收入和经济地位是其决定让子女留守农村的最根本原因之一,另外两个原因是职业因素及城市打工学校条件差。[5]因此,即使消除户籍制度的障碍,经济上的贫穷,仍然会使得大多数农民工子女继续留守在农村。

其次,较低的收入节余水平使得大部分农民工无法在城市长期定居。目前我国农村劳动力的流动在地域上十分不均衡,主要集中在东南沿海省份的大中城市。以东部沿海地区为例,2004 年,在东部地区务工的农民工月平均收入为 798 元,其月均生活消费支出为 304 元,扣除消费支出,东部地区的农民工月平均收入结余为 494 元。[6]假设夫妻两人均能获得此收入,那么家庭平均月结余为 988 元。很显然,这是农民工将自己的子女不得不留守在农村的重要原因,因为这样的收入节余水平难以使农民工在大中城市长期定居,如果把子女带在身边,则他们的负担会更重。

四、农民工自身的教育与技能培训

(一)受教育现状

对杭州市的调查结果显示,在进城务工的 370 位劳动力中,总体上是以初中学历为主,占 54.6％;小学及以下文化程度占 34.1％;高中文化程度占 10.8％；大专文化程度及以上占 0.5％。

在这些被调查者中，接受过职业技能培训的有 21 人，占总数的 5.2％。其中 6 人是由用人单位进行的岗前培训，包括家政公司 2 人，保安公司 2 人，酒店 1 人，企业 1 人；其余 15 人是个人主动参加的各种短期实用技能培训班，包括驾校 7 人，装修班 3 人，裁剪班 2 人，会计班 1 人，电工班 1 人，器乐班 1 人。

从培训费用负担看，由用人单位提供的培训是免费的，而自己参加各种实用技能培训班是由个人付费的。

从培训的内容看，接受用人单位培训的 6 人学到的是非实用技能，主要是对工作中的一些注意事项的培训，具有较强的专用性。另外 15 人学到的是实用技能，与以后的职业选择密切相关，除了参加会计班学习的 1 人，学完后未从事与职业培训相关的工作外，其余 14 人目前从事的职业均与所学的技能密切相关。

从接受培训者的学历来看，参加各种实用技能培训班的成人最低学历为初中，包括初中学历者 11 人，高中学历者 4 人，说明具备一定的基础文化知识是进一步接受技能培训的基础。从纵向比较来看，有些培训技能并未显示出学历的差异，如学习驾驶技术者中，既有初中学历者，又有高中学历者。

以上情况表明，目前农民工的文化程度和技能水平都较低，大多数未受过职业技术培训。随着城市产业的升级换代，这种现状将会使农民工的就业空间越来越小。

(二)接受职业技能培训的意愿

我们对农民工今后接受职业技能培训的意愿做了调查。

有 35.2％的人认为外出就业前接受培训非常有必要，他们认为通过培训掌握一定的技能，不但容易找到工作，而且报酬会比较高，不过，他们最需要的培训内容为实用技能。有 20.3％的人认为没必要。这些人中有的已经掌握了一定的技能，因而认为没必要再接受培训；有的人认为自己出来是做小生意，所以不需要接受培训；还有的人认为自己主要是靠体力工作，所以也没必要接受培训。另有 45.5％的人说不清楚是否有必要，因为他们没有参加过培训，再加上不知道培训内容是否与以后找到的工作相关,所以不好确定培训的效果。

对今后是否愿意接受职业技能培训这一问题,25.2%的被访者明确表示想进一步接受培训,9.9%的被访者表示要由教育费用的多少来决定,两者选择的教育形式皆为短期技能培训班这一非学历教育形式。其余64.9%的被访者表示不愿意接受进一步的职业技能培训。

被访者不再考虑接受技能培训,主要有以下几个方面的原因:一是被访者已经掌握了一定的技能,认为没必要再继续接受培训;二是被访者迫于生活压力,整天忙于生计,没有时间接受培训;三是被访者家庭经济负担重,有限的财力主要用于子女的教育,因此不再考虑自己接受培训;四是被访者认为自己年龄大了,再加上文化程度低,觉得学起来太困难。

以上情况表明,绝大部分的农民工对接受职业技能培训的意愿并不强。

(三)教育与收入的关系

为了更直观地分析教育、技能与农民工收入的关系,我们利用被调查者中的119位农民工的工资性收入数据,运用SPSS11.5的均值比较过程(Compare Means)中的平均数法来进行分析。

从表1的均值分析结果来看,同为不掌握技能的农民工,由于教育程度不同,其工资报酬也存在着差异,并且教育程度与收入水平呈正相关。此外,职业技能的掌握与工资报酬的关系也基本呈现出这种关系。

表1 教育程度、技术的掌握情况与工资报酬

是否掌握技术	教育程度	Mean	N	Std. Deviation
不掌握	不识字或识字很少	621.67	6	189.781
	小学	631.82	22	101.823
	初中	756.15	13	199.355
	高中	1000.00	2	0.000
	合计	685.12	43	170.802

是否掌握技术	教育程度	Mean	N	Std. Deviation
掌握	小学	1042.86	14	5137.166
	初中	1437.04	54	7440.193
	高中	1237.50	8	5942.757
	合计	1343.42	76	6911.264

我们又对受教育水平相同的农民工的工资报酬进行比较,发现教育程度相同的农民工中,掌握技能者的工资报酬要大大高于不掌握技能者的工资报酬。

表 2 的方差(ANOVA)分析结果表明,不同特征的农民工之间的工资报酬存在显著的差异:F 值为 65.031,显著性概率 $P=0.000<0.05$。

表 2 方差分析结果

类别	Sum of Squares	df	Mean Square	F	Sig.
组间(combined)	11901154.551	1	11901154.551	65.031	0.000
组内	21411984.945	117	183008.418		
合计	33313139.496	118			

值得注意的一点是,虽然农民工的教育程度与其工资报酬在总体趋势上呈正相关,但同时也表现出一定的不确定性:在掌握职业技能的农民工中,具有高中学历的农民工的月工资报酬为 1237.50 元,而具有初中学历的农民工的月工资报酬却达 1437.04 元。而在相同的教育程度下,掌握职业技能的农民工则一定比不掌握职业技能的农民工的工资报酬要高。

这种情况表明:在目前农民工教育程度普遍相差不大,并且从事的工种普遍技术性不高的情况下,技能水平对农民工工资报酬的决定作用更大。

五、基本结论和政策建议

第一，我国农民工及其子女所面临的教育问题，不仅体现在农村，而且已延伸到了城市。这些问题不仅有教育管理体制、行政管理体制、户籍制度等方面的原因，而且有农民工家庭自身方面的原因。

第二，庞大的农民工队伍已给我国的教育体制带来了新的挑战。从城乡统筹、地区统筹的角度来考虑我国的教育体制和教育资源的安排，应提到各级政府的重要议事日程。

第三，应建立以流入地为主、流出地配合的协调体制，实行国家义务教育经费的地区统筹体系，实行义务教育一卡制或义务教育券的办法，使得国家划拨的义务教育经费结算到具体的受惠对象，并随人口的流动而流动。

第四，不仅要改革城乡分割的户籍制度与教育体制，还应针对农民工在地区、在城市分布的特点，调整学校的空间布局，实现教育资源的优化配置。

第五，针对流动儿童家庭教育功能弱化的状况，相关学校和城市社区应发挥更大的作用，要消除对农民工子女的歧视，开展形式多样的校外活动，使他们尽快融入城市的大家庭。

第六，农民工流出地政府应积极扶持农村寄宿制学校的发展，使留守在农村的农民工子女能在比较良好的生活环境下完成九年制义务教育。

第七，不仅农民工流出地政府，而且农民工流入地政府和相关公司企业，要重视对农民工的职业技能培训，通过加强服务、增加投入和政策引导，提高农民工参与职业技能培训的积极性。一方面应尽可能地提供各类培训信息，另一方面要用各种政策进行激励，比如：提供免费或贴补式的培训；将培训与薪酬挂钩；将培训与有关福利待遇挂钩；等等。

参考文献

[1]赵明,顾怡.为外来务工人员服务实实在在[N].都市快报,2006-

02-13（2）。

　　［2］王涤.关于流动人口子女教育问题的调查［J］.中国人口科学,2004（4）:58-65.

　　［3］侯靖方,方展画,林莉.杭州市民工子弟学校调查报告［EB/OL］.（2002-08-27）. http://news. xinhuanet. commisc2002-08/27/content. 539853. htm.

　　［4］邹泓,屈智勇,张秋凌.中国九城市流动儿童发展与需求调查［J］.青年研究,2005（2）:1-7.

　　［5］吕绍清.孩子在老家——农村留守儿童:生活与心理的双重冲突（上）［J］.中国发展观察,2005（8）:16-26.

　　［6］彭丽荃.农民工扎堆东部.《中国国情国力》新华网专稿［EB/OL］.（2005-09-22）. http://news. xinhuanet. com/newmedia/2005-09/22/content_3527189. htm.

失地农民培训意愿的
影响因素分析及其对策研究①

一、研究的背景

改革开放以来,尤其是近 10 年以来,随着我国农村工业化、现代化,特别是城市化的步伐不断加快,失地农民这一群体的数量正以较快的速度不断增加。简单地说,失地农民是指在现代化进程中由于城市扩张和小城镇建设,而逐步失去包括林地、耕地等农用地的农民。依据统计及经验数据推算,我国目前的失地农民数量应在 5100 万~5525 万之间,若按目前我国城市化水平和经济发展速度计算,10 年后失地农民总数将接近 1 亿。另据不完全估计,自 1999 年以来,浙江省共有失地农民近190 万人;光是杭州市城区,自 1998 年起,就因撤村建居、建设征地等原因产生了失地农民 15.68 万人。

从土地上剥离出来的失地农民面临着生活、就业、子女抚养、养老等一系列难题,成为我国社会中的一个隐形的弱势群体,引发了许多社会问题。如何确保失地农民的权益,帮助他们获得可持续生存与发展的机会,成为全社会共同关心的焦点。

但是,正如我们所知道的,保障失地农民的权益是一项复杂而系统

① 本文作者为黄祖辉、俞宁。本文内容发表在《浙江大学学报(人文社会科学版)》2007 年第 3 期。本文研究得到教育部重大攻关项目"我国土地制度与社会经济协调发展研究"(05JZD00013)的资助。

的工程,既涉及征地补偿制度、社会保障制度、户籍制度、再就业安置制度等一系列制度因素,也牵扯了包括失地农民、用地单位、城市居民以及有关政府部门在内的众多相关利益主体。相对于完善征地补偿制度、建立社会保障体系等"生活导向型"的措施,积极鼓励和帮助失地农民再就业就是确保失地农民,尤其是中青年失地农民实现可持续生存和发展的有效途径之一。

然而文化水平较低、缺乏职业技能却成为广大失地农民实现再就业的主要障碍之一。Juha Kettunen(1997)在其研究中指出,在原本受教育水平较低的情况下,接受额外的教育会提高劳动力的再就业能力。事实上,许多地方政府已经积极开展了许多以促进失地农民再就业为目的的职业技能培训项目。浙江省遂昌县在 2004 年就举办了失地农民职业技能培训班,可当时只设置了电动缝纫技术一个培训项目,参与的农民规模也相对较小;杭州市余杭区东湖街道同样开展了针对失地农民的技能培训班,但报名参加的失地农民仅占总数的很小一部分;杭州市西湖区三墩镇在 2005 年也举行了全镇范围内的农民培训计划,但从总体上来说收效甚微。① 分析失地农民培训意愿的影响因素,并探讨调动广大农民积极性、增强培训效果的相应对策成为一个亟须加以研究的问题。

二、研究的现状和理论模型

(一)研究的现状

一直以来,学术界对失地农民职业技能培训问题给予了广泛的关注,许多专家学者从不同的角度和层面,运用不同的理论工具对如何更好地开展失地农民职业技能培训进行了广泛的研究分析,取得了不少有益的研究成果。

陶志琼(2004)指出,针对失地农民再就业开展的相关培训应以职业技术、岗位技能为重点,同时兼顾现代市场知识和经济理论知识等内容。

---

① 相关案例信息来自浙江农业信息网(http://www.zjagri.gov.cn)。

喻萍(2004)则运用供求理论分析了培训的具体内容应该要市场化。朱敏(2005)在其基础上,将需求从单一的劳动力市场方的需求进一步丰富为既包括劳动力市场方,又包括失地农民自身的二元需求。李生校、娄钰华(2004)和喻萍(2004)还就失地农民职业培训体系的层次性进行了分析,认为要针对失地农民的年龄、性别、文化、技能等的差异和市场对劳动力的需求层次来进行有的放矢的培训,才能获得较好的效果。

另外,还有学者从政府行为的角度对此进行研究,指出由于信息不对称的存在,政府需要加大建设城乡就业及培训信息渠道的力度,以确保失地农民享受到和城镇失业人员一样的培训待遇(马驰等,2005;陶志琼,2004)。同时也有学者建议相关政府部门要加快制定保障农民,尤其是失地农民的教育培训的法规,规定和鼓励农民接受职业教育培训,规范有关部门、涉农单位和农民自身的责任与义务,确保农业、劳动保障、教育、科技和财政等相关部门在职责范围内切实做好失地农民的培训工作(丁国杰、朱允荣,2004)。

(二)研究的理论模型

通过对已有研究成果的归纳与整理,可以发现:一方面,目前对失地农民培训问题的研究主要集中于管理层面,而较少涉及培训工作的具体操作层面。另一方面,现有的研究对培训过程中的受众,即失地农民的自身因素对培训工作的影响关注得较少。尽管已有学者提出在培训中要考虑不同年龄、性别、文化程度等的失地农民的意愿差异,但是究竟这些因素是怎样影响失地农民的培训意愿的,他们在做出是否参加培训的决策时,究竟会受何种因素的影响以及影响究竟有多大,可以说仍然不是很清楚。

针对上述仍然存在的研究空间,在供求理论的基本框架下,本文试图建立一个失地农民培训意愿的理论决策模型,并以杭州市三墩镇失地农民情况为例进行实证分析。

依据人口学和社会学的知识,性别、年龄、文化程度、婚姻情况、户籍情况、培训经历等指标会影响人们的社会行为,故本文将其作为个人因素纳入理论决策模型。另据经济学当中经济人的基本假定和成本收益理论的相关知识,不难知道只有当失地农民预期参加培训后的收益大于其目前获得的收益时才会产生相应的需求。而影响这种预期的因素包括家庭劳动力人口数、家庭人均年收入、家庭收入结构等家庭因素和目前从事的工作、目前工作的月收入、目前的雇佣关系以及期望的月收入等社会经济因素,这两部分也将被纳入模型,因而建立如图1所示的失地农民培训意愿的理论决策模型。

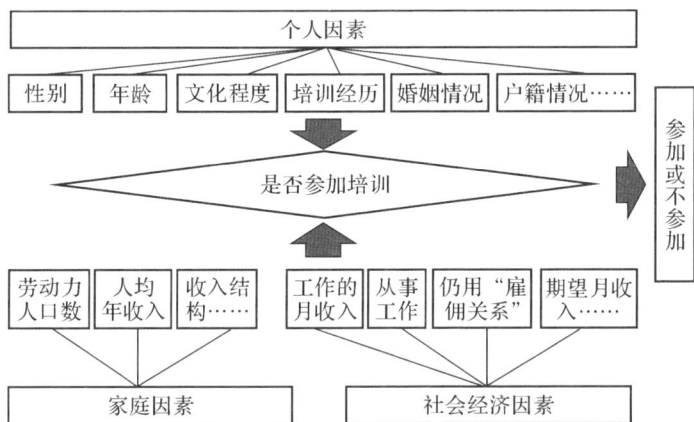

图1　失地农民培训意愿的理论决策模型

三、问卷调查和实证分析

(一)问卷调查的基本情况

为了验证上述失地农民培训意愿的理论决策模型是否符合以及在多大程度上符合客观实际,本文对杭州市三墩镇部分失地农民进行了有关其培训意愿的问卷调查。①

问卷调查采用的是简单随机抽样的方式,在三墩镇20个行政村的范围内走访农户,共对434户农户进行了有效的访谈,取得了符合研究

──────────

①　问卷调查地点之所以选取杭州市三墩镇,是因为该镇在2005年曾经开展过一个全镇范围内的农民培训计划,但效果不甚理想,因而具有较好的调查环境和条件。

分析要求的 674 个个人样本。① 调查问卷的内容包括农户的家庭基本情况、家庭成员的个人情况和相关的社会经济情况等,其间涉及的主要变量及其定义如表 1 所示,表 1 同时也给出了样本数据的初步统计结果。

表 1　问卷调查涉及的主要变量、定义以及初步统计结果

变量名称	变量定义	变量各取值的样本数或比例		样本均值
		样本数	比例	
性别	1=男;0=女	—	男:60.7% 女:39.3%	—
年龄	被调查的劳动力的年龄(岁)	—	—	36.56
受教育年数	被调查的劳动力接受过的正规教育的年数(年)	—	小学:23.1% 初中:46.9% 高中:18.8% 大专或大学:3.0%	—
婚姻情况	被调查的劳动力是否已婚:1=已婚;0=未婚	已婚:646 未婚:28	已婚:95.8% 未婚:4.2%	—
非农户籍情况	被调查的劳动力是否已为非农户口:1=是;0=否	非农:520 农村:154	非农:77.2% 农村:22.8%	—
技能培训经历	被调查的劳动力曾经是否参加过技能培训:1=是;0=否	是:163 否:511	是:24.2% 否:75.8%	—
劳动力人数	被调查的农户家庭拥有的劳动力人数(人)	—	—	2.22
家庭人均年收入	被调查的农户家庭一年的人均收入(元)	—	<4000:18.5% 4000~7000:30.1% 7000~10000:22.7% >10000:28.6%	—

---

① 由于调查问卷既涉及农户家庭的情况,也涉及家庭劳动力的个人情况,故个人样本数会多于调查的农户数量。

续表

变量名称	变量定义	变量各取值的样本数或比例		样本均值
		样本数	比例	
目前月均收入	被调查的劳动力目前每月平均的收入(元)	<600:78 600~800:151 800~1200:244 1200~1600:72 1600~2000:44 2000~3000:33 >3000:52	<600:11.6% 600~800:22.4% 800~1200:36.2% 1200~1600:10.7% 1600~2000:6.5% 2000~3000:4.9% >3000:7.7%	—
目前从事工作	被调查的劳动力目前正在从事的工作或行业	—	工厂工人:43.0% 个体经营:30.7% 服务行业:14.7% 建筑业:6.1% 农业:5.5%	—
雇佣关系	被调查的劳动力目前与工作单位的雇佣关系	—	临时性:62.1% 正式:7.1%①	

另外,调查问卷的内容还包括了 2005 年度三墩镇政府开展的培训活动的相关情况。其中,当问及对于政府开展有关培训活动的了解情况时,仅有占总体的 24.0% 即 162 人对该镇开展的培训项目有一定的了解,其余 512 人从未听说过该培训项目,这反映出项目开展过程中的宣传动员工作不够到位。进一步来看,在所有对培训项目有所了解的 162 人中,报名参加了该培训项目的仅仅只有 21 人,占所有了解的人的 13.0%,占总体的 3.1%,可以说失地农民对培训活动的参与度非常低。

当问及知晓培训项目的人没有报名的原因时,有 76 人认为没有时间,有 31 人觉得参加培训学不到东西,有 28 人认为参加培训对找工作没有帮助,有 16 人担心自己学不会而没有报名参加,有 14 人由于不知道培训是免费的而没有报名,另有 11 人没有报名的原因是没有适合自己的课程。

而当问及培训活动是否对他们所期望达到的目的有所帮助时,在全

---

①　除了临时工外,余下的样本量一共有 255 个,但是由于其中有 207 人从事个体经营活动,所以正式工的数量需要剔除这一部分样本数量,共计 48 人。

部的 674 个个人样本中,有 412 人,即总体的 61.4% 的人认为会有所帮助。这在一定程度上说明了失地农民对培训活动确实存在需要,只是目前开展的培训活动可能并没有充分地调动起他们参与的积极性,致使参与培训的人数较少。

除此之外,对于最希望培训项目中开设什么课程的问题,计算机操作课程成了最热门的选择,共有 139 人希望参加这一课程的培训,占了总体的 20.6%,而其他课程的选择人数相对较少。同时对合适的培训时间,有 249 人选择在工作日的晚上进行培训,占到总体的 36.9%;有 184 人选择在双休日进行培训,占总体的 27.3%。

(二)变量关系的探索

为了筛选出可能对失地农民培训意愿的决策产生影响的因素,在对样本中的变量情况有了基本的了解之后,需要探索失地农民培训意愿理论决策模型中的变量关系。[①] 通过品质相关分析,我们得到变量培训经历、目前月收入、雇佣关系、对培训效果的看法、培训时间的选择与失地农民培训需求之间存在一定的相关性,如表 2 所示。

表 2 理论决策模型中变量的品质相关分析结果(失地农民的培训意愿)

变量	统计量值	自由度	显著性检验
培训经历	6.458	1	0.011*
目前月收入	4.851	1	0.028*
雇佣关系	7.249	1	0.007**
对培训效果的看法	7.757	1	0.005**
培训时间的选择	6.776	2	0.034*

注:* 表示在 95% 的置信度水平上显著,** 表示在 99% 的置信度水平上显著。

在此基础上,我们使用 Logistic 回归分析来探索变量之间更加清晰的关系。变量培训经历、雇佣关系、培训时间的选择和对培训效果的看法进入了回归方程,各变量的回归系数以及显著性检验如表 3 所示。

---

① 在探索变量之间的相关关系时,剔除了不了解培训活动的样本,所以样本数量减少为 162 个。

表 3　进入回归方程中的变量及其显著性检验①

变量	B	Sig.	Exp(B)
技能培训经历	0.565	0.001	1.759
雇佣关系	0.522	0.038	1.685
培训时间的选择	−0.691	0.030	0.501
对培训效果的看法	0.622	0.036	1.863
Constant	−2.753	0.033	0.064

由于进行回归分析时,我们采用了 Forward Stepwise (Likelihood Ratio)这一自变量进入模型的方式,所以变量进入模型的先后顺序在一定程度上反映了该变量对模型解释力的贡献程度。因此,各变量对模型解释力的贡献从大到小依次是培训经历、雇佣关系、培训时间的选择和对培训效果的看法。

(三)模型修正与分析

根据以上回归分析的结果,我们可以建立如下模型:

$$\text{Logit} = \text{Log}\left(\frac{\text{Prob 参加培训}}{\text{Prob 不参加培训}}\right)$$

$$= -2.753 + 0.565 \times 培训经历 + 0.522 \times 雇佣关系$$

$$+ (-0.691) \times 培训时间的选择$$

$$+ 0.622 \times 对培训效果的看法。$$

上式是 Logistic 方程的概率对数的形式,从该式可以看出,Logistic 方程的回归系数可以解释为一个单位的自变量的变化所引起的概率对数的改变值。为了方便理解,该式可以被改写为:

$$\frac{\text{Prob 参加培训}}{\text{Prob 不参加培训}} = e^A$$

---

① Variable(s) entered on step 1:培训经历。Variable(s) entered on step 2:雇佣关系。Variable(s) entered on step 3:培训时间选择。Variable(s) entered on step 4:对培训效果的看法。

其中,A=-2.753+0.565×培训经历+0.522×雇佣关系+(-0.691)×培训时间的选择+0.622×对培训效果的看法。

这样一来,当某个自变量发生1个单位的变化时,概率的变化值就是 Exp(该变量的回归系数)。如果系数为正值,就意味着概率将会增大;反之,概率将会减小。

当自变量培训经历的值发生1个单位的变化时,例如从0变为1时,失地农民产生培训需求从而参加培训的概率就增加了 Exp(0.565),即1.759。也就是说,曾经参加过技能培训的人比没有这方面经验的人参加培训的可能性要来得大。这是人之常情,通常人们对从未尝试过的事情缺乏一定的了解,尤其是在一些农民培训项目的宣传工作不到位的时候,由于信息上的不对称,大部分人都不会花费时间精力在一些不确定对自己有利的事情上。反之,曾经参加过技能培训的人就会对培训活动的形式、内容、要求以及可能获得的好处有较多的了解,从而有利于他们对培训活动产生良好的预期,增加了他们参与的可能性。

当自变量雇佣关系的值发生1个单位的变化时,例如从0变为1,即由正式的雇佣关系变为临时的雇佣关系时,培训需求产生的概率就相应地增加了 Exp(0.522),即1.685。我们认为这是由于雇佣关系为临时性的。人们急于想要改变现状,获得更稳定的就业机会和更好的工资待遇,因而对通过参加培训,提高自己的综合素质或掌握一项谋生技能的需求会显得更加迫切。而那些已经成为工作单位正式员工的人,一方面,通过提升自己而改变工作生活环境的动机没有那么强烈;另一方面,他们的工作单位通常也会为其提供更具针对性的培训活动,使得他们对其他培训项目缺乏需求。

当自变量培训时间的选择的值发生1个单位的变化时,即由工作日的晚上变为双休日培训时,培训需求产生的概率下降了 Exp(-0.691),即0.501。这一变化显示了人们对培训时间的偏好,占用双休日的休息时间进行培训可能会给人们带来一定的不便。此外,一些单位双休日也需要工作或者临时安排加班,致使人们无法保证能够在双休日有充足的空余时间参加培训课程。

最后,当自变量对培训效果的看法的值发生变化时,例如由0变为1,即由认为培训对实现就业、改善生活没有帮助转而认为有所帮助时,培训需求产生的概率增加了 Exp(0.622)，即 1.863。这点不难理解，当人们对培训所能带来的好处有了积极的预期，他们就会采取相应的行动来获得这些好处；相反，如果对培训所产生的效果持有消极的看法，那么就自然不会采取任何行动了。

基于失地农民培训意愿决策的理论研究和上述对调查数据的实证分析，在对失地农民培训意愿的理论决策模型进行修正后，得到如图 2 所示的失地农民培训意愿的决策模型。

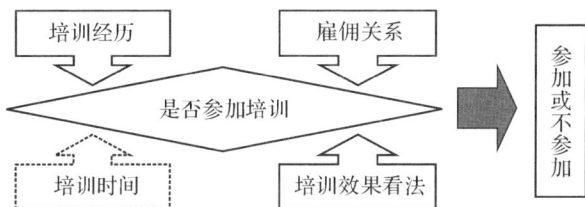

图 2　失地农民培训意愿的决策模型

注：图中实线框表示的是回归系数为正值的变量，虚线框表示的是回归系数为负值的变量。

四、研究的政策含义

通过上述理论研究和实证分析，为了更好地发挥培训活动对提高失地农民综合素质、促进其再就业的积极作用，本文针对如何设置培训课程，如何进行培训宣传，如何有效调动失地农民参加培训的积极性、增强培训效果等问题提出以下四个方面的政策含义。

（一）加大宣传力度，扩大培训活动在失地农民中的知名度

由杭州市三墩镇失地农民培训需求的问卷调查结果可知，政府有关部门组织开展的培训活动在广大失地农民中的知名度不高，仅有 24.0% 的被调查劳动力知道培训活动，绝大多数人不知道政府正在推行的这一惠民措施。此外，即便是知晓培训活动的农民，他们所掌握的信息也是不完整的，不少农民对培训费用、培训课程设置等重要信息不甚

了解,这在一定程度上降低了他们参与培训活动的可能性。

因此,作为目前组织开展农民培训活动主体的政府有关部门要加大宣传力度,通过多种渠道和方式来扩大培训活动在失地农民中的知名度。例如,政府有关部门可以尝试:在群众集聚的场所摆放宣传展板,设置报名服务台;在各个行政村张贴海报,发放传单;长期开设热线接受群众咨询等方式。在宣传过程中,要注意突出农民关心的重点信息,尽可能用通俗易懂的语言将有关信息传达给广大失地农民。与此同时,还要经常总结和评估宣传效果,结合实际情况随时调整宣传计划,以期不断提高人们对培训活动的知晓程度,为活动的开展营造一个良好的氛围。

(二)强化正面因素,充分调动失地农民参加培训的积极性

根据失地农民培训需求的决策模型,我们知道曾经参加过培训活动、对培训效果持肯定态度以及从事临时性工作的农民更有可能会参加培训。但在实际工作中,培训对象的绝大部分是没有培训经历,甚至对培训效果抱着怀疑态度的失地农民。因而,有效利用影响失地农民培训需求的因素,尽可能发挥它们对培训需求的正面促进作用,将对培训活动的顺利开展具有重要的意义。

在培训活动宣传和进行过程中,可以将那些通过参加培训掌握一技之长从而顺利实现再就业,获得稳定工作的失地农民作为典型进行宣传。通过他们的亲身经历,将与培训有关的信息、对培训的认识以及培训带来的好处形象生动地展现在广大失地农民面前,从而弥补他们没有培训经历的不足,并强化了其对培训效果的正面印象。与此同时,还可以通过奖励参加培训学员中的优秀分子,例如帮助安排就业、优先向用人单位推荐等,来调动广大失地农民的参与热情。

(三)优化课程设置,逐步增设失地农民感兴趣的培训内容

优化课程设置包括优化培训内容和优化培训时间两个方面。

从调查的结果来看,目前政府培训项目所设置的众多培训课程中,计算机操作和初级电工这两项有较多人感兴趣,其他的课程愿意选择的人不多。从节约培训成本和满足培训需求的角度出发,减少同一时期内

开设的不同课程的数量,优先设置热门的培训课程,逐步增加新的培训内容,有利于稳扎稳打、集中资源搞好培训工作。

根据失地农民培训需求的决策模型,我们知道把培训时间安排在工作日的晚上而不是双休日,将会提高失地农民参加培训的可能性。例如,周一至周五中安排两到三个晚上进行相同内容的培训,由学员自己选择适合的时间参加,这样既能避免培训时间与工作时间冲突,也能避免培训时间过长、次数过多造成学员失去继续学习的兴趣的情况发生。

(四)加快制度建设,切实保障失地农民参加培训的基本权利

目前,国务院和各级地方政府就失地农民权益保障问题已经颁布了一系列政策文件。

但是,专门针对失地农民再就业培训问题,并且对实际工作具有指导意义的规章制度目前仍然是空白。加快这方面的制度建设,把组织开展失地农民培训活动的义务和广大失地农民参加培训活动的权利制度化,把开展培训活动的具体操作规范化,把失地农民参加培训所取得的效果认证化,将有利于失地农民培训活动的长期持续开展,有利于促进再就业问题的有效解决,有利于确保失地农民权益的真正实现。

参考文献

[1] Gasson Ruth, Educational Qualifications of UK Farmers: A Review [J]. Journal of Rural Studies,1998(4):487-498.

[2] Kettunen Juha, Education and Unemployment Duration [J]. Economics and Education Review,1997(2):163-170.

[3] 丁国杰、朱允荣,欧盟三国农民教育培训的经验及其借鉴[J].世界农业,2004(8):51-53。

[4] 何格、欧名豪、张文秀,合理安置失地农民的构想[J].农村经济,2005(1):42-44。

[5] 李生校、娄钰华,失地农民市民化的制约因素分析及其对策研究[J].农村经济,2004(9):26-29。

[6] 马驰、张荣、彭霞,城市化与失地农民就业[J].华东经济管理,2005(1):71-74。

[7] 陶志琼,如何让"失地农民"不失望的教育思考[J].集美大学学报,2004(3):35-39。

[8] 杨翠迎、黄祖辉,失地农民基本生活保障制度建设的实践与思考——来自浙江省的案例分析[J].农业经济问题,2004(6):11-16。

[9] 喻萍,失地农民再就业与制度创新[J].兰州学刊,2004(2):175-176。

[10] 朱敏,城市化与郊区农民教育培训发展探析[J].上海交通大学学报(农业科学版),2005(2):202-206。

[11] 朱明芬,浙江失地农民利益保障现状调查及对策[J].中国农村经济,2003(3):65-70。

农民工就业代际差异研究①

——基于杭州市浙江籍农民工就业状况调查

一、前言

　　农民工是我国产业工人的重要主体,农民工的市民化是我国城市化过程中必须解决的问题。我国 20 世纪 70 年代末开始的一系列社会制度变革和结构转型,使得长久以来受困于农村的富余劳动力逐渐获得了自由转移的空间。80 年代初,农民工向城市转移开始形成潮流,到 90 年代,已经替代乡镇企业成为农民职业流动和农村富余劳动力转移的主渠道。我国市场经济条件下的民工潮从 80 年代后期开始出现,至今已经有 20 余年。有研究表明,我国农村流动人口已经出现代际分化。第二代农民工和第一代农民工在就业状况上出现了一些明显不同的群体特征,这些特征又直接或间接地影响着他们的流动决策。研究第一代农民工与第二代农民工在就业状况的各个层面上出现的代际差异,可以深入把握农民工群体就业状况的变动趋势,了解第二代农民工在城市务工的各方面状况和需求,以及他们的就业决策方式,这些成果对农民工就业政策的制定具有借鉴价值。

　　当今我国经济与社会的快速发展,使得年轻一代和年长一代农民工由于出生、成长的时代背景不同而具备了显著不同的个体人格特征。他

　　① 本文作者为黄祖辉、刘雅萍。本文内容发表在《农业经济问题》2008 年第 10 期。本文研究得到浙江省省长基金项目"浙江农民就业状况与政策研究"的资助。

们在迥然不同的家庭环境和社会环境的影响下,不再是具有高度同质性的抽象群体,而是分化为在文化、观念和行为上都有着明显差别的两个亚群体,同时在就业状况上也出现了代际差异。所谓第二代农民工,是相对于20世纪80年代中期到90年代中期从农业和农村中流出并进入非农产业就业的第一代农民工而言的。具体来说,他们是指1980年以后出生、90年代后期开始进入城市打工的农民工。第一代农民工是传统意义上的农民工,他们当中很多人在80—90年代开始从农业和农村中流出,具备传统农民的特征。第二代农民工出生于改革开放以后,当时的时代背景为:一方面,广大农村地区已经实行比较严格的计划生育政策,农村家庭迅速核心化和小型化;另一方面,农村家庭每户一般只承包、耕种少量耕地。第二代农民工大多数从中小学毕业或辍学后就直接流入城市务工,而不像他们的父辈,经过几年务农才进城务工,因此第二代农民工普遍缺乏务农经验。

所谓农民工的就业代际差异(the intergenerational difference of the peasant workers in employment)是指不同代农民工在就业选择、状况、倾向方面存在着分化和差别。本文以出生年份1980年作为区分两代农民工的时间分割点。第一代农民工指1980年之前出生,在20世纪80—90年代开始从农业和农村中流出进入城市务工的农民工。第二代农民工指1980年及以后出生,90年代后期开始进入城市打工的农民工。

二、杭州市浙江籍农民工就业代际差异分析

(一)调查说明

本文调查的对象是2007年在杭州市就业的浙江籍农民工。调查运用简单随机抽样法,抽取并调研了在制造业、建筑业、交通运输业、仓储业、批发零售业、餐饮服务业等行业中就业的农民工。在整个调查过程中,一共发放了500份农民工问卷,共回收了483份,其中有效问卷468份,问卷回收率为96.6%,问卷有效率为93.6%。

需要说明的是,在回收此次农民工就业状况调查的全部数据之后,

为了将研究对象进一步限于跨地区外出进城就业赚取工资性收入的农民工,我们对样本进行了一定的筛选,剔除了一部分在杭州市个体经商、创业等自我雇佣的农民工,并按照国家规定的16—60岁的劳动就业年龄,剔除了16岁以下和60岁以上的样本个体,最后余下433个样本进入分析研究。

调查分为六个方面。一是就业工资与待遇调查。具体询问被调查农民工的工资收入、住房与社会保障状况等。二是农民工兼业性调查。具体询问被调查农民工同时做几份工作。三是农民工工作经验调查。具体询问被调查农民工在主要工作岗位上持续时间。四是务工渠道、流动目的与动机调查。具体询问被调查农民工进城就业的途径、进城就业的目的。五是未来预期调查。具体询问被调查农民工是否愿意在目前岗位上工作、未来就业的产业选择、最低工资预期。六是就业所遇困难和对农民工就业政策的意向调查。具体询问被调查农民工外出就业的主要困难、对农民工就业政策的主要意向。

(二)杭州市浙江籍农民工基本情况分析

在样本中,男性农民工304人,占样本总数的70.2%;女性农民工129人,占样本总数的29.8%。由于调查是2007年进行的,故27岁为两代农民工的年龄分割点,基于这种划分:第一代农民工有331人,占样本总数的76.4%;第二代农民工有102人,占样本总数的23.6%(见表1)。

表1　杭州市浙江籍两代农民工有效调查样本

样本	人数(人)	比重(%)
第一代	331	76.4
第二代	102	23.6

1.农民工以青壮年男性为主,总体上文化程度偏低

调查显示,被调查样本中18—37岁的农民工超过一半,平均年龄为36.09岁,男性比例比女性高出40.4个百分点,这从一定程度上反映了杭州市农民工中男性远多于女性的现象。总体而言,被调查的农民工文

化程度偏低,占总数 68.4% 的农民工只接受过初中及初中以下的教育,仅有 2.5% 的人接受过大专以上的教育。受限于教育程度,大部分农民工无法胜任一些对技术和知识有较高要求的工作,在城市中务工可选择的就业范围比较狭小,大多集中于劳动密集型产业,从事技术要求低、工作环境差、劳动强度高以及城市居民不愿从事的工作。此外,与城市居民的职业地位随年龄增长和职业流动不断上升不同,大多数农民工难以靠工作年限的增长实现职业地位的上升,而是滞留在低声望、低技术、低报酬的层次。

2. 农民工主要集中在建筑、工业和餐饮等行业就业,收入水平较低

调查结果显示,杭州市浙江籍农民工主要的就业领域,前三位分别是建筑装修业、餐饮业和工业企业。这些行业具有劳动密集性高、技术含量低、准入门槛低等特点,所以成为农民工容易进入并倾向于选择的行业。农民工的收入水平总体偏低,被调查农民工 2006 年的人均务工月工资收入为 1423.16 元,相对于 2006 年杭州市职工平均月工资 2703.33 元而言,处于较低水平。

(三)杭州市浙江籍两代农民工就业状况比较

运用描述性统计、交互分析等方法,本文比较分析了第一代农民工和第二代农民工在社会经济特征、就业工资及待遇、兼业性、工作经验、未来就业预期等方面的异同,以及在流动动机与目的、务工渠道、就业困难等方面是否存在着明显的分化变动。

1. 社会经济特征比较

(1)婚姻状况

本文将两代农民工分层,加入性别作为层内分组变量分析婚姻状况。分析结果显示,第一代男性农民工中已婚比例为 92.1%,未婚比例为 7.1%,剩余 0.8% 为丧偶或离异;第一代女性农民工中已婚比例为 92.2%,未婚比例为 7.8%。而第二代男性农民工中已婚比例仅为 20.3%,未婚比例高达 79.1%;女性农民工中已婚比例为 26.3%,未婚比例亦高达 73.7%(见表 2)。

表 2　两代农民工婚姻状况

样本		已婚		未婚		丧偶或离异	
		人数(人)	比重(%)	人数(人)	比重(%)	人数(人)	比重(%)
第一代	男性	221	92.1	17	7.1	2	0.8
	女性	83	92.2	7	7.8	0	0.0
第二代	男性	13	20.3	51	79.7	0	0.0
	女性	10	26.3	28	73.7	0	0.0

（2）文化程度

结果显示,第一代男性农民工文化程度为小学以下的占总数的 8.8%,达到小学水平、初中水平、高中水平的分别占总数的 23.3%、41.7% 和 22.9%,接受过中等职业教育、大学/大专及以上教育的仅分别占 2.9% 和 0.4%,而同代女性农民工比男性总体文化程度更低。第二代男性农民工中文化程度为小学以下的占总数的 1.6%,达到小学水平、初中水平、高中水平的分别占总数的 3.1%、45.3% 和 32.8%,接受过中等职业教育、大学/大专及以上教育的分别占 9.4% 和 6.2%,且同代女性农民工文化程度并不明显低于男性,这从女性农民工中初、高中文化程度的比例分别高达 47.4% 和 31.6% 可以看出(见表 3)。可见,两代农民工在文化程度上出现较大差异,第二代农民工文化程度明显高于第一代农民工。值得关注的是,第二代农民工中受过职业教育或大专以上高等教育的占样本总数的 11.8%,与第一代农民工中仅 4.2% 的比例相比,已经有了一定提升。

表 3　两代农民工文化程度

文化程度	第一代				第二代			
	男性		女性		男性		女性	
	人数(人)	比重(%)	人数(人)	比重(%)	人数(人)	比重(%)	人数(人)	比重(%)
文盲(未读过小学)	0	0.0	1	1.1	1	1.6	2	5.3
小学以下	21	8.8	13	14.4	1	1.6	3	7.9

续表

文化程度	第一代				第二代			
	男性		女性		男性		女性	
	人数（人）	比重（%）	人数（人）	比重（%）	人数（人）	比重（%）	人数（人）	比重（%）
小学	56	23.3	23	25.6	2	3.1	1	2.6
初中	100	41.7	28	31.1	29	45.3	18	47.4
中等职业教育	7	2.9	2	2.2	6	9.4	0	0.0
高中	55	22.9	19	21.1	21	32.8	12	31.6
大学/大专及以上	1	0.4	4	4.4	4	6.2	2	5.3

2.就业领域比较

从表4可知,同代农民工中因为性别的差异,就业领域有所不同,男性集中在建筑、工业等重体力行业,而女性则倾向于在餐饮、零售等轻体力服务业中就业。对比第二代男性农民工和第一代男性农民工的就业领域可以发现,集中度最高的前三大领域没有不同,都是建筑业、工业和餐饮业。但是排行第四和第五的务工领域发生了有趣变化,第一代是运输业和杂工,第二代则是保安和娱乐业。就业领域的选择在这两代男性农民工之间没有发生主流的变化,但是第二代对于娱乐业的倾向也体现了农民工就业随着社会的发展,相应拓宽了选择领域。就两代女性农民工而言,第一代的主要就业领域前四位是餐饮业、零售业、保洁和建筑业,第二代的前四位排行却是零售业、餐饮业、娱乐业和工业,尽管倾向于选择餐饮和零售这类轻体力工作的情况没有大的改变,但是第二代女性农民工从事保洁工作的比例显著下降,从事娱乐业的比例显著上升。有关研究表明,第二代农民工对于职业声望和社会地位的需求相对第一代有所提高,这可以在一定程度上解释他们在择业领域上的差异。

表 4 两代农民工就业领域

就业领域	第一代				第二代			
	男性		女性		男性		女性	
	人数（人）	比重（%）	人数（人）	比重（%）	人数（人）	比重（%）	人数（人）	比重（%）
农家乐	5	2.1	1	1.1	0	0.0	0	0.0
家政（如保姆）	2	0.8	7	7.7	0	0.0	0	0.0
保安	17	7.1	9	9.9	8	12.5	1	2.6
建筑业	82	34.2	10	11.0	19	29.7	1	2.6
工业	31	12.9	5	5.5	10	15.6	5	13.2
餐饮业	24	10.0	16	17.6	9	14.1	7	18.4
娱乐业	5	2.1	3	3.3	6	9.4	7	18.4
批发业	5	2.1	4	4.4	1	1.6	2	5.3
零售业	14	5.8	16	17.6	4	6.2	13	34.2
保洁	8	3.3	16	17.6	0	0.0	0	0.0
运输业	23	9.6	1	1.1	2	3.1	1	2.6
杂工	23	9.6	2	2.2	5	7.8	0	0.0
其他	1	0.4	1	1.1	0	0.0	1	2.6

3.务工工资及待遇比较

从表 5 数据可见,相对于第一代农民工而言,第二代农民工收入为 801～1400 元的人数增加,但收入在 2601 元及以上的高收入者比例小于第二代。在就业待遇方面,一是住宿情况。第一代农民工由单位提供住宿者占总数的 36.1%,而第二代农民工有 37.1% 的人由单位提供住宿,单位是否提供住宿的情况在两代间相对平衡均匀。二是社会保障情况。单位是否为农民工提供社会保障,很大程度上也反映了农民工非农就业的待遇水平。表 5 数据反映出农民工享有社会保障的低比例现状,社会保险在农民工中覆盖面较小,很多农民工处在无法防御重大变故的欠安全和欠稳定就业状态。此外,从结果中还看不出两代农民工在这方面有显著差异。

表 5 两代农民工收入与待遇

单位：%

变量		第一代	第二代
月工资收入	800 元及以下	22.9	26.2
	801～1400 元	26.0	38.1
	1401～2000 元	24.2	21.4
	2001～2600 元	15.7	8.3
	2601 元及以上	11.2	6.0
单位是否提供住宿	不提供	63.9	62.9
	提供	36.1	37.1
单位提供社会保险项数	不提供	63.5	59.3
	提供 1 项	20.3	19.8
	提供 2 项	10.7	12.8
	提供 3 项	3.3	7.0
	提供 3 项以上	2.2	1.2

4. 兼业情况比较

农民工的兼业情况，不仅反映农民工的就业状态，而且也反映农民工就业的稳定性和流动性。调查结果显示，第一代农民工中男性兼业比例为 17.5％，女性兼业比例为 16.9％，第二代农民工中男性兼业比例为 28.3％，女性为 34.4％。这表明：第一代农民工兼业情况不是很普遍，且男性比女性农民工兼业比例高；第二代农民工的兼业人数相对第一代而言有所增加，但第二代男性农民工的兼业比例低于女性。

5. 工作经验比较

对于农民工工作经验的统计，有的学者从培训时间和就业时间两个方面衡量，有的学者则直接从农民工就业的年限来评估。本文采用的工作经验折算方法出自明瑟收入模型，用农民工在现有工作岗位上的工作年限来评价。结果显示，第一代农民工工作经验普遍比第二代多，第一代农民工中在目前工作岗位上已经工作 3 年及以上的占总数比例最高，达 41.5%，而第二代农民工在目前工作岗位上尚未做到半年的占总数的比例最高，达 30.9%（见表 6）。

表 6 两代农民工在目前岗位持续时间比较

单位：%

样本	半年不到	半年到 1 年	1 年到 2 年	2 年到 3 年	3 年及以上
第一代	16.0	10.2	16.0	16.3	41.5
第二代	30.9	17.5	24.7	11.3	15.5

6.流动动机与就业渠道比较

调查显示：第一代农民工进城就业是为了赚钱养家的占总数的 78.6%，因为自己喜欢这份工作的占总数的 8.9%，因为有专业技能希望能一展所长的占总数的 10.4%，为了见世面、学习经验、锻炼自己的占总数的 2.1%；第二代农民工进城就业是为了赚钱养家的占总数的 56.7%，因为自己喜欢这份工作的占总数的 20.0%，因为有这项专业技能希望能一展所长的占总数的 7.8%，为了见世面、学习经验、锻炼自己的占总数的 15.6%。比较之后可以发现，第二代农民工中单纯为了赚钱而从农村流动到城市就业的比例相对于第一代农民工有所减少，而为了自己喜欢或学习锻炼而外出就业的比例则有所上升。

在调查农民工流动动机的基础上，我们还调查了农民工的就业渠道。发现大部分农民工是依靠传统血缘、地缘人际关系网络找工作。亲友介绍依然是农民工就业的重要渠道。同时，伴随劳动力市场的发展、政府职能的完善以及传媒力量的壮大，农民工也能够通过其他渠道获取岗位信息并成功就业，尤其是年轻的农民工通过非传统亲缘地缘渠道找到工作的可能性增加。第二代农民工对于网络媒体这个新就业渠道的使用率要高过第一代农民工（见表 7）。

表7   两代农民工就业渠道比较

单位:%

样本	亲友介绍	电视、报纸等媒体招聘广告	公司、店铺等招聘启事	市县政府安排	中介机构	网络媒体	自己随意找到
第一代	59.5	6.0	11.6	2.1	3.2	0.4	17.3
第二代	62.1	2.1	11.6	0.0	4.2	6.3	13.7

7. 未来就业预期比较

首先看两代农民工对未来就业产业的预期。第一代农民工倾向于在农业领域就业的占 16.1%,倾向于在工业领域就业的占 25.2%,倾向于在服务业务工的占 54.9%,有 3.8% 的人选择了"其他"作为回答;第二代农民工倾向于在农业领域就业的占 12.2%,倾向于在工业领域就业的占 15.3%,倾向于在服务业务工的占 68.4%,有 4.1% 的人回答"其他"。可以看出,第二代农民工选择将来在农业领域就业的比例要比第一代农民工低,而倾向于去服务业就业的比例要比第一代农民工高。

其次看两代农民工对未来工资底线的预期。两代农民工对未来就业的工资预期都比较高,两代农民工对未来就业月工资底线预期在 1000 元以上的分别占调查总数的 89.1% 和 93.9%。这种农民工对于工资的高期望和现在农民工市场工资的低水平并不协调,是农民工就业不稳定、不和谐,甚至"民工荒"的重要原因。

最后看两代农民工对现行工作岗位的预期工作时间。调查结果显示,第一代农民工在短时间内更换工作的比例较低,而打算在目前岗位上持续做下去的比例较高,说明第一代农民工偏向工作的稳定性。而第二代农民工在 1 年内就打算更换工作的比例高达 30.5%(见表8)。据调查,他们想换工作的主要理由是现在的工作太累、工作环境太差、工资太低或者发展空间不够。这也从一定程度上反映了第二代农民工权利意识的增强。第二代农民工中,打算在现有工作岗位上持续工作下去的人仅占总数的 8.5%,明显低于第一代农民工的比例,这与第二代农民工谋求更好发展、流动意愿较强等原因相关。

表8　两代农民工对目前岗位的未来预期持续时间

单位:%

样本	1年及 1年以内	1~3年	3~5年	5~10年	10年以上, 越久越好	没打算过
第一代	14.9	11.4	7.0	9.2	23.2	34.2
第二代	30.5	13.4	11.0	2.4	8.5	34.1

8. 就业困难及政策需求比较

调查结果显示,对比第一代与第二代农民工的就业困难,排在前三位的都是缺技能、收入低、缺渠道,只是第一代农民工将缺渠道排在收入低的前面,可见这三项困难对农民工就业是最主要的困难。第二代农民工还认为就业技能和就业信息与渠道的缺乏是最主要的障碍,这表明他们对个人就业和发展问题已具备较为理智的态度。此外,第二代农民工认为生活开支太大的占了调查总数的 38.3%,明显高于第一代的21.1%的比例(见表9)。这也表明第二代农民工在追求生存的同时,更为追求幸福和生活品质,期望享受与城市居民同等的生活水平,这从一定意义上可以解释为什么第二代农民工要比第一代农民工更认同生活开支太大。

表9　两代农民工就业困难

单位:%

就业困难	第一代	第二代
缺乏一定的职业技能	42.0	46.1
缺少就业渠道和信息	27.5	39.2
在外就业受人歧视	8.2	4.9
外出就业收入太低	23.9	43.1
外出就业工作不稳定	21.1	33.3
外出就业生活开支太大	20.5	38.2
外出就业子女教育没人管	15.4	12.7
外出就业医疗和养老没保障	22.4	12.7

在调查农民工就业面临的最主要困难基础上,我们还询问了农民工

对相关政策的需求。调查显示,第一代农民工最重视的政策分别是:解决社会保障问题、提供各种就业信息和建立最低工资制度。第二代农民工最重视的政策分别是:提供就业技能培训、建立最低工资制度和提供各种就业信息(见表10)。可以发现,第一代农民工更重视社会保障问题,第二代农民工更重视技能培训问题。其基本原因是:第一代农民工大多数已经成家,有了赡养老人和养育子女的责任,对于生活和工作的稳定性十分看重,期望有社会保障解决自己的后顾之忧;第二代农民工大多年纪轻,尚未承担家庭责任,更关注个人的职业发展,希望得到更多的职业技能培训以增强就业的竞争力,拓宽发展前景。

表 10　两代农民工政策需求

单位:%

政策需求	第一代	第二代
提供各种就业信息	38.4	38.2
解决城市户口问题	24.5	26.5
建立最低工资制度	29.0	40.2
解决社会保障问题	40.8	22.5
提供就业技能培训	26.9	43.1
提供廉租居住房屋	27.2	28.4
解决子女就学问题	26.3	30.4
建立劳工维权组织	18.4	22.5

调查数据中还有一个有趣的发现,第二代农民工虽然家有学龄儿童子女的比例(调查显示为 7.4%)远低于第一代农民工(调查显示为60.2%),但是第二代农民工很重视解决子女就学问题这项政策,有30.4%的人选择此项,比第一代农民工选择此项的比例(26.3%)还要高。这说明第二代农民工普遍意识到教育的重要性,重视子女的教育问题将成为农民工代际演进的一种趋势。

三、研究结论与建议

(一)基本结论

通过以上农民工就业代际差异分析,可以发现两代农民工的代际差异已日渐明显。

1. 社会经济特征

第一代农民工的已婚比例远高于第二代农民工,第二代农民工出现明显的晚婚化趋势;第二代农民工文化程度明显高于第一代农民工,且第二代农民工中受过职业教育或大学,大专及以上高等教育的比例有了明显提升,意味着第二代农民工学历水平向高等文凭发展的趋势已经显现。

2. 就业领域

就业领域的选择在这两代农民工之间没有发生根本性的变化,但是第二代农民工对于娱乐业的倾向体现农民工就业随着社会发展的需要相应拓宽了选择,且第二代农民工对于职业声望和社会地位的需求与重视程度要比第一代有所提高。

3. 工资及待遇

第二代农民工相对于第一代而言,收入水平在 800 元以下的低收入人数有所减少,收入水平在 1601 元以上的较高收入人数有所增加。单位提供住宿的情况在两代间相对均匀。社会保险在两代农民工中的覆盖率都不高,第二代农民工由单位提供社会保障的情况相对第一代而言没有明显改善。

4. 兼业情况

第二代农民工的兼业人数要比第一代有所增加,但第二代男性农民工的兼业程度要低于女性。

5. 工作经验

第一代农民工的工作经验普遍比第二代多,第一代农民工在目前工作岗位上已经工作 3 年及以上的比例最高,而第二代农民工在目前工作岗位上尚未做到半年的比例最高。

6. 流动动机和就业渠道

第二代农民工中单纯为了赚钱而从农村流动到城市就业的比例要比第一代农民工有所降低,而为了自己喜欢或学习锻炼而外出就业的比例有所上升。两代农民工就业渠道的差异不是非常明显,但第二代农民工对于网络媒体这一就业渠道的使用率要高过第一代农民工。

7. 未来就业预期

第一代农民工在短时间内想要更换工作的比例很小,而打算在目前岗位上持续做下去的比例较大。相反,第二代农民工希望在 1 年内就更换工作的比例很高。第二代农民工选择将来在农业领域就业的比例很低,倾向于在服务业中就业的比例却比第一代有所上升。两代农民工对于未来务工的工资预期都比较高。

8. 就业困难和政策需求

两代农民工都认为缺少职业技能、工资偏低、缺乏就业渠道是最主要的三项困难。此外,第二代农民工认为务工生活开支太大的比例要明显高于第一代。第一代农民工最重视的前三项政策是解决社会保障问题、提供各种就业信息和建立最低工资制度,而第二代农民工最重视的前三项政策是提供就业技能培训、建立最低工资制度和提供各种就业信息。显著区别是第一代农民工更重视社会保障问题,第二代农民工更重视技能培训问题。

借助独立样本 T 检验和品质相关分析,本文进一步验证了两代农民工的代际差异是否具有统计意义上的显著性。其中,独立样本 T 检验用以验证两代农民工在务工工资及待遇、兼业性、工作经验、未来就业预期等方面是否存在显著性差异;品质相关分析用以验证年龄代的不同是否对农民工流动动机与目的、务工渠道存在影响。验证结果(参见附录)如下:①第一代与第二代农民工在务工月工资收入上存在显著性差异,而在单位是否提供住宿和单位提供几项社会保险上没有显著性差异。②第一代与第二代农民工在务工兼业性方面存在显著性差异。③第一代与第二代农民工在工作经验方面存在显著性差异。

④第一代和第二代农民工在流动动机与目的上有明显不同；在务工渠道上也有明显不同。⑤第一代与第二代农民工在目前岗位未来持续时间预期上存在显著性差异，而在未来务工工资底线预期上不存在显著性差异；第一代和第二代农民工在未来就业产业倾向上没有明显不同。

(二)相关建议

上述研究分析表明，相对于第一代农民工，第二代农民工在就业状况和观念等方面已有了显著差异。因此，有必要根据这些差异，进一步完善农民工的就业政策。

1.进一步加强教育培训

应进一步普及和巩固农村九年制义务教育，建立健全农村义务教育经费保障机制，进一步改善农村办学条件，不断加强农村教师队伍建设，加大城镇教师支援农村教育的力度，促进城乡义务教育的均衡发展。此外，尤其应加大对第二代农民工的培训力度，以弥补第二代农民工工作经验的不足，促进他们的就业和增收。除了重视随行农民工子女的教育问题外，还应重视留守的农民工子女教育问题，由于他们与父母不在一起生活，地方政府应加强对他们的教育、培训，采取有效措施，保障其上学、生活等各项权利。

2.进一步拓宽就业渠道

政府应该在就业信息和渠道方面为农民工提供服务，完善农民工劳动力市场的建设，大力拓宽农民工就业领域，尤其是扩大农民工在服务业领域的就业。此外，要大力打造地方劳务品牌。劳务作为一种特殊的商品，其品牌的价值不可估量。例如湖南省的"湘潭技工"、"桃江保姆"和"长江湘菜厨师"等品牌在全国已经享有名气，大大增强了当地农民工的市场信誉和竞争力。

3.进一步健全社会保障体系

应尽快建立以大病统筹为主的具有可选择性的医疗保险方案。完善农民工养老保险制度，输出地与输入地合作实行低保险费率，扩大覆盖面。当前应该着重抓紧落实农民工的工伤、医疗(含女工生育)和养老保障制度,并积极探索城市养老、医疗保险与农村养老、合作医疗的衔接方式和渠道,赋予农民工自主选择权,解决他们的养老、医疗问题。此外,还应研究解决一方面用工单位认为社会保险费率过高、负担重,另一方面缴费基数不实的问题。

附录

表1 务工工资及待遇代际差异的独立样本 *T* 检验

变量		F 检验		均值 T 检验						
		F	Sig.	*T*	自由度(df)	Sig.(双尾)	均值Difference	标准误差Difference	95%置信区间估计 低	高
务工月工资收入	方差齐性	5.482	0.020	2.286	305	0.023	0.366	0.160	0.051	0.681
	方差非齐性			2.432	1.701E2	0.016	0.366	0.150	0.069	0.663
单位是否提供住宿	方差齐性	0.118	0.731	−0.176	381	0.861	−0.010	0.058	−0.125	0.104
	方差非齐性			−0.175	1.442E2	0.862	−0.010	0.059	−0.126	0.106
单位提供几项社会保险	方差齐性	1.070	0.302	−0.864	355	0.388	−0.104	0.120	−0.341	0.133
	方差非齐性			−0.839	1.365E2	0.403	−0.104	0.124	−0.350	0.141

表2 兼业性代际差异的独立样本 *T* 检验

变量		F 检验		均值 T 检验						
		F	Sig.	*T*	自由度(df)	Sig.(双尾)	均值Difference	标准误差Difference	95%置信区间估计 低	高
是否兼业	方差齐性	21.974	0.000	−2.577	308	0.010	−0.133	0.051	−0.234	−0.031
	方差非齐性			−2.355	128.804	0.020	−0.133	0.056	−0.244	−0.021

表 3　工作经验代际差异的独立样本 T 检验

目前岗位已持续时间	F 检验		均值 T 检验						
	F	Sig.	T	自由度(df)	Sig.(双尾)	均值Difference	标准误差Difference	95％置信区间估计	
								低	高
方差齐性	1.424	0.234	5.437	389	0.000	0.943	0.173	0.602	1.283
方差非齐性			5.579	171.483	0.000	0.943	0.169	0.609	1.276

表 4　未来就业预期代际差异的独立样本 T 检验

变量		F 检验		均值 T 检验						
		F	Sig.	T	自由度(df)	Sig.(双尾)	均值Difference	标准误差Difference	95％置信区间估计	
									Lower	Upper
目前岗位未来持续时间预期	方差齐性	1.490E1	0.000	3.192	308	0.002	1.017	0.318	0.390	1.643
	方差非齐性			2.910	1.224E2	0.004	1.017	0.349	0.325	1.708
未来务工工资底线预期	方差齐性	6.725	0.010	−1.302	419	0.194	−0.065	0.050	−0.164	0.033
	方差非齐性			−1.523	2.184E2	0.129	−0.065	0.043	−0.149	0.019

表 5　"年龄代"与"流动动机与目的"的相关分析

统计量	值	自由度(df)	外侧显著性概率 Sig.(双尾)
皮尔逊相关	34.779a	3	0.000
似然率	30.070	3	0.000

表 6　"年龄代"与"务工渠道"的相关分析

统计量	值	自由度(df)	外侧显著性概率 Sig.(双尾)
皮尔逊相关	18.713a	6	0.005
似然率	18.332	6	0.005

表 7 "年龄代"与"未来就业产业倾向"的相关分析

统计量	值	自由度(df)	外侧显著性概率 Sig.(双尾)
皮尔逊相关	6.312a	3	0.097
似然率	6.565	3	0.087

参考文献

[1] 黄祖辉,钱文荣,毛迎春.进城农民在城镇生活的稳定性及市民化意愿[J].中国人口科学,2004(2):68-73.

[2] 黄祖辉,许昆鹏.农民工及其子女的教育问题与对策[J].浙江大学学报:人文社会科学版,2006(4):108-114.

[3] 刘传江,程建林.我国农民工的代际差异与市民化[J].经济纵横,2007(4):18-21.

[4] 刘传江,徐建玲.第二代农民工及其市民化研究[J].中国人口·资源与环境,2007(1):6-10.

[5] 王东,秦伟.农民工代际差异研究——成都市在城农民工分层比较[J].人口研究,2002(5):23-29.

[6] 许昆鹏,黄祖辉,贾驰.农村劳动力转移培训的市场机制分析及政策启示[J].中国人口科学,2007(2):25-33.

[7] 曾旭晖.非正式劳动力市场人力资本研究——以成都市进城农民工为个案[J].中国农村经济,2004(3):34-38.

中国农民工问题与解决思路[①]

　　改革开放 30 年来,中国已有三分之一(约 1.6 亿人)的农村劳动力转移到非农产业就业。目前,农村外出务工的劳动力约为 1.2 亿人,其中进城农民工约 1 亿人,跨省就业的农民工约 6000 万人。[②] 他们主要集中在沿海经济发达地区和一些大中城市,被称为农民工;他们及其他们的子女"农村→城市→农村"的往返流动,被称为"民工潮"。如此庞大的农民工队伍和"民工潮"现象是中国改革与转型过程中的特有现象。

一、中国农民工问题的基本成因

(一)与经济社会体制的不完善有关

　　众所周知,中国正处在计划经济体制向社会主义市场经济体制的转型过程中,并且这种转型是一种渐进式的转型。渐进式转型的有利之处是转型过程比较平稳,短期成本和风险比较低,探索新体制的余地和空间较大,不利之处是转型过程中的体制不很完善,漏洞较多,难点问题的解决容易被拖后,长期成本和风险较高。中国现阶段的农民工问题在很大程度上与转型中的经济社会体制不完善有关,制度性障碍是农民工问题的基本成因。比如在就业制度、医疗保障和其他社会保障体制等方

---

　　① 本文作者为黄祖辉。本文内容发表于《委员建议》(浙江省人民政府咨询委员会主办)2008 年第 1 期。
　　② 参见 2005 年 8 月 12 日的《中国青年报》。

面,由于仍然存在城乡二元社会体制,广大农村居民基本享受不到城市居民所拥有的医疗、养老等方面的社会保障。又如在土地制度方面,尽管农民拥有长期的农地承包权和经营权,但这种权利缺乏市场交易性,尤其是当农民成为农民工时,其对土地的权利不能通过市场或政策途径转换为相应的资产收益或社会保障权利,这使得广大在城市里就业的农民工既不能享受与城市居民同等的社会保障待遇,又不愿意白白放弃他们在农村的土地权利。而现实中,大多数农民工在农村的土地权利实际上并没有得到真正地实现,这种状况进一步导致了农村土地的低效利用、农民工在城市的不稳定,加剧了农民工在城乡之间的频繁流动。

(二)与区域经济社会发展的不平衡有关

改革开放 30 年来,中国经济出现了人类近代史来罕见的持续高速增长,平均年均 GDP 增长速度超过了 9%,但与此同时,这种高速的增长却在空间上呈现出了极大的不平衡性,导致了区域经济社会发展的悬殊差异。沿海东部省份的经济增长和社会发展要明显地快于中西部省份,这使得大量的农村劳动力流向东部沿海经济发达省份的城市。以长三角和珠三角地区为例,这两个地区几乎集聚了全国 50% 左右的农民工,以浙江为例,外来人口已达 1500 万人以上,已是全省常住人口的 32.6%,其中省外籍民工约有 550 万人,大部分来自江西、湖北、湖南、云南、贵州等地。[①] 又如浙江的义乌市,常住人口 68 万,外来务工经商人口达 70 万,外来人口总数有史以来第一次超过了常住人口。这种状况导致了这些地区解决农民工问题的压力。因此,尽管沿海地区经济社会发展较快,经济实力较强,但仍然难以仅仅依靠自身的经济实力与资源条件来有效地解决各种各样的农民工问题。此外,由于国家还没有建立起覆盖全国的、统筹的医疗、教育和社会保障体系与政策,因此,在地区经济发展差异悬殊进而区域间人口流动极不均衡的情况下,单纯依靠地方政府和企业来解决农民工的社会保障问题,往往会导致外部性问题或区域利益溢出效应,带来的结果是:要么地方政府和企业提供的农民工社会保障或福利难以在地区间实现异地转换,要么地方政府和企业缺乏

---

① 参见 2005 年 12 月 23 日的《都市快报》。

为农民工提供社会保障或福利的足够激励。

（三）与农民工流动的频繁性和不均衡有关

中国农民工的流动性的频繁性主要表现为两个方面。一是工作岗位流动的频繁性。调查显示，农民工在餐饮、工厂等企业的平均工作周期是 4 年；而从事建筑等纯体力工作的农民工，在一个地方的平均工作周期约为 2 年。二是非工作流动的频繁性。主要表现为 1 年中返乡与返城的频繁流动，春运是这种流动现象的集中体现。农民工流动的不均衡性不仅与区域经济社会发展的不均衡有关，而且与农民工流动的季节性有关。春节前后是农民工流动的高峰时节。农民工流动的频繁性和不平衡性为中国经济社会的和谐有序、基础设施的有效配置和均衡利用，尤其是为流动人口的管理、交通运输的负荷等方面带来了严峻的挑战和空前的压力。

二、中国农民工问题与中国"三农"问题

应该说，中国的"三农"问题，即农业、农村和农民问题，既是任何国家的二元经济结构在转型过程中所面临的普遍问题，又是中国独特的城乡二元社会结构下所存在的特殊性问题，从后一层含义上讲，中国"三农"问题的要害和难点是"农民问题"。中国的"农民问题"不仅仅在于从事农业、依靠农业的农民过多，进而农民的收入普遍较低，并且增加缓慢，导致城乡收入差距的不断扩大和农民有效需求的相对不足，而且还体现在城乡二元社会结构所导致的"农民问题"，这种城乡二元社会结构本质上是一种城乡二元的社会权利结构，它以城乡户籍关系制度为公民社会权利分享标志，即拥有城市户籍关系的居民能够有权享有国家（包括当地政府）提供的包括医疗、养老、最低工资等方面的社会保障权益，而拥有农村户籍关系的居民却享受不到这种权益，即不仅是户籍关系在农村的从事农业的农民，而且已经从事非农产业，然而其户籍关系依然在农村的"农民"（包括在城市就业的农民工），都难以享受或者享受不到这种权益。因此，从这一意义上讲，中国的农民工问题在本质上不应归

咎于城市方面,换句话说,中国的农民工问题并不是由农民在城市就业引发的问题,而是中国城乡二元社会结构下的"三农"问题在城市的延伸或反映。

三、中国农民工问题与中国经济高速增长

中国经济的持续高速增长对世界而言一直是个谜,流行的经济增长理论以及世界上其他国家的增长实践都难以解释已经持续 30 年,并且还可能延续的中国经济高速增长。依笔者之见,中国经济的高速增长主要源于三个独特的贡献因素。

一是独特的转型模式贡献。改革开放 30 来,中国走的是"渐进式"的体制转型模式:改革先从农村和微观开始,然后逐步向城市和宏观推进;就经济体制与政治体制的关系而言,则是"一松一紧"搭配。应该说,这种"渐进式"的转型模式,既避免了改革的短期风险,又能够较好发挥"无形手"和"有形手"的作用。由于经济相对放开,市场机制这一"无形手"对中国经济的高速增长起到了巨大的激励作用,而相对稳健的政治体制,确保了政治优势的发挥,确保了经济发展这一"硬道理"始终放在首位,确保了政府调控这一"有形手"对经济改革与发展的有效把握。

二是独特的两大红利贡献。除了中国独特的转型模式贡献外,要素贡献是中国经济持续高速增长的重要原因,具体表现为土地与劳动力这两大要素的红利贡献。土地的红利现象主要表现为中国农村土地在非农化过程中的"剪刀差"现象。很显然,在近 30 年中,政府以极其低廉的价格从农民手中征用了大量的土地,廉价的土地资源不仅成了工业化、城市化和经济增长的重要助推力,而且也成为各级政府财力,进而推动经济增长的重要源泉。劳动力的红利现象主要表现为近 30 年来的大量的从农业部门转移到非农产业部门就业的农村劳动力,他们的工资水平明显低于部门平均的劳动生产率水平,不仅如此,他们中的绝大多数还不享受各种由政府和企业提供的社会保障,如医疗、养老、失业等方面的保障。占中国产业工人三分之二的农民工就是这样一个群体,他们的低价供给,为企业和政府提供了巨大的红利,为经济增长提供了持续的刺

激。中国经济增长中的劳动力红利现象难以用劳动力的市场供求理论来充分解释,它的深层原因是中国城乡二元社会结构下的农村劳动力(包括农民工)在经济与社会权利上的不平等。换言之,这种由低价供给而产生的劳动力红利,并非充分竞争市场条件下的产物,而是市场扭曲条件下的产物,而渐进式的转型,进而经济与政治社会体制的不完全匹配,是中国劳动力市场扭曲的根本原因。

三是独特的政府行为贡献。强势政府加上偏重经济增长导向的绩效考核机制,使中国的各级政府对经济增长及其投资有内在的冲动和偏好,这种独特的政府行为,必然导致其在政府投资和公共品供给的选择中,首先偏向与经济增长直接相关的项目,其次才是与民生有关的项目。

对中国经济持续高速增长的成因分析,从一个侧面表明:中国的经济增长尽管很快,但是代价也很大。中国经济增长的代价不仅反映在资源环境的粗放利用方面,而且也体现在对人力资本的低价格、少补偿、高消耗的粗放利用,这种被粗放利用的人力资本的主要对象就是广大的农民工。中国的农民工为中国经济的持续高速增长做出了重大贡献,但同时又付出了巨大的代价,这种代价实际就是中国经济增长的重要代价之一。

四、中国农民工问题的解决思路与对策

解决中国农民工问题的基本思路与架构是:"确立一条思路,走出一条道路,加快两项改革,协调三大关系。"

(一)确立一条思路

确立"四位一体"的解决农民工问题的思路。鉴于中国农民工问题形成和现实的复杂性,根据目前中国经济社会的格局和条件,应确立"四位一体"的解决农民工问题的思路。所谓"四位一体"的思路,就是中央政府、农民工流出地政府、农民工流入地政府和农民工使用单位在解决农民工问题上的相互协同,在对农民工问题分类的基础上,明确中央政府、地方政府和农民工用人单位的各自职责与任务,分阶段、分重点地解

决好农民工问题。

(二)走出一条道路

走出一条中国特色的城市化道路。一般意义上的城市化进程是人口与产业在城市的集聚过程,但从中国的国情看,仅有这两者的集聚还不充分,还需要加上进城就业人口(即农民工及其家属)的市民化,因此,中国特色的城市化道路应该是人口集聚、产业集聚和农民工市民化的"三位一体"道路。推进中国特色的城市化道路不仅需要非农产业的发展、非农产业和农村劳动力向城市的集聚,而且要突破城乡二元社会结构,解决好农民工的"市民化"待遇。从有效或者低成本完善农民工的市民化待遇以及避免城市规模过大而带来城市病的角度出发,中国特色城市化道路的内涵还应包括稳定大城市发展规模,积极发展中小城市的战略与方针。

(三)加快两项改革

一是加快国家社保制度改革,农民工的社会保障问题实际上是个历史遗留问题。解决这一问题的关键是破解城乡二元社会体制。当前,无论从中国的经济社会发展条件看,还是从经济又好又快发展和和谐社会构建的要求看,都应该说是破解这一难题的最好时期和最关键时期。加快国家社保体制改革的基本思路是尽快建立以中央政府统筹为主,中央政府和地方政府相结合,政府和市场相结合,政府和企业、个人相结合,城乡协调与互动,覆盖全体公民的社会保障体系和制度。解决社保问题的另一重要性是:中国的社保问题捆绑着中国的土地问题,社保问题不解决,中国的土地问题也将难以解决。

二是加快农村土地制度改革。中国现行农村土地制度既难以满足农业规模化和现代化发展的需要,又难以适应城市化进程和进城农民市民化的需要。农民工与其家乡承包土地关系的处理是农民工市民化的另一重要影响因素。中国农村土地制度正面临着新的改革的挑战。农村土地进一步改革的思路是:建立农村土地的混合所有制(或称混合产权结构),明确农户土地承包权的永续化和物权化,在此基础上,加快土地承包权和使用权(经营权)的市场化;要将农村土地制度改革和社保制度改革同步推进,用覆盖全体公民的社保制度替代土地对农民的社保功能;要进一步探索农户土地权益换社保的制度与政策设计;探索社区土地股份合作、区域用地指标跨省份交易的机制与政策。

(四)协调三大关系

一是协调好经济转型和农民就业的关系。由于中国的粗放式经济增长不仅体现在资源与环境方面,而且也体现在人力资本利用方面,中国的经济增长方式转型正面临着巨大的压力。这种压力来自互为制约的两难选择,也就是说:一方面,如果仍按现行的粗放式增长方式运行,资源与环境状况将进一步恶化,将难以支撑国民经济的进一步发展;另一方面,经济增长方式的转型并非易事,这是因为不仅存在传统增长方式的惯性和路径依赖,而且还存在转型的巨大风险,即高失业率的风险,因为与中国现行粗放增长方式相匹配的人力资源,主要是那些文化层次相对低、主要依靠强体力劳动、占产业工人三分之二、数量多达1亿多的农民工,这支产业劳动大军的素质特征在短期内是难以改变的。如果我们的经济增长方式转型把握不当,则很可能会出现增长方式转变了,但大量的企业倒闭了(目前一些地区已出现这方面的迹象),大量的农民工失业了,大量的农业剩余劳动力不能进一步转移出来,进而社会就业矛盾急剧尖锐的情况。因此,协调好经济转型与农民、农民工就业的关系,稳妥推动经济增长方式的转变,是一项十分重要的课题,需要予以深入研究,采取合适的应对措施。

二是协调好产业转移和农民流动的关系。由于相对紧的宏观经济调控,当前中国出现了一方面大量的农村劳动力从欠发达地区向东部地区流动,另一方面不少劳动密集型的产业(企业)却在从发达地区向欠发达地区转移的迹象。产业的梯度性转移是经济发展的一般性规律,对于欠发达地区的经济具有拉上效应,但在市场经济体制不完善,并且二元社会体制存在的情况下,如果不能处理好产业(企业)转移与劳动力流动的关系,则有可能导致产业与劳动力在空间的逆向关系,即产业(企业)转移了,但出于体制、信息、再流动成本等方面的原因,大量的劳动力(农民工)不能及时随着产业一起转移,而是滞留在原产业(企业)所在地,进而打破产业(企业)转出地经济与社会的原有均衡和秩序。此外,如果地方政府对这种态势形成一种预期的话,则会大大弱化解决农民工问题,尤其是解决农民工社会保障问题的激励。为此,需要研究中国产业(企业)区域转移与劳动力(农民工)流动的协调机制;要尽可能发挥市场机制而不是行政手段对要素流动、产业(企业)空间优化配置的作用;要科学评价农民跨地区流动和产业跨地区转移的不同绩效;要重视省份间经济社会利益机制的建立,充分发挥地方政府在这方面的积极性。

三是协调好中央政府、地方政府、用人单位在解决农民工问题上的关系。总体而言,解决中国农民工的问题应在"四位一体"的思路框架下,以政府,尤其是中央政府为主导。中央政府应着重于覆盖全体公民最基本的社会保障问题,如义务教育、基础医疗、基本养老金、失业和最低收入保障等问题的解决和立法。地方政府(包括流入地政府和流出地政府)以及农民工用人单位应注重农民工的生存环境(如住房问题、劳动环境、环卫问题等)、劳资关系、家庭分居、培训教育、土地权益等方面问题的解决或协调。

有序推进农业转移人口市民化：

——浙江省的实践、挑战与思路对策①

一、引言

　　城镇化是现代化的必由之路，是我国经济持续增长和拉动内需的巨大引擎。2013 年 12 月，习近平总书记在中央城镇化工作会议上就如何推进我国城镇化进程做出重要指示，并将"以人为本……把促进有能力在城镇稳定就业和生活的常住人口有序实现市民化作为首要任务"。2013 年的中央农村工作会议中，"三个 1 亿"目标被首次提出。李克强总理在 2014 年的政府工作报告中对"三个 1 亿"目标进行如下阐述："要健全城乡发展一体化体制机制，坚持走以人为本、四化同步、优化布局、生态文明、传承文化的新型城镇化道路，遵循发展规律，积极稳妥推进，着力提升质量。今后一个时期，着重解决好现有'三个 1 亿人'问题，促进约 1 亿农业转移人口落户城镇，改造约 1 亿人居住的城镇棚户区和城中村，引导约 1 亿人在中西部地区就近城镇化。"

　　浙江省作为我国东部沿海的经济强省大省，市场经济发育较为完善，非公经济发展迅猛。凭借经济的先发优势，浙江省吸纳了大量外省农业转移人口和本省农民进城就业，据统计，截至 2014 年 6 月 30 日，浙江省承接农业转移人口总量达 2260 万，占全国农业转移人口总量的

　　① 本文作者为黄祖辉、朋文欢、米松华。本文为本人 2015 年主持的浙江省发展与改革委员会"十三五"前期研究课题（人口问题专题）报告。

8.4%。大规模农业转移人口进城务工俨然成为浙江省加快推进城镇化进程与进行社会主义现代化建设华丽篇章的时代注脚。然而,这一群体在为浙江省经济做出巨大贡献的同时,由于户籍制度、公共服务和社会保障等制度障碍,难以完全融入城镇社会并享受与城镇人口同等的社会福利(叶俊焘等,2011)。对此,有序推进浙江省农业转移人口市民化,并使其和城镇居民共享城市文明与基本公共权益,不仅是响应国家新型城镇化发展战略、落实至 2020 年实现 1 亿农业转移人口落户城镇这一目标的应有之义,而且是对农业转移人口人文关怀的体现和坚持"以人为本"新型城镇化发展道路的内在要求。

近年来,浙江省坚持以户籍制度改革为突破口,切实推进农业转移人口市民化,各地市、县也结合本地实际,进行了大胆的探索与实践,涌现了诸如"嘉兴模式"、"宁波模式"等实践做法。然而,推进农业转移人口市民化,并同步推行相关配套改革是一项复杂的工程,有不少需要研究和解决的问题。本文试图从浙江省农业转移人口现状、特征入手,总结典型县(市)在推进城乡一体化改革及农业转移人口市民化等方面的实践经验,并针对当前浙江省推进农业转移人口市民化所面临的挑战,提出新形势、新常态下浙江省进一步推进农业转移人口市民化的思路和对策建议。

二、浙江省农业转移人口的现状及市民化的实践探索

(一)浙江省农业转移人口的基本特征

目前,浙江省农业转移人口呈现如下六个方面的特征。

1.农业转移人口已成为推动浙江省城镇化进程的重要力量

改革开放以来,浙江省民营经济的迅速崛起成为浙江省大规模吸纳农村剩余劳动力的原动力。据统计,2012 年,浙江省吸纳农业转移人口总量达到峰值(2459.5 万人),为 2000 年的 6 倍,2014 年 6 月 30 日时点统计显示,全省登记在册流动人口为 2260 万人,尽管较 2012 年有所回

落,但仍占全国流动人口总量的 8.4%。在以常住人口为统计口径测算城镇化水平的情况下,如此庞大的流动人口显然已成为推进浙江省城镇化进程的重要力量。2013 年,浙江省城镇化率达 64%,而若按户籍人口算,浙江省城镇化率仅为 32% 左右,农业转移人口使浙江省城镇化率提高了 30 多个百分点(见图 1)。

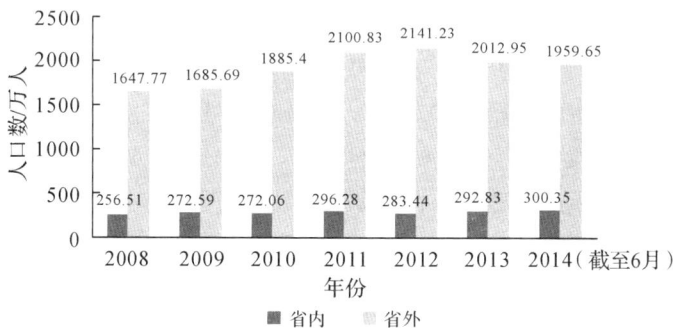

图 1　2008—2014 年 6 月流动人口变化趋势

2.“举家式”迁移和居住长期化趋势比较明显

区别于以往男性户主单独外出、妻儿留守的流动方式,近年来浙江省流动人口举家外迁趋势比较明显,所占比例由 2010 年的 38% 上升至 2013 年的 53%,尽管 2014 年回落至 50%,但这主要是流动人口总量减少所致。从流动人口的年龄结构看,2010 年以来,16—59 岁人员比例逐年下降,而 16 岁以下及 60 岁及以上人员比例却逐年提升。此外,流动人口在浙居住趋于长期化,2013 年在本地居住半年以下的仅占 31.7%,居住半年至五年、五年以上的比例分别为 65.1% 和 3.2%。此外,浙江省 2014 年的万人抽样调查显示:外省流入人口中愿意在居住地长期生活的占 65%;待业人员中,希望滞留继续找工作的比例高达 68%。

3. 以外省流入为主,流出与流入地相对集中

从 2010 年起,连续五年外省农业转移人口占总农业转移人口比重超过 84%,2014 年 6 月达到 86.7%。农业转移人口来源地居前五的为安徽省(19.8%)、贵州省(13.6%)、江西省(11.9%)、河南省(11.9%)、四川省(9.4%),累计占比达省外流入人口的 66.6%。从流入地分布看,宁波、杭州、温州、金华是农业转移人口的主要聚集地,4 市累计承接

农业转移人口 1473.6 万人,占浙江省农业转移人口总量的 65.2%。浙江省 11 市中,农业转移人口与户籍人口比超过 0.33∶1 的地级市有宁波、嘉兴、金华、杭州、温州、绍兴、舟山、台州、湖州 9 市。从纵向变化看,嘉兴、湖州、绍兴等市农业转移人口占比有所下降,而杭州、金华、台州等市农业转移人口所占比重不断提高。

4. 流动人口基本素质偏低,但趋势会转好

浙江省流动人口基本素质偏低是不争的事实。2014 年,流动人口中初中及以下学历者达 1679.8 万,占比高达 74.3%。2014 年的抽样调查显示,自称有技能、有职称的比例仅为 33.6%、14.9%。另《关于全省实施流动人口规模控制专题调研报告》显示,浙江省劳动年龄流动人口平均受教育年限为 8.8 年,低于全国 9.6 年的平均水平。此外,从浙江省流出人口看,有技能、有职称的比例均高出流动人口 2.0 个百分点和 4.4 个百分点,高素质人才外流应引起关注。尽管如此,近五年流动人口中大专及以上学历者所占比例逐年提高,2014 年占 4.6%。这表明,随着浙江省产业结构的调整和居住证制度对高素质人才的吸引,浙江省的就业结构将会逐步优化(见图 2)。

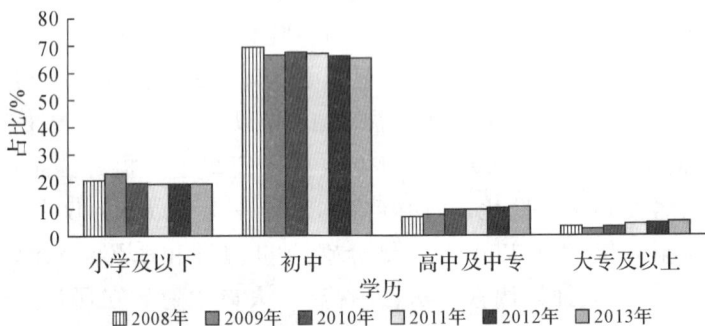

图 2　2008—2013 年浙江省农业转移人口素质结构变化

5. 农业转移人口以青壮年为主,但老少化趋势明显

青壮年在浙江省农业转移人口中占绝大多数,2013 年,16—44 岁农业转移人口占比为 74.11%,大量适龄农业转移人口的流入充实了浙江省劳动力市场,为浙江省经济的发展起了重要的支撑作用。然而,纵向比较发现,浙江省农业转移人口年龄结构老少化趋势明显。相比 2008

年,2013 年浙江省 16—44 岁农业转移人口占比下降 14.1 个百分点,年均降幅达 2.8 个百分点。相反,16 岁以下者上升 6.9 个百分点,45 岁及以上农业转移人口占比提高 6.3 个百分点(见图 3)。

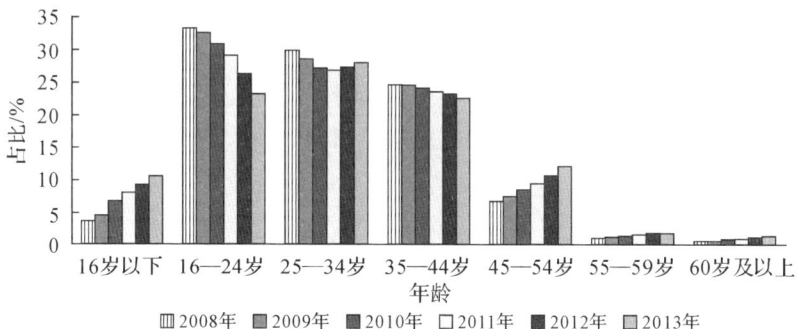

图 3　2008—2013 年浙江省农业转移人口年龄结构变化

6.流动人口收入水平有所提高,市民化能力得到提升

2014 年万人抽样调查显示,浙江省农业转移人口平均月薪为 3183 元,月薪收入在 3000 元以上者所占比例由 2011 年的 10.0% 上升至 2014 年的 39.9%。工资性收入的增长在一定程度上提升了浙江省农业转移人口市民化的能力。需要指出的是,高报酬以高强度的工作为前提,万人抽样显示,2014 年,浙江省农业转移人口每月工作天数达到 26.8 天,每天工作时长达到 9.2 小时,远远超过《劳动法》规定的劳动时间,也超过全国农业转移人口平均的工作时间。根据 2014 年《全国农民工监测调查报告》显示,外出农民工从业时间平均为 10.0 个月,每月从业时间平均为 25.3 天,日从业时间平均为 8.8 个小时。

(二)浙江省推进农业转移人口市民化的实践探索

改革开放以来,为顺应浙江省经济社会发展,打破城乡分割的二元户籍制度,促进人口的合理流动,浙江省先后出台了一系列的政策意见。早在 2000 年,省政府下发《浙江省人民政府关于加快推进浙江城市化若干政策的通知》,提出户籍管理制度改革的中远期目标,在全国率先取消进城控制指标和"农转非"计划指标,在一定程度上为农民进城打破了户籍樊篱。2004 年,省委、省政府制定并实施《浙江省统筹城乡发展、推进城乡一体化纲要》,指出:要以城乡劳动力充分就业和人人享有社会保障为目标,加快推进城乡劳动就业与社会保障一体化;加强城乡劳动者特别是农村进城务工人员的劳动权益保护,实现同工同酬同保障。2006年,省委省政府出台《中共浙江省委 浙江省人民政府关于进一步加强和改进对农村进城务工人员服务和管理的若干意见》:保证农村进城务工人员劳有所得、工有所居,关注农村进城务工人员精神上的尊严和归属感;要求按照统筹城乡发展、推进城乡一体化要求,继续扩大城乡统一户籍管理制度改革试点,逐步在全省范围内取消农业与非农业户口的户口性质划分,实行统一登记为浙江省居民户口的新型户籍管理制度,进一步促进城乡人口的身份平等和自由流动。2009年,省人大颁布了全国首部《浙江省流动人口居住登记条例》,规定"《浙江省居住证》持有人符合县级以上人民政府规定条件的,可以申请转办居住地常住户口"。各项惠及普通流动人口的户口迁移政策,有力地促进了流动人口在浙江省的安心就业、敬业发展、本外地居民融合和社会和谐。2011年12月,经省委常委会、省政府常务会议审议通过,省政府办公厅下发了《关于积极稳妥推进户籍管理制度改革试点的实施意见》:在明确城镇落户政策的同时,同步推进城乡统一的户口登记制度和居住证制度改革;保障进城农民在农村的基本权益;规定将流动人口服务管理工作纳入国民经济和社会发展规划,逐步实现基本公共服务由户籍人口向常住人口扩展。

除此之外,各县(市、区)根据本地实际,积极探索,推进城乡一体化和农业转移人口市民化进程。

1. 嘉兴:"十改联动",推进城乡一体化和农业转移人口市民化

嘉兴的城乡一体化改革先后经历了早期探索、全面推进和纵深推进三个阶段。2008年,按照省委、省政府的决策部署,嘉兴被列为统筹城乡综合配套改革试点区,为明确工作目标、原则、措施和任务,嘉兴制定出台了《嘉兴市统筹城乡综合配套改革试点总体框架方案》和《关于开展统筹城乡综合配套改革试点的实施意见》,按照先行先试、率先突破的要求,大胆探索,创新开展以"两分两换"优化土地使用制度改革为核心,囊括充分就业、社会保障、户籍制度、新居民服务、涉农管理、镇村建设、金融体系、公共服务、规划统筹的"十改联动"综合配套改革,走出了一条具

有嘉兴特色的统筹城乡发展之路。

通过"两分两换",推进农村居住布局从自然松、散、乱形态向科学规划布局形态转变,节约集约利用土地资源,促进农业规模经营,推进城镇化,改善农村生产生活条件和生态环境质量;突破就业政策享受对象的户籍界限,基本建立城乡和本外地劳动者平等就业机制;率先制定实施城乡居民社会养老保险办法,从制度层面构建"全民社保"体系;全面实行按有无承包地为划分依据、按居住地登记户口的制度,并逐步改革附加在户籍制度上的相关政策;稳步实施涉农工作管理体制改革,率先组建生产、供销和信用"三位一体"的市农村合作经济组织联合会(简称农合联),县(市、区)农合联组建率达到100%;有序推进新市镇建设管理体制改革,重点制定、实施以"权力下放、超收分成、规费全留、干部配强"为原则的强镇扩权政策;推进居住证制度改革,设立市新居民事务局及县、镇、村共四级服务管理网络,分别发放临时居住证、普通居住证、专业人员居住证,积极推进分类管理和积分制管理;加大金融创新力度,率先推出农村住房、农村流转土地经营权、海域使用权抵押及农村住房置换担保等贷款;创新公共服务运行机制,加快推进城乡基本公共服务特别是文教卫等社会事业发展一体化;设立市城乡规划建设管理委员会,对区域总体规划和重大基础设施等的规划实行统筹管理,特别是在民生政策等方面加强市域统筹,促进城乡一体和农业转移人口市民化。

2.宁波:创新服务管理模式,推进流动人口公共服务均等化

按照"基本、普遍、平等、均衡"的要求,宁波各级党委、政府积极探索,创新突破,推进流动人口基本公共服务均等化,使外来流动人口在全市经济、政治、文化、社会建设中享受越来越多的市民待遇,有力地促进了社会和谐发展。公共就业、技能培训、子女教育、公共卫生、计划生育、居住条件等公共服务体系不断完善,成效显著。

一是建立健全城乡一体的就业市场,全面取消就业限制;将流动人口培训整体纳入服务型教育体系,与本地劳动者实行一致的培训补助标准;在全国率先建立工资担保金制度,不断完善以建筑企业为重点的欠薪保障金和地方政府欠薪应急周转金制度,积极实施"无欠薪宁波"行动。二是2007年,首推"低门槛、低水平、广覆盖、可接转"的流动人口社

保套餐,率先从制度上实现社会保险常住人口全覆盖;2010 年,进一步调整完善社会保险政策,促进流动人口社会保险关系的转移接续。三是按"就近入学、统筹安排"的要求,全市所有中等职业学校对农民工子女平等开放,不设附加条件,免费政策同等享有,同时,异地高考政策稳步放开,符合条件的农民工子女可就地升学。四是在全省率先将流动人口纳入公共卫生服务体系,与户籍人口享受标准一致的公共卫生经费补助;对外来常住孕妇实行住院分娩救助政策,流动儿童免疫接种率近100%。五是通过村企对接、集中居住区配套公寓建设等方式,改善流动人口居住条件,2012 年出台《宁波市公共租赁租房管理暂行办法》,将符合条件的农民工纳入公共租赁房保障范围。六是 2007 年率先出台《优秀外来务工人员户口登记管理办法》,帮助解决部分优秀流动人口的落户问题。2010 年制定实施《宁波市外来务工人员积分落后暂行办法》,对流动人口梯度放开户籍,并逐步降低落户门槛;依托村、社区组织优势,成立由本地居民、流动群体人口代表、村(社区)干部等参加的社会融合组织,通过互助合作、自我服务,共同解决社会事务管理方面的问题,推进新老宁波人和谐共融。

3. 德清:确权先行,带动农村产权制度与户籍制度改革

2014 年 3 月 24 日,浙江省办公厅正式印发文件,同意在德清开展城乡体制改革试点。对此,德清县委、县政府高度重视,以农村产权制度改革为突破口,全力推进各项试点工作有条不紊推进。在改革过程中,德清创造性地提出"先确权,再户改"的概念,通过对农村土地(山林)承包经营权、村集体资产收益权、农村宅基地用益物权、农房财产权进行确权,实现农民可以在取消户籍性质标识的情况下继续保留其原有的权益。并在此基础上,积极搭建县、乡镇、村、户四级联动的农村综合产权流转交易平台,引导农村产权有序流转、规范交易,促进人员、要素有序流动,激发"三农"发展活力,推动农村产业发展。

一是对全县宅基地进行调查和分类统计,严格落实"一户一宅"等宅基地制度;按照"公平、公正、自愿、有偿"的原则,在兼顾国家、集体、农户三方利益的基础上,探索推进宅基地跨村、跨镇置换和有偿退出;农房确权颁证工作全面铺开,利用金融杠杆撬动农房财产权沉睡资产,助力农民创业。二是制定农村集体资产股权交易办法;支持村股份经济合作社

以社区性集体经济组织身份、农村土地股份合作社以农民专业合作社身份分别进行工商登记,保障集体经济收益权。三是 2014 年 6 月 19 日,德清农村综合产权流转交易中心正式投入试运行,为农村各类产权流转交易提供场所设施、信息发布、组织交易、交易鉴证等一站式便利服务;探索推进农村土地(林地)承包权与经营权分离,农村土地、林地承包经营权确权登记颁证率达到 100%。

4.义乌:创新人口服务管理机制,打造流动人口"暖心、留心、归心"工程

截至 2013 年底,义乌流动人口总量达 133 万人,是户籍人口的近 2 倍。大量外来人口的涌入在为义乌经济社会发展注入活力的同时,也对各级政府服务与管理能力提出了挑战。为保证义乌经济社会的繁荣稳定,近年来,义乌市各级党委、政府坚持以人为本,积极作为,不断创新流动人口服务管理机制。2012 年 7 月,浙江省首家流动人口服务管理局正式成立,相应地,全市 13 个镇(街道)建立流动人口服务管理所,并设立流动人口"一站式"综合服务办事窗口,搭建了集居住登记、租赁备案、卫生防疫、计划生育、维权服务于一体的流动人口综合服务平台,开创了专业化、精细化、制度化流动人口管理新局面。2013 年 4 月 1 日,义乌正式颁布实施《义乌市流动人口居住登记管理办法》,根据该办法,原有的暂住证被居住证代替,这不仅强化了"居民"和"居住"的理念,淡化了"户籍"和"暂住"的概念,同时还改变了传统的暂住证强调治安管理的出发点,实现了服务与管理并重,促进了社会的和谐稳定。为进一步加强流动人口服务管理,吸纳高素质流动人口,优化人口结构,助推义乌市场、产业、城市、社会、政府转型发展,2013 年 11 月,义乌又出台《义乌市流动人口积分入户试行办法》,规定流动人口积分满 80 分且满足有关条件者,可在 3 个月内申请迁入义乌建成区城镇户口。

三、浙江省推进农业转移人口市民化面临的挑战

根据中央的精神,坚持以人为本,促进有能力在城镇稳定就业和生活的常住人口有序实现市民化,是我国新型城镇化战略的重要部署和重

要举措,各地应克服地方本位思想,本着全国一盘棋的共识,争取到2020年实现1亿人农业转移人口和其他常住人口落户城镇的目标。2014年,浙江省承接农业转移人口的数量约占全国农业转移人口数量的8.4%,假定这一数量保持不变,至2020年浙江省应实现840万人的农业转移人口落户城镇。然而,2007年以来,浙江省新增城镇人口仅为570.1万人,年均增加仅81.5万,至2020年实现目标的难度和压力不言而喻。并且,无论是从农业转移人口自身的特征,还是从浙江省经济社会发展的态势看,大力推进农业转移人口在浙江省的市民化存在不小的困难和挑战,具体表现在以下四个方面。

(一)农业转移人口市民化意愿减弱

随着经济的转型发展和农村产权制度的改革深化,特别是在经济相对发达的地区,农民农村户口背后的利益开始显现,而市民城镇户口背后的利益却逐渐淡化,导致城镇对农业转移人口市民化引力不足、农村对农业转移人口市民化推力不够的现象,与20世纪80和90年代相比,现阶段农业转移人口市民化的意愿已明显减弱。从浙江省的情况看,这种减弱的市民化意愿集中表现为"农转非"数量逐年减少,而"非转农"诉求却不断增加。截至2013年底,浙江省"农转非"人员仅有17.0万人,比2004年下降近40万(见图4)。相反,原籍在农村的大中专院校毕业生、退伍军人、参加户籍制度改革进城落户人员却纷纷要求迁回农村。出现这一现象的一个重要原因是农民对其在农村的权益(土地承包经营

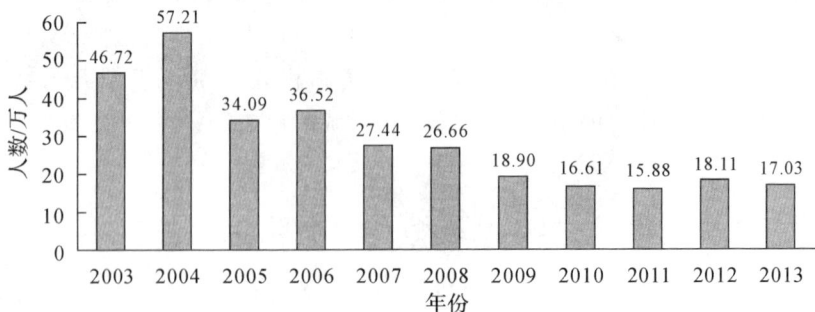

图4 2003—2013年浙江省"农转非"人数

权、宅基地使用权、村集体经济收益分配权)的乐观预期和进城市民化收益(与城镇居民同等的社保权益等)的不乐观预期所形成的反差。因此,只要这种预期反差一直存在,并且农民在农村的预期权益不能转化为可在城乡之间流动与交易的权益,不仅农业转移人口,而且农业剩余人口的"农转非"或市民化意愿会持续低迷。

(二)浙江省农村人口老龄化突出,农村"蓄水池"作用难以发挥

在城乡二元经济发展过程中,农村劳动力的剩余为工业化提供了大量的、低廉的劳动力,农村和农业一直被称为城镇化、工业化发展所需劳动力的"蓄水池"。然而,经过多年大规模的劳动力城乡流动,当前浙江省人口老龄化的城乡倒置明显。2012 年,浙江省农村老年人口共计 578.6 万,占老年人口总量的 67.6%。经济欠发达地区,如丽水、衢州等市农村老年人口分别占全市老年人口总量的 78.3%和 77.5%。

第六次人口普查数据显示,2010 年,浙江省城镇人口年龄结构仍处于典型的"中间大、两头小"橄榄状,中青年人较多,老年人和少儿较少,当前劳动力供给充足,人口的社会负担相对较轻。反观 2010 年的农村人口金字塔,底部收缩,上部变宽,中位年龄快速上移(见图 5)。在农村

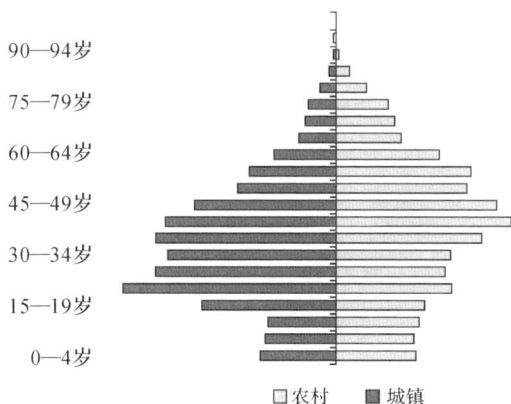

图 5 第六次人口普查浙江省城乡人口金字塔

16—64岁的劳动年龄人口中,16—40岁农村劳动年龄人口有663.4万人,并出现逐年下降的趋势,而40岁以上劳动年龄人口约为841.3万人,占一半还多。后者由于受教育程度偏低、职业技能缺乏等原因,难以在城镇找到相匹配的工作,安土重迁的传统观念也使得他们融入城镇并成为城镇一员的意愿减弱。因此,后期推进浙江省农村剩余劳动力转移并落户城镇可能面临农村人口不愿"进城",即便愿意,也难以"融城"的两难局面。并且,老年人口比重的升高及育龄人群比重的降低,将导致未来人口再生产的负增长,以及劳动后备力量持续减少。

(三)农业转移人口(尤其是外省籍)进城落户能力有限

一方面,农业转移人口呈现"举家迁移"的态势,这在一定意义上反映了其有举家落户城镇的意愿;另一方面,由于农业转移人口大多文化素质较低,缺乏职业技能培训,工作技能和适应能力相对不足,大大制约了他们所能从事的职业和工种。尽管近年来农业转移人口在城镇就业的工资水平在不断提高,但是和浙江省城镇居民收入相比,农业转移人口的工资水平仍然较低,加之城乡社保还存在差距,并且还不能实现跨城乡、跨地区的流动,难以负担较高的城镇定居、生活和发展成本。此外,城乡文化差异与户籍制度差异所导致的农业转移人口和城镇本地居民间的待遇差异,也使得农业转移人口在城镇职业选择中有可能面临"进入"特定岗位的歧视,即使在相同的岗位,也可能面临工资待遇上的同工不同酬(蔡昉,2005),进而拉大和城镇本地居民的收入差距,弱化其融入本地化的能力。再加上城镇相对高企的房价,即便政策允许其进城落户,多数农业转移人口也难以实现进城落户生根的意愿(周蕾等,2012)。

(四)流入地承接农业转移人口市民化存在制约

该制约主要表现为三个方面。

一是低素质农业转移人口不适应流入地产业转型升级的问题。浙江省经济长期以来是以劳动密集型加工制造业为主导,产业结构呈现低、小、散的特点,支撑这些产业发展的大多是低素质、低成本的农业转移劳动力。大量低素质农业转移人口在浙江省的就业状况,既制约了浙江省产业的转型升级,又增加了这些农业转移人口市民化的不确定性。从发展趋势看,产业转型升级是浙江省经济提质增效、增强竞争力的必然选择和唯一出路,而这一过程必然会导致就业结构的波动,因此,在浙江省产业转型升级过程中,通过何种途径改善劳动力结构,如何在产业转型升级过程中,妥善处理好该群体的就业震荡与其市民化以及社会稳定的关系,是浙江省推进农业转移人口市民化进程中必须面对和解决的难点问题。

二是流入地对农业转移人口市民化存在制度约束。根据中国社科院的调查,为了解决进城打工者和家属的教育、保障房、社保等问题,政府要为每个人平均一次性投入 2.6 万元,并且,这笔钱基本是公共性投入(中国社科院,2013)。在我国地方化供给的民众基本公共权益难以在区域间有效转换的现行体制约束下,要解决大规模外地人口落户浙江省城镇的市民化问题,无疑会给浙江省带来巨大的财政压力。此外,由于长期形成的行政化资源配置制度,公共服务、就业机会以及工资水平在不同城市间差异悬殊,致使浙江省农业转移人口高度集中在杭州、宁波等大中城市,少数大城市规模急剧膨胀,诸如交通拥堵、资源短缺、环境污染、房价高企等"城市病"随之出现,这也加大了农业转移人口市民化的难度。

三是相关改革顶层设计滞后,合力不足。有序推进农业转移人口市民化是一项复杂的系统工程,涉及户籍、土地、就业、住房、社保、教育、医疗等方方面面的制度改革,不仅工作量大,涉及部门多,需要顶层设计,而且需要城乡协调、区域对接、中央和地方联动。但现实的情况是,高层对有序推进农业转移人口市民化的顶层设计还不够清晰,偏重城镇户籍制度改革,对相应的农村户籍制度和产权制度改革则清晰度不够,甚至存在不同的解读与分歧,以至于部门对推进农业转移人口市民化的改革难以统一认识,难以对改革进行分类指导和试点突破,难以形成城乡联动、区域联动和上下联动的改革合力与综合配套。

四、进一步推进农业转移人口市民化的思路与对策

(一)浙江省进一步推进农业转移人口市民化的思路

1.以三项联动改革为突破,推进农业转移人口市民化

我国城乡二元结构是城乡居民基本公共权益和财产权益不平等的双重二元结构,在城乡人口流动,尤其是农业转移人口跨省份流动的背景下,我国城乡二元结构的破解,不仅与城镇户籍制度的改革有关,而且与农村产权制度(本质上是农村的户籍制度)的改革有关,并且还与地区行政分割、地方与中央分层的基本公共权益安排,即基本公共品的供给制度的改革有关。因此,要彻底破解我国的城乡二元结构,解决农业转移人口的市民化问题,实现以人为本的新型城镇化的发展,就必须推进三项联动与配套的改革(黄祖辉,2012)。

一是推进城乡联动的户籍制度改革,核心是消除由城乡二元户籍制度所导致的公民基本公共权益不平等分享和财产权益不充分实现的制度,使农业转移人口可保留、可交易其在农村的权益,可平等分享其在城镇的基本公共权益。二是推进区域联动的基本公共权益制度改革,以实现地方化供给到人的基本公共权益(公共品)的跨地区携带或交易。三是推进上下联动的基本公共权益制度(如社保制度)的改革,以促成"地方粮票"性质的基本公共权益转换为"全国粮票"性质的基本公共权益。

2.以新型城镇化为引领,推进农业转移人口市民化

新型城镇化决定农业转移人口市民化的方向与质量。新型城镇化的核心是以人为本,是人的城镇化,而农业转移人口市民化就是人的城镇化的重要体现,因此,以新型城镇化为引领,推进农业转移人口市民化是正确的路径选择。新型城镇化还是大中小城市协调发展、城市群合理布局、产城融合、城乡一体的城镇化,这意味着,以新型城镇化为引领,推进农业转移人口市民化,既不是单纯追求农业转移人口在大城市的市民

化,又不是将农业转移人口完全排除在大城市外,让他们在第二、第三产业无基础,劳动就业无着落的城镇实现市民化,而是要通过产业转型、结构调整、产城融合、大中小城市和城市群协调发展、城乡一体的城镇化来推进农业转移人口的市民化。因此,转变城镇化发展思路,加快产业转型和结构调整,走符合浙江实际、具有浙江特点的新型城镇化道路,不仅对于农业转移人口在浙江省的市民化进程有重要意义,而且对于浙江省城镇化的加快和质量提升至关重要。

3. 以科学分类为引导,推进农业转移人口市民化

在推进农业转移人口市民化的过程中,要按照国务院《关于进一步推进户籍制度改革的意见》(国发〔2014〕25 号)精神,从农业转移人口的实际情况和意愿出发,考虑地域可操作性和地方财政负担能力,分类型、分时空、有序推进农业转移人口市民化。所谓分类型,就是在推进农业转移人口市民化过程中,按照省内农业转移人口优先、市民化意愿强的人群优先、在流入地工作稳定和年限较长的人群优先、文化程度较高和遵纪守法的人群优先的原则,以形成农业转移人口市民化的示范效应和带动效应。所谓分时空,就是要在科学研判不同区域资源、产业、环境、社会、人口等状况与发展潜力的基础上,科学分析与预测区域城镇化发展水平,设定各阶段适宜的城镇化率,同时根据浙江省城镇与城市群布局规划、生态功能区规划、土地与资源利用规划等,有序引导人口迁移的流向和流量,增强中小城市和小城镇的经济集聚能力,为农业转移人口提供就地就近、低成本、多渠道的市民化路径选择。

(二)浙江省进一步推进农业转移人口市民化的对策建议

1. 推进城乡联动改革,加快区域(本省籍)农业转移人口市民化

区域性城乡联动改革的重点是解决区域自身农业转移人口的市民化。在浙江省 2260 万人的农业转移人口中,本省籍的约有 300 万人。经过多年的统筹城乡和城乡一体化发展,浙江省城乡居民所享受的公共服务差距已明显缩小,不少县市已实现城乡社保等公共服务的并轨。这为推进浙江省区域农业转移人口的市民化提供了有利条件。当前,加快

浙江省区域农业转移人口市民化的关键是推进城乡联动改革,要在深化城镇户籍制度改革的同时,推进农村产权制度的改革。

一是保障进城农民在农村的基本权益不受侵害。政府部门应以"不侵权、不损财"为原则,明确规定本地农业转移人口进城落户不以流转土地承包权、收回农村宅基地使用权和房屋所有权等为前提,彻底打消其进城落户的顾虑。二是对农村土地(包括林地)农户承包权和经营权、农户宅基地的使用权及其房屋所有权进行确权颁证,实现农民"有户籍才有权"向"有证才有权"的转变。三是搭建集农地三权分离、集体建设用地、农户宅基地与住房于一体和多种形式的市场交易、流转机制与平台,鼓励农业转移人口依法自愿有偿流转土地经营权和房屋使用权,同时探索农民自愿有偿退出和转让土地承包权、宅基地使用权和房屋所有权的途径和交易方式。四是对农村社区集体经济资产(包括集体留用地、集体建设用地、其他集体资产和集体经济收益等)进行股份化或股份合作化改革,实现集体经济资产与收益对集体成员的量化、股化、固化和可交易化。在有条件的乡村(如城中村、镇中村、非农产业园区村、劳动力充分转移的村等),可以进一步改革村集体经济制度,使其从封闭式的股份合作制度向开放式的股份公司制度转型,实现农民成员身份与权益获得的分离,农民在农村的权益由身份依附向契约依附转变。此外,总结与推广杭州、嘉兴、义乌等市"宅基地换城镇住房"的办法与经验,为解决农业转移人口在城镇的住房问题提供思路和路径选择。

2. 促进农村转型发展,推进区域农民就地转移与市民化

若不考虑农村人口老龄化问题,按照浙江省耕地容量、农业劳动生产率变动和城镇化趋势测算,浙江省农业仍有大量需转移的富余劳动力(人口),通过农村转型发展、农业产业接二连三和功能拓展,以及新农村和新型城镇化的互促共进,实现区域农业富余劳力就地就近转移与市民化,也将是农业转移人口市民化的有效途径。为此,一方面,要充分发挥浙江省农村工业化起步早、块状经济比较发达的优势,加快农村工业转型发展,同时,要大力培育和发展农村商贸、物流、信息等服务业,引导农民在农村从事第二、第三产业,实现就地"转产"就业。另一方面,要大力发展高效生态现代农业和乡村休闲产业,推进农业高效化、生态化、休闲化和产业化,促进农民由"自耕农"向"经营大户"或"职业农民"转变,引导农民"转身"就业。此外,在引导农民"转产"与"转身"的同时,通过农村新社区和新市镇的建设,引导农民到中心村、中心镇集中居住,促进其生活方式、价值观念向城镇居民转变,实现农村人口就地城镇化和市民化。

3. 改善城镇空间布局,优化农业转移人口空间分布

从目前的情况看,浙江省像杭州、宁波等大城市的人口压力已经过重,交通拥挤、环境污染、民众生活质量下降等"城市病"症状初显,而不少地、县域城市对人口和产业的吸引力仍不足,因此,按照以人为本,环境友好,杭、宁、温和金、义城市群合理布局,大中小城市协调的新型城镇化发展思路,合理布局浙江省城镇空间,引导产业和人口向中小城市集聚,将对缓解大城市人口压力、优化农业转移人口空间分布、有效推进农业转移人口市民化、提升浙江省人口承载力和城镇化水平,具有积极意义。为此,一要加快浙江省四大城市群空间规划和功能定位,使其成为长三角城市群的有机组成和浙江省人口与产业核心载体。二要以县域城市、镇改市试点和中心镇建设与培育为突破口,将其打造成为连接区域城市群和中心城市的重要节点,成为聚集人口和产业集群的重要平台。三要按照浙江省新型城镇化空间布局规划,加快基础设施配套,建设便捷高效的城际交通网络,提高区域通勤水平,以实现包括农业转移人口在内的浙江省人口和产业在空间的优化分布,实现中心城市与周边区域在产业链上的垂直分工和周边区域以特色产业为主导的横向分工,推动高新技术产业、资金密集型产业和劳动密集型产业在各级城市间均衡发展。

4. 加快产业结构调整,优化农业转移人口产业分布

产业结构决定就业结构,就业结构在一定时期又会"固化"产业结构。区域产业结构的演变,既与工业化和城镇化水平有关,又与区域资源禀赋、市场结构有关。浙江省以低成本、劳动密集型加工制造业为主导的产业结构,曾为浙江省的工业化进程和经济的快速增长做出了巨大贡献,但目前这一结构却由于市场的疲软和资源环境的压力面临空前挑战,浙江省已到了产业结构调整与转型升级的关键时期。这种调整,不

仅是浙江省经济转型发展和"三化"(工业化、城镇化和农业现代化)同步协调的必然,而且也是浙江省摆脱过度依赖低成本劳动力,优化劳动力结构和农业转移劳动力产业分布,有序、有效推进农业转移劳动力市民化的需要。

一方面,通过新型城镇化发展,加快第三产业发展,以引导农业转移劳力和农业富余劳力在第三产业就业。实践表明,以服务业为特征的第三产业是最能容纳就业的部门,也是现代化社会的主要产业部门。目前浙江省第三产业比重为46.1%,与现代化的产业结构相比,还有很大提升空间。从浙江省的产业基础和第三产业优势看,应重点和加快发展信息与网络服务业、现代商贸与物流业、休闲养生与旅游业、投资与金融服务业。另一方面,通过制度设计、政策引导等手段,坚持"拦、梳、挤、引"多举措并举,遏制产业零门槛的无序发展。"拦",就是对新增产业设立准入门槛,严格控制以环境损害为代价、以低技能劳动力为主要支撑的项目,从源头上把控低端劳动密集型产业的发展。"梳",就是要通过市场机制与政府调控,对现有的低端劳动密集型产业加强调控,实现转型一批、转移一批和淘汰一批。"挤",就是要加大市场管理和排查力度,运用法律法规及相关政策,对高污染、高耗能以及明显存在相关隐患的企业,坚决予以关停。"引",就是要通过新型城镇化与产业集群、块状经济的融合发展,引导企业根据自身特点,按照产业分工规律,在不同等级城镇合理布局,实现产城一体和转型发展。

5. 完善流动人口管理,实现农业转移人口有序、有效市民化

受社保等公共品地方化供给体制、土地制度、城市设施建设和财政能力等限制,浙江省短期内大规模解决省外农业转移人口市民化问题仍存在较大困难,与此同时,浙江省经济发展方式转变和产业转型升级也给农业转移人口的流向与市民化意愿带来不确定性,因此,通过完善流动人口管理,审慎和有序地解决省外农业转移人口在浙江省,尤其在大城市的市民化问题,已具必要性和紧迫性。为此,一要优化"积分"体系。衡量农业转移人口的社会与个体价值,提高绩优型农业转移人口的市民化激励。二要优化自律体系。要将合法住所、稳定职业、缴纳社保等作为农业转移人口市民化的基础条件,规范农业转移人口的市民化行为。三要优化管理体系。要加快建立财政转移支付同农业转移人口市民化

挂钩机制、事权和支出责任相适应的制度,使财权与事权相一致,解决农业转移人口和流动人口管理中经常面临的上级政府"看不见,管得着",下级政府"看得见,管不着"的问题。

6.提升社会治理水平,促进农业转移人口更好、更快融入城市

解决农业转移人口的城市融入问题,是浙江省经济社会持续稳定发展和新型城镇化的内在要求,必须从和谐社会的战略高度认识和重视农业转移人口的城市融入问题,创新人口管理理念,提升社会治理水平。正确认识改革开放以来大量农业转移人口流入浙江省城镇的现象,关键是:既要看到大量增加的农业转移人口给社会管理所带来的压力,更要看到他们对当地经济社会发展的贡献;既要看到农业转移人口是浙江省经济社会的共同建设者,更要看到他们也是浙江省经济社会发展成果的共同享有者。使农业转移人口更快、更好融入城市,极为重要的是要对农业转移人口从防范式、管制式为主的管理向服务型、治理型为主的管理转变。为此,一要通过相关服务体系的完善,如农业转移人口就业服务体系、保障房供给体系、社会保障体系、就业收入体系的完善,增进农业转移人口的"经济生存融合";二要通过农业转移人口的社区化管理、农业转移人口党群等组织和社区治理体系的建构,增进农业转移人口的"社会交往融合";三要通过对城镇原居民的引导,提升其对农业转移人口的包容度与和谐度,提高农业转移人口对城市的"心理认同水平",从而使农业转移人口更好、更快融入城市。

参考文献

[1]蔡昉:《农村剩余劳动力流动的制度性障碍分析——解释流动与差距同时扩大的悖论》,《经济学动态》2005年第1期。

[2]黄祖辉:《城乡发展一体化的实现途径》,《浙江经济》2012年第24期。

[3]赖华东:《推进农业转移人口市民化问题研究——以浙江省为例》,《决策咨询》2013年第5期。

[4]叶俊焘、蒋剑勇、钱文荣:《城市居民对进城农民工态度的影响因素研究——基于群体间交往的视角》,《浙江社会科学》2011年第10期。

[5]浙江省发展规划研究院课题组:《有序推进农业转移人口市民

化——浙江有序推进农业转移人口市民化的思路与对策》,《浙江经济》2014年第11期。

[6]周蕾、谢勇、李放:《农民工城镇化的分层路径:基于意愿与能力匹配的研究》,《中国农村经济》2012年第9期。

对"伊斯特林悖论"的解读

——基于农民工的视角[①]

一、引言

西方主流经济学将幸福定义为效用,因此,在将收入看作决定效用的唯一变量的前提下,收入越高,居民越幸福的结论就显得颠扑不破。然而,大量的实证研究结论却与主流经济理论大相径庭。二战后,美、日等国人均实际收入的显著提高并未带来居民幸福程度的提升[1];改革开放30多年,中国经济的快速增长同样未见证国民幸福水平的同步提高。世界价值观调查(world value survey,WVS)的数据显示,2012年中国居民幸福指数为6.85[②],较1995年下降0.28;中国社会科学院2005年的调研也表明:感觉生活幸福的居民占72.7%,较上年降低5.0个百分点,相比于农村居民,城市居民生活幸福水平普遍偏低。

①　本文作者为黄祖辉、朋文欢。本文内容发表在《浙江大学学报(人文社会科学版)》2016年第4期。本文研究受到国家自然科学基金面上项目(71573235)、浙江省自然科学基金(LY15G030030)的资助。

②　世界价值调查向被调查者提出如下问题:"综合考虑所有因素,你如何评价这段时期的生活状况?"回答者从1(不满意)到10(满意)这十个数字中选择答案来评估其生活满意度。

面对"伊斯特林(Easterlin)悖论"①的责难,国外学者重新审视现代经济学中的标准经济理论,就收入与幸福间的关系以及"伊斯特林悖论"的形成机制展开研究。[1-9]卡罗尔·格雷厄姆(Carol Graham)总结前人的经验研究,发现:①在一国内部,富人的平均幸福水平高于穷人,而跨国或跨时期的研究则表明人均收入与平均幸福水平几乎无关;②平均看来,富国比穷国更幸福,但居民收入对幸福的影响存在临界值,超过临界值,收入增长并不会带来幸福水平的提升;③即使在幸福水平较低、较穷的国家,平均收入与幸福水平也不存在明显的相关关系。[2]

就"伊斯特林悖论"的形成机制,布里克曼和坎贝尔(Brickman & Campbell)采用心理学的适应性理论解释道,随着收入的提高,人们会形成一种对高收入自动适应的心理习惯,最后以至于经济条件的改善对提高主观幸福水平并没有实质性作用。[3]维恩霍文(Veenhoven)等则基于马斯洛的需求层次理论,揭示了居民收入对幸福的边际效应递减规律。[4]然而,以伊斯特林为代表的经济学家则强调:人的社会属性决定了幸福源于个体间的比较,对居民幸福起作用的是与他人进行比较的相对收入水平,而非收入的绝对量。[5-6,10]此外,不少学者[如艾博特(Abbott J.)、查佩尔(Chappell N. L.)等]采用"忽视变量"理论来解释"伊斯特林悖论",认为除经济因素外,居民幸福感还与其健康状况、婚姻质量、就业状况、闲暇、人际交往等非经济因素有关。[7,11]因此,当非经济因素与经济因素负相关时,随着收入的增长,许多影响居民幸福感的非经济因素的负效应会抵消经济因素带来的正效应,居民幸福水平从而趋于稳定。然而,过去几十年,许多非经济因素与经济因素同步增长的事实使得该理论的解释力大打折扣。[12]

受国外研究的启示,国内学者纷纷以城市、农村居民为研究对象,就中国居民收入与幸福的关系展开实证研究和理论探讨。例如,罗楚亮、邢占军等人的研究证实了收入对居民幸福感的正向作用。[13-14]张学志、赵新宇等人的研究表明绝对收入与居民幸福感呈倒 U 形关系[15-16],但

---

① "伊斯特林悖论"又可称为"幸福悖论"或"幸福-收入悖论",是指当国家变得富有时,居民的平均幸福水平并未得到相应提升。伊斯特林最早发现这一现象,故由此命名。

考虑相对收入的影响后,绝对收入的作用不显著[15]。王鹏、何立新等以及彭代彦、陈钊、鲁元平、奈特(Knight)等从收入差距的视角,考察相对收入与居民幸福感的关系[17-23],但并未得到一致的结论。理论研究方面,田国强、杨立岩基于相对收入理论和"忽视变量"理论,构建了一个规范的经济学模型,利用帕累托最优概念解释"伊斯特林悖论"。[24]何强将相对收入效应、棘轮效应与"忽视变量"理论加以整合,构建了一个相对规范的幸福度的分析框架,研究发现良好的预期有利于延迟福利饱和点的到来。[25]吴丽民、陈惠雄则以结构方程模型为基础,构建了"收入—中间变量—幸福"三元链模型,探索收入与幸福之间的内在结构与传导机制。来自浙江9个"幸福小城镇"①的证据显示,居民收入通过直接和间接(个体、社会状况作为中间变量)两条路径对幸福感产生作用,且间接作用强于直接作用。[26]

综上,国外对居民收入与幸福感关系的考察为我国学者开展本土化研究提供了良好的理论与方法论借鉴,国内学者对我国城乡居民收入与幸福的关系的有益探索则为政府决策者转换发展理念、提升国民幸福水平提供了新的参考依据。然而,纵观已有研究,不难发现:国内研究关注的重点仍是城市和农村居民,从农民工的视角考察收入与幸福的关系仍然是研究的薄弱环节。尽管罗楚亮、张学志等比较分析了城市、农村居民及流动人口幸福感的影响因素[13,15,23],但本文认为其研究对象的选取仍然过于宽泛,并未就农民工的特殊性展开深入讨论。作为我国城乡二元户籍制度催生的一个特殊群体,农民工的收入与其主观幸福感之间存在何种逻辑关系,如何增进农民工的幸福感知,其本身构成了一个极富理论意义的研究课题。此外,据2014年《农民工监测调查报告》,目前,我国农民工总量已高达2.74亿人,占全国就业总人数的35.21%②,农民工俨然成为我国现代产业工人的主体和现代化建设的重要力量。提高农民工的生活满意度或主观幸福水平已经成为新时代促进社会和谐发展的重要议题,这不仅是对农民工人文关怀的体现,还有利于我国经济社会转型背景下的社会稳定和公平正义。

---

①　该称呼源于浙江日报社举办的"浙江省幸福小城镇评选活动"。

②　2015年的《中国统计年鉴》显示,2014年,全国就业人数合计77253万人。

早在 20 世纪 90 年代初,农村剩余劳动力迫于生计,背井离乡进城务工,因此,外出带来的经济条件的改善无疑会提高农民工对其主观幸福的整体评价,与此对应,保障农民工在城市稳定就业,并着力提高农民工的收入水平也成为各级政府的施政底线和基本目标。然而,当前我国农民工的诉求呈现多元化特征,单纯的经济指向已逐渐向渴望公平权益、职业发展、城市融入等转换。① 在这种背景下,农民工收入的提高对其主观幸福感的作用呈现出哪些新的特征? 政策制定者能否依然局限于原有的施政思维,单纯地改善农民工的经济状况? 或后期如何调整施政策略以满足农民工的新诉求? 对此类问题的解答仍需大量的基于农民工微观调研数据的经验性研究。对此,本文借助于 CHIPs 3358 位农民工调研数据,重点考察其收入与幸福感的逻辑关系,其结论对新时期政府政策制定与实施具有很强的现实指导意义。

当然,本文还需着重指出奈特、陈前恒等学者针对农民工幸福感研究所做出的贡献。奈特等基于 2002 年中国住户调查数据,重点回答了农民工主观幸福得分低于农村未外出村民的原因,并提出农民工以城市居民作为相对收入参照群体的论断[27];陈前恒等则采用北京 1025 位进城务工者的调研数据,发现农民工机会不平等感知负向作用于主观幸福感[28]。两项研究对本文研究对象的选取,尤其是研究假设的提出给予了很好的启示,但遗憾的是,上述研究将农民工作为一个同质的研究对象的做法可能造成研究结论的偏差。本文认为,在城镇化快速推进和人口结构持续变化的背景下,农民工群体的异质性日益凸显,收入分层、代际差异等作为不容忽视的新变量理应纳入农民工收入与幸福感关系的分析框架。针对已有研究的不足,本文拟从以下三方面寻求突破:①聚焦农民工,探讨农民工收入与其幸福感的关系;②针对农民工的收入分化现象,重点讨论不同收入水平的农民工幸福感决定因素的异质性;③着重检验收入对新老一代农民工幸福感的影响是否存在代际差异。后文的结构依次包括:研究假设、数据及变量说明、计量结果分析、结论与政策启示。

---

① 新一代农民工表现得尤为明显。

二、研究假设

居民收入与其幸福感之间异常复杂的关系,构成了长期以来众多学者从不同的视角开展研究的逻辑起点。从既有的经济学文献看,学者对居民收入的内涵并不单纯地局限于绝对收入的范畴,而是结合相对收入,从绝对和相对两个视角展开讨论。就绝对收入而言,收入提高能扩大居民的可行选择集,由此,更好地满足个体的偏好和需求。一方面,低收入者由于基本生理需求尚未得到满足而渴望经济状况的改善,一旦收入提高,温饱问题得以解决,则会产生强烈的幸福感。[4]另一方面,尽管高收入者界定的幸福更多地强调诸如健康、闲暇、人际交往、自我实现等非物质或高层次需求的满足,经济状况与幸福感的直接相关性较弱,但这些非物质或高层次需求的满足仍然是建立在一定的经济基础之上。因此,绝对收入水平对居民幸福感的基础性作用不容否定。

当前,我国经济整体发展水平还比较低,人均国民收入远低于西方发达国家。就本文的研究对象——农民工而言,由于我国工业关系、市场关系规范化程度不高,农民工基本需求与权益并未得到充分满足和保障。2014 年的《全国农民工监测调查报告》显示,外出农民工月平均收入仅为 2864 元,远低于张学志、赵新宇等人计算的幸福收入临界值[15—16]。另外,一项针对我国的调查显示,分别有 54.6% 和 66.4% 的城市、农村居民认为贫困是不幸福的主要原因。[29]因此,现阶段,绝对收入对农民工幸福感的影响同样不容忽视。

此外,我国“不患寡而患不均”的历史传统以及当前我国经济社会转型背景下收入差距不断拉大的现实预示着,相对收入对农民工幸福感的作用可能十分明显。相对收入的理论基础源于美国心理学家亚当斯于 1965 年提出的公平理论。该理论认为,一个人对自己所得的报酬是否满意并不取决于他实际所得报酬的绝对值,而是取决于他与他人进行比较所得的相对值。[30]相对收入对居民幸福感的影响至少包括两种效应,一是“相对剥夺效应”,即居民通过与他人(即参照群体,reference group)的比较,发现自己处于劣势时往往会产生一种被剥夺的负面心理情绪。但诚如"相对剥夺效应"的概念所反映的,"相对剥夺效应"是否存在,关键还取决于相对收入参照群体的选取。[31]具体而言,当选择收入比自己高的群体为参照时,"相对剥夺效应"存在,并且当两者的禀赋及投入类似时,剥夺感尤为强烈;反之,若选择收入比自己低的群体做参照,"相对剥夺效应"则会消失,甚至会因自身经济状况上的优势而产生愉悦感。具体到农民工群体,李强表示,农民工并不是与城市居民比较,而是以未外出的同村村民为参照对象[32],奈特等对此给予了否认。基于 2002 年中国住户调查数据,奈特等发现农民工幸福感显著弱于未外出的村民,其原因在于农民工相对收入的参照群体已经转换成务工所在地城市居民。[33]

本文以为,城乡二元户籍制度导致农民工户籍所在地与务工所在地存在明显的地域分割,农民工与家乡的天然联系及外出经历使其相对收入参照群体的选择可能既包括农村居民,又包括务工所在地城市居民。并且,同城市居民相比,由于两者收入差距悬殊,农民工感受到的"相对剥夺感"较强,但相比于农村村民,农民工外出务工而获得的经济条件的改善使其感受到的"相对剥夺感"可能相对较弱,甚至两者的比较将使其获得一种优越感。

尽管如此,不少研究却显示,相对收入对居民幸福感的影响并非完全为负。例如,塞尼克(Senik)基于俄罗斯 1994—2000 年的检测调查数据(RLMS),发现不断扩大的收入差距给人们带来乐观的收入预期,从而增强幸福感[34];克拉克(Clark)采用 11 轮英国民众调研数据,同样得出收入不均正向作用于民众主观幸福感的结论[35]。Knight 等将之解释为相对收入的正向"隧道效应"[33],即"在拥堵的两车道隧道中人们发现旁边车道的车辆开始向前移动时,尽管自己所处的车道还处于拥堵,但仍能产生愉悦感,因为产生了摆脱拥堵的乐观预期"[18]。然而,相对收入的正向"隧道效应"取决于两车道是否具有同等的向前移动的机会,如果人们发现仅仅是旁边的车道疏通,自己所处的车道依然拥堵时,乐观的预期会随之消失,取而代之的是不满、愤怒,即负向"隧道效应"。因此,在机会不均等、收入流动性(income mobility)较低的社会,社会收入分配结构趋于稳定,居民通过努力改变自身处境的概率较小,以收入差距表征的相对收入更多地表现为负向"隧道效应"。由此,相对收入对居民幸福感的作用方向与程度取决于"相对剥夺效应"和正、负向"隧道效应"的综合效果。

结合我国的实际,工作"准入"障碍依然是当前城市劳动力市场的主要特征,以户籍制度为代表的制度性障碍严重影响了进城农民的职业获得和地位晋升。和城市的本地居民相比,农民工不仅面临"进入"特定岗位上的歧视,还面临工资待遇上的同工不同酬。[36]上海调研数据的研究发现,不仅上海本地居民更可能进入较好的行业,即使在相同的行业中,个人禀赋之外的不可观测因素也使得本地居民有更高的收入。[37]因此,尽管农民工获得了从农村到城市的向上流动,但他们在城市面临着以户籍制度为基础的城乡身份隔离和社会排斥,不仅导致其在经济地位上和城市当地人口还有相当的差距,还将使其面临公平发展机会缺失困境。因此,同城市居民比较,相对收入可能更多地表现为负向"隧道效应"。但和同村村民,尤其是与未外出的村民相比,农民工并不处于机会劣势,相反,在城市积累的人力资本和社会资本使其获得机会上的优势,农村内部收入差距可能带来乐观的收入预期,即正向"隧道效应"。

综上,本文提出研究假设一:绝对收入对农民工幸福感有显著正向影响;相对收入方面,与城市居民间的收入差距对农民工幸福感有负向作用,而与同村村民间的收入差距对其幸福感的影响则有待进一步实证检验。

然而,需要强调的是,以上有关绝对收入与农民工幸福感关系的讨论是基于农民工具有相同的需求,且同类需求的满足给其带来的效用,即幸福感一致的假设。因此,同等数额的收入对农民工的价值或意义相同。但事实上,对不同收入水平的农民工而言,同等数额的收入对其的价值可能存在较大差异。根据马斯洛的需求层次理论,低收入者获得能够用来满足其基本生理需求的收入对其幸福感的影响应该是很大的,而高收入者则难以从满足其基本生理需求的收入中获得同等的效用增量。并且,高收入者对闲暇、人际关系、身体健康、自尊等非物质因素的关注还可能弱化收入的影响。另外,从动态的视角看,人们对外界环境的变化具有调整适应能力,随着收入的增加,人们的预期也会逐渐上升,并很快对既有高收入形成自动适应,由此,幸福感会逐渐回归,收入增加对幸福感增强并没有显著的积极效果。布里克曼(Briekman)和坎贝尔

(Campbell)将之形象地比喻为"享乐水车"(hedonic treadmill),即水车在不断地做上升运动,但每次新的上升后都会回到原点。[3]

就相对收入而言,其对不同收入水平农民工的幸福感的影响也可能不同。总的来说,低收入者比高收入者感受到"相对剥夺感"的概率更大,剥夺感受更深,高收入者则可能成为既得利益者。[18]并且,根据显示性理论,高收入者相比低收入者可能具备更丰富的人力资本和社会资本,能获取更多的发展机会,收入差距更可能表现为正向"隧道效应"。

对此,本文提出研究假设二:对不同收入水平农民工而言,收入对其幸福感的影响存在差异。绝对收入对低收入者幸福感的影响大于高收入者,相对收入对低收入者的负向作用更大。

但还需补充的是,相对收入对不同收入水平农民工幸福感的影响,还会因相对收入参照群体的不同而呈现差异。具体而言:以务工所在地城市居民为参照的相对收入有损农民工幸福感,但损害程度将随着农民工收入水平的提高而降低,原因在于随着收入提高,农民工感受到的"相对剥夺感"和负向"隧道效应"将同步减轻;若以同村村民为参照,外出农民工,尤其是中、高收入者感受到"相对剥夺感"的概率很小,并且,长期外出积累的工作经验与技能、社会资本使其获得良好的收入预期,相对收入可能更多地表现为正向"隧道效应"。

对此,在研究假设二的基础上,本文还提出两个分假设:①以城市居民为参照的相对收入对所有农民工的幸福感均有负向作用,但其负向作用将随农民工收入的提高而减弱;②以同村村民为参照的相对收入可能并不负向作用于(中、高收入)农民工的主观幸福。

值得关注的是,新老一代农民工在外出务工动机、身份(乡土)认同、未来发展预期等方面的差异也可能使两者收入与幸福感间的逻辑关系表现出差异性。王春光将农民工外出务工动机归纳为经济型和生活型,并且认为老一代农民工外出最初是迫于生计的需要和出于"生存理性"的被动选择[38],因此,打工纯粹是为了挣钱补贴家用,是以经济型为主[39]。相反,新一代农民工由于生于体制变革和社会转型的新阶段,物质生活的逐渐丰富使他们的需求层次由生存型向发展型转变。与之对应,新一代农民工外出打工的目的也已从单纯的赚钱走向多元化,他们在考虑挣钱的同时,还将外出务工作为追求城市生活方式的一种途径,具有经济型和生活型并存的特点。全国总工会的调研数据表明,相比于老一代农民工,新一代农民工更倾向于将外出看作人力资本和社会资本的积累过程,并借此实现其制度身份的转化,脱离"农门"跳入"城门"。[40]因此,新一代农民工不仅注重工资待遇,还关注自身技能的提升、权利的实现以及未来的长远发展,并且,相较于他们的父辈,非经济因素对其效用的影响更明显。

此外,农民工常年外出务工的经历以及我国城乡二元结构"隐性壁垒"的长期存在,已经使农民工的实际身份与制度性身份发生错位。并且,由于新老一代农民工不同的生活工作经历,两者对各自的身份认同也表现出差异。老一代农民工从不质疑自己的农民身份,尽管目前常年在外,也并未削弱其对农村的心理认同、经济联系与社会关系,老来返乡成为多数老一代农民工的选择。相反,新一代农民工刚出"校门"便进"厂门",其务农经历普遍缺乏,这使得他们对农民这一制度性身份的认同趋于模糊化。有数据显示,新一代农民工中认为自己是农民与认为自己是工人或打工者的各占 32.3%,近 35.4% 的受访者回答"说不清楚"。[40]另外,城市文化的熏陶也不断削弱新一代农民工对家乡原有的情感认同,这直接影响到新一代农民工对未来归属的选择,融入城市并成为城市一员成为多数新一代农民工追求的目标。

根据福尔克(Falk)和克耐尔(Knell)提出的社会比较模型,新老一代农民工就身份及乡土认同、未来发展预期的差异可能导致两者对相对收入参照群体的选择存在不同[41],诚如默顿所指出的,相对收入的参照群体可理解为个体渴望加入的一个群体。[42]国内学者刘传江更是明确表示,新一代农民工的相对剥夺感较强,因为他们的参照是务工所在地工人的收入福利,而老一代农民工的参照多为农村老家村民。[42]

基于上述分析,本文提出研究假设三:收入对农民工幸福感的影响存在代际差异,收入对新一代农民工幸福感的作用程度低于老一代,较他们的父辈,他们更看重非经济因素的影响。就相对收入效应而言,新一代农民工更关注与务工所在地城市居民的收入差距,而老一代农民工可能更看重与同村村民间的收入差距。

三、数据及变量说明

(一)数据来源

本文采用中国家庭收入调查(CHIPs)数据①实证检验上述研究假设。为契合研究内容的需要,本文仅采用 2008 年(最近更新)流动人口数据②。本次调查由北京师范大学、澳大利亚国立大学(the Australian National University)的学者发起,并得到国家统计局和德国劳动研究所支持(the Institute for the Study of Labor,IZA)。调查内容包括受访者家庭成员基本情况、健康状况、教育与培训、生活就业状况、社会关系、居住条件等方面的信息。在剔除关键变量缺失、逻辑错误明显的样本后,为排除测量误差的影响,本文删除了 0.5% 的最高收入样本和 0.5% 的最低收入样本,最终得到合格样本 3358 个,其中,新一代农民工③样本 1840 个,老一代农民工 1518 个。地区涵盖 9 省份 15 个城市④。

(二)变量说明

1. 被解释变量:农民工幸福感

目前,不少学者(如伊斯特林、罗楚亮、张学志、才国伟等)就幸福的度量主要是基于问题"总体而言,您觉得生活幸福吗:很不幸福=1,不幸福=2,一般=3,比较幸福=4,很幸福=5"。[2,13,15]如表 1 所示,本文总样本幸福感得分为 3.43,新一代农民工幸福感得分(3.426)尽管略低于

---

① 数据介绍可参见 Tang(2013)。

② 具体调研时间为 2009 年初。

③ 和其他研究类似,本文所指的新一代农民工是指 1980 年及以后出生的、年龄在 16 岁以上、以非农就业为主的农业户籍人口。

④ 上海、广州、深圳、东莞、南京、无锡、杭州、宁波、武汉、合肥、蚌埠、郑州、洛阳、重庆、成都。

老一代农民工(3.431),但在统计意义上并不显著。[①] 本文将总样本按家庭月收入[②]聚类划分为三个子样本:低收入组,收入少于总样本收入中位数的75%;中等收入组,收入居于中位数的75%到125%之间;高收入组,收入为中位数的125%以上。如表1所示,收入较高的样本组平均幸福感得分高于收入较低的样本组,平均意义上,收入与农民工幸福感呈正向变动关系。

表1 分组样本幸福感均值比较

农民工代际分组	平均收入(元)	幸福感均值	收入分组	收入区间(元)	幸福感均值
新一代农民工	1944.74	3.426	低收入组	≤1474	3.33
老一代农民工	2656.35	3.431	中等收入组	1474~2456	3.43
总样本	2266.43	3.44	高收入组	≥2456	3.52

2. 解释变量

绝对收入变量是"过去一个月[③]的家庭收入,即劳动总收入、家庭经营净收入、财产性收入和转移性收入的总和"。相对收入的度量主要是基于受访者的主观感受,直接询问受访者:①"与同村村民相比,您认为您的收入如何";②"与务工所在城市居民相比,您认为您的收入如何"。采用5点里克特度量:高很多=1,略高=2,差不多=3,略低=4,低很多=5。参照已有研究,文中控制变量主要包括受访者年龄、性别、婚姻状况、健康状况、受教育年限、流动方式、每周工作时间。[9,13,15-16] 如表2所示,受访者平均年龄30.55岁,男性占65%。婚姻状况包括未婚(46.90%)、已婚(50.36%)、离异(1.76%)、丧偶(0.98%)。健康状况基于问题"您认为您的健康状况如何:很不好=1,不好=2,一般=3,比较好=4,很好=5",平均健康得分为4.19。平均受教育年限为9.34年,

---

① 独立样本均值 t 检验,t 值为 -0.226。
② 家庭收入度量见下文。
③ 以调研具体时间起算。

流动方式包括跨区与非跨区流动①,受访者中,跨区流动占84％,每周工作时间平均为60.84小时。

表2　变量描述性统计

变量	变量解释及赋值	解释变量均值					
		总样本	HAP=1	HAP=2	HAP=3	HAP=4	HAP=5
样本容量	—	3358	31	211	1494	1536	87
Abs-Inc	绝对收入(千元/月)	2.27	2.35	1.91	2.18	2.40	2.26
Nec-Costs	家庭生活必要开支(千元/月)	0.94	1.09	0.91	0.96	0.97	0.80
Dev-Costs*	发展支出(千元/月)	1.33	1.26	1.0	1.22	1.43	1.46
Rel-Inc1	同村村民为参照组	2.61	2.93	2.92	2.67	2.51	2.51
Rel-Inc2	城市居民为参照组	3.76	3.93	4.00	3.93	3.58	3.57
Age	年龄(岁)	30.55	30.4	31.43	30.45	30.59	29.49
Gender	性别:男=1,女=0	0.65	0.67	0.70	0.63	0.66	0.72
Marital Status(％) Unmarried	未婚(参照组)	46.90	63.33	45.02	48.80	44.60	54.02
Married	已婚	50.36	33.33	51.18	48.46	52.93	41.38
Divorced	离异	1.76	0	2.37	1.81	1.56	3.45
Widowed	丧偶	0.98	3.34	1.43	0.93	0.91	1.15
Health	健康状况	4.19	3.86	3.97	4.10	4.30	4.54
Education	受教育年限(年)	9.34	9.93	8.83	9.25	9.45	9.79
Transfer-Style	非跨区流动=1	0.16	0.03	0.24	0.16	0.15	0.21
Wor-hour	每周工作时间(时)	60.84	59.57	64.10	60.64	60.76	58.07

注:HAP指幸福感得分,* 表示发展支出,为绝对收入和生活必要开支之差。

表2还包括按受访者幸福水平高低进行分组后各解释变量的均值信息。可以发现,幸福感得分较高,农民工家庭月收入也相对较高。但

---

① 跨区流动和非跨区流动依据农民工户籍所在地与务工所在市(地级市)是否一致来界定,不一致为跨区流动,一致则为非跨区流动。

幸福感得分为 1 和 5 的样本组并未呈现类似特征,说明农民工幸福感是建立在一定的物质基础上,但收入与幸福感的关系还有待深入研究。有趣的是,若扣除农民工家庭生活必要开支,如食品支出、住房、交通通信等,剩余的收入与农民工幸福感的正向关系更明显。假设农民工家庭月收入全部用于当期支出,并由生存支出(生活必要开支)和发展支出构成,则发展支出的多寡与其幸福感关系更直接。就相对收入而言,相比于同村村民,农民工家庭经济状况略有改善(2<Rel-Inc 1<3),但同城市居民相比,农民工收入普遍偏低(Rel-Inc 2=3.76)。平均意义上,农民工相对收入与其幸福感的负向关系显然比其绝对收入与幸福感的正向关系明显。

控制变量中,幸福感得分较高的农民工也表现出较高的受教育水平和较佳的健康状况。但与感性认识不符的是,农民工每周工作时间与其幸福感并未表现出负向关系,离异者、丧偶者也并未表现出较低的幸福水平。尽管如此,农民工绝对收入、相对收入及相关控制变量与其幸福感的逻辑关系及影响程度还有待实证检验。

四、计量结果分析

本文中被解释变量,即农民工幸福感得分为有序多分类变量,故本文采用 Ordinal Logistic 模型实证检验农民工收入与幸福感得分的逻辑关系。Ordinal Logistic 概率函数模型如下:

$$\ln\left[\frac{p(y\leqslant j)}{1-p(y\leqslant j)}\right]=\alpha_j+\sum_{i=1}^{n}\beta_i x_i$$
$$(j=1,2,3,4,5;i=1,2,\cdots,n) \tag{1}$$

经转化可得:

$$p(y\leqslant j\,|\,x_i)=\frac{\exp(\alpha_j+\sum_{i=1}^{n}\beta_i x_i)}{1+\exp(\alpha_j+\sum_{i=1}^{n}\beta_i x_i)} \tag{2}$$

式(1)和式(2)中,y 为被解释变量,其中,$y=1$ 为很不幸福,$y=2$ 为不幸福,$y=3$ 为一般,$y=4$ 为比较幸福,$y=5$ 为很幸福。x_i 为解释变量,包括绝对收入(即家庭月收入)、发展支出、相对收入和控制变量。其中,为检验绝对收入与幸福感的倒 U 形关系,本文加入绝对收入平方项。[13,15]本文对农民工年龄做了对数处理,并加入平方项。[9]回归方法采用最大似然估计,由于 $y=3$ 和 $y=4$ 出现的频率最大,故采用辅助对数-对数连接函数。

(一)总样本估计结果及分析

在控制住其他影响因素后,本文分别检验绝对收入(包括发展支出)、相对收入对农民工幸福感的影响(见表3)。其中,Model 1 实证检验了农民工家庭月收入与其幸福感得分的逻辑关系,结果表明,农民工的收入与其幸福感得分呈倒 U 形关系,并且家庭月收入达 3827.63 元时,农民工获得最佳幸福体验。然而,在考虑相对收入效应后,绝对收入对农民工幸福感的影响不再显著(见 Model 3),说明绝对收入对农民工幸福感的影响主要是通过相对收入发挥作用。这一发现和张学志等人的研究一致。此外,在农民工发展支出与其幸福感关系的探索性研究中(Model 4)发现,发展支出的多寡与农民工的幸福感显著正相关,即便考虑了相对收入效应(Model 5),发展支出的作用仍然显著,这说明现阶段绝对收入对农民工幸福感的影响还部分通过发展支出起作用。

表 3　总样本 Ordinal Logistic 模型回归结果

变量	Model 1	Model 2	Model 3	Model 4	Model 5
lnAbs-Inc	0.132***	—	0.024	—	—
lnAbs-Inc^2	−0.008***	—	—	—	—
Dev-Costs	—	—	—	0.100***	0.067***
Rel-Inc1	—	−0.082***	−0.076***	—	−0.070***
Rel-Inc2	—	−0.190***	−0.185***	—	−0.179***
lnAge	−3.520**	−3.460**	−3.780***	−3.183**	−4.088***
lnAge^2	0.499**	0.483**	0.529***	0.448**	0.573***

续表

变量		Model 1	Model 2	Model 3	Model 4	Model 5
Gender（Male 为参照组）	Female	-0.073^{*}	-0.079^{*}	-0.079^{*}	-0.072^{*}	-0.076^{*}
Marital Status（Unmarried 为参照组）	Married	-0.101	-0.197^{***}	-0.178^{***}	-0.115^{*}	-0.163^{**}
	Divorced	-0.261	-0.284^{*}	-0.284^{*}	-0.262	-0.286^{*}
	Widowed	-0.082	-0.118	-0.105	-0.108	-0.097
Health		0.270^{***}	0.256^{***}	0.256^{***}	0.275^{***}	0.258^{***}
Education		0.018^{**}	0.018^{**}	0.017^{**}	0.019^{**}	0.016^{**}
Transfer-Style（非跨区为参照组）	Cross-Regional	-0.040	-0.025	-0.033	-0.028	-0.041
Wor-Hour		-0.002	-0.001	-0.001	-0.002	-0.001
阈值	HAP=1	-9.885^{***}	-11.170^{***}	-11.637^{***}	-9.441^{***}	-12.108^{***}
	HAP=2	-7.765^{***}	-9.048^{***}	-9.515^{***}	-7.321^{***}	-9.986^{***}
	HAP=3	-5.464^{**}	-6.733^{***}	-7.200^{***}	-5.019^{**}	-7.669^{***}
	HAP=4	-3.785	-5.026^{**}	-5.492^{**}	-3.335	-5.956^{**}
卡方值		133.505	204.304	206.359	140.138	216.315
Cox-Snell R^{2}		0.039	0.059	0.060	0.041	0.062
Nagelkerke R^{2}		0.045	0.068	0.068	0.047	0.072
样本量		3385	3385	3385	3385	3385

注:连接函数为"辅助对数-对数";$*$、$**$、$***$ 分别表示在 10%、5% 和 1% 水平下显著。

就相对收入而言,以同村村民和务工所在地城市居民为参照的相对收入均显著负向作用于农民工幸福感,这一结论证实了前文提出的农民工既将同村村民,又将务工所在地城市居民作为相对收入参照群体的假说,并部分证伪了李强和奈特等有关方面的观点①,这也意味着,在考察农民工收入与幸福感的关系时不能单纯地以户籍为标准界定相对收入。进一步比较相对收入变量系数,我们发现,缩小农民工与城市居民间的收入差距,对提升其幸福水平的效果明显优于缩小其与同村村民间的收入差距的效果,这与我们的假设一致。至此,文中研究假设已基本得以证实。

此外,Model 1 至 Model 5 还检验了非经济因素与农民工幸福感得分的关系,5 个模型中变量的系数方向及显著性均保持一致,模型结果比较稳健。农民工健康状况、受教育年限等非经济因素与其幸福感得分显著正相关。目前,农民工以体力劳动为主,良好的身体状况是其获得收入的前提。此外,城市较高的医疗费用以及农民工医疗保障的缺失使其因病返贫的概率极大,Model 6 中,健康状况变量的模型系数为 0.258,远大于经济因素的作用。教育状况是人力资本的重要体现,良好的教育不仅帮助农民工获得稳定的工作,还能帮助其构造、拓展社会关系。[44]当然,教育对幸福感的正向影响还可能包括教育与发展支出的交互效应,但相关性检验显示,教育状况与发展支出的相关系数为 -0.005,且不显著,因此这种交互效应可排除。年龄与幸福感得分呈 U 形关系,农民工在 34.02 岁至 35.94 岁时幸福感得分最低。与既有研究[13,15]不同的是,已婚者相对于未婚者、女性相比于男性幸福水平偏低。我们认为这主要是研究对象的差异所致,一方面,我国城乡二元户籍制度决定了绝对多数农民工流动以分散式为主②,分散流动持续的结果是夫妻之间的长期分居和家庭结构的"离散化";另一方面,农村女性外出务工不仅意味着更繁重的体力劳动,相比男性还面临更严重的就业、收入、社会融入等方面的歧视。城市居民或农村未外出村民与之相比,上述影响显然较小。是否跨区流动、每周工作时间等非经济因素对农民工幸福感作用不显著。

---

① 李强认为农民工并不是与城市居民比较,而是以没外出的家乡农民为参照对象。奈特等则认为农民工相对收入的参照对象已转变为城市居民。

② 国家统计局公布的《2014 年全国农民工监测调查报告》显示,1.68 亿外出农民工中,举家外出的仅占 21.27%。

(二)收入分组样本估计结果及分析

农民工群体内部的收入分化决定了对不同收入水平的农民工进行分组检验十分必要,还能检验实证结果的稳健性。表 4 中 Model 6、Model 7 和 Model 8 分别为低、中、高收入组回归检验结果。[①] 对比 Model 5 至 Model 8,我们发现影响农民工幸福感的主要解释变量的回归结果基本保持不变,具体表现在:和城市居民相比,农民工收入越低,其幸福水平越低。绝对收入方面,发展支出的增长显著提升中、高收入组农民工幸福水平。健康状况、受教育年限对幸福感有显著的正向促进作用。年龄与低、中收入组农民工幸福感呈 U 形关系,其拐点分别为36.26 岁、38.65 岁。低、中收入组中已婚者相比未婚者幸福水平偏低,这与 Model 5 中的实证结论一致。

然而,对比 Model 6 至 Model 8,本文还发现了一些区别于总样本回归的结论。发展支出仅对中、高收入组农民工幸福感起作用,且对前者的影响显著大于对后者的影响,这仅部分印证了研究假设二的观点,该变量对低收入组农民工幸福感的作用不显著着实让人不解,这一现象产生的原因有待进一步探究。农民工和城市居民间的收入差距与其幸福感显著负相关,且农民工收入越低,负向效应越明显,而与同村村民间的收入差距仅显著负向影响低收入组农民工幸福感,低收入者比高收入者感受到更强烈的相对剥夺感。另外,高收入者较其他村民可能拥有较多的发展机遇,收入差距表现出的正向"隧道效应"足以抵消"相对剥夺效应",而使相对收入作用不显著,这直接证实了研究假设二的两个分假设。此外,非经济因素中,健康状况对高收入组农民工幸福感的作用最大,每周工作时间仅对高收入农民工幸福感有显著的负向影响,某种意义上可以得出相比于低收入者,高收入者更注重非经济因素的影响的结论。至此,本文的研究假设二部分得以证实。

---

① 需要指出的是,本文还分别就低、中、高收入组样本及新老一代农民工样本按 Model 1 和 Model 3 的模型形式进行回归,其结果(见附录)与 Model 1 和 Model 3 的结果基本一致,故文中分组样本检验按 Model 5 的模型形式进行回归与讨论。

表 4 分组样本 Ordinal Logistic 模型回归结果

变量		低收入组 Model 6	中等收入组 Model 7	高收入组 Model 8	新一代农民工 Model 9	老一代农民工 Model 10
Dev-Costs		0.042	0.186 ***	0.051 **	0.099 ***	0.041 *
Rel-Inc1		−0.140 **	−0.022	−0.064	−0.011	−0.128 ***
Rel-Inc2		−0.292 ***	−0.155 ***	−0.112 ***	−0.173 ***	−0.191 ***
lnAge		−4.546 **	−5.862 **	0.339	−9.186	1.386
lnAge^2		0.633 **	0.802 **	−0.048	1.394	−0.181
Gender (Male 为参照组)	Female	−0.107	−0.009	−0.135 *	−0.008	−0.175 **
Marital Status (Unmarried 为参照组)	Married	−0.236 *	−0.297 ***	0.075	−0.081	−0.329 **
	Divorced	−0.699 *	−0.162	0.022	−0.225	−0.421 **
	Widowed	0.323	−0.431	−0.679	0ᵃ	−0.295
Health		0.246 ***	0.243 ***	0.328 ***	0.260 ***	0.251 ***
Education		0.026 *	0.011	0.018	0.018	0.016
Transfer-Style(非跨区为参照组)	Cross-Regional	0.026	−0.151	−0.043	0.040	−0.137 *
Wor-Hour		0.001	−0.001	−0.004 *	−0.002	−0.001
阈值	HAP＝1	−13.674 ***	−15.290 ***	−4.288	−19.381 *	−3.021
	HAP＝2	−11.130 ***	−13.427 ***	−2.281	−17.352	−0.771
	HAP＝3	−8.888 **	−11.118 ***	0.197	−15.028	1.543
	HAP＝4	−7.311 *	−9.437 **	2.146	−13.357	3.325
卡方值		89.356	66.664	77.340	102.800	130.170
Cox-Snell R^2		0.085	0.054	0.065	0.054	0.082
Nagelkerke R^2		0.097	0.061	0.076	0.062	0.094
样本量		1008	1206	1144	1840	1518

注:0ᵃ 表示该参数是冗余的,所以将其置为 0,原因是新时代农民工没有丧偶样本。*、**、*** 分别表示在 10%、5% 和 1% 水平下显著。

(三)农民工代际差异比较分析

新老一代农民工间的代际差异意味着对两者收入与幸福感间关系的分组讨论将变得十分有意义。从表4中 Model 9 和 Model 10 的结果可知,发展支出、相对收入对农民工幸福水平有显著影响,且综合考虑其变量系数,与我们的预期相同的是,经济因素对老一代农民工幸福感的影响明显强于其对新一代农民工的影响。就相对收入效应而言,以同村村民、城市居民为参照的相对收入均负向作用于老一代农民工幸福感,且后者的负向效应明显高于前者,这与我们的预期存在一定出入。以同村村民为参照的相对收入对新一代农民工幸福感的影响并不显著,说明新一代农民工并不将同村村民视为相对收入的参照对象,因此,奈特等关于农民工相对收入的参照对象已转变为城市居民的论断仅适用于新一代农民工。以健康状况为代表的非经济因素对新一代农民工幸福感的影响略强于对老一代农民工的影响。因此,可以说研究假设三基本得以证实,即经济因素对老一代农民工幸福感的影响更明显,新一代农民工更看重非经济因素的影响。新一代农民工只关注与城市居民的收入差距,而老一代农民工更关注与同村村民的收入差距的假设并未得以证实。

此外,性别、婚姻状况和流动方式显著影响老一代农民工的幸福感,而对新一代农民工作用并不显著。本文认为,外出动机的不同使得性别对两代农民工幸福感的影响表现出代际差异。新一代女性农民工外出以"见世面,寻发展"为主,对农村生活的不适应以及对融入城市、享受现代城市文明的渴望,使外出成为她们的优先选择,而老一代女性农民工外出则以经济目的为主,是迫于生计的无奈选择。此外,两代农民工婚姻状况的差异也是一大成因。外出务工引起的家庭成员的离散化、夫妻长期分居,使得老一代女性农民工付出沉重的代价,而新一代女性农民工中已婚者占比较小(18.10%)。样本分布的差异导致婚姻状况对新老一代农民工幸福感的影响存在差异,新一代农民工中已婚者和离异者所占比例较小,分别为 19.46% 和 0.20%,因此,文中尽管婚姻状况对新一代农民工幸福感作用不显著,但该结论有待学者进一步检验。新老一代农民工乡土情结的差异造成跨区与非跨区流动对他们幸福感的影响差异明显。老一代农民工对乡土有较强的依恋,相比跨区流动,非跨区流动在一定程度上强化了其与家乡的联系,弱化了外出给他们带来的处理农村大事小情的地域障碍,因此非距区流动显著提升老一代农民工幸福水平,而新一代农民工对乡土的依赖仅系于对亲人的情感,乡土认同水平普遍偏低[39],是否跨区对其幸福感作用不明显。

五、结论与政策启示

作为一个有别于城市与农村居民的特殊群体,农民工收入与幸福感间的关系并未引起学者过多的关注。同城市或农村居民相比,农民工幸福感的决定因素是否呈现差异?农民工相对收入参照群体的选择是否如同以往学者所言,仅局限于农村或城市居民?不同收入阶层的农民工幸福感的影响因素是否存在异质性?收入对新老一代农民工幸福感间的影响是否呈现代际差异?对于这一系列问题,学界均未给予充分的解答。带着这些疑问,本文利用中国家庭收入调查数据实证考察农民工收入与幸福感的关系,至少得到三个重要结论和相应的政策启示。

一是绝对收入中,对农民工幸福感起作用的并非家庭收入本身,而是扣除生活必要开支的剩余部分,即发展支出的多寡才显著正向影响其幸福感,说明现阶段农民工幸福水平的提升并不取决于基本生理需求的满足,如何在满足其基本生理需求的基础上提高发展支出才是提高农民工幸福水平的关键。与城市居民间的收入差距严重损害农民工幸福感,但这种影响会随着农民工收入的提高呈弱化趋势,而与同村村民间的收入差距仅负向影响低收入者幸福水平。这一结论进一步表明构建公平公正的市场环境,逐步完善按个人禀赋与贡献大小衡量薪酬的机制,适当调节收入分配,着力提高低收入群体收入并缩小城乡居民收入差距具有重要的现实意义。

二是收入对农民工幸福感的影响存在明显的代际差异。具体表现在经济因素对老一代农民工幸福感的影响显著强于对新一代农民工的影响,缩小老一代农民工同城市居民间的收入差距对提高其幸福水平的效果明显优于缩小与同村村民间的收入差距。与同村村民间的收入差距对新一代农民工幸福感的影响并不显著,说明他们并不将同村村民作为相对收入的参照对象。新老一代农民工在收入幸福感方面的代际差异现象,对增进农民工福利、提升其幸福水平等政策的制定与实施提出了挑战,为保证政策的效力,决策者不仅要考虑新老一代农民工的共性,还需兼顾两者的差异。

三是健康状况、受教育程度、婚姻质量、流动方式等非经济因素的改善能显著提升农民工的幸福水平。对此,如何进一步将农民工纳入城镇医疗保障或救助体系,探索新农合异地就诊转诊模式;提高农民工受教育水平,加强对农民工的职业技术培训;鼓励老一代农民工就地就近转移或流动——应成为政府持续关注的重点。

需要指出的是,文中对农民工收入与幸福感关系的考察只是探索性研究的开始,研究仍然存在不足之处。首先,文中所采用的数据是横截面数据,缺少时间序列或面板数据,因此不能就农民工收入与幸福感的变化做更为深入的研究。其次,对农民工之间以及外出与未外出村民间的收入差距未加区分而统一定义为农村内部收入差距并纳入实证分析,可能造成实证结论的偏差①,因此进一步细化相对收入参照对象将是今后这一问题研究的突破点。最后,文中模型的整体拟合优度偏低,这说明就已有研究存在的通病,即遗漏变量问题,本文并未提出改进之策。这也从另一个角度说明,作为一种反映居民主观感受的综合性指标,单纯地改善农民工的经济条件并非提高其主观幸福度的"万能药方"。

参考文献

[1] Easterlin, R. A., "Income and Happiness: Towards a Unified Theory", The Economic Journal, 2001(473): 465-484.

[2] Graham, C., "The Economics of Happiness", World Economics, 2005(3): 41-55.

[3] Brickman, P., Campbell, D. T., : Hedonic Relativism and

---

① 正如文中以同村村民为参照的相对收入负向作用于低收入者,若文中清晰界定同村村民为未外出村民,则这种负向作用可能会削弱,甚至消失。

Planning the Good Society", Adaptation-level Theory, 1971: 287-305.

[4] Veenhoven, R., "Is Happiness Relative?", Social Indicators Research, 1991(1): 1-34.

[5] Easterlin, R. A., "Does Economic Growth Improve the Human Lot? Some Empirical Evidence", Nations and Households in Economic Growth, 1974(89): 89-125.

[6] Easterlin, R. A., "Will Raising the Incomes of All Increase the Happiness of All?", Journal of Economic Behavior & Organization, 1995 (1): 35-47.

[7] Chappell, N. L., Badger, M., "Social Isolation and Well-being", Journal of Gerontology, 1989(44): S169-S176.

[8] Diener, E., Sandvik, E., Seidlitz, L., Diener, M., "The Relationship Between Income and Subjective Well-being: Relative or Absolute?", Social Indicators Research, 1993(28): 195-223.

[9] Clark, A. E., Oswald A. J., "Satisfaction and Comparison Income", Journal of Public Economics, 1996(3): 359-381.

[10] Ferrer-I-Carbonell, A., "Income and Well-Being: an Empirical Analysis of the Comparison Income Effect", Journal of Public Economics, 2005(5): 997-1019.

[11] Abbott, J., "Does Employee Satisfaction Matter? A Study to Determine Whether Low Employee Morale Affects Customer Satisfaction and Profits in the Business-to-business Sector", Journal of Communication Management, 2003(4): 333-339.

[12] Di Tella, R., MacCulloch R., "Some Uses of Happiness Data in Economics", The Journal of Economic Perspectives, 2006: 25-46.

[13] 罗楚亮:《绝对收入、相对收入与主观幸福感——来自中国城乡住户调查数据的经验分析》,《财经研究》2009 年第 11 期,第 79-91 页。

[14] 邢占军:《我国居民收入与幸福感关系的研究》,《社会学研究》2011 年第 1 期,第 196-219,245-246 页。

[15] 张学志、才国伟:《收入、价值观与居民幸福感——来自广东成人调查数据的经验证据》,《管理世界》2011 年第 9 期,第 63-73 页。

[16] 赵新宇、范欣、姜扬:《收入、预期与公众主观幸福感——基于中国

问卷调查数据的实证研究》,《经济学家》2013 年第 9 期,第 15-23 页。

[17] 王鹏:《收入差距对中国居民主观幸福感的影响分析——基于中国综合社会调查数据的实证研究》,《中国人口科学》2011 年第 3 期,第 93-101,112 页。

[18] 何立新、潘春阳:《破解中国的"Easterlin 悖论":收入差距、机会不均与居民幸福感》,《管理世界》2011 年第 8 期,第 11-22,187 页。

[19] 彭代彦、吴宝新:《农村内部的收入差距与农民的生活满意度》,《世界经济》2008 年第 4 期,第 79-85 页。

[20] 陈钊、徐彤、刘晓峰:《户籍身份、示范效应与居民幸福感:来自上海和深圳社区的证据》,《世界经济》2012 年第 4 期,第 79-101 页。

[21] 鲁元平、王韬:《收入不平等、社会犯罪与国民幸福感——来自中国的经验证据》,《经济学(季刊)》2011 年第 4 期,第 1437-1458 页。

[22] Knight, J., Song, L., Gunatilaka, R., "Subjective Well-being and Its Determinants in Rural China", China Economic Review, 2009(4): 635-649.

[23] Jiang, S., Lu, M., Sato, H., "Identity, Inequality, and Happiness: Evidence from Urban China", World Development, 2012(6): 1190-1200.

[24] 田国强、杨立岩:《对"幸福—收入之谜"的一个解答》,《经济研究》2006 年第 11 期,第 4-15 页。

[25] 何强:《攀比效应、棘轮效应和非物质因素:对幸福悖论的一种规范解释》,《世界经济》2011 年第 7 期,第 148-160 页。

[26] 吴丽民、陈惠雄:《收入与幸福指数结构方程模型构建——以浙江省小城镇为例》,《中国农村经济》2010 年第 11 期,第 63-74 页。

[27] Knight, J., Gunatilaka, R., "The Rural-Urban Divide in China: Income But Not Happiness?", The Journal of Development Studies, 2010(3): 506-534.

[28] 陈前恒、胡林元、朱祎:《机会不平等认知与农村进城务工人员的幸福感》,《财贸研究》2014 年第 6 期,第 45-52 页。

[29] 周明洁、张建新:《农村居民的主观幸福感及其影响因素》,《中国心理卫生杂志》2007 年第 11 期,第 783-786 页。

[30] Adams, J. S., "Inequity in Social Exchange", Advances in

Experimental Social Psychology，1965(2)：267-299.

［31］Merton, Robert King, ed., Social Theory and Social Structure, Free Press，1968.

［32］李强：《社会学的"剥夺"理论与我国农民工问题》，《学术界》2004 年第 4 期，第 7-22 页。

［33］Knight, J., Gunatilaka, R., "Great Expectations? The Subjective Well-being of Rural-urban Migrants in China", World Development，2010(1)：113-124.

［34］Senik, C., "When Information Dominates Comparison: Learning from Russian Subjective Panel Data", Journal of Public Economics，2004(9)：2099-2123.

［35］Clark, A. E., Inequality-Aversion and Income Mobility: A Direct Test，Delta，2003.

［36］蔡昉：《农村剩余劳动力流动的制度性障碍分析——解释流动与差距同时扩大的悖论》，《经济学动态》2005 年第 1 期，第 35-39,112 页。

［37］Meng, X., Zhang, J., "The Two-tier Labor Market in Urban China: Occupational Segregation and Wage Differentials between Urban Residents and Rural Migrants in Shanghai", Journal of Comparative Economics，2011(3)：485-504.

［38］文军：《从生存理性到社会理性选择：当代中国农民外出就业动因的社会学分析》，《社会学研究》2001 年第 6 期，第 19-30 页。

［39］王春光：《新一代农村流动人口的社会认同与城乡融合的关系》，《社会学研究》2001 年第 3 期，第 63-76 页。

［40］全国总工会新一代农民工问题课题组：《关于新一代农民工问题的研究报告》，《江苏纺织》2010 年第 8 期，第 8-11,15 页。

［41］Falk, A., Knell, M., "Choosing the Joneses: Endogenous Goals and Reference Standards", The Scandinavian Journal of Economics，2004(3)：417-435.

［42］Lawson, T., Garrod, J., Dictionary of Sociology. Taylor & Francis，2001.

［43］刘传江：《新一代农民工的特点、挑战与市民化》，《人口研究》2010 年第 2 期，第 34-39,55-56 页。

[44] Ross，C. E.，Van Willigen，M.，"Education and the Subjective Quality of Life"，Journal of Health and Social Behavior，1997：275-297.

[45] Tang，Z.，"The Great Migration：Rural-Urban Migration in China and Indonesia"，Canadian Studies in Population，2013（39）：129-130.

附录

表 A　不同收入水平农民工样本讨论

变量		低收入组		中收入组		高收入组	
		Model 11	Model 12	Model 13	Model 14	Model 15	Model 16
lnAbs-Inc		1.321	−0.154	−1.601	−0.079	0.125*	−0.002
lnAbs-Inc^2		−0.640	—	0.411	—	−0.008*	—
Dev-Costs		—	—	—	—	—	—
Rel-Inc1		—	−0.145***	—	−0.027	—	−0.074
Rel-Inc2		—	−0.295***	—	−0.263***	—	−0.119***
lnAge		−3.830*	−4.069*	−5.247**	−5.721**	1.559	02.62
lnAge^2		0.544*	0.565*	0.722**	0.787**	−0.215	−0.034
Gender（Male 为参照组）	Female	−0.080	−0.120	−0.016	−0.020	−0.146*	−0.129*
Marital Status（Unmarried 为参照组）	Married	−0.138	−0.225**	−0.256**	−0.303***	0.129	0.068
	Divorced	−0.565*	−0.675**	−0.118	−0.161	−0.060	0.030
	Widowed	0.513	0.330	−0.354	−0.381	−0.762	−0.677
Health		0.232***	0.250***	0.263***	0.235***	0.335***	0.321***
Education		0.022	0.026*	0.016	0.012	0.021	0.018
Transfer-Style（非跨区为参照组）	Cross-Regional	0.045	0.050	−0.139	−0.146	−0.048	−0.049
Wor-Hour		0.001	0.001	−0.001	−0.001	−0.004*	−0.004*

续表

变量		低收入组		中收入组		高收入组	
		Model 11	Model 12	Model 13	Model 14	Model 15	Model 16
阈值	HAP=1	−9.7755***	−12.994***	−14.933***	−15.333***	−1.381	−4.556
	HAP=2	−7.239*	−10.450***	−13.071***	−13.470***	0.624	−2.549
	HAP=3	−5.031	−8.208**	−10.774**	−11.164***	3.094	−0.072
	HAP=4	−3.543	−6.627*	−9.124**	−9.496**	5.029	1.872
卡方值		34.874	89.927	43.105	59.944	62.302	74.154
Cox-Snell R^2		0.034	0.085	0.035	0.048	0.053	0.063
Nagelkerke R^2		0.039	0.097	0.040	0.055	0.062	0.073
样本量		1008	1008	1206	1206	1144	1144

注:连接函数为"辅助对数−对数";*、**、***分别表示在10%、5%和1%水平下显著。

表 B 新老一代农民工分组讨论

变量		新一代农民工		老一代农民工	
		Model 17	Model 18	Model 19	Model 20
lnAbs-Inc		0.153*	0.055*	0.134***	0.003
lnAbs-Inc^2		−0.012	—	−0.008***	—
Dev-Costs		—	—	—	—
Rel-Inc1		—	−0.012	—	−0.136***
Rel-Inc2		—	−0.177***	—	−0.200***
lnAge		−10.227	−8.927	−0.322	2.246
lnAge^2		1.583	1.355	0.052	−0.299
Gender(Male 为参照组)	Female	0.009	−0.010	−0.192***	−0.176***
Marital Status (Unmarried 为参照组)	Married	−0.030	−0.093	−0.230*	−0.344***
	Divorced	−0.211	−0.202	−0.394*	−0.416**
	Widowed	0[a]	0[a]	−0.257	−0.304
Health		0.260***	0.259***	0.281***	0.248***

续表

变量		新一代农民工		老一代农民工	
		Model 17	Model 18	Model 19	Model 20
Education		0.021*	0.019	0.016	0.018
Transfer-Style(非跨区为参照组)	Cross-Regional	0.042	0.049	−0.137*	−0.132
Wor-Hour		−0.002	−0.002	−0.001	0
阈值	HAP=1	−19.883	−18.947*	−4.699	−1.560
	HAP=2	−17.856	−16.919	−2.454	0.689
	HAP=3	−15.546	−14.596	−0.158	3.002
	HAP=4	−13.903	−12.931	1.579	4.782
卡方值		65.669	96.337	78.757	127.607
Cox-Snell R^2		0.035	0.051	0.051	0.081
Nagelkerke R^2		0.040	0.058	0.058	0.093
样本量		1840	1840	1518	1518

注:0^a 表示该参数是冗余的,所以将其置为 0,原因是新时代农民工没有丧偶样本。*、**、*** 分别表示在 10%、5% 和 1% 水平下显著。

中国农民工的演变轨迹与发展前瞻①

　　中国改革开放是从农村到城市、从封闭到开放、从计划到市场的一次全方位的历史变革。在这伟大变革以及取得举世成就的过程中,有一个庞大群体的形成及其所做的贡献不容忽视,那就是农民工。40 年来,伴随中国工业化和城镇化的快速发展,亿万农民离开乡土涌入城镇务工经商,为中国经济的持续高增长源源不断地注入活力并做出了巨大贡献。农民工是农村剩余劳动力转移的主要形式,有效弥补了中国快速工业化和城镇化进程中巨大的劳动力缺口。国家统计局(2018)公布,2017年,全国农民工总量已达 28652 万人,其中在本乡镇内从事非农产业 6 个月及以上的就地农民工有 11467 万人,其余 17185 万人离土离乡异地务工。农业劳动力从农村向城市转移的背后是农业相对收入的不断下降,这也是城乡之间、东西部区域之间不平衡发展的体现。然而,在改革开放和市场化、全球化环境中,正是借助这种不平衡发展,中国获得了巨大的开放红利,同时实现了粗放型的经济持续高增长。但是,随着全球经济格局的变化与近些年来国际贸易摩擦和争端的加剧,中国利用全球化环境的不平衡发展模式已面临严峻挑战。中国长期倚重的外向型贸易格局和出口导向的产业布局已发生重大变化,粗放型和劳动密集型的产业亟须转型升级,作为产业主要就业群体的农民工不仅面临市民化需求,而且面临就业压力,不平衡和不充分发展已成为当前中国社会的主要矛盾。与此同时,国家启动乡村振兴战略和新型城镇化战略,着力解

① 本文作者为黄祖辉、胡伟斌,为纪念中国改革开放 40 年所作。本文内容发表在《学术月刊》2019 年第 3 期,被《新华文摘》2019 年第 12 期全文转载,《高等学校文科学术文摘》2019 年第 3 期全文转载,中国人民大学期刊复印资料《工会》2019 年 5 期全文转载。

决发展不平衡和不充分问题，充分重视庞大农民工群体的就业及其市民化问题，力求促进新时代中国农民工的转型与发展。基于这样的发展背景，有必要对改革开放 40 年来中国农民工的形成与轨迹进行系统梳理，对农民工的贡献和发展挑战做进一步的分析，在此基础上，对新时期中国农民工的转型发展和市民化发展等给出前瞻。

一、农民工的形成与演变轨迹

农民工群体是中国改革开放以后形成的，农民工是指从农村到城镇去从事非农工作的农村户籍人员，是中国城乡二元体制下所形成的一个特殊的社会群体。这一群体在改革开放 40 年来的形成与演变，呈现出多种特征的轨迹，概括起来，表现为以下五个要点。

（一）从农民到农民工

中国农民工与农民的最大区别是农民工的农民身份没有转变，但他们的职业却转变了。应该说，农村劳动力向城市流动在新中国成立初期就有发生，考虑到人口流动不利于计划经济和社会发展，1952 年中央劳动就业委员会提出要"克服农民盲目地流向城市"，由此引出了"盲流"这个具有歧视性的概念（汪勇，2007）。1958 年颁布的《户口登记条例》，意味着中国城乡二元体制的真正建立，这一制度成为阻挡农村劳动力向城市和工商业流动的一道藩篱。20 世纪 70 年代，由于矿业、建筑等行业生产发展中用工不足但又没有招工指标，出现了一种"包工队"的农村劳动力务工形式，"包工队"是农村集体组织成建制的一种务工形式，一般来源于人多地少、经济比较落后的地区（左小玲、张运章，1984），由于私招、私雇等现象的存在，也有来自多个地区的个体农村劳动力混入了"包工队"。1978 年农村实行家庭联产承包责任制以后，农业劳动力的剩余现象开始显现，与此同时，乡镇企业的出现为农民在乡村"离土不离乡"的就地就业开辟了路子，尤其是沿海经济发达地区的乡镇企业发展极为快速，不但吸收了大量的本地劳动力，而且还吸纳了大量周边欠发达地区的农村剩余农动力。1984 年，国务院专门出台《关于农民进入集镇落户问题的通知》，准许有经营能力和技术专长的农民自带口粮落户集镇。同年为方便人口流动和自由择业，开始实行居民身份证制度，这一身份管理制度的重要变革，有力地促成了内地大量农村劳动力涌向沿海发达城市，形成大规模跨区域流动的"民工潮"。毫无疑问，农民选择进城务工是为了争取更多劳动收益和生存权益的一种理性行为，也有效缓减了发达地区第二、第三产业快速发展中的用工短缺。与此同时，潮水般涌入城市的农民工也对城市的人口承载能力、就业竞争和管理等问题提出了挑战，尤其是90年代国有企业改革所形成的城市职工下岗潮，使城市面临着空前的城市居民再就业压力，而作为外来人员的农民工就自然被看成是城市就业与公共资源的争夺者。即使如此，低成本且肯干的农民工还是源源不断地进入城市，成为城市第二、第三产业的生力军。

（二）从单栖人口到两栖人口

从单栖人口到两栖人口的演变是中国农民工群体的独特现象。改革开放前，中国广大农民几乎不流动，被束缚在农村从事农业，是典型的单栖人口。到了改革开放初期，尽管农业剩余劳动力可以成为从事非农产业的农民工，但他们中的大多数是属于"离土不离乡"、"进厂不进城"的就地转移农民工，因而基本上仍可以被视作是在农村生活与就业的单栖人口。然而到了20世纪80年代的中后期，特别是邓小平同志南方谈话以后，改革开始从农村扩大到城市，国有企业的市场化改革和城市大门的打开，使大量的农业转移人口从"离土不离乡"变为"离土离乡"，从就地转移变为异地转移，进入城市成为城市中的农民工。与此同时，由于城乡二元体制的存在，大多数进城的农民工没能携带家人一起进入城市，成了两栖人口，也就是这些农民工在农村和城市都有家，平时在城市打工地居住，过年过节则回农村老家居住。农民工的两栖现象，带来了农村的"三留人口"现象，即由于农村年轻人大多在外务工经商，而家庭成员却因城乡二元体制等方面因素的制约，不能随同，只能滞留农村，成为"留守老人"、"留守儿童"和"留守妇女"。据历次人口普查的数据分析，中国农村年轻人口的比重在不断下降。20—39岁年龄人口从2000年到2010年下降了4.5个百分点，0—19岁下降了7.0个百分点，40—49岁人口以及50岁以上人口的比重则在上升。"六普"数据进一步显示,中国农村地区没有成年男性在家的家庭户达到了 26.48%,而只有老人、儿童在家的情况,也达到 14.37%。家庭是社会的单元和细胞,农民工的两栖现象所带来的农村"三留人口"现象,不仅不利于农村居民家庭的和睦,而且为农村的儿童教育、老人赡养和妇女权益保护也会带来不利的影响,是一个需要引起高度关注和着力解决的问题。

(三)从异地转移到就近转移

改革开放 40 年来,中国农民工或者说农业转移劳动力的流动性转移还呈现的一条轨迹,就是从改革初期的就地转移为主,到而后的异地转移为主,再到近些年所呈现的就近转移态势。农民工的异地转移势头主要体现在 20 世纪 80 年代中后期到 2010 年这段时间,段成荣、杨舸(2009)利用全国人口普查数据分析表明,东部地区所吸引的流动人口在全国流动人口中的比例大幅度上升,1987 年达 43.8%,1990 年接近全国的一半,2000 年达 57.0%,2005 年则进一步提高到三分之二左右。如果以省份作为单位分析可以看到,2000 年跨省流动人口达到了 4242 万人,而 2010 年迅速增长到 8588 万人,10 年里增长了一倍多。至于农民工的就地就近转移态势,主要体现为近年来本地农民工的比例在不断上升,并且增速快于外出农民工。从 2009 年到 2012 年农民工流向变化的比例变化可以看到,省内流动农民工比例从 29% 上升到 33%,而本地(乡镇内)流动农民工比例一直保持在 37% 上下,此外,跨省流动农民工比例从 33% 下降到 29%(李强等,2015)。这些变化表明,农民工的"回流"与就地就近流动的趋势正在显现。另据 2017 年全国农民工监测调查报告,2017 年中国农民工总量中:外出农民工有 17185 万人,比上年增加 251 万人,增长 1.5%;本地农民工有 11467 万人,比上年增加 230 万人,增长 2.0%——增速仍然快于外出农民工的增速。如果说,中国农业劳动力或者农民工从就地转移向异地转移的演变动因,主要是源于城乡要素市场化改革的驱动和区域发展差距与城市化加快的引力,那么他们从异地转移向就近转移的演变态势,则与党的十八大以来中央对城市化战略方针的调整与导向密切相关,如:限制大城市发展,加快中小城市发展,鼓励就地就近城镇化与市民化;到 2020 年解决"三个 1 亿人"问题,即促进 1 亿农业转移人口落户城镇,改造 1 亿人居住的城镇棚户区和城中村,引导1亿人在中西部地区就近城镇化。① 这些调整不仅体现了以城市群为核心的大中小城市协调发展的理念,而且更体现了以人为本新型城镇化和加快解决农业转移人口市民化问题的方针。

(四)从单向流动到双向流动

所谓单向流动,是指农民工是从农村向城市的流动,而双向流动则是指现实中既存在农民工从农村向城市的流动,又存在进城农民工从城市返乡创业的流动。农民工从单向流动到双向流动的变化,既与政府对就地就近城镇化和市民化的鼓励性政策引导有关,又与这些年来中国经济大环境的变化有关。从2008年世界爆发金融危机以来,中国经济开始步入增速放缓的阶段,那些吸纳大量农民工就业、出口导向型的劳动密集型加工制造业面临巨大冲击,"腾笼换鸟"、"机器换人"式的转型升级成为发达地区转型升级的唯一选择,这给许多单向流动的农民工带来了就业再选择的压力。与此同时,经过40年的发展,中西部地区的经济状况、基础设施和生活环境已有所改变,农民工跨区域就业与生活的机会成本随之上升。在这样的情境下,以"返乡创业"为特点的农民工逆向流动悄然兴起,这种流动打破了农村劳动力向发达地区城市的单向流动态势,使得农村劳动力的流动呈现了双向流动的新格局。尤其是2015年以来,国务院先后出台了《关于支持农民工等人员返乡创业的意见》和《关于支持返乡下乡人员创业创新,促进农村一二三产业融合发展的意见》等一系列指导性文件,加快了一大批有技术、有资金、有情怀的农民工返乡创业。2017年,中国返乡创业的农民工已经超过了700万人②,比2015年增加了250万人,增幅达到了两位数。需要指出的是,中国现阶段所出现的城市农民工回流现象不宜看成是中国城市化已到了城市人口开始向农村流动的阶段,城市人口偏好于向农村的流动是城市化高级阶段的现象。中国目前的城市化水平仅58.5%,远没有达到城市化

---

① 引自2014年3月5日国务院总理李克强在"第十二届全国人民代表大会第二次会议"上所作的《政府工作报告》。

② 新华网,http://www.xinhuanet.com//fortune/2017-11/10/c_1121938282.htm。

的高级阶段。中国当前所出现的进城农民工的逆向流动现象，本质上是中国不平衡的城乡经济社会、区域产业结构面对外部环境变化与压迫的一种回应和劳动力在区域空间的阶段性盘整。

(五)从第一代农民工到新生代农民工

改革开放 40 年来，中国农业转移劳动力的流转经历了代际的转换，20 世纪 80 年代就转移到城市务工经商的农民工大多年龄已经 60 岁左右，不少已退出农民工的行列，他们中的绝大多数并没有在流入地城市定居养老，而是返回农村老家，有的继续从事家庭农业，有的则在家照看自家的第三代，取而代之、外出打工的是他们的第二代，被称为新生代农民工。国家统计局(2018)公布的数据显示，2017 年，1980 年及以后出生的新生代农民工占比首次过半，已经占全国农民工总量的 50.5%，这说明新生代农民工已经成为农民工的主体。从从业结构看，农民工从事制造业和建筑业的比重在持续下降，从事娱乐业等服务类的第三产业比重在增加，这从一个侧面表明新生代农民工随着社会发展、消费结构和层次的变化，其就业需求也出现相应的改变。此外，有别于以低技能、低收入、低诉求为主要特征的老一代农民工，新生代农民工成长的家庭环境、学习背景、就业环境以及外部制度环境等都存在较大的差异，两者在劳动技能水平、价值取向和行为规则上也存在明显不同(新生代农民工价值取向研究课题组等，2011)。总体而言，新生代农民工对制度性约束的抵触更为强烈，对乡土依恋程度不高，对城市工作和生活方式适应性强，在追求经济报酬的同时还注重个人的职业发展空间，从谋求生存转向追求公平，其对于职业声望和社会地位的需求与重视比老一代农民工有所增强(黄祖辉、刘雅萍，2008)。农民工的代际转换及其特征差异将对农民工的城市融入、权益保障、就业结构和市民化进程提出许多新的课题，相应的研究应及时跟进。

二、农民工的贡献与发展挑战

过去 40 多年，尤其是改革开放后的前 30 年，中国经济的持续高速增长离不开庞大的农民工群体所做出的巨大贡献,这种贡献主要体现在为中国经济的持续高速增长、工业化和城市化的快速发展,提供了低成本和充裕的廉价劳动力。尽管这种低成本高增长的背后是不平衡发展和粗放式发展,但在改革与开放的环境中,这种不平衡的发展在较长的一段时期内并没有形成羁绊,相反是产生了极致的效率,不仅为出口导向的劳动密集型产业提供了充裕的廉价劳动力供给,而且还使得中国内需不足的结构性矛盾在这种发展环境中得到了缓解。

(一)农民工对工业化和城市化的贡献

改革开放以来的 1978—2008 年这 30 年期间,中国的年均 GDP 增长速度达到 9.8%,这种高增长主要是靠工业化的贡献,尤其是靠以劳动密集型的加工制造业为特点的农村工业化的支撑。宋洪远(2008)通过测算发现,1978—2006 年,乡村企业增加值占国内生产总值的比重由 5.7% 提高到 27.5%。其中,乡村企业的工业增加值占全社会工业增加值的比重由 10.0% 提高到 44.8%。到 2007 年底,全国乡村企业的增加值突破 68000 亿元,从业人员总数突破 1.5 亿人,国内生产总值的近 30%、工业增加值的 45%、出口贸易额的 40% 均来自乡村企业的贡献(于秋华,2009)。由于农村工业吸纳了大量的低成本农业转移劳动力,并且许多农村工业又具有明显的出口导向性,在国际市场上具有很强的竞争性和很大的市场份额。以浙江为例,在 20 世纪八九十年代,有 2000 多万的外来人口到浙江务工经商,绝大部分是农民工,他们不仅实现了就业脱贫和增收,而且推动了浙江农村产业集群和块状经济的快速发展。比如:浙江嵊州市的领带产业集群,2004 年 10 万从业人员中有 24% 是外来农民工,领带出口占国际市场 40%[①];诸暨市大唐镇的袜业产业集群,10 万从业人员中有 70% 是外来农民工,袜业出口占国际市场的 33%[②]。

农村劳动力的非农化转移和人口的城市化是人类文明进程的一个重要表征。新中国成立后的很长一段时期,中国的城市化基本处于缓慢

---

① 新浪网,http://news.sina.com.cn/c/2004-11-06/09324157663s.shtml。
② 浙江在线,http://biz.zjol.com.cn/system-05/16/019343576.shtml。

发展和停滞的状态。直到改革开放后,中国的城市化才步入比较快的发展轨道,城镇化率从 1978 年的 17.9% 提高到了 2017 年的 58.5%;城镇常住人口由 1978 年 1.72 亿人提高到了 8.13 亿人。[①] 中国农民工对城市化的贡献不单纯是体现在对城镇化率提高方面的贡献,还主要体现在对城市第二、第三产业发展方面的贡献。就中国劳动力的城镇市场看,在 4.2 亿城镇就业人员中,农民工占了 2.8 亿人,占到了整个城镇就业的 67.5%。[②] 也就是说,城市第二、第三产业的从业人员中,三分之二是来自农村的农民工,表明中国城市的运行基本上是靠农民工支撑的,尤其是城市的生活性服务业,如环卫、家政、餐饮、宾馆以及社区物业等领域,直观地看,农民工的比重就更高。在这样的情境下,毫无疑问,一旦大量的农民工撤离城市,我们的城市运转就会陷入瘫痪状态,说明中国城市发展已经离不开农民工,这实质上就是农民工对城市建设和发展的巨大贡献。

(二)转型发展和城镇化对农民工的挑战

中国农民工在为国家经济快速发展做出巨大贡献的同时也面临着严峻的挑战,这种挑战主要是来自中国经济社会的转型发展和城市化的扭曲发展。中国经济社会的转型发展是摒弃中国难以持续的粗放型增长方式的必然转向,是应对中国低成本劳动密集型出口导向经济面临的国际贸易冲突的必然选择,也是解决当前中国发展不平衡不充分主要矛盾的必然要求。这种挑战从本质看,实际上是广大农民工对中国经济高增长做出贡献过程中所付出的代价使然,并且也是中国改革开放以来经济粗放型高增长以及发展不平衡不充分的代价使然。中国城市化的扭曲发展源于中国双重性的城乡二元体制,即一方面存在城乡二元的居民公共保障体制,另一方面还存在城乡二元的居民财产权利制度。因此,这些挑战,不仅广大农民工要直面,而且更需要政府直面和应对之。总

---

① 国家发改委城市和小城镇改革发展中心主任徐林在 2018 年"第十五届中国蓝筹地产年会"上的发言。

② 中国经济体制改革研究会会长宋晓梧于 2018 年 9 月 16 日在"纪念中国经济改革开放四十年暨50人论坛成立二十周年学术研讨会"上的发言。

体而言,中国经济社会的转型发展和农民工非市民化的城镇化发展对农民工的挑战主要表现为三个方面的挑战。

一是经济转型对农民工就业的挑战。党的十九大报告提出了当前中国经济社会"三个优先发展战略",其中包含了就业优先发展战略,这表明中国当前就业形势比较严峻。改革开放 40 年来,中国就业形势总体是好的,尤其是 1978—2008 年期间,中国年均 GDP 增长到达 9.8%,大量的农村劳动力外出务工经商,不仅实现了充分就业,而且实现了脱贫增收。2008 年爆发全球金融危机后,全球经济出现萧条,中国传统劳动密集型的外向型企业发展受到影响,出口市场和国内市场趋于萎缩,经济增速开始下行,企业投资减少,沿海发达地区呈现"腾笼换鸟"、"机器换人"、"电商换市"的转型发展态势。发达地区在应对招工难、用工成本上升和拓展市场空间的同时,也对劳动力市场造成了较大冲击,导致大量农民工开不得不逆向流动和寻求就业转换。就业形势,尤其是普遍在低端化、粗放型和劳动密集型加工制造业就业的农民工的就业形势骤然变得很严峻。当前,中国从事第二产业的农民工比重为 51.5%,其中从事制造业的农民工比重为 29.9%,从事建筑业的农民工比重为 18.9%,从事第三产业的农民工比重为 48.0%(国家统计局,2018)。可见,农民工已经成为城镇第二、第三产业发展的重要力量,但他们绝大多数从事的是低技能的行业或低要求的岗位,就业竞争能力非常弱,一旦经济出现萧条,就业门槛提高,他们就有可能面临大面积失业。很显然,在中国城乡社保体系仍然不成形、不完善的情况下,如果出现过高比例的失业现象,不仅会导致社会的不稳定和剧烈震荡,而且还有可能导致大量农业转移劳动力的返贫,进而直接影响 2020 年精准脱贫目标的实现。

二是经济转型对农民工教育的挑战。在党的十九大报告中提出的第三个优先发展战略是教育优先发展战略。之所以把教育作为优先发展的战略,是因为一个国家的教育状况与人力资本的状况密切相关,而人力资本的状况又关系到经济社会发展的能力和后劲。中国强调把教育作为优先发展的战略,表明当前中国人力资本的总体状况并不是很理想,以占第二、第三产业从业人员 50% 左右的农民工的文化状况为例,初中及以下文化程度仍占到 72.6%,高中文化程度占 17.1%,大专及以上仅占 10.3%（国家统计局，2018）。很显然，对于广大农民工而言，这样的受教育水平和人力资本结构状况是难以适应中国经济转型发展与现代化发展需要的。这也从一个侧面反映，改革开放以来中国经济的粗放型增长不仅仅对资源环境是粗放利用的，而且对人力资源也是粗放利用的，主要表现为重视对农民工的利用，忽视对农民工人力资本的提升，以至于广大农民工锁定在相对低端型的产业领域就业，只能适应经济的粗放型增长，难以在经济转型升级过程中顺利实现就业转型。由于人力资本的改善与提升是个长期的过程，因此，面对这一挑战，不仅农民工自身应积极应对，而且政府应采取相应的措施，使中国农民工能尽快适应经济的转型发展，为中国经济的现代化发展继续做出贡献。

三是城市化扭曲发展对农民工市民化的挑战。自从 20 世纪 80 年代中期中国有学者针对农村工业化和城市化发展提出农民市民化概念以来（黄祖辉等，1989），农业转移劳动力的市民化问题逐渐引起政府关注。当前，中国已经进入从工业化引领增长向城镇化引领发展的阶段，中国的城市化仍有相当的发展潜力，但存在相当的扭曲性。目前中国的城镇化率是 58.5%，相对于工业化的发展，中国城镇化进程仍然是滞后的，这种滞后性不仅是相对于工业化进程而言，而且还在于中国城镇化率的计算还包含了没有完全市民化的 2.86 亿农民工。问题在于，尽管农民工已经是城市产业发展和城市居住人群的重要组成部分，但由于城乡双重二元体制的制约，广大进城农民工，尤其是来自非本地的农民工，往往难以平等享受城市居民的公共性保障和服务，他们实质上并不是市民化的城市人口。换言之，如果进城农民工的身份转变长期滞后于其职业的转变，那么这样的城市化就不仅是滞后的，而且也是扭曲的。此外，中国农民工难以市民化和融入城市，还与农村产权制度改革的滞后有关，也就是与城乡二元的居民财产权益制度有关。当前，农民工在农村的财产权益总体上仍处于可保留和有限度交易的状态，在这样的状态下，广大农民工既不会轻易放弃其在农村的权益，但又难以在城市稳定地定居，这就导致广大农民工始终处在城乡两栖化的不稳定流动和家人经常性分离、家庭定居地极不确定的状态，很难真正融入城市和成为市民化的城市居民，面对这样的境况和挑战，尽快破解城乡二元结构，同时切实贯彻党的十九大精神，"以城市群为主体构建大中小城市和小城镇协调发展的城镇格局,加快农业转移人口市民化"(习近平,2017),就显得极为急迫。

三、农民工的转型与发展前瞻

回顾改革开放的 40 年,中国农民工的变迁轨迹随着改革开放的进程和经济形势的变化而跌宕起伏。20 世纪 80 年代初期,农村工业迅猛发展,乡镇企业异军突起,大量农村劳动力开始就地就近非农化就业。到了 90 年代,城市大门进一步打开,国有企业改革步伐加快,大量农民进入城市就业,形成规模庞大的民工潮。进入新世纪,2008 年爆发国际金融危机,经济增速开始逐步下行,经济增长方式开始转变,产业转型升级提到重要议事日程,外出农民工数量增幅趋于减小,从 2010 年 5.5% 的增幅减小到 2017 年 1.7% 的增幅,同时还出现了农民工逆向流动的状况。随着国际环境的急剧变化、国内经济的转型发展以及城市化进程的加快,农民工面临转型发展和城市融入的系列挑战,但与此同时,中央最近提出农业农村、就业、教育优先发展,加快农业转移人口市民化,实施乡村振兴战略等重大举措,为农民工的转型发展也提供了重要机遇。比如,就乡村振兴战略而言,尽管主要是着眼于农业农村的加快发展,但从人口流动和空间集聚视角来看,乡村振兴一定也是城市化充分发展的过程,是人口与产业在城乡之间优化配置、城乡互动和融合发展的过程(黄祖辉,2018)。乡村振兴战略不是要让农业转移人口回流农村或者抑制农民进城,而是要城乡互动、城乡一体协同推进乡村振兴战略,通过建立城乡一体社会保障体系和深化农村集体产权制度改革,协同加快农业转移人口市民化和实现城乡人口与产业的优化配置。因此,面对挑战和机遇,中国农民工应着力于以下三个方面的转型。

第一,向市民化农民工转型。市民化的农民工就是要彻底解决好农业转移人口的市民化问题,使农民工成为真正意义上的市民。目前中国农业转移人口市民化的最大难点有两个方面,一是城市的社会保障和基本公共服务能否覆盖这些人口的问题。这涉及中国城乡社保体制的改革和并轨,因而需要大量增加政府的公共开支,这对流入地政府将是很大的压力。此外,由于中国社保体制不仅存在城乡二元性,而且存在社会保障地方化的特点,因此,对于流入地政府来说,中国农业转移人口市民化的最大难点是非本地农业转移人口的市民化,尤其是举家迁移进城农民的市民化,这一问题不能妥善解决,中国目前农村的"三留人口"(留守老人、留守儿童、留守妇女)现象仍将普遍存在。二是农业转移人口在农村的财产权益能否真正实现的问题。这不仅涉及农民在农村的权益保障问题,而且涉及农业转移人口市民化的能力和代价问题。对一些流入地外来农民工的典型调查表明,有接近三分之二的进城农民认为,即使流入地政府能一视同仁解决农民工市民化问题,仍不打算在城市定居,今后仍要回老家,其主要原因与自身在农村的权益能否真正实现有关。在现行农村土地"三权分置"、宅基地与农民住房"三权分置"、村集体经济股份合作的产权制度的框架下,尽管产权关系已经比较清晰,但是产权的权能和市场化依然不很完善,在这样的产权制度安排下,农民一方面难以充分交易自己的产权,另一方面也不会愿意放弃自己在农村的权益而彻底离开农村。因此,要真正实现市民化农民工的转型,还需要推进三维协同的改革与发展,一是推进城乡联动改革。主要是城市通过户籍制度深化改革,解决农业转移人口公共保障平等分享问题,农村通过产权制度深化改革,解决农民财产权利充分实现问题,实现城市引力和农村推力在农业转移人口市民化过程中的协同。二是优化城乡发展空间。主要是通过城市群基础上大中小城市和小城镇的协调发展,扩大农业转移人口市民化的选择空间,实现农民工就地市民化和异地市民化在区域空间上的协同。三是提升城市治理水平。主要是通过城市治理体系的不断完善,提高城市空间和社会管理的承载能力和包容度,实现农民工在城市安居乐业和融入城市社会的协同。

第二,向创业型农民工转型。改革开放以来,广大农民工在城市工作和生活的经历,对于开阔其人生视野和改变其生活方式都具有非常大的帮助。他们当中不少人在积累了一定的资本和从业经验以后,可以把握机遇进行创业。尤其是近年来在"大众创业、万众创新"的政策号召和创业环境改善下,农民工创业数量和成功案例不断增多。农民工在城市创业还是返乡创业,对农民工的转型发展具有同样重要的意义。农民工创业要同国家提出的坚持就业优先发展相对接,争取更多的政策支持。

要拓展农民工的就业空间和创业形式,既要鼓励农民工自主创业,又要鼓励农民工合作创业,实现农民工进城创业就业与返乡创业就业的协同。此外,政府在推进经济转型发展过程中,要从全局出发,科学把握"机器换人"、"腾笼换鸟"、"电商换市"的节奏和统筹劳动力替代、劳动力就业的关系,不宜单纯追求资本效率和局部效率,而是要充分考虑和兼顾被替代劳动力的再就业问题。特别要注重互联网等新技术对就业的带动作用,而不是单纯的替代劳动力,对于劳动力供给明显不足的产业领域与环节,可以加快替代进程,但对于劳动力充裕并且存在替代后再就业难度的产业领域与环节,则要在权衡综合性效应基础上审慎替代。尤其是在中国城乡社保体制还不完善的情况下,要谨防劳动者就业压力过大所带来的社会风险,至少要有一个缓冲机制慢慢过渡和适应,因为工资性收入对于广大农民工来说是其收入的主要来源,很多农村家庭往往是一个劳动力外出就业,其负担的是整个家庭的生存。

第三,向职业型农民工转型。当前中国农民工群体的职业能力仍处于较低的水平。国家统计局(2018)公布数据显示,接受过农业或非农职业技能培训的农民工仅占32.9%,其中接受非农职业技能培训的占30.6%,而且农民工中具备技能的劳动者还存在比较严重的数量短缺和结构性失衡问题。过去,农民工大多从事的是低技能要求、高劳动强度的简单工种或低端岗位。随着中国产业结构的调整和经济转型发展的加快,就业市场对劳动力素质与技能的要求日益提高,尤其是对高素质、高技能农民工的需求缺口很大,但农民工群体中素质技能中低水平的供给又很富余,供求不平衡矛盾很突出。要解决中国劳动力供给的结构性矛盾,需要多形式、多层次地加快农村职业教育和农民工职业培训,提高农民就业适应能力和职业技能。因此,有必要将相关财政扶持资金和社会资金相结合,以企业或行业订单式、委托式的形式,加大对农民工进行定向、定岗的专业技能培训力度。长期来看,既要重视农业转移人口在城市的就业创业培训,还要在乡村振兴战略实施过程中,加大公共教育资源在乡村的投入,在乡村人口空间优化的同时,优化乡村义务教育和职业教育的结构,实现城乡教育资源的均等化配置,提高优质教育资源在城乡的共享水平,使教育优先发展战略在改善中国人力资本结构、提升农民工文化与技能水平中发挥关键性作用。

参考文献

[1]段成荣、杨舸：《我国流动人口流入地分布变动趋势研究》，《人口研究》，2009 年第 6 期。

[2]国家统计局，《2017 年农民工监测调查报告》，《中国信息报》，2018 年 4 月 28 日，第 003 版。

[3]黄祖辉、顾益康、徐加，《农村工业化、城市化与农民市民化》，《经济研究》，1989 年第 3 期。

[4]黄祖辉、刘雅萍，《农民工就业代际差异研究——基于杭州市浙江籍农民工就业状况调查》，《农业经济问题》，2008 年第 10 期。

[5]黄祖辉，《准确把握中国乡村振兴战略》，《中国农村经济》，2018 年第 4 期。

[6]李强、陈振华、张莹，《就近城镇化与就地城镇化》，《广东社会科学》，2015 年第 1 期。

[7]宋洪远，《中国农村改革三十年》，中国农业出版社，2008。

[8]汪勇，《"农民工"称谓的历史演变及其启示》，《南京社会科学》，2007 年第 11 期。

[9]习近平，《党的十九大报告：决胜全面建成小康社会夺取新时代中国特色社会主义伟大胜利》，中国政府网，2017 年 10 月 18 日。

[10]新生代农民工价值取向研究课题组、张鸣鸣、赵丽梅，《新生代农民工价值取向：现实评价与政策导向——基于 2571 份问卷的实证研究》，《经济体制改革》，2011 年第 2 期。

[11]左小玲、张运章，《一种可取的用工形式——平顶山矿务局农民包工队情况的调查》，《煤炭经济研究》，1984 年第 7 期。

政府支持农民工返乡创业的县城经济增长效应①

——基于返乡创业试点政策的考察

一、引言

改革开放以来,数以亿计的农民离开家乡涌入城市务工就业,为中国城市经济的持续高增长做出了巨大贡献。相关研究显示,1978—2015年间,农村劳动力转移对中国经济增长的贡献率为 7.93%,且贡献率主要来源于"胡焕庸线"以东地区(11.74%)和农村劳动力转入地(16.11%)。② 然而,农村劳动力转移的背后是农业相对收入的不断下降,这也是区域和城乡不平衡发展的体现。③ 近年来,中国政府高度重视发展不平衡问题,要求走城乡融合发展之路。在这样的背景下,如何实现落后地区经济的跨越式发展成为亟待解决的重大课题。大量研究

① 本文作者为黄祖辉、宋文豪、叶春辉、胡伟斌。本文内容发表在《中国农村经济》2022 年第 1 期。本文研究为国家社会科学基金重大项目"推进以县城为重要载体的城镇化建设研究"(21ZDA071)、国家自然科学基金国际(地区)合作与交流项目"易地扶贫搬迁的社会经济与环境影响评估"(71861147002)的阶段性研究成果。

② 程名望、贾晓佳、俞宁:"农村劳动力转移对中国经济增长的贡献(1978—2015年):模型与实证",《管理世界》2018 第 10 期。

③ 黄祖辉、胡伟斌:"中国农民工的演变轨迹与发展前瞻",《学术月刊》2019 年第 3 期。

表明,创业可以引起产业结构的调整和变迁,从而促进区域经济增长。[①]
庞大的农民工群体在外出务工中积累了财富、增长了见识、提升了技能,
是一类十分重要的潜在创业者。[②] 激发农民工的返乡创业热情,有利于
推进新型城镇化建设、缩小城乡收入差距、培育经济增长新动力。于是,
国家发展改革委、农业部等十部委在 2015 年 11 月联合印发了《关于结
合新型城镇化开展支持农民工等人员返乡创业试点工作的通知》,决定
选择一些县级城市开展试点工作。那么,在试点政策的大力推动下,农
民工返乡创业究竟是否促进了县域经济增长? 不同试点地区的政策效
果是否存在异质性? 进一步,如果返乡创业试点政策促进了县域经济增
长,其具体的作用渠道与机理是什么? 客观准确地评价返乡创业试点政
策对县域经济增长的作用,对于促进区域和城乡平衡协调发展具有重要
的理论与实践意义。

县域经济作为城市经济与农村经济的结合点,既是服务农民的重要
阵地,也是城乡要素融合的天然载体,其增长的方式、速度和效益对于助
推乡村振兴、实现共同富裕具有关键性作用。[③] 实际上,县域经济增长
的源泉一直是学术界关注的热点问题。经济学家普遍认为物质资本、人
力资本和技术创新对县域经济增长具有重要作用,形成了基于市场经济
体制的"市场作用论"。[④] 除此之外,相关研究还提出了诸如"制度作用
论"、"政府作用论"和"官员作用论"等解释。[⑤] 20 世纪以来,随着熊彼特

① M. V. Praag and A. V. Stel,"The More Business Owners, the Merrier? The
Role of Tertiary Education,"*Small Business Economics*,vol. 41,no. 2,2013,pp.
335-357.

② 周广肃、谭华清、李力行:"外出务工经历有益于返乡农民工创业吗?",《经济
学》2017 年第 2 期。

③ 杨晓军、宁国良:"县域经济:乡村振兴战略的重要支撑",《中共中央党校学报》
2018 年第 6 期。

④ 文雁兵、郭瑞、史晋川:"用贤则理:治理能力与经济增长——来自中国百强县
和贫困县的经验证据",《经济研究》2020 年第 3 期。

⑤ 贾俊雪、张永杰、郭婧:"省直管县财政体制改革、县域经济增长与财政解困",
《中国软科学》2013 年第 6 期;李永友:"省以下多样化放权策略与经济增长",《经济研
究》2021 年第 2 期;周黎安:"中国地方官员的晋升锦标赛模式研究",《经济研究》2007
年第 7 期。

"创造性破坏"理论的提出和国内外创业活动的兴起,创业对县域经济增长的影响日益受到理论界的广泛关注。绝大多数研究认为创业作为一种创造经济价值的活动,可以通过提供就业岗位、优化产业结构、加剧市场竞争和促进知识溢出等渠道推动县域经济增长。① 部分研究从实证层面验证了二者的关系,如 Chang(2007)基于美国 2300 个县的数据,利用 OLS 回归方法研究发现,创业对县域经济增长具有显著的正向影响。② 然而,也有研究认为产业层面存在均衡的最优创业率,任何对均衡创业率的偏离都会导致要素配置扭曲,进而阻碍经济增长。③ 同样,一些文献通过实证检验证实了创业对地区经济增长的负效应。④ 可以发现,现有研究关于创业对地方经济增长的影响尚无定论。本文认为,除了研究样本不同之外,上述实证研究结论不一致很可能是遗漏变量问题导致的,这类文献通常直接将经济增长指标对新创企业数量进行回归,但即使排除创业因素,其他驱动因素也会使得地区经济绩效发生变化,因此这种方法无法准确识别创业活动对地方经济增长的净影响。

农民工返乡创业是中国经济发展过程中出现的一种独特现象,理论界普遍认为返乡创业是农民经过一段时间的外出务工后又返回家乡,利用打工积累的资金、技能和信息等资源,在乡村、小城镇或县城创办企业、发展服务业、投资商品性农业的行为。⑤ 近年来,在一系列国家政策的大力支持和引导下,返乡创业焕发出勃勃生机,直接探讨农民工返乡创业影响经济增长的文献也越来越多。理论界深入探讨了返乡创业对县域经济增长的作用及影响机制,主要有以下几种观点:第一,农民工返

---

① 陈莉敏:"县域创业经济的功能与模式探析",《华中农业大学学报(社会科学版)》2009 年第 5 期。

② E. P. C. Chang, "Entrepreneurship and Economic Development and Growth in America: An Investigation at the County Level," doctoral dissertation, Mississippi State University, 2007.

③ D. B. Audretsch, M. A. Carree, A. J. Stel and A. R. Thurik, "Impeded Industrial Restructuring: The Growth Penalty," *Kyklos*, vol. 55, no. 1, 2002, pp. 81-97.

④ D. G. Blanchflower, "Self-employment in OECD Countries," *Labour Economics*, vol. 7, no. 5, 2000, pp. 471-505.

⑤ 韩俊:"中国农民工战略问题研究",上海:上海远东出版社,2009 年,第 181 页。

乡创业加速了人才回流,有效提升了农村劳动力素质,对于县域经济增长具有积极意义。[1] 第二,伴随着农民工回流的不仅有大量经济资本,还有劳务输出地急需的市场信息、先进技术和现代化思想观念,从而打破了制约地方经济增长的要素瓶颈。[2] 第三,返乡创业可以推动农村产业结构的调整,促进三次产业融合发展[3],通过新产业、新业态创造就近就业机会,是农民增收的重要途径[4]。第四,返乡农民工一般都在集镇或县城开展创业活动,这促使资源要素向城镇流动集聚,既带动了农村人口的空间转移和市民化转型,又增加了地区经济总量,有利于加快乡村城镇化进程。[5] 以上文献较为全面地分析了返乡创业对县域经济增长的影响机制,但这些文献对机制的讨论,仅限于理论推理,缺乏严谨的实证分析。

相较于已有文献,本文的边际贡献体现在以下三个方面:首先,采用2011—2018 年全国 1864 个县的面板数据,以返乡创业试点政策作为准自然实验来考察政府支持返乡创业对县域经济增长的影响,不仅样本容量大,而且利用双重差分法(DID)克服了以往研究中存在的估计偏误,增强了实证结果的可靠性。其次,不仅详细分析了返乡创业试点政策驱动经济增长的区域异质性,还实证检验了政策对试点地区周边邻近县产生的空间溢出效应,深化了对该政策所产生的经济增长效应的认识。最后,从促进集聚、带动就业、助推创新、优化结构的视角,探讨并检验了返乡创业试点政策推动县域经济增长的作用机理,为进一步完善返乡创业政策、实现经济发展目标提供行之有效的对策建议。

---

① 王西玉、崔传义、赵阳:"打工与回乡:就业转变和农村发展——关于部分进城民工回乡创业的研究",《管理世界》2003 年第 7 期。

② 张茂林:"'民工潮''逆潮回归'现象的理论思考",《经济研究》1996 年第 7 期;林亦平、魏艾:"'城归'人口在乡村振兴战略中的'补位'探究",《农业经济问题》2018 年第 8 期。

③ 赵联飞:"新时期开展农民工返乡创业促进城乡融合发展刍议",《江淮论坛》2021 年第 3 期。

④ 陈锡文:"实施乡村振兴战略,推进农业农村现代化",《中国农业大学学报(社会科学版)》2018 年第 1 期。

⑤ 王展祥:"金融危机背景下农民工返乡创业与中国城镇化发展研究",《现代经济探讨》2009 年第 9 期。

本文的其余部分安排如下:第一部分是政策背景与理论分析;第二部分介绍研究设计;第三部分是实证检验与结果分析,主要包括基准回归结果、异质性及溢出效应分析、稳健性检验;第四部分考察返乡创业试点政策促进县域经济增长的作用机理;最后是结论与政策启示。

二、政策背景与理论分析

(一)政策背景

20 世纪 80 年代中后期,随着农村改革开放的不断深入,越来越多的农民从落后的农村向沿海发达地区转移,掀起了一股对中国经济影响深远的"打工潮"。外出打工为农民带来了思想的解放、资金的积累和技能的获得,自 90 年代,一部分外出较早且具备企业家精神的打工能人开始返回家乡进行创业活动,这是中国返乡创业的萌芽。处于"萌芽期"的返乡创业主要集中在进入门槛较低、技术要求不高的劳动密集型行业,具有偶然性、无序性和分散性等特点。该时期虽然涌现出一批返乡创业成功案例,但从全国范围来看发展较为缓慢。

2003 年 10 月,党的十六届三中全会首次提出"五个统筹"的发展理念,并将"统筹城乡发展"放在首位。各级政府开始注重多渠道转移农村剩余劳动力并积极实施"回引工程",农民工返乡创业进入"成长期"。[①]这一时期的返乡创业者大多从事非农产业,经营模式以个体工商户和私营企业为主,创业区域覆盖了中国的东、中、西三大经济区。[②] 虽然农民工返乡创业在该阶段呈现出良好的发展势头,但并未形成真正意义上的"返乡创业热潮"(见图 1)。

2008 年金融危机之后,国外市场需求日渐萎缩,中国劳动密集型加

---

① 胡雯、胡俊波、张毓峰:"农民工返乡创业历史流变:阶段演进及内在逻辑",《农村经济》2013 年第 8 期。
② 国务院发展研究中心"农民工回乡创业问题研究"课题组:"农民工回乡创业现状与走势:对安徽、江西、河南三省的调查",《改革》2008 年第 11 期。

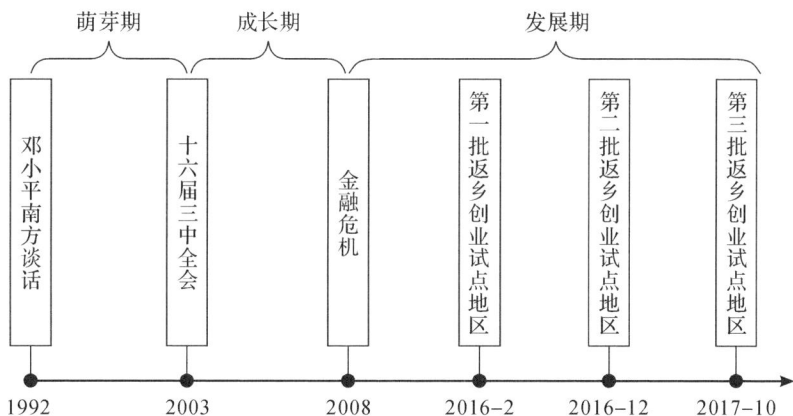

图 1　农民工返乡创业的发展历程

工制造业企业的发展受到冲击,国内经济增速开始下行,企业投资大幅度减少,东部发达地区呈现"腾笼换鸟"、"机器换人"的转型发展态势,造成农民非农就业机会减少、农民工工资水平下降,农村剩余劳动力的转移就业面临严峻局面。[①]　相反,中小城镇的产业发展方兴未艾,返乡创业不仅成为缓解就业压力的重要举措,而且成为顺应经济转型的客观需要。另一方面,中国长期存在的城乡二元制度导致进城农民市民化的滞后[②],由此引发家庭分离、土地撂荒、教育缺失等诸多社会问题。因此,支持和引导农民工返乡创业可以加快农村城市化进程,有利于惠民生、增就业、促和谐,有利于打开城乡融合发展的新局面。于是,国家发展改革委、农业部等十部委于 2016 年 2 月联合发布了《关于同意河北省威县等 90 个县(市、区)结合新型城镇化开展支持农民工等人员返乡创业试点的通知》,从而开启返乡创业试点政策的实施。此后,试点的范围逐步扩大,影响力也越来越强,截至 2017 年底,国家批复设立的返乡创业试

[①]　黄祖辉、胡伟斌:"中国农民工的演变轨迹与发展前瞻",《学术月刊》2019 年第 3 期。

[②]　黄祖辉、马彦丽:"再论以城市化带动乡村振兴",《农业经济问题》2020 年第 9 期。

点地区已达 341 个。① 其中,东部地区 65 个,中部地区 126 个,西部地区 150 个,各批次具体试点时间和区域分布情况如表 1 所示。

可见,支持返乡创业是国家做出的重大决策部署。近年来,中国返乡创业呈现出蓬勃发展的态势,稳定和扩大就业的效果逐步显现。截至 2020 年底,全国试点地区返乡入乡创业人员总量超过 280 万人,累计创办市场主体 225 万个左右,带动就业近 980 万人,形成要素聚乡、产业下乡、人才入乡和能人留乡的良性互动局面,成为当地经济增长的重要驱动力。② 在各地实践中,以河南省和湖南省为例,截至 2020 年,河南省 21 个试点县已有返乡入乡创业人员 57 万人,创办市场主体 39 万个,带动就业 248 万人③;湖南省 19 个试点县返乡入乡创业人员达到 11 万人,创办各类市场主体 11 万个,带动就业 30 万人④。此外,试点地区中还涌现出了安徽金寨、湖北枝江、江西德兴等返乡创业典型代表。

表 1 返乡创业试点获批时间及区域分布

单位:个

批次	获批时间	东部地区	中部地区	西部地区	合计
第一批试点地区	2016 年 2 月	20	32	38	90
第二批试点地区	2016 年 12 月	21	42	53	116
第三批试点地区	2017 年 10 月	24	52	59	135
合计		65	126	150	341

---

① 返乡创业试点地区是国家着力培育和发展的基础设施和公共服务明显改善、创业环境持续优化、返乡创业就业特色鲜明的县级城市,申报试点的城市需具备 4 个条件:试点地区高度重视;具有一定的工作基础;具有一定的代表性和典型意义;具有明确的试点方向和工作重点。除此之外,国家优先考虑将新型城镇化建设任务较重、外出务工人员较多的劳务输出地设为试点县。

② 参见"推动返乡入乡创业高质量发展主题论坛",2020 年 10 月 17 日,http://gongyi.cctv.com/shuangchuang2020/fgw/fxcy/index.shtml,2021 年 3 月 2 日。

③ 参见"河南返乡创业试点经验入选国家典型案例,汝州经验有啥亮点?",2020 年 10 月 27 日,https://www.henan.gov.cn/2020/10-27/1837373.html,2021 年 3 月 2 日。

④ 荆文娜:"湖南:创新为返乡入乡创业增添活力",《中国经济导报》2020 年 12 月 24 日,第 2 版。

(二)理论分析

在返乡创业试点政策的作用下,农民工返乡创业对县域经济增长的影响可以分解为两个环节:试点政策促进农民工等外出务工人员返乡创业;外出务工人员返乡创业助力县域经济增长。具体分析如下。

1.政策实施促进返乡创业

场地短缺、融资难融资贵、基础设施不完善、证照办理环节多和公共服务不配套是农民工等人员返乡创业面临的突出问题。为了突破这些发展瓶颈,政府在返乡创业试点地区开展了诸多工作:第一,加强园区资源整合。依托开发区、闲置厂房等资源整合发展返乡创业园区;落实完善用地支持、租金、税费减免和资金补贴等政策;支持和鼓励有条件的地方发展股权众筹、发行中小企业集合债券。这些举措一定程度上解决了返乡创业面临的用地和融资问题,降低了创业成本,吸引更多的农民工返乡创业。第二,加强服务平台建设。改善交通基础设施,提高城镇通行能力;实施宽带乡村工程,搭建电商交易平台;建设物流仓储设施,推动物流业转型升级。这些措施有利于改善试点地区的基础设施条件,推动更多的返乡农民工投身互联网创业。第三,加强服务能力建设。拓展政务服务大厅等场所的创业政策咨询、创业培训、创业孵化功能;建立一体化就业创业服务中心,为返乡创业人员提供"一站式"服务;围绕产业聚集发展链条,建设返乡创业服务孵化设施。这些措施不仅大大简化了返乡创业的证照办理环节,而且进一步提升了创业服务水平(见图2)。

2.返乡创业推动经济增长

资金短缺、人才匮乏、技术落后是制约劳务输出地经济发展的主要瓶颈,返乡创业加速了经济资本、人力资本、社会资本的回流,可以有力地推动地方经济增长。农民工返乡创业对县域经济增长的促进作用主要表现在以下方面:

第一,返乡创业可以促进集聚。经济活动的空间集聚是加快区域经

```
┌────────┐ ┌──────────┐ ┌──────────┐ ┌──────────┐ ┌──────────┐
│场地短缺│ │融资难融资贵│ │基础设施不完善│ │证照办理环节多│ │公共服务不配套│
└────────┘ └──────────┘ └──────────┘ └──────────┘ └──────────┘
                        ┌──────────┐
                        │ 返乡创业难 │
                        └──────────┘
                        ┌──────────────┐
                        │ 返乡创业试点政策 │
                        └──────────────┘
┌──────────────┐   ┌──────────────┐   ┌──────────────┐
│ 加强园区资源整合 │   │ 加强服务平台建设 │   │ 加强服务能力建设 │
└──────────────┘   └──────────────┘   └──────────────┘
                   ┌──────────────┐
                   │  促进返乡创业  │
                   └──────────────┘
┌────────┐ ┌────────┐ ┌────────┐ ┌──────────┐
│ 促进集聚 │ │ 带动就业 │ │ 助推创新 │ │ 拉动经济增长 │
└────────┘ └────────┘ └────────┘ └──────────┘
                ┌────────┐
                │ 优化结构 │
                └────────┘
```

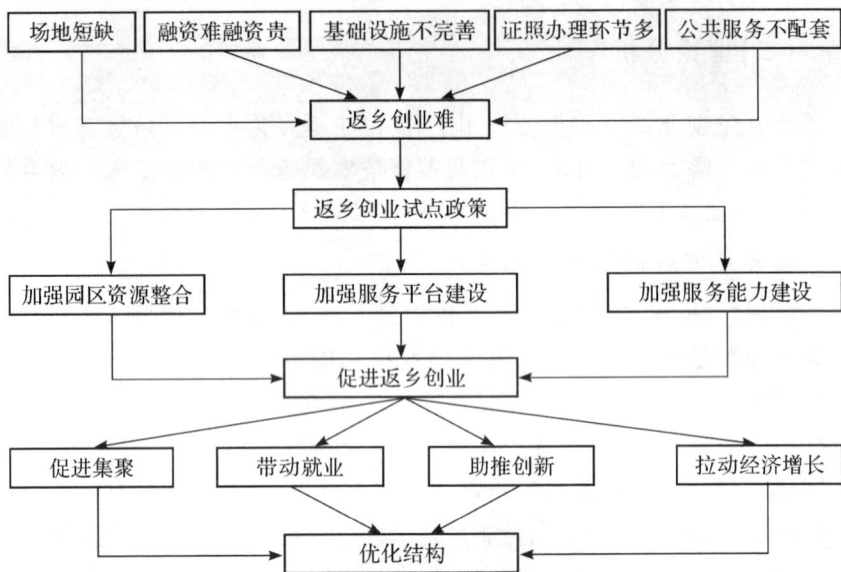

图 2　理论分析框架

济发展的前提条件之一。[①] 中小城镇相较于农村地区,人口更为集中、交通较为便利、经济更加发达,因此返乡农民工往往选择中小城镇作为创业地点。城镇新创企业的增加催生了餐饮、建筑、物流、通信等行业,吸引了更多的农村人口和生产要素向中小城镇集聚,加快了农村城镇化进程。[②] 与此同时,新兴市场主体以城镇为依托,借助集聚所带来的规模经济、范围经济,实现了自身的快速发展。

第二,返乡创业可以带动就业。农民工返乡创业会形成大量的中小企业和个体经营户,市场主体的增加必将创造出大批就业岗位,吸纳农村剩余劳动力就地就近转移就业,有助于拓宽农民的收入来源渠道,增加农村家庭的工资性收入,正所谓"回乡一人,带动一片,致富一方"。更为重要的是,充分就业和稳定增收从根本上夯实了农民的消费能力,这

---

① A. Marshall,"Principles of Economics," *Political Science Quarterly*, vol. 31, no. 77, 1961, pp. 430-444.

② 程春庭:"重视'返乡创业'增强县域经济整体发展能力",《中国农村经济》2001年第 4 期。

部分消费需求恰好对应我国供给层面的中低端产品,可以适度消化严重过剩的低端产能,对于繁荣农村市场、推进供给侧结构性改革意义重大。①

第三,返乡创业可以助推创新。返乡农民工将外出打工所积累的资源用于创业,以自身知识、技能及经验将农村的人、财、物等生产要素有机地组合起来,进行生产经营活动。这一过程不仅是新方法、新思路、新形式的应用过程,也是制度与技术的模仿创新推动区域经济增长的过程。具体而言,农民工在运用先进技术与理念的过程中形成"后发优势",而后带动了农村地区政治、经济、文化制度的变革与创新,制度变迁创造的良好环境又进一步扩大了创业规模,提升了创业质量,同时激发农村新的技术模仿,甚至出现技术研发创新。②

第四,返乡创业可以优化结构。农民工返乡创业可以打破过去以农业为主的农村经济结构,而产业结构的优化升级是拉动区域经济增长的重要力量。相关调查数据显示,返乡农民工已创业领域主要集中在非农产业,其中,从事第三产业的比例高达81%。③ 随着农村产业结构转型升级,农村经济的专业化、商品化、市场化程度将迅速提高,社会分工会进一步深化,农村不仅能够向市场提供高品质的农产品、高质量的加工品,还可以提供休闲旅游、健康养老、民俗展览等现代服务业产品。

此外,返乡创业试点政策是否能够以及在多大程度上促进县域经济增长,这不仅与试点县所处的地理位置有关④,而且还受到当地产业发展水平的影响。鉴于此,本研究将采用2011—2018年中国县域面板数据,通过大量且系统的实证分析来回答这些问题。

---

① 曹宗平:"经济新常态下农民工返乡创业的多重动因与特殊作用",《广东社会科学》2019年第3期。

② 李朝晖、李安:"农民工创业与区域后发优势创造",《农村经济》2013年第4期。

③ 赵浩兴、张巧文:"内地农民工返乡创业与沿海地区外力推动:一个机制框架",《改革》2011年第3期。

④ 李新春、宋宇、蒋年云:"高科技创业的地区差异",《中国社会科学》2004年第3期。

三、研究设计

(一)样本选择与模型设定

为了实证考察返乡创业试点政策对县域经济增长的影响,本文收集整理了 2011—2018 年中国 27 个省(自治区)1864 个县的县域面板数据①,其中 281 个县被设立为返乡创业试点地区。② 由于返乡创业试点可以被看作一项准自然实验,因此本文使用双重差分法估计返乡创业试点政策对县域经济增长的影响,我们将入选返乡创业试点地区的县作为处理组,其他县作为对照组,设定如下形式的基准回归模型:

$$Y_{it} = \alpha_0 + \alpha_1 did_{it} + X'_{it}\beta + \lambda_i + \gamma_t + \varepsilon_{it} \tag{1}$$

(1)式中,Y_{it} 为被解释变量,包括第 t 年 i 县的实际 GDP 的对数值和人均实际 GDP 的对数值,用来衡量县域经济增长水平。did_{it} 是返乡创业试点政策交互项,具体而言,$did_{it} = treat_i \times post_t$,其中:$treat_i$ 为 i 县是否入选返乡创业试点地区的虚拟变量,是则 $treat_i = 1$,否则为 0;$post_t$ 为时间虚拟变量,在入选之前 $post_t = 0$,而在入选之后 $post_t = 1$。X_{it} 表示影响县域经济增长水平的控制变量集合。λ_i 表示县固定效应,用来控制不随时间变化的个体因素。γ_t 表示年份固定效应,用来控制不随个体变化的时间因素。ε_{it} 表示随机干扰项。did_{it} 的估计系数 α_1 反映返乡创业试点政策的经济增长效应,是本文所关注的重点。

为了进一步探究返乡创业试点政策的实施是否会对试点地区的周

---

① 本文中的"县"代指非市辖区的县级行政区,包括县、县级市、自治县、旗、自治旗。

② 2016 年和 2017 年国家一共批复设立 341 个农民工等人员返乡创业试点地区。考虑到直辖市的行政序列和内部管理具有特殊性,本研究首先剔除了隶属于直辖市的县级行政区,其次剔除了市辖区,最终总共收集到 281 个县的数据,具体到各年份分别为 167 个和 114 个。从地区分布来看,东部地区 54 个,中部地区 119 个,西部地区 108 个,具有很好的代表性。

边邻近县①产生空间溢出效应,本文构建如下形式的计量模型:

$$Y_{it} = \varphi_0 + \varphi_1 didn_{it} + X'_{it}\beta + \lambda_i + \gamma_t + \varepsilon_{it} \tag{2}$$

(2)式中,$didn_{it}$ 是溢出效应交互项,具体地,$didn_{it} = near_i \times post_t$,其中:$near_i$ 用于区分处理组和对照组,若 i 县是返乡创业试点地区的周边邻近县,则 $near_i$ 赋值为 1,否则为 0;其他变量与(1)式保持一致。需要特别说明的是,此处的对照组为原先的对照组剔除试点地区周边邻近县之后的县。若 $didn_{it}$ 的估计系数 φ_1 显著为正,则说明该政策效果存在对周边邻近县的空间溢出效应。

(二)变量选取与说明

1.被解释变量

借鉴既有文献的普遍做法②,本文选取各县实际 GDP 的对数值来度量县域经济增长水平。同时,为了确保回归结果的可靠性,我们也使用各县人均实际 GDP 的对数值作为参照。各县实际 GDP 由各县名义 GDP 除以所属省份以 2010 年为基期的居民消费价格指数得出,而各县人均实际 GDP 用各县实际 GDP 除以年末总人口计算得出。

2.核心解释变量

返乡创业试点政策交互项。

3.控制变量

影响经济增长的因素十分复杂,为了控制其他因素对县域经济增长的影响,本文还设置了一系列控制变量,具体说明如下。

(1)资本存量

资本积累是经济增长的重要源泉,本文参照现有文献的普遍做法③,使用"永续盘存法"来计算各年各县的资本存量。计算公式如下:

---

① 本文中的"周边邻近县"代指"与试点县有共同边界的非试点县"。

② 张学良:"中国交通基础设施促进了区域经济增长吗——兼论交通基础设施的空间溢出效应",《中国社会科学》2012 年第 3 期。

③ 张军、吴桂英、张吉鹏:"中国省际物质资本存量估算:1952—2000",《经济研究》2004 年第 10 期。

$$K_{it} = K_{it-1}(1-\delta) + I_{it} \tag{3}$$

其中,i 和 t 分别表示县和年份,K 表示资本存量,I 表示全社会固定资产投资额,δ 表示折旧率。需要说明的是,本文首先利用省级层面的固定资产投资价格指数对 I_{it} 进行平减,将 I_{it} 转化为以 2010 年为基期的可比价格;其次,借鉴张学良的计算方法,采用 2011 年各县的固定资产投资额除以 10%,作为各县的初始资本存量;最后,参考单豪杰①的做法,将折旧率设定为 10.96%,测算出各年各县资本存量的对数值以及人均资本存量的对数值。

(2)劳动投入

劳动力数量的增长与劳动力质量的提升均是拉动地区经济增长的重要驱动力。② 本文使用就业人员数量的对数值来衡量劳动力数量对经济增长的影响。③ 另外,由于测算县域劳动力平均受教育年限的数据缺失,故本文按照柯善咨④的做法,选取普通中学在校学生数占年末总人口的比重来衡量县域劳动力质量。

(3)其余控制变量

本文还引入了产业结构、居民储蓄水平、政府规模、通信基础设施水平和交通基础设施水平作为控制变量,详细的变量度量方法见表 2。

4. 其他变量

在作用机理检验中,选取的中介变量包括经济集聚水平、非农就业水平、技术创新水平和服务业发展水平;在稳健性检验中,本文选取地区人口规模、行政区域面积、产业规模化程度来反映县域人口、地理、产业特征。详细的变量度量方法见表 2。

---

① 单豪杰:"中国资本存量 K 的再估算:1952—2006 年",《数量经济技术经济研究》2008 年第 10 期。

② 蔡昉:"中国改革成功经验的逻辑",《中国社会科学》2018 年第 1 期。

③ 由于国家在 2013 年对县域就业人员数量相关指标的统计口径进行了调整,为了减小数据偏差带来的影响,本文参考现有文献的做法,2011—2012 年使用"乡村从业人员数+年末单位从业人员数-农林牧渔业从业人员数",2013—2018 年使用"第二产业从业人员数+第三产业从业人员数"表示就业人员数量。

④ 柯善咨:"中国城市与区域经济增长的扩散回流与市场区效应",《经济研究》2009 年第 8 期。

(三)数据来源与描述性统计

2016 年和 2017 年农民工等人员返乡创业试点地区名单来源于国家发展和改革委员会网站。[①] 2011—2018 年各县的高速公路数据来源于历年 GPS 导航地图。2011—2018 年各省居民消费价格指数和固定资产投资价格指数来源于各省份的统计年鉴。2011—2018 年各县专利授权量数据来源于国家知识产权局。[②] 其余指标数据都来源于《中国县(市)社会经济统计年鉴》(2012 年)[③]和《中国县域统计年鉴》(2013—2019 年)[④]。

主要变量的描述性统计结果如表 2 所示。

表 2　主要变量的度量方法及描述性统计

变量	度量方法	平均值	标准差	最小值	最大值
实际 GDP	县域实际 GDP 取对数	13.6089	0.9900	11.5537	15.2644
人均实际 GDP	县域人均实际 GDP 取对数	10.0504	0.5857	9.1069	11.1616
试点政策交互项	政策虚拟变量 × 时间虚拟变量	0.0489	0.2156	0.0000	1.0000
资本存量	资本存量取对数	15.3259	1.0350	12.2384	17.3832
人均资本存量	人均资本存量取对数	11.7862	0.7376	9.9321	13.7873
劳动力数量	就业人员数量取对数	11.2532	1.1266	8.8904	12.9377
劳动力质量	普通中学在校学生数/年末总人口	0.0457	0.0135	0.0174	0.0876
产业结构	第二产业增加值/名义 GDP	0.4299	0.1524	0.0979	0.7878

[①]　中华人民共和国国家发展和改革委员会官方网站,https://www.ndrc.gov.cn/。

[②]　国家知识产权局中国专利公布公告,http://epub.cnipa.gov.cn/gjcx.jsp。

[③]　国家统计局农村社会经济调查司编:《中国县(市)社会经济统计年鉴》,北京:中国统计出版社,2012 年。

[④]　国家统计局农村社会经济调查司编:《中国县域统计年鉴》,北京:中国统计出版社,2013—2019 年。

续表

变量	度量方法	平均值	标准差	最小值	最大值
居民储蓄水平	居民储蓄存款余额/名义GDP	0.7302	0.3473	0.1445	1.9277
政府规模	地方财政一般预算支出/名义GDP	0.3235	0.3001	0.0646	1.7275
通信基础设施水平	固定电话用户数/年末总人口	0.1068	0.0816	0.0102	0.4500
交通基础设施水平	是否通高速公路虚拟变量(0,1)	0.7595	0.4274	0.0000	1.0000
经济集聚水平	第二、第三产业增加值/行政区域面积	0.0900	0.1446	0.0002	0.8839
非农就业水平	乡村非农从业人员数/乡村从业人员数	0.4399	0.2108	0.0314	0.8939
技术创新水平	专利授权量/年末总人口	0.0004	0.0008	0.0000	0.0051
服务业发展水平	第三产业增加值/名义GDP	0.3656	0.1078	0.1291	0.6678
地区人口规模	年末总人口取对数	3.5202	0.9308	0.6931	5.1224
行政区域面积	行政区域面积取对数	7.7705	0.9238	5.7838	10.7204
产业规模化程度	规模以上工业企业单位数取对数	3.8510	1.3580	0.0000	6.7274

四、实证检验与结果分析

(一)基准回归结果

本文首先考察返乡创业试点政策对县域经济增长的综合效应,具体回归结果如表3所示。其中,第(1)列和第(3)列报告了在控制县固定效应和年份固定效应的条件下,仅将返乡创业试点政策交互项作为解释变量时的回归结果。结果表明,返乡创业试点政策对县域经济增长有显著的正向影响。为了验证该关系,本文在第(2)列和第(4)列中进一步加入了控制变量。可以发现,试点政策交互项的估计系数仍然显著为正,即与非试点地区相比,政策显著促进了试点地区 GDP 和人均 GDP 的增长。从作用大小来看,返乡创业试点政策对试点县实际 GDP 和人均实际 GDP 的提升作用分别为 2.26% 和 1.41%。2011—2018 年全部样本县的实际 GDP 均值和人均实际 GDP 均值分别为 139.17 亿元和 30603.97 元,因此,该政策可以为当地实际 GDP 和人均实际 GDP 分别贡献 3.15 亿元和 431.52 元。

表 3　基准回归结果

解释变量	实际 GDP		人均实际 GDP	
	(1)	(2)	(3)	(4)
试点政策交互项	0.0408*** (0.0127)	0.0226*** (0.0085)	0.0283** (0.0116)	0.0141** (0.0072)
资本存量		0.1404*** (0.0178)		
人均资本存量				0.1726*** (0.0175)
劳动力数量		0.0069* (0.0036)		−0.0004 (0.0033)
劳动力质量		0.5421** (0.2255)		0.6075*** (0.2023)
产业结构		0.9750*** (0.0664)		0.8682*** (0.0480)
居民储蓄水平		−0.4528*** (0.0298)		−0.4404*** (0.0250)
政府规模		−0.3088*** (0.0419)		−0.2475*** (0.0284)
通信基础设施水平		0.0989** (0.0448)		0.2158*** (0.0428)
交通基础设施水平		0.0329*** (0.0116)		0.0328*** (0.0099)
常数项	13.3891*** (0.0043)	11.0568*** (0.2761)	9.8508*** (0.0040)	7.7129*** (0.2116)
县固定效应	是	是	是	是
年份固定效应	是	是	是	是

续表

解释变量	实际 GDP		人均实际 GDP	
	(1)	(2)	(3)	(4)
观测值	14660	13909	14660	13909
R^2	0.3993	0.7183	0.4159	0.7470

注：***、**、*分别表示在 1%、5%、10%的水平上显著；括号内的数值是以县为聚类变量的稳健标准误。

(二)异质性及溢出效应分析

1.区域异质性

中国经济是典型的大国经济,不同区域的要素禀赋和产业发展水平存在较大差异。为了进一步分析返乡创业试点政策影响经济增长的区域异质性,本文按照国家统计局的划分标准将中国划分为东、中、西三大经济区域①,然后分别对三大区域进行回归,回归结果如表 4 第(1)至(3)列所示。从中可以看出,返乡创业试点政策在中部地区和西部地区的估计系数显著为正,但东部地区的估计系数不显著。这说明:总体上,返乡创业试点政策对县域经济增长具有促进作用,但是该效应主要体现在外出农民工较多的中西部地区。主要原因在于:返乡创业的经济增长效应受到当地返乡农民工数量、产业发展水平等多种因素的共同影响。一方面,随着中西部发展进程的加快,农民工流动呈现出从东部地区"回流"中西部地区的趋势,近年来在乡内就业的本地农民工数量增长明显。另一方面,国务院发展研究中心调查数据显示:农民工返乡创业领域主要集中在第二、第三产业,其中农业产业占比仅为 28.3%。② 在东部地区,非农产业发展较为饱和,农民工返乡创业带来的经济增长效应较弱;而在中西部地区,非农产业的发展急需人才、资金和技术,农民工返乡创业为当地带来了宝贵的经济发展契机。

---

① 在本文的试点样本中,东、中、西部地区返乡创业试点县的样本比例分别为 19.22%、42.35%、38.43%。

② 韩俊:《中国农民工战略问题研究》,上海:上海远东出版社,2009 年,第 184 页。

2.溢出效应分析

政策溢出效应的检验结果如表4第(4)至(6)列所示,不难看出,东、中、西部地区溢出效应交互项的估计系数均没有通过5%的显著性检验,这说明返乡创业试点政策尚未产生明显的空间溢出效应。换言之,返乡创业试点政策并没有推动试点地区周边邻近县的经济增长。可能的原因是试点政策实施时间较短,当前返乡创业企业大都处于初创期和成长期,经营规模不大,雇佣人员较少,可以在一定程度上解决当地农民的就业问题,但对周边县的人口、资金等要素的吸引力不强。

表 4　区域异质性及溢出效应

解释变量	实际 GDP					
	东部地区	中部地区	西部地区	东部地区	中部地区	西部地区
	(1)	(2)	(3)	(4)	(5)	(6)
试点政策 交互项	−0.0053 (0.0175)	0.0162** (0.0065)	0.0341** (0.0159)			
溢出效应 交互项	(0.0075)			0.0181	−0.0049 (0.0110)	−0.0143* (0.0094)
控制变量	是	是	是	是	是	是
县固定效应	是	是	是	是	是	是
年份固定效应	是	是	是	是	是	是
观测值	3517	4432	5960	3110	3537	5136
R^2	0.7043	0.7936	0.7087	0.7053	0.7785	0.7289

注:***、**、*分别表示在1%、5%、10%的水平上显著;括号内的数值是以县为聚类变量的稳健标准误。

(三)稳健性检验

为了确保研究结论的可靠性,本文从以下几方面进行稳健性检验。

1.平行趋势检验

前文使用双重差分法研究发现,返乡创业试点政策可以有效推动县域经济增长,但使用该方法一个尤为重要的假设条件是处理组和对照组在政策发生前必须满足"平行趋势"假设,为了验证双重差分法识别策略

的可靠性,本文借鉴现有的研究框架①,使用事件分析法考察事前的平行趋势以及政策的动态效应,回归方程设定为如下形式:

$$Y_{it} = \sigma_0 + \sum_{s=-5}^{1} \sigma_s DID_s + X'_{it}\beta + \lambda_i + \gamma_t + \varepsilon_{it} \qquad (4)$$

(4)式中,σ_s 是估计系数,它捕捉了试点县与非试点县在时间趋势上的差异。DID_s 是返乡创业试点政策开始实施当年年份的虚拟变量,当 s 取负数时表示返乡创业试点政策实施前 s 年,取正数时表示政策实施后 s 年。σ_0 是截距项,其余变量与(1)式保持一致。图 3 汇报了方程(4)的估计结果。② 从图 3 中可以看出,在政策实施前,每一个时间窗口的估计系数均不显著。同时,估计系数的联合显著性检验也表明,无法拒绝 $\{\sigma_{-5}, \cdots, \sigma_{-1}\}$ 同时为零的原假设。此外,在政策实施后,系数估计值显著为正。估计结果一方面表明,在政策实施前处理组和对照组具有共同的变化趋势;另一方面表明,返乡创业试点政策的实施对县域经济增长产生了正向促进作用,而且政策效果在时间上具有时滞性。

2. 安慰剂检验

对于研究结论的另外一种担心在于,县域实际 GDP 的统计显著很可能源于某些随机因素。为此,本文参考现有的处理方法进行间接检验③,以判断返乡创业试点政策的经济增长效应是否是由其他非观测遗漏变量引起的。按照返乡创业试点政策的实施情况,我们每次从 1864 个样本中随机选取 281 个县,将其设定为"伪处理组"④,其余样本则作为对照组。

---

① E. A. Boler, A. Moxnes and K. H. Ulltveit-Moe, "R&D, International Sourcing, and the Joint Impact on Firm Performance", *American Economic Review*, vol. 105, no. 12, 2015, pp. 3704-3739.

② 图 3 展示了方程(4)中 DID_s 的估计系数,虚线表示 95% 的置信区间。

③ D. Cantoni, Y. Y. Chen, D. Y. Yang, N. Yuchtman and Y. J. Zhang, "Curriculum and Ideology," *Journal of Political Economy*, vol. 125, no. 2, 2017, pp. 338-392.

④ 本文同时保证各年份入选试点县分布与真实情况保持一致,即从 2016 开始进入"伪处理组"的县为 167 个,从 2017 年开始进入"伪处理组"的县为 114 个。

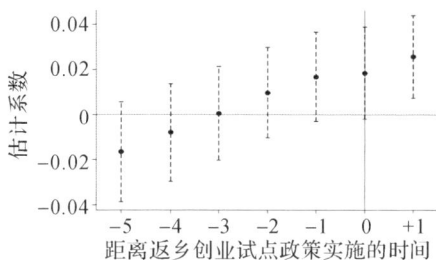

图 3　平行趋势检验

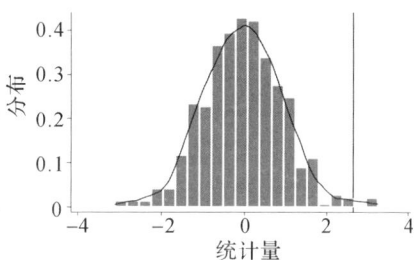

图 4　安慰剂检验

本文重复 500 次该随机过程并进行 500 次回归,将 500 次回归中返乡创业试点政策的 t 统计量统计出来,与基准回归中返乡创业试点政策的 t 统计量进行对比。从图 4 中可以看出,在生成的 500 次"随机的试点县"回归结果中,只有极少数回归的 t 统计量大于基准回归中返乡创业试点政策的 t 统计量。具体地,在 500 次随机生成的政策冲击下,仅 0.60% 的随机政策会对地方实际 GDP 产生显著的正向影响,因此,我们犯"取伪错误"的概率非常低。这进一步表明返乡创业试点政策对县域经济增长的作用比较稳健,的确推动了当地经济的增长。

3.样本选择问题

尽管上文对 DID 方法的假设条件和估计结果进行了相关检验,但仍然可能存在处理组样本的自选择问题,例如上级政策制定者更偏好于选择新型城镇化建设任务较重的地区作为试点地区[①],由此导致样本选择偏误。因此,为了降低样本自选择问题对回归结果造成的影响,本研究进一步使用倾向得分匹配倍差法(PSM-DID)检验返乡创业试点政策的效果。

我们首先利用 Logit 模型计算每个县入选返乡创业试点地区的倾向得分,模型中的协变量包含地区人口变量、地区面积变量、产业规模化

---

① 返乡创业试点地区的申报流程是:各县(市、区)自主申报,各省、自治区、直辖市发展改革委同有关部门研究确定试点推荐名单,最后由国家发展和改革委员会确定并公布试点名单。

程度变量以及前文的控制变量①,然后根据倾向得分为入选返乡创业试点地区的样本匹配对照组,使两组样本的解释变量在政策冲击前没有显著差异,以此降低样本选择偏误。本研究分别使用最近邻匹配法、核匹配法和半径匹配法进行匹配,为了保证匹配质量,我们同时进行了"平衡性检验"和"共同支撑检验",相关检验结果如图5和图6所示。② 可以发现,在匹配前大多数变量的标准化偏差较大,而在匹配后所有变量的标准化偏差大幅度缩小,且均小于5%,这说明处理组和对照组之间已无系统性差异,满足随机实验的要求;另外,样本基本满足共同支撑假设。在此基础上,我们剔除了共同支撑域之外的样本,利用 DID 方法估计出返乡创业试点政策对县域经济增长的净影响。由于 PSM 方法可以最大限度地解决样本选择偏误问题,而 DID 方法能够消除遗漏变量的影响,因此两种方法的结合可以有效识别政策的经济增长效应。

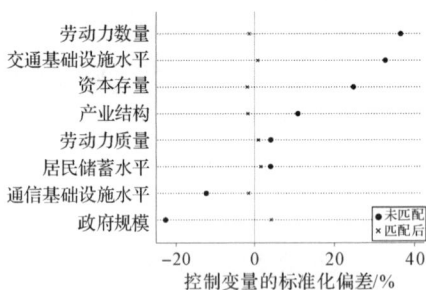

图 5 平衡性检验

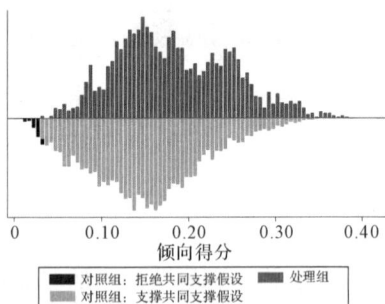

图 6 共同支撑检验

PSM-DID 方法的回归结果如表5所示,其中,第(1)列至第(3)列的被解释变量为实际 GDP,第(4)列至第(6)列的被解释变量为人均实际 GDP。结果显示,无论采用何种匹配方法,核心解释变量的估计系数均显著为正,故本文估计的返乡创业试点政策对县域经济增长的正向影响

---

① 我们查阅了返乡创业试点地区申报材料提纲,申报材料要求申报地区介绍经济、人口、资源、就业、产业等情况,与本文选取的协变量的范围基本相同,这表明协变量的选取具有合理性。

② 由于篇幅限制,正文中未汇报倾向得分匹配结果。另外,核匹配和半径匹配的平衡性检验结果及共同支撑检验结果(均通过检验)也没有在正文中汇报,读者可向作者索取。

是稳健的。

表 5　稳健性检验结果 I

解释变量	实际 GDP			人均实际 GDP		
	最近邻匹配	核匹配	半径匹配	最近邻匹配	核匹配	半径匹配
	（1）	（2）	（3）	（4）	（5）	（6）
试点政策交互项	0.0117** (0.0043)	0.0114** (0.0050)	0.0099** (0.0048)	0.0102** (0.0048)	0.0111** (0.0046)	0.0114*** (0.0043)
控制变量	是	是	是	是	是	是
县固定效应	是	是	是	是	是	是
年份固定效应	是	是	是	是	是	是
观测值	6529	13319	13121	6529	13319	13121
R^2	0.7881	0.7544	0.7603	0.7968	0.7627	0.7643

注：最近邻匹配采用 1∶3 的匹配方法；半径匹配的匹配半径为 0.001。***、**、* 分别表示在 1%、5%、10% 的水平上显著；括号内的数值是以县为聚类变量的稳健标准误。

4. 其他稳健性检验

第一，本文的样本中涵盖了 588 个贫困县，由于贫困县的经济发展状况与非贫困县相比差异显著，且国家针对贫困县原本就有一些政策倾斜，因此这部分样本可能会影响回归结果的有效性。为了确保结论的可靠性，本文将样本中的贫困县剔除后进行回归，回归结果见表 6 第（1）列。从中可以看出，返乡创业试点政策交互项的估计系数依然显著为正，这说明本文的研究结论是稳健的。

第二，由于返乡创业试点地区是分批设立的，而在我们的样本中 2017 年设立的返乡创业试点地区只有两年的观测值，因此可能存在政策实施时长较短造成的估计偏误。为了保证实证结果的可靠性，本文剔除了 2017 年入选的返乡创业试点县后再进行回归，回归结果如表 6 第（2）列所示。结果显示，与基准回归相比，交互项的估计系数有所下降，但仍然是显著为正的，这进一步加强了本文结论的可靠性。

第三，本文样本的时间跨度为 2011—2018 年，但返乡创业试点政策发生在 2016 年和 2017 年，政策冲击前的时期可能过长。稳健起见，本文重新将样本区间设定为 2013—2018 年,即政策实施前三年和后三年,具体实证检验结果见表 6 第(3)列。从中可以看出,设立返乡创业试点政策对县域经济增长产生了显著的提升作用,再次验证了研究结论的稳健性。

表 6   稳健性检验结果 II

解释变量	实际 GDP		
	剔除贫困县	剔除 2017 年试点县	更改样本时期
	(1)	(2)	(3)
试点政策交互项	0.0252 **	0.0190 ***	0.0166 **
	(0.0099)	(0.0062)	(0.0070)
控制变量	是	是	是
县固定效应	是	是	是
年份固定效应	是	是	是
观测值	9412	13046	10525
R^2	0.7045	0.7131	0.6600

注:*** 、** 、* 分别表示在 1%、5%、10% 的水平上显著;括号内的数值是以县为聚类变量的稳健标准误。

五、作用机理检验

根据前文的理论分析,返乡创业试点政策对县域经济增长的影响可能存在“集聚效应”、“就业效应”、“创新效应”和“结构效应”四种传导机制。据此,本文通过引入“经济集聚水平”、“非农就业水平”、“技术创新水平”和“服务业发展水平”四个中介变量来构建中介效应模型,以验证返乡创业试点政策影响县域经济增长的作用机理。具体模型如下:

$$Y_{it} = \alpha_0 + \alpha_1 did_{it} + X'_{it}\beta + \lambda_i + \gamma_t + \varepsilon_{it} \tag{5}$$

$$M_{it} = \theta_0 + \theta_1 did_{it} + X'_{it}\beta + \lambda_i + \gamma_t + \varepsilon_{it} \tag{6}$$

$$Y_{it} = \omega_0 + \omega_1 did_{it} + \omega_2 M_{it} + X'_{it}\beta + \lambda_i + \gamma_t + \varepsilon_{it} \tag{7}$$

其中,M_{it} 是中介变量,其余变量与前文保持一致,此处不再赘述。α_1 反映了返乡创业试点政策对县域经济增长影响的总效应,ω_1 表示直接效应,中介效应由 $\theta_1\omega_2 = \alpha_1 - \omega_1$ 来衡量。根据中介效应检验程序,如果系数 α_1、θ_1、ω_1、ω_2 均显著为正,且 $\omega_1 < \alpha_1$,则表明存在中介效应。

前文已经基于(5)式进行了回归,结果发现 α_1 在 1% 的统计水平上显著为正,接下来本文对(6)式进行检验,检验结果如表7所示。表7第(1)列代表返乡创业试点政策带来的集聚效应,结果显示试点政策显著提高了当地的经济集聚水平,这是因为返乡创业会带动资金流、人才流、技术流,促进农村人口和生产要素向中小城镇集聚。表7第(2)列的估计结果表明返乡创业试点政策促进了非农就业水平的提高,这意味着返乡创业会形成大量的小微企业和个体经营户,能够为农村剩余劳动力提供大量就地就近就业岗位。表7第(3)列为试点政策对技术创新水平的影响,结果发现,返乡创业试点政策并未显著提升当地的技术创新水平,主要原因是,农民工返乡后往往能够利用学到的先进技术和管理经验进行创业活动,但由于该群体的文化层次相对较低,因而不容易出现技术研发创新。表7第(4)列报告了返乡创业试点政策对服务业发展水平的影响,结果表明试点政策提高了第三产业增加值占比。这一结果也与现实情况相符,返乡农民工的创业领域主要集中于非农产业,第三产业占比高,返乡创业已成为推动产业结构优化升级的重要力量。

表 7　作用机理检验结果 I

变量	集聚效应	就业效应	创新效应	结构效应
	(1)	(2)	(3)	(4)
	经济集聚水平	非农就业水平	技术创新水平	服务业发展水平
试点政策 交互项	0.0035**	0.0098***	0.0000	0.0042**
	(0.0017)	(0.0037)	(0.0000)	(0.0018)
控制变量	是	是	是	是
县固定效应	是	是	是	是
年份固定效应	是	是	是	是
观测值	13909	13422	10251	13909
R^2	0.3926	0.1573	0.1412	0.8048

注:***、**、* 分别表示在 1%、5%、10% 的水平上显著;括号内的数值是以县为聚类变量的稳健标准误。

在此基础上,我们进一步检验中介变量是否会影响县域经济绩效,(7)式的估计结果如表8所示,可以发现经济集聚水平、非农就业水平和服务业发展水平都是显著为正的。这说明经济活动的空间集聚会带来生产成本的节约和生产效率的提高,进而拉动县域经济增长;其次,非农就业水平的提高同样有助于县域经济增长;最后,地区产业结构的优化升级则为县域经济的高质量发展注入了新活力。值得注意的是,表8第(1)至(3)列试点政策交互项的估计系数均显著为正且小于0.0226,同时,Sobel检验的Z值在5%的统计水平上都是显著为正的,这表明存在中介效应。具体来看,经济集聚水平、非农就业水平和服务业发展水平分别解释了返乡创业试点政策对县域经济增长综合影响的18.77%、5.16%和18.54%。因此,本文的理论分析中有三条中介机制得到验证,即返乡创业试点政策不仅直接促进了县域经济增长,还通过促进经济集聚、增加非农就业和优化产业结构这些渠道间接改善了地方经济绩效。

表8 作用机理检验结果Ⅱ

解释变量	实际 GDP		
	(1)	(2)	(3)
试点政策交互项	0.0184** (0.0085)	0.0214** (0.0085)	0.0184** (0.0081)
经济集聚水平	1.2097*** (0.1615)		
非农就业水平		0.1191*** (0.0241)	
服务业发展水平			0.9915*** (0.0979)
控制变量	是	是	是
县固定效应	是	是	是
年份固定效应	是	是	是
观测值	13909	13422	13909
R^2	0.7310	0.7235	0.7340
中介效应	18.77%	5.16%	18.54%

解释变量	实际 GDP		
	（1）	（2）	（3）
Sobel Z	3.905***	2.555**	3.486***
Sobel Z-p 值	0.0001	0.0106	0.0005

注：***、**、* 分别表示在 1％、5％、10％的水平上显著；括号内的数值是以县为聚类变量的稳健标准误。

六、结论与政策启示

实现本土创业就业，是无数外出务工人员的美好梦想，也是激发经济增长新动力的重要途径。为此，中国政府从 2016 年开始实施返乡创业试点政策，希望通过破解影响返乡创业的政策壁垒，优化鼓励返乡创业的体制机制环境，从而提升劳务输出地返乡创业的参与率和成功率，实现县域经济高质量发展。为了考察农民工返乡创业与县域经济增长的关系，同时准确评估返乡创业试点政策的实际效果，本文采用 2011—2018 年全国 1864 个县的面板数据，利用双重差分法进行了大量且系统的实证分析。研究发现，返乡创业试点政策显著提高了县域 GDP 总量和人均 GDP 水平；不过，政策的经济增长效应存在区域异质性，该效应主要体现在外出农民工较多的中西部地区。另外，本文还发现，该政策尚未对试点地区的周边邻近县产生空间溢出效应。最后，返乡创业试点政策主要通过促进集聚、带动就业和优化结构等渠道推动县域经济增长。

2021 年 3 月，国家在"十四五"规划纲要中明确提出"推进以县城为重要载体的城镇化建设"，这既是加快城乡融合发展的重要手段，也是对农村外出劳动力今后主要去向的慎重考虑，大城市未必能真正解决农民的出路问题，通过政策引导农民工回流到户籍所在的中小城镇，并实现就地就近就业，成为农民工市民化的新路径。就目前的返乡创业现状和县域经济发展而言，本文的研究发现具有多重政策启示：

第一，本文的研究结论为政府进一步支持农民工返乡创业提供了重要的现实依据。本文的研究结果显示,政府支持和引导农民工返乡创业,不仅有助于解决农村剩余劳动力的就业问题,而且会极大地推动地方经济增长。因此,有必要在更大范围内推广返乡创业试点经验,使试点成果惠及更多的农民和地区。

第二,本文的研究结论为"回流式"城镇化建设提供了有益的参考与借鉴。从中国目前的城镇化水平来看,未来还会有大量农民要融入城镇化进程。近年来,"回流式"城镇化成为破解"异地城镇化"瓶颈、实现高质量城镇化的重要路径。本文的研究表明,政府支持农民工返乡创业可以加快人才、资金和技术的回流,同时产生"集聚效应"、"就业效应"和"结构效应",这对于推进"回流式"城镇化建设具有借鉴意义。

第三,考虑到中国区域和城乡发展不平衡,本文的研究结论还有助于平衡发展政策的出台。中西部地区和广大农村具有独特的经济资源禀赋,但由于受到历史、经济政策和自然条件等多种因素的制约,长期以来这些地区的优势并未得到充分发挥。本文的研究表明,通过支持农民工返乡创业,激发落后地区的资源禀赋优势,不仅可以实现农村产业兴旺,而且能够促进区域平衡协调发展。

为了深入发挥农民工返乡创业力量,推动县域经济高质量发展,政府应多方位强化政策保障:第一,鉴于返乡创业试点政策推动县域经济增长的作用机理,一方面,应当加快培育具有地方特色的优势产业集群,引导更多的返乡创业者围绕当地龙头产业集群创业;另一方面,要对为失地农民、低保边缘群体、下岗失业人员就业和再就业做出贡献的企业给予税收优惠、贷款贴息等政策。第二,鉴于返乡创业试点政策的经济增长效应在中西部地区十分显著,一方面,应继续加大对落后地区返乡农民工创业的扶持力度,充分调动其积极性、主动性和创造性;另一方面,也要利用好当地的生态优势和人文资源,鼓励返乡农民工开发乡村、乡土、乡韵潜在价值,促进农村三次产业融合发展。

第三篇
城乡关系与城镇化

非农化和城市化：
浙江现代化战略的重点[①]

一、改革以来浙江非农化和城市化的进程与特点

众所周知,重工业优先推进战略和城乡割离政策,是改革以前我国经济社会发展的一个重要特点。尽管这种战略与政策的实施,使我国在短期内就建立起了新中国的工业基础和城市体系,但也带来了整个产业结构不尽合理以及人口与劳动力过度集聚在农业和农村等后遗症。以浙江为例,1978年全省农业劳动力比重高达85％,农民人均年纯收入仅165元,全省城市化水平仅15％,呈现出明显的二元结构特征。改革开放改变了这种格局,大量农业富余劳动力的转移,农村非农产业的蓬勃发展和小城市的大量涌现,是显而易见的变化。浙江农村非农劳力比重由1978年的15.0％上升到1998年的47.4％,20年间净转移出农业劳力830万;农村非农产值比重由1979年的33.0％上升到1998年的89.0％,其中乡镇工业产值已占全省工业产值的84.0％,建制镇个数由1978年的167个,上升为1997年的998个;农民人均纯收入由1978年的165元,上升为1998年的3815元,20年间增加了22倍多。表1进一步反映了浙江改革开放20年来非农化与城市化的进程。改革20年来的浙江非农化和城市化进程具有以下特点。

---

① 本文作者为黄祖辉、鲁柏祥。本文内容发表在《浙江社会科学》2000年第5期。

表1 改革开放以来浙江经济社会非农化和城市化进程

单位：%

统计量	统计起始率			统计截止率		
全省产业结构	一产	二产	三产	一产	二产	三产
(1979—1998年)	38.0	43.0	19.0	13.0	54.0	33.0
全省就业结构	农业		非农业	农业		非农业
(1979—1997年)	72.4		27.6	41.3		58.7
农村就业结构	农业		非农业	农业		非农业
(1978—1998年)	85.0		15.0	52.6		47.4
城市化水平	农村人口		城市人口	农村人口		城市人口
(1978—1997年)	85.0		15.0	65.0		35.0
农民收入结构	来自农业		来自非农业	来自农业		来自非农业
(1980—1998年)	73.2		26.8	38.0		62.0

注：全省产业结构按GDP口径计算。

一是农业劳动力转移既有"离土不离乡"的特点，又有"离乡不离土"的特征。前者表现为：尽管大多数转移劳力从农业转向非农产业就业，但仍然生活在农村，其主要原因是许多非农产业，特别是乡镇企业，并非办在城市，而是办在村镇，因此转移劳力可以"进厂不进城"。后者表现为大多数转移劳力即使已长期从事非农产业，但仍然拥有土地承包权，甚至从事一定的农业。农业劳动力的上述转移特点，一方面使得城市流动性人口突增，小城市发展迅速，但大、中城市发展相对缓慢，另一方面导致了比较普遍的兼业农业现象（见表2）。

表2 浙江农村住户分类、兼业化及其比较(1996年)

项目		全国	浙江	江苏	山东	广东
农村总住户合计		21382.80	920.30	1402.80	1823.70	1006.50
农业户	合计(万户)	19308.90	601.80	1124.30	1682.60	799.40
	合计比重(%)	90.30	65.39	80.15	92.26	79.42
	纯农业户(万户)	12671.90	244.50	507.90	1126.50	358.70
	纯农业户比重(%)	59.26	26.57	36.20	61.77	35.64
	农业兼业户(万户)	3901.20	150.70	257.90	332.70	218.20
	农业兼业户比重(%)	18.24	16.38	18.38	18.24	21.68
	非农兼业户(万户)	2735.80	206.50	358.50	223.50	222.50
	非农兼业户比重(%)	12.79	22.44	25.56	12.26	22.10

	项目	全国	浙江	江苏	山东	广东
非农户	合计(万户)	2073.90	318.50	278.50	141.10	207.10
	合计比重(%)	9.70	34.61	19.85	7.74	20.58

从表2可见,浙江农村住户中非农户比重高于江苏、山东、广东以及全国平均水平,同时,在农业户中,兼业农户(包括以农业为主兼业户和以非农为主兼业户)的比重达59.36%,高于江苏(54.83%)、山东(33.05%)、广东(55.13%)和32.51%的全国平均水平。

二是农业劳动力转移速度与经济增长密切相关,相关性达0.98,农民收入增长愈来愈取决于来自非农产业的收入,其贡献份额1980年为26.78%,1998年已达62%。尽管农村非农就业增长与农民收入增长还取决于其他因素,如就业弹性、就业竞争和产业结构等因素,但是表3在一定程度上反映了改革开放20年浙江经济增长与农业劳动力转移以及农民收入的关系,即经济增长速度快,农村非农就业增长速度也快,进而农民纯收入增长速度也较快,反之则农村非农就业增长速度放慢,从而农民纯收入增长速度也不同程度地下降。根据表3中1992—1998年的数据计算,大体上GDP每增长1.0%,农村非农就业增长0.3%;而农村非农就业每增长1.0%,农民纯收入可增长1.3%,或者说GDP每增长1.0%,农民纯收入可增长0.4%。

表3　浙江经济增长、农业劳动力转移与农民收入变动

单位:%

阶段	1978—1987年	1988—1991年	1992年	1993年	1994年	1995年	1996年	1997年	1998年
经济增长(GDP)	14.10	6.77	19.00	22.00	20.00	16.70	12.70	11.00	10.10
农村非农业就业增长	17.30	0.02	5.20	14.00	5.50	4.10	2.30	2.10	0.07
农民纯收入增长	13.50	4.20	8.80	10.20	4.10	5.30	6.10	3.80	4.70

注:农民纯收入增长为扣除物价因素后的实际收入增长,1992—1998年平均增长6.1%。GDP增长指标为可比价年平均增长速度,其中:1992—1998年平均递增15.3%。

三是转向二、三产的劳动力文化程度与素质较高,留在农业的劳动

力文化程度与素质较低,农村劳动力的梯次流动与交互流动特征不断显现。表 4 反映了 1996 年浙江农村一、二、三产劳动力的平均文化程度。表明从事非农产业的劳动力的文化程度明显高于从事农业的劳动力的文化程度,这种趋势逐年明显。

农村抽样调查资料显示,从 1992 年到 1997 年间,初中及以上文化的劳动力占当年新转向二、三产的劳动力比重逐年上升,分别为 60.6%、62.1%、66.4%、69.7%、77.9% 和 78.6%。此外,在转移劳动力中受过各种专业培训而有一技之长的劳动力比重也较高,1997 年的农村抽样调查资料显示,当年新转向非农产业的劳动力中,受过专业培训的占 36.1%,大大高于当年受过专业培训劳动力占被调查劳动力 18.1% 的平均水平。

表 4　浙江农村劳动力文化程度差异

单位:%

文化程度	一产	二、三产	平均
小学以下	74.3	45.00	58.1
初中以上	25.7	55.00	41.9

注:表中数据来自浙江 1996 年农普调查资料。

近年来,浙江农业劳动力的转移速度总体趋缓,但与此同时,劳动力流动的梯次性和交互性特征逐渐明显。前者表现为经济相对发达地区的农业劳动力不断转向当地或外地的非农产业,而本地区的农业却逐渐由来自欠发达地区的农业劳动力承包经营或受雇经营。以浙江经济较为发达的鄞县为例,全县外来承包户已达 9424 户,共承包耕地 10.50 万亩,占全县耕地的 18.75%,其中承包 10 亩以上的有 4997 户,承包耕地 7.15 万亩,分别占该县 10 亩以上种粮大户以及承包面积的 60.40% 和 40.17%。后者一方面表现为浙江向外寻求就业的农民不断增多,尤其是从事经商、建筑、交通运输的劳动力,外出已成为主流,其中农民进城近年来呈上升之势。1990 年至 1997 年期间,全省每年进城就业占当年新转向二、三产的农村劳动比重分别为:29.7%、30.9%、35.5%、41.6%、39.9%、37.0%、54.5%、46.8%(邵建伟、胡央娣,1998)。另一方面表现为外省农业转移劳力来浙江省寻找就业机会,从事二、三产的人数也不断增多,形成了近乎对等的农业劳动力“进出交互”流。此外,那些原来已转向二、三产就业,现在又回流到农业的人数出现增多趋势。在这些人中,一部分人是因为所在企业效益不高或倒闭而不得不回流农业,一部分人是因为不愿放弃承包土地,在第二轮土地承包时要回转包地,还有一部分人是由于多年从事非农产业,积累了资金与实力,现在转向农业经营。

四是城市化进程相对滞后。不仅低于 45% 的世界平均水平,而且低于一般发展中国家 40% 的水平(发达国家一般高达 80%～90%);不仅滞后于全省整个产业结构的演进,而且滞后于非农化进程,即滞后于全省社会劳动力就业结构的演进。浙江 35% 左右的城市化水平,既低于非农产业在 GDP 中的比重,又低于非农劳动力占全社会劳动力的比重(见表 1)。浙江城市化水平的另一个特点是:小城市发展快,数量多,但大、中城市数量少,发展相对缓慢(见表 5)。

表 5　1997 年浙江城市结构

统计量	人口				建制镇		
	100 万及以上	50 万～100 万	20 万～50 万	5 万～20 万	总计	1 万人以下占比	0.5 万人以下占比
个数	1	2	6	26	998	80%	53%

注:表中 53% 指占建制镇个数的比重。

与全国平均水平相比,1994 年浙江大、中、小城市和建制镇的数量比例为 1∶2∶14∶475,而全国的平均比例为 1∶3∶5∶222,足见浙江大、中城市偏少,小城市数量较多的特点。浙江小城市不仅数量多,而且普遍规模偏小。建制镇中人口在 1 万以下的占 80%,0.5 万人口以下的建制镇占 53%。从小城市布局来看,呈现分布过密、过散的特征。"杭嘉湖平原、宁绍平原城市间平均间距只有 5～6 公里,而从温州龙湾地区状元镇到瑞安市城关镇 104 国道沿线不到 50 公里,就分布了近 20 个小城市,平均间距只有 3 公里,有些镇如永中、永兴和沙城等基本上已连在一起了。"(宋炳坚,1999)

二、浙江现代化进程中非农化和城市化的任务与难点

现代化是一个涉及经济、政治、社会、文化等全方位的变革过程,加快农业富余劳动力向非农产业和城市的转移,不仅是非农化和城市化的需要,而且会带动浙江经济、政治、社会与文化的现代化进程。

(一)未来浙江非农化与城市化的任务

非农化与城市化的一个关键是推进农业剩余劳动力向非农产业转移,向城市迁移,使劳动力的非农化进程与人口的城市化进程相互协调。参照浙江农业与农村基本现代化指标,结合英克尔斯的现代化评价指标,要求劳动力的非农化程度,即非农产业劳动力比重大于 70%,人口的城市化水平应在 50% 以上,而目前浙江的非农产业劳动力比重为58.7%,人口的城市化水平只有 35% 左右,两者离目标值均存在较大差距。这意味着,撇开人口与劳动力的自然增长因素,按照浙江目前的总人口与劳动力关系以及城市化水平和就业结构现状,若城市化水平要提高到 50%,农业劳动力的比重要降至 30%,则全省还要有 673.3 万人口进入城市,转变为市民,其中,有 296 万农业劳动力应从农业部门中转移出来,到城市从事非农产业。如果把人口与劳动力的自然增长因素考虑在内,假定到 2020 年要实现上述目标,假定全省人口年自然增长率为0.5%,年劳动力自然增长率为 0.8%,则未来 21 年浙江城市化人口增量为 1163.16 万,非农化劳动力增量为 773.16 万。从现实来看,尽管改革开放 20 年来浙江农村已有 993.80 万劳动力(占农村总劳力的47.4%,全省从业人员的 58.7%)在从事非农产业,但 1998 年底农业劳动力仍达 1102.80 万,仅比 1985 年的 1299.05 万减少 196.25 万。这表明,尽管农业劳动力非农化的数量相当可观,但由于农村劳动力的自然增长,农业上的劳动力压力仍然不轻,因此农业劳力的非农化和人口的城市化任务相当艰巨。以上述的约 775 万劳动力非农化为任务指标,假定经济增长持续保持 15% 的水平,非农就业增长弹性为 0.30,进而农村非农就业年增长率为 4.5%(15%×0.3),则这些劳动力的非农化约需

13 年的时间,如果未来浙江经济增长不能保持这一速度,并且就业弹性将降低,则完成上述任务需要更长的时间,比如经济增长速度下降为 10%,非农就业弹性下降至 0.25,则需要 23 年左右的时间才能实现基本现代化所要求的非农劳动比重大于 70% 的目标。至于城市化水平的实现,上述 1163.16 万人口的城市化进程,若按 20 年时间计算,则意味着每年需 58 万人口进入城市,并真正成为市民,这相当于每年要有一个中等城市规模人口的城市化。

(二)实现非农化与城市化目标的难点

非农化进程与城市化进程是相互制约和相互促进的,除此之外,两者又受制于多种因素的影响,目前影响浙江非农化和城市化目标实现的主要因素或难点如下。

1. 经济增长速度呈现下降态势

尽管浙江经济增长速度近 20 年来始终高于全国平均水平,但同全国经济增长态势一样,近年来也呈现下降态势(见表 3)。根据前面的分析,在就业弹性不变的情况下,经济增长速度放慢,农业劳动力向非农产业转移的非农化速度也将放慢。由于整个经济基数的增大和竞争的加剧,期望经济在未来 20 年中仍然保持 15% 的速度增长,恐怕不很现实,能保持在 10% 左右的增长速度已属不错。毫无疑问,经济增长速度的放慢,会影响非农化的进程。

2. 非农产业就业弹性降低,吸纳能力减弱

由于经济增长方式逐步在从外延增长为主向内涵增长为主转变,由于资本有机构成不断提高是现代企业发展的趋势以及国有企业的改革和乡镇企业的转制,非农产业的就业弹性在不断降低,吸纳劳动力的能力明显减弱。以乡镇企业为例,其就业弹性已从 20 世纪 80 年代初期的 0.65,下降为 90 年代的 0.51,其资产就业弹性更是下降为 0.11。从浙江的情况来看,乡镇企业的就业弹性在 1978 年至 1984 年期间为 1.57,而到 1993 年至 1996 年期间则下降为 0.10,资产就业弹性同期也降到 0.08(见表 6)。

表6　乡镇企业就业弹性与资产就业率

年份	全国		浙江	
	就业弹性	资产就业弹性	就业弹性	资产就业弹性
1978—1984年	0.65	0.74	1.57	—
1985—1992年	0.39	0.26	0.10	0.11
1993—1996年	0.51	0.11	0.10	0.08

注:①就业弹性＝乡镇企业职工增长率÷乡镇企业产值增长率。②资产就业弹性＝乡镇企业职工增长率÷乡镇企业固定资产原值增长率。

浙江乡镇企业吸纳劳动力的能力,在1985年时是每万元固定资产能提供就业量8.10人,而到1992年、1993年和1997年,分别降至1.96人、1.45人和0.38人,并且低于全国乡镇企业的就业吸纳能力(1993年和1997年全国乡镇企业每万元固定资产提供的就业量分别为2.39人和1.21人)。总之,乡镇企业就业弹性的降低,无疑会给农业劳动力向非农产业,尤其是向乡镇企业的转移,带来不利。

3.城市化滞后所导致的三产发展滞后

城市化进程是人口与产业的集聚过程,是农业富余劳动力向非农产业转移这一非农化进程的重要途径。城市化的滞后,不仅影响了人口与产业的集聚,而且影响了三产的发展。三产的发展一方面取决于居民收入水平的提高,另一方面取决于三产发展所需的规模效应和范围效应,而城市化进程所伴随的人口与产业的集聚能造就这两种效应。三产也是现代经济中就业弹性最大,最能容纳劳动力的产业,因此,表1所显示的浙江城市化滞后(为35%)所引致的三产滞后(仅占GDP的33%,而中等收入国家平均水平在52%),是浙江现阶段加快农业富余劳动力转移和非农化进程的重要制约因素,但同时也是未来发展的潜力所在。

4.要素流动与集聚的制度障碍

非农化进程和城市化进程离不开要素的流动和集聚,而要素的流动与集聚需要有良好的机制为前提。从现实情况看,我们还没有完全形成这方面的良好机制,具体表现为以下几个方面。

一是缺乏完善的土地产权流动机制和市场。主要体现为农村土地承包权的转让市场不完善。我国农村土地制度已从原先的社区集体所有和直接经营,转变为目前的社区集体所有和社区农户承包经营的格局。社区农民拥有长期不变的承包权以及承包期内的土地使用转让权,使土地产权实现了所有权、承包权与使用权的三权分离。由于承包权从本质上看已具有所有权分享的性质,对拥有这种权利的农民来说,它既是生存的保障,又是一种能够带来利益的权利,如果没有一种有效的承包权转让或资本化的市场,即使农民已从农业转移到非农产业就业,已是一个非农劳动者,也不会放弃他对土地的承包权或使用权,即离乡不离土,现实的情况是:土地承包权还没有在产权角度和法律上得到明确的界定,尽管一些地方出现了农民承包权股份化和土地使用权转让的现象,但毕竟仍是一种自发的非正规制度安排,因此,从总体上看,目前的农村土地制度还不利于转移劳力彻底脱离农业。这就是说,现行土地制度尽管保护了农民的利益和权益,但并非有利于非农化和城市化的推进。

二是缺乏完善的农户资产交易市场。大多数"离土不离乡"的农民收入不低,在农村居住地拥有住房和不俗的生活、生产设施,这对他们的迁移来说,是一种代价。现实中许多转移劳力宁愿做一名城市流动者和打工者,而不愿意彻底离乡,成为一名市民,其原因除了城市的就业、户籍、住房、教育、医疗等体制还不能对农民完全开放或一视同仁,以及土地承包权的引力外,缺乏农村住户住房等资产的置换或交易市场也是重要的原因。因为这会加大农民的迁移成本,因而在一定程度上不利于非农化和城市化的发展。

三是缺乏乡镇企业在空间的集聚机制。乡镇企业异军突起,为我国的改革和经济发展以及农业劳动力的转移、农民收入的提高,做出了重要贡献,但乡镇企业布局比较分散,大多办在乡村所在地,这种布局尽管起动成本较低,有利于农民"离土不离乡"和从事兼业农业,但不利于产业集聚效应的发挥和城市化的推进。随着经济社会的进一步发展,尤其是向现代化迈进时,这种格局的局限性就越发显现出来。要改变这种过于离散的乡镇企业布局格局,使乡镇企业再上一个新台阶,需要构建乡镇企业的空间集聚机制。而目前我们无论在法律上,还是政策上,都缺乏这方面的明确规定,有的规定即使已制定,但在执行中也往往成效不大。

5.劳动力就业市场的竞争加剧

当前国内劳动力市场基本上处于开放状态,就业竞争空前激烈。尽管浙江每年有大量农村劳动力外出务工经商,但外省也有大量劳动力来浙江打工。与外省劳动力相比,浙江农民平均收入水平较高,因而就业和收入期望值也较高,在其他条件相同情况下,并不具备就业竞争的优势。此外,由于这几年国家机构和国有企业改革力度加大,城市下岗分流人员增多,既减少了劳动力在政府部门和国有企业的就业机会,又加剧了城乡就业的竞争。另外,产业结构的不断演进也使得就业的结构性矛盾日益显露,即一方面传统产业不断萎缩或技术更新,走资本密集型道路,进而对就业需求减弱;另一方面新兴产业,如通信、计算机、新材料、金融、能源等产业不断兴起,就业需求增强,但整个劳动力供给并不能适应产业结构变革对就业的要求,尤其是农村劳动力,其文化水平偏低,很难进入新兴产业中就业。

三、推进浙江非农化和城市化的战略措施

按照省委、省政府提出的浙江现代化战略构想,针对浙江非农化和城市化进程的现状和发展难点,提出以下战略措施和政策建议。

第一,保持经济总量持续增长,力争在 21 世纪最初 10 年年递增速度为 15%左右。保持经济以一定的速度增长是解决就业,尤其是农业富余劳动力不断向非农产业转移的必要前提,为此,除了继续实施相对宽松的财政与货币政策、深化经济体制改革外,针对浙江经济格局和增长的特点,应突出以下增长重点。一是以城市化战略作为浙江经济持续快速增长的重点。通过城市体系与布局的优化,优先发展中、小城市和中心集镇,实现产业结构在空间上的优化,并相应加快城市基础设施的发展和三产的发展,使三产对经济增长的贡献份额,在一、二产稳定增长的同时,从目前的 30%左右,提高到 40%左右。二是改善投资与企业运行环境。进一步加快对外开放步伐,吸引国内外人才、企业、技术资金来浙江落户,推动全省经济更快发展。三是充分利用长江三角洲区域经济发展优势。要依托上海、协同上海、拓展上海,以实现浙江,特别是浙北

地区的经济格局与上海的有机衔接和互补发展。四是进一步发挥浙江个体、私营经济和乡镇企业的优势。继续对其采取适度灵活与扶持的政策,力争其增长速度保持在 15% 以上。

第二,处理好企业技术进步与就业吸纳能力的关系,避免企业就业弹性过度下降。为此,一要对劳动密集型,仍有一定市场前景的产业,采取鼓励和适度保护的政策。二要对企业的技术进步采取一定的引导政策,在资本与劳动可以相互替代,效率差异不大的情况下,从信贷、税收以及有关费用缴纳上,鼓励活劳动偏向的技术路径和投资方案。

第三,构建要素流动与集聚机制,加快非农化与城市化进程。一是进一步明确农村土地产权。特别是在明确农村土地社区集体所有与农户承包关系的基础上,制定土地承包权转让、入股、抵押、拍卖等条例,通过土地要素市场的发展,促使农业转移劳力"离土又离乡"。二是建立农村住户资产交易市场和利益补偿机制。前者有助于农户迁移时对家庭资产的处置,后者涉及转移劳力或迁移农户对社区集体资产、社区福利等权利和义务的关系,可采用股份制的方式或制定相应的政策,调节农户与社区的利益关系。三是建立农村工业企业集聚机制,逐步改变布局过于分散的格局。主要的途径有两条:严格按城市规划体系布局新上的企业项目,并制定相对优惠政策,吸引分散布局的企业及其职工迁移至城市规划区;结合农村土地整理工作,对分布在乡村社区的乡镇企业进行一次清理,然后依据土地管理和环境保护条例,社区布局规划,该搬迁的搬迁,该关闭的关闭,该整治的整治。四是深化城市管理体制改革。对进城的农业转移劳力实行一视同仁政策,包括户籍身份,就业选择,子女入托、入学,住房购买,医疗付费标准,养老保险,计划生育等,享受与市民相同的待遇,与此同时,按照对等原则,相应取消他们在原农村社区的权利和义务,或通过一定的利益补偿机制,解决其承包权权益和社区集体资产分享问题。

第四,发展农村教育事业,提高农民素质,增强其就业适应能力和竞争力。要在普及九年制义务教育的基础上,建立完善的农村继续教育和远程教育网络,使农民和农业转移劳力有更多机会接受职业技术培训,不断更新知识,拓宽就业领域。

第五,进一步推进农业适度规模经营,发展农业产业化经营,健全农业社会化服务体系。要实现农业的进一步社会化分工,使更多的农业劳动力从农业中分离出来,从事与农业密切关联的经济活动,如从事农产品运销、储藏、加工、保鲜、农资购销、农技推广、农机服务、维修等方面的活动。

参考文献

[1]顾益康、黄祖辉:"九十年代浙江农村劳动力利用与转移研究",《中国农村经济》1995 年第 6 期。

[2]黄祖辉、顾益康、徐加:"农村工业化、城市化与农民市民化",《经济研究》1989 年第 3 期。

[3]黄祖辉:"我国农业劳动力的转移",《中国社会科学》1992 年第 4 期。

[4]邵建伟、胡央娣:"浙江农村就业现状与发展研究",《浙江农村调查》1998 年第 14 期。

[5]宋炳坚:"浙江城镇发展的现状与对策建议",《决策参考》1999 年第 4 期。

论统筹城乡经济社会发展①

党的十六大报告提出要"统筹城乡经济社会发展",这是对我国经济社会发展进入新世纪和新阶段的新要求,对我国经济与体制的进一步转型与持续发展具有极为重要的现实意义和深远的战略意义。

统筹城乡经济社会发展就是要使城市和农村紧密地联系起来,实现城乡经济社会一体化发展,改变城乡二元结构,建立社会主义市场经济体制下平等和谐的城乡关系。统筹城乡经济社会发展并不是单纯将经济社会的资源配置从偏向城市转变为偏向农村,而是着眼于在城乡一体化协调发展的框架下来合理配置全社会的经济资源。统筹城乡经济社会发展的关键是体制改革与观念创新,是政府与市场的有机协调,也就是说,在统筹城乡经济社会发展中,我们既要发挥政府在公共产品供给与配置、国民收入再分配或转移支付中的重要作用,又要继续充分发挥市场机制对经济社会资源的有效配置作用。转型中的城乡经济社会统筹发展在我国具有极为重要的意义。

一、转型中的统筹发展是实现
城乡经济协调发展的必然要求

改革开放前,我国城乡之间一直未能建立起均衡增长和协调发展的关系,导致城乡二元经济结构凝固化。改革开放以来,随着市场机制的

---

① 本文作者为黄祖辉、卫龙宝。本文内容发表在《政策》2005 年第 4 期,被中国人民大学期刊复印资料《农业经济导刊》2005 年第 8 期全文转载。

引入,城乡联系显著增强。但是,城乡分割的二元结构体制尚未从根本上改变,城乡经济仍未步入良性循环和协调发展的轨道。如:城乡工业缺乏合理分工,资源使用与环境保护缺乏有机协调等。目前,城乡关系不协调的突出表现是城乡居民收入差距过分悬殊(见表1)。

表 1　我国城乡居民收入差别

统计量	浙江		湖南		贵州		全国	
	1984 年	2000 年	1984 年	2000 年	1984 年	2000 年	1984 年	2000 年
城镇居民人均收入(元)(C)	669.0	9279.2	645.0	6218.7	558.0	5122.2	651.2	6283.0
农民人均纯收入(元)(D)	446.0	4253.7	348.2	2197.2	262.8	1374.2	355.3	2253.0
城乡居民收入比(C/D)	1.5	2.2	1.9	2.8	2.1	3.7	1.8	2.8

注:表内有关数据来自相关年份的《中国统计年鉴》及其基础上的整理。

从表1可见,尽管改革开放以来我国农民收入水平有了较大幅度的提高,2000年浙江、湖南、贵州三省以及全国的农民收入分别比1984年增长了8.54倍、5.31倍、4.23倍和5.34倍。但是城乡居民的收入差距并没有因此而缩小,反而扩大了。无论是农民收入连续16年处于全国省区第一的浙江省,还是湖南、贵州二省,城乡居民的收入差距从1984年到2000年分别扩大了47%、47%、76%,而全国的城乡居民收入的差距也由1.8∶1扩大到2.8∶1,扩大了56%。

2001年,我国城镇居民人均可支配收入为6860元,农民人均可支配收入为2366元,两者比例达2.9∶1。如果再加上城市居民享有的医疗、住房等补贴因素,实际上城乡居民收入差距将达到4∶1。农村的发展离不开城市的辐射和带动,城市的发展也离不开农村的促进和支持。农村经济和城市经济是相互联系、相互依赖、相互补充、相互促进的。在我国经济发展的现阶段,如果不统筹考虑城乡经济社会的发展,如果不着手从根本上改变城乡分割的二元结构体制,不仅会对扩大内需、繁荣市场、实现国民经济良性循环和健康发展形成制约,而且对社会的稳定和国家的长治久安也将带来负面影响。统筹城乡经济社会发展,是党的十六大深刻总结几十年来我们党在处理城乡关系问题上的实践经验而提出的一个大思路、大举措。这个重大思路非常及时地提出了在实现现代化进程中处理好城乡关系所必须遵循的基本方针。按照这个思路,可以使城市和农村紧密地联系起来,实现城乡经济社会的一体化发展。

二、转型中的统筹发展是解决
我国"三农"问题的重大创新

随着市场取向改革的深入,农村发生了巨大变化,主要农产品供给实现了由长期短缺到总量基本平衡、经常有余的历史性转变,适应社会主义市场经济发展要求的农村经济体制正逐步形成。但出于种种原因,"三农"问题的解决还远未达到理想的程度。虽然长期困扰我国国民经济发展的农产品供给不足的矛盾缓解了,但农业和农村经济结构不合理、农业综合效益不高、农民收入增长缓慢的矛盾日益突出;虽然我国人民生活总体上达到了小康水平,但还有大量的农村人口生活水平相当低;虽然全民的教育文化水平和医疗卫生服务在稳步提高,但农村教育、医疗、社会保障等基本社会事业的发展明显滞后;虽然我们在加强农业基础地位、改善农民生活条件上做了大量工作,但工农之间、城乡之间、地区之间收入差距扩大的趋势还未根本扭转。我国"三农"问题的解决面临着深层次的体制性矛盾和结构性矛盾。从体制性矛盾看,由于长期受城乡分割的二元结构体制的影响,在处理农村与城市关系问题上,仍自觉或不自觉地存在"重城轻乡"的观念。从结构性矛盾看,在计划经济时期,我国不是随着工业化的发展逐步推进城市化,加速农村劳动力和人口向城镇转移,而是从体制、政策到各项管理制度上都限制农民进城就业和定居。目前,我国已进入工业化的中期阶段,但城市化程度却只达到 37.7%,比 2000 年世界平均城市化水平要低 10.3%。我国目前人均 GDP 仅有 900 美元,但已经出现了严重的农产品需求制约,其中重要的原因是城镇农产品消费群体比重太小。我国农村剩余劳动力转移困难,最根本的障碍是城市化进程滞后,同时城市在户籍、就业、教育等方面对进城农民仍存在阻碍。2001 年,我国农业 GDP 份额已经下降到 15.2%,而农业就业比例仍高达 50.0%。即使从经济发展水平较高的浙江省来看,2002 年农业 GDP 份额已经下降到 8.8%,而农业就业比例

仍高达 34.5%。总之,农村人口非农化和城镇化进程缓慢,农民比重过大,导致农业相对劳动生产率过低(见表2),是"三农"问题的症结所在。

表 2　农业与就业结构及其对 GDP 的贡献

统计量	浙江		湖南		贵州		全国	
	1984 年	2000 年	1984 年	2000 年	1984 年	2000 年	1984 年	2000 年
农业 GDP 比重(A)	32.4%	11.0%	44.7%	21.3%	42.2%	27.3%	32.0%	15.9%
农业劳动力比重(B)	55.7%	37.8%	73.8%	60.8%	80.7%	67.3%	64.0%	50.0%
农业劳动力贡献系数(A/B)	0.58	0.29	0.61	0.35	0.52	0.41	0.5	0.32
非农部门劳动力贡献系数(1−A)/(1−B)	1.53	1.43	2.11	2.01	2.99	2.22	1.89	1.68
非农与农业劳动力贡献系数之比[(1−A)/(1−B)]/(A/B)	2.63	4.93	3.46	5.74	5.76	5.42	3.78	5.26

从表2可见,我国农业劳动力与非农部门劳动力对GDP贡献系数差异悬殊,这种状况与其说是农业部门与非农部门的生产效率差异所致,毋宁说是生产要素,尤其是劳动力要素在国民经济各部门配置的体制性障碍所致。城乡之间有形或无形的隔离,广大农民不能获得应有的国民待遇,是这种体制性障碍的集中体现。在这种制度约束下,我国形成了一种扭曲的均衡,即全国50%的农业劳动力与15.9%的GDP相对应,50%的非农部门劳动力与84.1%的GDP相对应。很显然,如果不实行城乡经济社会统筹发展,这种不合理的格局将难以打破。

因此,从根本上解决现阶段的"三农"问题,不能就农业论农业、就农村论农村,必须统筹城乡经济社会发展,重点突破制约"三农"问题解决的体制性矛盾和结构性矛盾,改革计划经济体制下形成的城乡分治的各种制度,要减少农民,加速农村城镇化进程和城乡融合。

三、转型中的统筹发展是建设小康社会和"三个代表"重要思想的内在要求

2000 年底,我国已经总体上实现了基本小康,但我们现在达到的小康还是低水平的、不全面的、发展很不平衡的小康,这主要表现在农村。农村尚未解决温饱的贫困人口有 3000 万左右,初步解决温饱问题的低收入人口有 6000 万左右,还有一大批基本解决温饱的贫困人口,其温饱的标准还很低。就浙江省而言,也仍有不少乡镇和农民处于贫困状态。可见,在 21 世纪的头 20 年,要建设一个惠及十几亿人口的更高水平的、更全面的、发展比较均衡的小康社会,重点和难点均在农村。把全面繁荣农村经济和促进农村社会进步作为重中之重,由城乡分治最终走向城乡一体、协调发展,对实现全面建设小康社会的目标具有全局性意义。进一步说,在统筹城乡经济社会发展的基础上,做好这样一个惠及大多数人口的富民工程,本身就是"三个代表"重要思想在实践中的具体贯彻和体现。

四、转型中的统筹发展的关键与重要前提

统筹城乡经济社会发展是一项巨大的系统工程,涉及社会经济生活的各个方面,其中核心是要在改变城乡二元结构、建立平等和谐的城乡关系方面取得重大突破。为此,有必要建立六大体系。

第一,建立城乡统筹的利益分配体系,进一步调整国民收入分配结构和财政支出结构,加大对农业的支持和保护力度。统筹城乡经济社会发展,首先必须进一步完善政府的农业投入政策。总的思路是:努力增加政府财政支农资金投入总量,形成支农资金的稳定投入渠道;按照建立公共财政体制的要求,调整财政支农资金的使用方向;改进政府农业投资管理体制,提高政府支农资金的使用效益。具体来说,一是继续加大对农业基本建设的投资力度。可考虑与省财力增长

相适应,进一步调整国民收入分配格局,逐年增加一部分省预算内投资,重点用于农业建设,确保农业基建投资保持在较高水平。二是尽快改变中小型农业和农村基础设施主要依靠农民群众投资投劳的办法,逐步把县以下的中小型基础设施建设纳入各级政府基本建设的投资范围。三是充分利用世贸组织的"绿箱"政策,增加农业科研和推广、质量安全和检验检测、农产品流通设施、农民培训等方面的投入。四是逐步减少对流通环节的补贴,建立对农民收入的直接补贴制度。逐步将主要农产品市场风险基金(如粮食风险基金)转为对农民收入的直接补贴,在重点产区建立对农民使用先进技术的直接补贴制度。五是整合财政支农投入,完善政府财政支农资金管理体制。对于目前由不同渠道管理的农业投入,尤其是用于农业基础设施建设的财政资金投入,要加强统筹协调和统一安排,使有限资金发挥出最大的效益。六是进一步推进农村税费制度改革,逐步取消或暂停征收农业税,或者对农业税采取先征收后返还。

第二,建立城乡统筹的产业发展体系,调整农村工业布局和发展战略,实现城乡工业一体化。改革开放以来,我国乡镇企业异军突起,不仅吸纳了大量农村劳动力,增强了农村的经济实力,而且已成为推动城乡关系转变的重要力量。浙江省乡镇工业发展尤为迅速,已从"三分天下有其一"壮大到"五分天下有其四",浙江省农村工业已全面介入国民经济各个部门,在城市工业之外构筑起了强大的"第二工业体系"。但是,在这种双重的工业体系格局下,农村工业与城市工业在行业和产品结构上表现出高度的同构现象,在产业布局上呈现过度分散化的现象。这一方面使生产要素得不到合理配置,造成产品生产上的简单重复和土地资源的过度占用;另一方面也加剧了低水平的市场竞争,使消费品市场结构性过剩不断加剧。随着短缺经济时代的结束,这种城乡双重工业体系的局限性和消极影响将会更加突出地显现出来。统筹城乡经济社会发展,要求在合理分工的基础上,形成城乡工业一体化的发展格局。为此,必须进一步明确农村工业的发展方向,加大扶持力度,促进其健康发展。要鼓励其继续把劳动密集型产业作为主要发展方向;要大力发展农村服务业,完善农村的社会化服务体系;把农产品加工业和运销业作为农业产业化经营和乡镇企业发展的重点;要大力发展有地区资源优势、传统工艺和特定市场优势的特色产业;要在城镇化的过程中,合理规划非农用地,严格控制园区规模,节约土地资源;要加大农村工业布局的调整力度,引导乡镇企业向重点城镇合理集聚。

第三,建立城乡统筹的社会就业体系,公平对待农民工,逐步实现城乡劳动力与就业市场的一体化。近年来,在农民来自农业的纯收入不断减少的背景下,农民纯收入之所以还能保持较快的增长速度,主要原因是得益于农民来自非农收入的持续增长,而在农民的非农收入中外出打工或从事第二、第三产业经营的收入占了相当高的比重。农民在非农产业和城镇就业已成为当前农民增收最直接、最有效的途径。逐步实现城乡就业和劳动力市场的一体化,不仅是增加农民收入的重要途径,也是发育要素市场和促进城乡经济协调发展的必然要求。尽管与过去相比,现行的城镇户籍制度和就业制度已有了较大的改进,但当前农村劳动力进入城镇就业仍受到很多不合理的限制。要将农民就业问题纳入整个社会的就业体系,政府不仅应公布城镇失业率,而且也应经常性公布农村居民的就业状况和农业劳动力的就业程度或过剩状况;要进一步完善和规范对劳动力市场的管理,清理对农民进城务工的不合理限制政策和乱收费,改变重收费、轻服务的做法。当前还要切实解决拖欠和克扣农民工工资、农民工劳动条件恶劣、工伤事故频繁发生等突出问题;要把农民工及其所携家属在城镇的计划生育、子女教育、劳动就业、妇幼保健、卫生防病和治安管理等工作列入各有关部门和相关社区的管理责任范围,并将相应的管理经费纳入财政预算。

第四,建立城乡统筹的城市发展体系,加大户籍制度和征地制度的改革力度,使广大农民成为城市化进程的受益者。从根本上解决"三农"问题,必须积极推进城镇化,逐步减少农民。我国的国情决定了城镇化应走多元发展的路子,大中小城市和小城镇并举,形成分工合理、各具特色的城镇体系。必须将农民流动进城就业和发展小城镇作为推动城镇化的两个同等重要的支点,使农民真正成为城镇化的受益者,而不是又一轮的牺牲者。从有利于解决农民迁移、就业和利益的角度看,在科学规划基础上积极发展中小城市是一条适合浙江省实际的城镇化道路。促进城镇化的健康发展,关键是要彻底消除体制和政策障碍,要加大户籍制度的改革力度,进一步放宽农民进城落户的条件。从长期看,应实行统一的居民身份管理,允许农民自由流动和自主选择身份,这样有利于解决城乡居民就业和待遇不平等问题,有利于城乡经济的协调发展。此外,要对现行农村征地制度进行改革,要引入市场机制和立法,切实解决好失地农民的就业和生活保障问题,同时,要从土地出让金中提取一定比例的份额,建立农业发展和风险基金。

第五,建立城乡统筹的社会保障体系,加快建立公共财政体制,推动农村全面进步。随着农村税费制度改革的深入和农村居民对教育和健康要求的不断提高,解决农村教育、医疗卫生等发展滞后问题已日趋紧迫。要解决好这一问题,关键是要建立和完善公共财政体制,并加大公共财政向农村基础教育和公共卫生服务等的转移支付。农村基础教育是最为典型的公共产品,要实现将农村义务教育的主要责任从农民转移到政府,将政府对农村义务教育承担的责任从以乡镇为主转移到以县市为主,关键是要调整农村义务教育的管理体制和投入机制,进一步加大中央和省级政府对农村基础教育的投入。就农村医疗体制与条件而言,目前农村的合作医疗覆盖面只有 10% 左右,广大农民缺乏基本的医疗保险制度保障,农民健康问题和因病致贫问题已经成为制约农村发展的瓶颈之一。农村公共卫生服务是政府的职能,应通过建立农村卫生专项转移支付制度,保证农村,尤其是欠发达乡镇的农村公共卫生服务投入。此外,浙江省还应加快农村居民最低生活保障制度、农民养老保险制度和农村孤寡老人社会赡养制度与设施的建设与完善。

第六,建立城乡统筹的政府管理体系,不断提高政府统筹城乡经济社会发展的水平与能力。如果说市场经济的发展是城乡经济社会统筹发展的重要基础,那么,政府的调控能力则是实现城乡经济社会统筹发展的重要保障。换句话说,政府应该在城乡经济社会统筹发展中扮演重要作用,这并不是要用政府代替市场,而是要发挥政府在协调城乡经济社会关系和建立相关制度方面的作用。为此,一要建立有利于统筹城乡经济社会发展的政府管理体系,改变政府重城市、轻农村,重工业、轻农业,重市民、轻农民的形象。就目前的政府纵向管理体制和财政体制而言,有必要将市管县体制改为省直接管县与市的体制。二要进一步加快政府职能的转变和机构调整,加强政府在经济社会发展规划、公共产品供给、转移支付、制度建设等方面的职能与功能。三要明确各级政府在统筹城乡经济社会发展中的职责分工，以避免职责不清、相互推诿、互为冲突和效率低下。

我国城乡关系失衡、后果、原因及出路①

一、引言

改革开放以来,我国以世界最大的人口规模和有限的经济基础在长达 30 年的时间内实现了经济年均 9.6% 的高速增长。持续高速的经济发展明显加强了我国的综合国力,也显著提高了人民的生活水平。与此同时,我国的对外开放不断扩大,与世界经济的联系更加紧密。我国经济虽然取得了长足的发展和巨大的进步,但总体水平还比较低,发展还很不平衡。我们必须清醒地认识到,与党的十六大提出的全面建设小康社会的宏伟目标相比,我国城乡、区域(沿海地区和内陆地区,东部地区和中西部地区)发展极不平衡,特别是与发达的大中城市相比,农村地区的面貌依然落后,反差明显。由于受到自然条件、历史因素和体制政策等复杂因素的影响,我国城乡经济社会关系已严重失衡,并呈现出一种非均衡的发展态势。

关于城乡关系失衡,学术界目前所取得的共识是:城乡二元经济结构是导致城乡关系失衡的主要原因。例如,韩俊认为,"城乡二元结构是制约'三农'发展的最主要的体制性弊端"②,而尹成杰认为,"当前,城乡

---

① 本文作者为黄祖辉,为 2011 年中国经济发展研究中心委托的专项课题。课题组成员还有浙江大学中国农村发展研究院的李锋博士和刘西川博士。

② 韩俊:《中国农村改革的基本经验、问题剖解与下一步》,《改革》2008 年第 8 期。

二元经济体制矛盾相当突出,已成为制约城乡协调发展、消除城乡差别的主要体制性障碍,严重束缚了农业和农村生产力发展"[①],等等。

所谓城乡二元经济结构,是指发展中国家广泛存在的城乡生产和组织的不对称性,也就是落后的传统农业部门和先进的现代经济部门并存、差距明显的一种社会经济形态。[②] 它既是经济不发达的一种标准,也反映着城乡之间的制度性差异。从城乡二元经济结构来看,我国城乡关系失衡主要体现在以下几个方面:城乡居民权利差异、城乡居民收入差异、城乡要素配置差异、城乡公共服务差异、城市中的城乡关系、城市化与工业化不协调、产业结构与就业结构不协调。

不可回避的是,我国城乡发展失衡、差距日趋扩大,已经成为当前我国经济社会发展的突出矛盾之一。城乡关系严重失衡所产生的严重后果越来越明显:从国内情况来看,它直接阻碍了我国"三农"问题的妥善解决,并极大地影响了我国经济社会的可持续发展;从国际情况来看,城乡关系失衡可能会加剧我国与其他国家在资源、市场、国家关系等方面的矛盾与冲突,这给散布"中国威胁论"和"中国不确定论"者留下把柄,极其不利于我国的和平发展。

改革开放特别是党的十六大以来,我们党一直高度重视城乡关系失衡问题,采取了一系列重大决策和措施。党的十六届三中全会明确提出,要按照"五个统筹"即统筹城乡发展、统筹区域发展、统筹经济社会发展、统筹人与自然和谐发展、统筹国内外发展和对外开放的要求,坚持以人为本,树立全面、协调、可持续的科学发展观,促进经济社会和人的全面发展。在"五个统筹"中,统筹城乡发展放在了第一位,充分说明统筹城乡发展在我国经济社会发展中的重要性。

综上所述,深入研究城乡关系失衡对于贯彻科学发展观、破解"三农"难题,实现全面建设小康社会的目标具有非常重要的理论和现实意义,而且,在新的历史时期,这种研究显得更为必要与紧迫。为此,下文将主要概括我国城乡关系失衡的具体表现,阐述城乡关系失衡所带来的

---

① 尹成杰:《加快推进中国特色城乡一体化发展》,《农业经济问题》2010 年第 10 期。

② 王梦奎:《关于统筹城乡发展和统筹区域发展》,《管理世界》2004 年第 4 期。

严重后果,并剖析城乡关系失衡的深层次原因。从下文来看,上述分析和判断将有助于从根源上认识、抓住统筹城乡发展的关键环节、有效途径及其先后次序。

二、我国城乡关系失衡的表现

我国城乡关系失衡的表现是多个方面的,特别是近期来看,城乡差异不仅表现为权利、收入、要素配置和公共服务上的差异,还表现为两个不协调:一个是城市化与工业化的不协调,另一个是产业结构与就业结构的不协调。需要指出的是,这一部分不仅对上述差异进行了考察,而且特别关注了新型的城乡关系即城市中的城乡关系,这种城乡关系的焦点就是两类特殊群体——农民工和失地农民。最后,从改革开放前、后期比较了城乡关系失衡的不同特点。

(一)城乡居民权利差异

基于城乡居民身份的差异,导致其所享有的权利也存在差异。这种权利差异主要表现为三个方面:一是政治权利差异。在政治参与方面,以全国人大代表的选举为例,农村平均 96 万人中产生 1 名,而城市平均26 万人中产生 1 名,就此而言,城市是农村的 3.7 倍。而在组织方面,工作、居住在城市的工人有工会,农民作为我国最大的社会群体却没有一个全国统一的组织来代表他们的根本利益。二是经济(财产)权利差异。我国从 1953 年开始推行农产品的统购统销制,造成了农产品价格的"剪刀差",巴志鹏列举了九种测算值,"剪刀差"大致为 5000 亿~8000亿元[①]。随着城市化进程的推进,农村居民财产权利受损的表现也日益明显,土地征用中,城乡土地补偿存在较大的差异,新推出的《国有土地上房屋征收与补偿条例(征求意见稿)》只是涉及"国有土地",而并未对集体土地做出规定,这将使被征地农民的财产权利受损,土地补偿并不

---

① 巴志鹏:《建国后我国工农业产品价格剪刀差分析》,《临沂师范学院学报》2005年第 2 期。

按照市场价格(价值)来计量,而是根据农民的收入标准为基准进行计算。三是社会权利差异。农村居民的身份差别导致其人身受到侵害时赔偿标准的差异,由于补偿标准是按照城乡不同的收入状况为主要参照依据,受侵害人的户籍身份决定了其能获得的赔偿额度,城乡赔偿标准的差异在有些地区可达到 50 万元之多(如广东)。①

(二)城乡居民收入差异

城乡收入差距是城乡二元经济结构最直接的体现,因而城乡收入比的变动是考察城乡二元结构变动的一个重要视角。改革开放 30 多年来,城乡居民的收入都有了很大的提高,1978 年城市居民家庭人均纯收入 343.4 元②,农村居民家庭人均纯收入为 133.6 元,2009 年城市居民家庭人均纯收入为 17174.7 元,农村居民家庭人均纯收入为 5153.2 元。城乡居民的收入都有大幅度的增加,但同时城乡居民的收入差距却拉大了。从图 1 可以看到,城乡居民可支配收入的绝对值比(农村居民＝1),

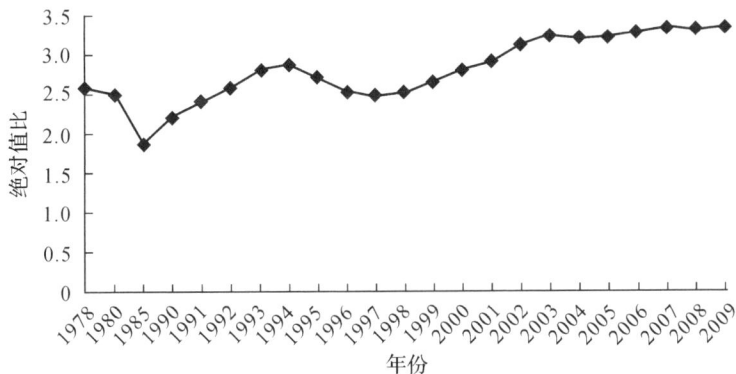

图 1　城乡居民可支配收入绝对值比

1978 年为 2.57,2009 年为 3.33,这一比例在 20 世纪 80 年代与 90 年代中期有所回落,目前仍处上升状态,可见近些年来城乡居民的收入差距

---

①　有些省份已经开始有些放松,广东、江西、江苏、安徽、重庆、广西等地对于连续在城市居住一年以上的农村人口予以参照城市居民标准进行赔偿。

②　若未说明,数据来自国家统计局口径的年鉴资料。

有拉大的趋势。

城乡居民收入水平的巨大差距不可避免地导致城乡消费水平的差距和消费结构的差异,并且具有逐步扩大的趋势。从图 2 可以看到,城乡消费水平之比,从 1978 年的 2.9 提高到了 2009 年的 3.7。2009 年每百人彩电拥有量城市为 135.7 台,农村为 108.9 台;每百人电脑拥有量城市为 65.7 台,农村仅为 7.5 台;人均国内旅游花费城市为 201 元,农村为 295 元。

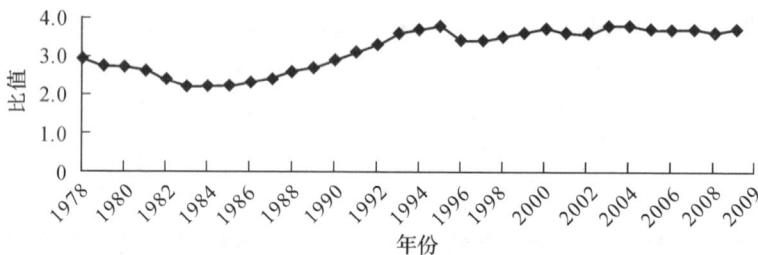

图 2　城乡消费水平之比

(三)城乡要素配置差异

城乡二元格局下,要素配置差异主要表现为向城市倾斜,向第二第三产业部门倾斜,向东部发达地区倾斜。具体而言,要素配置差异主要表现为:一是城乡劳动力配置差异。劳动力分割理论给我们提供了一个分析城乡劳动力配置的视角。我们发现,我国劳动力市场并不遵循古典主义假设,在初级市场与二级市场中,农村的劳动力总是处于二级市场,其劳动报酬相对于城市居民要低,甚至出现同工不同酬的状况。不仅如此,城乡居民所享受的社会福利也不同。二是城乡资本要素配置差异。农村金融体系的不完善造成农村居民融资困难。2009 年的涉农贷款余额及新增贷款均约占总贷款的五分之一,与城市的贷款规模存在较大的差距。从麦金农的视域来审视,我国的金融市场是一个"分割"的市场,对于相对趋于弱势的涉农领域而言,其资本的获得在很大程度上被排除在有组织的资金市场以外,需要更多地依靠自身的内部积累(内源性融资),而这种状况影响了涉农领域的融资能力与自身的投资意愿。① 三是城乡土地要素配置差异。城乡建设用地管理的双轨制造成了城乡土地要素市场的分割,基于农村建设用地具有集体产权的性质,农户难以按市场化出让土地与利用土地抵押融资。钟伟(2004)②所概括的"新双轨制"中资金价格管制和资金配置失衡、用地制度扭曲的市场化和征地制度明显的权力寻租化、劳动力价格的恶性竞争和资方利益的难以撼动,在一定程度上反映了这种城乡要素配置差异的现状。

(四)城乡公共服务差异

公共服务的城乡差距主要体现在社会保障、医疗卫生、教育等方面。

1. 社会保障方面

以养老保险为例,2009 年农村社会养老保险年末数为 7277.3 万人(领取社会养老保险的有 1335.2 万人);2009 年城市基本养老保险年末数为 23549.9 万人。如果按照城乡人口 1：1(或 1：2)③计算,则城乡养老保险参保率仅为 3：1,严重失衡。根据官方的数据④,2008 年新农合报销比例为 38%,城市居民医保报销比例为 50%,到 2009 年二者差距逐渐接近,为 50%～55%,2010 年城市居民医保和新农合的报销比例达到 60%,而城市职工医保的报销比例各地不同,但较新农合要高。

2. 医疗卫生方面

城乡医疗资源分配也不平等。乡村的医疗卫生配套设施与专业人才相对较少,农民就医困难,同时对于农村贫困群体而言,依靠其自身能力也难以负担医疗支出。

3. 教育方面

温家宝总理在题为"百年大计教育为本"的讲话中关注到了农村大

---

① [美]R. I. 麦金农:《经济发展中货币的与资本》,上海三联出版社,1997。

② http://business. sohu. com/20041220/n223560281. shtml(新浪财经)。

③ 按《中国统计年鉴》数据,2009 年农村人口占总人口的 53.41%,城乡人口比接近 1：1;按照《2009 年中国城市化率调查报告》,2008 年的城市化率为 33.28%,城乡人口比接近 1：2。

④ 人力资源和社会保障部数据。

学生比例减少的问题,早在 2006 年 1 月,国家教育科学"十五"规划课题"我国高等教育公平问题的研究"课题组就发布的一项调查研究的结果表明,随着学历的增加,城乡之间的教育差距逐渐拉大——在城市,高中、中专、大专、本科、研究生学历人口的比例分别是农村的 3.5 倍、16.5 倍、55.5 倍、281.6 倍、323.0 倍。

(五)城市中的城乡关系

"农民工"是我国经济转轨时期形成的一个特殊群体。在二元经济结构体制下,农民工的身份有许多不确定性。户籍制度和不公平的公共服务体制阻碍了农民流向城市并融入城市,农民工及其家庭的权益也因此得不到足够的保障,如农民工工资拖欠问题、子女的义务教育问题以及基本社会保障等。

农民工问题成为城市中城乡关系失衡的一个鲜明表征,在城市同样的经济社会环境中,户籍标识使农民工成为一个独特的群体,其经济、社会、文化、政治等方面的权益难以得到与城市居民同样的保障。在就业和工资方面,全国各级政府尽管在努力探索一种农民工的维权机制,原劳动和社会保障部还编写了《农民工维权手册》,明确了农民工的基本权益(主要是就业方面),但是各类非法律手段的讨薪事件仍可以在各类报道中见到,很多时候这种权益的侵害转为一种隐性的方式。全国总工会对于新生代农民工的调研报告显示,新生代农民工劳动合同签订率为 84.5%,低于城市职工 4.1 个百分点,合同签订质量较差,执行情况差,68.2% 的合同对于月工资数额没有具体约定。在基本社会保障方面,由于其特殊性——既不在"村",又不在"城",且流动性大,农民工既无法享受到相应的农村基本社会保障,同时也无法进入城市基本社会保障体系。整体来看,基本社会保障在农民工群体的覆盖面偏低。一项调查显示,新生代农民工养老保险、医疗保险、失业保险、工伤保险、生育保险的参保率为 67.7%、77.4%、55.9%、70.3% 和 30.7%,分别比城市职工低 23.7、14.6、29.1、9.1 和 30.8 个百分点。由此可见,城乡之间用工在相应权益保障上还是存在较大的差异。除此之外,农民工在廉租房(经济房)申请、子女教育、社会保障等公共服务共享上较城市居民受更多的阻碍。

除农民工外,我国城市化进程中的另一类特殊群体是失地农民。随着我国城市化、工业化进程的加快,"失地农民"数量不断增加。据估计,我国 2005 年的失地农民总数为 4000 万～5000 万人。[①] 农民失去土地后,大都没有稳定的经济来源,原本由土地承载的社会保障功能消失,同时又无法享受与城市居民等同的基本公共服务。另一方面,由于就业形势日益严峻和自身文化素质的局限,大部分失地农民找工作越来越难。

(六)城市化与工业化不协调

关于城市化与工业化的协调问题的探讨,有诸多不同的观点。景普秋、张复明概括了城市化与工业化关系的三种基本观点:①城市化滞后于工业化;②城市化并未滞后于工业化;③城市化进程没有过多偏离工业化的进程,其问题在于工业化的偏差而不在于城市化的偏差,即产出结构工业化超前与就业结构非农化滞后的较大偏差。[②] 这三种观点的差异,只是视角或者计量方法上的不同,第一种观点应用了一些国际化的标准,第二种观点是将乡镇企业就业与农民工纳入到城市化(隐性城市化)体系之中,第三种观点聚焦在非农产业就业比重作为一个工业化与城市化判别的重要标准。[③] 我国的城市化与工业化有其自身的特色,如第二种观点中农民工的非农就业情况是否可以视为一种城市化的标准,第三种观点中的非农就业在现行户籍制度下也很难成为一个将城市化与工业化联系起来的权威性指标。城市化与工业化不协调,主要表现在其各自发展的偏差上,城市化仅仅成为一种产业或者人口的集聚,而与之相关的公共服务的共享很多方面却将非城市户籍人口排除在外,基于这种情况,在工业企业从业的农业户籍就业人口(农民工)不能获得与城市户籍就业人口同等的待遇与福利,致使农民工难以在城市(镇)定居。"民(技)工荒"恰恰反映了这种工业化与城市化不能够同步协调的

---

① 韩俊:《失地农民的就业和社会保障》,《调查研究报告》2005 年第 81 期。

② 景普秋、张复明:《工业化与城市化关系研究综述与评价》,《中国人口·资源与环境》2003 年第 3 期。

③ 郭克莎:《工业化与城市化关系的经济学分析》,《中国社会科学》2002 年第 2 期。

状况。

在这一方面，目前所取得的共识是：我国城市化滞后于工业化。2006年，我国第二产业占国内生产总值的比重达到55.5％以上，但城市化水平只有43.9％，比应该达到的比例低了11.6个百分点，和经济发展水平与我国相同的发展中国家大体相差10个百分点，比同等工业化国家低约20个百分点，滞后15～20年。此外，"工业化与城市化协调发展研究"课题组的研究（2002）表明：我国工业化与城市化关系的变动趋势还具有两个特点：一个是城市化率的上升与工业产值比重上升的相关性较低；另一个是城市化的上升与就业结构变化的相关性较强。

城市化滞后于工业化已是不争的事实，城市化滞后的根本原因在于工业化水平低。工业化水平低引起城乡剩余劳动力持续增长，这与有限的城市容量构成一对难以调和的矛盾。城市劳动力剩余与农村劳动力剩余同时出现，增加了就业的困难。城乡双重的就业压力大大减缓了我国城市化的进程。此外，城市化落后还在于工业产业比重的上升没有相应带动由人均收入水平上升所引致的产业结构和就业结构的变动，进而影响到人口向城市的转移。可以说，上面提及的从事非农产业却无法成为真正意义的城市人口的农民工群体的存在，正是我国城市化滞后工业化的集中体现。①

（七）产业结构与就业结构不协调

我国当前城乡的二元结构的一个显著特征就是城乡产业分割，产业关联性不强。总的来看，我国的三次产业结构增长状态过多地以工业的单向高速增长为特征，产业间的关联互动作用并不显著，第三产业的作用未得到充分的发挥。

具体而言，在我国三次产业产值结构及就业结构的变动中来看，农业虽然在经过几十年的发展后产值已降到10％以下，但农业劳动力在

---

① 吕政、黄群慧、吕铁、周维富：《中国工业化、城市化的进程与问题——"十五"时期的状况与"十一五"时期的建议》，《中国工业经济》2005年第12期。

总就业中的比重仍然居高不下,高达 40% 以上。[①] 从目前的状况与国际
经验来看,农业比重下降,农业就业人口比重仍然很高,导致产业结构与
就业结构的不协调(见图 3)。这种不协调表现为农业就业人口很多是
处在半耕半工(兼业化、自足性耕种)或隐性失业状态。我国农村的内卷
化(过密化)的问题已经是一个基本的共识,农业领域劳动力的边际产量
甚至是递减的。黄宗智认为,过密的劳动投入会导致边际劳动生产率的
递减,而反过密的劳动力释放,除非完全就业,否则只能导致休闲量的增
加,不会显著影响亩产量。[②] 过密化农业的存在对于缓解整体就业的压
力有一定的作用,但是其潜在的危害也是显而易见的。这种现象的存在
很多时候与土地的所有权、政府对于农村的治理模式等相关。在黄宗智
看来,纯粹产业化的规模经营很难兼顾当前小农经营的现实,规模经营
会将过密化状态中隐性失业群体转为显性失业,造成很大经济社会问
题,西化的产业化模式在我国未必可取,但是从产业发展的长远性去考
察,则一种适应国情的农业经营机制需要被建构,同时还需要将农业就
业人口转向非农就业,提升非农领域的接纳能力。这一过程中,对于这
些农业群体的利益保障成为推进农村产业与就业结构协调的一个重点,
同时也是一个难题。

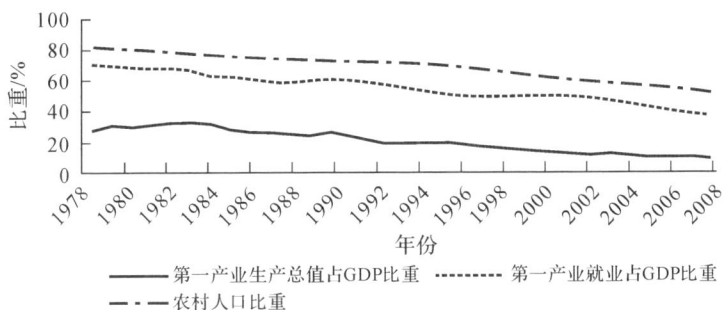

图 3 第一产业(农业)与就业比重

---

① 袁志刚等:《城乡统筹劳动力市场建设与国家竞争力研究》,复旦大学出版社,
2010 年。
② 黄宗智:《制度化了的"半工半耕"过密型农业》,《读书》2006 年第 2 期。

(八)我国城乡关系失衡的历史回顾

考察改革开放以来我国城乡关系的历史演进过程,有助于理解城乡关系形成和发展的理论比较,是我们统筹发展、推进城乡一体化发展的重要依据。

有学者对自新中国成立以来的城乡关系进行了系统性的梳理,武力将城乡关系主要划为 1949—1978 年、1979—2003 年、2004 年以后三个阶段。[①] 可以将这三个阶段概括为计划时期、转型时期和统筹时期。第一阶段,在优先发展重工业战略主导下,农业发展主要是为工业奠定基础与提供保障,由此战略性偏差而逐步形成了农业支持工业、农村支持城市和城乡分隔的二元经济体制。

第二阶段,市场化的调节机制逐渐纳入到这种城乡关系中,武力认为"农业支持工业、乡村支持城市"的模式并未改变,只是其形式发生了变化。他所给出的理由之一是,2004 年若将城市居民的一些隐性福利和优惠折算成收入,我国城乡居民的收入差距可能达到 6∶1(统计年鉴:3.21∶1)。改革开放前后的城乡关系失衡,其表现形式上有较大的差异,而其内在的机制还是存在着某些一致性,所以有些学者冠以新二元结构、新双轨制等名称。如 2010 年《农村经济绿皮书》将这种新二元结构视为在传统二元结构转化基础上产生的,其本质上源于农村劳动力在流入城市之后,自身因素和体制因素的交织作用导致其在经济、社会、文化等福利获取方面处于不利地位[②]。当然这种论述并不能全面概括这种新形式的二元结构,但可以说明这种形式的转化。

第三个阶段,2004 年之后,我国城乡关系出现了一些新的变化。随着国内外政治、经济、社会环境的深刻变化,我国进入全面调整利益关系的新阶段。城乡二元结构矛盾直接影响到经济社会的全面、协调和可持续发展,引起了党中央和国务院的高度重视。特别是党的十六大以来,党和政府高度重视体制在统筹城乡中的重要作用,并开始着手从户籍、

---

① 武力:《1949—2006 年城乡关系演变的历史分析》,《中国经济史研究》2007 年第 1 期。

② http://money.163.com/10/0422/02/64REEE1R00252G50.html.

就业、财税、土地、金融及公共服务等方面消除城乡均衡发展的制度性障碍,城乡关系正在朝着协调发展的方向发展。

图 4 分别从政策的重点、相关制度出发对计划时期、转型时期和统筹时期的城乡关系进行简要的概括。

比较上述三个时期的城乡关系之后可以发现:一是我国经济社会发展的城乡二元结构是在计划经济体制下形成的,城乡二元结构经过多年已形成稳固的运行机制,并且在经济社会发展中形成了适应这种机制运行的各种条件,可以预料的是,这种城乡二元结构运行机制的惯性作用将在很大程度上左右城乡关系的未来发展。二是就统筹城乡发展而言,一些旧有的发展理念,重工业优先发展的赶超型战略、城乡分割与重城轻乡的社会管理体制正在以"片面保增长"和"暂时维护稳定"的形式表现出来。三是已有改善城乡关系的主要改革主要集中于经济领域,而改变农民身份的制度改革尚未取得有效成效,就业、教育、医疗卫生、社会保障等领域的既得利益没有从根本上触动,城乡关系失衡问题依然比较突出。

三、我国城乡关系失衡的后果

上述七个方面的"差异"与"不协调"的表现说明:长期以来,我国城乡经济发展是不均衡的。应当说这种非均衡的发展在一定特殊历史阶段,对于短时间内建立我国现代化工业基础发挥了重要的历史作用。但是,不可否认,这种城乡失衡关系也造成了经济、社会上的不良后果,并且给未来城乡协调发展带来了新的挑战。

城乡关系失衡在经济上的后果是显而易见的,其最为直接的表现就是城乡之间存在着的收入差距。除了直接造成收入差距的扩大、增加有效治理农村贫困的难度之外,在"十二五"期间,城乡关系严重失衡也不利于我国"三农"问题的解决和我国经济的健康、可持续发展,并且还可能阻碍我国和世界发展。

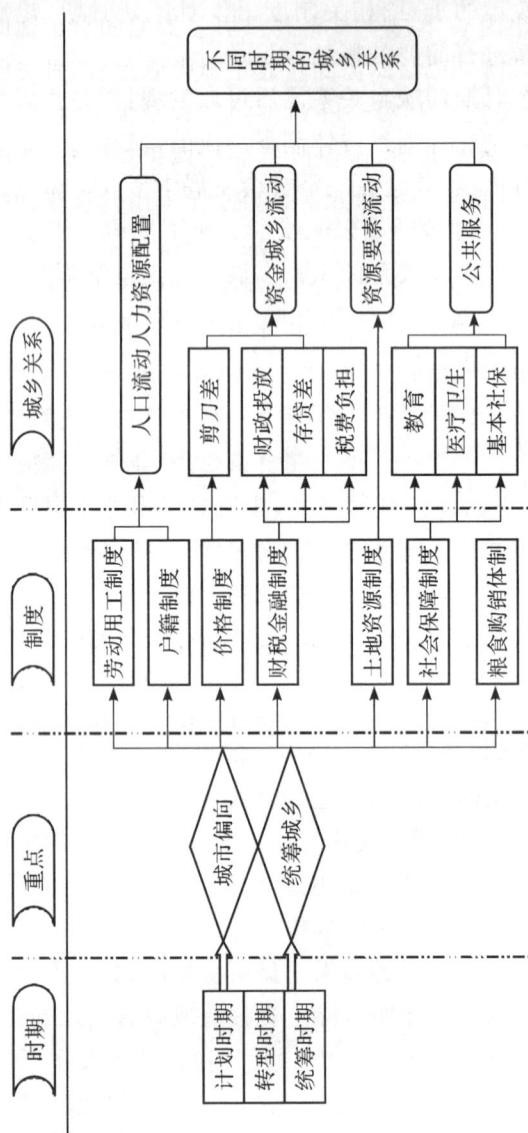

图 4 我国不同时期的城乡关系

（一）城乡关系失衡对"三农"发展的影响

城乡关系失衡对于"三农"发展的影响很大，城乡收入（消费）差距扩大、城乡公共资源分配不均、农民工权益受损等影响显而易见，我们从更为深入的角度去探析，会发现这种影响会导致"三农"系统发展机制的偏差，其影响程度更为严重与持久。

1. 城乡关系失衡导致"三农"领域发展内源动力的削弱

主流观念认为"三农"弱质的原因是投入的不足，而基于此的政策导向也以补贴为主要手段。在市场化机制中，以价格表现的经济收益是一种有效的激励，而在二元结构下，农产品的实际价格往往被低估，价格低估而导致一种内在激励的失效，这种激励机制的失效还包括在农业的就业机会、农业的就业歧视、农民的福利性歧视等方面。发展动力是一个系统化的机制，其更加需要一种内源性的策发力，城乡关系的失衡，很大程度上削弱了这种内在的激励。

2. 城乡关系失衡导致涉农制度安排的失效

当农业占 GDP 比重下降到 10% 以后，其对于地区经济的贡献日益减小，地方对于"三农"问题的重视很容易落到政绩工程、形象工程的政策定位上，财政资源不愿意投入到收效不明显的领域，进而会减少系统性的制度安排与创新。王栋对于财政支农资金做了专项的研究，指出财政支农资金不仅投入不足，还存在结构性与效率性问题。[①]

3. 城乡关系失衡导致"三农"领域积累性矛盾的加剧

城乡关系失衡是一个历史性的问题，当前突破城乡关系改革中的阻碍很多是来自这种历史性遗留问题，按照这一逻辑推演，若当前不能够更好地着力从根本上解决城乡关系失衡的问题，则"三农"领域的积累性矛盾会进一步加剧，进而增加未来解决这系列问题的难度。

4. 城乡关系失衡导致"三农"领域问题的外溢

城乡关系失衡框架下的"三农"问题很容易外溢至"三农"领域之外

---

① 王栋，《财政支农资金绩效问题研究》，硕士学位论文，中国海洋大学，2008。

而导致全社会的问题,影响经济结构调整、社会稳定等整体性的发展。当前,"三农"问题外溢的主要表现是农民工群体的权益问题、征地过程中的农民问题与失地农民问题。

(二)城乡关系失衡对我国经济社会发展的影响

城乡关系失衡不但对"三农"问题有着深远的影响,也将对我国的经济社会发展全局造成很大的影响。

1. 人口结构失衡

由于现行户籍制度的存在,农业户籍人口迁移到城市,虽然"身份"发生了变化,但仍未能享受与城市(当地)居民同等的待遇。很多地方已经在开始探索这种共享机制,比如以居住证替代暂住证,并有限制(居住年限、纳税证明等)地推进某些公共服务的共享,但总体来说这种身份的转化还是滞后于人口的迁移。同时,还存在人口城市化滞后于工业化的问题,工业化的推进,大量的农业人口转向非农领域就业,李强、龙文进的研究表明一半以上的农民工希望能够留在城市中生活,但是基于种种原因,在城市定居还是存在很大的困难,工业化需要有劳动力资源的保障,而这种人口城市化(市民化)的滞后会阻碍工业化的推进,"民工荒"现象的出现即说明了这种结构失衡。[①]

2. 就业结构失衡

农业的过密化(内卷化)表现为农业领域劳动边际产量的递减,单位劳动力的投入对于产量的增加基本可以忽略,同时农村兼业化与隐性失业严重,而就近的非农产业对于本地农民的吸纳作用不大,大量农民离乡离土就业,带来一系列的社会性问题。就业结构滞后于产业结构,就业结构的失衡造成一系列的负外部性,如农村空心化、留守儿童等社会问题。

---

① 李强、龙文进:《农民工留城与返乡意愿的影响因素分析》,《中国农村经济》2009 第 2 期。这一研究主要是单纯从农民意愿的角度进行考察,而将城市分割的劳动力市场、户籍制度和城市居民与农民工的政治力量等制度政策因素视为外生不变的因素。

3.区域结构失衡

地区差距本质是城乡关系失衡所致。发达地区是主要的农村劳动力的就业吸纳地,欠发达地区是劳动力的输出地,人口红利对于经济增长贡献很大(有的研究称是四分之一,有的研究称是三分之一),而劳动力的贡献基本上是留在劳动力的接受区域,从而造成一种区域间的马太效应。近些年,基于环保与用工成本的考虑,发达地区的某些劳动密集型产业逐渐向欠发达地区转移,这对于欠发达地区的经济有较大的推动作用,但是其关键的核心技术还是控制在发达地区,同时还要考虑一些转移产业所带来的负外部性问题。

4.需求结构失衡

我们当前的经济结构中,过度依赖出口与政府投资,导致内需不足,其中,农村消费不足是影响内需的一个重要因素。7亿农民是拉大内需的重要动力,农民收入少,又没有社会保障,这抑制了农民的消费意愿。农民需求拉不动会影响整个经济发展大局。

5.要素结构失衡

土地、劳动、资本过度非农化,造成要素配置的扭曲,城市(工业)占有了绝大多数的资源,农村(农业)得不到相应的资源,这种资源配置的传统双轨制向新双轨制过渡。虽然,各级政府许多涉农政策致力于将资源导向农村,但是其政策绩效却不容乐观,而且这种要素结构失衡呈现加剧的态势。不仅如此,农村发展中要素的粗放利用,也带来了很多环境污染的问题。

6.分配结构失衡

国民收入分配城乡扭曲,当前城乡的收入比3∶1,但若将城市居民额外的社会福利折算成收入计算在内的话,则这一收入的差距还会拉大。城乡居民同工不同酬(有些不同酬的状况是隐性的),表现为初次分配的不公平,城乡民居所享受的公共服务的差异,则体现了一种二次分配中的不公平。

7.社会结构失衡

二元结构中的社会问题逐渐成为学术界与实务界关注的热点。城乡二元结构带来的城市二元(农民工),农民工很难融入当地社会,无形之中形成了与本地居民的"社会隔离",这种社会隔离会引发一系列的矛盾与冲突。部分经验数据显示,目前发达地区的刑事案件的犯罪主体60%以上(有些地区高达80%以上)是非户籍人口。员智凯、孙祥麟的研究表明,农民工(外来人口)由熟人社会进入陌生人社会,犯罪的精神成本下降,由平等社会进入差别社会,犯罪的主观诱因被激活,由健全人格走向残缺人格,犯罪的可控能力降低等三个方面的因素,导致其较本地(城市)居民更容易犯罪,若这种犯罪被效仿,会造成一种社会失范,则社会管理难度加大,社会稳定难以维持,经济增长难以持续,进而影响党和国家的发展大局。[①]

(三)城乡关系失衡对我国和世界发展的影响

城乡关系失衡是一个全局性的问题,它将影响经济、社会、政治、文化、环境与生态等各个方面,这种失衡会对我国和世界发展造成很大的影响。

1.矛盾与冲突加剧

沿海发达地区的外贸依存度较高,有些地区已经高达70%以上,我国的出口所采用的是成本领先战略,即以价格优势占领市场,这种低成本战略隐含着对于社会、环境的负外部性的忽略。负外部性的溢出,在城乡失衡的结构下,农村(农民)地区受到的影响要大于城市居民。"人口红利"是"中国制造"背后的重要依托,而"人口红利"其后承载着一种沉重的社会负担,城乡二元失衡下的特殊群体——农民工——的养老保险、医疗保险、职业病治疗等方面的社会成本并未体现在产品的价格之中,农民工群体的未来生活缺少相应的保障,特别是备受职业病困扰的农民工群体生活堪忧。从环境污染上说,农村地区发展的监管力度及公共服务远不及城市,发展所带来的环境污染的负面效应,对于农村居民显得更为明显,不断有报道反映沿海地区的"癌症村"现象。低成本的出口战略导向的结构,会加剧国际贸易中的矛盾与冲突,同时也会造成国

---

① 员智凯、孙祥麟:《城市化进程中农民工犯罪率趋高的社会学透视》,《西北大学学报(哲学社会科学版)》2010年第6期。

内矛盾与冲突的加剧,表现为一种城乡关系失衡状况的继续恶化,对未来发展带来难以逆转的后果。

2.影响世界对我国的预期

城乡关系失衡直接关系着我国发展的大局,某些国家持"中国威胁论"、"中国崩溃论"等不同的论调,"中国崩溃论"很多时候指向这种城乡二元结构可能带来的经济与社会的不确定性,要改变世界对我国的预期与评价,处理好城乡关系也是一个重要的环节。

3.我国对世界所应承担的大国责任

我国的发展对于发展中国家是一个样板与模板,我国以大国的姿态处理国际事务,积极地推进城乡二元结构问题的破解,探索包容性发展机制,即让广大的人民群众切实参与发展、切实共享发展的成果,对于我国的和平发展意义十分重大。

四、城乡关系失衡的深层次原因

随着国内外形势的急速变化以及改革进程中积累下来的矛盾日益突出与尖锐,制约城乡关系协调发展的深层次矛盾"浮出了水面"。对此,我们认为,城乡关系失衡的存在以及近些年来的进一步"恶化"是各个方面因素综合影响的结果。作为分析的起点,可以将影响城乡关系发展的因素概括为两大方面:一个方面是地理因素和资源禀赋,另一个方面是体制和政策因素。关于这两个方面,首先,农村地区的落后与其地理区位和资源禀赋情况是分不开的;其次,我国自身的发展经验显示,无论是地理位置还是资源禀赋,都不是经济增长不可克服的障碍①;最后,很多国家的经验表明,政治上的取舍、公共政策和历史发展情况都对资源禀赋的利用情况和地理因素所产生的效果具有重大影响。从这个角度来看,体制和政策因素"影响"城乡关系差别更多些。而且与客观存在的地理因素和资源禀赋情况相比,政策和体制因素在政策层面上更具有

---

① 世界银行:《中国:推动公平的经济增长》,清华大学出版社,2004 年。

可控性。

在对城乡关系失衡的深层次原因的分析上，我们不仅注意到了发展战略、体制建构和增长方式方面的偏差，而且还考虑到了城市发展、社会发展和收入分配方面的偏差。特别需要指出的是，我们在分析深层次原因的过程中着重考察了政府职能与政绩偏差，对这两类偏差的分析有助于认识城乡失衡与"政府失灵"之间的联系，也有助于理解城乡失衡中的一些矛盾是如何"日积月累"出来的。

(一)发展战略偏差

发展战略的偏差是导致城乡关系失衡的源头性因素，可以说，重工业优先发展的赶超战略是城乡二元结构的根源。刘传玉、王郡华将改革开放以前的这种战略偏差概括为重工业优先发展战略，认为其是城乡关系失衡的主要原因，高度集中的计划经济体制和城乡分治的社会制度固化了这种城乡二元关系。① 改革开放以来的农村改革将全国经济工作重心放到了农村，暂缓了这种失衡的状况。但是，随着以乡镇企业发展为标志的农村工业化的起步，以工业为导向的发展战略被重新定位，继工业化之后，以城市集聚、城市建设为导向的城市化又成为新的发展战略。改革开放以后，农业对于经济的贡献日益减小，这种情况下，工业化、城市化发展战略在保持经济高速增长的内在需求之下被确立。可见，发展战略的导向影响着制度安排的导向。

(二)体制建构偏差

传统计划经济体制是我国城乡二元经济结构形成的直接原因。辛逸、高洁将统购统销、农业集体化和户籍制度视为造成城乡二元体制的主要制度安排。统购统销政策与户籍制度在很大程度上是捆绑在一起的，而户籍制度也是和这种计划供给制度相配合的。② 汤水清专门从粮

---

① 刘传玉、王郡华：《发展战略、分割体制与我国城乡二元经济结构演变》，《农业经济》2006 第 10 期。

② 辛逸、高洁：《从"以农补工"到"以工补农"——新中国城乡二元体制述论》，《中共党史研究》2009 年第 9 期。

食计划供应制度的视角对这种二元机制的形成进行了考察,指出粮食计划供应制度的建立以城乡户籍分立为前提,它的建立又促进了更为严格的户籍制度的产生。① 当然户籍制度所承载的目的是多元的,肖冬连指出,新中国成立之初的户口管理主要服务于"肃反"和治安等政权巩固的需要,其后逐渐强化为人口流动控制与计划供应区分。② 改革开放之后,农村家庭联产承包责任制调动了农民的生产积极性,为乡镇企业腾飞奠定了基础,但有学者如厉以宁指出,实行农村家庭联产承包责任制只是否定了城乡二元体制的一种极端的组织形式——人民公社制度,而没有改变城乡二元体制继续存在的事实,城乡依旧隔绝,两种户籍制度仍然存在。③ 粮食统购统销制度在 1985 年取消,但户籍制度并未随之取消。户籍制度固化了城乡二元结构,同时这种固化作用又进一步强化了户籍制度。户籍制度可以很容易取消,但是与户籍制度捆绑的劳动就业、社会保障、教育、医疗等制度存在的二元待遇问题却难以在短时间内实现改观。集体化以及相应的制度安排,对于这种城乡二元体制也有重要的作用,当然这种集体化很大程度上也与户籍制度存在密切的联系。当前推进城乡二元体制改革,需要很好地解决这种户籍制度所积累的历史性矛盾。

(三)增长方式偏差

战略观的偏差导致政策供给性偏差,同时也会造成一种发展模式上的偏差,片面地追求粗放高速增长,而没有从经济的内嵌性问题中去寻找一种系统性、长期性的解决之道。很多学者指出城乡关系的失衡已经成为当前经济增长的一个瓶颈,经济增长有赖于整个经济系统的协调,还需要与社会、文化、政治、生态等系统耦合。王辛欣、任保平从城乡二元经济结构演进与经济增长质量的具体指标(劳动力转移、工业化进程、

---

① 汤水清:《论新中国城乡二元社会制度的形成———从粮食计划供应制度的视角》,《江西社会科学》2006 年第 8 期。

② 肖冬连:《中国二元社会结构形成的历史考察》,《中共党史研究》2005 年第 1 期。

③ 厉以宁:《论城乡二元体制改革》,《北京大学学报(哲学社会科学版)》2008 年第 2 期。

城乡收入差距等)间的关系来解释城乡协调发展对于经济增长质量的重要性。[①] 片面追求经济"量"的增长,而忽略劳动力转移中农民工的就业权益、城乡收入消费差距等,很大程度上加剧了这种城乡关系的进一步失衡,同时对于经济增长造成瓶颈。

(四)城市发展偏差

对于城市化的理解目前很难达成一种共识,学术界有不同的界定。从实践层面去考察,我国的城市化很大程度是在经济增长需求下发展起来的,房地产成为拉动我国经济增长的重要引擎,城市建设被等同为城市化;高房价、高生活成本致使城市中出现新的城乡关系,农民工难以从经济、社会、文化、政治等方面融入城市。目前,这种城市发展模式并没有被遏制。据报道,我国有 200 多个城市提出要建设超级城市。城市发展的偏差,加剧了城市中的城乡关系矛盾。

(五)社会发展偏差

长期以来,我国社会发展的架构也是基于城乡二元体制,这种社会发展水平在城乡之间并不同步,教育、卫生、医疗、社会保障等公共服务的供给也是以城乡、区域为区分的。比如,农民的养老保险不能够在全国通用,而仅仅局限在部分地区范围内,这充分说明了城乡社会发展存在地区间发展水平不同步的现象。

(六)收入分配偏差

劳动就业制度对于农民工的权益有较为明确的规定,各级政府也在为维护农民工合法权益而探索体制机制的创新。但是,在实际的运作层面,这种权益以更为隐藏的形式被侵害。国民收入初次分配的原则是强化效率优先,但是在实际操作中同等岗位编制外与编制内员工的收入大相径庭,农民工在这种分配机制中处于弱势地位。国民收入再次分配以

---

① 王辛欣、任保平:《以城乡关系的协调推进经济增长质量的提高》,《财经科学》2010 年第 9 期。

公平优先为原则,但是城市户籍居民获得更多的社会福利。这种收入分配偏差加剧了城乡关系的失衡。

(七)政府职能偏差

从经济学的视角去考察,制度也存在着一种供给与需求的均衡,制度的供给有强制性与诱致性之分,强制性即自上而下的一种制度供给方式,诱致性则相反。诱致性政策是利益相关主体反复博弈的结果,强制性政策则是政府主导的制度安排。我国政府职能中这种"强制性"的特征较为明显,这导致实际运作中政策绩效不明显或不佳。这种强制性的制度安排很难有效地推进农村领域的系统性创新,同时也未能切实符合农民的利益诉求,致使更多的公共资源流向城市,加剧了城乡关系的失衡。

(八)政绩导向偏差

政治领域的改革滞后于经济领域的改革,导致增长速度攀比和数量扩张冲动。考虑到任期,领导干部更愿意将钱花在能够短期出成效的项目上,而且这类项目的可识别性也必须很强。短期与可识别性成为对于项目评估的主要标准,导致一系列的形象工程、政绩工程纷纷上马,公共财政资源很少流向对于经济社会发展全局长期效果不明显的项目。以农业补贴为例,由于对个别的政绩项目大力投入,而很少考虑对于小型家庭经营进行有效补贴;又如,新农村建设中,很多过度化的文化设施资源被闲置,而对于困难群体的补助却相对薄弱等。对上负责的管理体制中,地方官员更加愿意申报上级的项目,争全国、全省先进而不愿意从地区实际出发进行切实可行的系统性创新。这种政绩的偏差致使公共财政资源在农村领域份额不足、绩效不佳,从长期看也加剧了城乡关系的进一步失衡。

五、扭转城乡关系失衡的出路

(一)扭转体制建构偏差

核心是消除城乡二元社会结构,加快推进户籍制度改革。改革的基本思路是推进城乡居民基本公共权益均等化和一体化,非公共权益财产化和市场化;改革的推进路径是中央和地方联动、城市和农村联动、地区与地区联动以及土地制度、社保制度、住房制度改革与户籍制度改革联动。

(二)扭转发展战略偏差

核心是贯彻落实城乡统筹发展方略,加大"以城带乡、以工哺农"力度,通过体制机制创新,完善资源与要素配置机制,转变经济增长方式,实现"三化"同步发展、城乡协调发展和区域均衡发展。

(三)扭转政府行为偏差

核心是转变政府职能,处理好政府调控与市场调控关系、政府管控与社会自控关系,完善经济与社会治理结构。推进路径是政府职能转变与市场机制完善同步,政府职能转变与社会组织培育同步,以形成政府组织、市场组织、社会组织功能互补、"三位一体"的治理结构与机制。

六、小结

本文从权利、收入、要素配置、公共服务、城市中的城乡关系、城市化与工业化、产业结构与就业结构等方面分析我国城乡关系失衡的表现及其所产生的严重后果。

如上所述,我国城乡关系失衡并非自然演进的结果,而是在政府干预下逐渐形成的,它与传统的计划经济体制等有着直接的联系。我国经济体制的形成逻辑是:先确定国家发展战略,然后选择实现途径,即工业化道路(产业发展的优先次序安排),最后为特定产业优先发展选择资源配置方式,即经济体制。我国传统计划经济体制的形成逻辑是国家确立赶超型发展战略,为实现赶超型发展战略选择重工业优先发展的工业化道路,为重工业优先发展实行了计划经济体制。

改革开放以来,我国选择了市场化改革方向,城乡关系失衡又具有了新的特点,其原因也更加复杂。现阶段,我国城乡经济社会严重失衡,有其内在的形成机理及特殊性,其核心在于政府与市场关系的扭曲。这种扭曲体现在两个方面:一方面,过多的政府干预行为阻碍了城乡市场机制的正常发育,抑制了城乡之间资源的合理流动和有效配置;另一方面,政府没有为农业、农村、农民提供足够的公共服务,使市场发育不完善,使农业和农村发展缺乏潜力。

上述分析和讨论有助于澄清一些误区。例如,有人指出,目前统筹城乡的要点就是要迅速转变发展战略,将人力、物力、资金等资源率先投放在农村。显然,这种论点忽视了资源在城乡之间的分布特点,不利于城乡二者各自的比较优势的发挥。还有人认为,扭转城乡严重失衡的局势,应加强政府在资源配置方面的作用。显然,这种论点"放大"了市场失灵的危害性,就当下的我国而言,政府的作用就是要帮助市场更好地在城乡之间配置资源。

本文还提出了扭转我国城乡关系失衡的基本路径。关键是要扭转体制建构的偏差、发展战略的偏差和政府行为的偏差。

推进工业化、城镇化
和农业现代化协调发展[①]

一、引言

中国经过 30 多年的改革开放,经济社会发展取得了举世瞩目的成就,经济总量位居全球第二,人均收入水平已进入中等偏下收入国家行列。但是,中国在经济高速增长和世界影响力不断增强的同时,经济社会也出现了不少新问题和新矛盾。一是粗放型增长代价过大。即资源环境、人力资本的粗放使用导致经济转型陷入两难境地。二是社会结构性矛盾加剧。主要表现为城乡、区域、阶层间收入差距过大,权力滋生腐败现象失控,社会公平正义缺失,致使社会处在高度不稳定状态。三是发展不协调性问题突出。主要表现在工业化、城镇化和农业发展不协调;国民收入使用与分配结构不协调;产业结构与就业结构不协调;政府、市场、社会组织的匹配与作用发挥不协调。这些问题与矛盾的存在,既与中国经济社会转型与发展所处的阶段有关,又与中国发展中的战略偏差与体制机制的不配套有关。当前中国经济社会正处在转型发展的关键期,如何克服困难、化解矛盾、解决问题,对于顺利实现经济和社会转型,至关重要。

---

① 本文作者为黄祖辉、邵峰、朋文欢。本文内容发表于《中国农村经济》2013 年第 1 期,被中国人民大学期刊复印资料《社会主义经济理论与实践》2013 年第 5 期全文转载。浙江大学管理学院农业经济管理专业研究生章迎迎、傅家桢、陈亦悠、张艳虹、莫秋羽、毕文珂等参与了本文中相关统计数据的搜集和处理工作。

　　党的十八大报告指出,要坚持走中国特色新型工业化、信息化、城镇化、农业现代化道路,推动信息化和工业化深度融合、工业化和城镇化良性互动、城镇化和农业现代化相互协调,促进工业化、信息化、城镇化、农业现代化同步发展。[①] 在这"四化"中,信息化具有渗透性和支撑性,信息化不仅要和工业化深度融合,而且要渗透和支持城镇化和农业现代化。与此同时,工业化、城镇化和农业现代化(以下简称"三化")之间存在更为紧密的关系。从中国目前人均 GDP 水平、产业结构状态和全社会劳动力就业分布状态看,中国总体上已到了工业化转型期、信息化提升期、城镇化加速期和农业现代化加快期的发展阶段。在这一时期,除了提升信息化水平,准确把握工业化、城镇化和农业现代化这"三化"的内涵与关系,实现"三化"的同步与协调发展,对于中国经济社会顺利走出转型关键期,实现 2020 年国民收入和人均收入倍增计划,全面建成小康社会,具有极为重要的意义。

二、准确把握"三化"协调发展的内涵与关系

　　一个国家或地区的工业化、城镇化和农业现代化的状况,不仅能体现这个国家或地区的产业发展水平与结构状况,体现这个国家或地区经济社会发展的空间状态,而且能清晰反映这个国家或地区的经济社会所处阶段、发展问题、发展走向与发展潜力。工业化是国家现代化的重要标志与产业基础,工业化与技术进步密切相关,在工业化初期、中期、后期等不同阶段,工业往往会呈现从劳动密集型、资本密集型到技术密集型转变,其在国民经济中的份额从上升到下降的特点。城镇化是指非农产业与人口在空间的集聚过程,但在中国,由于存在城乡二元的户籍制度,城镇化还应包括农村进城人口的"市民化"过程。农业现代化是农业产出比重和农业劳动力比重不断下降的过程,是农业土地产出率、劳动生产率和科技进步贡献率不断提升的过程。

---

　　① 胡锦涛:《坚定不移沿着中国特色社会主义道路前进,为全面建成小康社会而奋斗——在中国共产党第十八次全国代表大会上的报告》,人民出版社,2012 年。

工业化、城镇化和农业现代化之间存在非常紧密的关系,三者之间关系处理得好,经济社会发展就协调,反之,就会导致发展失衡现象和结构性矛盾。总体而言,农产品和农业劳动力的剩余是工业化和城镇化的前提,农业是整个国民经济的基础,农业的发展不仅能向非农产业和城市社会提供原料、食品和劳动力,而且能向城市居民提供良好的生态环境、休闲享受和更广阔的市场。而工业化和城镇化则能从农业剩余劳动力吸纳、多功能农业需求、先进技术支持等途径对农业发展起到引领、支持和推动作用。就城镇化而言,它不仅是农业剩余的必然和工业化的产物,还是现代文明的标志和第三产业发展的主要载体,没有城镇化的相应发展,很难想象一个国家或地区的产业结构与就业结构能相互协调和不断演进,也就是说,没有城镇化的相应发展,一个国家或地区的产业结构与就业结构就难以由第一产业主导的格局,演变为第二产业主导的格局,再演进到第三产业主导发展格局。工业化、城镇化和农业现代化的协调发展,并非指这"三化"的发展速度相同,并不是要追求"三化"的平均发展和等量发展,而是指"三化"的发展要与经济社会的发展阶段相适应、相同步,是要追求"三化"的发展效率和"三化"的互促共进。

分析和判断一个国家或一个区域"三化"是否同步与协调发展,不仅要有静态分析,而且要有动态分析,不仅要有宏观判断,而且要有中观或微观分析。静态分析有助于明了"三化"的发展现状,动态分析则有助于把握"三化"的发展走势和问题成因。通过对"三化"的宏观分析人们可以把握"三化"的总体状况,但这并不充分,因为就中国而言,发展水平以及资源禀赋的区域差异很大,因此,"三化"的发展状况在中国不同区域、不同层级的反映及其成因往往不很相同。换句话说,宏观层面"三化"的关系与区域或微观层面"三化"的关系的不同,不仅是因为不同区域在发展上存在着差异,也因为宏观格局与状况往往并不是区域或微观的加总。在实践中,人们对"三化"是否同步与协调发展及其成因的分析,往往比较着眼于宏观的视角,而中观、微观层面或者宏观层面与微观层面结合的分析不多,并且静态分析比较多,动态分析比较少。

三、中国"三化"的发展现状、问题与成因分析

从总体或宏观层面看,目前中国"三化"的状况是:城镇化滞后于工业化,农业现代化滞后于工业化和城镇化,"三化"关系明显失衡。并且,中国工业化率虽很高,但质量并不高;城镇化速度在加快,但存在明显的水分和高估问题。从动态的角度看,尤其从改革开放以来这段历史考察,可以得出的结论是:相对于工业化和城镇化的发展水平,中国农业发展的滞后性在加剧;相对于工业化的发展水平,中国城镇化的滞后性则在缓解。从区域的角度看,则呈现出经济越是相对发达的地区,其城镇化越是滞后于工业化,而其农业现代化则没有显示出明显的发展优势。

根据国家统计局的数据,中国 2011 年的城镇化率已达 51.3%,工业化率(以 GDP 中第二产业比重表示)是 46.8%。① 这表明,中国目前不但城镇人口已超过农村人口,而且城镇化率也超过了工业化率,这是一个非常了不起的变化。但是,从全球来看,相对于工业化的发展水平,中国的城镇化率仍然不高。根据世界银行的相关数据,2010 年,全球平均城镇化率为 50.9%,平均工业化率为 26.1%,两率的比值(城镇化率/工业化率)为 1.95(50.9%/26.1%),而中国该两率的比值为 1.10(51.3%/46.8%)。如果与发达国家相比较,中国的城镇化率就更低。2009 年,美国城镇化率/工业化率的比值为 4.10,法国为 4.11,英国为 4.09,德国为 2.64,日本为 2.48,均呈现出城镇化率远远高于工业化率的特征。即便是"金砖国家"中的巴西、俄罗斯、南非和印度,该两率的比值(城镇化率/工业化率)也分别达到了 3.22、1.97、1.88 和 1.15,均比中国的 1.10 要高。② 图 1 是世界相关国家和地区的城镇化率/工业化率的比值及变动。从图 1 可见,全球不同国家和地区的城镇化率/工业化率的比值在过去 40 年间均呈现上升的态势,基本成因是城镇化率的

---

① 中华人民共和国国家统计局编:《中国统计年鉴 2012》,中国统计出版社,2012 年。
② 中国有关指标根据《中国统计年鉴 2011》数据计算;其他国家或地区有关指标根据世界银行世界发展指数(WDI)计算。

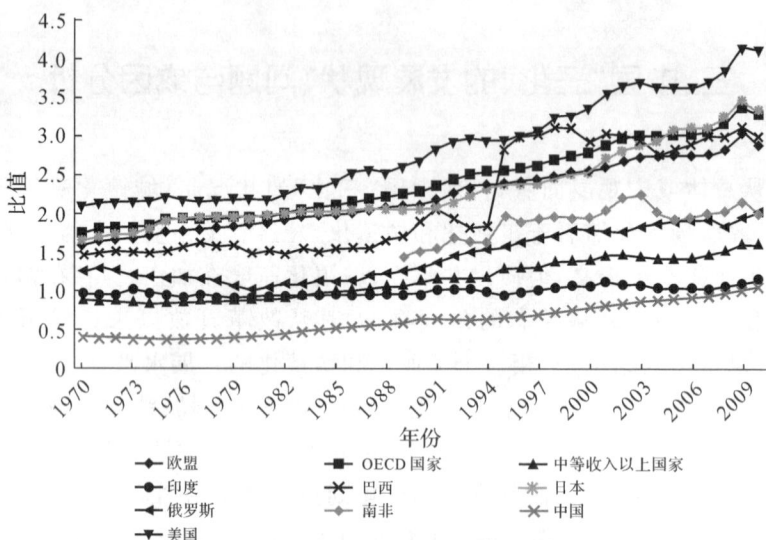

图 1　世界相关国家和地区城镇化率/工业化率的比值

数据来源:根据世界银行世界发展指数(WDI)计算所得。

提高要快于工业化率的提高。尽管中国也呈现这一态势,但该比值却很低,这表明,与世界平均水平相比,相对于工业化水平,中国的城镇化还是明显滞后的。

还应该指出的是,中国目前的城镇化水平不仅滞后于工业化进程,而且存在明显高估的现象。也就是说,在中国的城镇化率统计中,有不少被统计为城镇人口的对象,有的是由于行政区划的调整,例如由县变为区,由乡镇变为街道,由村变为居委会而成为城镇人口的,他们中的不少人事实上仍然是从事农业的农民或农村居民。还有不少人是那些虽然已经长期在城镇务工经商,却没能完全享受城镇居民待遇的外来人口,他们实际上属于半城镇化的人口,将这些人口都统计到城镇人口中,显然高估了中国城镇化的水平。如果挤掉这些水分,中国实际的城镇化水平大概是 35%。① 如果是这样,中国的城镇化水平就更滞后了。这就隐含着一个很重要的政策含义:在中国,提高城镇化水平,不仅要加快农

---

　　① 降蕴彰:《中农办主任:城镇化率实际只有 35%～36%》,经济观察网(www. eeo. com. cn),2012 年 4 月 3 日。

村劳动力向城镇转移,而且一定要使转移进城的人口能够市民化。

中国农业现代化水平滞后于工业化与城镇化水平,主要可从两个方面来判断。一是从产业结构与就业结构的关系看。2011 年,中国三次产业的增加值比重依次为 10.1%、46.8%、43.1%,三次产业的就业比重依次为 34.8%、29.5%、35.7%。这两组数据反映了一个基本问题,就是中国农业劳动力比重大大高于农业增加值比重。这既表明中国劳动力就业部门结构的演进与产业结构的演进很不协调,又表明中国工业化和城镇化对农业的带动尤其是对农业剩余劳动力的吸纳不充分。二是从三次产业部门的劳动生产率或劳动力对 GDP 的贡献率看。三次产业部门的劳动生产率或劳动力对 GDP 的贡献率可以用"产业增加值比重/产业劳动力比重"的比值来测算。根据 2010 年的数据测算,三次产业部门该比值的结果分别是:第一产业 0.29(10.1/34.8),第二产业 1.59(46.8/29.5),第三产业 1.21(43.1/35.7)。[①] 很显然,在三次产业中,农业劳动力的生产率或农业劳动力对 GDP 的贡献率是最低的,其次是第三产业,而第二产业最高。如果第一产业代表农业,第二产业代表工业,第三产业代表城镇化的水平,则这组数据不仅反映了中国农业发展大大滞后于工业化,而且也滞后于城镇化。

以上是基于宏观层面和静态视角的分析与判断,如果从区域(中观)层面和动态视角来看,可以观察到的是:中国绝大多数地区"三化"的关系基本与国家宏观层面的状况相同,但不同地区之间存在一定差异。首先,中国的城镇化滞后主要不是像北京、上海等那样的特大城市发展滞后,主要是中小城市发展滞后,尤其是在那些改革开放 30 多年来农村工业化发展迅速、劳动密集型加工业集群发展迅速的区域,其城镇化的进程尤为滞后。而像北京、上海等特大城市或省会城市,其城镇化并不是滞后,而是已经过度了。其次,与中西部地区相比,经济相对发达的东南沿海地区,农业发展并没有显示出明显的高水平。再次,在中国一些区域,尤其是县域层面,也存在一些农业现代化与工业化、城镇化比较协调与同步的地区。如果从动态视角看,特别是从改革开放以来的这段历史来考察,可以得到的结论是:相对于工业化和城镇化的发展,中国农业发

---

① 根据《中国统计年鉴 2011》数据计算。

展的滞后性在加剧（见图 2）；而相对于工业化的发展，中国城镇化的滞后性则在缓解。这可以从中国城镇化率的上升态势、产业结构中第二产业比重的变动态势及其两者比值的变化态势得到印证。

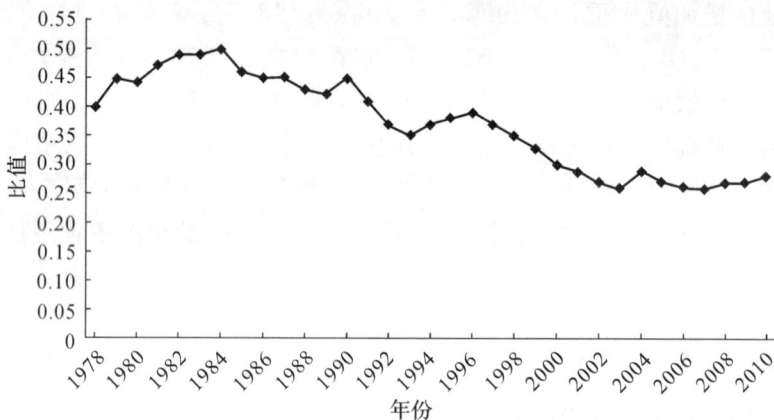

图 2　中国第一产业增加值比重和就业比重之比

数据来源：根据《中国统计年鉴 2011》数据整理而得。

　　中国改革开放以来经济增长这么快，但工业化、城镇化和农业现代化这"三化"却呈现如此明显的不平衡与不协调，其成因主要源于四个方面。一是与中国城乡二元体制有关。这种体制的本质是城乡居民在财产权利以及基本公共权益上的不平等。在这样的体制下，计划经济时期，农村人口被拒之于城镇化与工业化之门外；在改革开放后，农村进城人口则被拒之于市民化之门外。这就导致了中国城镇化进程的迟缓和城镇化水平的高估，城镇化道路偏离了正确的轨道。此外，在这种城乡二元体制下，农村资源与要素的价格被严重低估和扭曲，引致农村土地、劳动力、资本等要素和环境资源被过度非农化和被粗放使用，致使农业发展处在不利地位，现代农业发展步履维艰。二是与中国工业化模式有关。新中国成立以来，中国工业化进程大体可以分为两个阶段：在改革开放以前，中国工业发展与城市发展联系紧密，但由于排斥农民或农村人口进城，尽管中国的工业化率在 20 世纪 70 年代就已提高到了 40%左右的水平，但城镇化率却始终保持在 20%左右的低水平状态。改革开放以后，中国工业化与城镇化呈现了相互分离的发展现象，以乡镇企业为代表的工业企业在农村异军突起，掀起了农村工业化的浪潮，推动了中国经济高速增长。农村工业化吸纳了大量的农业剩余劳动力,但由于这些工业企业大多地处农村区域,加之城乡二元体制的影响与制约,农村工业化与城镇化的同步性明显不够,农村工业化对城镇化的推动并不如预期那么明显。三是与中国发展战略与政策偏向有关。应该说,无论是改革前还是改革后,中国的宏观经济政策与社会发展战略,大多数时候是偏向城市和大工业的,尤其是国有经济的发展,与此相适应的国家资源配置和政策安排,总体上也是偏向城市工业与城市居民,而不是农业、农村和农民,这恐怕是导致中国"三化"长期不同步与不协调的重要原因。四是与中国经济社会的转型阶段有关。这就是说,任何国家从农业国转向工业国、从传统走向现代的过程中,在一定时期都会不同程度地呈现"三化"不同步、不匹配或不协调的现象。因此,从一定意义上讲,中国"三化"的不协调,又与中国经济社会转型与发展的阶段有关系。这进一步表明,中国"三化"的不同步与不协调,既有体制与战略偏差等方面的原因,又与所处的发展阶段有关。推进"三化"同步与协调,既有紧迫性,又有复杂性。

四、推进"三化"协调发展的思路

基于以上对中国"三化"现状与关系、问题与成因的分析,根据目前中国总体上处在工业化转型期、信息化提升期、城镇化加速期和农业现代化加快期的阶段性特点判断,推进中国"三化"协调发展的思路是:推进城乡联动改革,加快城乡一体化发展;扭转城镇化发展偏差,加快中小城市发展;注重内源驱动发展,加快传统产业转型;创新农业经营机制,加快现代农业发展;优化"三化"发展政策,实现"三化"协调发展。

(一)推进城乡联动改革,加快城乡一体化发展

无论从中国国情,还是从国际经验看,工业化、城镇化和农业现代化的同步与协调,必须建立在城乡统筹和城乡一体化发展的基础上。要满足这样的基本条件,在中国,前提是破解城乡不平等的二元体制。为此,改革城乡二元户籍制度是关键。然而,户籍制度改革不能仅局限于城

市,而应该是城乡联动,即要推进城乡联动的户籍制度改革。也就是说,不仅要注重城市对进城人口的包容与融合,以实现进城人口在就业、教育、医疗、养老等基本公共服务与权益方面与城市居民的平等共享,即市民化,而且要改革农村户籍制度,尤其要深化与农村户籍密切相关的包括农地、集体建设用地、宅基地等在内的农村土地制度改革以及农村社会保障制度、农民住房制度、农村集体经济分配制度改革,以使农民在农村的基本权益,尤其是土地权益和住房权益,进一步明晰化、财产化和可交易化。只有推进城乡联动的户籍制度改革,才能真正剥离依附于城乡户籍制度上的各种权益,才能使户籍制度成为居住地意义上的制度,才能使城乡人口和资源要素得到自主流动、自由流动和合理流动,才能为工业化、城镇化与农业现代化的同步与协调提供互促共进的基础,实现城乡资源优化配置、城乡产业协调发展和城乡经济社会一体化发展。

(二)扭转城镇化发展偏差,加快中小城市发展

改革开放以来,中国经济持续高速增长主要是依靠了工业化的推动,但现阶段,无论从中国产业结构和就业结构的关系看,还是从人均GDP的水平看,中国已到了城镇化加速发展和城镇化引领经济社会发展的新阶段。现在的问题是,加快城镇化在中国已有共识,但关于如何加快城镇化、走什么样的城镇化道路,仍存在不同看法。值得注意的是,尽管中国城镇化率这几年提高很快,但城镇化的发展却存在很大的偏差。主要表现在两个方面:一是城镇化的发展过于偏向大城市的发展,忽视已具备产业基础和人口规模的中小城市的发展。二是在城镇化进程中存在"要地不要人"、"要劳不要人"的现象,致使农村人口进城速度慢于城市空间扩张速度,进城农民身份转变速度慢于其职业转变速度,农村非农人口的减少速度慢于农村土地的非农化速度。因此,在加快城镇化进程的同时,必须扭转中国城镇化发展的偏差,确立大中小城市有序发展、大城市优化发展、中小城市加快发展的城镇化战略与方针。其主要理由是:首先,尽管从总体看,相对于工业化的水平,中国城镇化处在滞后状态,但这种滞后并不是大城市发展滞后,而是中小城市发展滞后。把中小城市作为现阶段城镇化的重点,有助于真正改变中国城镇化滞后于工业化的格局,有助于引领和带动所在区域的产业转型与升级。

其次,中小城市在解决进城农民(农民工)市民化方面成本比较低,有助于解决大城市发展中"要地不要人"和"要劳不要人"的问题。最后,中小城市大多处在地级市和县域层面,与农村连接比较紧密,中小城市加快发展,有助于实现城乡统筹发展、城镇化和新农村建设互动以及城乡发展一体化。

(三)注重内源驱动发展,加快传统产业转型

在中国的"三化"中,尽管工业化率比较高,但工业化的质量并不是很高,存在着消耗高、层次低、规模小、协同差等问题。因此,必须通过增长方式的转变,提高工业化的质量,实现工业的转型与升级。需要注意的是,在中国现阶段的工业转型与升级过程中,要防止单纯追求"腾笼换鸟"式(或者说是外生型、替代型、重开炉灶式)的产业转型升级模式,而忽视内源驱动式的产业转型与升级。也就是说,要防止忽视对中国劳动力资源的充分利用(这也是发展现代农业的重要前提),忽视在原有企业和产业基础上的转型与升级。为此,特别要注重传统产业内源性、内生式的发展以及城镇化的理性发展对产业转型与升级的四个驱动。一是注重传统产业(企业)自身内生型和延伸型的发展对产业转型与升级的驱动。二是注重传统产业集群的进一步发展对产业转型与升级的驱动。也就是说,要在同质性企业简单集聚的基础上,发展专业化分工基础上的产业集群,着力打造产业集群的公共服务平台,发挥其对集群企业的外部经济性,这是中国传统工业和产业集群具有生命力、能够转型升级的关键。三是注重城镇化进程尤其是中小城市发展对产业转型与升级的驱动。要将工业转型与升级同城镇化进程紧密结合起来,以城镇化拉动区域产业或产业集群的转型与升级。实践表明,中国目前不少工业企业和产业集群位于县域层面的县城和乡镇,其产业和人口都已达到了相当的规模,迫切需要通过加快区域城镇化进程来拉动区域产业(包括农业)的转型与升级。四是注重产业组织(例如企业组织、农民组织、行业组织等)的发展对产业转型与升级的驱动,着力解决同业内恶性竞争、技术创新乏力、规模优势不足等问题。

（四）创新农业经营机制，加快现代农业发展

在中国"三化"中，农业现代化的滞后性最为明显，因此，加快现代农业发展对于实现"三化"的同步与协调，尤为重要和急迫。加快中国现代农业的发展，关键是要在推进城乡综合配套改革的基础上，建构集约化、专业化、组织化和社会化相结合的现代农业产业体系和经营机制，拓宽现代农业发展视野，改变中国农业目前普遍存在的经营主体老化、经营素质不高、经营规模狭小、技术转化滞后、产业组织虚弱、发展功能单一、竞争能力低下的局面。为此，需要从以下几个方面入手：①要创新符合现代农业和产业化经营要求的农业经营机制，以充分发挥家庭经营制度、合作经营制度和公司经营制度在整个农业产业链中不同环节上的各自优势和集成优势。②要深化农村土地制度改革，以推进农地的进一步流转、农业剩余劳动力转移和农业适度规模经营发展。③要加快农民专业合作组织的发展，以建立农民合作组织与农户（社员）相结合的新型农业双层经营体系，完善农业专业化分工和服务体系，使其真正成为引领农民进入市场和服务广大农民的现代农业组织。④要发挥农业龙头企业在现代农业产业经营中的作用，以推动农业"接二连三"，完善农产品市场体系、供应链体系和食品质量安全控制体系。⑤要深化农业技术推广体制改革，以建立政府与市场相结合，企业与科研部门相结合，农民、合作社、企业、科技人员相结合的农业技术推广大联盟，推动农技成果转化和农作制度创新。⑥要拓展现代农业发展视野。不仅要发挥农业的产品生产功能，而且要发挥农业在生态、休闲和文化等方面的功能；不仅要重视陆地现代农业的发展，而且要重视海洋现代农业的发展。⑦要提高政府对农业的支持水平。要把支持农业和支持农民予以区分，前者应着眼于现代农业的发展，后者应着眼于农民基本福利的改善。就对现代农业的支持而言，重点是着眼于对新型农业经营主体与服务体系的支持与培育，建立农业经营者的进入与退出机制，加快传统农业向现代农业发展方向的转变。为此，有必要梳理政府对农业与农民的各项支持与补贴政策，既加大支持力度，又明确支持重点，提高农业支持政策的效率。

（五）优化"三化"发展政策，实现"三化"协调发展

与世界上大多数国家不同，中国政府对经济社会的调控力很强，这是中国的重要特色。但是，政府调控力强是把"双刃剑"，就"三化"发展而言，政府调控方向正确、措施得当，就会促使"三化"同步与协调发展，反之，则会造成巨大损失和代价。因此，有必要借鉴不同国家的"三化"发展经验与教训，总结中国"三化"发展的历史经验与教训，调整和完善中国"三化"发展的思路与政策，推进"三化"同步与协调发展。其重点是：①调整国民收入分配体系，强化"以工补农、以城带乡"政策。②明确新型城镇化战略重点，出台中小城市加快发展政策。③支持工业企业内生式转型，出台促进中小企业转型升级政策。④加快传统农业转型发展，完善国家农业支持体系与政策。⑤实施人力资本提升战略，完善人力资源培育政策。⑥调动地方发展的积极性，实施"三化"分类发展的指导政策。⑦加快改革顶层设计，同时鼓励基层试点突破。

城乡区域协同发展的理论与实践①

一、引言

区域发展不平衡是一种自然的、历史的、经济的和政治的各种因素共同作用的结果,是世界各国经济发展过程中面临的共同问题。改革开放以来,我国各地区经济保持快速增长,各区域内部之间的合作也有所加强,但区域之间的增长差距也在扩大,主要表现在经济差距、社会发展差距、科技差距、区域开放差距。② 虽然我国已经在总体上达到了小康水平,但城乡二元结构表现依然明显,城市的经济、文化和社会事业等发展水平明显高于大多数农村地区,农村经济与社会发展滞后,又使得区域发展的差距进一步扩大。如果这种状况不能得到有效的缓解,将会对国家经济和社会发展、民族团结和政治稳定产生极大的消极影响。因此,加快二元结构向一元结构的转化,促进区域协调发展是我国建设和谐社会亟待解决的问题。

---

① 本文作者为黄祖辉、刘慧波、邵峰。本文内容发表于《社会科学战线》2008 年第 8 期,被中国人民大学期刊复印资料《区域与城市经济》2009 年第 1 期全文转载。本文为教育部纪念改革开放三十周年理论研究项目"中国当前发展的阶段性特征研究"课题成果。

② 国家统计局课题组:《我国区域发展差距的实证分析》,《中国国情国力》2004年第 3 期。

二、城乡二元结构的形成基础

（一）城乡分化促使城乡二元结构形成

迄今为止，人类世界在聚居的形式和聚居组织上已经历了三次大的变化。第一次大的变化是渔猎到农业的革命，发生在新石器时代。它使人类从根本没有聚落到出现半永久性的农牧业村舍，然后过渡到定居的乡村聚落（村庄）；第二次大的变动是城市的出现；第三次大变动就是城市化。

从城市的最初形成来看，只有在农业生产力发展能够提供剩余产品的前提下，少数人完全脱离农业生产而专门从事非农活动时，才开始了城市发展的历史。从城市化的发展进程来看，它本身就是变落后的乡村社会和自然经济为先进的城市社会和商品经济的历史过程。多数人认为，只有农业产品有了剩余，才有城市的出现。有了农产品剩余，才能养活城市的官员、祭司、商人和手工业者。但有了剩余产品为什么要用来建立城市呢？为什么会有剩余产品出现？人们要生产剩余产品，是有人意识到有了剩余产品可以去换回生活需要的其他东西，它的前提是有了劳动的分工。据此看来，劳动分工和商品交换似乎出现在农产品有了剩余之前，但没有农产品的剩余又不可能有商品交换和劳动分工。

马克思明确指出，"一切发达的、以商品交换为媒介的分工的基础，都是城乡的分离。可以说，社会的全部经济史，都概括为这种对立的运动"①。从农业社会中产生城市，到 18 世纪以工业革命为动力、在工业社会中出现真正意义上的城市，无论是城市的产生，还是城市化的演进，都是分工与社会生产力发展的结果。但每个国家由于其生产力发展的时间、内容和方式的差别，工业化和城市化不仅在启动的时间和进程上有先后，而且在实现的路线以及由此带来的城乡关系变迁的路径上都有明显的差别。

---

① 马克思、恩格斯：《马克思恩格斯选集》，北京：人民出版社，1972 年，第 56 页。

（二）我国城乡二元结构的特殊性

马克思主义认为,城市的产生和存在,其前提是生产的发展,特别是社会分工的发展。马克思在资本论中指出"物质劳动和精神劳动的最大一次分工,就是城市和乡村的分离"。[①] 我国的城乡二元结构无论与发达国家在工业化初中期曾经出现过的城乡二元结构相比,还是与其他发展中国家在工业化进程中出现的城乡二元结构相比,都表现得更为特殊、更为复杂。这种特殊性与复杂性,从根本上来看,是由工业化的发展模式决定的;从形式上来看,主要表现为城乡二元经济结构的特殊性和城乡二元社会结构的特有性。我国城乡二元经济结构的特殊性,主要体现在城乡二元经济结构形成的动力、方式和途径的特殊性,而这往往与一个国家的工业化模式密切相关。

从发达国家来看,由于工业化是在市场经济环境中启动的,工业化的资本积累是以市场为资源配置的主体,以效率为原则,以城市为载体,从国内的农业剩余产品和农业剩余劳动力转移而来的。发达国家城乡二元经济结构形成的动力是内源性的,方式是市场性的,途径是农业剩余的"物"与"人"同步转化的,并随着工业化、城市化水平的不断提高,在政府主导下,适时建立以工促农、以城带乡的发展机制,促进农业现代化和城乡一体化,实现城乡二元经济结构向现代一元经济结构的转化。从实行市场经济制度的发展中国家来看,虽然工业化也是在市场经济环境中启动的,但工业化的资本积累来源于外国资本进入和在本国政府动员下的农业剩余产品、农业剩余劳动力的转移。因此,与发达国家相比的最大区别是,实行市场经济制度的发展中国家城乡二元经济结构形成的动力是外源性的。正是因为这一区别,这些发展中国家的工业化往往跨越劳动密集型产业发展的阶段,缺乏农业发展的支撑,城市化往往是靠大城市的优先发展,缺乏与中小城市发展的结合,结果往往是城市化过度,进而导致"大城市病",同时,由于缺乏对"三农"的有效带动,又出现农业停滞、农村凋敝、农民贫困的现象,工农关系、城乡关系不断恶化,城乡二元经济结构不断强化和固化,难以实现向现代一元经济结构的

---

① 马克思、恩格斯:《马克思恩格斯选集》,北京:人民出版社,1972年,第56页。

转化。

　　我国由于工业化道路的曲折性和工业化模式的多变性,城乡二元经济结构的形成过程更为复杂。我国的工业化启动于晚清时期的洋务运动,城乡二元经济结构是在封建地主经济的土壤中,在外国资本主义经济的带动下,在官僚资本主义经济的推动下产生的,与大多数发展中国家相类似,其动力是外源性的,方式是市场性的,途径是农业剩余的"物"与"人"同步转化的。在计划经济年代,我国实行重工业优先发展的工业化战略,政府作为配置资源的唯一主体,运用计划的方式,将农业剩余产品转移为工业化资本积累,配置到城市区域和工业领域,由此形成的城乡二元结构,动力是内源国有性的,方式是计划性的,途径是农业剩余产品单一转化的,并因农业剩余劳动力长期被固定在农业领域和农村区域,政府对"三农"长期采取"多取少予"政策,城市化明显滞后于工业化,农业发展长期滞后于工业发展,工农差别、城乡差别不断扩大,城乡二元经济结构在不断"深化"的基础上被严重"固化"了。在市场经济年代,随着改革的不断深化,市场在资源配置中的主体作用日益突出,越来越多的农业剩余产品、农业剩余劳动力、农用土地、农村资金被配置到农村的乡镇企业,并进而被配置到效率更高的城市工商业和城市建设上,工业化、城市化进程不断加速、水平不断提高,同时政府尚未及时从计划经济体制退出,仍担当着本应由市场担当的经济领域的资源配置角色,而应由政府担当的公共领域和市场失灵领域的资源配置角色却没有及时担当起来,由此导致了工农差别、城乡差别的进一步扩大,"三农"问题依然尖锐,城乡二元结构不断强化。

三、城乡二元经济关系的分析

(一)二元经济的逻辑分析

　　二元经济的思想始于经济学的鼻祖——亚当·斯密(Adam Smith),他在其经典著作《国民财富的性质和原因的研究》中提出了市场分工理论,把工业部门在农业社会中产生、成长的过程看作是经济发展的本质。但对二元经济做出具体阐述的是美国经济学家刘易斯(W.
A. Lewis)。20世纪50年代中期,刘易斯在《劳动力无限供给条件下的
经济发展》一文中提出了著名的二元经济理论。刘易斯认为,发展中国
家一般都存在着二元经济结构,国民经济含有两个性质不同的部门:一
个是仅能维持最低生活水平的,用传统方法生产的部门,这一部门以传
统农业为代表;一个是以现代化方法生产,劳动生产率和工资远比前一
部门高的城市工业部门。经济发展就是将生存状态的传统部门逐步转
化为现代化的工业部门。[①] 这个转化过程必然伴随着城市化、工业化和
乡城人口流动。刘易斯、拉尼斯和费景汉、托达罗都先后提出了自己的
乡城流动模型,描述这一转化过程。拉尼斯和费景汉认为应当重视农业
在促进工业增长中的重要性,应当看到农业由于生产率的提高而出现剩
余产品是农业中的劳动力向工业流动的先决条件,并在此基础上对刘易
斯模型进行了修正。托达罗认为人口流动是一种合乎理性的经济行为,
认为流入城市的人们关心的是城乡预期而不是实际的收入差距,用来解
释为什么在城市中的事业和就业不足的现象不断加剧的情况下,仍有大
量的农村劳动力源源不断地流入城市。

　　虽然上述三种模式都各有不足之处,但二元经济是发展中国家普遍
存在的现象。通过工业化和城市化进程,完成农村剩余劳动力向城市的
转移,逐步消除二元经济结构,是发展中国家必须要经历的过程。要完
成这个过程,必须重视农业劳动生产率的提高(拉尼斯-费);把农业部门
本身的进步作为一个发展目标(托达罗);注重工业发展对农业劳动力的
吸收(资本积累—投资—吸收更多的劳动力);不仅经济增长(更不仅是
工业部门的增长),而且增加就业、减轻贫困、缩小分配差距、解决城市社
会问题都是经济发展的目标(托达罗)。

(二)能否均衡发展的争论

　　经济发展是促进国家繁荣富强的基本途径,但是否采取均衡模式,
一直是经济学家争论的焦点。非均衡增长理论以赫希曼、佩鲁、缪尔达
尔等为代表。赫希曼认为,经济增长过程是不平衡的,发展中国家应集

---

　　① 　刘易斯:《二元经济论》,北京:北京经济学院出版社,1989年,第63页。

中有限的资源和资本,优先发展少数"主导部门",尤其是"直接生产性活动"部门。区域经济学中有很多说明区域间经济不平衡增长及相互影响的理论,可以归入不平衡增长理论,如梯度转移理论、增长极理论(佩鲁、汉森)、点轴开发理论(萨伦巴、马利士)、累积因果理论(缪尔达尔)。[①]这些理论都强调由点带面、由此及彼,强调经济发展中增长点的作用,后发区域要实现赶超,采取不平衡增长战略是一个较为可行的途径。这在东南亚和一些拉美国家得到证实,并且一定程度上成为我国 20 世纪 80 年代后国家实施向东部"倾斜"政策的理论基础,它主要体现为两次向东南沿海地区倾斜的发展战略调整:第一次是 1980—1982 年对广东深圳、珠海、汕头和福建省的厦门实行特区政策,使广东成为我国经济实力最强的省份之一;第二次调整始于 1990 年上海浦东的开放,使上海重现国际大都市的雏形,长江三角洲成为全球瞩目的焦点。这意味着,在一定程度上,我国东部沿海地区的先发优势并不完全是建立在其自身资源禀赋和文化传承基础之上的,而在相当程度上来源于中央政府允许它们"先富起来"这种特殊优惠政策的外部力量的促进。[②]

在平衡增长理论中又有两种代表性理论,即罗森斯坦-罗丹的大推进理论和纳克斯的平衡发展理论。平衡发展理论强调产业间和地区间的关联互补性。现实中,可以举出有利于"大推进理论"或"均衡发展"的诸多例子。平衡增长是目标,不平衡增长是手段。由于落后经济通常基础薄弱,资金缺乏,不具备平衡发展的条件,所以平衡发展理论在实际应用中缺乏可操作性。但平衡增长理论认为投资项目之间互为需求、互相依赖,应当有良好的协调,这是非常重要的。

从长远看,平衡增长和不平衡增长之间并无根本性的矛盾,应该根据区域的不同特点,系统和整体地思考经济的发展。不平衡增长强调联系效应的重要性,它是以创造短期的事先的不平衡来追求长期的事后的平衡。

---

① 吉利斯:《发展经济学》,北京:中国人民大学出版社,1998 年。
② 刘建军、郭岚:《经济市场化进程中的中国区域经济发展差距》,《南方经济》,2004 年第 9 期。

(三)社会公平和分配正义

如果没有平等的机会,就没有平等的政治、经济和文化权利,就不可能真正缩小经济社会发展过程中出现的地区差距。因此,让人人都享有平等的机会,是我国建设和谐社会的一个重要方面。关于什么是公平,不同价值观念的人有不同的判断,平狄克总结了关于公平的四种观点(见表1)。[①]

表 1　关于公平的四种观点

观点	内容
平均主义	社会的所有成员得到同等数量的商品
罗尔斯主义	使境况最糟的人的效用最大化
功利主义	使社会所有成员的总效用最大化
市场主导	市场的结果是最公平的

以上观点实际上是从最平均到最不平均的排列。从古到今,分配观念一直受到两种不同的价值取向的影响:一方面,财富作为满足人的需要的资源,应当属于真正需要它的人;另一方面,财富是劳动创造的,应该属于它的创造者,如果一个人不能得到他创造的财富,就会缺乏劳动和创新的动力。严格的平均主义要求社会成员平均分配各种产品,传统的社会主义模式试图以公有制和计划经济来实践这一思想,但是由于缺乏效率,已经被我们摒弃。市场主导主义者以诺奇克和哈耶克为代表,他们认为完全竞争的市场经济的自发交换过程形成的分配即是最有效率的分配,其结果也是公平的。在均衡价格下,市场达到出清水平,每个人所得即其应得,即其资源和个人禀赋在市场交换中给他带来的东西。在他们看来,市场是实现经济繁荣和个人自由的工具,它促进了经济效率的提高和社会福利的提高,也扩大了个人自由选择和自主决定的空间。市场主导的思想看起来很具有说服力,但与此同时,人们也认识到了市场的局限性,市场运行的结果往往造成财富分配的巨大不平等,这

---

① 平狄克:《微观经济学》,北京:人民大学出版社,2000 年,第 514 页。

种不平等很难说一定就是公平的。首先,人们进入市场时的初始资源(包括权利)禀赋不一定是合理的;其次,完美的竞争市场其实在真实世界中并不存在,垄断、信息失灵、外部性的存在使个人从市场中获得的东西具有偶然性;最后,由于合作生产的存在,很难精确计量个人在生产中所做的贡献,个人的市场收入很大程度上依赖于社会的条件。因此,不能简单地认为市场分配就是公平的。功利主义者认为公平就是使社会所有成员的总效用最大化,但是它并不关心财富在个人之间的分配。庇古(A. C. Pigou)从边际效用递减原理出发,认为财富从富人向穷人转移可以增加社会的总福利,但他的出发点并不是对穷人的关心,而是对社会总福利的关心。罗尔斯(John Rawls)在 1971 年出版了《正义论》,他认为公平就是使社会最少受惠者的福利得到改善。在经济发展的实践中,公平和效率这二者的目标往往存在一定程度的矛盾,在二者之间必须做出困难的选择。① 在市场经济中,收入的分配受社会偶然性和自然偶然性的影响,作为公平的正义要求以机会平等原则消除竞争起点的不平等,同时通过差别原则把结果的不平等保持在合理的范围内。

新中国成立以后至今,我国通过农业税费、工农产品价格剪刀差、土地低价或无偿征用等途径,从农民手中拿走了大量的财富。农民的择业和迁移受到限制,和城里人比较,农民的受教育机会较少,医疗卫生条件较差,农村政治民主建设滞后。因此,作为代表最广大人民根本利益的中国共产党,在鼓励一部分人先富起来的情况下,将着力推动共同富裕。要力争在经济增长的同时,将经济增长的好处惠及广大低收入阶层,尤其要更加公平地对待农民,赋予他们在经济社会中平等的权利。这不仅符合党的建党方针,也符合中国人的道德观念。实现社会正义,促进团结稳定,不仅要给农民公平的竞争起点,而且要通过差别原则将不平等限制在合理的范围内,减少贫困,缩小农民与其他阶层间的巨大收入差距。党的十六大所提出的统筹城乡经济和社会发展,就是党和政府力求纠正当前分配不公,促进区域均衡发展的新努力。

---

① Arther Okun, *Equality and Efficiency: The Big Tradeoff*, Washington: Brookings Institution, 1975.

（四）城乡关系的变迁

城市和城市化的发展过程是城市从乡村中分化出来并逐步扩大和发展演进的过程，它表现为城市数量的增加、城市规模的扩大、农村人口向城市的转移、城市生活方式的扩散和全体社会成员生活方式的改变。改革开放初期，党中央采取了一系列措施，使我国城乡关系发生了重大变化。这一时期是新中国成立以来工农城乡关系发展最好的时期，也是全国人民生活和全国经济改善最快的时期。其实质是从改善"三农"与工业、城市的关系入手，抓住了城乡协调发展的关键。

一般来看，城乡关系从产生到和谐的变迁，需要经历城乡分化、城乡分离、城乡对立、城乡融合和城乡一体五个阶段。[①] 城乡一体化就其本质来说，就是城市化进程达到一定程度后城乡关系的变迁过程，其核心是让所有农民共享工业化、城市化的成果。

在推进我国工业化的过程中，加快城乡关系演进，改革城乡关系已成为我国社会经济体制改革的重要组成部分。我国政府推进城乡关系的进一步变迁是有利于全社会整体福利水平提高的，但其另外一个更直接的影响就是在城市居民和农民间的利益重新分配。虽然从目前的改革效果而言，城乡关系的一元化或一体化的演进比较缓慢，但是城乡融合、走向一体化是最终的努力目标。

---

① 邵峰：《均衡浙江：统筹城乡发展新举措》，杭州：浙江人民出版社，2006年。

四、促进城乡经济发展的理论与政策

(一)以统筹促进区域均衡发展的思路

我国目前已经进入工业化的中期阶段,财政实力不断增强,工业反哺农业的能力和城市支持农村的能力明显增强,我国总体上已进入以工促农、以城带乡的发展阶段。

1.有关"城乡统筹"在中央文件中的表述

改革开放 30 年,中央共出台了 10 个"一号文件",这 10 个文件记载了我国农村改革的历史进程,也体现了中央高层领导求解"三农"问题的思路。发布于 1982 年至 1986 年的 5 个"一号文件",内容基本上都围绕家庭联产承包责任制。2004 年至 2008 年的中央一号文件都是围绕"三农"问题。这表明,从整个经济社会发展来看,"三农"问题已越来越突出,已成为全面建设小康社会的难点和重点。2004 年中央《关于促进农民增加收入若干政策的意见》(中央一号文件)提出:按照统筹城乡经济社会发展的要求,坚持"多予、少取、放活"的方针,调整农业结构,扩大农民就业,加快科技进步,深化农村改革,增加农业投入,强化对农业支持保护,力争实现农民收入较快增长,尽快扭转城乡居民收入差距不断扩大的趋势。2006 年的中央一号文件再次关注"三农",提出建设社会主义新农村,促进"三农"问题的解决。2006 年 2 月 20 日,温家宝总理在中共中央举办的省部级主要领导干部建设社会主义新农村专题研讨班结业仪式上强调指出,建设社会主义新农村必须实行城乡统筹,加大对农业和农村发展的支持力度。要认真贯彻工业反哺农业、城市支持农村的方针,坚持"多予、少取、放活",尤其要在"多予"上下功夫,下决心调整国民收入分配结构,扩大公共财政覆盖农村的范围,加强政府对农村的公共服务,将国家基础设施建设的重点转向农村。按照科学发展观的要求,要集中解决好城乡、区域、经济社会、人与自然、国内发展与对外开放五个方面的统筹发展问题,其中一个重要方面是解决城乡发展的严重不平衡问题。全面建设小康社会,实现社会主义现代化,最艰巨、最繁重的任务是解决"三农"问题。2007年的中央一号文件强调坚持把解决好"三农"问题作为全党工作的重中之重,统筹城乡经济社会发展,实行工业反哺农业、城市支持农村和"多予、少取、放活"的方针,巩固、完善、加强支农惠农政策,切实加大农业投入,积极推进现代农业建设,强化农村公共服务,深化农村综合改革,促进粮食稳定发展、农民持续增收、农村更加和谐,确保新农村建设取得新的进展,巩固和发展农业农村的好形势。2008年的中央一号文件仍然是针对"三农"问题,2008年和今后一个时期,农业和农村工作的总体要求是:全面贯彻党的十七大精神,高举中国特色社会主义伟大旗帜,以邓小平理论和"三个代表"重要思想为指导,深入贯彻落实科学发展观,按照形成城乡经济社会发展一体化新格局的要求,突出加强农业基础建设,积极促进农业稳定发展、农民持续增收,努力保障主要农产品基本供给,切实解决农村民生问题,扎实推进社会主义新农村建设。

党的十五大报告提出:"促进地区经济合理布局和协调发展。……从多方面努力,逐步缩小地区发展差距。"党的十六大会议上提出:"统筹城乡经济社会发展……""城乡统筹"思想在近年来中央文件中的多次出现,表明了今后国家经济发展的政策取向和追求的目标。实际上,统筹城市和乡村、工业和农业、东部和西部、经济与社会的协调发展的观念由来已久。在"十五"计划纲要中,就提出要"打破城乡分割体制,逐步建立市场经济体制下的新型城乡关系……","坚持城乡统筹的改革方向,推动城乡劳动力市场逐步一体化"[①]。十六大报告以"全面建设小康社会"为题,明确提出要在21世纪的头20年,全面建设惠及十几亿人口更高水平的小康社会的奋斗目标。而这一目标中的经济指标部分是:工农差别、城乡差别和地区差别不断扩大的趋势逐步扭转;社会保障体系比较健全,社会就业比较充分,家庭财产普遍增加,人民过上更加富足的生活。十六届三中全会提出:要按照统筹城乡发展、统筹区域发展、统筹经济社会发展、统筹人与自然和谐发展、统筹国内发展与对外开放的要求,

---

① 《中华人民共和国国民经济和社会发展第十个五年计划纲要》,《人民日报》,2001年3月18日。

更大程度地发挥市场在资源配置中的基础作用,为全面建设小康社会提供强有力的体制保障。胡锦涛总书记在 2003 年初召开的中央农村工作会议上提出:"统筹城乡经济社会发展,就是要充分发挥城市对农村的带动作用和农村对城市的促进作用,实现城乡一体化。"党的十七大把推进区域协调发展、优化国土开发格局作为促进国民经济又快又好发展的主要任务,进一步提出:建立以工促农、以城带乡的长效机制,形成城乡经济社会一体化发展的新格局。

在"十一五"规划纲要中,即使针对社会主义新农村建设,仍然提出要"坚持统筹城乡发展的基本方略,在积极稳妥地推进城市化的同时,按照市场发展、生活富裕、乡风文明、村容整洁、管理民主的要求,扎实稳步推进新农村建设"①。可以说,新农村之"新",就新在城乡统筹、城乡互动、城乡和谐。

2. 城乡协调发展是构建和谐社会的基础

城乡二元结构依然存在、不同区域发展差距不断拉大、社会事业发展"短腿"现象严重、生态环境保护形势严峻⋯⋯针对当前这些影响社会和谐的突出矛盾和问题,2002 年 11 月,党的十六大在阐述全面建设小康社会的奋斗目标时,明确提出"社会更加和谐"的发展要求。2004 年,党的十六届四中全会从加强党的执政能力建设的高度,明确提出构建社会主义和谐社会的历史任务。2004 年 12 月,胡锦涛总书记指出,要"正确认识和处理社会主义物质文明、政治文明、精神文明与和谐社会建设的关系",标志着中国共产党开始从中国特色社会主义事业总体布局和全面建设小康社会全局的高度思考和谐社会建设问题。2005 年,胡锦涛在中央党校召开的省部级主要负责同志研讨班上发表重要讲话,深刻阐述了构建社会主义和谐社会的基本特征、重要原则、深刻内涵和主要任务,强调要建设"民主法治、公平正义、诚信友爱、充满活力、安定有序、人与自然和谐相处"的社会主义和谐社会。此后,胡锦涛等中央领导同志深入各地调研,多次发表重要讲话,要求"把构建社会主义和谐社会放在更加突出的位置",明确提出"建设富强民主文明和谐的社会主义现代

---

① 《中华人民共和国国民经济和社会发展第十一个五年规划纲要》,北京:人民出版社,2006 年,第 13 页。

化国家"的重要论断。2006 年 2 月,中共中央政治局决定:党的十六届六中全会以构建社会主义和谐社会为主要议题。这一决定,顺应了时代潮流,把握了我国经济社会发展的阶段性特征,反映了建设富强民主文明和谐的社会主义现代化国家的内在要求,体现了全党全国各族人民的共同愿望。

构建社会主义和谐社会是一个全面而系统的宏大工程,涉及经济、政治、文化等全面发展的和谐。构建社会主义和谐社会仅靠经济问题的解决、经济生活的和谐是不够的,还需要全面落实科学发展观,正确处理经济建设与社会各项事业发展的关系,使经济建设与民主法制、科教文卫、社会保障等各项社会事业的建设协同共进,进而实现物质文明、政治文明和精神文明建设的和谐发展。

因此,只有坚持唯物辩证的科学态度,充分认识当前我国发展面临的机遇和挑战,深入分析我国经济建设中面临的矛盾和问题,才能深刻体会构建社会主义和谐社会的重要性和紧迫性。"我们要构建的社会主义和谐社会,是在中国特色社会主义道路上,中国共产党领导全体人民共同建设、共享有的和谐社会。"①而公平正义是和谐社会的基本条件,制度是公平正义的根本保证。

(二)促进区域与城乡的协调发展

城乡二元结构已经成为目前我国经济和社会发展的一个严重障碍,彻底消除城乡二元结构已成为当务之急,为此,除了在体制上进行突破外,应把统筹发展作为解决这一问题的根本措施和手段。

---

① 见 2006 年 10 月 11 日中国共产党第十六届中央委员会第六次全体会议审议通过的《中共中央关于构建社会主义和谐社会若干重大问题的决定》。《决定》从 8 个方面,明确提出了到 2020 年构建社会主义和谐社会的目标和主要任务:"人民的权益得到切实尊重和保障";"家庭财产普遍增加,人民过上更加富足的生活";"社会就业比较充分";"基本公共服务体系更加完备";"良好道德风尚、和谐人际关系进一步形成";"社会管理体系更加完善";等等。《决定》还提出了构建和谐社会必须遵循的 6 项原则:"必须坚持以人为本"、"必须坚持科学发展"、"必须坚持改革开放"、"必须坚持民主法治"、"必须坚持正确处理改革发展稳定的关系"、"必须坚持在党的领导下全社会共同建设"。

1.区域协调发展必须依靠政策推动

在社会主义市场经济条件下,政府职能主要是经济调节、市场监管、社会管理和公共服务,但是,促进我国区域均衡发展还必须依靠政策的指导与推动。实现城乡经济社会一体化发展,改变城乡二元结构、建立社会主义市场经济体制下平等和谐的城乡关系,城乡统筹的主导方面应当是政府。政府应该在城乡经济社会统筹发展中扮演重要作用。这并不是要用政府代替市场,而是要充分发挥政府在协调城乡经济社会关系和建立相关制度方面的作用,以强有力的政策保证区域的协同发展。

我国在 2000 年全面实施西部大开发,其目标是缩小东、西部差距,促进我国不同区域的协调发展,维护民族团结和边疆稳定。此后,西部地区步入其历史上最佳发展期,GDP 年均增长达 10%,与全国平均增长速度的相对差距日益缩小。2003 年的《政府工作报告》提出了支持东北地区等老工业基地加快调整和改造的思路。2004 年岁尾,中央经济工作会议又确定了"中部崛起"的宏伟战略构想。我国促进区域均衡发展的"西部大开发、东北振兴、中部崛起、东部转型升级、区域互动"的发展格局已日渐清晰。

2.弱化城乡二元结构必须依靠产业联动

建立协调的城乡关系需要以项目为动力,以产业联动和产业升级为根本保障。区域之间或区域内部各组成部分之间不可避免地会发生各种经济关系,这种关系和谐则会对区域经济有积极的推动作用,反之,则会产生消极的摩擦和冲突。区域经济的协调发展可以通过产业结构的地区协调来实现。目前正处于转轨期的我国经济改革,面临着错综复杂的各种矛盾的干扰。区域协调发展问题是其中之一。地区产业结构的趋同以及由此导致的地方保护主义盛行、地方利益抬头、产品过剩与短缺的并存、产业的过度竞争等是产业结构区际矛盾的主要表现,所有这一切都使得我国各种经济资源的配置远未达到"帕累托最优"。

因此,研究产业协调发展理论,减少或协调产业发展矛盾,促进经济资源的合理配置,具有十分重大而深远的理论和现实意义。

3.充分发挥小城市在城乡协调中的纽带作用

我国城乡区域发展的差距,除政策和体制性因素外,还可能是由于我国大、中、小城市(包括县级市和县城)与广大农村之间缺少一个重要环节,即小城镇,或者说这个重要环节(小城镇)比较薄弱。这就不可避免地造成城乡分割的二元结构,阻碍农村城市化、城乡一体化的进程。因此,要改变这种城乡二元结构,还必须加快小城镇建设的步伐。这主要是因为我国农村人口众多,而耕地资源又有限,剩余劳动力数量巨大。其一,如果大量的农村剩余劳动力仍滞留在有限的土地上,即使土地回报率很高,劳均收入也难以有较大的增长。其二,我国经济发展不平衡,城乡差别很大,并已严重制约了国民经济的快速发展。要全面建设小康社会,繁荣农村经济,就必须推进城市化,缩小城乡差别。其三,我国还处于社会主义初级阶段,有限的财力难以通过建设众多大城市去吸纳大量的农村人口。此外,我国资源环境的局限性大,缺乏大规模发展大中城市的地理条件,不可能只走发展大城市和农村劳动力都进入大城市的路子。因此,在我国城市居民尚不能充分就业的情况下,小城镇可以发挥吸纳农村剩余劳动力就业的作用,这也是中国特色城市化道路的重要特点。

总之,坚持实施中国特色城市化战略,积极稳妥地发展小城镇,既是解决农村剩余劳动力的出路和农民增收问题的必由之路,又是统筹城乡发展,提高我国农业和农村现代化水平,实现两个根本性转变的根本措施。这不仅是一些人多地少国家和地区的发展经验,也是我国不少地区的实践探索和统筹城乡发展的现实选择。

五、结论与启示

统筹城乡发展的实质,是促进城乡二元结构的转变。我国正处在深刻的经济社会转型过程中,从城乡二元结构向现代社会经济结构的转变,将是今后几十年我国经济、社会发展的基本走向。统筹城乡区域发展的目标就是实现地区共同发展。保持比较发达地区的快速发展势头和扶持落后地区的发展,都是国家的既定政策。地区差距问题要在工业化、城市化和市场化的发展进程中逐步得到解决。

　　城乡二元的主体本身就是两个既相互影响,又可以相互合作的区域系统。实践经验表明,城、乡这两个子系统的相互作用和协作,将有助于整个系统向更高层次演进。实现区域经济社会的共同进步,是向城乡一元化和一体化过程迈进的有效途径,而实现这一过程的根本措施是政策推动、城镇化带动、产业联动,促进区域的协同发展。

论城市化与新农村建设的关系①

一、城市化与新农村建设是我国两大重要战略

从人均收入、产业结构和就业结构的现状以及转型发展的要求看，我国经济社会发展总体上已到了从工业化推动发展转向城市化引领发展的新阶段。但需要注意的是，由于城乡二元社会结构的存在，我国的城市化不仅是人口与产业的空间集聚过程，也是广大进城农民的市民化过程。换句话讲，我国现阶段的城市化，应该是人口集聚、产业集聚、进城农民市民化的"三位一体"的过程。

与此同时，由于经济高速增长的粗放性和资源要素配置、收入分配中的偏差，尽管我国经济保持了 30 多年的高速增长，但城乡关系依然没有从根本上得到改善，城乡差距，尤其是城乡居民收入差距还呈不断扩大的态势，我国"三农"问题依然十分严峻。因此，解决"三农"问题，加快新农村建设与发展，在当前的我国是重中之重、急中之急。

可以说，城市化战略和新农村建设战略是我国现阶段经济社会转型发展、持续发展的两大重要战略，两者并不存在替代关系，而是缺一不可。问题的关键是我们能否在实践中正确处理和把握好这两大战略，将这两大战略有机结合、有效结合起来，而不是将这两大战略相互替代、相互割裂，甚至相互对立起来。

---

① 本文作者为黄祖辉。本文内容发表在《农村经济》2011 年第 6 期，被《中国社会科学文摘》2011 年第 10 期转载。

二、城市化与新农村建设是相互包容的统一体

事实上,我国的城市化与新农村建设应该是一个相互包容的统一体,它们之间具有密切的联系性。关键是要正确认识我国城市化和新农村建设的准确内涵。对我国城市化和新农村建设相互关系的准确认识和科学把握,应该成为各级政府在制定"十二五"发展规划时的重要考量。

就新农村建设而言,新农村的建设与发展不仅应包含村庄空间布局的变化过程,而且也应包含农村人口的减少过程,从这一意义上讲,我国的新农村建设必须放在城乡统筹、城乡一体发展的框架中进行,必须以城市化来引领、推进,必须与城市化进程有机结合、有效结合。

就城市化而言,既然城市化体现的是人口与产业的集聚过程,那么城市化就不应仅仅指大城市的发展,而应该同时包含大、中、小城市和中心镇,甚至中心村的发展与协调。城市化既是一种过程,又是一种体系。因此,引领和带动新农村的建设与发展应该是我国城市化的题中之意,是城市化的重要任务。

三、城市化与新农村建设应互动共进

第一,牢固确立城乡统筹发展、城乡一体发展的理念和方略。要切实将这一理念和方略体现在政府的"十二五"发展规划中,体现在相关法律和政策中,并落实在实际工作中,而不是停留在口号上。

第二,扭转城市化发展的偏差。我国在加快城市化进程中存在明显的偏差。这种偏差一是表现在进城农民身份转变滞后于其就业转移,农民进城就业转移和城市建设质量又滞后于城市空间扩张;二是表现在人口非农化速度滞后于农地非农化速度。其直接后果是大量的两栖型流动人口和失地农民现象并存;进城农民非市民化,城市粗放发展,城市化被严重高估。

第三,找准城市化战略的重点。相对于工业化的进程,我国城市化进程确实滞后,但具体分析的话,我国的城市化滞后并不是大城市发展滞后,而是许多经济相对发达地区的县域城市和中心镇城市化滞后。这些地区的产业发展和人口规模都已达到相当水平,但城市化却明显滞后。因此,现阶段我国城市化进程的战略重点应该是这些中小城市和有条件的中心镇。以中小城市发展为战略重点的城市化,不仅能真正解决城市化的滞后问题,能降低进城农民的市民化成本,而且能与新农村建设更好契合,并且实现互动共进。

第四,扩大新农村建设的视野。一是大农村视野。新农村建设并不局限于村庄,也涉及乡镇层面,为此,要在城乡统筹方略下进行谋划与整体规划。二是动态化视野。新农村建设是个长期的过程,必然涉及产业、人口、村庄的空间格局变化,这种变化应该与整个区域经济社会和城市化的进程相衔接。三是民生观视野。民生问题既是我国城乡差距的要害所在,又是新农村建设"二十字"方针的核心所在,因此,在新农村建设中必须倾力于解决民生问题,这不仅符合新农村建设和发展的根本方向,也有利于降低进城农民市民化的成本,缓解城市化进程的压力。

四、实施城市化与新农村建设互动共进战略

第一,城市化和新农村建设互动共进战略的基本思路。将中小城市发展作为城市化和新农村建设互动共进战略的重要节点和载体。通过城乡统筹,城市化和新农村建设双轮驱动,实现"以城带乡、城乡协调、城乡融合和城乡共荣"。

第二,城市化和新农村建设互动共进战略的主要目标。在体制机制上破解城乡二元社会结构,其核心是实现城乡居民基本公共权益的平等化,以及在此基础上的城乡资源要素配置的市场化。因为没有城乡居民基本公共权益的平等化,就不可能有效实现资源要素配置的市场化,不仅如此,还会扭曲市场机制,加大政府调控难度,加剧城乡矛盾和失衡。具体而言,实现城乡居民基本公共权益的平等化,就是要进一步赋予和保障农民的基本公共权益,使农民的各项权益明晰化、财产化和可流动、

可交易。就是要实现城乡公共服务体系从"广覆盖、低水平、可持续"状态向"全覆盖、提水平、一体化"状态转变,真正实现进城农民市民化和城乡居民平等化;实现城乡差距和区域差距的不断缩小;实现惠民、富民、安民、新民以及城乡产业在空间的集聚发展、集约发展、集群发展和集成发展。

第三,城市化和新农村建设互动共进战略的重点任务。做优大城市、做强地县市、做实中心镇、做美新农村。具体说来,大城市发展的重点是着力解决城市交通堵塞、空气污染等城市病问题,产业结构"退二进三",进城就业人口享受同等公共服务,消除城市内部二元结构,增强城市辐射力。中小城市发展的重点是培育支柱性产业,强化城市特色,增强城市对人口和产业的集聚能力,提升城市竞争力。有条件的中心镇的发展重点是扩容和扩权,改善城市基础设施,增强城市管理能力,建设产业特色鲜明、人口相对集聚、公共服务齐全的小城市。广大农村建设与发展的重点是第一产业"接二连三",产业结构与就业结构大体相当,生态环境美化净化,公共服务全覆盖、提水平,农民生活殷实富足。

五、以"三分离"、"四可以" 和"四配套"推进户籍制度改革

第一,以户籍制度为核心的城乡综合配套改革要以农民身份的"三分离"为前提。要改变传统城乡二元户籍制度意义上的农民身份概念。事实上,在现行城乡分割的户籍制度和农村基本经营制度下,我国的农民至少具有三种身份,即他们的社会身份、社区身份和职业身份。首先,他们是户籍意义上的农民,其与城市户籍居民(市民)相对应。其次,他们是农村社区集体组织的成员,或称社员身份。最后,如果他们是农业生产经营者,那他们的职业身份又是农民。农民的上述不同身份隐含着农民的不同权益,明晰并分离农民的这三种身份与相应的权益,是科学制定城乡户籍制度改革思路与政策,有效破解城乡二元社会权利结构,加快城市化健康发展的重要前提。

第二，以户籍制度为核心的城乡综合配套改革要以农民权益的"四可以"为原则。按照农民的多种身份及其相应的权益，我们认为，在以当地农民为对象的城乡户籍制度的改革过程中，应该确立"三可以"原则，即原有农民权益可保留、城市居民权益可享受、社员财产权益可交易的原则。一是作为原有农村户籍和农村社区集体经济组织的成员，他的相应权益可以保留，而不应作为进城分享城市公共服务或权益的交换条件。这主要涉及：农地和林地的承包权和经营权，农户宅基地权，集体建设用地以及集体经济资产与收益的分享权等。二是作为户籍身份的农民，如果其通过户籍改革已由农民转变为市民（城市居民），或长期在城市居住与就业，不论是本地农民还是外地农民，都应该可以分享由政府提供的与当地城市居民一样的公共服务，拥有相应的权利。三是农民在农村社区集体拥有的经济权益以及农民的财产权益要可以交易。也就是说，要通过要素流转机制，尤其是相关产权市场交易体系和交易平台的建立，使农民的这些财产权益可以自主变现或置换。这不仅有助于保护农民的权益和增加农民的收入，而且有助于城市化进程中人口、土地等要素资源在区域空间的有效集聚、优化配置以及进城农民的创业就业和进城农民市民化成本的降低。四是如果从包括外地农民工在内的户籍制度改革的角度来讲，就应该遵循"四可以"的原则，即在"三可以"原则的基础上再增加政府提供的基本公共权益"可转移"的"四可以"原则。即跨区域流动农民工作为公民所拥有的国家层面的基本公共权益，如义务教育权、养老保险、医疗保险以及选举权等，应该可以转移，也就是说，可以随人口迁移或户籍变动而携带转移。

第三，户籍制度改革要以土地制度、社保制度、产权制度、住房制度改革的"四配套"为突破。按照上述"四可以"原则，城乡户籍制度改革的重点不是户籍制度本身，而是与户籍制度密切相关的制度改革。一是农村土地制度改革。主要包括农地、林地等承包经营权制度，农户宅基地制度和集体建设用地制度。改革的重点是进一步赋权（不仅要赋予使用权，而且要赋予相应的财产权）与确权基础上的可流转和可交易。二是社会保障制度改革。改革的重点是从目前的城乡居民社保"广覆盖、低水平、可持续"，向"全覆盖、提水平、可转移"转变。三是农村集体产权制度改革（包括集体建设用地、资产和集体经济收益分配制度等）。改革的重点是推进以社区集体产权股份合作制为主,其他形式并存的集体产权制度改革。四是城乡统筹的住房制度改革。改革的重点是在规范完善农户宅基地分配制度的基础上,赋予农户在宅基地上的住房的财产权利,允许农户住房有偿转让、置换城市住房或进入城乡房地产市场交易。

城市化失误与土地问题恶性循环[①]

近 30 年来的城市化脱胎于计划经济体制,政府力量在其中起主导性的推动作用,由此带来了一些失误和偏差,也带来了一系列的土地问题。如不能及时认识并予以解决,这些土地问题本身又会进一步强化城市化失误,使我国的城市化失误和土地问题陷入一种相互强化、恶性循环的怪圈。

我国正处在工业化、城市化加快发展的阶段,国外经验教训表明,这个时期正是大量土地被占用的时期。我国的基本国情是人多地少、人均土地资源相当稀缺,而我国的城市化路径又有其不同于西方发达国家的特点,对土地资源的占用和浪费现象可能会更严重。处理好工业化、城市化进程中的土地问题,珍惜和合理利用每一寸土地,避免在土地问题上犯错误,关系到我国现代化建设的进程。

一、政府主导推动的城市化滥占耕地、
侵犯农民土地权益的现象很严重

按理说,城市化源于经济发展的内在需要,城市的发展本应是伴随经济发展的自然演化的动态结果。在城市化的进程中,政府只能是在短期内、在表象层面上起到一定的辅助性的推动作用,这是世界发达国家城市化进程中表现出来的共同规律。然而,我国的城市化进程表现出与这一规律较大程度的背离,政府推动力量扮演着远比市场力量更为重要

---

① 本文作者为黄祖辉、陈胜祥。本文内容发表于《人民论坛》2011 年 8 月(下)。

的角色。

新中国成立初期，我国城市化发展模式肇始于重工业优先发展的战略，在地域空间布局和主导产业培植方面表现出明显的计划经济色彩。改革开放初期，乡镇企业异军突起，加快了中国的城市化步伐，表现为小城镇迅速增加、人口就地城镇化的显著特点。表面看起来，推动这一时期城镇化的动力更多来源于经济因素，然而，政府行政力量则通过"建制城市化"自上而下极大地助推了这一进程。此后至今，我国的城市化进程愈来愈突出地表现出"政府主导推动型"模式。

这种政府主导推动模式过分扩大了政府在推进城市化中的作用。由于缺乏相关利益主体的有效制约，政府强权与资本结合在一起，导致征地欲望膨胀以满足城市化建设用地的巨大需求，由此造成了耕地资源的大量占用。同时在征地过程中，又因为拆迁补偿的不合理，严重侵犯了农民的土地权益，引发了不少社会纠纷，进而沉淀为潜在的社会不稳定因素。近年来各地频繁出现的强拆自焚事件即是例证。

政府主导的城市化具有两面性：在推动城市化发展的同时，又成为城市化快速发展的重要制约。为此，需要政府自我约束不断推动城市化扩张的欲望，尽快形成以经济因素为主要驱动力量的城市化新格局。在制度层面，关键是要对征地制度进行改革。因为在现行征地补偿规则下，地方政府能够从征地中获取大量的可支配的财政收入，因而不管中央政府如何调控、如何收紧土地审批权，还是实行"世界上最严格的耕地保护制度"，都不可能从根本上扼制地方政府的征地冲动。为此，可以将现行的政府主导下的征地模式改变为"集体主导、政府监管"的模式。该模式的主要特征是农地所有者即农村集体通过各种途径将农地转变为建设用地，使这些建设用地参与城市开发或各种产业开发，将土地收益留在农村集体。在这种关系框架下，首先要明确区分公益用地和开发用地。对于公益用地，仍保留政府征地的模式；而对于开发用地，则完全由市场来解决，这时，政府的一个非常重要的角色就是对农地非农化市场进行监管。采用集体主导、政府监管的模式，将对我国的经济增长方式、城市的扩张模式、城乡关系、房地产市场产生巨大的影响。经济建设和城市开发过程中建设用地的供应成本将比现行模式大大提高，有利于保护耕地和农民土地权益，促进城市建设用地的集约利用，促进城市健康可持续发展。

二、城市的粗放型增长模式导致
土地资源的非集约利用现象严重

与政府主导推动的城市化路径相一致,迄今我国的城市化本质上是一种粗放式的增长模式。改革开放以来,我国城市化进程取得了很大的成就。城市化率从 1980 年的 19.39% 快速上升到 2009 年底的46.60%;全国有超过 6 亿的城镇人口,建设城市 655 座,其中百万人口以上的大城市有 118 座,千万人口以上的超大城市有 4 个。[①] 但我国的城市化在很大程度上被简单看成是一个非农居住人口增加、行政区域变更,甚至仅靠"圈地运动"以扩张城市规模的过程。尤其是 20 世纪 80 年代以来"摊大饼式"的小城镇发展战略的推行,以及大、中城市新城区、超大广场等标志性建筑的建设热潮,导致对建设用地的需求无限膨胀,对土地的非集约化利用问题突出。

据统计,在 1981—2004 年共 24 年的时间中,我国城市建设用地从7415 平方公里增加到 30781 平方公里,增长了 300% 以上,平均年增长率为 22%,远远超过城市经济的增长速度。近几年对建设用地的巨大需求得到了一定程度的遏制,但是土地利用不合理、利用率低等造成的浪费现象依然严重。因此,如何扼制城市化对建设用地的非集约利用问题,是保证城乡经济协调和可持续发展的重要保证。众所周知,目前我国正处于城市化高速增长阶段,但土地自然供给的有限性和城市建设对土地需求无限性之间的矛盾,决定了我国城市化发展的道路不能再依赖用地规模的扩张。在这个特定的背景下,我国的城市化道路不能再因袭粗放式增长的老路,必须限制城市外延式扩张,走内涵式综合利用与开发、集约用地的道路。这就要求我们转变土地利用方式,按照经济效益、社会效益和环境效益统一的原则来利用土地,改变目前粗放化、低效率的土地利用模式,集约利用土地资源。为此,提高农地非农化过程中的

---

① 数据来自《2009 中国城市发展蓝皮书》。

土地价格可以促使各地城市化过程中集约利用土地。

三、土地过度城市化阻滞了农民(工)市民化和土地的市场化流转

　　政府主导推动的城市化,同时也是一个土地过度城市化的过程。所谓土地过度城市化,是指城市土地扩张超过人口城市化。在土地过度城市化的情况下,大量农村人口涌入城市,城市建设步伐赶不上人口移居城市的速度,城市不能为居民提供就业机会和必要的生活条件,农村人口迁移之后没有实现相应的职业转换,造成严重的"城市病"。

　　我国的土地过度城市化有自己特殊性,主要表现在城市空间的迅速扩张和真正能够融入城市人口的缓慢增长。众所周知,近些年来,一些城市只是热衷于通过修编城市规划、设置开发区,盲目拉大城市框架,扩大城市占地面积,却不支持农村富余劳动力及人口向城市转移,甚至对农民进城务工经商和落户设置种种障碍。1990—2006 年,中国城镇人口增长 91%,城镇建设用地面积增长 168%,城镇用地增长率与人口增长率之比为 1.8 : 1。而且城市化水平的提高,相当程度上是统计口径变动和行政区划调整的结果,如果扣除统计意义上的城镇人口,城镇用地增长率和人口增长率之比会更高,土地城市化过度超前于人口城市化。[①]据中国可持续发展信息网(2004)公布的数据,我国近年来被占耕地农户中,有 1.5% 的人得以安置就业,仅有 5.8% 的人得以转为城市居民。

　　我国现有的城市化水平难以真正从社会学意义上减少农民,也就难以真正解决"三农"问题。在小城镇热、开发区热等一系列热潮过去之后,农民的土地被"城市化",但他们自身及其家属却被抛在了城市之外。土地过度城市化导致失地农民增加,而农民(工)融入城市困难,一个直接后果就是农地的市场化流转受阻,农业的适度规模经营难以达成。其

---

　　①　郑文晖、宋小冬:"劳动与资本双重过剩下的中国城市化进程",《人口研究》,2009 年第 3 期。

中的逻辑是,数亿农民虽然长期在城市务工,但内心深处知道自己不是城里人,或迟或早要回到农村,土地(至少在农民的心中)依然具有相当重要的生活保障功能。于是,在土地的保障意义大于依靠流转追求土地收益最大化的时候,土地的市场化流转不畅通自在情理之中。

因此,必须改变盲目求"大"求"快"的土地城市化战略,真正地依靠产业驱动来发展城市化,加强城市的内涵建设,以接纳更多的农村迁移人口。只有这样,才能从根本上保证农民真正获得"城市人"地位,享受"城市人"待遇,真正解决农民多土地少的矛盾,促进土地的市场化流转。

四、城市化泡沫与土地财政的恶性互动加剧宏观经济风险

政府主导推动的城市化,容易导致城市化泡沫。城市化泡沫本质上是一种泡沫经济,指的是在城市化过程中,由于存在超过城市经济发展实际需求的投资而形成的虚假的城市繁荣。有人指出,我国的城市化泡沫风险主要表现在三个方面:一是功能雷同的大都市泡沫;二是过分追求城建乘数效应的房地产泡沫;三是不计成本的所谓城市化建设高潮。[①] 中国的城市化泡沫实有其例,如"在高房价、卖地财政、公务奢侈消费以及政府融资平台的金融风险纠结之中,位于鄂尔多斯的'鬼城——康巴什'成为中国城市化泡沫的'浓缩样本'"[②]。

城市化泡沫的财政基础就是卖地财政,或称作土地财政,两者之间形成了相互强化、相互支撑的互动机制。一方面,地方政府为了增加财政收入,追求城市扩张直至城市化泡沫也在所不惜。但在财权上收入的同时并未相应减少地方政府的事权,同期地方财政支出占总支出的比重却从 71.7% 提高到 74.1%。在这种情况下,地方政府的工作重点自然会转向可支配税收多的项目。地方的发展模式也就从最初的追求工业

---

① 张孝德:"中国城市化过程中的'政府悖论'与城市化泡沫",《中国经济时报》,2004 年 4 月 16 日。

② 参见中国建设网。

为主,转为追求城市发展为主的发展方式。于是,地方政府纷纷通过低价征得土地来搞工业园区、招商引资,且只有通过土地获得银行贷款来搞基础设施建设,从而推动城市化发展,一发不可收拾,城市化泡沫频现。另一方面,城市扩张则为地方政府开辟了名副其实的滚滚(土地)财源。财政收入为地方政府推进城市化建设提供了额外的资源,而且在一定阶段内城市化程度越高,房地产价格越高,单位土地出让金收入就越多,为政府提供了更多的财源。

土地财政及其支撑下的城市化泡沫给宏观经济带来了巨大的风险。一是地方政府融资平台所隐藏的债务风险。在东南沿海的一些县市,基础设施建设投资每年高达数百亿元,财政投入仅占 10%,土地出让金约占 30%,60% 靠土地抵押从银行贷款融资。西部地区更高,2000 年以来,陕西省咸阳市已经完工和正在施工的 15 个项目,实际投资 9.53 亿元,银行贷款占 76.7%。这些贷款都是政府的土地储备中心、政策性公司和开发区管委会以土地作抵押或者以政府财政信用作担保获得的。这种依靠农地转用而发展地方经济的道路潜藏着很大的金融风险和危机。二是房地产泡沫破裂的金融风险。近年来各大中小城市的房价持续非理性高涨,其主要原因在于土地财政所助推的土地价格上涨,房价泡沫蕴藏着巨大的金融风险,这是日本、美国等发达国家和我国香港地区所共同经历过的教训。三是超过城市发展需求的城市设施给城市发展带来的包袱。因为作为公共产品或准公共产品的城市设施的使用或运行是需要成本的,如果城市设施的运行成本大大高于对这些设施利用的收益时,这些设施为城市带来的不是福利的增长,而是包袱的加重。

因此,抑制城市化泡沫,落实城市化的科学发展观显得尤为重要。根本的出路就在于斩断城市扩张与土地财政之间的利益链条。具体措施可以通过法律手段,强行从土地出让金中划拨出较大比例的资金用于公租房和保障性住房建设,以满足城市低收入群体和进城农民工的住房需求。其次,我们要加大城市市场体制和城市管理制度改革,从制度供给高度,建立预防城市化泡沫的预警系统,使中国城市化在"市场主导型"而不是"行政主导型"的轨道上健康推进。

五、"伪逆城市化"现象对农村土地权益的另类瓜分

逆城市化是指在城市化后期大城市的人口和就业岗位向大都市周边的小城镇、非大都市区或远方较小的都市区迁移的一种分散化现象。从发达国家的经验看,传统的城市化带来了人口密集、就业困难、房租昂贵、水电紧张、交通拥堵、环境恶化等"城市病"后,出现了"逆城市化"现象。"逆城市化"并不是非城市化,而是城市化发展的另一种模式,是更高层次的城市化。它是以发达的现代科技、交通、通信手段为前提的,能保证"回流"者在回归乡土后并不会产生与社会主流脱节的疏离感,与此同时,生活质量和幸福感不减反增。

我国的城市化并未发展到逆城市化阶段,但 2010 年的一则新闻将逆城市化一词炒成热词。该报道称,在中国人口流动最频繁区域之一的浙江省,当地的户籍管理部门发现,全省"农转非"数量从 2004 年时的 57.7 万人降至去年(2009 年)的 18.9 万人,降幅高达 67.2%。据此有人推测:不愿意进城落户,甚至把户口从城市中返迁农村的"逆城市化"现象,已悄悄在中国东部一些发达地区城乡间出现。甚至还有人将浙江义乌部分公务员为了巨额利益把户口迁入农村的现象称为逆城市化。更有人过于乐观,称"逆城市化"趋势下中国村镇发展面临新的机遇。

然而,上述各类人将非农户口回迁农业户籍,或原农业户籍人员考上大学或出嫁后不愿意将户籍转为非农户籍的现象,并非真正的逆城市化。他们之所以在进城后又选择把户口回迁,大多是为了从拆迁、土地集体承包、转租等活动中分得收益。将户籍回迁农村以获取农村土地利益的现象归为"逆城市化"并不准确,这实际是一种由城乡二元社会结构所导致的"伪逆城市化"现象。

这种"伪逆城市化"的现象本质上是对农村集体利益,尤其是土地利益的另类瓜分。新中国成立以来,我国农民长期要承担上缴农业税与统筹提留款的义务,支援了国家工业化和城市化;而如今,在推进城乡一体化的时候,农村土地升值了,这些"公务员"们就想着既拿一份国家工资,享受国家福利分房或单位集资建房的福利后,又以"农民"的身份参与村

集体的土地分配或享受村集体资产收益分红,本质上是对农村土地权益的隐秘性瓜分,需要采取一定的措施进行治理和防范。

综上所述,改革开放以来,我国的城市化取得了巨大的成就,这一点不可置疑。然而,由于近30年来的城市化脱胎于计划经济体制,政府力量在其中是主导性的推动力量,由此带来了一系列的城市化失误和偏差,主要表现为增长的粗放、过度的土地城市化、城市化泡沫以及伪逆城市化等现象。这些城市化的失误和偏差自然带来了一系列的土地问题,如对耕地的滥占、对农民土地权益的侵犯、对建设用地的非集约化利用等。如不能及时认识并予以解决,这些土地问题本身又会进一步强化上述的城市化失误,使我国的城市化失误和土地问题陷入一种相互强化、恶性循环的怪圈。

城乡发展一体化的实现途径①

一、城乡发展一体化的含义与评价

刚刚闭幕的党的十八大对城乡发展一体化做出了重要阐述,指出:城乡发展一体化是解决"三农"问题的根本途径。并且强调:要加快完善城乡发展一体化体制机制,促进城乡要素平等交换和公共资源均衡配置,形成以工促农、以城带乡、工农互惠、城乡一体的新型工农、城乡关系。深刻理解和贯彻十八大关于城乡发展一体化的精神,对于我国经济社会的转型发展和 2020 年小康社会的全面建成意义十分重大。

城乡发展一体化是我国经济社会发展阶段的必然要求。因为没有城乡发展的一体化,就不可能解决我国的"三农"问题,就不可能实现全面建成小康社会的目标。提出城乡发展一体化的方针也意味着我国行将告别长期存在的城乡二元体制。因为只要这一体制存在一天,我们就不可能实现城乡发展的一体化。由此,城乡发展一体化的基本内涵是:城乡经济与社会关系的高度融合和城市与乡村的共同繁荣。城乡发展一体化的基本特征应该是:城乡基本权益的平等化,城乡公共服务的均等化,城乡居民收入的均衡化,城乡要素配置的合理化,城乡产业发展的协调化。

由于我国区域发展差异比较悬殊,在推进城乡发展一体化过程中要

---

① 本文作者为黄祖辉。本文内容发表于《浙江经济》2012 年第 24 期。

从当地发展实际出发,寻求适合当地实际的城乡发展一体化的路径,也就是说,要处理好城乡发展一体化过程中的城乡发展和城乡均衡的关系,要注重在发展中消除城乡发展的差距,而不是相反。为此,要建立科学的城乡发展一体化的评价体系,该评价体系应包括两个维度,同时根据轻重缓急,赋予相应的评价权重。一是城乡发展一体化的水平度。主要可以采用人均 GDP、城市化率、城乡居民人均收入、区域产业结构与就业结构、人均预期寿命等反映地区经济社会发展水平的指标来衡量。二是城乡发展一体化的差异度。主要从城乡居民收入或消费的差异、城乡公共服务的差异、城乡基础设施的差异、城乡居民基本政治权利的差异、外来人口与本地人口权益的差异等五个方面出发,选取相应的指标,赋予相应的评价权重来衡量。

二、实现城乡发展一体化的基本途径

(一)推进城乡联动的户籍制度改革

实现城乡发展的一体化,关键是要消除城乡一体化发展的体制障碍,这是实现城乡要素平等交换和公共资源均衡配置,城乡高度融合和共同繁荣的前提条件。当前,影响我国城乡发展一体化的主要体制障碍是城乡二元的户籍制度。这种户籍制度不仅导致了城乡居民在诸多基本公共权益方面的不平等,而且使农村的资源与要素价格被严重低估,致使城乡要素交换不平等,农村要素过度非农化,农村资源与要素所有者或使用者的权益不是被剥夺,就是得不到充分实现。因此,必须加快城乡二元的户籍制度改革,但是,现阶段的户籍制度改革不能单纯着眼于城市,而且也要对农村的户籍制度进行改革,因此,要推进城乡联动的户籍制度改革,只有这样,才能使城乡要素得到合理的流动与配置,才能促进外来进城人口的市民化,才能使城乡发展真正实现一体化。城乡联动的户籍制度改革的实质是通过居民公共权益制度与财产权利制度的改革,剥离依附于城乡户籍制度上的各种利益,使居民的财产权益和公共权益与户籍制度相脱钩,使户籍制度成为居住地的制度。所谓剥离依附于户籍制度上的利益,绝不是剥夺利益,相反,是要实现城乡居民的财产权益,是要使基本公共权益为全体公民无差异、无歧视所共享。

要通过城乡联动的户籍制度改革,进一步理顺和明晰城乡各类资源与要素的产权关系,使城乡资源与要素能够得到公平交换和优化配置。为此,不仅要消除城市对外来进城人口在教育、医疗等基本公共权益分享方面的制度障碍,使进城农民的职业转换进程与其身份的转换进程,即市民化进程相适应、相同步,而且要对依附于农村户籍制度上的相关权益进行梳理和改革。基于此,城乡联动的户籍制度改革要以农民身份的"三分离"为前提。也就是说,要区别农民的社会身份、社区身份和职业身份。农民的上述三种身份隐含着农民的不同权益和责任,明晰并分离农民的这三种身份与相应的权益,是科学制定城乡联动的户籍制度改革方案与政策,有效破解城乡二元体制的重要前提。

城乡联动的户籍制度改革还要以农民权益的"四可以"为原则。即农村相关权益可保留、可交易,流入地公共权益可享受,流出地公共权益可流动的原则。也就是说,对于进城就业的农民,在农村的相关权益要给予保留,并且这种权益,如土地承包经营权、宅基地使用权和房产权等,可以进入市场交易。同时,只要符合一定的条件,比如就业与居住时间,进城就业的农民及其随同家属也可以在流入地享受该地城镇居民的基本公共权益,并且可以携带流出地的基本公共权益,如政府拨付的义务教育费和配套的社保基金。

在上述"三分离"和"四可以"的基础上,城乡联动的户籍制度改革需要对农村土地制度、城乡社保制度、集体产权制度和农民住房制度实施"四位一体"的配套改革。一是农村土地制度的改革。主要包括农(林)地制度、农村宅基地制度和集体建设用地制度的改革。改革的取向是完善使用权、赋予财产权和直接进入市场的权利。二是城乡社保制度的改革。改革的取向是从目前的城乡居民社保的"广覆盖、低水平、可持续",向"全覆盖、提水平、可转移"转变。三是农村集体产权制度的改革,主要指农村社区集体除土地以外的资产和收益分配制度的改革。改革的基本取向是推进农村社区集体资产与收益分配的股份合作化。四是农民住房制度的改革。要在规范完善农户宅基地分配制度的基础上,赋予农民对其在宅基地上所建住房的完整的财产权利,允许农民住房有偿转让、置换城镇住房或进入城乡房地产市场交易。

（二）推进城镇化、工业化与农业现代化的协调发展

我国总体上已到了城镇化加速期、工业化转型期和农业现代化加快期的阶段。目前，我国城镇化、工业化和农业现代化这"三化"的状况是：城镇化滞后于工业化，农业现代化滞后于工业化和城镇化，"三化"总体上不很同步和协调。

从动态的视角看，尤其是改革开放以来，相对于工业化的发展，我国城镇化滞后现象在缓解，但由于城镇化"要地不要人"的偏差，城镇化的高估现象依然存在。而相对于工业化和城镇化的发展，我国农业现代化的滞后性则在加剧，并且呈现出经济越是相对发达区域的农业现代化进程越是滞后的现象。

推进我国城镇化、工业化和农业现代化协调发展的主要途径，一是推进城乡联动户籍制度改革，加快城乡二元体制破解。二是扭转城镇化发展偏差，加快中小城市发展。三是注重内源性产业转型升级，加快增长方式转变。四是创新现代农业经营机制，加快现代农业发展。

（三）推进新型城镇化与新农村建设的互促共进

首先，要科学把握新农村建设的含义，要把新农村建设作为新型城镇化的有机组成部分。其次，要完整把握城镇化的含义，城镇化是一个包括大中小城市有序发展的体系，其中，中心村、中心镇的建设与发展，既是新农村建设的重要内容，又是城镇化发展必须涵盖的领域，从这一意义上讲，城镇化是新农村建设与发展的必要延伸。

实现新型城镇化和新农村建设的双轮驱动和互促共进，迫切需要扭转当前我国城镇化进程中偏向大城市和城市发展"要地不要人"的两个偏差，现阶段应确立以中小城市优先发展的城市化战略方针。对于大城市，主要是做优，尤其是应重视大城市发展中的产业结构优化和对外来人口的融合与市民化。对于中小城市，主要是做强，特别应重视引导产业和人口向地县一级的中小城市集聚。对于有产业基础和人口集聚规模的乡镇，主要是做实，要下放财权、事权到乡镇，有条件的中心镇或中

心村可以作为小城市来打造。此外,在新型城镇化和新农村建设的互促共进中,要突出美丽乡村和田园生态城镇的理念,着力打造宜居、宜业、宜游,产城一体和城乡一体的美丽乡村与小城镇。

(四)推进国民收入分配关系的调整

第一,国民收入初次分配的路径。主要是提高城乡居民要素性收入的比重。重点是提高劳动者就业性收入的比重和居民财产性收入的比重。要建立城乡一体的就业援助和就业服务体系,提高劳动者素质和就业的能力。要坚定实施新劳动法,并对劳动密集型企业实行工资成本与税收优惠相挂钩的政策。要增加农村居民的财产性收入,既要提高农民在土地增值收益中的分配比例,又要通过确权颁证以及农民土地权益和住房权益的流转与交易,使广大农民获得对土地、住房和相关资源的财产性收益。

第二,国民收入再次分配的路径。重点是提高城乡居民的转移性收入比重。一是建立与经济增长同步的社会保障提升机制,重点增加退休人员、低收入者和困难家庭的保障性收入。二是完善均等化的基本公共服务体系,加快缩小城乡居民生活水平和公共服务差距。三是出台相关激励政策,加快社会救助、社会福利、社会优抚、社会慈善等公益事业的发展。四是落实和完善强农惠农政策,增加农民的转移性收入。

现代农业能否支撑城镇化？①

　　李克强总理在 2013 年 7 月视察上海市、江苏省时提出"现代农业能否支撑城镇化"。围绕这一问题，笔者就现代农业支撑城镇化问题做了一些思考，主要有两个问题：一是当前现代农业发展的紧迫性，主要是从"三化同步"的角度来分析；二是现代农业如何支撑城镇化。这是一个新课题，我们都知道，农业是国民经济的基础，以工支农、以城带乡就是要带动农业、支持农业发展。总理提出要以现代农业支撑城镇化，这里面大有文章，笔者认为可以做、可以实践，而且成功的案例在国外、国内都有。当然，我们对城镇化也要有个客观的理解，当前推进城镇化的要求是大、中、小并举，从现代农业支撑城镇化的角度看，应该主要是针对中小城市的发展，特别是资源生态环境比较好的区域，这是一个基本出发点。

一、现代农业发展的紧迫性

　　"三化同步"就是指工业化、城镇化和农业现代化同步协调发展。党的十八大报告中加入了信息化，这里我们先不谈信息化，重点谈"三化同步"问题。尽管改革开放 30 多年来全国经济增长较快，经济总量已上升到世界第二，总体上已经进入了工业转型发展、城镇化加速发展、农业加快发展的阶段，但全国整个"三化"的发展还非常不协调。一是城镇化滞

　　① 　本文作者为黄祖辉。本文内容发表于《西北农林科技大学学报（社会科学版）》2014 年第 1 期，被中国人民大学期刊复印资料《农业经济研究》2014 年第 3 期转载。

后于工业化。现在全国城镇化率虽然已达到 51.6%，但相对于现在的经济社会发展水平，并且与国际比较，我国城镇化的发展实际上是比较滞后的。二是农业现代化发展滞后于工业化和城镇化。主要是农业劳动力比重下降速度大大慢于农业 GDP 比重的下降速度。从动态来看，经过 30 多年的改革开放，城镇化发展步伐逐步加快，城镇化滞后于工业化的现象正在逐渐减缓，但在"三化"中，相对于城镇化和工业化，农业现代化的滞后性则在加剧。从地区角度来看，笔者专门做了一个简单的评估：经济越是相对发达的地区，农业的发展滞后性越严重。为什么？难道发达地区的农业不比中西部地区发达？不是这样理解的。从"三化"来看，经济发达地区，工业化和城镇化大大超过中西部地区，从理论上讲农业应该实现现代化了，但实际还没有做到。而中西部地区尽管农业看起来好像落后，从单纯的农业区域比较，似乎没有发达地区好，但由于中西部地区工业化、城镇化水平没有发达地区高，所以农业滞后性就没有发达地区这么明显，但总的来说还是滞后的。为什么说农业滞后性在加剧呢？这需要从产业结构和就业结构的关系来看。改革开放初期，也就是 20 世纪 80 年代初期，当时我国农业在整个国民生产总值三次产业中的比重大体为 1/3，而农业劳动力在全社会劳动力中的比重大体为 2/3，也就是说，是 2/3 的农业劳动者贡献了 1/3 的国民生产总值，农业劳动力对国民生产总值的人均贡献率是 0.5 左右。现在来看，全国农业占国民生产总值的比重已由原来的 1/3 变成 1/10，农业比重的下降，不是坏事，不是说农业体量就越来越小了，农业仍然还在增长，但增长的速度慢于工业和第三产业。农业在国民经济中的比重不断下降是现代化的一个趋势。但现在的问题在哪里呢？问题在劳动力。从劳动力的比例关系来看，农业劳动力比重从改革开放初期的 2/3 变成了现在的 1/3，而产出比重从 1/3 下降到 1/10，农业在国民生产总值中的比重的下降速度大大快于农业劳动力比重的下降速度。这个问题就很大了，1/3 的农业劳动力贡献了 1/10 的国民生产总值，农业劳动力对国民生产总值的人均贡献率仅为 0.27，比改革开放初期还低。这说明什么？那就是从"三化"的角度，从结构的角度来看，我国农业的地位、农民的相对状况不是在改善，而是在恶化。

第一，我国现代农业发展需要依托城镇化的加快发展，以实现产业结构与就业结构的协调。宏观上来看,加快发展现代农业,从我国不同地区来看,情况大同小异,但有些地方"三化"关系相对协调。要搞现代农业,很显然产业结构和就业结构的协调性非常重要,只有两者协调才能保证"三化"的协调。现在,我们不可能再把农业的比重做大,比如做到国民生产总值的 1/3,那恐怕是不可能的事情,这是违反现代化发展规律的,唯一的出路就是通过城镇化发展降低农业劳动力的比重。为什么说城镇化发展是出路? 首先,我们现在剩余劳动力仍然很多,将劳动力转移到第二产业空间不大,实际上我国第二产业对劳动力的吸纳已达到饱和状态,今后农业剩余劳动力的主要出路应该是第三产业,但第三产业要发展,就必须要有人口的集聚,而城镇化本质上是人口在空间的集聚过程。其次,从整个国家的三次产业结构来看,现在我国三次产业结构按所占比重的排序是二、三、一,第二产业所占的比例最高,达 46%,第三产业所占比例是 44%左右,农业在 10%左右。一个国家从传统走到现代化,产业结构就要从二、三、一变为三、二、一,也就是说,要求第三产业所占比重最大,现在发达国家的产业比重排序基本都是三、二、一。如:美国的农业虽然只占国民生产总值的 3%不到,但美国农业仍然是世界上最强大的,同时,美国农业劳动力比重也不到 3%;韩国农业占国民生产总值 8%左右,但其农业劳动力比重也在 8%左右。这就可以看出,发达国家一个很重要的特点是产业结构与就业结构都比较协调,而我国很多地方的产业结构和就业结构都不是很协调,比如:浙江省农业的比重已经降到 5%左右,但农业劳动力比重仍达 20%左右,这实际上就体现出"三化"的不协调和农业的滞后性,这也是我国农业需要转型发展的紧迫性所在。

"三化"关系为什么这么重要? 因为"三化"本质上能体现整个国民经济的产业结构状况。农业发展可以用第一产业来表达,工业化状况可以用第二产业来表达,而第三产业与城镇化水平密切相关,城镇化既是一个空间概念,又是第二、第三产业的载体,因此,城镇化水平可以反映一个国家和地区的第三产业水平,国际上都是如此。城镇化水平高的国家,第三产业的比重肯定也是比较高的,并且第三产业的就业比重也很高,发达国家第三产业占国民生产总值的比重大多要达 60%~70%,同时,第三产业的劳动力比重也在 60%~70%。这也意味着我国第三产业的发展还有很大的空间,第三产业对劳动力的吸纳是今后产业结构与就业结构协调和优化的主要出路,是农业剩余劳动力转移和农业滞后性问题解决的主要途径,而要加快第三产业发展,关键是加快城镇化发展,也就是说,要以城镇化来推进"三化"同步协调,要以城镇化来解决农业滞后问题,加快现代农业发展。

第二,李克强总理关于农业与城镇化关系的论述。李总理任职以来,特别重视两个方面的问题。第一个是改革,强调改革是最大的红利;第二个是城镇化,强调城镇化是最大的内需,城镇化是人的城镇化等。李总理关于城镇化与农业关系的阐述,涉及两个非常重要的思想。第一,城镇化要为农业现代化创造条件、提供市场,实现新型城镇化和农业现代化相辅相成。这比较好理解,即城镇化要为农民转移创造就业条件、要为农产品提供市场。第二,李克强总理于2013年7月在上海、江苏考察时提出,要以现代农业支撑城镇化。农业如何支撑城镇化?这恐怕不仅仅是农业为城镇提供劳动力和农产品的问题。在中国,农业与城市或城镇化的关系可以概括为三个阶段:一是农业剩余支撑城镇化阶段。这是农业社会和传统社会的状况,在这一阶段,农业支撑城镇化主要体现在:没有农业的剩余,就没有第二、第三产业和城镇的发展,农业的剩余主要是劳动力和农产品的剩余,这是国民经济与社会发展的基础与前提。我们现在已经走过这个阶段,现在不是缺少农业剩余,而是农业剩余多,不是少的问题,而是多的问题,如农产品卖难,农业劳动力转移难。二是牺牲农业支撑城镇化阶段。这基本上是中国特色,即通过城乡二元体制,扭曲城乡资源与要素配置,放缓农业发展,牺牲农民利益,以此换取和支撑非农产业和城市的发展,这种模式尽管在短期内取得了工业和城市的较快发展,但"三农"代价很大,长期下去,经济社会的结构性问题与矛盾会不断积累和加重。三是现代农业支撑城镇化阶段。很显然,李总理的思想既不是指农业剩余支撑城镇化,更不是指牺牲农业支撑城镇化,而是要以现代农业支撑城镇化。现代农业支撑城镇化,绝不仅仅是统计当中的第一产业的农业支撑,而应该是"接二连三"、功能多样的现代农业支撑,是产城一体、城乡一体、工农共赢、城乡共赢的现代农业对城镇化的支撑。

二、现代农业如何支撑城镇化?

(一)对现代农业要有个基本认识

现代农业要怎么做?从现代农业支撑城镇化的角度看,有几个特点很重要。第一个特点是农业的"接二连三"。现代农业不是单纯的第一产业,它与第二、第三产业都有密切关系。刚才说到美国农业,从第一产业来讲,美国农业不到国民生产总值的 3%,但如果把农产品加工、农产品贸易、农产品旅游与农业生态、文化等产业包括进去,美国的农业大体可以达到国民生产总值的 20% 左右。第二个特点是农业的功能多样性。包括食物功能、能源功能、生态功能、文化功能、休闲功能等。第三个特点是城乡一体和城乡共赢。这既指农业与城镇的融合性,又指城乡关系与体制,支撑城镇化的现代农业如果没有一个好的体制保障,就可能导致牺牲农业支撑城镇化的格局,这样的支撑是城乡不共赢的,是难以持续的。

(二)现代农业如何才能支撑城镇化?

概括起来有以下 4 个支撑。第一,农业产品的支撑。这里包括两种产品,一种就是景观性产品,很多农产品本身就能成为城市的景观,比如花卉、苗木等,既属于农业范畴,也属于生态范畴,这些都是城市不可缺少的,能体现城市的品位与品质;第二就是食用产品。现代农业生产的应该是高效、优质、安全的产品,这可以支撑城市居民的消费。第二,产业延伸的支撑。农业产业的延伸就是除了种植业、养殖业以外,延伸出的农产品精深加工,也就是工业;农产品物流商贸,这是城市发展中不可缺少的;再一个就是休闲旅游,不仅在农村发展,也可以在城市发展。总之,也就是农业产业要通过向下游的延伸,与城市结合。第三,功能拓展的支撑。农业的生态功能、文化功能可以支撑城镇发展。现在有些城市,品质很差,充分打造城市的生态功能、文化功能,可以提升城市品质,体现城市特色。第四,生产要素的支撑。现代农业支撑城镇化离不开两大要素的支撑。一是土地,没有土地的非农化,城市就没有空间发展。但土地非农化不能建立在牺牲农民利益的基础上,而是要将土地非农化与农业劳动力非农化相结合,使城镇化与农业现代化同步和共赢。二是劳动力的支撑。因为没有农业劳动力的转移,就不可能有第二、第三产业和城镇化的协调发展。

(三)现代农业支撑城镇化的关键

一是纵向一体。通过产业化经营,促进现代农业向第二、第三产业延伸,向第二、第三产业延伸也就是向城镇化延伸,因为在城市中不可能搞第一产业的农业,只可能搞第二、第三产业的农业,而且是纵向一体的农业。二是功能一体。农业是多功能的,多种功能要拓展,就要与城镇相结合,城镇只有成为农业多功能拓展的载体,才能分享到现代农业多种功能的收益。从这个意义上讲,城市,特别是中小城市的发展和定位,都可以与现代农业结合起来,通过现代农业的支撑,发展田园生态型的城镇。三是产城一体。李克强总理在讲城镇化时,非常重视产城一体和融合这一问题。目前我们在产城一体方面做得还不很理想,城镇尽管有工业、有园区,但由于产城一体和融合不到位,城镇居民的生活品质并不高。主要表现在:许多城市人口规模过大,同时产业布局和人口居住以及公共服务不协调,致使城市居民生活不便、环境不佳、交通不畅等问题严重。四是城乡一体。在城乡二元体制结构下,只能是牺牲农业、牺牲农民来支撑城镇化,做不到城乡共赢的现代农业支撑城镇化。为此,必须消除城乡二元体制,建立城乡居民基本权利平等制度和要素合理流动制度。要破解城乡二元体制,必须推进城乡联动的户籍制度改革,把与城乡户籍制度挂钩的各种明确与不明确的居民权益明晰化,然后把这些权益与户籍制度相分离。如果这一问题不解决,即使城市户籍再改革,也难以使农村进城人口真正市民化和融入城市。为什么我们整个社会至今还有1/3的农业劳动力?一方面是城镇化滞后,城市第二、第三产业不能充分吸纳农村剩余劳动力;另一方面也和农村户籍制度,也即农村产权制度改革滞后有关系。我们专门做过一些调查,一些发达地区,甚至像云南省红河州这样的地区,假定农业劳动力仍然占全社会劳动力的 1/3,大大高于农业 GDP 的比重,但实际上,在这些农业劳动力中,往往是其中的一小部分劳动力就能贡献当地农业产出的 60％～70％。这一小部分劳动力就是我们通常讲的新型农业经营主体,其余仍留在农村的农业劳动力仍然是剩余的,但由于土地制度、宅基地制度和集体经济分配制度以及医疗社保等制度的不完善或不到位,这些农业劳动力往往既没有很好的转移出路,又不愿意转移出去,进而滞留在农村,搞些小规模的自给自足农业,我们要实现现代农业支撑城镇化,必须进一步减少这部分农业剩余劳动力,主要的路径就是城乡一体的城镇化。

　　推进城乡联动的户籍制度改革,就农村而言,需要体现四条原则。一是进城农民在农村的权益要保留。二是这些权益要在确权基础上可交易。三是进城农民可以享受城镇基本公共权益。这三条对于本地农民的市民化就够了,但当前进城农民市民化的主要难点不是本地进城农民的市民化,而是外地进城农民的市民化。比如,就红河州来看,本州内进城农民的市民化问题相对容易解决,但如果是来自外州、外省的人口的市民化问题就比较难解决。因此,还有必要加上第四条原则,即流动人口拥有的基本公共权益可携带、可流转。在国外,不会存在这样的问题,因为国外的基本社会保障和公共服务大都由中央政府或联邦政府所统一提供,到哪都一样,但在中国,很多像养老、医疗等社保和公共服务是由地方政府提供的,公共品供给的地方化色彩很明显。外来人口要享受与流入地城镇居民一样的基本公共权益,就会给流入地方政府带来压力,如果这些由地方提供的公共权益能随人口流动而流动,或者可跨地区交易,就会大大缓解外地进城农民市民化的困难,加快城镇化进程,同时也有助于促进农业产出比重与农业劳动力比重的相互协调,加快现代农业发展和现代农业对城镇化的支撑。在上述四条原则基础上,进一步推进农村相关制度的改革。一是推进农村土地制度改革,核心是要实现农民土地承包经营权制度的财产性权益。二是推进农村集体建设用地制度的改革,方向是农村集体建设用地实现直接有偿和开发使用。三是推进农村宅基地制度改革,目标是实现农民住房的财产化。四是推进除土地以外的农村集体经济产权制度改革,主要是量化到人,建立农村社区股份合作制。通过这些改革,明确农民的财产权益,并实现可流转和可交易,只有这样,才能进一步促进农村劳动力的流动和转移,加快城镇化进程,同时,提高农民收入和土地利用率,加快农业现代化进程,实现"三化"同步和城乡共赢的现代农业支撑城镇化格局。

三、现代农业支撑城镇化的典型案例

这里仅以四川省的蒲江县为例。四川蒲江县是地处我国西部、隶属成都的一个 30 万左右人口的丘陵山区县,该县没有能源与矿产资源,过去也没有什么大工业和大型国有企业,但却是一个自然生态环境很好的农业县。可是,蒲江县近年来的发展令人刮目相看。蒲江发展的主要思路就是"以农为本、城乡统筹、三化同步、生态富民"。他们始终把农业作为县域经济发展的支撑点,长期坚持不动摇,实现了传统农业向现代农业的转变,去年全县农民人均纯收入超万元。现在的蒲江已经培育出了三大主导农业产业:一是茶叶。涉及茶生产、茶加工、茶生态、茶文化、茶旅游、茶业贸易的全产业链发展和品牌开发。二是猕猴桃。面积达几十万亩,品质好、质量高、保存期比较长,实现了规模生产、产业化经营、品牌化营销,目前,联想集团已与该县的猕猴桃产业实行全方位合作,前景非常好。三是生猪养殖业。属国家生猪屠宰点。其他还有柑橘、樱桃等产业。蒲江的成功关键在于他们抓住了现代农业的本质内涵,以品牌建设为龙头,不仅做好农业上游,而且做好农业下游,不断拓展农业的功能,尽可能延伸农业的产业链,取得了很好的经济、社会和生态效益。笔者曾经专门对蒲江现象做过一个分析,发现这个县有 3 个 2/3 的现象特征很有意思,即该县有 2/3 来自农业,全县劳动力 2/3 从事农业,县域经济总量 2/3 来自农业。但需要强调的是,蒲江的这种农业并不是第一产业的农业,而是"接二连三"的农业,是纵向一体和多功能的现代农业,因而附加值可观,并且是产村一体、产城一体、城乡一体,能够支撑工业化和城镇化、"三化"同步协调发展的现代农业。

以现代农业支撑的城镇化,有助于打造田园生态、产城一体、城乡一体的城市,蒲江就是这么做的。该县的副中心城市寿安镇的建设就体现了这一理念和思路。在科学规划城市的基础上,将城市的整体建设对外招商,政府主要把土地关系处理好,由中标的投资开发公司对城市产业、商业、居住、医疗、教育、文化、生态等设施建设进行整体打造,最后交出一个田园生态、产城一体、城乡一体的新型城市。该县在招商中还坚持招商选资,不仅对污染企业零容忍,而且注重选择引进与自身产业契合度高的企业,注重引进那些对良好生态环境有需求的产业进入蒲江,比如休闲养生产业等。

云南红河州也有很好的发展条件,关键是如何把生态资源、农业及其功能优势等发挥出来。现在红河州弥勒市的葡萄产业包含有休闲旅游项目,这是对的。在国外,这种发展模式很普遍,比如:加拿大多伦多市附近有个小城市,依托现代葡萄产业做得很成功,把葡萄生产、加工、休闲、品尝、购买等融为一体,不仅做好了葡萄产业,而且做出了旅游城市的品牌,是典型的现代农业支撑城镇化的成功案例。当然,目前弥勒市的葡萄产业规模还不够大,但如果我们能和城市发展相结合,形成特色,比如,"一镇一品"、"一城一品",就能体现中小城市的特色,如美国的"巧克力城"。又比如,东京这样一个国际大都市的旁边居然还在种植水稻! 它实际是利用水稻湿地的生态系统效应,调节东京大都市气温,据说在夏天能使东京的温度降几度,这实际是发挥农业的生态功能,为城市服务,政府则补贴农户,保持稻农种植积极性。还比如,我国台湾的城市化水平已达到 80% 左右,但它主要是发展中小城市,产业都聚集在中小城市,其中不少是由现代农业支撑的,诸如台湾阿里山的乌龙茶与旅游业和小城市的发展结合。台湾的埔里镇,人口规模达到 10 多万,还不包括旅游人口,小城也很繁荣。埔里镇的发展主要是靠黄酒产业。笔者去看了后非常吃惊,黄酒是浙江绍兴的招牌产品,我以为他们不是正宗的黄酒,后来仔细了解后才知道,原来是两位绍兴人在 1949 年到台湾埔里后逐步发展起来的,感觉比浙江绍兴做得有特色,特别突出了黄酒产业和文化、旅游的系列开发。总体来看,现代农业基础上的农产品精深加工、休闲旅游与城镇的结合最为普遍。农业景观与生态也可以与城镇发展相结合,以打造田园生态城镇,这些都可以看成是现代农业支撑城镇化、产城一体、城乡一体的典型。

再论以城市化带动乡村振兴[①]

党的十九大报告提出的乡村振兴战略,是解决我国发展不平衡、不充分问题,实现"两个一百年"奋斗目标的重大战略。城市化是人口和产业在空间的集聚过程,是现代化的必然趋势,乡村振兴并不意味着乡村可以不必融入城市化进程,恰恰相反,乡村振兴必须建立在城市化充分发展的基础上(黄祖辉,2018;魏后凯等,2013、2015)[②],尤其是建立在乡村人口城市化和乡村人口空间不断优化的基础上。本文阐述了城市化带动乡村振兴的内在逻辑,揭示了乡村价值变化的规律及其与城市化的相互关系以及"绿水青山就是金山银山"的发展理念对乡村价值实现的意义,分析了乡村振兴中乡村人口城市化的城乡二元制度影响,提出了乡村人口减少的市民化路径与改革思路,以及在乡村人口空间优化基础上的乡村群形成和就地就近城镇化的思路及其政策与改革的启示。

一、城市化带动乡村振兴的内在逻辑

乡村振兴就是要实现乡村的现代化发展,但要实现乡村的现代化发

---

① 本文作者为黄祖辉、马彦丽。本文内容发表于《农业经济问题》2020年第9期。本文研究受到国家自然科学基金国际(地区)合作与交流项目"易地扶贫搬迁的社会经济与环境影响评估"(71861147002)的支持。

② 魏后凯等(2013、2015)等采用经验曲线法、经济模型法和联合国城乡人口比增长率法对中国城镇化趋势进行预测,综合考虑三种方法的预测结果,预计到2020年,中国城镇化率将达到60%左右,2033年前后达到70%,2050年达到81%左右,总体完成城镇化的任务。因此,理论上讲,目前中国还处于城镇化的快速推进时期。

展,必须跳出乡村视野,重视城乡互动和城市化的发展及其对乡村的带动。提出这一论点是基于乡村价值的变化规律与城市化发展的内在逻辑。乡村振兴的本质是乡村价值的充分实现,乡村价值是与城市价值相对应的,其价值变化与城市化进程密切关联,呈现出两头高中间低的变动轨迹。在前城市化阶段,也就是农耕文明时期,尽管农业生产力水平低,技术进步缓慢,但人类与自然生态的关系基本上是和谐的,乡村的价值在整个经济社会中也是至上的。工业革命的兴起开启了工业化和城市化的进程。城市化与工业化是互为依存的关系,城市化是人口与非农产业在空间的集聚过程。在工业化和城市化的初期阶段,乡村的价值主要体现为向城市提供土地、食品和剩余劳动力,随着城市化水平的提高和极化效应,城市的发展大大超过乡村,城市的价值开始凸显,乡村的价值相对下降,城乡发展差距由此形成。从这一意义来讲,城乡差距问题实际上是经济社会在工业化、城市化发展过程中的阶段性现象,具有一定的普遍性。

然而,随着工业化、城市化的进一步发展,尤其到了中高阶段,乡村价值会再现和提升(黄祖辉,2019)。乡村价值的再现和提升,从某种意义上讲是城市化发展和带动的结果,其内在逻辑是:工业化和城市化发展到一定阶段,城市人口和居民收入都不断增加,他们对农业农村的需求已经不仅仅满足于食物等农产品,而且还延伸到对乡村的生态环境和多样化的文化需求,使得乡村的生态环境和文化具有了市场价值。从现实中已经可见,一到节假日、黄金周,城市居民都喜欢去农村休闲、养生、旅游,不仅消费乡村的食物,而且消费乡村的生态与文化,拉动了乡村三次产业的融合发展,农业的多功能性得以发掘,这一切都大大再现和提升了乡村的价值。这种乡村价值再现和提升的情景在温饱没有解决的情况下,是不可能出现的。可以预期的是,到了后工业化、后城市化阶段,逆城市化现象就会呈现,乡村在某些领域的价值甚至还会超过城市,这在一些现代化的国家已经得到了证实。其基本的逻辑是,乡村不仅能够提供人类生存所必需的食物,而且还因为乡村具有独特的自然与人文生态,能够满足人类"吃穿住行"需求之后对生态和多元文化等美好生活的进一步追求。乡村价值及其变化规律与城市化发展的逻辑关系表明,城市化发展与带动下的乡村价值再现与提升是乡村振兴战略的重要内核,乡村振兴战略中的产业兴旺,不仅要体现现代农业的发展,还要体现与现代农业紧密结合关联的现代休闲、养生、民宿、旅游、文化等乡村产业的发展,这样的乡村产业发展与兴旺,必定是城市化引领和带动下的城乡融合发展的产业。

习近平总书记2005年在浙江安吉县考察时提出"绿水青山就是金山银山"的理念(习近平,2007),实际上是强调了乡村生态资源环境的重要性以及生态效益与经济效益的统一性,"绿水青山"既是乡村的本底,又是乡村价值的源泉。2020年3月底,习总书记再次考察安吉,进一步指出,"生态本身就是经济,保护生态就是发展生产力"。实践中,要使乡村"绿水青山"成为"金山银山",关键是要做好"绿水青山"转化为"金山银山"这篇文章,基本路径是走生态产业化和产业生态化之路,以满足城乡居民对乡村"绿水青山"的需求。从城乡要素流向的角度看,尽管我国存在区域发展的不平衡,但我国乡村发展总体上已经从过去主要以乡村劳动力和农产品输入城市为特征的发展阶段,走向还要靠城市人口和要素进入乡村市场的发展阶段。例如,在乡村,不少农民的老房子看起来很陈旧,但是它历史悠久,传承了文化与习俗,并且有些村庄环境清新,绿树成荫,生态很好。对于当地农民来说,这些房子可能意味着落后与贫困,他们更希望住上配备现代设施的房子,而对于城市中不少人来说,可能会认为这是个好地方,只要经过一定的改造和配套设施建设(如交通、厕所、Wi-Fi等),就会成为理想的休闲养生之地。换言之,乡村价值的实现不是简单的乡村价值的再发现,仅靠农民是不够的,还需要城市力量的带动,大量资源要素的投入,否则,即使乡村都是"绿水青山",也难以转化为"金山银山"。这就是为什么在乡村振兴战略实施中,很多地方政府都在鼓励"市民下乡、能人返乡、企业兴乡"。鼓励市民下乡干啥?不是"上山下乡"干农活去,而是去乡村投资和消费,进而繁荣乡村市场,实现乡村价值。

总之,乡村振兴要把握乡村价值的变化规律及其与城市化进程的相互关系。当前,我国总体上已到了工业化和城市化的中期阶段,某些经济发达的地区已到了中高阶段,在这样的阶段,生态效益、经济效益、社会效益已越来越具有统一性,用"绿水青山就是金山银山"的发展理念和城乡融合发展理念带动乡村发展和振兴,提升乡村价值正逢其时。即使是经济欠发达的一些地区,如果能把握我国基础设施、互联网、信息化等公共网络与平台的快速发展进而改变时空关系的机遇,也有可能发挥自身区域生态与人文环境的独特优势,走出生态富民、绿色发展、科学跨越的乡村振兴道路。

二、乡村振兴与乡村人口城市化

在我国,乡村人口的城市化首先要破解阻碍乡村人口城市化的城乡二元制度。其次,从人口和产业在空间集聚的城市化本质看,乡村人口的城市化可以有两条实现路径:一条是现有城市对乡村人口进一步吸纳的城市化路径,或者说是乡村人口异地城市化的路径;另一条是乡村人口空间相对集聚基础上的就地就近城市化的路径。

(一)城乡二元制度对乡村人口城市化的影响

中国的乡村振兴必须破解中国独特的城乡二元制度。这一制度主要表现为,在医疗、教育、养老等基本公共保障权利方面,城市居民和农村居民的权利并不等同,与城市居民相比,农村居民在这方面的权利是不足的,尽管改革开放以来政府在逐步解决这一制度问题,但城乡一体和平等的民生保障制度仍然还没有完全建好。中国城乡二元基本公共保障制度的形成具有历史渊源和必然性。在新中国成立前,中国经历了长期的战争和社会动荡,一个国家大规模国内战争与抵御外敌入侵战争交错进行且持续长达数十年之久,是历史罕见的。因此,新中国成立之初的经济基础非常薄弱,加之当时国际上两大阵营的持续冷战和中苏友好关系的破裂,新中国的起步和发展面临着极其严峻的挑战。如何在短期内建立新中国经济与国防的基础在当时就成为关键,中央选择了独立自主和自力更生的方针,同时,面对国家财力不足状况,采取了一系列措施。其中,在基本公共保障方面实施了城乡二元的制度,即国家公共保障覆盖20%的城市人口,而80%的农村人口的公共保障,国家暂时不予覆盖,将有限的公共财政资源集中起来办大事,用于国防建设和重工业发展。通过这样的制度运行,我国在短期内建成了基本完整的国家工业体系,国防上则逐步实现了"两弹一星"的突破,在国际舞台上站稳了脚跟。从这一角度看,城乡二元制度对新中国的发展是极具贡献的。不仅如此,在计划经济体制向市场经济体制转型的过程中,我国还呈现了新的城乡双重二元的特征,不仅基本公共保障制度具有城乡二元特性,而且要素市场化和居民财产制度也呈现了城乡二元特性,即相对于城市居民的财产和要素市场化程度,农民财产与农村要素的市场化程度相对滞后,以致农民住房、农村土地和劳动力要素的价格被低估,形成了低成本的非农化和出口导向的竞争优势,这种竞争优势在开放环境下促成了中国改革开放后从 1978 年至 2008 年持续 30 年的经济高增长,而其背后仍然离不开城乡二元制度的贡献。然而,城乡二元制度下的发展毕竟是一种不平衡的发展,是有代价的。这种代价不仅体现为资源和要素的粗放型利用,而且导致了城乡发展的不平衡和乡村发展的不充分,导致了进城农民市民化的滞后和城市化的扭曲。改革开放以来,我国城镇化率虽然已从 1980 年的 19.4% 上升到 2019 年的 60.6%,但这个城镇化率中包含着 16.2%,也就是高达 2.8 亿的人户分离人口。[①] 这些人口实际上是游离于城市和农村的"两栖"人口,如果城乡二元制度长期得不到破解,那么他们中的绝大多数人最终仍将定居农村,而不是城市。因此,在实现全面建成小康社会目标,向第二个百年奋斗目标前行过程中,乡村振兴战略不仅要坚持"二十字"战略方针,着眼五大振兴目标,而且必须加快破解阻碍进城农民市民化的城乡二元制度,建立城乡融合、城市引领、以城带乡的乡村振兴体制机制。

(二)乡村振兴应该是乡村人口减少的过程

从我国目前的城镇化率水平看,农村还将有大量的人口要融入城市化的进程,这说明,乡村振兴的过程也将是乡村人口减少的过程(向晶等,2018)。有观点认为这会导致乡村缺乏人气,进而不利于乡村振兴。本文认为,人气确实对区域经济发展很重要,但并不意味着人多就是人气旺。改革开放之前,我国 80% 的人口都在乡村,人气看起来很旺,但

---

① 国家统计局:《中华人民共和国 2019 年国民经济和社会发展统计公报》,《人民日报》,2020 年 2 月 29 日。

实际上并没有带来经济的蓬勃发展和农民致富,相反是贫穷落后,其原因既与当时农村集体经济低效率的体制有关,又与农业产业对劳动力的需求有限有关。因此,通过城市化和工业化的发展吸纳农村富余劳动力是必然趋势。改革开放以来,我国的城镇化率已经提升了大约40个百分点,劳动人口从低劳动生产率的部门转向高劳动生产率的部门是我国多年来经济强劲增长的主要动力之一,这一过程还远未停止(姚洋,2007)。[①] 然而,目前我国大约还有大量的人户分离人口,如前所述,这些人口由于城乡二元制度的影响,尽管他们中的绝大多数已被统计为城镇人口,但由于市民化进程的滞后,他们中的大多数仅仅是转变了职业而没有转变身份,称不上是名副其实的城市人口。同时,尽管经过农村集体经济与土地制度的不断改革,农民在农村所拥有的多种权利,如土地承包经营权、宅基地与住房使用权、集体经济股份权利等,已得到确立和制度保障,但是总体看,由于权能的不充分,仍然没能实现权利随人走的制度安排。换句话说,在目前的农村集体产权制度安排下,农民的许多权利实际上是与集体组织绑定的,进而农民并不能完全通过市场交易来处置其拥有的所有财产权利,这就使得大量在城市务工经商的农民既难以在城市定居,又难以彻底离开农村。尽管这样的制度安排为外出务工经商的农民留有后路,即一旦在经济社会面临重大突发性危机时,这种制度安排可以起到应急抵御和危机缓冲的作用,但是从要素流动和市场化的角度看,这种制度安排却对城乡要素和人口在空间的优化配置形成了制约。从当前农村现实看,除了重大的节假日,大多数农村的人气并不旺,年轻人大多外出务工,剩下在农村的基本上是"三留"(即留守老人、留守儿童、留守妇女)人口,很显然,这样的农村人口情境若不改变,乡村既难以稳定,又难以振兴。要改变农村人口的这一状况,主要的思路并不是让已经进城就业的农民再回农村,而是要通过改革的深化,加快新型城市化进程和农业转移人口的市民化。也就是说,一方面要通过城乡户籍制度和社保体制的深化改革,使基本公共服务和保障实现城镇常住人口全覆盖和城乡一体化;另一方面,要通过农村集体经济组织和

[①] 姚洋(2018)将人口结构改善和劳动力从农村向城市转移的叠加称为"人口双转型",认为是促进中国出口增长和劳动收入在国民收入中的比例下降的主要原因。

产权制度的改革深化,进一步完善"三权分置"功能和集体经济村民股份权能,使农民财产权利能充分可交易,农村人口能在城乡之间更自由流动,更有效地融入城市化过程。

(三)乡村振兴也是乡村人口相对集聚的过程

如前所述,城市化的本质是人口和产业在空间的集聚过程,这一本质不仅体现在城市的发展过程中,而且也应体现在乡村的发展过程中。因此,城市化带动乡村振兴,既包括现有城市对农村发展的带动和人口吸纳,也应包括乡村本身人口在乡村空间集聚与优化的过程。本文认为,这一过程可以看成是乡村城市化的过程。在我国,城镇化率通常是以长期在城镇居住和就业的人口比重来测度的,但城镇同时也是个行政建制概念,未必就一定体现人口的空间集聚。比如,我们经常看到的撤县建市、乡镇变街道、村变居委会,这些区域的城镇化率在统计意义上有可能会明显提高,但相应的人口分布未必都会实现空间的集聚与优化。相反,在有些地方,人口的集聚度以及就业和生活方式实际上都已城镇化了,却由于所在地不属于建制的镇区或城区,未必能被统计为城镇化人口。从科学的角度测算一个国家或一个地区的城市化水平,应该按人口空间集聚水平来测算,凡是达到一定的集聚规模,这一区域的人口就可以认定为城市化人口,因为人口在空间上达到了一定的集聚规模,集聚人口的生活方式及其产业形态就会呈现城市化的基本特征,这就是本文所强调的乡村振兴也应该是乡村城市化的过程,或者说是乡村人口空间相对集聚与优化过程的内在含义。

目前,我国人口规模已达 14 亿,城镇化率为 60.6%,即使今后城镇化率按现行口径计算达到 70%,我国农村大体上还将有 4 亿多人口,这就需要很好地考虑其空间的优化问题。目前我国农村的行政村数量仍有 50 万个左右,如果包括自然村,则农村相对集聚的人口分布点至少有200 万个,平均每个点的人口规模不超过 300 人,如果再考虑到自然村和行政村人口的差异,则我国农村有大量的人口集聚点规模是在 100 人以下。在这种相对分散的人口空间分布下,很难想象乡村的教育与医疗等公共服务和公共基础设施配置会有很高的效率,要提高这方面的效率,还是应通过人口与产业相对集聚的城市化思路来解决。以解决乡村贫困问题为例,目前我国正在进入解决相对贫困问题的阶段①,要彻底阻断贫困根源,实现持续减贫,除了加大扶贫政策力度,还需要重视贫困人口的易地搬迁和就地就近城镇化的路径安排。从教育、医疗、养老和公共基础设施等与贫困根源密切关联的公共保障与服务的改善看,一方面需要破解城乡二元的基本公共保障体制,而另一方面,则很有必要通过乡村人口在空间的相对集聚,或者说就地就近城镇化的思路,来提高公共保障与服务的空间效率,进而提高对贫困人口的减贫效率。目前,我国城乡居民受教育水平差距很大,城市高中入学率已达到93%,但贫困农村只有37%(Rozelle,2017),如此悬殊的落差现象并不完全源于城乡基础教育的水平差距,很大程度上也与乡村人口过于分散下的教育资源配置效率低下有关。乡村医疗也存在这样的问题,村里办的医疗站难以有效解决医疗问题,而要办医院又缺乏规模效应;乡村垃圾、污水处理也同样如此,都有一定的空间规模效应。总之,乡村人口居住过于分散,不利于公共服务的有效覆盖和效率提升,乡村公共保障与服务水平的提升,既需要破解体制障碍,体现城乡平等性,又需要重视公共保障与服务的空间效应,否则公共保障与服务的效率就会大大降低,甚至难以持续。因此,从这一角度讲,中国的乡村振兴也必定是乡村人口相对集聚和空间优化的城镇化过程。

三、政策启示

(一)把握城市化带动乡村振兴的内在逻辑及其本质

城市化的充分发展及其对乡村振兴的带动是乡村振兴的基本前提,把握城市化带动乡村振兴的内在逻辑及其内涵,可以在乡村振兴战略实施中摆正城市化和乡村发展的位置和相互关系。城市化带动乡村振兴本质上是乡村价值变化规律与乡村价值实现的要求;城市化带动乡村振

---

①　参见 2020 年中央一号文件,即《中共中央　国务院关于抓好"三农"领域重点工作确保如期实现全面小康的意见》。

兴是以城带乡、城乡融合及其互动发展的过程；城市化带动乡村振兴需要准确把握城市化的本质，那就是人口和产业在空间的集聚过程，这一过程既体现为城市人口和产业的集聚发展，也应体现在人口和产业在乡村的相对集聚发展。由此，从现阶段看，我国城市化带动乡村振兴应主要体现为三个重要方面。一是城市包容进城农民。城市不仅要吸纳农民进城就业，还要通过相关制度改革的深化，加快已经转移进城农民的市民化。二是城市要素进入乡村。不仅包括城市资本、技术与人才的进乡，还包括城市居民进入乡村，消费乡村、繁荣乡村。三是乡村人口乡村集聚。也就是通过乡村人口的就地就近迁移和相对集聚，形成生产、生活、生态一体和公共服务有效覆盖的乡村群落。

（二）清晰把握乡村价值变动规律及其实现路径

我国总体上已处在乡村价值再现与提升的阶段。乡村的价值不仅体现在乡村拥有现代化的基础产业——农业，而且还体现在乡村拥有类型多样的"绿水青山"和历史悠久的文化资源，这是乡村价值的源泉。以城市化带动乡村振兴和建设乡村，并不是将乡村建设成城市，而是要保护和发掘乡村的独特价值，并且充分实现乡村价值。乡村价值的充分实现要坚持"绿水青山就是金山银山"的发展理念，深刻认识这一理念所蕴含的环境底线思维、绿色发展思维和资源转化思维的辩证关系，通过政府购买转化、市场交易转化、社会参与转化等路径，做好自然生态和人文生态有效转化为"金山银山"这篇文章。我国区域辽阔，乡村资源禀赋不尽相同、文化传统形态不一，各具特色。城市化带动乡村振兴要坚持从自身实际出发，既遵循乡村城市化的本质特征，更注重乡村价值的有机更新和提升，避免简单照搬、背离本源，甚至有损乡村价值有效实现的乡村建设和造城运动。

（三）以城乡联动改革加快农村进城人口市民化

加快农村进城人口市民化是城市化带动乡村振兴发展的重要路径。2019年12月，中共中央办公厅、国务院办公厅印发了《关于促进劳动力和人才社会性流动体制机制改革的意见》，全面取消城区常住人口300

万以下的城市落户限制,全面放宽城区常住人口 300 万~500 万的大城市落户条件,超大特大城市要调整完善积分落户政策,提出"以户籍制度和公共服务牵引区域流动"。改革举措从城市层面看,基本扫除了进城农民入户和市民化的制度障碍,但农村层面的改革还需发力。也就是说,加快农村进城人口的市民化进程,必须实施城乡联动的配套改革,人口流入地城市着重户籍制度改革的深化,降低户籍门槛与减小福利差距,以实现基本公共服务常住人口全覆盖,城市户籍人口与常住人口差距的缩小(马晓河等,2018);人口流出地农村要深化农村集体产权制度改革,探索"经社分离"和"混合拥有"(黄祖辉,2017)的集体产权有效实现形式,在赋予农民更多财产权利的同时,突破集体经济的封闭性,使农民权益的身份属性转变为契约属性,更具市场交易性,以化解农村人口流动中农民权益的"属地化"制约。

(四)科学推进乡村人口相对集聚和乡村群发展

从乡村人口相对集聚和就地就近城镇化的思路出发,我国乡村振兴战略并不一定都要以村为单位或载体来推进,应探索以乡村群和乡镇为单位或载体的推进思路。乡镇是城市与乡村的节点,具有空间容量、便于要素集聚,是就地就近城镇化的重要载体。以乡镇为载体推进乡村振兴,有必要研究和探索与城市群相衔接的乡村群的形成路径。乡村群是乡村空间优化的乡村群落,其基本特征是生产、生活、生态一体和公共服务的有效覆盖。在乡村振兴中建设乡村群,需要对现有村庄布局进行新的规划,坚持有保有放的原则,着眼乡村人口和要素在空间的不断优化。要对村庄进行分类施策,一是保护特色村。即对产业有特色和潜力或者具有重要历史文化传承的村庄应保护和发展。二是改造城中村、镇中村、城郊村。对这些村的发展思路是融入城市化,如果生态条件不错,应着力打造田园生态型城镇。三是重点建设中心村和乡村新社区。这些中心村和新社区大多经过了村庄的拆并和整合,人口规模有的超过万人,尽管它们不一定属于城镇建制范畴,但其本质上已具有城镇化的特点,是乡村振兴进程中的重点对象。四是消除一批村落。主要是指"一方水土养不起一方人"的村落,或者从生态角度看是禁止开发地区的村落,这些村落应通过"易地搬迁"、就地就近城镇化的路径,实现新的组合发展。在实践中,推进乡村人口相对集聚或"拆村并居"是手段,增加农民利益、促进乡村振兴发展才是目的。因此,一定要坚持政府引领、农民自主、规划在先、示范推动、分类指导、政策配套的方略。要以确保农民既得权益不受损为前提,同时要在此基础上增进农民利益,如改善生存环境、优化公共服务,增加就业机会。在分类指导推进中,重点要对"易地搬迁"脱贫、城(镇)中(郊)村改造、中心村(或新社区)建设等整合类型进行分类指导和科学施策,探索有序扩大农村宅基地产权结构开放性(叶兴庆,2019),通过市场机制促进人口适度向优势地区集中,切忌简单化、一刀切的工作方法和推进思路。

参考文献

[1]黄祖辉. 准确把握中国乡村振兴战略. 中国农村经济,2018(4):2-12.

[2]黄祖辉. 高质量、高效率推进乡村振兴战略. 中共南京市委党校学报,2019(3):1-7.

[3]黄祖辉. "三权分置"与"长久不变"的政策协同逻辑与现实价值. 改革,2017(10):123-126.

[4]马晓河,胡拥军. 一亿农业转移人口市民化的难题研究. 农业经济问题,2018(4):4-14.

[5]Scott Rozelle. 农村儿童的发展怎样影响未来中国. (2017-09-18). https://www.sohu.com/a/192832894299738.

[6]魏后凯. 中国城镇化的进程与前景展望. China Economist,2015,10(2):102-121.

[7]魏后凯,苏红键. 中国农业转移人口市民化进程研究. 中国人口科学,2013(5):21-29.

[8]习近平. 之江新语. 浙江人民出版社,2007.

[9]向晶,钟甫宁. 农村人口转移、工业化和城镇化. 农业经济问题,2018(12):51-56.

[10]姚洋. 发展经济学(第一版). 北京大学出版社,2018.

[11]叶兴庆. 有序扩大农村宅基地产权结构开放性. 农业经济问题,2019(4):4-10.

论市场在乡村振兴中的地位与作用①

一、引言

实施乡村振兴战略,是党的十九大做出的重大决策部署。研究者认为,乡村振兴战略是从中国国情和当前经济社会发展的阶段性特征出发做了深入的分析后得出的一个重大判断[1],是党对过去提出的重要农村战略的系统总结和升华,赋予了农村发展新内涵[2]。乡村振兴需要从脱贫攻坚、稳粮增收保耕、农村经济发展、农业结构调整和农村社会治理等方面着手,并在政策执行上扬弃传统的农村发展观念。[2]在阐释乡村振兴战略重大意义和主要内容的同时,学者们也针对当前中国农村经济社会发展存在的问题,提出落实乡村振兴战略时需要防范的错误倾向。乡村振兴不是"去小农化",不是乡村过度产业化,不能盲目推进土地流转,不能消灭农民生活方式差异,不能轻视基层"三农"工作,应在坚持乡村和农民主体地位的基础上实现农业农村与现代化发展的有机结合。[3]实施乡村振兴战略,要规避发展目标浪漫化、理想化倾向,规避振兴方式单一化和"一刀切",规避体制机制改革工程化、政策支持盆景化倾向,着力推进广大农民在共商共建共治共享中有更多获得感,规避支持重点错乱化和推动"三农"配角化倾向。[4]与上述担心政府在乡村振兴中的过度主

———————

① 本文作者为黄祖辉、李懿芸、马彦丽。本文内容发表于《农业经济问题》2021年第10期。本文研究受到国家社会科学基金一般项目"政府支持对农民专业合作社发展的影响与政策调适研究"(20BJY134)的支持。

导作用相呼应,一些学者呼吁重视农民的主体地位,发挥市场在资源配置中的决定性作用。认为推进乡村振兴战略,在制度层面上应以市场经济为基础,以彻底破除城乡二元结构为突破口,创新乡村振兴体制机制。[5]叶兴庆认为,在城乡二元结构仍较为明显的背景下,要实现乡村振兴,必须牢牢把握农业农村优先发展和城乡融合发展两大原则,抓好"人、地、钱"三个关键,促进乡村人口和农业从业人员占比下降、结构优化,建立乡村振兴的用地保障机制,建立健全有利于各类资金向农业农村流动的体制机制。[6]张强等认为,要实现乡村振兴,关键是要创造城乡要素双向流动、相互融通的新格局。[7]郭晓鸣指出,乡村振兴的关键性战略路径是要全面深化改革、健全市场机制、强化城乡融合、坚持发展提升、推进适度规模经营等,以及推进乡村振兴战略还要防范过度行政化和过度形式化等潜在风险。[8]

使市场在资源配置中起决定性作用和更好发挥政府作用[9],是中国特色社会主义市场经济发展的基本框架,已逐渐成为社会共识。但在如何理解"更好发挥政府作用"方面,国内还存在不同的看法。本文认为,政府和市场关系的本质并非不同主体之间的关系,而是不同机制或制度设计之间的关系,两者构成经济社会最基本的治理结构。政府运行机制的主要优势在于通过科层体系的制度安排,既可以集中力量办大事,又能够通过内化机制,降低市场交易中的不确定性和交易成本;而市场运行机制的主要优势在于通过竞争体系的制度安排,提高竞争效率,并且降低科层体系下的组织控制成本。[10]实际上,完善市场机制、正确处理政府和市场的关系一直是我国改革开放以来经济发展所坚持的方针。从党的十四大明确提出建立社会主义市场经济体制,十四届三中全会通过《中共中央关于建立社会主义市场经济体制若干问题的决定》,到十八届三中全会提出让"市场在资源配置中起决定性作用",十九大报告提出"完善产权制度和要素市场化配置"是经济体制改革的重点,十九届四中全会提出"坚持社会主义基本经济制度,充分发挥市场在资源配置中的决定性作用,更好发挥政府作用",一直到2020年4月9日中共中央、国务院提出《关于构建更加完善的要素市场化配置体制机制的意见》,都体现了走中国特色的社会主义道路,必须建构政府与市场相互协调的体制机制的思想。

本文基于对我国乡村振兴战略实施的实践观察,依据党的十九届四中全会关于"必须坚持社会主义基本经济制度,充分发挥市场在资源配置中的决定性作用,更好发挥政府作用"的制度架构,重点围绕乡村振兴中产业兴旺、生态宜居,以及农村集体经济制度的深化改革,就发挥市场在资源配置中的决定性作用以及更好发挥政府作用问题进行讨论。本文的基本论点是:市场能否在资源配置中起决定性作用,取决于政府能否更好发挥作用。政府更好发挥作用不仅体现在对公共性事务的主导作用,而且也体现为政府为充分发挥市场制度的作用奠定基础。当前,充分发挥市场在资源配置中的决定性作用,不仅需要政府转变职能,而且需要政府主导建构与市场制度相匹配的产权制度。在乡村振兴战略的实施中,处理好政府与市场的关系同样十分重要,既要发挥政府在顶层设计、政策引导、示范带动以及在公共投入和改革推动等方面的作用,又要充分发挥市场在要素配置、主体激活、产业竞争、效率增进等方面的作用。作为我国现代化发展战略重要组成部分,乡村振兴战略总体上由政府主导是毋庸置疑的,但这并不意味着乡村振兴战略的具体实施均要由政府来包办,而应有多方力量参与和多种机制协同,特别是让市场在资源配置中起决定性的作用。市场不仅要在产业发展中起决定性作用,而且也可在生态转化与环境治理,以及乡村集体经济改革发展中起重要作用。

二、乡村振兴中的"产业兴旺"必须发挥市场作用

在乡村振兴战略的产业发展和振兴中,政府主要发挥规划制定、政策引导和示范带动的作用,而产业的选择、要素的配置、主体的行为以及价格的形成等,应该由市场来发挥决定性作用。然而,从近些年乡村振兴战略实施的实践看,我国乡村产业发展的方方面面,似乎都是由各级政府在主导和推动,不仅产业规划是如此,而且产业项目的建设和投资都是政府占主导。政府在乡村产业发展中的介入与杠杆作用大大超过了市场机制的作用,使得乡村产业的经营主体普遍形成依赖政府支持,而不是着眼市场竞争的行为。乡村各种类型的农业园区、农业综合体、

家庭农场、合作社的发展都离不开政府的支持,尽管发展很快,但大多缺乏自我持续发展能力,并且导致过度竞争和主体分化。这样的产业项目虽然能满足政府短期"政绩"的需求,但未必能适应消费需求和市场竞争,一旦政府支持减弱,就可能成为"僵尸"项目。

(一)政府介入过度会致使市场竞争无序和资源配置效率低下

以我国苹果产业为例。2017 年,世界苹果总产量 7621 万吨,中国达 4450 万吨,生产和消费规模均在 50% 以上;纵向来看,中国 2007 年的苹果产量是 2734 万吨,到 2017 年,产量增长了 60% 多。①产量增速过快与政府的产业政策干预紧密相关。我国传统的苹果主产区集中在渤海湾和西北地区的黄土高原地带,以陕西、山东、河北、甘肃、河南、山西和辽宁七省最多。近几年,贵州、云南地区基础设施改善,加大了引种苹果招商引资力度,动辄发展几万亩以上的矮化苹果,产量增长非常迅猛。与此相对应的是苹果市场持续低迷。2018 年,作为主产区的山东省某地区的普通苹果价格曾跌到八毛钱一公斤,农民入不敷出。另一个案例是在华北某省土地肥沃的平原县,政府通过大量补贴推广了 2 万多亩核桃,以每亩 600 元的价格连续补贴 6 年。但在 2018 年的盛果期,鲜核桃的价格却跌至大约 1 元/斤,而政府补贴也到期了,不少农民无利可图,只好砍树。如果按市场规律来运行,很难想象会出现如此大规模的一哄而上、一哄而下的现象,然而,由于政府不是市场主体,其在农业产业上的主导行为和作用替代了市场机制,市场就难以在资源配置中起决定性作用,竞争的过度、无序和资源的浪费就成为常态现象。

(二)政府干预过度会导致经营制度异化和主体行为扭曲

近年来,各级政府在培育新型农业经营主体方面出台了不少支持政策,促进了家庭农场、专业大户、农民合作社、农业产业化龙头企业等新型农业经营主体的发展,改善了农业经营主体的结构。但值得关注的

---

① 参见前瞻产业研究院:《2017—2022 年中国苹果种植与深加工行业市场前瞻与投资规划分析报告》(https://www. qianzhan. com/analyst/detail/220/180914-6959748e)。

是,在新型农业经营主体的培育中,同样存在政府干预过度和市场作用弱化的问题,主要表现在政府政策惠及对象集中于所谓的"新型"主体,对普通农民惠及不够,导致了一些经营制度的异化和主体行为的扭曲,偏离市场取向。

以家庭农场为例,作为农业的基本经营制度,其基本特征就是自我雇佣与管理的家庭经营。家庭经营与企业经营的本质区别就是用工制度的不同,前者是自我雇佣,后者则是雇佣他人。在实践中,为了加快新型农业经营主体的培育,政府出台了一系列支持家庭农场的政策措施,家庭农场在我国得到迅速发展。但由于不能清晰辨别农业不同经营制度的区别,我国不少家庭农场背离了家庭经营的制度本质,异化为依靠雇工经营、效率低下、离不开政府贴补的企业型农场。经营制度的异化必然会导致经营主体的行为扭曲。由于这样的"家庭农场"离不开政府支持,也能够得到政府的支持,其行为取向必然是看政府,而不是看市场。同样的问题也出现在不少合作社、农业龙头企业、种粮大户、农业科技园区等主体上。农业经营主体行为的扭曲,折射的是市场对资源要素配置作用的弱化和政府对资源要素配置作用的强化,这显然与"必须以完善产权制度和要素市场化配置为重点"的经济体制的改革取向不相吻合。

在乡村产业发展和振兴过程中,要避免因政府过度介入而导致的市场功能弱化、经营制度异化和主体行为扭曲,关键是要准确把握党中央相关文件精神,坚定我国经济体制改革的方向,以激活市场、激活主体、激活要素为主线,深化农业供给侧结构性改革,探索在社会主义基本经济制度框架下"充分发挥市场在资源配置中的决定性作用,更好发挥政府作用"的体制机制。具体而言,就是要构建政府、市场、行业协会"三位一体"的经济治理结构。从政府角度讲,建立这样的经济治理结构,一是转变政府职能,将相关职能赋予市场和行业组织;二是完善产权制度,也就是通过产权制度改革,向市场主体赋权赋责,实现要素市场化。

三、生态转化与环境治理也可发挥市场机制作用

在乡村振兴中,把乡村生态资源的优势转化为经济发展的优势,是深入践行习近平"绿水青山就是金山银山"发展理念的关键,是实现生态优先、绿色发展的核心要义。自然生态资源形态多样,既包括可视的青山绿水、海浪沙滩、冰天雪地、戈壁沙漠,又包括可感知的空气、气温等。优良的自然生态资源一方面是人类高品质生活不可或缺的资源,需求市场大;另一方面大多数的自然生态资源又具有消费排他难、价值度量难和空间流动难的特点,难以直接进入市场交易。因此,在乡村振兴实践中,既要探索如何保护好自然生态资源,又要通过转化机制的建构来实现其价值,二者同样重要。

(一)生态资源价值转化的市场路径

生态资源价值转化为经济社会价值的市场路径主要有两条,一是生态产业化(也可称作生态经济化)路径,二是产业生态化(也可称作经济生态化)路径。所谓生态产业化(或生态经济化),就是通过对生态资源的产权主体认定和市场价值评估,直接对生态资源进行市场交易。如水权交易、碳汇交易、排污权交易等,都属于生态产业化(或生态经济化)的范畴。通过市场交易,既实现生态资源的经济社会价值,增强利益相关者对生态资源保护和科学利用的激励,同时又对人类起到对资源生态负向行为的约束作用。产业生态化(或经济生态化)则是针对难以通过生态产业化(或生态经济化)路径有效实现生态资源价值转化的生态资源的转化路径,主要通过嵌入生态或关联性产业的发展和市场化交易来实现其经济价值。如通过与优良生态密切关联的高效生态农业、休闲旅游康养等产业的发展,实现产业的生态溢价。在经济社会进入全面小康社会和中等以上收入群体比例不断扩大的阶段,产业生态化(或经济生态化)具有很大的市场前景和空间。当前,我国正处在这样的发展阶段,我国区域辽阔,不同区域具有各自独特的资源生态和"绿水青山"优势,只要坚持和深化"绿水青山就是金山银山"的发展理念,充分发挥政府调控

和市场转化的协同作用,加快资源生态产权制度和规章制度改革,就一定能在乡村振兴进程中实现生态优先并富民、绿色发展并兴旺的发展目标。

(二)乡村人居环境治理的市场路径

"生态宜居"是乡村振兴"二十字"方针的重要内容。乡村的"生态宜居"不仅取决于乡村的自然生态具有宜居性,还取决于村庄人居环境设施的建设要与宜居生态相匹配。因此,"生态宜居"本质上是自然生态与人居环境设施的相互交融,两者缺一不可。与"生态宜居"乡村相匹配的人居环境设施主要涉及村庄道路、垃圾与污水处理、村庄厕所以及村容村貌的设施建设,建设目的是改善乡村人居环境,使其成为宜居、宜业、宜游的美丽乡村。我国政府对乡村人居环境问题非常重视,不仅在2005年启动的新农村建设中就提出"村容整洁"的要求,在2017年乡村振兴战略中提出"生态宜居"的目标,而且在2018年专门发布了《农村人居环境整治三年行动方案》,在2021年中央一号文件中又提出大力实施乡村建设行动,并且启动实施农村人居环境整治提升五年行动计划。但在实践中,建设"生态宜居"的乡村仍然存在不少难点。一是投资主体不明。尽管政府在乡村人居环境设施建设方面进行了大量的投入,但投资建设主体仍不是很明确,难以确保投入的可持续性。二是管护主体和机制不明。社区公共性的人居环境设施在营运与管护方面缺乏明确的主体和有效的机制,进而在实践中普遍存在村庄公共环境设施使用效率不高等问题。

解决这些问题,首先要强化地方政府、村集体在乡村人居环境设施的资金投入与营运管护方面的作用。如将乡村人居环境设施建设资金纳入地方财政年度预算,出资设立相关公益性岗位;又如完善乡村公共事务治理体系,发挥村民自治功能,建立集体统筹领导、村民分工参与的村庄环境设施管护专人负责制度等。其次,也要发挥市场机制的作用。具体说来,从投资角度讲,可以考虑将再生资源利用与经营权赋予相关企业或公司,同时由企业或公司负责相关设施的建设与投入。从村庄环境管护角度讲,可以赋权农户从事与产业生态化有关的服务业,如民宿、农家乐、乡村休闲康养等产业,进而通过市场机制激励经营者对相关垃坂与污水处理、厕所整洁、道路设施以及村容村貌等人居环境进行改善与管护。

四、农村集体经济应成为政府很强
与市场很活的微观主体

（一）中国特色社会主义基本经济制度与集体经济制度

党的十八大以来，中国特色社会主义基本经济制度的架构已经逐渐清晰化。概括起来，这一制度架构就是将政府和市场两种制度的优势在中国集成，以同时实现政府很强和市场很活，或者说要实现有为政府和有效市场的互补与协同。党的十九届四中全会的公报从治理体系现代化的角度，对中国特色社会主义基本经济制度的特点从所有制结构、要素分配结构以及政府和市场的关系等方面，又做了进一步的明确阐释，并且特别强调市场在资源配置中要起决定性作用，同时又要更好发挥政府作用。这样的制度体系建构，不仅涉及宏观层面的制度改革与完善，如政府相关职能的转变与完善，以及作为市场制度基础的产权制度完善等，而且还涉及微观层面的组织与相关制度的改革与完善。我国农村集体经济制度的改革与完善就具有这样的使命。我国农村集体经济制度是一个集政治、经济与社会多种功能于一体的农村社区组织制度。新中国成立以来，与我国的经济体制变革相适应，我国农村集体经济制度经历了相应的演变，从与计划经济体制相适应的统一经营、统一分配的集体经济制度，逐渐演变为引入市场经济制度的统分结合、"三权分置"的集体经济制度。但是，从与政府与市场的匹配度或兼容度的角度看，目前我国农村集体经济的制度似乎是更与政府制度而不是与市场制度相匹配，仍然没能成为两者都匹配和兼容的微观主体。

国家对农村集体经济制度的改革取向是比较明确的。从中央的一系列相关文件精神看，基本的思路是巩固和完善农村集体资源资产"三权分置"这一中国特色的农村基本经营制度，既要赋予与保障农民更多的财产权利，又要发展壮大村集体经济。赋予与保障农民更多的财产权利不仅是要增加农民财产性收入,更重要的是要使农民真正成为市场主体,因为如果市场缺失主体,或者没有真正的市场主体,市场就不可能在资源配置中起决定性作用,市场很活或有效市场也就是一句空话。而强调要发展壮大村集体经济,并不单纯是基于经济上的目的,更重要的是现实中我国大多数农村集体经济是"经社"合一的组织,不仅有发展社区经济的职能,更有乡村社区社会管理的职能。换句话,村集体经济组织具有承担乡村基层治理、保持农村社会稳定等社会管理的职能。发展壮大村集体经济是中国特色政治与社会制度的内在要求,是更好发挥政府作用的需要,也是在农村使政府和市场两种制度优势得以集成的需要。

(二)我国农村集体经济制度发展难点与深化改革思路

实践中,尽管村集体已经赋予农民(集体成员)长久不变的土地承包经营权、宅基地的资格权及其房屋的使用权与继承权、集体经济收益与资源资产的股权等权益,但仍然存在农民土地承包权难以有偿交易,农民房屋不能买卖和农民股权难以对外交易等约束,这些约束一方面使得农村大量的资源资产不能进入市场和被激活,另一方面,也使农民难以真正成为能与其他经营主体平等竞争和权益充分的市场主体。与此同时,村集体经济尽管明确拥有集体土地、宅基地和其他集体资源的所有权,但是,实践中这些集体所有权却基本上是虚置的,绝大多数的村集体不仅没有因为拥有所有权而获得相应的收益,而且农村集体经济发展普遍缺乏内生动力与活力,大多需要依靠政府的项目支持或转移支付才能运行,发展壮大农村集体经济处在艰难境地。

如何使中国的农村集体经济与组织能成为适应中国特色社会主义"强政府与活市场"制度的微观主体?其思路既不是在赋予农民更多财产权利的过程中放弃农村集体的所有权,也不是在发展壮大集体经济的过程中收回赋予农民的财产权利。破解这一难题的思路关键,还是要探索适应中国特色社会主义制度特点的我国农村集体公有制的有效实现形式。可供选择的思路与路径,是在建立城乡一体的农民公共保障制度和农村集体"经社"适度分离与开放的基础上,赋予农村集体资源资产更完整的市场交易权,并且通过农民财产权益从身份权向契约权的转变,实现农民土地承包权、宅基地与农民住房、农民与集体股份等集体资源资产的市场化，做大农村集体经济这块"蛋糕"。同时，建构"农民集体共同所有"下的农村集体混合所有制度，合理切割集体与农民的利益，形成农村要素充分流动，农民与集体共赢和共同发展的体制机制。

五、结语

在乡村振兴中发挥市场在资源配置中的决定性作用，同时更好发挥政府作用，关键是定位好政府的作用边界。公共领域是政府最主要的作用领域，在非公共领域中，政府主要应发挥顶层设计的作用，如规划制定、政策指导，以及市场规制、示范引领等。至于产业发展及其资源配置则应让市场发挥主导作用。在中国现行制度架构下，发挥市场在资源配置中的主导或决定性作用，还需要政府推进两项关键性制度改革。一是推进政府相关职能转换的改革。如逐步退出非公共领域或竞争性领域的投资、招商和服务购买，尤其要避免产业振兴中因地方政府过度介入而导致的市场失灵、市场主体行为扭曲和以区域行政单位为主体的地区间恶性竞争。此外，在政府职能转换的同时，还必须将相关职能赋权行业组织，使跨区域的行业组织能有职有权地发挥与市场机制相匹配，既防止政府干预过度，又避免市场竞争失序，进而产业有序协调发展的调控职能。二是深化以完善产权制度和要素市场化配置为重点的经济体制改革。发挥市场在资源配置中的决定性作用，不仅涉及政府相关职能的转换，而且需要建构市场赖以发挥作用的体制机制，也就是要推进产权制度和要素市场化配置制度的改革。要素市场化配置是市场在资源配置中起决定性作用的主要标志，但要实现要素市场化配置，必然会涉及要素的产权制度安排问题。因此，完善产权制度的目的是要实现要素市场化配置，能够市场化的要素产权制度，是市场在资源配置中起决定性作用的制度基础或前提条件。在乡村振兴中，乡村要素的市场化配置是明显滞后和不充分的，要解决这一问题，关键在于深化农村集体经济与产权制度的改革。这项改革的关键难点在于，通过改革的深化，既实现作为市场主体的农民拥有更完整和充分的财产权利，又实现作为农村社区主体、社会与经济功能融为一体的村集体经济的不断发展壮大,使这一组织成为适应中国特色社会主义"强政府与活市场"制度的微观主体。而城乡一体社保制度的建立和农民权益从身份权向契约权的转变,以及在此基础上的集体与农民共同拥有的混合产权制度建构,也许是一条可供选择的思路。

参考文献

[1]陈锡文,实施乡村振兴战略 推进农业农村现代化.中国农业大学学报(社会科学版),2018(1):第 5-12 页。

[2]苏毅清和王亚华,乡村振兴——中国农村发展新战略.中国社会主义学院学报,2017(6):第 49-55 页。

[3]叶敬忠,乡村振兴战略:历史沿循、总体布局与路径省思.华南师范大学学报(社会科学版),2018(2):第 64-69,191 页。

[4]姜长云,实施乡村振兴战略需努力规避几种倾向.农业经济问题,2018(1):第 8-13 页。

[5]张军,乡村价值定位与乡村振兴.中国农村经济,2018(1):第 2-10 页。

[6]叶兴庆,新时代中国乡村振兴战略论纲.改革,2018(1):第 65-73 页。

[7]张强、张怀超和刘占芳,乡村振兴:从衰落走向复兴的战略选择.经济与管理,2018(1):第 6-11 页。

[8]郭晓鸣,乡村振兴战略的若干维度观察.改革,2018(3):第 54-61 页。

[9]习近平,关于《中共中央关于全面深化改革若干重大问题的决定》的说明.求是,2013(22):第 19-27 页。

[10]黄祖辉,准确把握中国乡村振兴战略.中国农村经济,2018(4):第 2-12 页。

第四篇
农村工业与区域发展

浙江省农产品加工业发展战略初探①

党的十一届三中全会以来,农村经济的发展走在国民经济的前列,它不仅向工、商、交通、运输业提出了挑战,而且也对农业本身提出了新的课题:农村的经济形势能不能得到持续的发展? 农村的商品生产能不能有一个更大的突破? 回答是肯定的,但是必须做多方面的努力,其中,发展农产品加工业就是一个重要方面。

一、发展浙江省农产品加工业的战略意义

第一,发展农产品加工业,有助于浙江省经济发展战略目标的早日实现。农产品加工业是增值性产业。只要不断提高加工率(加工程度),即使不增加加工原料,也能增加产值。因此,发展农产品加工业对浙江省在 20 世纪末实现工农业总产值翻二番具有重要作用。

农产品加工业是一个涉及范围很广的产业部门。从各种产业的联系来看,它处于中间环节,抓住这一环节,可以带动两头。这就是说,发展乡村农产品加工业,不仅可以促进农业的发展,而且可以带动加工机械和交通运输等工业的发展。

农产品加工业是生产社会最终产品的产业部门之一,就浙江省来说,工农业总产值的 28% 属于农产品加工业,把这么大的产业搞上去,无论对全省经济发展战略目标的实现,还是对社会消费需要的满足来说,都具有重要意义。

---

① 本文作者为黄祖辉、张作兴。本文内容发表在《浙江农业经济》1984 年第 6 期。

此外,农产品加工业一般耗能低、容纳劳力多、投资规模可大可小、技术要求可高可低。发展这一产业,对于浙江这样一个农业资源丰富,特别是劳动力资源充裕,但能源缺乏、人均耕地少、山区比重大的省来说,是扬长避短、切合实际的。

第二,发展农产品加工业,有助于建立合理的农村产业结构。没有农产品加工的农业,农业的物质循环和能量转换是不充分的,也会造成大量的农业资源得不到加工利用,大量的农产品残余物不能直接返回农业。这样就会"破坏着人和土地之间的物质变换,也就是使人以衣食形式消费掉的土地组成部分不能回到土地,从而破坏土地持久肥力的永恒的自然的条件"。① 因此,合理的农村产业结构,应该是自然资源的充分利用和物质能量良性循环的统一,是种植业、养殖业和加工业的统一(见图 1)。

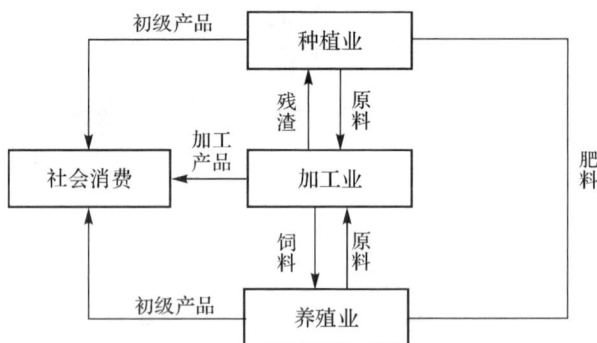

图 1 合理的农村产业结构

可以看出,农产品加工业和种植业有相互依赖、相互促进的关系,它们既有助于农业的良性循环,又有助于资源的充分利用,为社会提供更多更好的消费品,是理想的农村产业结构模式。

第三,发展农产品加工业,有助于农业劳动力的逐渐转移。据统计,浙江省现在农村劳力有 1691 万人。尽管已有 700 多万人转移到非农业部门,但是在目前生产水平下,按照种养业的正常需要计算,只需 507 万个劳力就够了。这就是说,全省还剩余 400 多万个农业劳力。况且,农

① 《资本论》第 1 卷,552 页,人民出版社 1972 年出版。

村"商品经济的发展,意味着愈来愈多的人口同农业分离"①。"要使这些被排挤出农业的人口不致没有工作,或不会被迫集结城市,必须使他们就在农村中从事工业劳动。"②农产品加工业是劳动密集型产业,可以容纳大量的农村劳力。以浙江省食品工业为例,每亿元固定资产原值所容纳的劳动力就要比其他工业平均多5900人。浙江省现在有186个建制镇,如果加快小城镇(包括农村集镇)的建设和发展,可以满足农产品加工业的发展和小城镇的建设对劳动力的需求以及农村劳力的季节性协调。

第四,发展农产品加工业有助于农业的微观调节。农村目前普遍存在这样一个问题:一方面,由于社会对农产品需求量的增加,国家希望粮食生产和其他农产品生产能持续发展;另一方面,由于价格体制不合理,许多农产品的价格严重背离其价值,农民,特别是经济发达地区的农民,对种田兴趣不大。如何解决这一矛盾?靠价值规律来自发调节,则会带来价格或产量的大幅度波动;靠国家继续提高农产品的收购价格或降低农用工业品的价格,则要么引起一系列的价格倒挂现象,影响其他行业生产经营的积极性,要么增加国家财力的负担,靠国家财政对农业实行补贴,国家的财力还负担不起;靠不断提高农业劳动生产率,则短期内很难奏效。这是一个需要综合治理的问题。我们认为,在价格体制彻底改革以前,缓和这一矛盾的主要措施是实行微观调节。即通过发展农产品加工业和其他乡村工业,增加农产品的价值,然后返回一部分工业利润给农业。用这样的方法,如果再辅之以宏观调节,如国家财政对农业的必要补贴,或逐步提高农产品的价格等等,就可以收到较好的效果。

第五,发展农产品加工业有助于建立合理的城市产业结构和城乡网络。城市发展规模的有限性和社会分工、产业发展的无限性决定了城市产业结构的合理化在不同的历史时期有不同的表现形式。事实说明,一次次技术革命的浪潮,给城市带来了一批批新的产业部门,使城市对产业的容纳逐渐趋于饱和,与此同时,工业在城市的过分集中,带来了城市污染、城乡对立等一系列问题。因此,就有必要调整城市的产业结构,把

① 《列宁全集》第3卷,19页,人民出版社1984年10月出版。
② 《马克思恩格斯选集》第19卷,369页,人民出版社1956年12月出版。

那些适宜在农村发展的产业,如某些农产品加工业转移到乡村或城市郊区来发展。

此外,农产品加工业的发展,还有利于合理的城乡网络的形成。浙江省近四千万人口中,农业人口要占 86%,无论从目前看还是从将来看,农村都是一个重要的消费市场。以食品工业为例来计算,目前浙江省城市和乡村的人民对加工食品的消费比例大致是 26:74,而城乡食品工业的比例大致是 47:53①,说明有 20%左右的农产品原料和加工食品是处于迂回运输的状态,这既加大了运输费用和能源耗费,又增加了原料加工、半成品加工一直到产出成品的各个阶段的劳动力损耗。因此,应根据合理的物质流向和经济区域,发展乡村食品工业,建立起以城市为依托,以乡村为基地,相互协调、共同发展的城乡网络。

二、浙江省农产品加工业的发展现状和潜力

浙江省农产品加工业主要是食品和轻纺两大类(占 70%)。1983年,全省农产品加工业产值达 115 亿元(不包括队办企业和农业家庭的加工部分),比 1982 年增长 14%。在外贸出口商品中,加工农产品约占 54%,高于全国 14%的水平(据 1982 年资料计算)。在乡镇企业中,农产品加工业产值达 26.7 亿元,占其总产值的 33%,比 1982 年增长 47%。随着商品生产的发展,农村涌现了许多联户、联办和农民家庭经营的农产品加工单位,人数已达 30 万,占全省农村从事农产品加工人数的 30%。以萧山县为例,1983 年农村就地加工农产品产值达 1 亿元,而其中农户联办加工达 600 万元,农民家庭加工达 500 万元,两者共占就地加工产值的 11%。这几年,全省农产品加工业的现状,还表现为如下几个方面。

---

① 城乡人民对加工食品消费比例按 1983 年浙江省统计调查资料计算,城乡食品工业比例中的城市部分按浙江省杭州、宁波、绍兴、温州、嘉兴、湖州、金华、衢州、椒江(不含郊县)九个市的食品工业产值计算。

1.发展速度虽很快,但加工率很低

表1说明浙江省农产品加工业发展速度很快,超过了纯农业的发展速度,年平均增长15.5％,比纯农业平均增长速度6.6％快8.9％。主要原因是农产品商品率和加工率的提高。说明农产品加工业的发展不仅取决于农业的发展,而且取决于加工的广度和深度,即可加工的农产品量的增加和加工次数的提高。浙江省农产品加工业这几年虽然发展较快,但和发达国家相比,还存在很大差距,发达国家的农产品加工率一般都在1至2倍以上(如日本是2倍),农产品加工业产值一般都为农业产值的2.2~2.5倍,而浙江省为0.265倍和0.905倍(全国平均为0.800倍)。

表1　浙江省农产品加工业发展情况分析表

指标	1982 年	1978 年	1982 年比 1978 年增减％
农产品加工业产值(亿元)	100.74	56.45	78.40
纯农业产值①(亿元)	111.23	86.00	29.30
农产品加工业产值占农业产值(％)	90.57	65.64	24.93
农产品加工率(％)②	33.50	29.20	4.30
农产品商品率(％)	43.30	36.00	7.30

2.农产品加工业主要集中于大城市,并且分布不均衡

据1982年统计资料计算,全省农产品加工业产值中有54.75％集中于九个城市③,其中杭嘉湖和宁绍平原的杭州、宁波、绍兴、湖州、嘉兴五个市就占84.60％,其他地区,无论城市还是乡村,比重都很小。

---

① 这里特指纯农业产值指扣除队办工业部分的农业总产值。
② 因资料不全,这里农产品加工率计算公式为:农产品加工业净产值÷(农产品加工业总产值－农产品加工业净产值)×100％
③ 城乡人民对加工食品消费比例按1983年浙江省统计调查资料计算,城乡食品工业比例中的城市部分按浙江省杭州、宁波、绍兴、温州、嘉兴、湖州、金华、衢州、椒江(不含郊县)九个市的食品工业产值计算。

3.城乡人民食品消费中,加工食品(除粮食外)部分比重不大

尽管和发达国相比,还存在很大差距,但是浙江省发展农产品加工业潜力很大(见表2)。

表2 1983年浙江省城乡人民食品消费结构表①

单位:%

项目	城市居民	农民	1975年日本家庭水平
生鲜食品	39.4	32.0	37.8
粮食	22.8	50.0	10.0
加工食品	37.8	18.0	52.2

首先,农业从自给半自给经济向商品经济的转化,为发展农产品加工业提供了有利的经济条件。农村商品经济的发展,不仅意味着商品性农产品在增加,同时也说明可加工的农产品在增加。此外,那些不需加工也可消费的农产品,如蛋、禽、鱼、果等,具有上市季节集中、保鲜困难的特点,一旦生产量超过一定限度,也需要进行加工贮藏。以鲜蛋为例,全省今年鲜蛋产量可望达到3.2亿多斤,如按全省人口平均,每人每年也不过8斤,但是,从各地反映的情况看,如果加工跟不上,加上流通渠道不畅,农民就会因鲜蛋变质蒙受很大损失。

其次,浙江省资源丰富,为发展农产品加工业提供了可靠的物质基础。近几年浙江省几种主要农产品产量的增长速度及其在国内的地位,可以说明这一点(见表3)。

表3 浙江省主要农产品在国内地位

指标	粮食	棉花	络麻	茶叶	蚕茧	油菜	柑橘	水产品
1983年产量(万吨)	1584	9.73	17.64	10.2	6.21	28.77	17.18	83.2
比1979年增减(%)	1.4	40.3	18.8	55.7	7.5	29.9	52.8	2.58
在全国的名次(1982年)	10	11	2	1	2	13	2	1

再次,现代加工技术在生产中的运用,为农产品加工业的发展开辟

---

① 农民食品消费按城市价格计算,其中农民消费的猪、羊肉列为生鲜食品。

了广阔的前景。以茶叶加工来说,浙江省研制成功的两个系列,15 个品种的茶制食品最近已在全国展销会上受到重视和好评。就柑橘的综合加工来说,浙江省现有柑橘面积 76 万亩,1983 年投产面积 18 万亩,产柑橘 342 万担,如果对柑橘皮进行加工利用的话,按 20％出皮率算,一年就有 68 万担鲜橘皮可加工成中药材和十多种深受国内外欢迎的食品。再以发展饲料工业来说,浙江省每年可利用的农作物秸秆、青绿饲料和水生饲料达 2000 万吨,棉菜籽豆饼 4 亿斤,蚕蛹 3000 多万斤,还有大量的鱼粉、松针、叶粉和食品工业的下脚料,如加上每年 37 亿斤饲料粮,可加工成配合饲料 50 多亿斤。现在国营饲料厂仅能生产 9 亿斤配(混)合饲料,相当大部分需要依靠发展乡村饲料工业来解决。

此外,实行对内搞活、对外开放的政策,使加工农产品不仅可以销售到国内各省市,而且可以打入国际市场,像日本、新加坡、韩国等国消费水平都很高,且都临近我国,是理想的销售市场。

三、发展浙江省产品加工业的设想和措施

按照浙江省确定的提前实现 2000 年工农业总产值翻两番的规划,以全省 1982 年农产品加工业为基期,我们设想:如果全省农产品加工业的平均增长速度前 8 年为 7％,后十年为 8％的话,那么到 1990 年和 2000 年,其产值可分别为 137.09 亿元和 373.69 亿元,为那时纯农业产值的 1.35 倍和 2.07 倍,假如把村办企业部分的农产品加工业考虑进去的话,则分别为 1.66 倍和 2.54 倍,完全可以达到发达国家 2.2～2.5 倍的水平。至于城乡加工比例的确定,考虑到现有城市加工能力的发挥,城市加工比例前期不宜下降太快。因此,设想城市加工比例由 1982 年的 54.4％下降到 1990 年的 45.0％和 2000 年 35.0％,按照这一比例,城市和乡村的农产品加工业的平均增长速度,前 8 年分别为 4.5％和 9.5％,后 10 年分别为 5.3％和 9.8％。

为了实现上述战略目标,首先,应建立合理的农产品加工业体系。合理的农产品加工体系,应体现农村产业结构的协调,城市加工和乡村加工的协调,不同加工组织之间的协调,供产销之间的协调,物质循环和

能量转换之间的协调。它们之间相互制约、相互渗透,形成一个系统网络(见图2)。

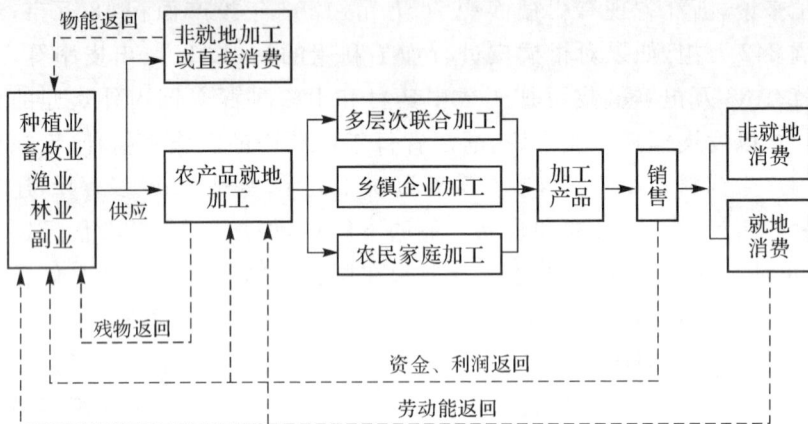

图 2 合理的农产品加工体系

其次,要处理好三大关系。

第一,在加工原料上,采取多种形式,处理好城市加工和乡村加工的关系。加工原料的合理分配,是发展乡村农产品加工业的核心问题,应以客观效益为出发点,考虑加工技术、加工利润、投资规模、质量要求和市场销售等多方面的因素。

对于当地原料充足,加工技术简单(或有传统技术),设备不很复杂,产品又有销路的加工农产品,如淀粉、粉丝、粉皮、豆制品、酱菜、皮蛋、咸蛋、竹制品以及传统名牌产品等,城乡需求量都很大,应放手让乡村发展。

对于生产利润不大,加工利润较大,需要一定技术,乡村有条件发展的加工业,如缫丝、棉、麻纺等,不能单方面强调城市加工的需要。事实上,抑制农民加工,等于抑制原料生产,原料生产上不去,还谈什么城市加工和满足?而给农民加工的余地,则会促进农民发展原料生产,生产上去了,城市加工业对原料的需求才能得到真正的满足。因此,要稳定或适当降低农产品的统派购比例,不要层层加码,卡得过死。

对于关系国计民生,但适合在乡村发展、生产,加工利润却不大的农产品,如粮食、油料加工,可逐步改进收购农产品为加工产品,以保证国家计划任务的完成和市场价格的相对稳定。

对于技术难度较高、质量要求高、生产规模较大的加工业,乡村兴办时一定要慎重,应考虑加工能力和原料供给配套、投资规模的合理程度,以提高农产品加工业的经济效益。

对于原料适宜分级利用或综合利用的农产品加工业,如乡村发展条件还不成熟,可采取"委托初加工"或"工农联营"的方法,即城市加工企业委托乡村企业进行农产品的初级加工,或者实行原料优质优价的收购政策,或实行利润分成,使农产品资源得到充分利用,工农两利。

第二,在产品结构上,要有战略眼光,处理好一般产品加工和拳头产品加工的关系。就是说,一方面要充分利用资源,进行各种农产品的加工;另一方面更要重视拳头产品的加工,使浙江省的农产品优势转变为商品优势和经济优势。可以成为浙江省加工优势的拳头产品主要有水产品、柑橘、茶叶、蚕茧、络麻和竹类产品,此外,许多传统名牌产品,如黄酒、火腿、白鹅、麻鸭、湖羊等,都应大力发展。发挥拳头产品的优势,要从农产品的区域分布的规律出发,各地各有发展重点。如杭嘉湖和宁绍平原应以粮食、蚕茧、淡水鱼、畜禽的加工为主;温台平原应以粮食、柑橘的加工为主;金衢、浙西、浙东丘陵和盆地应以茶叶、毛竹、畜产品的加工为主;浙南山区应以林产品的加工为主;沿海岛屿应以海水鱼的加工为主;杭州湾两岸滨海平原应以棉、麻的加工为主。具体到每一个乡和村,也应从当地的实际出发,发展最适合自己条件的农产品加工业,使每一乡村都能发展有自己特点的"一村一品"的加工业。

第三,在加工层次上,要从需求和技术条件出发,处理好初次加工和多次加工的关系。从全省来看,城市加工技术高于乡村加工技术,因此,城市主要从事农产品的多次加工,即精加工或深度加工,乡村则侧重于初次加工技术,即粗加工,但是这并不意味着乡村不要搞农产品的深度加工了。只要有利于资源的合理利用,同时加工技术、产品质量有保证,乡村完全可以对农产品进行多次加工,以提高农产品的价值和次用价值。当然,也不是加工层次越多越好,要从国内外市场需求和人民群众消费水平和习惯出发,也就是要考虑加工增值对产品价格的影响、价格高低对市场需求的弹性系数,使产品适销对路。

最后,各行各业要为发展乡村农产品加工业开绿灯。

第一,有关部门要支持和扶助个体农民加工和多种联合形式的加工的存在和发展。多种形式的加工组织的存在是适合农村生产力发展的,对它们不能压制、阻碍,而应该积极引导和扶助。

第二,对待乡镇加工企业应该和对待国营加工企业一样,一视同仁。目前乡村在发展农产品加工业上存在一种困难,就是主要的工业原料,特别是燃料,如煤、电得不到保证,往往要高价买进,成本很高,而在产品销售时,由于市场竞争,又不能高价销售,国家又不管,加上加工农产品的本身价格不高,获利就更少。国营企业是不存在这种问题的。因此我们认为,计划调节和市场调节的对象应主要是产品,而不应是企业,该纳入计划调节的,或该由市场调节的,无论是乡镇企业生产的,还是国营企业生产的,都应一视同仁。

第三,银行在资金贷款上应优先扶助乡村农产品加工企业。当然解决资金不足的问题,应国家、集体、个人一起出力,但在信贷上,对于一些利润低、社会需求量大的加工农产品的资金需求,银行不能单纯按"偿还能力"来发放贷款,而应该具体对待,相应采取灵活措施。

第四,科研部门要为发展乡村农产品加工业出力。据调查,到1984年5月为止,全省乡镇企业270多万个职工中有大中专文凭的只有600多人,且都在县局以上单位工作。这种技术构成不适应乡村农产品加工业的发展,要改变这种状况,一是采取灵活措施,如编制不变、户口不变、工资向上浮动等,鼓励大中专毕业生和科技人才去乡镇企业工作;二是尽快在有关高等院校建立农产品加工专业,采取定向招生、代培、进修、函授、咨询等多种办学方式来培养人才,提高乡镇企业工人、农民加工专业户的科技文化水平;三是城市科研部门(包括大专院校)应同乡村农产品加工企业或加工专业户签订技术合同,对口挂钩,承担加工技术在乡村的普及、推广和提高等工作,使乡村农产品加工业更快地发展起来。

当前农村产业结构调整的几个问题①

1985 年的中央一号文件,揭开了农村产业结构调整的序幕。经过一年的调整,取得了明显的效果,但是也存在一些问题需要进一步认识和解决。

一、农村产业结构调整的性质和特点

农村产业结构的调整,在我国并不是第一次,而这次调整的性质却同以往的调整有不同之处,主要有以下几个方面(见表 1)。

表 1　本次调整与以往调整的比较

项目	以往的调整	本次调整
指导思想	以粮为纲	经济协调发展
所有制形式	三级所有,队为基础	农民家庭经营
经济形态	自给半自给经济	商品经济
调整手段	国家直接控制	国家间接调控

上述不同表明,这次农村产业结构的调整不仅仅为了产业的比例关系,而且要对农村的生产力来个重新组合,使它从自给半自给的产业格局转变为适合专业化、社会化商品生产的产业格局,实现这样的转变,将会对农业的现代化、农村商品经济以至整个国民经济的发展,产生巨大的推动作用。与此同时,伴随着农村产业结构的调整,国家的调控手段

---

① 　本文作者为黄祖辉。本文内容发表在《农业技术经济》1986 年第 2 期。

也将从以行政手段为主的直接调控转变为以经济手段为主的间接调控，这意味着，宏观经济体制的改革将随着农村产业结构的调整而迈开步子。由此，我认为，农村产业结构的调整，不仅是农村经济的第二步改革，也会成为我国宏观经济体制改革、运行机制转换的突破口。理由如下。

(一)改革的不断深入应该同商品经济的发展同步递推

"任务本身，只有在能解决它的物质条件已经存在或者至少是在形成过程中的时候才会产生。"(《马克思恩格斯选集》第二卷 83 页《人民出版社》1972 年)改革的深入也应如此，改革既会解决问题，又会提出新问题。农村这几年的经济发展与改革的实践，遵循了这一规律。实施农村承包责任制，提高农产品收购价格等一系列改革，从生产者的责权利上，调动了农民从事商品生产的积极性，而农村商品经济的兴起，提出了改革商品交换与流通体制的任务，于是，就出现了多渠道流通、农产品购销制度的改革。现在所提出的农村产业结构的调整，是农村商品经济进一步发展的要求，而调整本身，又涉及用什么手段的问题，很显然，用以往的国家直接控制的手段，不会有利于农村商品经济的进一步发展，只有改革宏观经济体制，才能使农村产业结构的调整达到理想的效果。农村经济发展与改革不断深入的这种同步递推现象，说明农村已具备了宏观经济体制改革的条件和时机。

(二)农村改革的成功可以推动城市和整个宏观经济体制的改革

近几年的经验证明，农村的经济发展与改革，对城市和整个宏观经济的改革，可以产生两种推动作用，一是"输入式"推动，农村承包责任制的经验为城市企事业单位所引进、借鉴，对城市企事业内部的经济改革，就具有起了"输入式"的推动作用。二是"强制式"推动。农村是整个国民经济系统中的一个大子系统，农村经济改革所产生的效应，势必要通过整个国民经济的系统网络辐射出去，并且产生一种强制力，推动大系统和其他子系统的经济改革。农村商品生产兴起，对国家农产品购销体制的改革,就具有"强制式"推动的作用,宏观经济体制层次高,涉及上层建筑、领导层的利益,它的改革尤其需要借助"强制式"的推动作用。

农村产业结构的调整,一方面是农村经济第二步的改革,可以成为宏观经济体制改革的突破口;另一方面,又同以推行承包责任制为中心的农村经济的第一步改革特点不同(见表2)。

表 2　第一步和第二步改革的比较

项目	第一步改革	第二步改革
人口	生产关系	生产力
推进顺序	不发达地区向发达地区	发达地区向不发达地区
手段	政策手段为主	经济手段为主
外部影响	小	大

这说明,农村经济的第二步改革难度较大,要有长期的思想准备,以调整推动改革,以改革加快调整。就具体的农村区域来讲,产业结构的调整应从实际出发,从趋势着眼,切忌一刀切、一哄而起、一个模式。此外,要把县级经济体制列为改革的重点,经济发达地区应在调整和改革中先行,带动不发达地区的调整与改革。

二、市、地、县级部门在农村产业结构调整中的作用

市、地、县级部门是国家宏观经济体制的组成部分。长期以来,它们的职能是单一地代表国家对微观经济实行直接的控制。实践证明,这样的职能是弊大于利。然而,现在出现了另一种倾向,市、地、县级部门热衷于微观经济的搞活,对如何协助、代表国家对微观经济实行有效的控制,却是兴趣不浓,似乎在现在的条件下,微观搞活是地方的事,宏观控制是国家的事。这种把宏观控制和微观搞活相对立的做法,同样是弊多利少。事实上,要实行有计划的商品经济,真正的微观搞活,必须建立在宏观的有效控制基础上,尽管宏观利益和微观利益在一定条件下有矛盾,但是,从根本上讲还是辩证统一的。能处理好两者关系的重要部门,就是市、地、县级部门,它们在整个国民经济体系中,处于中间层次,既沟

通国家这个大宏观,又连接企业这个微观,最能够起到枢纽和"转换器"的作用,它们的职能应集中体现在有控制的微观搞活上。

认识到这一点,联系当前的农村产业结构调整,加强有层次的宏观控制是很重要的。第一层次的控制是贯彻执行国家这个大宏观对微观的控制措施和意图,这一层次的控制刚性强,执行时应不打折扣。第二层次的控制,也可叫亚宏观控制,它是在第一层次控制的前提下,市、地、县级部门运用自主权,在人、财、物上对微观经济进行调控,如投资重点的确定,市场物价的平抑,补贴形式的选用,落后企业的淘汰,经济杠杆的相互协调等。应该说,这一次的宏观控制刚性不强、难度大,是市、地、县级部门值得动脑筋的任务。要搞好这一层次的控制,除了同第一层次的控制保持协调外,吃透两头很重要,一是要吃透商品生产者的行为和心理,二是要吃透市场的供求变化规律。否则,就谈不上实行有效的控制。为此,领导干部要加强理论学习,提高本身的素质,要多深入实际调查,掌握第一手材料。此外,不断完善市场统计体系,建立灵敏的信息网络,使调控部门能及时、准确地获得各种市场信息也很重要。

三、农村产业结构调整的短期与长期对策

调整农村产业结构,是一项长期的任务,试图一朝一夕完成,不切合实际。即使撇开同农村产业结构调整密切相关的宏观经济体制的改革,产业结构的变动与调整也是经常的事。因此,要对这次农村产业结构的调整采取短期与长期的对策。确定对策的依据,应该是当地自然、经济、社会等环境的条件及其变化趋势。

从总体看,我国农村目前是处于商品经济发展的初级阶段,农民的心理状态、商品生产的社会化程度、交通运输等基础设施以及国家调控的水平,都与产业结构的优化调整要求有距离。农村产业结构调整的短期对策,应以理顺关系的适应性调整为主,尤其是对粮食这样关系国计民生的战略物资更要切实保证。因此,一定区域内的小而全产业结构和自给水平将保持着。主要是:

①改变单打一抓粮食生产的农业生产结构。按照自然特性、市场、

交通情况,宜林则林,宜牧则牧,宜渔则渔。但是,必须保证粮食生产的适当增长速度。

②大城市郊县逐步建立和扩大副食品生产和加工基地。

③对乡镇企业进行必要整顿,优先发展农产品加工业。

④进行小城镇的合理规划与布局,积极发展第三产业。

短期内因条件不成熟而不能立即实施,从商品经济发展趋势和战略角度看,可以成为现实的设想,要作为长期对策考虑,并可以试点实施。各地应根据各自的自然、经济、社会条件,分别加以确定。以杭州市的情况为例,农村产业结构调整的长期对策,可以考虑以下几个方面:

①围绕杭州市为中心的风景旅游带的开发,建立为旅游业服务的第一、第二、第三产业群落。

②建立农产品生产、加工、出口一条龙的"贸工农"经济体系。

③粮食生产战略逐步从自给为主向外部输入为主转移。

④农业布局实现空间大转移,重点开发海拔 250 米以下、25 坡度以下的低丘缓坡地带,使这一地带成为特种经济作物带。

四、农村产业结构调整效果的价值判断

所谓价值判断,就是效益评价。农村产业结构调整的效果,不能单纯以产业的比例关系变化、不同作物种植面积的增减,或者是劳力结构和资金结构的变化为依据。它们的变动固然是产业结构调整的结果,但是它们都不是效果指标,而是说明性指标,单纯用这些指标来对调整效果做价值判断,既不科学,又容易助长一些领导在调整中片面追求比例变化、不注重实际、盲目攀比的现象,其后果如同单纯追求产值指标翻番一样,效益不一定好。因此,还是要用经济效益、社会效益、生态效益三大类指标来综合评价。具体说来,经济效益指标可采用农民纯收入、企业利润(或净产值)、地方财政收入(应扣除物价的变动因素)等指标。社会效益指标可主要采用城(镇)乡居民的人均食物消费量、耐用品的拥有量,人均生活费收入(应扣除物价变动因素),人均社会文化、娱乐、福利设施、主要基础设施的占有量等指标。生态效益指标主要是采用各种自

然资源的利用情况指标,空气、水资源的污染等指标。生态效益指标的运用,要根据具体评价对象的生态特点确定相应指标。价值判断的过程,首先是本地区单项指标的动态对比评价。其次是根据综合评分法(这里如何加权综合是关键),对三大类指标进行加权加总和综合评价,对于不同地区的横向判断,则应设法消除地区间的差异,增强可比性。

新世纪我国经济发达地区
农村经济发展面临的挑战①

一、世纪之交我国经济发达地区
农业和农村经济的特征

经过 20 多年的改革与发展，现阶段我国经济发达地区的农业与农村经济呈如下特征。

（一）经济社会已进入一个新阶段

参照当今世界中等和下中等收入国家的发展指标、英克尔斯的现代化评价指标，对照我国沿海相对发达省份，特别是浙江省的经济与社会若干相关指标，如人均 GDP、城乡居民收入、产业结构、恩格尔系数等指标（见表 1、表 2、表 3），可以判断，尽管这些地区仍存在发展差异，但从总体上看已进入现代化的门槛，处在工业化的中期阶段，人民生活已接近或基本上达到了小康水平。

---

① 本文作者为黄祖辉、林坚、鲁柏祥。本文内容发表在《中国农村经济》2000 年第 1 期。

表 1 人均国内生产总值 800 美元以上 10 省份有关指标比较（1997 年）

统计量	上海	北京	天津	浙江	广东	江苏	福建	辽宁	山东	黑龙江	全国
人均 GDP（美元）	3108	1976	1665	1269	1259	1128	1117	1029	916	874	730
耕种机械化水平（%）	47.5	60.1	53.8	24.9	15.7	45.2	10.9	43.0	49.0	64.3	32.4
第一产业人员比重（%）	10.0	10.7	16.5	41.3	40.0	32.5	48.5	32.2	53.3	39.4	49.9
第一产业比重（%）	2.3	4.7	6.0	13.7	13.5	15.1	19.2	13.9	18.0	17.9	18.7
农民人均纯收入（元）	5277	3662	3244	3684	3468	3270	2786	2302	2292	2308	2090
农村居民恩格尔系数（%）	41.5	44.8	50.9	48.5	52.3	48.9	55.2	55.4	53.6	54.8	55.0
城乡居民收入比①	1.6	2.1	2.0	2.0	2.5	1.8	2.2	2.0	2.3	1.8	2.5
农业劳动产值（万元）	2.8	2.6	1.8	0.9	1.1	1.2	1.2	1.4	0.9	1.4	0.7
农业劳均产粮（公斤）	3167	3637	2597	135	1263	2326	1247	2104	1543	5326	1524
农业劳均播种面积（亩）	11.4	12.3	10.8	5.4	5.3	7.8	5.7	8.7	6.6	23.4	7.1
从业人员文化程度②（%）	82.6	90.0	74.7	51.2	54.8	56.9	45.8	69.7	52.1	66.0	69.7

注：①以农村居民收入为基数1。②指从业人员中初中以上文化程度所占比重。

表 2　改革以来浙江省经济社会结构变化

单位:%

指标	1978 年			1998 年		
全省产业结构	第一产业	第二产业	第三产业	第一产业	第二产业	第三产业
	38.0	43.0	19.0	12.4	54.6	33.0
全省就业结构	农业		非农业	农业		非农业
	72.4		27.6	42.2		57.8
农村就业结构	85.0		15.0	52.6		47.4
城市化水平	农业人口		城市人口	农村人口		城市人口
	85.0		15.0	65.0		35.0
农民收入结构	来自农业		来自非农业	来自农业		来自非农业
	73.2		26.8	32.2		67.8

注:按 GDP 口径计算。

表 3　英克尔斯现代化评价指标与浙江省以及中等收入国家平均水平测定

指标	标准值	浙江省水准值	中等收入国家平均水平
人均 GDP(美元)	>3000	1345(1998)	2520(1994)
农业在 GDP 中比重(%)	<15	12.4(1998)	10(1994)
第三产业在 GDP 中比重(%)	>45	32.9(1998)	52(1994)
非农业劳动力比重(%)	>70	58.7(1997)	69(1990)
城市化水平(%)	>50	35(1998)	61(1994)
成人识字率(%)	>80	77.2(1990)	
大学生入学率[①](%)	10~15	4.75(1995)	23(1993)
每个医生服务人口(人)	<1000	654(1995)	
人口平均预期寿命(岁)	>70	73(1998)	67(1994)
人口自然增长率(%)	<1	0.585(1998)	1.5(1990—1994)

注:括号内为测定年份。①指大学生入学人数占 20—40 岁人口数比重。

(二)经济结构不断演进,但与中等收入国家差距较大,并且步调不一致

以浙江省为例,1978—1998 年,该省产业结构发生了质的变化,GDP 中三次产业构成从 38∶43∶19 演进为 12.4∶54.6∶33.0,但与世界中等收入国家相比,还存在一定差距。1998 年世界银行的《世界发展报告》显示,1997 年,中等收入国家三次产业构成为 12∶38∶50,浙江省的差距主要体现在第三产业发展缓慢上。此外,浙江省经济结构还存在明显的不平衡,即整个就业结构的演进滞后于产业结构的演进,而城市化的进程则滞后于产业结构和就业结构的演进。从表 2 可知,1998 年,浙江省的非农产业比重已达 87.6%,而非农产业的劳动力比重仅为 57.8%,城市化水平或城市人口的比重更低,仅为 35.0%,不仅低于 45.0% 的世界平均水平,而且低于 40.0% 的一般发展中国家水平。另外,浙江省农业在 GDP 中的份额已降至 12.4%,但农业劳动力占全社会劳动力的比重仍然高达 42.2%。这意味着,浙江省每个农业劳动力的生产率,或者说农业劳动力对 GDP 的贡献额,仅相当于非农劳动力的 1/5 左右。这样的结构,不仅使广大农民仍然处在相对不利的地位,而且也不利于现代农业的发展。类似的这些特征在沿海其他省份也有不同程度的反映。

(三)经济增长速度趋缓,农业劳动力转移与农民收入增长速度放慢

改革开放以来,浙江省经济增长速度一直高于全国平均增长速度,但近几年增长势头开始减缓;与此同时,农业劳动力的转移速度与农民收入的增长速度也呈下降态势(见表 4)。

表 4　浙江省经济增长、农业劳动力转移与农民收入变动

单位:%

统计量	1978—1987 年	1988—1991 年	1992 年	1993 年	1994 年	1995 年	1996 年	1997 年	1998 年
经济增长(GDP)	14.10	6.77	19.00	22.00	20.00	16.70	12.70	11.00	10.10

续表

统计量	1978—1987 年	1988—1991 年	1992 年	1993 年	1994 年	1995 年	1996 年	1997 年	1998 年
农村非农就业增长	17.30	0.02	5.20	14.00	5.50	4.10	2.30	2.10	0.07
农民纯收入增长	13.50	4.20	8.80	10.20	4.10	5.30	6.10	3.80	4.70

注:农民纯收入增长为扣除物价因素后的实际收入增长,1992—1998 年期间平均增长 6.1%。GDP 增长指标为可比价年平均增长速度,其中:1992—1998 年期间年平均递增 15.3%。

根据表 4 分析,可以得出以下结论。

1.农民收入增长和农业劳动力转移速度与经济增长密切相关

农民收入增长愈来愈取决于经济增长,特别是非农产业的增长。农民收入中来自非农产业的收入比重不断提高,以浙江省为例,其贡献份额 1988 年为 26.8%,1998 年已达 67.8%。从这一意义上讲,农业劳动力的转移对农民收入的增长有重要作用。表 4 在一定程度上说明:经济增长速度快,农村非农就业增长速度也快,进而农民纯收入增长速度也较快;反之,则农村非农就业增长速度放慢,从而农民纯收入增长速度也不同程度地下降。根据表 4 中 1992 年至 1998 年的数据计算,大体上GDP 每增长 1%,农村非农就业增长 0.30%,而农村非农就业每增长 1%,农民纯收入可增长 1.30%,或者说 GDP 每增长 1%,农民纯收入可增长 0.39%。

2.非农产业吸纳就业弹性降低,吸纳能力减弱

20 世纪 90 年代以来,发达地区农业劳动力转移速度的放慢,不仅是经济增长速度减慢的缘故,而且同非农产业吸纳能力减弱有关。由于经济增长方式逐步在从外延增长为主向内涵增长为主转变;由于企业资本有机构成不断提高通常是企业发展的选择,以及国有企业的改革和乡镇企业的转制,非农产业尤其是乡镇企业吸纳就业的弹性在不断降低,吸纳劳动力的能力明显减弱。以浙江省乡镇企业为例,其就业弹性 1978—1984 年期间为 1.57,而到 1993—1996 年期间则下降为 0.10,资产就业弹性同期也降到 0.08(见表 5)。

表5　乡镇企业就业弹性与资产就业率

年份	全国		浙江省	
	就业弹性①	资产就业弹性②	就业弹性	资产就业弹性
1978—1984	0.65	0.74	1.57	—
1985—1992	0.39	0.26	0.10	0.11
1993—1996	0.51	0.11	0.10	0.08

注:①就业弹性＝乡镇企业职工增长率÷乡镇企业产值增长率。
②资产就业弹性＝乡镇企业职工增长率÷乡镇企业固定资产原值增长率。

(四)农户兼业现象明显

沿海若干省份农村住户中非农户比重很高,大多高于全国平均水平,不仅如此。在农业户中,兼业农户(包括以农业为主兼业户和以非农业为主兼业户)的比重也很高,浙江省为59.36%,江苏为54.82%,山东为33.06%,广东为55.12%,全国的平均水平为34.36%。

(五)供求矛盾已从"短缺"转为"过剩",经济运行与管理体制以及产业结构却与此不相适应

从总体看,市场供求关系已从卖方市场转向买方市场,从"短缺"矛盾转为"过剩"(或相对过剩)矛盾。这一特征在商品市场上,尤其是农产品、基本生活用品和一些耐用消费品市场上,反映特别明显。从农产品市场看,比较明显的是一些传统的大宗农产品,如粮食、棉花、生猪、柑橘、茶叶、禽蛋、水产等,近年来普遍供大于求,价格低迷,以至于农民增产不增收,农业经济效益下降。从工业品市场看,大多数基本生活用品和耐用消费品,如洗衣机、冰箱、彩电、空调等,近几年也是市场疲软,价格低落,尽管国家宏观政策多次调松,但成效并不明显。与此相联系,经济运行与管理体制还不能很好适应市场供求矛盾的转变。从总体看,整个农村经济运行与管理体制仍处在市场化的初期阶段,市场体系的发育以产品市场和专业市场为主,要素市场、无形市场的发育相对缓慢;交易方式与规则体系仍不完善;社会化服务和产业化组织发展滞后;政府管理体制仍然没有完全跳出传统计划经济的框架。尤其是乡镇一级地方

政府,习惯于解决"短缺"问题,对"过剩"问题或"卖难"问题,常常束手无策或办法不多。此外,农村的产业结构也不能适应市场供求矛盾的转变。农业与农村产业结构的变动仍然主要是一种数量式或此消彼长式的变动,产业的纵向延伸和空间优化明显不足。这可以从三个方面考察:①从农业产业的平面角度看,农业结构虽然门类齐全,但大宗类农产品处于相对过剩的局面,真正具有地方特色,同时又有市场优势的名、特、优农产品却不多;②从农业产业的立体角度看,在总体上,加工、储藏、保鲜等纵向环节比较单薄,产业化组织与服务体系发育缓慢,农业结构缺乏立体感,农产品增值率不高;③从农村产业的空间布局看,农业与农村工业混合,由于乡镇规模小、数量多、分布散,乡镇工业布局也较离散,"乡土"色彩浓,产业层次不高,空间优化集聚明显不足。

二、经济发达地区农业、农村经济发展面临的挑战

上述发达地区农业与农村经济的特征表明,这些地区在跨世纪的发展中农业和农村经济将面临一系列挑战。

第一,在市场日益开放和买方市场形成的背景下,农业和农民的竞争能力面临挑战。农产品从卖方市场向买方市场的转变,从"短缺"矛盾向"过剩"矛盾的转换,意味着市场竞争的加剧。考虑到中国加入 WTO 和市场日益开放等因素,市场竞争将会日趋激烈。发达地区农业竞争能力面临挑战的原因,一是这些地区普遍人多地少,尽管改革开放以来已有不少农民转向非农产业就业,但他们中的绝大多数不愿放弃土地,仍然兼营农业,这使农业的经营规模偏小,一般农户平均土地经营规模不超过 10 亩,如浙江省,农户平均土地经营规模仅 4~5 亩,缺乏规模效应或劳动生产力方面的优势。二是这些地区农民收入水平较高,位居国内各省份前列,这从一定意义上讲是缺乏成本优势,对价格波动的承受能力不强。发达地区农业竞争力问题还反映在劳动力就业市场上。目前国内劳动力市场基本上处于开放状态,就业竞争空前激烈。尽管这些地区每年有大量农村劳动力外出务工经商,但不发达地区也有大量劳动力到发达地区打工。与不发达地区劳动力相比,发达地区农民收入水平较

高,因而就业和收入期望值也较高。因此,在其他条件相同情况下,发达地区劳动力并不具备就业竞争的优势。三是由于这几年国家机构和国有企业改革力度加大,城市下岗分流人员增多,既减少了劳动力在政府部门和国有企业的就业机会,又加剧了城乡就业的竞争。四是产业结构的不断演进也使就业的结构性矛盾日益显露,即一方面,传统产业不断萎缩或技术更新,走资本密集型道路,进而对就业需求减弱;另一方面,新兴产业,如通信、计算机、新材料、金融、能源等产业不断兴起,就业需求增强,但整个劳动力供给并不能适应产业结构变革对就业人员素质的要求,尤其是农村劳动力文化水平偏低,很难进入新兴产业就业。

第二,在基本小康目标已经基本实现的背景下,满足温饱需求为主的产业结构,面临结构升级的挑战。发达地区农业结构经过20年改革与发展的演变,已形成农、林、牧、渔全面发展、多业并举的格局,这种格局的形成伴随着这些地区从温饱到小康的转变,符合市场经济和农业结构的演进规律。但是,随着小康目标的基本实现和消费的货币化,城乡居民的消费需求出现了新的特点,与温饱生活水准相适应的消费需求已趋于饱和。食品、日常家用电器和一般日用品消费,将由"填补空白"式为主的消费转变为更新或替代式为主的消费,将由数量扩张式的消费转向质量提高式的消费,即居民需求的重点将由"吃"、"穿"转移到"住"、"行"上,服务类消费与需求将呈上升趋势,城市居民尤为如此。住房、医疗、教育这些原来非货币化消费或低价格消费的物品和劳务的需求,由于货币化、商品化改革进程的加快,将走向理性化并呈上升态势,并引致居民现期收入的沉淀,远期支出与需求(尤其是住房、医疗)增加,以致储蓄额居高不下。总之,买方市场的形成和基本小康生活水准的实现,使数量扩展式的需求为质量提高式的需求所替代,为此,迫切要求温饱型的产业结构升级,向小康型的产业结构转变。

第三,在生态破坏和环保矛盾日益突出的背景下,向现代化迈步的农业和农村,面临可持续发展的挑战。该矛盾的突出往往来自两方面的原因。一方面,当社会从温饱阶段进入小康阶段后,人们对生存环境的意识或要求开始增强;另一方面,经济发展过程中的粗放型增长方式对资源与环境的负面影响,在长期累积的基础上开始显露,导致生态破坏与可持续发展的冲突。发达地区在经济快速发展的同时,也付出了巨大的环境代价,不仅一些农村工业的发展给农业和居民生活带来了环境污染问题,而且农业本身在追求高产出的过程中,化肥、农药、薄膜的不当使用,给生态环境甚至农产品本身也带来了污染问题。而发达地区城市化进程的加快,导致对耕地的不断占用,又将激化这些地区的耕地资源利用的矛盾。解决上述冲突和矛盾,抑制经济发展对生态的负面影响,是发达地区农业与农村经济可持续发展的一个关键。

第四,在世界经济日益一体化的背景下,处在市场化初期阶段的农业与农村经济,面临经济运行体制进一步转型的挑战。改革与发展是当今世界的主流。经济开放与一体化是世界发展的必然趋势。中国 20 年的改革,构建了社会主义市场经济的初步框架,确立了农户家庭在农业中的经营主体地位,包括农业与农村在内的国民经济正在步入市场经济的轨道。但是,改革还没有达到设计的目标,整个经济运行机制仍处在市场经济的初期阶段,还不能完全与现代市场经济接轨,还不能完全适应国际经济一体化的要求。从农业运行体制看,如何使千家万户的小规模经营与千变万幻的大市场有机结合,构建高效的农业市场运行体制;如何在农业市场化的过程中,加快农业生产要素,特别是土地这一生产要素的市场化;如何转变政府职能,建立有效的农业宏观调控体系;如何依靠科技进步,提高农业的科技贡献率;如何在农业产业化的过程中,提高市场组织化程度,发展农民合作组织和农业行业协会;如何在农业、农村现代化的进程中,建立生态资源可持续利用的机制;等等——这些问题无不需要通过深化改革和体制转型来解决。

此外,在经济社会发展实践中还存在不少"两难"问题和冲突。诸如:经济发展过程中市场一体化、对外开放的要求与地区、部门保护主义的冲突;发达地区粮食低效益与粮食安全的矛盾;土地长期的家庭承包与土地流转、集聚从而进一步优化配置的矛盾;农业技术进步中资本替代劳动力的趋势与剩余劳动力就业的矛盾;坚持公有制为主体与这一主体通常效率低下的矛盾;等等。这些问题在未来发展中已不容回避,迫切需要我们做出选择或妥善处置。

浙江农村工业化的发展与启示[①]

一、浙江农村工业化的发展历程

改革开放 20 多年来,浙江农村工业化成绩斐然。由于受自然条件的限制,浙江人多地少,自然资源匮乏,小商贩、小手工匠等比较多,到省外和海外谋生的人都很多,市场经济意识比较强。改革开放后,大批农民对逐步开放的市场经济适应性很快,较早地办起乡镇企业和个体私营企业,特别是其中的个体私营工业企业数量多、经济总量规模大,在全省工业经济中占有重要地位。按当年价格计算,2003 年与 1978 年相比,全省农村工业总产值由 21.2 亿元上升至 12076.61 亿元。2003 年浙江农村工业单位数 63.23 万家,其中法人企业和个体工业单位(户)分别为 9.60 万家和 53.63 万家;农村工业总产值 12076.61 亿元,其中法人企业和个体工业单位(户)分别为 8850.81 亿元和 3225.80 亿元;从业人员 816.13 万人,其中法人企业和个体工业单位(户)分别为 485.27 万人和 330.86 万人。农村工业单位数、工业总产值和从业人员分别占全省全部工业的 83.5%、65.6% 和 74.2%。[②] 浙江农村工业化的发展历程大

① 本文作者为黄祖辉、朱允伟、郑建民、阮建青。本文内容发表在《温州论坛》2005 年第 3 期,被中国人民大学期刊复印资料《体制改革》2005 年第 8 期全文转载。本文研究得到了国家社科基金重大项目“解决中国‘三农’问题的理论、思路与对策研究”(04ZD012)的资助。

② 课题组:《浙江农村工业与“三农”问题关系研究》,《浙江企业调查》2004 年第23 期。

致可分为如下四个阶段。

(一)1978 年前的萌芽阶段

农村工业作为中央政府的一项重要决策是在 20 世纪 50 年代后期的人民公社化运动中提出来的。1958 年通过的《关于人民公社若干问题的决议》首次在党的文件中提出了农村工业化问题,指出人民公社必须大办工业。当时的"大跃进"和人民公社化运动,不仅要求城镇实现工业化,也要求农村实现工业化。浙江农村工业化正是萌芽于"大跃进"年代"大办工业"的热潮。1970 年北方农业会议后,中央又提出了"围绕农业办工业"的方针,主要依靠农业的原始积累,办起了一批"五小企业",这些企业和早期的社队企业,就构成了后来的乡镇企业的前身或基础。在这一阶段"大跃进"式的农村工业化虽然以失败而告终,但浙江农村工业化就此迈出了曲折艰难的第一步。

(二)1978 —1991 年的创业阶段

这一时期以乡镇集体工业①大发展为主要特征,具体又可分为三个小的阶段。

1.1978—1983 年:兴起阶段

1978 年十一届三中全会确定实行改革开放政策后,随着家庭联产承包责任制的展开以及中央政府鼓励农村大力发展非农产业所采取的一系列政策措施的实施,浙江农村工业化蓬勃兴起。1983 年,农村工业总产值达到 76.85 亿元,比 1978 年增加 2.63 倍,年均增长 29.41%。这一阶段,浙江农村工业由于基础好、起步早,表现出了明显的"先行者优势"。

2.1984—1988 年:第一次高潮阶段

1984—1988 年,浙江农村工业出现了第一个发展高潮,成为推动浙

---

①　在这一时期特定的历史条件下,发展个体私营经济还受到很大限制,不少私营企业出于尚未解决合法生存的疑虑,或者为了少惹麻烦,迫不得已采取"挂户"经营方式或戴上集体所有制的"红帽子",以避开与当时的正统体制和意识形态的正面冲突。

江整体工业化的一股重要力量。全省工业总产值中,农村工业所占份额1983年为26.18%,1988年为46.51%,5年来上升了20多个百分点,比全国同期水平高20.87个百分点。推动浙江农村工业化这一次发展高潮形成的动力主要来自两个方面:一是农村剩余劳动力向非农产业的大规模转移。浙江农村劳动力中,非农产业劳动力所占比重1984年为28.45%,1988年为36.57%,比全国高15.08个百分点。农村剩余劳动力的大规模转移,既为农村工业化提供了大批的产业工人,又显著提高了农民收入和对工业产品的购买力,从而大大推动了浙江农村工业化的发展。二是当时特定历史条件下形成的卖方市场环境。在当时各种商品多数紧缺的市场环境下,浙江农村工业生产的质次但价格相对低廉的产品(特别是各种低档日用消费品)有着巨大需求和广阔的市场空间,为浙江农村工业发展积聚了巨大的资金,许多企业都是在这一时期完成了其原始积累。

3.1989—1991年:治理整顿阶段

浙江农村工业化经过10多年的发展后,原有的生产组织方式、产品质量和技术结构、人员素质等越来越难以适应市场变动,再加上1989年下半年开始中央政府提出治理经济环境、整顿经济秩序、强化宏观调控力度,浙江农村工业化进入了长达3年之久的低落徘徊阶段。进入20世纪80年代后期以后,随着市场供求关系的变化和人们消费意识的提高,以1987年8月在杭州武林广场的"火烧温州鞋"为标志,浙江农村工业的产品与百姓需求的距离越来越远,原先低成本、低价格的优势荡然无存。而1989年下半年开始的宏观环境变化,更是加剧了对以低度技术加工为主、产品质量和档次均不高的浙江农村工业的冲击。从1988年到1990年,全省乡镇工业总产值年均增长率只有12.11%(扣除价格上涨因素实际增长约为7%),明显低于前5年的增长水平,比全国平均增速低6.21个百分点。1991年情况虽有所好转,但仍然没能恢复以前的发展势头。

(三)1992—2002年的二次创业阶段

这一时期以个体私营企业及产权多元化的混合所有制工业大发展

为主要特征,具体可分为两个小的阶段。

1. 1992—1997 年:个私企业大发展阶段

1992 年初邓小平同志的南方谈话及随后召开的中共十四大,明确提出了建立社会主义市场经济体制的改革目标,号召"改革开放胆子要大一些",要"抓住时机发展自己",这对已初具规模的浙江农村工业无疑是一种激励,使浙江农村工业在经历了短暂的低落和徘徊后迅速摆脱了困境,以个体和私营工业企业的兴起为特征,掀起了被称作是"二次创业"的第二个发展高潮。在这一时期,个体私营经济已成为浙江工业经济新的增长点,个体私营工业占全部工业增加值的比重由 1990 年的 5.5% 上升至 1997 年的 40.6%。在个体私营工业不断发展壮大的同时,集体工业由于乡镇企业改制和原来戴"红帽子"的企业脱帽等开始萎缩,占 GDP 的比重出现了大幅回落。

2. 1998—2002 年:产权多元化阶段

1997 年 9 月中旬党的十五大的召开及随后通过的宪法修正案,确立了民营经济的政治合法性,由此浙江农村工业在一个更加宽松的政治、经济环境下得到了快速的发展。这一阶段浙江农村工业企业的产权形式更多地表现为产权多元化的混合所有制形式。这一方面是由于国有及集体企业改制步伐加快,另一方面经过多年积累的个体私营企业达到一定规模后,客观上也产生了生产要素在更大范围内联合、并购、合作的要求,于是产权多元化的股份制、股份合作制等混合所有制企业得到了较快的发展。以规模以上私营工业企业为例,全省 1998 年私营独资企业为 952 家,私营有限责任公司为 937 家,分别占私营企业单位总数的 42.3% 和 41.6%;到 2002 年,私营有限责任公司达 7467 家,占私营企业单位总数的比重上升至 72.5%,比 1998 年上升了 30.9 个百分点,而私营独资企业总数虽增加到 2252 家,但其所占比重则明显下降,仅占 21.9%。[①]

---

① 课题组:《浙江民营经济发展的历史沿革及变化特征》,《浙江统计分析》2003 年第 68 期。

(四)2003年至今的农村新型工业化阶段

党的十六大报告中把基本实现工业化作为21世纪头20年我国经济建设的主要任务之一,并且明确提出要走新型工业化道路。积极推进农村新型工业化,是农村全面建设小康社会的必然选择。改革开放20多年来,浙江农村工业化成绩斐然,但与此同时也潜藏着资源利用率偏低、消耗大、污染严重、发展后劲不足等诸多问题,严重影响了浙江农村工业的可持续发展。为切实解决这些问题,浙江各地解放思想、更新观念,跳出"就农村论农村,就农业论农业"的局限,用现代工业的理念谋划农业发展,用工业化的方式组织农业生产经营,把工业的管理理念、生产方式、营销手段、科学技术引入农业,积极发展民营工业和以循环经济为特征的生态工业,推动浙江农村工业进入了新型工业化的全新发展阶段。

二、浙江农村工业化的基本特征

第一,农村工业总体上保持较快增长,但户均规模发展有所放缓,规模以上农村工业快速增长动力主要在于企业数量的增加和大企业的拉动。2000年至2003年全省规模以上农村工业产值平均每年增长26.9%,比全省规模以上工业的增幅高1.4个百分点,比规模以上非农村工业的增幅高3.2个百分点。但从企业户均工业产值看,规模以上农村工业企业增幅低于非农村工业企业。2002年和2003年规模以上农村工业企业户均产值分别增长3.2%和11.9%,分别比非农村工业企业低3.2和6.2个百分点,而2002年和2003年浙江农村工业企业单位数分别增长了16.1%和21.5%。

第二,农村工业主要集中在纺织品、电气机械及器材制造业等行业,而与农副产品相关行业的经济总量比重明显偏低。浙江农村工业除了国家垄断的行业外几乎涉足工业的各个领域,但相对集中在传统制造业。产值列前10位的行业工业产值占农村工业的69.7%,单位数占70.6%,其中比重最大的是纺织业,其工业产值和单位数分别占16.7%

和 26.9%,有着举足轻重的地位(见表1)。而与农副产品关系密切的农副食品加工业、食品制造业、木材加工及木竹藤棕草制品业在农村工业中的比重明显偏低,工业产值分别只占农村工业总产值的 0.8%、0.6% 和 1.7%。

表1　2003 年浙江农村工业中主要行业工业产值与单位数的比重

主要行业	工业产值比重(%)	单位数比重(%)
纺织业	16.7	26.9
电气机械及器材制造业	8.1	2.2
通用设备制造业	8.0	6.8
纺织服装、鞋、帽制造业	6.7	5.8
塑料制品业	5.8	7.1
金属制品业	5.8	7.3
交通运输设备制造业	5.5	3.1
工艺品及其他制造业	4.6	5.2
皮革、毛皮、羽毛(绒)及其制品业	4.6	3.0
非金属矿物制品业	3.9	3.2
小计	69.7	70.6

　　第三,从地区分布看,农村工业地区间发展很不平衡,主要集中在杭、甬、温、绍等地区。从区域上看,浙江东部沿海的甬温台绍和浙北的杭嘉湖平原(湖州除外)一带,由于体制创新活跃和原始积累完成较早,工业化发展的态势较为持续强劲,其体制的辐射力向周边地区扩散;另一方面浙江中部义乌、东阳等经济活跃地区的辐射力向西南地区扩散,从而形成了一条高增长带,浙江农村工业化中出现的比较出色的企业和企业家,多半集中在这一带。而在浙西北地区和浙西南地区,由于工业化的自然约束较严、起步较晚,工业化进程较为缓慢,发展明显滞后。从工业产值和单位数的地区分布看,浙江农村工业主要集中在宁波、杭州、绍兴、温州、台州和嘉兴 6 个市。这 6 个市的工业产值占全省农村工业总产值的比重均在 10% 以上,合计工业产值要占全省农村工业总产值的 82.4%,单位数要占 77.6%(见表2)。排在最后的衢州、丽水和舟山

三市农村工业产值之和仅占全省农村工业总产值的 3.4%,单位数比重仅占 6.8%,而地处杭嘉湖平原,地理位置优越的湖州市,农村工业产值所占比重也只有 5.8%。因此,如何加快这些地区农村工业化进程,是浙江农村工业下一步发展需要着重考虑的问题。

表 2 2003 年浙江各市农村工业产值与单位数所占的比重

地区	农村工业产值比重(%)	单位数比重(%)
宁波市	18.4	11.5
杭州市	16.0	9.8
绍兴市	14.9	11.7
温州市	12.8	18.7
台州市	10.2	11.7
嘉兴市	10.1	14.2
金华市	8.4	7.7
湖州市	5.8	7.9
衢州市	1.2	4.0
丽水市	1.2	2.0
舟山市	1.0	0.8
合计	100.0	100.0

第四,农村工业企业总体上规模小实力弱,生产条件相对较差,经营管理层次低,经济效益总体上偏低。浙江农村工业企业多数是以自家房屋为厂房、以家庭作坊式生产发展壮大的。近年来,随着各类工业园区的开发建设,浙江农村工业企业的生产条件已有很大改善,但生产场地以自家房屋为主的仍还占多数,多数企业生产设备比较落后,先进设备数量较少,经营管理层次较低。受生产环境和生产设备等因素制约,浙江农村工业企业经济效益普遍较低。2003 年规模以上农村工业企业每百元产品销售收入实现利税为 9.81 元,比规模以上非农村工业企业低 2.11 元,其中每百元产品销售收入实现利润为 6.08 元,比规模以上非农村工业企业低 0.05 元;规模以下农村工业企业的经济效益则更低,每百元产品销售收入实现利润只有 5.83 元,比规模以上非农村工业企

低 0.30 元。

第五，农村工业化催生了大量的产业群，但内部过度竞争、知名品牌偏少。社会分工细、专业化程度较高的"块状经济"是浙江农村工业化的显著特征。经过 20 多年的发展，在浙江大地形成了大量的产业集群，如温州的鞋类、服装、眼镜、打火机，义乌的小商品市场，绍兴的轻纺，永康的五金，海宁的皮革，鄞县的服装，永嘉的纽扣，嵊州的领带，大唐的袜业以及柳市的低压电器等 300 多个产值超亿元的专业化产业区，其中光是在温州附近就形成了 30 多个各种专业化产业区。另一方面，浙江块状经济的行业分布以传统产业和加工工业为主，虽然具有较高的专业化分工水平，但由于技术含量普遍不高、进入的门槛较低、集群内部竞争激烈，具有高质量的知名品牌偏少。

三、浙江农村工业化的贡献

(一)农村剩余劳动力的快速转移效应

由于农业人口多、耕地少，浙江农村出现了大量剩余劳动力，农村剩余劳动力成为经济发展中需要解决的重要问题。改革开放后，发达的传统手工业和众多小商小贩，推动了浙江农村工业的发展，使大量的社会闲散资金、技术、人才和剩余劳动力等生产要素进行有效结合，为农村剩余劳动力提供了大量的就业机会，促使农村剩余劳动力大规模地快速转移，使长期以来存在的农村劳动力过剩问题得到了较好的解决。由于浙江农村工业主要以劳动密集型为主，从产业上看以加工业居多，这些产业对工人的知识和技术要求不是太高，且具有很强的就业吸纳能力，这就不仅推动了本省农村剩余劳动力的大量转移，同时也为外省的农村剩余劳动力提供了大量的就业机会。浙江省企业调查队抽样调查资料显示，浙江农村工业的从业人员以本村为主的行政村占 61.8%，以外来人员为主的占 27.8%，本村人与外来人相当的占 10.4%。此外，在浙江农村还存在大量的兼业农户，他们一边从事农业，一边到附近的工厂做工，这种就地转移方式，无疑大大减少了转移的成本。同时，由于大量企业进入农村,这也为中老年人和妇女等在就业市场竞争中处于不利地位的劳动力提供了许多就业的机会。

(二)农民增收效应

浙江农村工业已成为农民增收的主渠道。从浙江农民人均纯收入的结构看,工资性收入比重逐年提高,经营农业的收入比重不断下降,农民在农村工业企业中的劳动收入和家庭经营工业收入占人均纯收入的比重较高并保持了相对稳定,农业作为家庭"副业"的地位逐渐形成(见表3)。

表 3　2000—2003 年浙江农民人均纯收入结构

单位:%

统计量		2000 年	2001 年	2002 年	2003 年
工资性收入占农民纯收入的比重	在非企业组织中劳动收入的比重	9.4	10.0	9.5	7.6
	合计	47.0	48.6	49.3	48.1
	企业劳动得到的比重 乡村企业得到的比重	18.2	19.5	19.9	16.7
	小计	31.3	31.7	33.3	31.6
家庭经营收入占农民纯收入的比重	工业占家庭经营收入的比重	14.3	15.2	15.0	16.1
	合计	45.1	43.6	42.0	43.1

(三)城镇化与城乡一体化效应

浙江农村工业化的快速发展,促进了社会分工细、专业化程度较高的块状经济的大量形成和发展。"一村一品"、"一乡一业"是浙江农村工业的重要特征。块状经济的形成和发展加快了开发区与小城镇建设,这反过来促进了农村工业经营单位向开发区与小城镇集聚,城乡界限明显淡化,从而又推动了浙江城镇化水平的提高。根据第五次人口普查,浙江城镇化水平已达到50.9%。与此同时,随着农村工业化发展,浙江城乡差别有所缩小,2004 年,浙江城镇居民人均可支配收入和农村居民人均纯收入之比从 2003 的 2.43∶1 缩小到 2.39∶1,反映农村居民收入差距的基尼系数也从 0.3635 缩小到 0.3587,初步显现了城乡一体化发展的良好态势。

(四)产业结构优化效应

改革开放以来,随着经济发展特别是农村工业化的进展,浙江产业结构发生了很大变化。从表4可明显看出,改革开放以来浙江的产业结构发生了巨大的变化,其突出的特点表现为:一是附加值低的第一产业产值所占比重不断下降,从 1979 年的 42.9% 下降到了 2004 年的7.3%,而且第一产业的就业人数也持续下降;二是第二产业产值所占比重从 20 世纪 80 年代至 90 年代持续扩大,在 1998 年达到 54.6% 后开始趋于下降;三是第三产业的产值比重不断趋于提高。毫无疑问,在浙江产业结构优化的演进过程中,农村工业化起到了重要作用。

表 4 浙江产业结构的变化

单位:%

年份	第一产业产值比重	第二产业产值比重	第三产业产值比重
1979	42.9	40.6	16.5
1980	36.0	46.8	17.2
1990	25.1	45.4	29.5
1996	14.7	53.1	32.2
1998	12.4	54.6	33.0
2000	11.0	52.7	36.3
2001	10.3	51.3	38.4
2002	8.8	51.2	40.0
2003	7.7	52.6	39.7
2004	7.3	53.7	39.0

四、浙江农村工业化进程中的制度变迁

改革开放以来,浙江农村工业在怀疑与争议、困难与挫折中迅速崛起并长期保持高速增长,20多年来其增长速度一直远远领先于国有工业。浙江农村工业化的发展进程,同时也是一个制度不断变迁的演化过程。

(一)"计划外的增长"与发展的市场化取向

改革开放以来,浙江农村工业化的突出表现来自"计划外的增长"。在计划经济体制下,浙江国有企业少、国家投资少、计划供应的物资和产品也少,这就迫使浙江的企业要从市场上去寻找原材料和产品销售渠道,在计划外的夹缝中求生存和发展。就当时的体制而言,浙江处于劣势地位。但在计划经济体制向社会主义市场经济体制转型时期,这一体制劣势反而变成了体制优势。1978年浙江全省集体经济增加值占GDP的比重高达55.7%,其中集体工业增加值占36.2%,都比全国水平高出很多。集体经济比重高,国有企业少,意味着计划经济对浙江经济的控制力相对较弱,浙江经济就有可能从计划经济最薄弱的环节突破原有体制的束缚,率先进行市场取向的改革。浙江的农村工业就是在这种率先进行的市场取向的改革中不断发展壮大的。从浙江农村工业化区域推进来看,思想解放快、旧体制打破较早的地区,农村工业化起步早、发展快,其中以温州地区最有代表性,"温州模式"可谓浙江经济发展模式的精髓。浙江中部金华地区的义乌、东阳等地以及绍兴地区等也属于此类。而思想较为保守、对旧体制的依赖性较强的杭嘉湖地区特别是湖州地区,农村工业化就要滞后一步。工业化的自然约束较严的浙西北、西南地区,工业化进程则较为缓慢。

(二)"自下而上的力量"与经济体制改革

浙江农村工业化的发展过程是通过诱致性变迁建立市场经济的一

个典范,其动力源于"自下而上的力量",主要表现为通过民间发动的制度创新逐步突破来自上面的文字或口头的限制,从而推动正式规章制度的不断改变或修订。由于有一个从体制外到体制内的缓冲过程,因而,诱致性变迁是一种比较稳定的、制度转换成本较小的制度变革形式。这一点在"温州模式"中表现得极为明显。从个私企业"戴红帽子"或"挂户"到股份合作制、股份制等多元化产权制度的形成,整个产权制度变迁都是这种自发需求诱致性制度创新的结果。由于特定的经济文化背景和历史条件限制,早在改革开放之前温州人就开始了当时被认为是"非法的市场经营活动"。改革开放后,为了寻求政治上的合法化保护及减少"非法的市场经营活动"所带来的较高交易成本和效率损失,当时许多事实上的个私企业通过"戴红帽子"或"挂户"的形式为自己披上了合法的外衣。而对于这一民间的自主性创新,当地政府采取了默许甚至支持的方式加以保护,从整体上推动了温州经济市场化的扩展,并在经济转型中由于率先市场化而取得了体制上的"落差"优势。同样,温州股份合作产权制度的形成也是农民选择中"经济取向"和"政治取向"权衡创新,并最终由政府加以规范成为正式制度的结果。

(三)"无为而治"与农民的自主创新

浙江各级政府相对宽松的管理,为浙江经济制度变迁营造了良好的环境。创新是经济社会发展的根本动力和源泉。浙江农村工业计划外的增长,无疑是与身处计划经济边际地位的浙江农民频繁的创新活动密不可分的。在长期的计划经济体制下,我国的社会群体可以大致分为体制内社会群体和体制外社会群体两大类型。作为体制外社会群体,与城市居民相比,农民一直具有较强烈的自主创新意识。在很大程度上,恰恰是主要成分为农民的体制外社会群体,成为浙江这20余年"体制外经济增长"的推动力量,可以说是广大农民将浙江这样一个20多年前的农业大省变成了今天的经济大省。刘易斯认为,在某些情况下,对一个集团的歧视会使这个集团在统治阶级所不感兴趣的方面显示出强有力的发展。如果统治阶级轻视经济活动,同时又限制其他集团在统治阶级引以为荣的活动——诸如军事职业、政府或教会——中表现自己,那么,被歧视的集团就会利用经济活动的机会,并以此来显示自己的特色。浙江工业发展的特点是人多地少,国有企业少、国家投资少,这就迫使广大人民群众依靠自己的力量发展地方经济。因此,投资少、见效快、效益好的个体、私营工业经济在浙江得到了迅速发展。与此同时,在党的十五大关于所有制理论的重大突破之前,产权制度的实际供给仍然是受到政治约束的。在这种历史背景下,浙江农村工业得以实现制度创新的一个重要原因在于浙江各级政府在制度变迁中采取了一些默许乃至支持的做法。浙江各级政府从实际出发,较少对农民群众自主的创业行为设定各种禁区,较少明令禁止,较少大面积打压。这种默许的做法,实际上是在特定的历史条件下对农民自主创新的一种支持,形成中央政府与基层之间的一个缓冲带,非常有利于推进制度变迁。浙江各级政府这种被称作"无为而治"的做法,其实质是一种经济民主,即坚持以经济建设为中心,尊重农民群众的首创精神,支持群众的制度选择,使千百万人民群众真正成为社会生产力发展的主体[①],从而使整个社会经济的发展具有了持久的动力和创新力。

五、浙江农村工业化发展的几点启示

回顾浙江农村工业化 20 多年来的这段历史,可以给我们提供许多有益的借鉴。

第一,在农村工业化动力机制上,人民群众的创造性和创业激情是第一动力源泉。从浙江工业化的经验看,人民群众是当之无愧的第一推动力。从农村剩余劳动力的自发转移到股份合作制产权制度的形成,从大大小小产业集群的出现到遍布各地专业市场的形成,都是人民群众智慧的结晶,都是民间力量推动、政府引导规范在微观领域进行改革和创新的结果。与此同时,在农村工业化已发展到相当程度的今天,推动浙江农村工业化进一步发展所需要的可能已不再是仅局限于微观领域的改革,而是要加强宏观经济管理体制的创新力度了。像温州这样的市

---

① 课题组:《浙江民营经济发展的历史沿革及变化特征》,《浙江统计分析》2003年第 68 期。

场化改革的领先地区,微观经济基础和经济体制都已发生了极其深刻的变革,但温州地方政府的经济管理体制和职能转变与我国其他地区并没有多大的区别,这必然会形成与微观经济基础的很大矛盾。民间力量虽然可以推动政府改革,但不可能成为政府自身改革的主导力量。①在这种情况下,地方政府就要担负起更大的责任,以寻求更大的制度创新空间。

第二,在农村工业化路径依赖上,诱致性制度变迁要比强制性制度变迁更符合实际,也更具效率。在农村工业化的发展过程中,制度的因素是根本性的。从起点看,做出一项新制度选择,首先要考虑它的自身特点,制度供给不同于商品,要通过既定制度遗产、制度结构或制度环境共同实现;形成一种新制度也必须考虑正式制度安排及非正式制度安排乃至包括宪法在内的制度秩序、制度设计成本、现有制度知识积累、实施新制度安排的预期成本、规范性行为准则、公众态度以及上层决策者的预期收益等。只有通过渐进的、不很完善和规范的制度选择,先促进经济的一定发展,再推动制度变迁,这种经济发展和制度创新的交替演进才是最佳方式。②从发展历程来看,与苏南等地区不同,浙江农村工业化发展所进行的正是这种由内源性民间力量所推动的、通过政府引导规范后推行的、渐进式的诱致性制度变迁。这种制度变迁方式比强制性制度变迁具有较少的摩擦成本,能减少制度变迁过程中的阻力,减轻可能引发的社会动荡,因而更符合实际情况,也更富有效率。

第三,在农村工业化发展依托上,产业集群和专业市场是两个有效的运作平台。产业集群和专业市场既是浙江农村工业化的重要成果,反过来也是促进农村工业化发展的重要平台。在计划经济体制下,民营经济是典型的体制外经济,家庭工厂生产的产品通常很难进入正规的商品流通体系,必须另建一个直接面向市场,并由企业享有控制权的、规模大辐射广的销售网络。而规模巨大的以专业市场为核心的销售网络的形成,反过来又进一步推动了以专业化与分工为基础的生产网络的建立和

---

① 张仁寿:《温州模式:盛名之下,其实难副?》,《浙江社会科学》2004 年第 2 期。

② 史晋川、吴晓露:《台州外向型经济发展模式研究》,《CCER 学刊》2004 年第 3 期。

以"小企业、大市场"为特征的产业集群的形成。通过兴办专业市场来解决"产品市场"和"信息"问题,通过培育产业集群来建立专业化的、高效率的"生产网络",正是依托产业集群和专业市场这两个平台,浙江才在相对恶劣的条件下,走出了一条富有特色的农村工业化道路。

温州鞋业集群的形成：
进入壁垒是如何突破的？[①]

一、引言

　　1978 年改革开放以来,改革效应带来的消费能力提升与生产能力不足的矛盾导致了中国国内鞋类等多数日用消费品严重短缺,温州鞋业新进入者面临着良好的市场机遇。[②] 但是,与此同时,这些新进入者往往也面临着各种障碍和限制,比如面临技术和资金门槛、产权不清并缺乏法律保护[③]、金融体系不健全、法律体系不完善、企业家才能不足、市场信息缺乏等(如图 1 所示)。这在改革开放初期表现得尤为明显。对于温州鞋业企业众多早期的创始人来说,巨大的市场机遇无疑是个强大的诱惑,这给了他们巨大的创业动力。但是,就如多罗西·麦考密克(Dorothy Mccormick)在研究非洲国家工业化时所指出的,因为低水平的产品和加工技术、产品市场狭小、资金渠道缺乏、基础设施不完善、制

　　① 本文作者为黄祖辉、张晓波、朱允卫。本文内容发表于《温州论坛》2006 年第 6 期,先后被《中国社会科学文摘》2008 年第 4 期转载,被中国人民大学期刊复印资料《经济史》2008 年第 3 期全文转载。

　　② 温州鞋业有过两次极好的市场机遇,20 世纪 80 年代的国内市场机遇促成了温州鞋业集群的形成,而 80 年代末以来经济全球化所带来的国际市场机遇,则促成了温州鞋业集群的进一步发展。

　　③ 中国直到 2004 年在第四次修宪时才在宪法层面上确立了"私有财产不受侵犯"的原则。

度框架不健全等,对一些非洲国家来说工业化就像是一个遥远的,甚至是不可能实现的梦想,温州鞋业集群形成初期也面临着许多类似的问题。

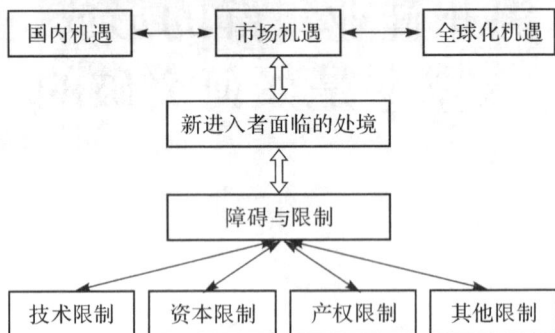

图 1 温州鞋业集群早期进入者面临的机遇和壁垒

温州地处浙江省东南部,在改革开放之初,经济发展的初始条件极为恶劣。1978 年温州全市人口 561.26 万人,而耕地总面积只有 290 万亩,人均耕地只有 0.52 亩,只及同期全国平均的 1/3(张仁寿、李红,1990);由于地处台海前沿,不管是中央政府还是浙江省政府都不愿投资温州的基础设施和产业(Tsai,2002),以国家投资为例,1949—1981 年间国家对温州固定资产投资总共为 6.55 亿元,平均每年只有 0.20 亿元(张仁寿、李红,1990);因为远离上海、杭州等大城市,与最近的杭州也有 400 多公里,一面临海,三面隔江、环山,而且交通落后,全靠一条狭窄的盘山公路运送人员和物资①,因此也得不到城市工业的辐射。在人多地少,自然资源和区位优势缺乏,电力、通信和交通等基础设施薄弱,制度和金融体系很不完善,国有投资又严重不足的初始条件下,温州鞋业集群的形成确实是一个谜。

根据许多经济学家和经济理论,高度明晰的产权、完善的法律和保障合同实施的司法制度、良好的金融体系以及良好的基础设施是经济发展的关键要素(North,1990;Williamson,1985)。然而直到现在,不要说是 20 世纪 80 年代,上述的各种要素在中国都还有待进一步的改进。

———————————

① 直到 1990 年和 1998 年,温州机场和金温铁路才分别建成。

在如此不利的初始条件下,温州鞋业新进入者是如何成功克服技术、创始资本、产权等进入壁垒的限制并开始产业集聚过程的?从这一成功案例可以得到哪些启示?据我们所知,有关这方面的研究还非常有限。本研究旨在填补这一知识空缺。

本文接下来的内容是这样安排的。第二部分考察了温州鞋业集群的总体概况,并介绍了本研究的调查设计。第三至第五部分,论文分别展示了温州鞋业的创始人是如何突破技术壁垒、资金壁垒和制度壁垒的。最后,论文在第六部分总结了从本案例中得到的若干有益的启示。

二、温州鞋业集群概况及调查设计

制鞋业作为一种传统产业,在温州已有 500 多年的历史。早在明朝时期,温州靴鞋就因艺精质优,被列为朝廷贡品。到了清末民初,温州皮鞋业渐兴。在城内府前街,鞋店多达数十家,集中形成皮鞋专业一条街。

20 世纪 20 年代,上海、厦门等地招用一批温州鞋工约 40 多人制作皮鞋。这些人经进一步的实践,掌握了较为先进的制鞋工艺和技术。回温州后,他们带回外地制鞋的先进工艺,成为温州鞋业技术骨干。这批工人对近代温州制鞋业的发展特别是制鞋技术的提高具有深远的影响。

1950 年,温州市区有皮鞋个体作坊 43 家,从业人员 103 人。[①] 其后,温州鞋业经历了社会主义工商业改造和手工业合作化运动,许多私人作坊和工厂都被国有化或停业关门。到 1978 年,温州市区只剩下鞋厂 19 家,其中国营鞋厂 2 家、大集体鞋厂 8 家、街道民办鞋厂 9 家,皮鞋产量 49.68 万双。[②] 这 19 家企业实际上充当了"种子企业"的作用,为改革开放后温州鞋业的迅速崛起培养和储备了大量的熟练技术工人、市场营销人才和管理人才。1978 年改革开放后,温州鞋业迅速恢复了生机。随着原有国营、集体鞋业企业的逐渐没落,这些企业原有的职员纷纷独立创建个体鞋厂,形成了一股"皮鞋热"。至 1981 年底,光是温州鹿

---

① 章志诚、温州市志编纂委员会:《温州市志》,北京:中华书局,1998。
② 章志诚、温州市志编纂委员会:《温州市志》,北京:中华书局,1998。

城区个体制鞋户就达到了 99 家。其后,随着专业化分工和各类专业市场的建立,温州鞋业企业的数量快速增加,1994 年高峰时达到了 6000 多家,这还不包括生产鞋底、鞋饰等各类配套产品的上千家配套企业。

经过 20 多年的发展,目前温州已成为中国最主要的鞋业生产基地,号称"中国鞋都"。如图 2 所示,温州已经自发形成了一个具有高度专业化分工与协作的产业集群,集群内部现有 4000 多家制鞋企业(其中年产值在亿元以上的龙头企业有 30 多家)、200 多家制革企业、380 多家鞋底企业、200 多家鞋机企业、168 家鞋楦企业、100 多家鞋饰企业、50 多家鞋样设计室以及大量的家庭代工户,此外还有专门的鞋类信息服务部、制鞋职业培训学校和鞋类测试研究所等专业服务机构。连接这些企业、机构和家庭的,是诸如温州"鞋城"、河通桥鞋料市场、浙南鞋料市场、生皮市场、皮革机械市场、皮革化工市场等众多的专业市场。2004 年,整个温州鞋业集群各类鞋产量高达 83505 万双(其中皮鞋 45298 万双,布鞋 344 万双,胶鞋 37863 万双)[①],从业人员超过了 40 万[②]。表 1 显示的是 2001—2004 年温州鞋业年产值与出口状况。

表 1　温州鞋业年产值与出口状况(2001—2004)

年份	年产值(亿元)	增长率(%)	出口额(亿美元)	增长率(%)
2001	249	—	4.62	—
2002	263	5.62	6.67	44.37
2003	307	16.73	8.37	25.49
2004	346	12.70	11.49	37.28

资料来源:温州鞋革行业协会。

过去 25 年多来,虽然温州的法律和金融体系并不完善,但大量的私营企业却如雨后春笋般不断涌现。为了解释本文第一部分提出的问题,国际食物政策研究所(IFPRI)和浙江大学中国农村发展研究院(CARD)对温州鞋业集群进行了联合调查,调查工作包括收集有关的文献资料,并大量走访当地行业协会负责人、政府主管部门领导以及业内的老前辈和知情人。与此同时,我们通过与一些中小鞋业企业负责人的非正式访

---

① 2005 年的《温州统计年鉴》。
② 温州市鞋革行业协会(2005)。

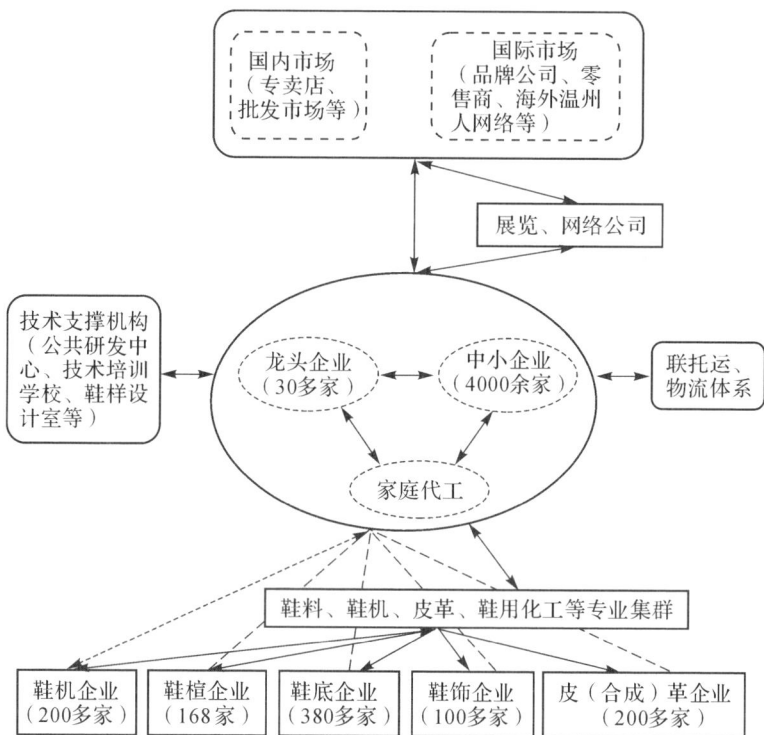

图 2　温州鞋业集群构成

资料来源:温州市鞋革行业协会、温州市鞋料商会和作者实地调查。

谈,设计和完善了调查问卷。从 2005 年 7 月到 10 月,我们组织了正式的实地调查,调查地域范围覆盖了温州市鹿城区"中国鞋都"一期和二期工业园、鹿城区双屿工业区、永嘉县瓯北镇、瑞安市莘塍镇等主要的鞋业生产基地。我们根据当地政府或工业园区管理部门提供的名单随机抽取要调查的企业,调查时由一名调查员与被调查企业的主要负责人进行面对面的访谈,并填写调查问卷。我们共调查了 140 家包括生产最终鞋产品和中间产品或配套产品在内的、正在经营的鞋业企业[①],约占温州鞋业集群企业总数的 2.77%。表 2 表示的是这次调查的样本情况。

---

　　① 我们也曾试图对已消失或转行的鞋业企业创始人进行调查,但最终由于实在太困难而放弃了。

表 2   调查的样本情况

产品类型	样本数	企业总数	调查比例	最小值**	最大值**	平均**	标准差**
最终产品*	121	4000	3.03%	3	3500	459	547
鞋底	4	380	1.05%	30	1100	570	612
鞋楦	2	168	1.19%	10	80	45	49
皮革	4	200	2.00%	8	170	62	74
鞋饰	7	100	7.00%	30	200	75	66
鞋机	2	200	1.00%	90	500	295	290
合计	140	5048	2.77%	3	3500	427	531

注:* 指皮鞋、休闲鞋、劳保鞋和童鞋等成品鞋。** 指 2004 年末的员工数。资料为作者实地调查所得。

三、技术壁垒的克服

(一)企业创始人特征

表 3 显示的是样本企业数、创始人的平均受教育年限和在外闯荡[①]年限以及创始人进入鞋业时的职业背景情况。

表 3   企业创始人的特征

统计量	1980 年及以前	1981 年—1985 年	1986 年—1990 年	1991 年—1995 年	1996 年—2000 年	2001 年—2005 年
企业数	4	18	27	31	38	22
受教育年限	6.25	7.97	8.02	9.03	9.70	9.18
在外闯荡年限	5.00	7.38	8.50	9.68	11.16	14.53

---

① 指到外地参军、经商或打工等。离开学校后,随亲戚朋友到各地打工或学做生意,是温州人一个非常重要的特点。通过在外闯荡,可以积累人力资本和社会资本,并获取宝贵的市场信息。

续表

统计量		1980 年及以前	1981 年—1985 年	1986 年—1990 年	1991 年—1995 年	1996 年—2000 年	2001 年—2005 年
职业背景1(%)	农民	0.00	11.11	18.52	16.13	13.16	13.64
	工人	50.00	27.78	37.04	29.03	13.16	9.09
	经销人员	25.00	33.33	25.92	35.48	50.00	54.54
	工程技术人员	0.00	16.67	0.00	6.45	10.53	9.09
	管理人员	25.00	11.11	7.41	3.23	5.26	13.64
	其他	0.00	0.00	11.11	9.68	7.89	0.00
职业背景2(%)	与制鞋业有关	75.00	77.78	22.22	48.39	42.11	59.09
职业背景3(%)	具备制鞋技术	75.00	94.44	62.96	80.64	65.79	63.64

注:教育年限和在外闯荡年限分别是每一小组的平均值。

资料来源:根据温州实地调查数据计算。

从表 3 我们可以得到一些有趣的发现:①改革开放初期,温州鞋业新进入数量急剧增长,而且这种快速增长势头一直持续到了 20 世纪末。②随着温州教育水平的提高,创始人的平均受教育年限也稳步提高。这一点与 Sonobe et al.(2004)在温州乐清低压电器集群研究中的发现基本相同。③新进入者在创立企业之前,在外闯荡的年限一般较长,并在 20 世纪 80 年代中期逐步超过了受教育年限。这一点对温州鞋业集群的形成是至关重要的。市场需求和这种市场需求信息的获得是成功建立新企业的基本条件。[①] 市场需求对各地来说是一样公平的,关键的是这种市场信息的获得。而大量温州人长期在外闯荡,不仅提高了其创业的人力资本和社会资本积累,往往也能抢先获得有关的市场需求信息,从而把握住市场机遇,获得发展先机。④从新进入者的职业背景看,也有许多值得关注的地方。

---

① 胡定寰(2002)认为,成功建立新企业需要四个基本条件,即市场需求的存在、需求信息的获得、创建者拥有或者可以筹集最低数额的资金和掌握相应的生产技术。

首先,新进入者中原来是农民的比重一直比较低①,而原来是工厂工人和经销人员的新进入者所占比重则发生了显著的变化。在早期的进入者中,原来是工厂工人的比重很高而后总体上逐步下降,而原来是经销人员的比重则刚好与之相反,呈现出先低后稳步提高的特征。这与Sonobe et al.(2004)的研究结果相同。这表明在早期的鞋业生产中,由于当时市场供给严重不足和消费者对产品质量要求不高的特定市场环境,市场营销和开发能力尚未成为行业进入的要件,而较高的操作技术和技巧则构成了鞋业早期进入者的主要进入壁垒。

事实上,由于早期温州鞋业还缺乏专业化分工与协作,这时的进入者通常摆起鞋摊或建起家庭作坊式的皮鞋加工场,生产完整的鞋类产品。相对而言,整鞋生产技术要求高,所以这时的新进入者往往是一些原先国有或集体企业的技术工人,他们通常采用少量设备,以手工制作的方式生产皮鞋。正是这一技术壁垒的存在,使得普通农民因缺乏相应技术而难以进入该行业,但原先的工厂工人则由于具有较为熟练的技术而较易在早期进入该行业。随着鞋业生产的发展和生产技术的扩散,一些特定的生产工艺流程开始分离出来,形成了大量专门从事某种工艺加工或某道工序生产或某一配套产品生产的、以"中间产品"或"配套产品"为主业的企业,分化出了诸如乐清白石鞋底生产基地、永嘉黄田鞋饰生产基地等鞋业配套"子集群"。随着分化过程的不断深化,技术壁垒效应逐步减弱,但另一方面,随着鞋类生产企业的增加和产品供给能力的大幅提高,市场环境开始发生根本的变化,在这种情况下,市场营销能力对于新的行业进入者来说是至关重要的,只有那些具有营销渠道和营销能力的新进入者才得以生存和发展。这就是在我们所访问的新进入者中原来曾是经销人员的比重越来越高的重要原因。

其次,从新进入者原来所从事工作是否与鞋业有关这一角度来看,也呈现出先高后低的趋势,在 1985 年以前的早期进入者中,其原先的工作大多与鞋业有关,而后这一比例陡然下降,特别是 20 世纪 80 年代中

---

① 这一点不同于 Sonobe et al.(2004)。Sonobe et al.(2004)在对温州低压电器集群的研究中发现,在早期的进入者中农民的比重很高。这也表明不同行业起步时的技术门槛并不一样。

后期受早期介入者赚钱效应影响,大量原先经历与鞋业无关者进入了这一行业,并导致了温州鞋业产品的质量危机①,其后,与鞋业有关的介入者所占的比例有所回升,但总体保持在较低水平。

最后,从新进入者在创立企业时是否会制鞋技术的角度看,也表现为先高后低的特征,即会制鞋技术的进入者占同期进入者的比重在早期较高而后逐步下降,而不会制鞋技术的进入者占同期进入者的比重则在早期较低而后有所提高,但总体上会制鞋技术的比例一直比较高。这从另一个角度表明制鞋业具有较高的技术壁垒,但温州丰富的制鞋技术工人的储备促使温州鞋业得以快速发展。

(二)制鞋技术和知识的扩散

改革开放后,随着传统的国营和集体鞋业企业的逐渐没落,原先鞋厂的熟练技工、销售人员、管理人员及退休离职人员,纷纷自己独立创建个体鞋厂;而后,通过以师带徒、企业分家等方式,制鞋技术迅速扩散到了社会。图3粗线条地显示了改革开放后温州鞋业生产与技术扩散的过程。这一扩散过程主要包括以下几个方面。

1.熟练技工、销售人员、管理人员及退休离职人员离开传统国有或集体企业,自己创业

20世纪80年代初,正是中国的计划经济向市场经济过渡的初期,鞋类产品供给相对短缺,强大的市场需求和经济利益诱使不少国营或集体鞋厂的员工,特别是一些技术工人,纷纷脱离企业,自行摆起鞋摊或建立家庭作坊式的皮鞋加工场,生产完整的鞋类产品。由于整鞋生产技术要求比较高,所以这时的新进入者往往是一些技术工人,他们通常采用少量设备,以手工方式生产皮鞋。比较有代表性的是国营东方红皮鞋厂,从该企业就先后衍生出了吉尔达鞋业、澳伦鞋业和大顺鞋机这三家较有行业影响力的企业和泰隆鞋楦厂等众多其他企业。表4显示的是上述四家衍生企业创始人原先的工作背景。

---

① 以1987年杭州武林广场"火烧温州鞋"为标志,温州鞋在20世纪80年代末,曾一度成为劣质鞋的代名词。

国营第一皮鞋厂　温州东方皮鞋厂　温州皮鞋厂　温州鞋厂　东方红皮鞋厂　温州皮鞋五厂　向阳皮鞋厂　温州第四皮鞋厂　东风皮鞋厂　东风皮件厂（第二）　瓯江皮鞋厂（第三）　前进皮鞋（件）厂

亚狮皮鞋厂（施佰河）　普飞鞋业（李德恩）　吉尔达鞋业（余阿寿）　澳伦鞋业（姚万福）　大顺鞋机（夏正义）　泰隆鞋楦厂（黄永斌）　巨一集团（李爱莲）　东艺鞋业（陈国荣）　查理鞋业（谢卫国）

余阿寿先生共收了16个嫡传弟子，其中有15个成了鞋厂的老板

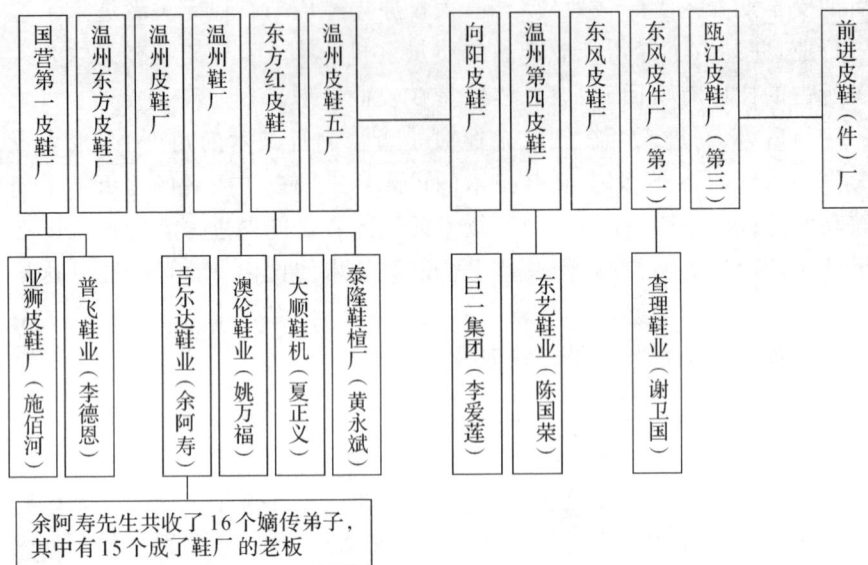

图 3　温州鞋业生产技术与知识扩散过程

资料来源：作者实地调查。

表 4　东方红皮鞋厂四家衍生企业创始人原先工作背景

企业名称	创始人	创业前在东方红皮鞋厂的工作
吉尔达鞋业	余阿寿	东方红皮鞋厂车间主任
澳伦鞋业	姚万福	东方红皮鞋厂主管生产
大顺鞋机	夏正义	东方红皮鞋厂负责机修
泰隆鞋楦厂	黄永斌	东方红皮鞋厂资深技术员

资料来源：作者实地调查。

2. 以师带徒的方式促进了温州鞋业生产和技术的扩散

比较典型的是吉尔达鞋业的创始人余阿寿先生，他共收了 16 个嫡传弟子，除有一个弟子成了他的女婿留在吉尔达鞋业工作外，其他 15 个弟子都创办了自己的企业，成为鞋厂的老板（袁亚平，2003）。

　　3.他人模仿和企业分家进一步推动了鞋业生产和技术的扩散与
传播

　　事实上,产业集群的形成也是一个生产和技术通过他人模仿而扩散
和传播的过程。一家企业创办成功,往往就会诱使周边人进行模仿,由
此,大量的企业就像雨后春笋般地被快速衍生"复制"出来。从温州鞋业
的扩散和传播路径看,这一过程基本上是沿着血缘、亲缘、地缘和朋友关
系完成的(朱康对,2005)。由于这类关系,特别是朋友之间的合作,往往
难以持久,因此,发展到一定程度就会出现企业分家,但这反而推动了产
业的扩散,促进了温州鞋业集群的形成。①

(三)通过分工降低技术门槛

　　通常人们认为,专业化分工可以提高生产效率(Smith,1776;杨小
凯、黄有光,1999),然而,往往忽视了专业化分工在突破产业进入壁垒方
面的作用。调查中我们发现,专业化分工使得复杂产品生产简单化,不
仅降低了鞋业生产的技术壁垒和进入的资金门槛②,而且充分利用了企
业家才能。

　　首先,通过专业化分工把原本非常复杂的鞋类产品分解为众多的中
间产品,从而为没有鞋业工作背景或不具备鞋业生产全部技能的家庭提
供了介入的可能。如表5所示,可以把一双鞋的生产分解为7大类数十
种中间产品,新进入者可以根据自身的技术能力选择某一中间产品进行
生产。

---

　　①　其中奥康和红蜻蜓这两家企业的形成较为典型。同为木工出身的王振滔和钱
金波一起外出打工,而后一起在外地卖鞋,1988年又一起创办了皮鞋厂。1995年,两人
性格上的巨大差异导致了企业分家,随后两人分别成立了现在的奥康集团和红蜻蜓集
团。分立后,这两家企业都取得了跳跃式的发展,先后成为中国皮鞋行业的龙头企业。
　　②　通过专业化分工可以明显降低该行业的资金进入门槛,即把一条鞋业生产链
分解为资本投入量不等的许多道工序,不同家庭就可以根据自身拥有的资本存量多少、
融资能力及风险承受能力的大小选择不同的工序进入生产链,这样甚至可以把那些资
本存量极少的家庭吸收到诸如钉鞋扣等只需要有一定劳动力的生产环节中来。我们将
在另一篇论文中专门讨论分工如何降低资金进入门槛的问题。

表5　鞋类中间产品

大类产品	细分中间产品
鞋面	皮革、PV革、PVC革等
鞋底层	鞋底用原液、鞋底、鞋跟、中底、鞋垫
鞋内层	鞋面内里、前衬、后衬、套里、海绵
成鞋材料	线材、鞋胶(贴合胶、成型胶)
配套产品	鞋楦、鞋拔、鞋擦布
鞋饰配件	鞋扣、拉链、花边、鞋带、鞋沿条等金属配件和塑料配件
包装材料	鞋盒、商标、吊牌、条形码标签、包装纸、干燥剂

资料来源:作者实地调查。

其次,通过专业化分工把原本相当复杂的鞋类产品生产过程分解为大量相对简单的生产工序,从而大大降低了生产的技术难度。鞋业生产过程中的一些辅助性生产工序,甚至能把那些老、弱、残、幼的劳动力也融入生产。我们在温州永嘉县的一些农村调查时,就经常可以看到农妇在农闲时使用简单的工具,装搭来自黄田的鞋饰、鞋扣等小五金配件。

最后,专业化分工充分利用了企业家才能。不同进入者的企业家才能是不同的,企业家才能丰富的进入者可以通过纵向一体化把更多的生产工序纳入企业或扩大企业规模,而企业家才能贫乏的进入者可以选择某一道或几道工序,以合适的规模来组织生产。因此,通过专业化分工充分利用农村企业家的才能(Hayami et al.，1998),把具备不同企业家才能的进入者纳入鞋业生产链条中,使每个进入者或多或少的企业家才能转化成了现实的收益。

四、资本壁垒的突破

缺乏足够的创始资金及其来源通常被认为是中小企业创立和发展的主要障碍。许多文献(Otero and Rhyne，1994；Pretes，2002；

Schreiner and Woller，2003；Hernandez-Trillo et al.，2005)强调，多数中小企业从正式金融渠道获得资金支持是非常困难的。特别是创办中小企业时，由于创始人往往缺少足够的抵押物，也没人愿意或不敢为其提供担保，银行一般不会给予企业创始资金的贷款。我们对温州鞋业企业创始资金来源情况的调查也证实了这一点。在我们所调查的 140 家企业中，明确表示企业创建时得不到银行贷款的有 118 家，未回答资金来源的有 19 家，回答资金来源不明确的有 1 家，而只有 2 家企业表示创始资金中获得了少量的银行贷款。这两家企业中，一家创建于 1996 年，投资额为 50 万元，其中有 40％的资金来自银行贷款；另一家创建于 2000 年，投资额也是 50 万，其中有 20％的资金来自银行贷款。在正式金融渠道难以满足创始资金需求的情况下，温州鞋业企业是如何克服资金进入壁垒的呢？在我们所调查的 140 家企业中，对创始资金或其来源问题未回答或回答不明确的企业有 20 家，2005 年新成立的企业有 2 家，去掉这 22 家企业后，共剩下 118 家企业。我们以这 118 家企业来分析初始资金的门槛及其来源。

上述 118 家企业合计投入创始资金 1970.11 万元，每家企业平均为 16.70 万元。从表 6 可以看出，这 118 家鞋业企业的创始资金差异较大，最少的只有 0.05 万元①，最高的为 356.74 万元，原因在于其初始的生产规模和所介入的环节不同。从不同时期创始资金的最小值、最大值和平均值来看，虽然随着时间的推移，总体上创始资金需要量在不断提高，表明该行业进入门槛有所提高，但各个时期所需的最低投入额仍比较低，这表明进入该行业的创始资金需求是非常低的，一般家庭通过一定的自身积累并借助于非正式金融就完全能以适当的规模选择适当的环节进入。

---

① 初始投资额只有 500 元的是康奈集团，该企业成立于 1980 年，现已发展成为中国最大也是最优秀的鞋业企业之一，拥有 14 条先进的自动流水线，2004 年产值已达 12 亿元。

表6 118家鞋业企业不同时期的创始资金进入门槛

时间	样本数	最小值(万元)	最大值(万元)	平均值(万元)	标准差(万元)
1980年及以前	4	0.05	7.07	2.09	3.35
1981—1985年	14	0.09	22.53	3.50	6.11
1986—1990年	25	0.25	31.27	6.61	9.17
1991—1995年	27	0.05	27.21	6.49	7.22
1996—2000年	32	1.11	356.74	24.62	61.27
2001—2005年	16	0.89	309.57	49.03	91.45

注:①所有初始投资额已根据浙江省历年的固定资产投资价格指数进行调整。②在1996—2000年创办的企业中,有一家创始资金高达356.74万元,在2001—2005年期间创办的企业中有两家创始资金分别高达249.99万元和309.57万元,如剔除这三家企业的影响,则两个时期创始资金的平均值分别只有13.90万元和16.07万元。

资料来源:根据作者实地调查数据计算。

表7所示的是以各个企业不同来源资金所占的比重为权数计算的各种不同来源资金在创始资金中所占的金额和比重。数据表明,温州鞋业企业的创始资金中66.37%来自创始人的个人投资,其次有24.94%来自创始人的直系亲属和亲戚朋友,另有8.35%来自社会集资或其他来源,而来自银行贷款的资金只占0.34%,几乎可忽略不计。

表7 118家鞋业企业创始资金及其来源

项目	创始资金	创始人	直系亲属	亲戚朋友	银行贷款	社会集资	其他
加权金额(万元)	1970.11	1307.48	287.00	204.40	6.79	43.58	120.86
比重(%)	100.00	66.37	14.57	10.37	0.34	2.21	6.14

注:所有初始投资额已根据浙江省历年的固定资产投资价格指数进行调整。

资料来源:根据作者实地调查数据计算。

上述结果有两点值得我们关注:一是在得不到银行等正式金融支持的情况下,温州鞋业企业的创始资金主要来自创始人的个人投资;二是来自非正式金融渠道的创始资金中,主要又来源于基于亲情和朋友关系的渠道,而更为一般意义上的、市场化的非正式金融渠道,如社会集资等并没有发挥多少作用①，这表明温州鞋业企业创始资金的筹集，基本上是按照血缘、亲缘和朋友关系展开的，表明社会资本在其中发挥了重要的作用。

前面我们分析了企业初始资金的门槛及其来源，接下来我们进一步分析他们是如何克服流动资金困难的。表8表示的是碰到流动资金困难时，选择不同首选途径的企业数及其所占比例。我们发现企业碰到流动资金困难时，首先选择亲戚朋友的企业比例高达44.29％，其次是银行，占20.00％，而相对关系更为紧密的直系亲属只占10.71％，选择社会集资的比例也非常少。

表8　遇到流动资金困难时选择不同首选途径的企业数及其所占比例

项目	直系亲属	亲戚朋友	商业银行	社会集资	其他途径	未碰到困难	合计
企业数	15	62	28	4	16	15	140
比例（％）	10.71	44.29	20.00	2.86	11.43	10.71	100.00

资料来源：根据作者实地调查数据计算。

为什么会出现这种情况呢？通过进一步分析我们发现，直系亲属的资金通常不需要支付利息，并且通常也没有明确的偿还限期，除非有特殊原因，否则企业可以较长期使用，所以此类资金一般被用在初始资金或扩大规模时的固定资产投资上。当需要流动资金融通时，企业主更愿意借助于上下游企业间普遍存在的、基于相互信任和承诺的延缓性支付。上下游企业之间因为长期业务关系而形成了相对稳定的朋友关系，由于大家都是做同类产品的，每个个体的信誉度和企业发展前景都较为清楚，加上居住在同一区域所形成的多边信誉（惩罚）机制，企业主之间能以赊账的方式来计付各种费用，从而形成资金方面的互助支持和融通。表9显示的是我们对140家鞋业企业是否可赊欠上游供应商货款的调查情况。结果显示，绝大多数被调查的鞋业企业都可以赊欠上游供应商货款，赊欠的期限一般不超过3个月。这表明这种"延缓性支付"已成为温州鞋业企业克服流动资金困难的一个重要途径。另一方面，由于已有初始投入所形成的固定资产作为抵押，银行相对愿意给予企业流动

①　表7所示的118家中，只有6家企业运用了社会集资的方式来筹集创始资金，所占比例为20％～67％。

资金贷款。因此,也有部分企业在面临流动资金困难时首先选择向银行贷款。

表9 企业是否可赊欠主要上游供应商货款

项目	允许赊欠(赊欠时间)					不允许	回答不明确	合计
	1个月及以下	1~2个月(含2个月)	2~3个月(含3个月)	3~6个月(含6个月)	6个月以上			
企业数	78	17	17	7	2	12	7	140
所占比例(%)	55.72	12.14	12.14	5.00	1.43	8.57	5.00	100.00

资料来源:根据作者实地调查数据计算。

五、体制性壁垒的突破

温州鞋业集群的形成过程,也是中国改革开放政策的探索与深化过程。在改革开放初期,温州鞋业企业创始人面临的体制性障碍主要来自两个方面:一是私人产权保护不足带来的产权风险;二是法律体系建设滞后导致的履约风险。

(一)规避产权风险

改革开放初期,中国的市场经济制度尚未建立,产权制度的实际供给仍然受到政治的约束,特别是当时的政府高层对改革方向还存在一些不同意见,这一时期的个体私营经济活动常常被认为是"非法的市场经营活动"而受到政策压制。因此,对于这一阶段的温州鞋业进入者来说,如何规避产权风险,争取个体经济自由是他们面临的一个巨大难题。为了避开与当时的正统体制和意识形态的正面冲突,寻求政治上的合法化保护,减少所谓的"非法的市场经营活动"所带来的较高交易成本和效率损失,不少个体私营鞋业企业采取了"挂户"经营或戴上集体所有制的"红帽子"(Tsai,2002)的变通方法来规避当时的产权风险。通过这些变通方法,不仅给私营企业披上了合法的外衣,而且有效扩大了企业资金的来源。而对于民间的这些自主创新,当地政府的作用也不可忽视,正是由于他们的默许甚至支持(张仁寿、李红,1990),温州鞋业企业成功突破了当时的产权制度壁垒,规避了至关重要的产权风险。

(二)降低履约风险

在法律体系总体上还不很完善、信用制度尚未建立的环境背景下,通过法院等司法途径来实施合约的成本很高,而且由于交易价值相对于诉讼成本来说可能太小,所以往往不切实际(Hayami et al. ,1998)。因此,在这种情况下,单纯依靠体制性的力量来提高市场运作效率,降低履约风险和交易成本是很不现实的。我们在调查中,对温州鞋业企业一般如何解决企业间合同纠纷的问题进行了访问,表 10 显示的是我们分析的结果。

表 10　一般采用什么方式解决企业间发生的合同纠纷

解决方式	打官司	相关协会调解	私下协商解决	其他	未回答	合计
企业数	4	9	94	7	26	140
比例(%)	2.86	6.43	67.14	5.00	18.57	100.00

资料来源:根据作者实地调查数据计算。

被调查的 140 家企业中,有 94 家企业明确表示在发生合同纠纷时一般通过私下协商方式解决此类纠纷,只有 4 家企业采用“打官司”的方式。由于法律体系尚不健全,在中国打官司不仅费钱费精力,而且即使打赢了官司也可能没什么用,因此私下协商就成为保障正式合约执行的一种替代方式。在这样的情况下,温州鞋业参与者又是如何解决履约风险问题的呢? 我们发现,求助于市场自身的力量,通过创造性地建设鞋料市场、生皮市场、皮革机械市场、皮革化工市场等各类专业市场进行集中交易,可能是一个重要的方面。Sonobe 等人(2002)认为,在产业集群形成的早期阶段,地方性市场在促进新企业进入方面起到了关键的作用。专业市场的功能除了实现交易之外,还可以保持对交易伙伴的压力,从而减少交易失败的风险(杨小凯、黄有光,1999)。专业市场中可选择的潜在交易伙伴越多,交易的可替代性就越强,这使原交易伙伴不履行合约带来的风险损失也比较小,而竞争者之间的可替代性也促进了交易效率的提高。因此,专业市场的形成与发展不仅解决了温州鞋业的"产品市场"和"信息"问题,还有效降低了改革开放初期中国信用制度不完善、法律环境较差状况下的交易成本,提高了交易效率,有力推动了温州鞋业集群的形成。

六、几点启示

对于法律、金融和发展经济学文献的发现来说,中国是一个重要的反证:按照现有的标准,中国的司法体系和金融体系都不发达,却是一个最快的经济发展体(Allen et al. , 2005)。作为中国私营经济的主要发源地,温州在中国乃至世界经济发展史上创造了奇迹。通过对温州鞋业集群的实地调查,我们发现,由于人多地少、资源匮乏等不利条件,大量的温州人在强大的生存压力下,不得不外出闯荡或私下从事一些小商品的生产,从而具有了较强的市场观念和一定的产业基础。改革开放后,凭借大量外出温州人带回的市场信息,温州企业家抢先一步把握住了市场机遇,并克服了所面临的技术壁垒、资本壁垒和体制性壁垒,获得了令人瞩目的发展。从这一案例中,我们可以得到如下启示。

温州鞋业集群的形成与发展过程,对新制度经济学的理论范式是一种贡献。法律、私人产权和有效的市场常常被看作是经济发展的必要前提条件,然而温州鞋业集群的形成过程表明,高度明晰的产权、完善的法律和保障合同实施的司法制度以及良好的金融体系等对经济发展而言是重要的,但并不是决定性的。从某种意义上说,这些因素与其说是经济发展的前提,不如说是经济发展的结果。另一方面,非正规制度的作用不容忽视。依靠企业家的一些非正规制度方面的创新,比如"遇到红灯绕道走"等变通做法可以弥补正规制度性因素的不足而实现经济的发展。其实,经济发展的过程,本身就是一个不断面临新壁垒、发现新问题的过程。企业家通过其创新活动,可以不断克服这些新的壁垒和问题,从而推动经济的螺旋式发展。因此,我们认为,对于转型经济来说,创造一个能够充分发挥企业家创新能力的良好环境,从某种意义上来讲,或者在一定时期中,要比构建一个完善的产权制度、法律体系和金融体系更为重要。

　　温州鞋业集群的形成过程表明,不利的初始发展环境既是一种限制,但也往往孕育着发展机会。温州处于浙南一隅,面海环山,耕地资源严重不足,同时,路途险阻,地理位置和交通条件相对不便,这样的初始条件对于经济发展显然很不利,然而正是这种极为不利的资源与区位环境,才培育了独特的温州区域社会文化,如传统的重商文化,强烈的对外开拓、不怕吃苦和冒险精神,极其重视乡土性的社会关系等。这些因素在温州鞋业形成过程中起到了很大的作用。因此,从某种意义上说,温州模式是被逼出来的。因为温州农村人多地少,人均耕地不足半亩,劳动力大量过剩,而城市工业基础又非常薄弱,农村社队集体企业得不到传统大工业的有力支持和帮助,进而发展不快。在强大的生存压力下,温州人只好大量外出闯荡,或私下从事那些国有企业和大集体企业看不上眼的小商品生产,而这些实践活动恰恰培育了温州人强烈的市场观念,同时也为温州积累了一定的产业基础。改革开放后,这些市场观念和产业基础就迅速转化成一种先行者和先发的优势,使温州经济得以迅速崛起。

　　从体制改革和经济转型的角度看,在中国的改革开放初期,交通的不便是一种优势。因为在信息不发达的情况下,地理位置偏远、交通不便的地区,中央政府的影响力和控制力也相对不足,这就使得一些处于探索阶段,或者暂时不被允许存在的事物,能够有个局部的制度生存空间和存活与发展的希望。这一点,应该说是中国改革开放初期温州自发式的民营经济发展和市场化取向改革得以生存和发展的一个重要原因。它的重要意义在于,由于这一希望的火种的不断燃烧和蔓延,进而为官方逐步认可和推崇,温州模式和经验成了引领和推动整个中国市场化改革与经济发展的一股不可估量的重要力量。从这一意义上讲,不仅研究与观察中国温州鞋业产业集群的形成和演变富有意义,而且该产业形成和演变过程中所体现的体制与制度变迁以及产业的发展,对于了解和解释中国经济的发展与体制转型,具有很重要的价值。

参考文献

[1] Meghana Ayyagari, Asli Demirguc-Kunt and Vojislav Maksimovic. How Important are Financing Constraints? The Role of Finance in the Business Environment(January 2006). World Bank Policy Research Working Paper No. 3820.

[2] Dorothy Mccormick. African Enterprise Clusters and Industrialization: Theory and Reality. World development,1999,27(9): 1531-1551.

[3] Eiji Yamamura, Tetsushi Sonobe and Keijiro Otsuka. Human Capital, Cluster Formation, and International Relocation: The Case of the Garment Industry in Japan, 1968-98. Journal of Economic Geography,2003(3):37-56.

[4] Fausto Hernandez-Trillo, Jose A. Pagan and Julia Paxton. Start-up Capital, Microenterprises and Technical Efficiency in Mexico. Review of Development Economics, 2005,9(3):434-447.

[5] Hubert Schmitz. Small Shoemakers and Fordist Giants: Tale of a Supercluster. World Development,1995,23 (1): 9-28.

[6] Kellee S. Tsai. Back-Alley Banking. Cornell University Press, 2002.

[7]Maria Otero, Elisabeth Rhyne. The New World of Microenterprise Finance: Building Healthy Financial Institutions for the Poor. West Hartford, CT: Kumarian Press, 1994.

[8] Mark Schreiner, Gary Woller. Microenterprise Development Programs in the United States and in the Developing World. World Development, 2003, 31(9):1567-1580.

[9] Michael Pretes. Microequity and Microfinance. World Development, 2002, 30(8):1341-1353.

[10] Douglass C. North. Institutions, Institutional Change, and Economic Performance. New York: Cambridge University Press, 1990.

[11] Hubert Schmitz. Global Competition and Local Cooperation: Success and Failure in the Sinos Valley, Brazil. World Development, 1999,27(9): 1627-1650.

[12] Adam Smith. The Wealth of Nations. Bantam Classic Edition,

March 2003. New York：Bantam Dell，1776.

[13] Stephen Haber，Douglass C. North，Barry R. Weingast. If Economists are So Smart，Why is Africa So Poor?. The Wall Street Journal，2003-7-30.

[14] Tetsushi Sonobe，Dinghuan Hu and Keijiro Otsuka. From Inferior to Superior Products：An Inquiry into the Wenzhou Model of Industrial Development in China. Journal of Comparative Economics，2004,32(3):542-563.

[15] Tetsushi Sonobe，Dinghuan Hu and Keijiro Otsuka. Process of Cluster Formation in China：A Case Study of a Garment Town. The Journal of Development Studies，2002,39(1):118-139.

[16] Tetsushi Sonobe，Keijiro Otsuka. The Division of Labor and the Formation of Industrial Clusters in Taiwan. Review of Development Economics,2006,10(1):71-86.

[17] Oliver E. Williamson. The Economic Institutions of Capitalism. New York：Free Press，1985.

[18] Franklin Allen，Jun Qian，Meijun Qian. Law，Finance，and Economic Growth in China[J]. Journal of Financial Economics，2005,77(1):57-116.

[19] Yujiro Hayami，Masao Kikuchi，Esther B. Marciano. Structure of Rural-based Industrialization：Metal Craft Manufacturing on the Outskirts of Greater Manila，the Philippines. The Developing Economics. XXXVI-2(June 1998) 132-154.

[20] 胡定寰.我国农村工业发展的一般模式——"板块式"[J].中国农业科学院农业经济与发展研究所《研究简报》,2002(6).

[21] 杨小凯,黄有光.专业化与经济组织——一种新兴古典微观经济学框架[M].张玉纲,译.北京:经济科学出版社,1999.

[22] 张仁寿,李红.温州模式研究[M].北京:中国社会科学出版社,1990.

[23] 朱康对.温州鞋业:从地方化集群到全球价值链[J].温州论坛,2005(3):20-25.

[24] 袁亚平.世上温州人[M].北京:人民文学出版社,2003.

WTO框架下浙江农业的
竞争力与提升[①]

　　我国已于 2001 年 11 月 10 日正式加入 WTO,这意味着浙江农业加快了进入世界贸易自由化和经济一体化的进程。浙江农业要想在新的贸易环境下得到更快、更好的发展,必须进一步提升竞争力水平。只有全面提升农业竞争力,才能使浙江农产品充分利用改善了的国际贸易环境,进一步打开国际市场,获得更多的经济利益;才能使浙江农产品在国内外市场竞争中立于不败之地,获得更大的发展空间。

一、加入 WTO 后浙江农业面临的主要问题与挑战

　　加入 WTO 后,浙江农业将不可避免地面临新规则的严峻约束以及新的外部环境,主要体现在:第一,浙江农业发展被置于 WTO 框架下,无论是农产品的生产、贸易,还是政府对农业生产的支持和保护,都必须遵守 WTO 规则的要求;第二,随着贸易保护的降低,国外农产品将更容易进入本国和本地市场,这意味着对浙江省农产品传统市场的冲击将加剧,浙江农产品将直接面对国外农产品更激烈的竞争,尤其是美国和欧盟农产品的竞争;第三,浙江农业能够在农产品贸易自由化进程中获得更多直接利用国际市场的机会,从而拥有更广阔的发展空间,但同时也将面对国际市场对农产品品质和安全性的高要求的考验。

————————

　　① 本文作者为黄祖辉、张昱、蒋文华,为 2002 年浙江省省长基金项目"入世后的浙江农业发展与改革研究"(T20203)的研究报告。

加入 WTO 后,浙江农业面临的主要问题与挑战将集中体现在以下几个方面。

第一,小规模农户经营同大市场的需求之间的矛盾越来越突出。由小规模农户经营的特点所造成的投资约束和规模制约,形成了重数量增长、轻品质优化的农业增长模式。这种矛盾的解决单纯依靠农民自身的改进是难以完成的,必须由政府出面予以调整,才能适应未来农业发展的形势。

第二,以价格保护为主的农业保护和支持体系越来越不适应市场经济的要求,也同 WTO《农业协议》中的条款相冲突。入世之后,任何农产品的出口都不允许补贴,国内价格补贴同样也是被禁止的。因此,应尽快改变目前以价格补贴为主的农业保护和支持政策,避免重蹈欧、美、日等国家和地区农业保护的覆辙。

第三,农业将面临国际农产品市场越来越大的竞争压力。从整体上来看,虽然我国农产品收购价格指数较国际市场偏低,但小麦、玉米等六种大宗农产品仍高于国际市场价格。美国、欧盟等国外农产品可能会大量进入中国市场,将导致浙江省大米、小麦、油料、大豆等土地密集型大宗农产品生产的萎缩。

第四,传统的重量轻质、为追求产量而忽视食品安全的农业生产方式不适应国际农产品市场越来越高的品质需求和健康、安全、环保的潮流。降低关税也驱使国际农产品进口国更多地启动卫生及动植物检疫条款来保护本国市场。而浙江省的农业生产在农药化肥的科学使用和降低残留、动植物疫病防治等涉及食品安全的农业科技领域急需尽快发展与调整。

第五,面对国外大农业的规模化、产业化经营和基因化生产技术的发展,浙江省农业在组织化程度、农产品科技含量(尤其是在种子种苗方面)和加工深度以及政府对农业管理体制等方面的弱点和不足将会进一步显现。

二、浙江省主要农产品的竞争力

在评价浙江省主要农产品竞争力时,主要考虑以下两条原则:一是重要性原则,在这一原则下我们选择了农产品产值占农牧渔业总产值的比重(简称产值比重)较高的农产品作为对象;二是商品性原则,即那些进入市场程度较高,也即商品率较高的农产品,而不是将农民自产自用的农产品作为对象。根据上述原则,通过统计分析,我们选择六类农产品——稻谷、水海产品、蔬菜、生猪、柑橘、油菜进行分析评价。限于篇幅,本文省略具体的分析过程(详情可参见课题研究报告全文),对浙江主要农产品的竞争力得出如下判断。

(一)主要农产品竞争力状况

1. 价格竞争力状况

与国内平均成本水平相比较,浙江省的主要农产品除了柑橘、海产品之外,几乎全部产品(生猪、水稻、淡水产品、油菜、蔬菜)的单位生产成本都略高于或大致相当于平均水平,因此浙江农业在与国内其他主要农业省区的生产竞争中基本不具备成本优势,也即在国内竞争中缺乏构建价格竞争力的成本基础。但是一些特定的产品,如柑橘,成本地位还是相对领先的。浙江海产品生产以近海捕捞为主,养殖方面由于缺乏相应的成本资料而无法下结论。与美国、加拿大等国家比较,生猪和水稻具有显著的成本优势,具备国际价格竞争基础。油菜生产在国际比较中成本劣势明显。

浙江省农业生产与国外相比,成本优势主要来自:一是生产要素价格低。如仔猪成本低是生猪产品价格竞争力的主要来源;地租低是水稻价格竞争力的主要来源。二是资本资产投入少。国外产品成本中,机械使用费、燃油电力、资产折旧、维修费等一系列重要成本成分,在浙江省农业生产中的份额很小。

从价格竞争力的成本基础上分析,生猪、水稻、海产品具备发展外向型竞争、开拓国际市场的能力,其中:生猪可以考虑发展为连接内地生猪出产地与国外市场通道的转口型贸易竞争模式,或对内地生猪产品进行深加工再外输的贸易竞争模式;水稻生产应进行结构调整,减少普通品种生产,发展名优品种挺进国际市场;海产品生产应注重提高近海养殖的比例和技术。柑橘产品在国内竞争中具有价格竞争力的成本基础。淡水产品、油菜无论在国际还是国内竞争中都无价格竞争力可言。

2.差异型竞争力状况

浙江省主要农产品具备一定的差异型竞争力及差异化潜力,但现状并不理想。具体表现为:

农产品安全性是浙江省农业发展面临的首要问题,目前浙江省无论种植业、畜牧业还是水产业都面临安全问题的困扰。农产品安全的另一个方面就是目前国际上转基因农产品(GMO)浪潮对浙江省农业的冲击。转基因农产品在国际上至今还存在着很大的争论,以美国为代表的转基因食品生产大国为其贸易利益着想,极力争取市场,而以欧盟为代表的国家和地区则认为在转基因农产品的安全性尚未得出科学结论之前不应将其市场化。国际社会于 2000 年 1 月在蒙特利尔通过《卡特赫纳生物安全议定书》(简称《议定书》),《议定书》对转基因产品的越境转移的各个方面都做出了明确的规定。这些规定对 GMOs 国际贸易的影响是负面的。《议定书》的签订将大大促进非 GMO 产品有机食品的国际贸易,特别是给绿色—有机食品国际贸易的发展创造了千载难逢的机遇。浙江省如果能把握机会,在国内市场乃至国际市场上树立严格控制转基因食品的形象,则可以先行一步,在越来越注重安全与卫生的国内外食品市场上赢得竞争的主动地位。

品种资源具备优势,但优良品种的市场资源开发不够、新品种研发不够。尤其在水果(以柑橘为主)、蔬菜生产上,浙江省拥有传统的品种资源优势,如常山胡柚、黄岩蜜橘、野生高山蔬菜等传统的优势产品,在国内的市场知名度就不高,更不用说国际市场了,品种优势转化为产品溢价的能力很弱。而且传统品种长期不发生变化,跟不上国际国内市场上对产品外观、专用性(对原料型初级农产品)等方面要求的发展,新的名特优品种出现断层。

农产品加工能力不足,出口产品附加价值低。较明显的如生猪,浙江省农产品出口结构中,生猪出口产品主要是活猪,鲜冻猪肉及其他猪肉制品出口极为有限。以初级产品为主的农产品出口结构使得浙江农业的整体盈利水平大打折扣,降低了整个产业的差异型竞争力。

基本不具备服务国际特殊市场的能力。浙江省农业参与国际竞争的差异化手段还停留在比较原始的阶段,根据国际市场上的特殊需求量体裁衣布置生产,创造高质差异的服务能力基本不具备。

3.综合评价

浙江省农业具备一定进入国际市场的能力,这种能力主要表现为部分主要农产品具备价格竞争力的成本基础,但在差异化竞争能力方面表现较差。价格竞争和差异型竞争虽然是国际竞争的两种不同的策略选择,但是在品质上达不到基本的国际市场准入条件则会使价格竞争力的实现失去机会。浙江农业发展差异化竞争存在潜力,这种潜力表现为浙江省拥有一批地域性极强的特色产品,如茶叶、竹产品、生丝及制品等普通产品的名优品种资源,以及地理区位和自然条件优势。

浙江省农业除部分特色产品外,在国内市场竞争中基本不具备成本优势,但浙江省具有地处东南沿海的地域优势和深水良港的贸易条件优势。这种成本地位和地理资源优势使浙江省可能选择成为内地优质低价农产品外输通道和加工外销基地的农产品竞争模式。

(二)农业竞争力支撑体系评价

1.资源禀赋和生产要素对浙江农业竞争力的贡献

劳动力:相对于先进国家,浙江省拥有一定的劳动力价格优势。但在实际生产中,劳动力价格低反而诱使浙江省农业生产跌入了"劳动力资源陷阱"。具体表现为现有的生产方式劳动生产率十分低下,使得要素价格优势无法转化成产品成本优势,反而成为降低农业生产成本的障碍。

土地:土地资源稀缺是浙江省的基本省情,这一基本资源特征使得土地密集型的农产品和土地密集型的农业生产方式在浙江省失去基础。现有成本计价方式没有计入土地的机会成本,使浙江省农业生产成本(相对国外)被低估。

资本：浙江省农业生产中的资本投入水平在全国来说已属比较高的，但与美国相比依然十分有限。在某些初级产品的生产中，如生猪养殖，研究表明以劳动替代资本的小规模分散饲养在降低成本上确实是有效率的，但前提是投入的劳动是机会成本几乎为零的农村社会闲散劳动力。然而，要发展差异性竞争力、提高产品价值水平，则必须依靠资本投入，可以说浙江省农业差异竞争力较弱有相当部分要归因于农业生产中的资本投入不够。

自然资源：自然资源包括气候、土壤、地理位置、水体资源等。应该说浙江省的农业自然资源条件还是十分优越的，但也应注意利用资源的效率。根据浙江省的资源禀赋，培育浙江农业综合竞争力的基本方向应该是：根据现有的产品竞争力状况及时调整农业品种结构；充分利用区位优势和邻省低成本农产品的资源，积极发展农产品转口贸易和深加工贸易；充分挖掘传统品种资源优势和传统农业生产技术，并与现代农业科技相结合，发展精品农业，走高技术、高经济效益之路。

2. 农业政策和制度因素对浙江农业竞争力的贡献

"制度是一个社会的游戏规则，更规范地说，它们是一些决定人们的相互作用而人为设定的制约。"制度确定和限制人们在经济活动过程中的选择集合和激励结构，并通过影响人们的行为选择来最终决定经济绩效和相应的利益分配。浙江省有着制度改革和创新的优良传统，无论是20世纪60年代包产到户的尝试还是20世纪80年代"温州模式"的兴起，都显示出浙江农民的创新精神。特别是进入21世纪后，以粮食购销市场化和农村土地流转为代表的新一轮农业制度改革，对浙江农业综合竞争力的提升起到了积极的促进作用。为此，浙江省应充分利用已有的制度改革和创新优势，挖掘其提升浙江农业综合竞争力的巨大潜力，并进一步加快浙江农业和农村制度改革和创新步伐。

浙江省统计局对2001年浙江农业生产的最新调查统计显示，在实行以"取消粮食定购任务，放开粮食生产、收购、价格"为主要内容的粮食购销市场化改革后的短短一年时间内，浙江省的农业经济结构发生了巨大变化，农业经济综合实力得到显著提高。2001年全省粮食作物播种面积比2000年下降16.0％，粮食总产量下降11.8％。与此同时，经济作物面积增加3.7％，其中蔬菜、甘蔗、药材播种面积分别增加10.4％、

6.4％和19.9％,花卉种植面积更是增长99.1％。粮经面积比例由2000年的65：35调整为59：41。[①]

除了粮食购销体制改革外,浙江省还进行了农村土地流转制度改革的积极探索,并取得了良好效果。据不完全统计(缺余姚、慈溪、象山、北仑4个县的统计资料),截至2001年3月底,浙江省农村土地流转涉及的村数占总村数的66.4％,涉及的农户占总农户的20.8％,土地流转面积277.67万亩,比去年(2001年)底增长1.23倍,占承包土地面积的13.1％。流转的主要形式是转包(自由转包和委托转包)、转让(包括反租倒包)、互换和入股。在总的农地流转面积中,转包的比重最大,其次是转让,两者相加所占比重为81.7％。流入工商企业经营的土地面积占总面积的7.0％。通过土地流转制度创新,按效率原则重新安排使用土地,促进浙江农业生产要素的合理流动和优化组合,实现土地资源的充分利用,对浙江农业竞争力提升起到了重要作用。

但是,浙江省农业生产力仍然面临一定程度的体制制约,这反映在农业生产的成本外开支上。成本外开支在中国农业生产中具有普遍性,浙江省的成本外开支水平与全国相比还是较低的。在对外竞争中,如何理顺体制、解放生产力,将成为浙江省乃至中国农业发展中一项长期重大的课题。

3. 企业化经营管理对浙江省农业竞争力的贡献

由具备现代企业管理规范与运作方式的农业企业来经营农业,在营造农业竞争力中的作用在于,用现代化的生产技术和生产方式进行农业运作,以企业化的形式组织农业生产、农产品加工、运输、销售和服务,为本地农业参与外部市场竞争提供主体。由企业来担任农业国际竞争的主体与实体,一方面能降低交易成本,增强本地农业对外谈判的市场能力;另一方面有助于农业内部产业链条的拓展和延伸,为农产品创造附加值,提升市场价值,进而为差异型竞争力创造条件。另外,由企业经营农业有助于将质量提升、成本控制、技术开发、市场拓展、追逐利润等企业观念与机制引入农业生产,有利于农业逐步增强自身能力,摆脱弱势

---

① 《浙江省统计局关于2001年浙江省国民经济和社会发展的统计公报》,《浙江日报》2002年3月7日。

产业的思维定式。

浙江省现有的由企业来经营农业的方式主要有两种：一种是作为农业产业化经营关键环节的各类农业专业合作组织和龙头企业，有资料反映，到 2000 年，全省共有农业龙头企业 5000 多家，包括 8 家国家重点龙头企业；另一种是由社会企业所经营的农业项目，包括由企业投资建立的各类高新科技园区，如由浙江省著名民营企业——传化集团投资 5 亿元兴建的，具有国内一流水准的浙江省农业高科技示范园区。企业化生产经营对浙江农业竞争力起到了推动作用，据统计，2000 年底，全省已注册了农业名牌商标 7500 个，培育名牌农产品 52 个，促进了农产品的优质化。但企业化经营对浙江省农业还是个新兴事物，在全省的农业生产中还是"星星之火"，农业企业尚未真正成为浙江省农业国际竞争主体。

4. 产业化与纵向协作对浙江农业竞争力的贡献

对一个产业来说，纵向协作越紧密，产业对外部市场的反应就越快，适应性和生存力就越强，该产业的竞争力也就越强。在家庭经营长期不变的情况下，要克服农户分散经营的局限性，引导农户和市场接轨，必须加强农业部门各种形式的纵向协作，继续肯定和大力发展农业产业化经营。

近些年，浙江农业产业化进程有了一定的发展，截至 2000 年底，浙江省已有 2667 个农民合作组织，以这些合作组织为龙头，带动了大约 20.18 万个农户家庭进入了浙江农业的产业化发展道路。农民合作组织涉及蔬菜、果蔗、家禽、水产、蚕桑、农产品加工业和运输等众多领域，农民合作组织的建立和发展对于节省农户交易成本、强化浙江农业纵向价值链、提升浙江农业竞争力起到了积极作用。但从浙江省目前发展情况看，农业产业化和部门内纵向协作的发展还存在很多问题，这主要表现在：合作组织规模小，实力弱，运行不规范，地区发展不均衡，参与农户不多，农业生产的组织化程度还很低，参加各类合作组织农户的总数仅占全省农户的 1.9%，平均每个合作组织仅有 75 个农户。行业内部协作与产业化的水平不高，在一定程度上限制了浙江省农业竞争力的进一步提升。

5.农业技术因素对浙江农业竞争力的贡献

浙江省在许多特殊地域性农产品生产上有丰富的传统技术积累,这是一笔非常值得珍惜的财富。技术壁垒和专有资源一同构成了这些特色产品难以动摇的竞争地位。但是从整体上看,浙江省在以下的一些领域中缺乏技术或技术老化,制约了农业综合竞争力的进一步提高:一是提高大宗农产品品质的技术。浙江省的自然资源禀赋难以支持大宗产品在数量和成本上与内陆省区竞争,只有避重就轻,在品质上有突破性的提高,化传统意义上的大宗产品为优品、精品,才能回避资源约束的缺陷,在竞争中制胜。二是提高无公害、绿色农产品产量的技术。绿色农产品是当今国际市场上的新潮流,价格高,获利能力强。但仅依靠传统农业生产技术无法提高产量,难以满足贸易型农业的需要。三是易于推广的农产品保鲜技术和深加工技术。四是转基因农产品的研究。即使选择发展非转基因农产品的差异化竞争策略,对转基因产品的技术也必须有同步于世界水平的研究,以确保在国际市场流行趋势发生改变时能够及时调整生产,在国际农产品贸易竞争中保持不败地位。

三、提升浙江农业竞争力的基本思路与对策

为了减轻加入 WTO 后对浙江农业的冲击,防范加入 WTO 给浙江农业发展带来的不利影响,最大限度地利用农产品国际市场加速浙江农业的发展,应充分做好相关农业产业结构、发展政策的调整和农业体制的改革与创新。浙江未来农业发展的政策取向是:在农业和农村经济体制全面改革和创新的基础上,以国内外农产品市场为导向,充分利用省内外农业资源,根据比较优势调整农业生产结构和贸易结构,使农业资源在更大的市场空间实现优化配置,全面提升浙江农业竞争力。

(一)充分利用农业资源禀赋,调整农业结构,实现结构转换

在 WTO 框架下,浙江农业产业结构应当进行战略性调整。适当让出部分产品的国内市场,把不具备竞争优势的产品生产减少到最低安全

水平,同时将用于这些产品生产的资源转移到有竞争优势的产品生产上来,扩大优势农产品的出口,提高浙江农业资源整体配置效益。

第一,在确保粮食最低安全水平的前提下,压缩低质粮食品种,扶持优质粮食品种的发展。根据前面的分析,浙江在粮食作物的生产上与全国相比并不具备明显的成本优势,在潜在的成本降低空间上甚至还不如其他省份。大米生产只能走提高品质的道路,若能在大米尤其是晚稻米品质上充分适应日本、韩国等国家对高档米的需求,加之本省地理区位的优势,浙江的大米生产还是有可能创立有利的竞争性地位的。从粮食总体资源情况看,浙江省在除大米以外的其他粮食品种的生产上更加难以取得优势,因此,今后可以采取主动增加粮食进口的方式来替代浙江有限的农业资源,以期提高农业资源整体配置效率。

第二,突破传统思维,大力发展畜牧转口贸易和畜产品深加工。浙江出口创汇农副产品在全国份额较高的羽绒(39.9%)、兔毛(21.3%)、肠衣(16.8%)、活猪(12.3%)、猪鬃(6.9%)均是与畜牧业有关的。浙江省畜牧业生产在国际市场上具有较明显的成本优势。进一步发展畜牧业的主要目标是提高其出口能力,因此应突破传统思维方式,充分利用毗邻港口的地理区位优势和邻省低养殖成本牲畜产品的资源,发展轻资产型的转口贸易,以及高附加值的畜产品深加工。在传统的畜牧养殖产业中,则应充分加强疫病防治和进一步建立、完善动物产品质量标准体系。

第三,加强果、蔬、茶出口产品基地建设,强调质量和产品附加值提升,实施"品质+品牌"战略,扩大产品出口。目前,中国果、蔬、茶等产品的总产量已经较高,但在国际市场上的贸易份额仍然很小。进一步加强水果、茶叶、蔬菜出口商品基地建设的相关措施应包括:采用现代生物农业技术,降低农药化肥使用,提高产品的有机程度,使之充分适应国际农产品消费的健康安全潮流;改进产后商品化处理,建立优质农产品品牌,以此提高产品竞争力;大力发展初级农产品产后加工能力,提高出口产品附加值和创汇能力。

第四,通过发展养殖与加工,进一步提升浙江省海产品的生产与市场竞争力。浙江省海产品的资源优势和贸易竞争力是比较明显的,但是过度、无序的发展会带来资源耗竭的后果和利润提升的边界。海产品的发展必须走捕捞与养殖相结合、生产与加工相结合的综合、良性发展道路。与此同时,注意改进产品包装和营销手段,去争取更大的国际市场空间。

第五,充分发挥市场的调节作用,放宽土地利用上的过度限制,允许农民根据农产品市场行情的变化,将土地自由地用于种植业以外的农业生产。结构调整面临的一个重要的也是具体的障碍就是传统的土地政策对农民和农地的生产选择仍然限制过多,以致市场机制对农业生产的调节作用不能充分发挥。政府应进一步放宽农地使用方面的限制,同时尽量向农民提供充足的市场信息服务,充分利用市场的指导作用和农民的追逐利益的动机,实现产业结构的合理调整。

(二)着眼农业技术发展趋势,改造传统农业,实现技术升级

从产品的层次上来说,提高竞争力离不开提高产量、降低成本、提升质量几条途径,而这几条途径的实现都要依靠农业技术的创新与突破。因此,推动农业领域内的技术革命是提升浙江省农业综合竞争力的关键所在。

立足省情,用高新技术改造传统农业,提高农业整体效益,是加速浙江农业现代化进程的重要保障和全面提升浙江农业综合竞争力的必然要求。针对浙江农业发展的巨大需求和农业高新技术发展的现实,根据世界农业高新技术的发展趋势,本着"有所为,有所不为"的原则,提出以下发展对策。

1.创造环境:政府要加强宏观调控和政策引导

高新技术是一项高投入、高风险、高回报的产业,具有明显的外部效益性,特别是农业高新技术外部性更为突出,政府作为外部经济的"天然保护者",应担负起相应的经济职能。政府应该充分发挥其宏观调控职能,实行统一规划、统一管理、统一协调,利用国家重大计划,集中人力、物力和财力等资源,进行联合攻关,提高研究效率。同时,要制定相应的发展扶持政策,为农业高新技术的发展营造良好的政策环境。

2.增加投入:以政府为主导,积极吸引企业与社会力量的参与

投入不足是农业高新技术发展的主要制约。在政府不断加大农业

科技投入的同时,要积极吸引社会各界,特别是众多企业的广泛参与。要通过鼓励政策、成果权属界定等有效措施,吸引企业与科研单位进行科技合作,不仅要引导企业参与前期的研究开发工作,还要联合开展高新技术的产业化工作,为高新技术的产业化提供孵化器,并成为产业经济发展的引擎。

3. 完善机制:设立"农业高科技风险投资基金",建立融资机制

雄厚的资金支持和健全的资金市场是发展高新技术产业的重要前提条件。成立"风险投资开发基金",完善高科技发展的融资机制,是美国等世界发达国家发展高新技术的重要经验,也是现阶段浙江加速农业高新技术产业发展的有效途径。通过基金的设立和融资机制的完善,培育资本市场,鼓励和引导科技人员以市场为导向,积极参与国内外竞争,提高科技成果的成熟度,加速技术突破和产业化发展。

4. 培育产业:大力培育农业高新技术企业群,加速产业化进程

企业是技术创新的主体,大力培育农业高新技术企业群是实现农业产业升级、促进农业向现代产业跨越的关键。企业群的缺乏是制约浙江农业产业发展的瓶颈。在引导企业建立健全技术创新机制、壮大经济实力的同时,还要积极鼓励科研单位、大专院校和科技人员创办、领办农业高新企业,尽快培育浙江农业高新技术企业群,从而带动农业产业的升级和结构优化,增强国际竞争力,发挥后发优势,加速农业现代化。

5. 培养人才:重视优秀人才的培养和研究基地的建设

高科技发展的实质是人才队伍潜能的发挥,优秀人才队伍的拥有和培养是农业高新技术发展的基础。一方面要通过实验室、试验基地的建设和改革管理运营机制等措施,创造吸引人才的工作环境;另一方面要通过完善工作条件、改革分配制度等手段,营造吸引人才的生活环境,以切实吸引一批国外优秀人才,引导一批国内人才的流动和集中。同时要不断提高浙江农业高新技术人才的素质,保持优先学科的优势,缩小落后学科与其的差距。

6. 引进吸收:加强国际合作与交流,充分利用国际先进科技成果资源

要充分正视浙江省与国际先进水平的差距,树立正确有效的发展观

念,加大引进工作的力度。同时,做好引进技术的消化和吸收,积聚和发挥后发优势。在一些起步较晚的领域,可以考虑以引进为起点,实现引进与自主开发的有机结合。对自行研制成果要注重知识产权的保护和利用,珍视自身资源。

(三)面向需求变化趋势,发展绿色农产品,提升品质结构

随着社会经济的发展和人们生活水平的提高,社会的恩格尔系数不断下降。消费者对农产品的要求不再局限于数量的满足,而越来越追求食品健康与安全,对绿色农产品的需求呈不断增长的趋势。食品的安全与健康问题越来越受到社会的广泛关注,因为它不仅涉及广大人民群众的生命安全与健康,还涉及农业生产经营者的经济利益。

据了解,近几年浙江农产品出于质量和卫生安全方面的原因而在国际市场屡屡受挫,已成为制约浙江省农产品市场竞争力进一步提升的重要方面。如何加快浙江省绿色农产品开发,已成当务之急。发展绿色农产品是一项从生产基地建设到市场体系建立的系统工程,需要各行各业的人们相互协调配合,更需要政府的积极引导和扶持。具体来说,需要从以下几个方面着手:

一是加强绿色农产品的基地建设。建设绿色农产品生产基地是此项工程最为基础和最为关键的环节。一方面要考虑在浙江丽水、衢州等相对边远、污染少的地区进行生产基地建设,避免这些地区走先污染后治理的老路;另一方面也不能放弃对城郊、工矿区等污染较严重地区的环境治理和生产方式转化,以有利于这些地区蔬菜基地的建设。

二是加强绿色农产品的科研开发和技术推广。农产品花样繁多、生长习性各异,除加强环境质量评价、产品加工技术、产品检测、包装等环节的研究外,应根据其各自的特点,研究适合其生长发育的生产技术标准,以做到在无污染的前提下,提高风味、外观和品质,使绿色农产品真正成为浙江省的"拳头"产品,创出自己特有的品牌。

三是加强绿色农产品生产的组织和管理。建立各级管理中心,协调和组织各部门、各行业、各地区间的合作,充分发挥社会合力。加强绿色农产品的管理,制定法律保护措施,避免生产经营者和消费者的利益受到损害。

四是加强绿色农产品市场体系建设。市场流通是否顺畅直接影响绿色农产品的经济效益，因此，有必要建立其专门的营销网络。对于出口产品，急需建立进口国、出口国相互承认的产品质量认证体系，做到畅通无阻，以减少损失、增加效益。

五是加强观念引导。围绕绿色农产品的特点加强对公众的介绍和引导，提高消费者对绿色食品的认知度和接受度，提高公众的健康意识、环境意识，使消费成为生产的原动力，以有利于形成生产和消费的良性循环。

六是制定适当的优惠政策。浙江的绿色农产品业发展刚起步不久，需要大量的投资和精心的扶持，而又难以在短时间内获得高额回报，因而政府部门应制定优惠政策鼓励农民和企业从事绿色农产品的生产经营。这无疑是一项有远见的举措，将会促进浙江农业经济、生态和社会效益的协同发展。

（四）依据 WTO 规则要求，调整农业政策，实现政策转变

加入 WTO 后，常规的价格支持等传统的农业保护手段将不利于抵御外来农产品的进入，需要新的保护手段。总体说来，我国农业保护与支持的空间还相当大。我国经济已经进入工业化发展中期阶段，已具备了加强农业保护的条件，长期的由于历史形成的以农补工的情况应尽快转变为"以工补农"。根据 WTO 农业协议，浙江省适用的"绿箱"政策主要包括以下几种。

1. 增加农业科技投入，加强农业技术创新体系的建设

加强农业科研和推广工作，加强对农民的基础教育和技术培训工作。通过科技活动，提高农产品的科技含量，推动农业增长方式的转变，增强农业的整体竞争能力。

2. 增加农业基础设施建设投入

加强以水利建设为核心的农业基础设施建设工作，加大农田水利设施、大江大河治理、气象服务等基础工作，加大生态环境治理、水土保持、防护林建设的投入力度，为农业生产提供良好的道路设施、邮电通信、能源、市场信息等方面的服务，间接减少农民用于生产农产品的成本支出，

减缓农产品成本上升速度,并相应增加农民的收入。

3.增强农村环境和生态保护投入

加强农村环境监测、污染治理和环境保护工作,加强农业病虫害的预测预报和控制工作,加强农村公共卫生工作。

4.建立适合WTO规则的农业保险制度和保险体系

加入WTO后,特别应加强对农民的收入补贴和灾害补助。

5.建立农业信息体系

建立农产品生产、科技、供给、需求、市场价格变动的信息系统和预测预报系统。

6.设立农业结构调整基金

为了补偿加入WTO给农业部门造成的收入损失,并保证农业结构调整的顺利进行,应设立农业结构调整基金,专门用于扶持农业结构的调整,发展优质高效的种植业、畜牧业以及农产品加工业。

此外,为防止境外农产品对省内农产品市场的过度冲击,在WTO框架内,应适当调整农产品进口政策。第一,要有效利用农业协议的争端解决机制及反倾销法,使浙江省既能进口少量的受补贴的国外低价粮油等重要农产品,节约外汇,又能防止国外有补贴的农产品过度进入而冲击浙江省的农业生产。第二,利用乌拉圭回合对环境与动植物检疫的规定,进一步加强进出口动植物检疫工作,以保护省内市场,确保省内农业生态环境和动植物的生命不受危害,确保广大老百姓的生命安全和健康。

(五)顺应农产品竞争趋势,推进制度改革,实现体制转型

1.改革农产品流通体制,加强农产品的生产与贸易管理一体化

为了适应加入WTO的客观要求,政府对农业生产的干预必须从过去的对农产品市场和价格调控为主的发展战略全面转向提高资源利用效率、降低农产品成本、提高农产品质量等方面。

为了适应加入WTO的通行规则,国有农业企业尤其是粮食企业对国内市场的几乎垄断经营的局面即将被打破,国有粮食企业的改革已迫

在眉睫。浙江应在率先进行粮改的基础上,进一步加快国有粮食企业的改革步伐,采取多种形式转换企业经营机制,包括对一些经营不善的国有粮食企业进行公开拍卖。与此同时,政府应放手让个体、民营企业进入粮食流通领域,共同参与市场竞争。

必须改变目前农产品出口管理上存在的生产和贸易相互脱节问题,改变管生产的不了解市场,管贸易的又调控不了生产的局面。加入WTO后,浙江的农业将直接与世界市场接轨。因此,应当加快外贸体制的改革,打破行业部门界限,使农产品生产与贸易有机结合起来,实行一体化管理。只有这样,才能做到既有效地支持省内农业生产,又大大提高农产品对外竞争的整体实力。

2. 培育农村土地流转市场,减少单位产品活劳动费用

种植业规模小、劳动力投入较多,是浙江大部分农作物生产成本高的根本原因。因此,推动土地流转市场的发育,使土地逐渐转包给种田能手和大户,是扩大土地经营规模、降低单位产品活劳动费用的有效途径。

通过土地流转把零星的土地使用权从千家万户农民手中集中连片,按效率原则重新安排使用土地,进行适度规模经营,有利于改善分布于农民中的异质人力资本的配置效率,促进土地、资金、技术、劳动力等农业生产要素的合理流动和优化组合,有利于农民间的分工与专业化,实现土地资源的充分利用。

土地流转机制的建立,有利于改变部分农民"亦工亦农、亦商亦农"的兼业化状态,解除土地对这些农民的束缚,促进农村劳动力向非农产业转移,向城镇集聚,推动了城市化、农村现代化进程。同时,土地流转机制的建立,将加速农业结构的调整和优化,主要表现为"五增一减":水产增、蔬菜增、瓜果增、花卉增、其他经济作物增和粮食减。浙江许多地区通过各种形式的土地流转已促进产业结构的调整。它一方面使土地流出农户的租金收入明显增加,另一方面,土地流入的农户通过规模经营同样也增加了收入。

3. 推进农业产业化经营,提高浙江农业经营主体的竞争力

浙江农业参与国内外市场竞争,实质是农业经营主体与产业组织的

竞争。目前,浙江农业经营主体与组织的竞争能力仍显不足,主要表现在:①农业经营主体分散,农产品批量小,生产成本高,与复杂多变的国际国内市场难以对接。②经营规模狭小,缺乏规模优势,抵御市场风险和适应市场变化的能力差。③农产品流通不畅,缺少高效、快捷的农产品销售手段,市场信息不灵,进入市场的能力薄弱,难以适应国际农产品市场的现代化交易方式。实施农业产业化经营,是培育壮大农业经营主体,提升其竞争力的有效途径。

通过农业产业化经营,把龙头企业同农业经营主体结合起来,可以使经营要素和生产资源得到重组整合,从整体上提高农业经营主体进入两个市场的能力。实行农业产业化经营,可在稳定家庭承包经营制度的基础上,建立农产品生产基地,引导带动农户进行规模化生产。农户生产成为龙头企业的"第一车间",龙头企业通过利益机制把若干"第一车间"联结为生产基地,对主导产业和产品实行区域化布局、专业化生产,可形成较大规模的产业链、产业群,实现分散的家庭经营与规模经营的有机结合。这种规模化生产,有利于增强规模优势,提高农产品市场占有率,扩大规模效益。

实行农业产业化经营以后,农产品生产基地的批量生产,可以为农产品加工业提供原料支持;生产、加工、销售一体化,又可以促进农产品精深加工,综合开发利用,提高农产品及其加工品的科技含量,实现多次转化增值,提高农业比较效益。龙头企业加工、销售环节的部分利润返还给农业经营主体,使其增加收入。农业比较效益的逐步提高,为增加农业经营主体收入和提高竞争力奠定坚实基础。

(六)加快农民合作组织建设,提高浙江农业的组织化程度

在家庭经营长期不变的情况下,如何克服浙江省当前农户分散经营的局限性,有序地引导农户和市场接轨,走向专业化、商品化、现代化发展之路,是全面提升浙江农业竞争力水平所必须解决的问题,这实际上也是农业产业化经营的重要途径。国内外成功的途径就是在农产品生产、加工、流通领域大力发展农民自己的专业合作经济组织,从而把家庭经营与合作经营的优势有效地结合起来。就国际来看,有资料表明,在日本和欧盟的一些国家,农场主生产的初级产品80%左右由合作社加

工与销售,其他组织仅占 15%～20%,邻国韩国的农业合作组织也发展得非常好,即使在农场规模较大的美国,参加合作社的农民也约占了农场总数的 90%。

浙江省政府应以各种形式大力宣传农业合作经济组织建设的意义和作用,使广大干部群众认识到,大力发展专业合作经济组织,是农村市场经济发展的客观要求和必然趋势。要通过教育宣传,统一思想,发动群众,调动农民群众参与的热情,真正使农民成为新型农业合作经济组织的主体。

此外,浙江省各级政府应在条件比较成熟的地方,先行培育一部分示范合作经济组织,总结他们的成功经验。在总结推广典型经验的基础上,让事实说话,让农民群众信服,从而引导广大农民积极兴办和参加专业合作经济组织。各级政府在搞好试点示范的过程中,一方面要注意侧重提供成功的典型,另一方面要认真研究如何建立健全合作经济组织的各种管理运行机制和利益调节机制。要通过典型示范,总结经验,以指导和支持农村合作经济组织健康发展。

政府对农业专业合作经济组织的扶持,重点是各项政策的扶持。有了好的政策,合作经济组织就可以如鱼得水,蓬勃发展。政府对合作经济组织的扶持政策,应主要体现在以下方面。

1. 产业政策

政府根据当地农业产业化发展水平和方向,围绕合作经济组织的发展思路和重点,用正确的产业政策,引导、鼓励、支持农民群众兴办各种不同类型的专业合作经济组织。政府在农业产业发展政策上支持专业合作经济组织,这对政府产业化战略的实施和专业合作经济组织的经营发展将产生双重推动的效果。一方面,农民群众围绕政府的农业产业化发展方向积极兴办的专业合作经济组织可以通过政府制定的产业政策更好地围绕主导产业搞好经营,更好地争取政府的支持;另一方面,专业合作经济组织是政府实施农业产业化的经济载体,政府的农业产业化发展规划和政策措施,通过发展壮大的合作经济组织得到全面贯彻实施,从而大大加快农业产业化进程。

2. 资金政策

农业专业合作经济组织作为农民的劳动联合与资本联合的公有制

实现形式,一般来讲是劳动联合为主,资本联合为辅。社员的入股资金毕竟有限,因此,合作经济组织在经营中一般都受到资金的限制。政府对合作经济组织的资金扶持政策可侧重两个方面:①信贷资金扶持。政府应出面协调农村信用合作社及农村其他金融组织,在农业信贷方面向专业合作经济组织倾斜,扶持合作经济组织的经营和发展。②财政资金扶持。各级政府财政都有一块支持农业发展的资金,过去,这块资金主要用在农业基础设施建设上,面对农业产业化和合作经济发展的新形势,政府对支农财政资金的使用方向也应做出相应的调整,围绕农业产业化发展战略,逐步向专业合作经济组织倾斜,扶持各类合作经济组织的发展。

3. 税收政策

在国家没有明确制定对合作经济组织的税费优惠政策之前,浙江省政府可以从有利于地方经济长期稳定持续发展的目标出发,积极探索并在自己管理的税费征收范围内,制定一些扶持合作经济组织发展的优惠政策。

(七)创新农业科技推广体制,提升浙江农业的科技含量

浙江农业科技推广体系的改革和创新应充分考虑目前的发展现状,既要充分依托浙江农业和农村经济已具备的良好基础,又要充分发挥浙江农业市场经济体制发展相对领先的有利条件。为此,可以把浙江农业科技推广体系改革和创新的基本思路确定为:"更新观念、改革体制、创新机制、强化管理、拓展经营。"

1. 更新观念

首先是更新社会对农技推广的观念。虽然农技推广服务一般被视为公共物品,由私人提供的均衡供给小于帕累托最优的供给水平,但在某些情况下,对这种公共物品采取由商业性私人部门提供,政府给予一定数量的补助以使其供给达到帕累托最优的供给方式,将比由政府直接提供公共物品更可取。因此,应树立农技推广服务主体多元化的新观念,引入市场竞争机制。

其次是更新农技推广组织对农技推广的观念。农业生产的效益,更

多地体现为巨大的社会效益,对农业的科技推广和社会化服务也是如此。但这绝不意味着在市场经济下,对农业的科技推广和社会化服务是一种纯公益性质的服务。对农业的科技推广和社会化服务只要统一协调、规范管理,不断引入先进的科学技术,强化内部管理,降低运行成本,提高服务质量,依然可以取得巨大的经济效益。

2. 改革体制

改革体制首先是改变浙江农业科技推广体系的管理体制,将浙江农业科技推广体系从农业行政机关中分离出来,成为独立的、具有法人资格的中介服务组织。明晰产权、自主经营、自负盈亏[①],使其得到强大的激励,不断提高服务水平、降低服务成本,增加经济效益,获得持续发展的强大动力。

改革体制还体现在调整农业科技推广体系与基层农技站的机构设置上,逐步将有条件的地区改建成与农业区域相适应的可跨区域服务的专业性农技站;在农业产业化发展较快、区域特色农业明显的地区,组建区域性农技站;对尚不具备条件的地方,结合乡镇机构改革,归并各种专业站,组成综合性的农业服务机构,承担公益性、社会化服务职能。

3. 创新机制

浙江农业科技推广组织必须走农业产业化经营的道路。农业产业化经营是农业逐步走向现代化的现实途径之一,基层农技推广站应该充分利用自身指导、服务、协调农业生产的职能和技术、资金优势,与农户签订有关协议或合同,共同建立生产基地,其负责种子(种苗)、农资供应、产品销售、技术指导,农户负责生产管理和操作,利益均沾、风险共担,以推动当地资源的合理利用。

农业科技推广组织在进行产业化经营的过程中应建立有效的激励机制,充分调动科技人员的积极性(包括让农业科技人员以技术入股等形式直接参与投资并共享收益)。同时加强对农民的培训,帮助他们提高文化素质,掌握各种农业科技知识和实用技术。

---

① 在明确农技站国有产权的基础上可以引入其他投资主体,实现产权的多元化。自主经营并不排斥农技站必须完成国家规定的各项公益性职能,并在此基础上取得国家的财政拨款、补贴和奖励。

基层农技站在进行产业化经营的过程中应突破所有制界限,将国有、集体、个体经营者联结起来;突破行政区域界限,将乡镇内外农业生产衔接起来;突破城乡分割,把城市与乡村紧密地结合起来,促进生产要素的优化组合和产业结构调整,促进城乡之间的优势互补。

农业科技推广组织应联合大专院校、科研院所、商业供销部门、农业合作经济组织、农业企业等各类组织,为农民提供多种形式的服务。

农技推广组织应改变工作方式。由过去的注重行政命令转向更多运用经济、法律手段,充分尊重农民的权益,用说服教育、示范引导等方式为农民提供多样化服务。

4. 强化管理

农技推广组织应该把强化内部管理作为推动自身发展的有效手段,使内部管理向规范化、制度化、高效化方向发展。具体主要包括以下七个方面:敬业奉献的思想管理,能进能出的用工管理,责任到人的岗位管理,能多能少的奖惩管理,精打细算的财务管理,医疗养老的保障管理,完备齐全的档案管理。

5. 拓展经营

农技推广组织应利用自身优势,努力争取创办现代化农业科技示范园区。园区的建设用地可以来源于政府划拨,也可以向农民或村集体"反租倒包",或通过与部分农户直接合作经营。通过各种方式争取社会资金,使园区基础设施配套,科技含量高,管理水平高,成为当地新技术推广的窗口、产业结构调整的样板、集约化经营的典范和良种繁育的基地。

农技推广组织可以进一步成立农业经营公司。该公司依托行业优势,围绕农业主导产业,开展技术指导与生产资料供应相结合、与农副产品流通加工相结合的系列化服务,如育种育秧公司、农资连锁经营、农产品加工、农副产品市场等,进行一定规模的专业化、商品化生产和经营,从中获得合理的利润。

农技推广组织可以建立一个(多个)与农民真正结成利益共同体的合作经济组织。围绕当地主导产业和农民需求,以技术、设施、资金等入股,参与或创办农业合作经济组织,按照合作制的基本原则,与农民结成利益共享、风险共担的共同体。这样做,一方面提高了农民的组织化程度,开拓了市场,促进了当地产业的发展;另一方面农技推广可以通过合作组织这一"载体"传递到千家万户,实现与农民的有效对接。

(八)打造"信用浙江",提升浙江农产品的市场形象

近些年,农产品生产与销售中引发的恶性事件不少,频频在新闻媒体曝光,同时,人们对安全农产品、绿色农产品、有机农产品的需求不断增长。然而,在农产品生产、销售和消费各方面存在着严重的信息不对称,这使得农产品市场上呈现明显的"逆向选择"问题。要较好地解决这一问题,使浙江农产品能够在国内外市场竞争中凭借其良好的市场形象胜出,非常重要的一个方面就在于加快民主和法治化建设进程。只有通过民主和法治建设,才能为市场交易建立一种公开、公平和公正的交易环境,进而打造出"信用浙江"品牌,全面提升浙江农产品的市场形象。

产业竞争力的测评方法：
指标与模型①

　　竞争力是对传统贸易理论中比较优势理论的发展和突破。关于比较优势和竞争力的概念和它们之间的关系，国内已经有许多相关论述的资料。简单来说，比较优势是一种成本上的竞争力，它是所谓"前贸易环境"（pre-trade environment）下国家或地区间因为资源禀赋的差异而表现出来的产品成本差异。而竞争力的概念则更为广泛，它反映了包括成本和其他非价格因素对贸易的影响，与前者相比，它更易于在多因素作用的、不完全竞争的国际市场上被观察。但由于成本竞争在国际贸易竞争中的特殊重要性，以及数据资料的可掌握性，在现今关于竞争力的计量研究中，比较优势仍然是最主要的一个方面。

一、产业竞争力的静态估计

　　产业竞争力的静态测定指标与模型主要有：显示比较优势模型、国内资源成本法、社会净收益评判、利益成本分析、净出口指数与产业内贸易指数等，它们分别从贸易实绩、资源转化、规模经济等方面反映产业竞争力的现有状态。

---

　　①　本文作者为黄祖辉、张昱。本文内容发表于《浙江大学学报（人文社会科学版）》2002 年第 4 期，被中国人民大学期刊复印资料《国民经济管理》2003 年第 4 期全文转载。

（一）贸易绩效所反映出的产业竞争力

从总体上看，某一产业的竞争力最终总要表现在产品的贸易绩效上，因此对贸易绩效的直接观察能够"显示"出产业竞争力的程度。从这一角度出发，可以用显示比较优势模型（Balassa，1965）揭示竞争力的状态。显示比较优势系数（RCA）的定义为一国某种商品出口占其出口总值的份额与世界该种产品出口占世界出口总值的份额的比例，计算公式为：

$$RCA_{ijt} = \frac{x_{ijt} / \sum_i x_{ijt}}{x_{iwt} / \sum_i x_{iwt}} 。$$

其中：x_{ijt} 为 j 国在 t 时期对 i 商品的出口额，x_{ijw} 为 t 时期 i 商品的全世界出口总额。

虽然 RCA 是为了揭示比较优势而提出的，但是，由于它是从贸易数据计算得出的，而贸易数据可以说是在多因素（包括成本因素和非成本因素）影响下的一种贸易表现，因此，与其说 RCA "显示"的是比较优势，倒不如说其是一国在某商品生产出口上的综合竞争力的体现。

（二）从资源转化效率和社会收益情况衡量产业竞争力

由于资源在产业间和地区间的流动性，某一产业经济活动的资源转化效率及其对社会总收益的影响与该产业的竞争力态势密切相关。Bruno（1967）、Chenery（1972）、Pearson（1974）在国内资源成本的理论框架中提出了国内资源成本和社会净收益指标，前者揭示了国内资源以什么样的价格被转换成外汇，而后者则说明产业经济活动对社会总福利带来的影响。可行性分析中的利益成本比也可以从产品边境价格与总成本之比的角度，比较直观地反映产业的成本收益情况。

1. 国内资源成本

国内资源成本（DRC）可以定义为：某项商品的生产贸易活动，每赚取（或节约）一边际单位外汇所消耗的国内资源成本的价值。国内资源成本与汇率相比得到国内资源成本率（DRCR）。

DRC 的理论方程写作：

$$DRC_j = \frac{j\ \text{生产活动所消耗的国内资源成本}}{\text{净外汇所得（或净外汇节省）}} = \frac{\sum_{S=2}^{M} F_{sj} V_s - E_j}{U_j - M_j - R_j}。$$

其中，F_{sj} 指 j 产品生产活动所需第 s 种生产要素的数量（将外汇视为第 1 种生产要素，因此 s 从 2 开始取值），V_s 为第 s 种生产要素的机会成本，E_j 为 j 产品生产的外部效果，U_j 为以边境价格计算的 j 产品的产值，M_j 为以到岸价格计算的 j 产品生产中可进口中间投入，R_j 指 j 产品生产中所有外国直接拥有的生产因素的机会成本。

但在实际操作中，考虑资料的可掌握性以及资金的时间价值等情况，有研究将公式变形为：

$$DRC = \frac{\sum_{t=1}^{n} \dfrac{d_s}{(1+r)^t}}{\sum_{t=1}^{n} \dfrac{P_s}{(1+r)^t} - \sum_{i=1}^{n} \dfrac{f_s}{(1+r)^i} / \beta},$$

$$DRCR = \frac{DRC}{\beta}。$$

其中，P_s 为单位产品边境价格（以美元计算），d_s、f_s 分别为国内资源和国外资源成本（以本币计算）。当 P_s 取值市场价格，d_s、f_s 取值实际成本，而 β 取值官方汇率时，公式反映该产品的竞争力情况；而当 P_s、d_s、f_s 取值影子价格和影子成本，β 取影子汇率时，公式可以反映该产品的比较优势。r 为折现率。

事实上，DRC 可以看作该项产品生产贸易活动的"自己的汇率"，或者说国内资源通过该产品贸易活动转化成外汇的实际价格。将 DRC 与官方汇率（影子汇率）比较，若比值 $DRCR < 1$，则说明该产品的生产贸易活动具有竞争力（比较优势），反之则不具备，$DRCR = 1$ 则该产品生产在资源转化效率上处于平均水平，既无优势，也无劣势。

2. 社会净收益

社会净收益（NSP）与国内资源成本有着密切的联系，它表示某项产品生产活动所带来的社会净损益。

$$NSP_j = (U_j - M_j - R_j) \cdot V - \sum_{s=2}^{m} F_{sj} V_s + E_j。$$

在数值上,当 $DRCR<1$ 时,NSP 肯定大于 0,说明该项经济活动取得正的社会净收益;反之则 $NSP<0$,该项经济活动会产生社会净损失;当 $DRCR=1$ 时,$NSP=0$,说明该项经济活动刚好达到利益平衡,社会收益既不增加也不减少。NSP 可以更直观地反映资源配置的经济效率,对国内资源成本有辅助说明的作用。

3. 利益—成本分析

同样,考虑到资金的时间价值等情况,利益成本比的估计公式可以写作:

$$BCR = \frac{\displaystyle\sum_{t=1}^{n} \frac{P_s}{(1+r)^t}}{\displaystyle\sum_{t=1}^{n} \left(\frac{f_s}{(1+r)^t} + \frac{d_s}{(1+r)^t} \right)} = \frac{\displaystyle\sum_{t=1}^{n} \frac{P_s}{(1+r)^t}}{\displaystyle\sum_{t=1}^{n} \frac{TC_s}{(1+r)^t}}。$$

当 P_s、d_s、f_s、TC_s 分别取值每单位产品及其国内资源成本、国外资源成本和总成本的市场价格时,得到反映该项经济活动竞争力的"财政利益成本比"(FBCR);当它们取值影子价格时,得到反映该项经济活动比较优势的"经济利益成本比"(EBCR)。

在 BCR 的计算公式中,把国内与国外资源成本分开,是为了显示 BCR 与 DRC 之间的内在联系。在实际操作中,总是直接用总成本折现计算的。

一般而言,$BCR>1$,说明该产品的生产贸易活动的成本能够为收益所补偿;$BCR<1$,则说明该项活动不经济。根据 BCR 指标大小对不同的商品生产贸易活动进行排队,其结果可以相应地反映从竞争力和比较优势的角度出发,哪些产品的生产贸易活动是最优或较优的,从而为竞争力和比较优势的主要计量指标的计量结果提供参照,为决策者提供决策依据。

(三)产业竞争力中的规模经济因素

新贸易理论的重要突破之一是发现产业优势不仅来源于资源禀赋,

而且同样可以来源于制度因素。规模经济就是其中最重要的一个来源。产业内贸易指数(IIT)可以用来反映源于规模经济的产业内贸易的水平。

事实上,IIT 指数是用来说明反映竞争力来源的贸易类型的指标,而非度量竞争力强弱程度的指标。萨缪尔森在对二战后发达国家的贸易进行研究之后发现,由于多数工业品的生产具有规模报酬递增的特点和不完全竞争的市场结构(存在产品差异),因此,资源禀赋近似的发达国家之间,可以通过发展产业内贸易、扩大生产规模实现规模经济,从而在国际贸易中赢得竞争性地位。这种趋势尤其表现在固定成本和研究与试验发展(R&D)费用高昂、规模经济效果显著的产业领域内。

产业内贸易指数的计算公式为:

$$IIT = 1 - \frac{\left| X_{ij} - M_{ij} \right|}{X_{ij} + M_{ij}} = 1 - \left| NE \right|。$$

其中,NE 为净出口指数,$NE_{ji} = \dfrac{X_{ij} - M_{ij}}{X_{ij} + M_{ij}}$,$X_{ij}$、$M_{ij}$ 分别表示 i 国 j 商品的出口额和进口额。

IIT 的值在 0 到 1 之间变动,$IIT = 0$ 说明完全是产业间贸易,$IIT = 1$ 说明完全是产业内贸易,$IIT = 0.5$ 表示产业内贸易的份额与产业间贸易的份额相等。IIT 指数可以在一定程度上反映一国的贸易选择和产业竞争力是否基于资源禀赋或规模经济。

二、比较优势和竞争力的潜力和变动趋势

由于多种贸易条件的影响,产业可能具有不同于其现有竞争态势的潜在竞争力或变动趋势。衡量这种潜在竞争力或竞争力变动趋势的指标有:有效保护率、比较价格指数、比较优势变差指数等。

(一)贸易保护政策下的产业潜在竞争力

贸易保护政策会对产业真实的竞争力水平造成扭曲,这种扭曲可以

用商品的有效保护率来测量。有效保护率（ERP）（Pearson，1974）是指在贸易保护的作用下，产品生产的附加值比贸易自由化条件下所产生的附加值增加的百分比，因此，这一指标可以反映处于贸易保护下的某产品的竞争地位在自由贸易条件下的潜在变化趋势。其计算公式为：

$$ERP_j = \frac{t_j - \sum_{i=1}^{n} a_{ij} t_i}{1 - \sum_{i=1}^{n} a_{ij}}。$$

其中，$t_j = (p_j^d - p_j^f)/p_j^f$ 为 j 产品的名义保护率，p_j^d、p_j^f 分别为 j 产品的国内、国际市场价格，a_{ij} 表示自由贸易条件下，每单位 j 产品生产成本中可进口性投入要素 i 所占的比例，t_i 为可进口性生产要素 i 的名义保护率。如果 $ERP > 0$ 说明 j 产品生产受到正保护，潜在竞争力低于现有竞争力水平，如果 $ERP < 0$ 则说明 j 产品受到负保护，具有高于目前竞争力水平的潜在竞争力。

(二)价格指数体现的产业竞争力变动

价格指数反映产品价格在一定时期内的变化情况，因此可以用来说明产品竞争力的变化。比较价格与比较价格指数分析正是以李嘉图的比较成本理论为基础，利用比较价格代替比较成本说明产品的比较优势，并用比较价格指数说明比较优势的变动趋势。用公式说明即为：

$$CPA_{ia0} = \frac{P_{ia}/P_{ib}}{P_{ta}/P_{tb}} \tag{1}$$

$$CPIA_{ia1} = \frac{PI_{ia}/PI_{ib}}{PI_{ta}/PI_{tb}} \tag{2}$$

$$CPA_{ia1} = \frac{P_{ia}PI_{ia}}{P_{ib}PI_{ib}} \bigg/ \frac{P_{ta}PI_{ta}}{P_{tb}PI_{tb}} = CPA_{ia0} \, CPIA_{ia1} \tag{3}$$

其中：P_{ia}、P_{ib}、P_{ta}、P_{tb} 表示 i 国与 t 国 a、b 产品基期的贸易前价格；PI_{ia}、PI_{ib}、PI_{ta}、PI_{tb} 表示 i 国与 t 国 a、b 两产品的报告期价格指数；CPA_{ia0} 表示 i 国 a 产品基期比较价格；CPA_{ia1} 表示 i 国 a 产品报告期比较价格；$CPIA_{ia1}$ 表示 i 国 a 产品报告期比较价格指数。

CPA_{ia0}<1,说明基期 i 国 a 产品具有比较优势;CPA_{ia0}>1,则基期 i 国 a 产品不具比较优势。$CPIA_{ia1}$>1,则 CPA_{ia1}>CPA_{ia0},说明 i 国 a 产品竞争力在报告期下降;$CPIA_{ia1}$<1,则 CPA_{ia1}<CPA_{ia0},说明 i 国 a 产品竞争力在报告期上升。

能够真实反映成本的贸易前价格在实际中是难以取得的。但在农产品,特别是谷物等主要粮食作物的竞争力测评中,可以考虑用政府收购价格或保护价格来取代。而比较价格指数(CPIA)的应用具有独立性,它不需以比较价格的计算为前提,生产者价格指数的数据也容易取得,具有较强的优越性。

(三)出口增长速度体现的产业竞争力变动

仅从出口增长速度出发,还有人提出用出口优势变差指数来描述一定时期内不同产品的出口竞争力变化状况:

$$g = (G_i - G_t) \times 100$$

其中,G_i、G_t 分别为 i 商品和全部商品的出口增长率。经验上,g>0,说明 i 商品竞争能力在报告期上升;g<0,说明 i 商品竞争能力在报告期下降。

三、因素贡献研究

考察各种因素对产品竞争力的贡献是竞争力研究中的一个最为重要的方面。它可以提供有关竞争力来源的信息,为设计有关创造、提升竞争力的具体措施提供线索和依据,从而达到竞争力研究的根本目的。现有的因素贡献研究大致集中在成本要素贡献和生产率变动的贡献这两个领域。

(一)成本要素对竞争力变动的贡献

要素投入影响总成本继而影响产品竞争力的研究很多,这里只介绍一个简单的模型,这一模型可以考察成本结构、要素价格、投入量等因素对竞争力的综合影响。

将总成本分为若干组成部分,建立联立方程组:

$$\begin{cases} C_{ijt}^{k} = \alpha_{ij}^{k} + \beta_{ij}^{k}T + \varepsilon_{ijt}^{k} \\ C_{jt}^{k} = \alpha_{j}^{k} + \beta_{j}^{k}T + \varepsilon_{jt}^{k} \\ C_{jt}^{k} = \sum_{i} C_{ijt}^{k} \end{cases}$$

其中:C_{ijt}^{k} 为 j 国 t 时期内第 i 种(劳动、资本、燃料)成本,k 表示生产和加工的部门(或某产品);T 为时间趋势变量;α、β 为待估参数;ε 为随机扰动项。用最小二乘法估计。

β_{ij}^{k} 为反映 j 国 k 部门(产品)第 i 种成本成分的年际变化的参数,β_{j}^{k} 则为 j 国 k 部门(产品)总成本年际变化的参数,因此可以用 $\dfrac{\beta_{ij}^{k}}{\beta_{j}^{k}}$ 表示第 i 种成本的变动对总成本变化趋势的贡献,亦即第 i 种成本成分的变动对 j 国 k 产业部门成本竞争力的影响。

该模型的前提是将竞争力定义为一种成本上的优势,通过计量模型来测定各项成本因素对总成本变动(即竞争力变动)的贡献,而没有考虑生产率对成本变动的影响。

(二)全要素生产率在竞争力变动中的贡献

美国经济学家索洛在研究经济增长时发现了经济增长和要素投入之间的"增长余值",并将这一"余值"归结为技术进步的作用(当然,"余值"的构成是有争论的)。在这一基础上,我们认为可以采用乔根森的超越对数法,在总量和部门两个层次上对反映技术进步的全要素生产率进行度量,并用比较产出价格和比较全要素生产率对国家间的产业竞争进行研究。

第一步,从总生产函数和部门生产函数估计全要素生产率(TFP)的增长率(Jorgenson,Stiroh,2000)

(i)从总生产函数进行估计

$$\begin{cases} 合并生产函数为 \\ V_0 = f(K, L, t) \\ 合并的增长计算公式为 \\ \mathrm{dln}A = \mathrm{dln}V - \alpha_k \mathrm{dln}K - (1 - \alpha_k)\,\mathrm{dln}L \end{cases}$$

其中:V 为 实际总增加价值(real aggregate value-added);K、L、t 分别代表劳动、资本和技术水平;A 表示全要素生产率 TFP。

(ii)从部门生产函数进行估计

$$第 i 个部门的 \begin{cases} \begin{cases} 生产函数为 \\ Y_i = f_i(K_i, L_i, E_i, M_i, t) \\ 增长计算公式为 \\ \mathrm{dln}A_i = \mathrm{dln}Y_i - \alpha_{k_i}\mathrm{dln}k_i - \alpha_{L_i}\mathrm{dln}L_i - \\ \qquad\qquad \alpha_{E_i}\mathrm{dln}E_i - \alpha_{M_i}\mathrm{dln}M_i \end{cases} \\ \text{Domar 合并}: \mathrm{dln}A = \sum_1^n w_i \ln A_i \end{cases}$$

其中:Y_i 为产业部门的总产量;K_i、L_i、E_i、M_i、t 为 初始投入(primary input)资本、劳动,与中间投入的能量与物资,技术水平;A_i 为 i 产业部门的生产率。

w_i 为 Domar 权数,其计算公式为 $w_i = \dfrac{P_i Y_i}{PV}$。 值得注意的是,$P_i Y_i$ 为 i 部门的总产值,PV 为总增加值,因此各产业的 Domar 权数合计并不等于 1,即 $\sum_1^n w_i \neq 1$。 研究数据表明,通过部门生产函数和 Domar 合并法得出的 TFP 增长率,与利用总生产函数得出的结论是基本一致的。

第二步,用比较产出价格和比较 TFP 水平对竞争力格局进行描绘。

Lee,Tang(2002)根据加、美两国各产业部门的商品价格资料构造了各产业的购买力平价,以"产出的购买力平价除以汇率"得出比较产出价格,用以代表竞争力相对水平;并在单边全要素生产率增长率估计方法的基础上,采用双边生产函数和价格函数对加、美两国的比较 TFP 水平进行了估计。

在价格函数

$$\ln P_i = \ln P_i^{X'} \alpha^{PX} + \alpha_i^t t + \alpha_i^D D + \frac{1}{2} \ln P_i^{X'} B^{PXPX} \ln P_i^X + \ln P_i^{X'} \beta_i^{P_i} t +$$

$$\ln P_i^{X'} \beta_i^{XD} D + \frac{1}{2} \beta_i^{tt} t^2 + \beta_i^{tD} tD + \frac{1}{2} \beta_i^{DD} D^2$$

的基础上,建立比较 TFP 水平估计模型:

$$\hat{V}_i^D = -\left\{ \ln \frac{P_i(Can)}{P_i(US)} - \hat{V}_i^K \ln \frac{P_i^K(Can)}{P_i^K(US)} - \hat{V}_i^L \ln \frac{P_i^L(Can)}{P_i^L(US)} -\right.$$

$$\left. \hat{V}_i^M \ln \frac{P_i^M(Can)}{P_i^M(US)} \right\}.$$

其中: P_i 为 第 i 个 产 业 部 门 的 产 出 价 格; $\ln p_i^X$ 为 指 $\{\ln P_i^K, \ln P_i^L, \ln P_i^M\}$, 是 i 产业资本、劳动、中间投入的价格对数的矢量; t 为作为技术变动指标的时间变量; D 为虚拟变量,加拿大为 1,美国为 0; $\hat{V}_i^D$ 为 加拿大对美国的比较 TFP 水平; $\hat{V}_i^X$ 为加、美第 i 产业部门的 第 X 种投入的平均补偿份额(average compensation share), $\hat{V}_i^X = \frac{1}{2}[V_i^X(Can) + V_i^X(US)]$。

得出比较产出价格和比较 TFP 水平后,可以通过绘制散点图,根据各产业在图中的分布位置,直接观察加美之间各产业的竞争力和 TFP 水平的比较状况(见图 1)。

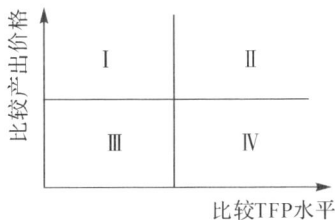

图 1　加美之间各产业的竞争力和 TFP 水平比较散点图

图 1 由比较产出价格等于 1 和比较 TFP 水平等于 1 的线,将整个图形分为四个象限。分布在 Ⅰ、Ⅱ 象限的产业,加拿大竞争力低于美国,Ⅲ、Ⅳ 象限的产业,加拿大竞争力高于美国;分布在 Ⅱ、Ⅲ 象限的产业,加拿大 TFP 水平高于美国,Ⅰ、Ⅳ 象限的产业,加拿大 TFP 水平低于

美国。

如果以比较产出价格、各项比较投入价格、比较 TFP 水平等作为纵轴,时间变量为横轴绘制折线图,还可以得到各项指标的变化趋势和趋势之间的直观联系。

参考文献

[1]Chinna A. Kannapiran and Euan M. Fleming. "Competitiveness and Comparative Advantage of Tree Crop Smallholdings in Papua New Guinea", *Working Papers Series in Agricultural and Resource Economics*, http://www. une. aufeblEconStud/wps. htm, 7/1999.

[2] Dale W. Jorgenson and Kevin J. Stiroh. "U. S. Economic Growth at the Industry Level", Industry-Level Productivity and Competitiveness between Canada and the United States, *The American Economic Review*, 5/2000.

[3] David Leishman, Dale J. Menkhaus, and Glen D. Whipple. "Revealed Comparative Advantage and the Measurement of International Competitiveness for Agricultural Commodities: An Empirical Analysis of Wool Exporters", *Western Agricultural Economics Association Annual Meeting*, 7/1999.

[4] Frank C. Lee and Jianmin Tang. "Productivity Levels and International Competitiveness between Canada and U. S. Industries", Industry-Level Productivity and Competitiveness Between Canada and the United States, *The American Economic Review*, 5/2000.

[5]P. Lynn Kennedy and R. Wes Harrison. "Competitiveness in the World Sugar Industry: A Comparison of the EU and U. S. Sugar Sectors", *American Agricultural Economics Association Annual Meetings*, 8/1999.

[6] Wulong Gu and Mun S. Ho. "A Comparison of industrial Productivity Growth in Canada and the United States", Industry-Level Productivity and Competitiveness Between Canada and the United States, *The American Economic Review*, 5/ 2000.

[7]Wulong Gu, Frank C. Lee, and Jianmin Tang. "Economic and

Productivity Growth in Canada Industries", Industry-Level Productivity and Competitiveness Between Canada and the United States, *The American Economic Review*, 5/2000.

[8]程国强,《WTO农业规则与中国农业发展》,中国经济出版社,2001.

[9]李京文、钟学义,《中国生产率分析前沿》,社会科学文献出版社,1998.

[10]岳昌君,《遵循动态比较优势——中美两国产业内贸易对比实证分析》,《国际贸易》,3/2000,PP. 26-28.

[11]钟甫宁、羊文辉,《比较价格与比较价格指数分析》,《中国农村经济》,2/2000,pp. 68-73.

浙江国际竞争力的优势与劣势[①]

——2004 年度 IMD 国际竞争力分析与启示

一、引言

在今年（2005 年）瑞士洛桑国际管理发展学院（International Institute for Management and Development，简称 IMD）发布的《2004 年国际竞争力年鉴》（*World Competitiveness Yearbook 2004*，简称 WCY 2004）中，中国浙江的国际竞争力排名第 19 位，比 2003 年提升了整整 19 位，成为参与本次排名的 60 个经济体（包括国家和地区）中竞争力提升幅度最大的地区，其排名甚至超过了德国、英国、日本、法国等发达国家或地区（参见表 2、表 3）。由于 IMD 在国际上享有盛名，其排名结果常常成为国际舆论关注的焦点，是许多国家和地区的政府施政和企业投资的重要决策参考。这一举世瞩目的成绩令浙江社会各界欢欣鼓舞，它体现了过去一年浙江在竞争优势获取和经济建设等方面所取得的巨大进步，并对浙江未来经济发展具有深远的积极意义。作为 IMD 主要中方合作者之一，我们负责了本次 WCY 在浙江地区的全部数据采集工作。在此基础上，我们还将对浙江国际竞争力的总体排名状况及其主要优劣势做冷静思考和深入研究，发现掩藏在成绩背后的问题和不足，揭示影

---

① 本文作者为黄祖辉、范均、王敏。本文内容发表于《浙江社会科学》2005 年第 1 期。本文研究在资料收集过程中，得到了 IMD、国家发改委经济体制与管理研究所国际竞争力比较课题组（IMD 主要中方合作机构）的大力帮助。

响浙江国际竞争力的关键决定要素，并提出相应的发展战略。以进一步加快浙江国际化步伐，改善浙江企业外部经营环境，从根本上促进浙江国际竞争能力提升和经济的快速可持续发展。

二、研究背景及相关理论回顾

国际竞争力(international competitiveness)是指在世界经济的大环境下，各国或各地区间综合比较其创造增加值和国民财富持续增长的系统能力(中国人大竞争力与评价研究中心，2003)。具体而言，就是在全球市场经济的竞争背景下，为国(区域)内经济发展创造良好环境，在保持良好的国际收支状况的前提下，与其他国家(地区)相比较，实现经济增长、提高人民生活水平的能力(龚兴隆等，2002)。国内外政府、学者对国际竞争力均十分重视并已展开深入研究，如波特(1990)在其"钻石模型"(diamond model)中，提出决定国家竞争力的四大要素——生产因素，需求条件，相关产业和支援产业的表现，企业的策略、结构和竞争对手，并且系统地展示了各项竞争力因素的关系。自 1985 年以来，瑞士达沃斯世界经济论坛(World Economic Forum，简称 WEF)和 IMD 每年出版 WCY；中国国家发展和改革委员会经济体制与管理研究所(刘福垣等，2004)、中国人大竞争力与评价研究中心也对国际竞争力开展了多年的跟踪研究。浙江对国际竞争力的研究工作也十分重视，2001 年方民生研究员在省委起草第十一次党代会报告的座谈上，提出浙江要实施"国际竞争力战略"，并作为起草组的参考材料；浙江改革与发展研究所承担了"以科技创新为核心，增强浙江经济的国际竞争力"这一省软科学重大课题，并于 2004 年 4 月递交了"中国各省区市区域国际竞争力比较"子报告，在该报告中，浙江国际竞争力名列国内第二(杜平等，2004)。

在目前全世界国际竞争力评价专业机构中，以 WEF 和 IMD 两家最为权威。自 1996 年以来，IMD 每年单独对全世界最主要的国家和地区的竞争力进行分析和排名，该排名侧重于分析和测定各经济体支持本地企业展开国内国际竞争的宏观环境水平。IMD 的整个竞争力评价体系由 4 个大类、20 个子类，共 323 个指标所构成，这些指标包括硬指标

(hard data)、软指标（soft data）和背景信息指标（background information)3 种类型。其中硬指标占 2/3，由 OECD、世界银行、联合国、WTO 及各参评经济体合作机构等提供的统计数据构成；另外 1/3 为通过调查问卷获得的软指标；背景指标则仅作为参考资料，不进入最终排名。自 2003 年开始，IMD 在原来 52 个独立的国家、地区经济体样本的基础上，增加了包括浙江在内的 8 个大国内部的地区经济体。浙江入选的原因主要是其在我国各省（自治区、直辖市）中，市场化程度高、经济成长性突出。浙江大学卡特中心和管理学院已成为中国目前唯一与 IMD 合作参与竞争力测评的高校研究机构①。

三、2004 年浙江 IMD 国际竞争力排名总体分析

2004 年浙江 IMD 国际竞争力排名基本情况详见表 1、表 2、表 3、表 4。② 从表中浙江基本概况及总体、大类、子类排名中可以看出，在过去的一年中，浙江国际竞争力的提升可以用突飞猛进来形容，已从 2003 年第一次参评时的第 38 位一跃而起，在参评的 60 个经济体中位列第 19 位，其提升速度远远超出了中国台湾、香港以及俄罗斯。尤其是在"商业效率"领域，其提升速度更是令人瞠目结舌，从 2003 年的第 43 位跃迁至第 3 位。数据和排名真实地体现了浙江近年来在政治、经济、文化等领域取得的巨大成就，是全世界对浙江乃至中国市场经济建设和改革开放政策的充分肯定。但与此同时，我们还应清醒地认识到，这一排名结果毕竟只是一家之言，它并不能完全反映浙江国际竞争力的真实状况；且该结果也同时显现出浙江在教育、科研、环境、卫生等基础设施建设领域，以及金融服务、国际化程度、人力资源等诸多方面的问题和不足（范钧等，2004）。

---

① 在 IMD2004 年公布的合作伙伴中，中国参与者包括国家发展和改革委员会经济体制与管理研究所的刘福垣、董迎、陈伟，浙江大学管理学院的黄祖辉、王敏。

② 除软指标由当年问卷调查获得外，2004 年度竞争力排名采用的是 2003 年的统计数据，类推。

表 1　浙江基本概况（在 *WCY 2004* 中使用的数据）

省会	杭州	消费者价格通货膨胀率（%）	1.90（2003）
人口（百万）	46.80（2003）	失业率（%）	4.20（2003）
土地面积（千平方公里）	101.80（2003）	劳动力（百万）	29.50（2003）
汇率（对美元）	8.28（2003）	基本账户平衡（10 亿美元）	缺省
GDP（10 亿美元）	111.20（2003）	外资投资存量（10 亿美元）	16.87（2002）
人均 GDP（美元）	2375（2003）	外资投资流量（%）	3.36（2002）

资料来源：浙江统计局。

注：括号中为数据统计年份。

表 2　2004 年 IMD 国际竞争力排名前 20 位（共 60 个国家和地区）

排名	国家/地区	排名	国家/地区	排名	国家/地区	排名	国家/地区
1	美国	6	中国香港	11	瑞典	16	马来西亚
2	新加坡	7	丹麦	12	中国台湾	17	挪威
3	加拿大	8	芬兰	13	奥地利	18	新西兰
4	澳大利亚	9	卢森堡	14	瑞士	19	中国浙江
5	冰岛	10	爱尔兰	15	荷兰	20	德国巴伐利亚

资料来源：*WCY 2004*。

表 3　2003—2004 年 IMD 国际竞争力排名提升速度前 10 位

提升	国家/地区	2004 年	2003 年	提升	国家/地区	2004 年	2003 年
+19	中国浙江	19	38	+5	中国台湾	12	17
+16	印度	34	50	+5	马来西亚	16	21
+11	德国巴伐利亚	20	31	+5	中国	24	29
+6	印度孟买	38	44	+4	中国香港	6	10
+6	斯洛伐克	40	46	+4	俄罗斯	50	54

资料来源：*WCY 2004*。

表 4　2004 年浙江省 4 大类及 20 子类指标排名

大类指标	子类指标	排名	大类指标	子类指标	排名
经济绩效 10(12)	国内经济	4	商业效率 3(43)	生产率	1
	国际贸易	15		劳动力市场	21
	国际投资	39		金融	51
	就业	4		管理手段	1
	价格	44		态度和评价	1
政府效率 23(29)	公共财政	28	基础设施 46(50)	基建	29
	财政政策	2		技术设施	41
	制度结构	24		科学设施	37
	商业立法	34		健康和环境	42
	社会结构	36		教育	51

资料来源:*WCY 2004*、*WCY 2003*。
注:括号中的数字为 2003 年排名。

四、浙江 IMD 国际竞争力的优势分析

根据对 *WCY 2004* 中浙江 4 大类及 20 个子类指标排名(见表 4),以及 4 大类指标中各排在前 10 位的指标(见表 5)的分析,并结合浙江的实际情况,我们认为浙江具有以下竞争优势。

表 5　*WCY 2004* 中浙江在 4 大类指标中各排名前 10 位的指标(共 40 个)

	指标	排名
1 经济 绩效 (10)	1.1.12　GDP 实际增长率	1
	1.2.09　出口产品—实际增长率	1
	1.1.13　人均 GDP 实际增长率	1
	1.4.02　就业人口占总人口比重	2
	1.1.21　经济周期中的经济恢复能力强(调查数据)	8

	指标	排名
1 经济绩效 (10)	1.4.07 失业率	10
	1.3.13 生产再配置对未来经济的发展不是一种危害(调查数据)	12
	1.4.03 预期就业增长率	18
	1.3.14 科研设施再配置对未来经济的发展不是一种危害(调查数据)	18
	1.2.08 产品出口值占 GDP 比重	18
2 政府效率 (23)	2.2.01 税收总收入占 GDP 比重	1
	2.2.02 有效的个人所得税税率	1
	2.2.04 职工的社会保障贡献率	1
	2.2.09 企业主的社会保障贡献率	1
	2.2.13 间接税收总收入占 GDP 比重	3
	2.3.10 有利于企业竞争力的新的立法(调查数据)	3
	2.3.13 政党对当今经济变化的理解能力(调查数据)	4
	2.4.12 当地经济对兴办企业支持的程度(调查数据)	4
	2.5.09 种族、性别等歧视并没有对经济产生危害(调查数据)	6
	2.4.14 劳动力管制(如雇工或解雇管制、最低工资等)没有阻碍商业活动(调查数据)	7
3 商业效率 (3)	3.1.03 总生产率—实际增长率预测:劳均实际 GDP 变化率	1
	3.5.05 社会中大多数人认为应该进行经济和社会改革(调查数据)	1
	3.4.07 管理人员的企业家才能在该经济体中的普遍性(调查数据)	1
	3.2.07 在该经济体中职工激励高(调查数据)	1
	3.5.06 社会价值观支持竞争(调查数据)	1
	3.4.09 企业家的社会责任感高(调查数据)	1
	3.4.06 消费者满意在该经济体中被强调的程度(调查数据)	1
	3.4.01 企业适应市场变化的能力强(调查数据)	1

续表

	指标	排名
3 商业 效率 (3)	3.4.04 董事会能有效地管理公司(调查数据)	1
	3.5.03 民族文化对外来思想开放(调查数据)	1
4 基础 设施 (46)	4.1.21 GDP 和能源消耗:GDP 实际增长率—能源消耗增长率	1
	4.2.01 对电信业的投资占 GDP 的比重	2
	4.1.07 劳均负担率:15 岁以下和 64 岁以上人口除以 15—64 岁之间的经济人口	2
	4.2.07 进入互联网的计算机	3
	4.3.10 基础研究增强了长期的经济发展(调查数据)	4
	4.2.05 手机话费:在高峰期每三分钟的话费	6
	4.4.13 人均生态面积	7
	4.2.10 互联网费用:每个月 20 小时拨号的费用	9
	4.4.14 可持续发展在该经济体中优先位置(调查数据)	10
	4.3.14 年轻人对科学和技术的兴趣强烈(调查数据)	13

(一)浙江社会稳定,经济发展势头良好

和其他 60 个经济体相比,浙江的"态度和评价"子类指标排名第 1 位;"就业"子类指标排名第 4 位;"社会中大多数人认为应该进行经济和社会改革"和"民族文化对外来思想开放"两项指标均排名第 1 位;"对全球化的积极态度"指标排名第 2 位;"就业人口占总人口比重"达 62.4%,排名第 2 位;"失业率"指标排名第 10 位;"预期就业增长率"指标排名第 18 位。由此可见,浙江社会各界整体生活质量高,安全感、正义感和凝聚力强,思想观念新,对市场经济、社会改革和全球化持普遍的支持态度。这样稳定的社会环境为浙江经济发展提供了坚实的社会基础。

浙江的"经济绩效"大类指标排名第 10 位;"国内经济"子类指标排名第 4 位。2003 年浙江"GDP 实际增长率"指标达 14.0%,远高于中国

的 9.1％和经济体的平均值 2.7％；"人均 GDP 实际增长率"指标达
10.51％,远高于经济体的平均值 1.88％；"劳均实际 GDP 变化率"指标
达 11.61％,远高于经济体的平均值 1.50％；"产品出口实际增长率"指
标达 41.41％,远高于经济体的平均值 11.62％。以上四项指标在所有
参评经济体中均排名第 1 位。"劳均负担率"①指标为 38.1％,排名第 2
位；"劳动力占总人口比重"指标为 63.03％,排名第 2 位；"经济周期中
的经济恢复能力强"指标排名第 8 位；"可持续发展在该经济体中优先位
置"指标排名第 10 位；"产品出口值"达 420 亿美元,是 1997 年的 4.2
倍,其"占 GDP 比重"指标排名第 18 位。从这些数据和排名中,我们可
以直观地发现,浙江经济不但在过去一年中得到了快速发展,且其后劲
十足,全球化导向较为明显,未来发展势头必将更为凶猛。

(二)市场化程度高,为企业创造良好外部环境

在 2004 年的 WCY 中,"社会价值观支持竞争"、"企业家的社会责
任感"和"消费者满意在该经济体中被强调的程度"三项指标均排名第 1
位。由此可见,经过多年市场经济的培育和发展,市场经济已深入人心,
竞争成为社会发展的主旋律,社会营销观念得到浙江企业界的普遍认
同,道德、诚信、消费者满意和社会责任感理念等已逐渐成为企业活动的
基本准则,这样的外部经营环境对浙江企业的可持续发展十分有利。

浙江的"有利于企业竞争力的新的立法"指标排名第 3 位；"政党对
当今经济变化的理解能力"和"当地经济对兴办企业支持的程度"两项指
标均排名第 4 位；"劳动力管制(如雇工或解雇管制、最低工资等)没有阻
碍商业活动"指标排名第 7 位。这些指标评价显现出浙江拥有相对宽松
的商业环境、合理的制度安排和科学的法律设计,政府强行干涉和地方
保护主义现象并不严重,尤其对开办新企业的支持力度很大。这一切都
为浙江企业提供了较为公平的竞争舞台,使企业可以通过正常的经营活
动来不断提升自身竞争能力。

---

① 即 15 岁以下和 64 岁以上人口除以 15—64 岁之间的经济人口。

(三)企业社会负担较轻,充满朝气和活力

在"政府效率"大类指标中,浙江的"财政政策"子类指标排名第 2;其中"税收总收入占 GDP 比重"指标排名第 1 位,为 7.14％,远低于经济体的平均值 29.47％;"有效的个人所得税税率"、"职工的社会保障贡献率"、"企业主的社会保障贡献率"三项指标同样排名第 1 位(即最低);"间接税收总收入占 GDP 比重"指标排名第 3 位,为 3.87％,远低于经济体的平均值 9.99％。这些数据和排名说明浙江奉行低税率的财政政策,企业社会负担较轻,这对增强企业活力、提升企业国际竞争力均十分有利。

浙江 2004 年的"商业效率"大类指标令人耳目一新,名列全球第 3 位,而一年前其排名仅为第 43 位。其中的"生产率"、"管理手段"两项子类指标及"管理人员的企业家才能在该经济体中的普遍性"、"该经济体中的职工激励"、"企业适应市场变化的能力"、"董事会能有效地管理公司"四项指标也均排名第 1 位,并由此彰显出浙江企业蓬勃的朝气和活力。浙江在"商业效率"大类指标的较高排名,主要得益于其以民营经济为主导的高效率企业形态及在劳动力成本上的国际比较优势。目前,浙江已拥有 30 多万家民营企业,民营经济总量占 80％以上,由于民营企业所有权和经营权分离层次少,委托代理链条短,企业对员工的激励和约束力很强。在劳动力方面,与国际上的国家和地区相比,浙江在制造业工人的工资收入、劳资关系、总劳动人数等方面的优势十分明显,从而使劳动力成本非常低廉。

五、浙江 IMD 国际竞争力的劣势分析

我们研究浙江国际竞争力,正是为了通过冷静思考和深入研究,发现其掩藏在成绩背后的问题和不足,并提出相应的发展战略、政策措施、培育路径和制度安排。因此,对浙江在 IMD 国际竞争力排名中显现出的劣势分析是本课题的研究重点。从 2004 年 WCY 中浙江 4 大类及 20 个子类指标排名(见表 4),以及 4 大类指标中各排在后 10 位的指标(见

表 6)中,我们发现浙江国际竞争力上的劣势主要体现在以下几个方面。

(一)综合实力不强,基础设施仍较薄弱

浙江虽然在 WCY 2004 的国际竞争力排名和经济绩效大类指标排名上较为靠前,但总体经济实力依然不强,社会发展水平落后,相关人均指标则表现更差。本次排名中,浙江"GDP"指标位列第 41 位;"总生产率(购买力平价):劳均购买力平价 GDP"指标为 17264 美元,低于经济体的平均值 44214 美元,排名第 50 位;"人类发展指数"指标[①]排名第 54 位;"人均 GDP "则仅为 2375 美元,远低于经济体的平均值 18080 美元,排名第 52 位;即便是按购买力平价来计算,该指标的排名也仅为第 43 位。由此我们应该清醒地认识到,浙江 2004 年较好的竞争力排名主要得益于 IMD 侧重于经济体的增长能力和发展速度,即区域竞争力等式"$F = M \times A$"(丁力等,2003)中的 A[②],但事实上就目前而言,浙江的综合实力和发展水平尚远不能和发达国家和地区相提并论。

在基础设施层面,浙江和其他经济体之间的差距则更是暴露无遗。2004 年浙江"基础设施"大类指标排名仅为第 46 位;其中"能源设施不充分并缺乏效率"指标排名倒数第 1;"二氧化碳排放量"指标排名倒数第 2 位;"每千人拥有的计算机数量"为 33 台,约为经济体平均值(327 台)的 1/10,排名第 55 位;"每千人的互联网络使用者数量"为 73.50 人,远少于经济体的平均值 341.71 人,排名第 53 位;"高新技术出口占工业制成品出口比重"为 4.29%,不到经济体平均值(18.79%)的 1/4,排名第 53 位;"人均科研支出"为 14.5 美元,不到经济体平均值(310.0 美元)的 1/20,排名第 50 位;"每千人科研人员数量"为 0.555 人,不到经济体平均值(3.863 人)的 1/6,排名第 45 位。由此可见,能源保障、环境保护、科技基础及信息技术开发利用是浙江国际竞争力最薄弱的环节。令人担忧的是,这些薄弱环节恰恰又是决定浙江经济快速可持续发展的

---

① 该指标是经济、社会、文化等指标的综合,来源于《人类发展报告》(*Human Development Report*)。

② *M* 即某经济体当前的经济发展水平,*A* 即该经济体的经济增长加速度,以上两者共同构成了某经济体的国际竞争力。

关键要素。如今年出现的电力等能源供应紧张问题,已对浙江经济和企业竞争能力产生直接影响。[①] 而随着劳动力成本低廉和数量充足等优势的逐步丧失,浙江经济的增长模式必然发生从量到质的根本性改变,产业发展重点将逐步从劳动密集型向技术密集型转移,而这一切都依赖于雄厚的科技基础和信息技术。此外,如何树立和落实科学的发展观,协调经济发展与环境承载力、生态环境保护等问题,也是我们为保持和提升浙江竞争力所必须付出长期努力的领域(邵捷等,2004)。

表6 2004 年 *WCY* 中浙江在 4 大类指标中各排名后 10 位的指标(共 40 个)

	指标	排名
	1.1.22 人均 GDP	52
	1.5.02 生活成本指数:除住房以外,主要城市的商品和服务的一揽子指数	50
	1.3.07 外资直接投资存量	50
	1.3.03 国内资本对外直接投资存量	48
1	1.3.17 证券投资	47
经济	1.3.01 国内资本对外直接投资流量	46
绩效	1.3.02 国内资本对外直接投资占 GDP 比重	45
	1.1.23 人均 GDP(购买力平价)	43
	1.1.01 GDP	41
	1.3.16 证券投资资产	36
	2.4.19 国外投资者不能自由地对国内公司进行控股(调查数据)	59
2	2.2.14 避税行为不利于商业活动(调查数据)	59
政府	2.4.20 进入国内或国外资本市场不容易(调查数据)	58
效率	2.4.03 公共部门的合同对国外投标者不开放(调查数据)	57
	2.4.18 跨国贸易不能和国外的合作伙伴自由地进行谈判(调查数据)	54

---

① 统计数字显示,2004 年浙江全省电量缺口将在 200 亿千瓦时左右。

	指标	排名
2 政府 效率	2.4.10　平行经济(例如黑市、未记录经济等)削弱了经济发展(调查数据)	54
	2.4.09　在绝大多数的产业中,价格管制影响了产业定价(调查数据)	53
	2.4.17　对于金融的稳定性而言,对金融机构的法律管制是不充分的(调查数据)	50
	2.5.11　在立法机关、高级官员和管理者中的女性比例	45
	2.5.04　政治不稳定的风险非常高(调查数据)	44
3 商业 效率	3.2.20　有能力的高级管理者缺乏(调查数据)	60
	3.2.19　高级管理者的国际经历低(调查数据)	60
	3.2.17　智囊流失(受过良好教育和技术熟练的人)阻碍了经济体的竞争力(调查数据)	60
	3.3.16　股票市场指数变化率	59
	3.2.15　技术熟练的劳动力缺乏(调查数据)	58
	3.3.19　股票市场中内部交易普遍(调查数据)	57
	3.3.04　人均信用卡持有数量	56
	3.2.02　制造业部门的单位劳动力成本变化率	55
	3.3.07　风险投资缺乏(调查数据)	54
	3.3.18　金融机构透明度不够(调查数据)	53
4 基础 设施	4.5.12　合格的工程师缺乏(调查数据)	60
	4.2.12　信息技术的技能缺乏(调查数据)	60
	4.1.15　能源设施不充分并缺乏效率(调查数据)	60
	4.4.12　二氧化碳排放量	59
	4.5.11　金融学方面的教育不能满足企业的需求(调查数据)	58
	4.2.03　国际固定电话话费:在高峰期打往美国的每三分钟的话费	56
	4.2.08　每千人拥有的计算机数量	55
	4.5.01　教育公共财政支出占 GDP 比重	55

续表

	指标	排名
4 基础 设施	4.4.08　人类发展指数	54
	4.2.09　每千人的互联网络使用者数目	53

(二)金融体系有待健全,中小企业融资困难

在 WCY 2004 中,浙江的"金融服务"子类指标排名第 51 位,在所有的子类指标中表现最差,和排名第 3 位的"商业效率"大类指标也极不协调;"证券投资"和"证券投资资产"两项指标排名均落后于中国,分别为第 47 位和第 36 位[①];"对于金融的稳定性而言,对金融机构的法律管制是否充分"指标排名第 50 位;"股票市场指数变化率"指标排名倒数第2;"股票市场中内部交易普遍"指标排名第 57 位;"人均信用卡持有数量"指标排名第 56 位;"风险投资"指标排名第 54 位;"金融机构透明度"指标排名第 53 位;"金融学方面的教育能否满足企业需求"指标排名倒数第 3 位。以上排名和数据使浙江落后的金融服务体系在世人面前暴露无遗,并已成为制约浙江经济发展的又一个关键要素。

除了对商业活动效率产生消极影响之外,落后的金融服务直接导致了浙江中小企业的融资难问题。在我们协助 IMD 对浙江做前期调研及数据收集过程中,绝大部分企业高层管理人员对该问题的反应十分强烈。尽管中小企业在浙江已达 68.78 万户,占全部工业企业的 99％以上,但其融资难问题至今仍未得到根本改善。中小企业的高风险、高成长和资金需求量小等特性最适合风险投资,但当前这一融资方式在浙江(乃至全国)尚远不成气候。由于银行贷款手续繁多且难度较大,上市和发行债券可能性极小,浙江许多中小企业往往通过民间借贷渠道获取资金。而这种融资方式运作不规范且资金成本很高,增加了企业的经营成本,直接影响到企业的市场竞争能力,对企业成长和产业升级极为不利。

---

① 如果不是因为 2003 年浙江有 10 家公司上市,这两项指标的得分可能还要更低。

(三)经济外向度偏低,企业国际化程度有待提高

在经济外向度和企业国际化方面,浙江与发达国家和地区间也存在较大的差距。从 WCY 2004 排名来看,浙江"国际投资"子类指标排名第 39 位;"外资直接投资存量"指标排名第 50 位;"国内资本对外直接投资存量"指标排名第 48 位;"国内资本对外直接投资流量"流量排名第 46 位;"国内资本对外直接投资占 GDP 比重"排名第 45 位;"国外投资者能否自由地对国内公司进行控股"指标排名倒数第 2 位;"进入国内或国外资本市场是否容易"指标排名倒数第 3 位;"公共部门的合同对国外投标者开放"指标排名第 57 位;"跨国贸易能否和国外的合作伙伴自由地进行谈判"指标排名第 54 位。由此可见,浙江的对外投资和对外引资均处于较低水平,且政府部门对外资仍设有诸多限制,其经济的外向度仍然不高。不过这一问题与国家宏观经济政策密切相关,并非浙江所特有。预计随着改革开放的深入和 WTO 相关条款的履行,此种状况将会逐年改善。

除上述指标和排名外,"省内企业对外投资"和"国外企业对浙江投资"这两项指标的极大反差也进一步显现出浙江企业在国际化道路上仍然是任重而道远。2003 年,浙江企业共吸引外资 54 亿美元,而对外投资总量却仅为 8500 万美元左右,两者相差 60 倍以上。这说明浙江企业至今尚未完全走出国门并积极参与国际竞争,其国际化程度仍十分低下。尽管这一问题与浙江(乃至全国)在全球经济和产业格局中的现实地位密切相关,在短期内无法得到根本性改变,但浙江作为中国经济最活跃的地区之一,理应在这方面做大胆尝试,毕竟国际化是一个国家或地区经济获得跨越式发展的必经之路。此外,浙江还应继续加大对外开放力度,进一步扩大对外贸易规模,并吸引更多的外来投资。

(四)教育投入不足,人力资源匮乏

"教育"子类指标是浙江在 WCY 2004 排名最低的子类指标之一,仅为第 51 位。其中浙江"教育公共财政支出占 GDP 比重"仅为 3.1%,低于经济体平均水平 5.1%,排名 55 位;"更高教育的获得:25—34 岁至少

获得高等教育的人口比例"仅为 5.0%,只有经济体平均水平(24.5%)的 1/5 左右,排名第 52 位;"中学入学率"仅为 70.0%,低于经济体的平均值 82.6%,排名第 49 位;"小学生师比"、"中学生师比"、"文盲比"这三项指标,浙江分别高达 21.47%、18.35%、13.23%,也远远超出发达国家和大部分参评的发展中国家。另据都市快报报道(张芙桦等,2004),2001、2002、2003 年,浙江农村 6 岁及以上人口平均受教育年限分别为 6.70、6.81 和 6.92 年,连续三年低于中国小康指标值 7.40 年。由此可见,教育投入不足问题在浙江已到了十分严重的地步,应及时引起政府和社会各界的重视和关注。由于教育是一种公共服务,具有强烈的外部经济性,对教育的投入必须是一个长期的政府行为,而绝非"希望工程"或"民间办学"。因此,政府应不断加大对基础教育的投入,真正落实义务教育制度,以提高居民素质并增强浙江经济的持续竞争能力。

在 WCY 2004 中,"有能力的高级管理者的可获得性"、"高级管理者的国际经历"、"智囊流失(受过良好教育和技术熟练的人)是否阻碍了经济体的竞争力"、"合格工程师的可获得性"和"信息技术的技能是否缺乏"五项指标全部排名倒数第 1 位;"技术熟练劳动力的可获得性"指标排名倒数第 3 位;"制造业部门的单位劳动力成本变化率"高达 14.83%,约为经济体平均值(2.53%)的 6 倍,排名第 55 位。以上种种数据显示,人力资源匮乏已成为浙江企业界当前面临的另一个严重问题。这一问题的出现是浙江多年来对教育投入不足的直接后果之一,同时也与落后的教育体制、社会经济文化发展程度及浙江较高的生活成本(特别是居住成本)等多种因素密切相关,且不可能在短时期内得到根本解决。预计在未来较长一个时期内,人力资源匮乏将成为制约浙江经济发展和企业竞争力提升的主要瓶颈之一。

六、结论与建议

毋庸讳言,本次 IMD 国际竞争力排名的大幅度上升是浙江在过去的一年中取得的重大成就之一,但同时我们也必须审慎而客观地看待这一排名结果,因为它毕竟只是一家之言。通过对浙江国际竞争力总体情况及其优劣势的理性思考和深入分析,并结合浙江实际,我们得出以下结论。

(一)本次排名并不完全代表浙江国际竞争力的实际水平

从客观的角度出发,*WCY 2004* 的排名结果基本体现了浙江国际竞争力的实际水平,但可能是稍有偏高的。得出这一结论主要来自以下三方面的原因:①参与调查企业家对浙江相对偏高的主观评价,特别是在调查指标约占 2/3 的"商业效率"大类指标上,调查指标过高的得分是该大类指标排名急速上升(从第 43 位到第 3 位)的主要原因;②由于部分地区性经济体刚刚加入竞争力排名,IMD 今年对相关统计数据进行了调整,这也促进了浙江排名的上升(刘福垣等,2004);③IMD 国际竞争力排名较侧重于经济体增长能力和发展速度,这种评价体系对浙江这样的基础薄弱但发展潜力巨大的经济体十分有利。

(二)教育与科技方面的基础设施建设是浙江的重中之重

在四大指标体系中,"基础设施"大类指标是浙江排名最低的(46),而其中尤以"教育"子类指标为最(51)。事实也确实如此,浙江是一个经济大省而绝非科教大省,"重经济、轻教育"观念在浙江仍极为严重。这一薄弱环节对浙江社会、经济、文化的协调一致和可持续发展极为不利。因此在未来较长时期内,浙江应在教育科技基础设施建设领域做好以下几点:①加大基础(中小学)教育的投入,真正落实义务教育;②加大教育体制改革力度,避免供需脱节和教育资源浪费;③加大科研及相关设施的资金投入,扶持专利申请和高新技术产品开发;④完善科技成果转化机制,逐步解决产学研脱节问题。

(三)浙江国际竞争力仍有较大的提升空间

从表 4、表 5、表 6 及对浙江国际竞争力的劣势分析可以看出,尽管本次 IMD 浙江国际竞争力排名已属于历史最高,但与其他参评经济体相比,浙江在综合实力、基础设施、金融体系、经济外向度、教育与人力资源等方面仍存在较大的差距,而这些问题与不足也正是浙江未来应重点关注并优先发展的方向和目标。如果不考虑经济体的发展水平、政治约束和社会价值体系,而直接用平均值来替代浙江排名最弱的 20 个指标值,排名将上升到第 12 位(WCY 2004)。因此,无论是从浙江当前国际竞争力排名状况,还是从浙江社会、经济、文化的未来发展趋势来看,浙江在国际竞争力领域还将大有可为。

(四)应努力保持并不断增强浙江已有的竞争优势

IMD 排名已充分显示了浙江在社会稳定性、经济发展势头、市场化程度和企业活力等方面的诸多比较优势。但我们也应清醒地认识到,国际竞争力是一个相对的概念,且存在一个不断动态演化的过程。这一方面是由于其他发展中国家及我国其他地区的发展势头同样不可低估;另一方面是由于浙江本身已具有的部分国际竞争力也会随时间、环境而发生改变。如当前"民工荒"的出现预示了浙江充足而低廉的劳动力优势已开始逐步丧失,且随着人口的不断老龄化,这一优势很可能将不复存在。因此,如何努力保持并不断增强浙江已有的竞争优势,也是一个十分值得关注的重要问题。

参考文献

[1]IMD,World Competitiveness Yearbook(2003). IMD,Lausanne,Switzerland,2003.

[2]IMD,World Competitiveness Yearbook(2004). IMD,Lausanne,Switzerland,2004.

[3] Michael E. Porter, The Competitive Advantage of Nations, London:The Macmillan Press Ltd.,1990,127.

[4]丁力、杨茹:"经济增长加速度与地区竞争力",《广东社会科学》2003 年第 3 期,第 13-21 页。

[5]杜平、卓勇良:"中国各省市区区域国际竞争力比较",《改革与发展研究》2004 年第 3 期,第 1-24 页。

[6]范钧、黄祖辉、王敏:"对浙江国际竞争力排名大幅度提升的冷思考",《浙江经济》2004 年第 16 期,第 32-34 页。

[7]龚兴隆、王仁曾:"中国国际竞争力的现状、演变与发展战略",《河

北大学学报(哲学社会科学版)》,2002 年第 1 期,第 43-48 页。

[8]刘福垣、董迎、陈伟:"IMD《国际竞争力年鉴 2004》最新结果分析",《中国经济时报》2004 年 5 月 21 日第 4 版。

[9]邵捷、管哲晖:"从'洛桑排名'看浙江竞争力",《浙江日报》2004 年 6 月 10 日。

[10]张芙桦、葛辉:"农村奔小康,浙江跑得最快——有个软肋马虎不得:农民受教育平均不足 7 年",《都市快报》2004 年 9 月 20 日第 15 版。

[11]中国人大竞争力与评价研究中心:《中国国际竞争力发展报告(2003)》,北京:中国人民大学出版社 2003 年 4 月版。

我国山区转型发展与绿色发展论要①

    山区②是生命之源、生态之源、革命之源。我国是个山区资源极其丰富的国家,就全国陆域面积而言,山区面积占整个国土面积的 69%,全国有 56%的人口生活在山区。在我国经济进入"新常态"、人均收入处在中等收入国家水平、资源环境供需矛盾日趋凸显、转型发展积极推进的背景下,深化认识山区的地位与价值、挑战与机遇,正确处理好山区生态保护与山区经济发展的关系,加快推进山区转型发展和绿色发展,有效促进山区、平原、海洋的协调发展与联动发展,念好新"山海经",不仅对于山区的转型发展与绿色发展有极为重要的意义,而且对于整个经济社会的转型发展、可持续发展和生态文明、富民强国以及美丽中国梦的实现,都具有极为重要的意义。

---

    ①   本文作者为黄祖辉、顾益康、米松华。本文内容发表于《农业经济问题》2015年第 2 期。本文研究得到浙江省咨询委的支持。
    ②   泛指山地、丘陵地区以及比较崎岖的高原。

一、山区转型发展与绿色发展的共识与理念

(一)形成山区转型发展与绿色发展的新共识

与发达的沿海平原地区相比,尤其是按照传统的区域发展指标衡量,山区在工业化、城市化、经济总量、人均收入以及基础设施和社会公共体系等方面还存在明显的差距,不少山区还处于相对欠发达的状态。但与此同时,我国不少山区在资源环境、绿色产业、人力资源等方面的发展潜力巨大,山区后发优势正在日益显现。在新形势和新背景下,要推进山区转型发展与绿色发展,重要前提是形成山区发展的新共识。

1. 山区是"宝贝"不是"包袱"

一是山区发展条件今非昔比。目前,在温饱已经解决了的不少山区,生态环境与林相景观已经大为改观,而多年来政府对山区基础设施的不断投入,山区的交通通信等基础设施条件也大为改善。这都为山区的转型发展与绿色发展提供了崭新的发展平台。二是山区比较优势日趋显现。随着我国东部发达地区资源短缺的加剧、要素价格的上升,区域经济发展的比较优势已经发生了重大变化。山区在要素价格、资源禀赋和生态环境等方面的比较优势日趋凸显。不少山区还处在经济发达地区和大中城市的周边,具有独特区位优势和不可估量的发展潜力。三是山区后发优势蓄势待发。山区的后发优势集中体现在两个方面:一是丰富的生态资源和优良的生态环境。在其他地区生态资源普遍短缺、生态环境普遍遭受破坏的情况下,这一优势及其价值已愈来愈显示出来。二是广阔的发展空间和多元的市场需求。尽管不少山区是禁止或限制开发区,但仍有大量的空间,尤其是大量的低丘缓坡地,可供开发利用。此外,山区丰富多样、安全优质的山林产品,景观别致、绿色健康的休闲旅游,环境优美、价格适中的养生房产,能够吸引经济相对发达的地区消费者以及国外消费者,市场需求前景趋好。

简言之,无论从山区的发展环境看,还是从山区的比较优势和后发

优势看,现在的山区绝不应该是我国发展的"包袱",而应该是"宝贝",山区的绿水青山就是山区的金山银山。

2.山区环境保护与开发可以统一

就山区而言,转型发展与绿色发展无疑应做到山区资源保护与开发利用的有机统一,并且相互促进。在实践中,已有不少把山区环境保护与开发利用有机统一起来,并且实现互促共进的成功案例,它表明:科学的山区发展观和考核体系是山区环境保护与开发利用实现有机统一的关键;激励约束相容的资源产权制度和合理的开发利用规划是两者有机统一的基本保障;生态经济化、经济生态化,生态保护有偿化,生态需求多元化,生态产品优质化和高值化是山区环境保护与开发利用实现有机统一的有效途径。

3.山区能够实现转型发展与绿色发展

随着我国城乡居民对优质安全食品、健康生态休闲和品质生活需求的不断增加,能够同时满足这两大类需求的资源在其他地区已越来越难找到,只有在资源环境得到有效保护的山区才存在这样的资源。山区的森林资源、山地资源、生物资源、气候资源、水文资源、景观资源、人文资源等都可以成为山区生态富民的重要基础。因此,只要坚持科学发展、转型发展与绿色发展以及体制机制创新,山区完全可以避免不少平原地区在发展过程中"先污染后治理、边污染边治理"的发展老路,完全有可能依托山区自身独特的生态资源禀赋优势,走出一条绿色发展、生态富民和科学跨越的发展路子。

(二)确立山区转型发展与绿色发展的新理念

在形成新时期山区发展基本共识的基础上,应进一步确立山区转型发展与绿色发展的基本理念。这就是:民生为本,生态为基,产业为先,文化为魂,统筹为纲的新理念。

1.民生为本的发展理念

"山高人为峰。"检验山区发展与否,关键是看山区百姓是否发展致富。消除山区贫困、造福山区民众、建立和谐山区和幸福山区,是山区转型发展与绿色发展的基本前提与目标。因此,必须确立民生为本的发展理念,通过提高山区人民科技文化素质和文明素养,实现从人力资源向人力资本和人才资本的转变,全面提升山区人民创业创富的能力,实现山区环境美化、经济繁荣、社会和谐、百姓富裕。

2. 生态为基的发展理念

"山秀林为基。"高山绿林、青山绿水的良好生态环境是山区转型发展与绿色发展的最重要的基础条件。因此,必须确立生态为基的发展理念,通过生态系统保护、生态文明强化、生态政策完善、生态规划引领,将生态资源优势转化为生态经济优势,不断优化山区生态环境、提升山区生态价值、实现山区生态循环性发展,形成在发展中保护、保护中发展的良性循环。

3. 产业为先的发展理念

"山富业为先。"立足山区自然生态环境,因地制宜选择适合山区资源禀赋和生态环境的绿色产业的发展,使高效生态型农业、生态型加工业和生态型服务业成为山区经济的产业支撑。因此,必须确立产业为先的发展理念,着力建立山区绿色富民的产业体系,形成山区经济生态化、山区生态经济化的良性循环。

4. 文化为魂的发展理念

"山兴文为魂。"要把山区淳朴、坚韧、热爱生活、崇敬自然、艰苦奋斗、勤劳致富、邻里相助等优秀的传统山区人文精神和农耕文化打造成为山区可持续发展的灵魂,使山区优秀文化转化为生产力,融入山区发展之中。因此,必须确立文化为魂的发展理念,弘扬山区文化、提升民众素养,使山区文化繁荣与山区经济发展实现完美结合,实现山区的特色化、人文化和健康化发展。

5. 统筹为纲的发展理念

"山旺联为翼。"山区的兴旺发达不仅要立足山区实际,而且更要跳出山区发展山区,实行山海协作、陆海联动、城乡统筹,以开放与联动促进山区发展。因此,必须确立统筹为纲的发展理念,通过城乡统筹发展、区域统筹发展,构建山区内生发展与区域联动发展机制,实现山区经济与海洋经济、山区发展与平原发展、繁华城市与美丽山村之间的联动发展,实现山区新的腾飞。

二、山区转型发展与绿色发展的思路与愿景

(一)山区转型发展与绿色发展的思路

以科学发展观为统领,立足山区生态资源,统筹山区发展要素,发挥山区后发优势。通过创新发展、保护发展、绿色发展、特色发展、联动发展,加快山区发展模式创新、发展路径优化、发展水平提升;加快适合山区特点的工业化、信息化、城镇化和农业现代化的协调推进;加快山区转型发展、绿色发展、生态富民,实现山区的科学跨越。

(二)山区转型发展与绿色发展的愿景

把山区建设成为经济繁荣、社会和谐、人民富裕、环境优美、生态良好的现代化新山区。使山区成为山区人民生活更幸福的大家园和城市居民更向往的大花园;成为可持续发展的生态大屏障和经济发展的新增长极;成为转型发展、绿色发展、生态富民、科学跨越的试验区和示范区。使山区特别是革命老区、少数民族地区与全国同步实现全面小康社会的目标。

1. 生态环境得到保护并进一步优化

通过生态环境保护,优化山区生态环境,减轻山区自然灾害危害;促进自然资源合理、科学利用,在保护中开发,在开发中保护,实现自然生态系统良性循环;维护山区生态环境安全,确保山区和国家国民经济和社会的可持续发展。

2. 公共服务得到加强并进一步完善

科学规划山区城乡道路、通信、水电等基础设施体系,加大山区公共基础设施建设力度;健全社会保障体系;加快发展教育、科技、文化、卫生、体育等各项社会事业,实现基本公共服务的均等化和全覆盖。

3. 山区产业得到发展并进一步提升

山区产业结构和空间布局不断协调和优化,山区产业达到绿色发

展、特色发展、协调发展,实现高效生态农业的精品化提升、绿色工业的生态化提升以及休闲旅游业的产业化提升,使之成为山区绿色富民的大产业。

4.山区文化得到传承并进一步弘扬

建立山区生态文明,构建山区公共文化服务体系,弘扬山区特色文化。山区文化资源得到深入挖掘与传承,创立山区特色文化品牌,促进山区文化资源与山区产业发展相结合,打造山区特色文化产业,培育山区新型农民。

5.生态富民得到实现并进一步提高

通过山区转型发展、绿色发展和体制机制创新,使山区生态资源转化为山区生态经济优势,资源价值得到进一步提升与实现,广大山区民众创新创业,共创共富,共享山区绿色发展成果,实现生态富民和全面小康。欠发达山区,特别是革命老区和少数民族地区的农民收入增长幅度不低于全国平均水平,到 2020 年山区低收入农民年人均纯收入不低于6000 元,基本实现小康。

三、山区转型发展与绿色发展的三大路径

(一)路径一:强化统筹发展,实现山区发展环境优化

1.统筹谋划山区城乡区域规划体系

坚持新型城市化与新农村建设双轮驱动,走"小县大城"的田园城市与美丽乡村相得益彰的协调发展路子。统筹山区城乡规划体系主要涉及山区城市、镇村空间规划体系,山区资源保护与土地利用规划体系,山区产业发展规划体系,山区基础设施建设规划体系等。针对山区自然、人口与产业特点,建立相关组织,整体统筹与协调上述规划,改变山区城乡规划相对滞后、相互脱节、约束软化的状况,使其成为具有先导性、可行性和约束性的发展行动指南。

坚持山海协作、陆海联动,以开放促开发。通过构建陆海联动的交

通大网络和物流大体系,使山区成为海洋经济大腹地,成为对接城市开放型经济新高地;推动山区经济与其他地区的联动发展;把下山脱贫与新型城市化紧密结合起来,实现山区经济的集聚发展、集约发展和集群发展。

2.统筹山区基础设施四大体系

第一,实施"交通通信网络工程",构建舒适通畅的山区道路交通体系。一是提升山区道路等级。以多级投入、多元投入的方式推动通村公路和资源型机耕路建设,将特色农产品、旅游资源外输通道由行政村延伸至自然村。二是增强通行安全性。加大山区道路,特别是高山地区通村道路的安全设施建设。三是加强通信网络的建设,努力做到所有山区通信网络全覆盖。

第二,实施"水利换代工程",构建安全稳定的山区水利设施体系。一是全面开展山区水库安全检查工作。对山区水库进行安检,切实消除安全隐患。二是推动山区供水体系升级改造,结合村镇集聚特点,制定山区供水体系建设规划,推动山区供水体系的升级改造,改善山区居民用水环境。三是深入开展小流域治理,以提高小流域防洪能力为目标,分阶段推进骨干小流域和分支小流域的防洪能力建设。四是试行水系中下游与水源保护地结对扶助机制,适时提高水资源收费标准,增加水资源补偿力度。

第三,实施"电网跨越工程",构建节能长效的山区电力供应体系。一是完善电网基础设施。二是探索使用新型能源。因地制宜尝试开发和利用太阳能等新型能源,依托清洁能源推动山区生态保护。

第四,实施"生态宜居工程",构建清洁生态的山区生活环境。一是改善污水治理条件。二是规范垃圾处理方式,推广多样化垃圾处理模式。三是完善生活设施建设。统筹当地居民生活及生态旅游发展需求,积极推进"农房改造工程",大力推进厕所、公共交通场站、停车场等建设,根据季节特点增开公交客运班线,为改善山区居民居住条件及出行、吸引外来游客上山创造便利条件。

3.统筹完善山区公共服务体系

坚持基础教育的公益性质,实现教育公平和教育质量的全面提升。

加大对教育的财政投入，规范教育收费，扶持贫困山区、民族地区教育，健全学生资助制度，保障山区经济困难家庭、进城务工人员子女平等接受义务教育和职业教育。

坚持公共医疗卫生的公益性质，构建公共卫生服务体系。坚持预防为主，以山区农村为重点，强化政府责任和投入，完善国民健康政策，鼓励社会参与，建设覆盖山区居民的医疗保障体系、药品供应保障体系，为山区群众提供安全、有效、方便、价廉的医疗卫生服务。

加快建立覆盖山区居民的社会保障体系，保障山区人民基本生活。以社会保险、社会救助、社会福利为基础，以基本养老、基本医疗、最低生活保障制度为重点，以慈善事业、商业保险为补充，加快完善社会保障体系。探索建立山区农村新型养老保险制度。

实施积极的山区创业就业政策，健全公共就业服务体系。在完善市场就业机制，支持自主择业、自谋职业的同时，加强政府促进就业的责任和政策引导，鼓励合作就业和协同创业。健全面向全体劳动者的职业教育培训制度，加强山区富余劳动力转移就业与创业培训。建立统一规范的人力资源市场，形成城乡劳动者平等就业的制度。完善面向所有困难群众的就业援助制度，及时帮助山区零就业家庭解决就业困难。

(二)路径二：强化绿色发展，实现山区经济系统优化

1.发展高效生态农业，促进山区农业精品化提升

发展山区高效生态现代农业，促进山区农业的精品化提升和产业化发展，主要从以下七个方面入手：

一是加强培育山区农林业新型主体。加快耕地、林地和山地的流转，促进山区农业家庭经营的专业化、规模化和集约化，建立与完善农户家庭、农民专业合作社、农业龙头企业和农业行业协会"四位一体"的现代农业产业组织体系。抓紧出台优惠政策，在财政、项目、用地、用水、用电、税收等方面扶持山区现代农业经营主体和经营组织发展。

二是加强山区农业和林业的园区设施化建设。强化山区农林业的园区与基地建设，加大资金投入，积极引进多功能、智能化、经济型农业装备设施，提高山区农林业区域化布局、园区化建设和设施化种养、机械

化作业的水平。

三是加强农业生态环境保护。大力推广环境友好型生产技术和农作物病虫综合防治技术,科学安全使用化肥、农药,减少农业面源污染。坚持无公害农产品、绿色食品和有机农产品"三位一体、整体推进"的发展思路,大力推进农业标准化生产、科学养殖,保护和改善山区农业生态环境。

四是加强农林技术推广应用。重视优质高产良种的引进工作,注重保护和开发地方特色品种。加强资金扶持,支持良种培育、引进和示范推广,建设区域性农作物和林产品良种示范中心。筛选、研究一批适应山区、各具特色的绿色生态现代农业技术与模式,建立一批标准化生产示范基地。

五是加大民间资本参与山区农林业发展力度。吸引外资、民资和工商资本投入山区绿色生态农业,促进山区农林业投资主体和经营主体多元化。

六是加大山区农林产品市场体系建设力度。一方面要充分利用各种形式的农产品展销会对山区农林产品进行推广,更需要充分利用区域农展会、农博会和中国农交会平台进行集中推介,提高山区农林产品在消费者、尤其是中、高收入群体中的品牌度和认可度。另一方面要在农林产品高端消费市场初具规模的营销区积极开展山区精品农林产品推介活动。此外,还要大力培育山区农林产品营销主体,积极培育网上营销、连锁经营等新型业态。

七是加大山区涉农科技人才队伍建设力度。出台人才引进优惠政策,建立完善保障机制,强化农林业招才工作,加强高效生态现代农业人才智力支撑。依托涉农高校和科研院所力量,充分发挥区域现代农业产业技术体系的作用,开展全方位科技服务和科技培训,带动山区高效生态现代农业科技人才成长。

2.发展绿色生态工业,促进山区工业生态化提升

在山区发展绿色生态工业,要强调实行块状合理布局,使工业企业向园区内聚集。按照发展绿色生态工业的目标要求,重点发展山区资源深度开发的循环型工业;大力发展农林产品精深加工业;积极发展低能耗、无污染的劳动密集型制造业和来料加工业。加快推进山区旅游产品

的开发生产,形成一批山区区域特色明显、产品适销对路、科技含量较高的名优特产品。

在发展绿色生态工业过程中,要注重区域联动和产业联动,大力推动山海协作、山海联动,在"工业飞地"模式基础上,进一步探索山区与沿海地区、平原地区的合作新模式;抓住沿海发达地区产业转型升级的机遇,做好山区对绿色生态工业的承接与拓展文章,大力引进和发展绿色生态工业,提高生态准入门槛,避免走"先污染后治理、边污染边治理"的传统工业化发展模式。

3.发展绿色休闲旅游,促进山区旅游产业化提升

山区要立足好山好水好资源的生态基础,把生态旅游业发展与山区林业发展、农业发展和农家乐发展紧密结合起来,加快实现山区旅游的休闲化、景区化、养生化、集成化和产业化提升。具体说来,主要从以下几个方面采取措施:

一是树立生态旅游理念,实现旅游业生态化消费。制定具体措施,加强并普及生态旅游参与者的教育,在全社会树立生态旅游消费理念,广泛宣传环境友好型旅游理念,大力倡导资源节约型旅游经营方式,促进生态系统良性循环,实现旅游业的可持续发展。二是加强生态旅游规划,实现旅游业生态化管理。科学编制旅游开发规划,加强对生态旅游资源的管理与科学利用,确定合理的保护措施和开发序位,坚持先保护后开发,建立科学、严格的管理制度和相应的保护开发机制,防止盲目开发、低水平重复建设和破坏生态环境与自然景观,保障生态旅游资源的永续利用。三是加快生态旅游建设,实现旅游业生态化运营。建设生态化餐饮,使用生态型食品,改变传统饮食中的陋习。建设生态化宾馆饭店和生态化旅游交通,大力引导游客行为生态化和旅游娱乐生态化建设。四是打造生态旅游品牌,推动山区旅游业生态化发展。山区生态旅游业建设,是旅游业贯彻生态文明建设目标、实现旅游业转型升级、创建旅游经济强县和强省的重要抓手,要在充分发挥地区生态旅游示范区标杆垂范的基础上,形成"示范区品牌引领、达标区品牌推进、重点区域品牌推广"相结合的格局。

(三)路径三:强化生态发展,实现山区生态系统优化

1. 注重生态建设,优化山区生态系统

坚持环境保护和生态建设并重的方针,突出抓好重点区域和重点领域的生态环境,使山区环境质量满足功能区要求,生物多样性得到充分保护,抗灾减灾能力明显增强,山区经济社会发展的环境支撑能力不断提高。重点从以下几个方面努力:

一是加强污染综合防治。严格执行国家和地区有关污染防治的法律法规,推动流域、区域、资源开发规划战略的环评,促进山区产业合理布局和资源优化配置。严格控制污染物排放总量,加强综合协调、分类指导和统一监督管理,从生产全过程抓好污染防治工作。

二是抓好山区生态环境保护与建设。在具有重要生态功能作用的区域建立一批重要生态功能保护区,实施重点保护。高度重视生态良好地区和重点资源开发地区的环境保护与生态建设。进一步做好珍稀濒危物种的抢救与保护,加大生物多样性自然保护区的保护力度,禁止在核心区和缓冲区开展各类开发活动。保护森林,发展林业,提高森林质量,强化森林生态功能,积极构建以森林为主体的绿色屏障。大力推进以人工造林、封山育林为主要内容的生态公益林建设。开展流域生态环境保护。制定流域生态环境保护规划,积极开展流域综合治理,加强流域的生态环境管理。建立上下游生态环境保护利益机制,协调好上下游地区经济布局、城镇建设和生态环境保护。在生态环境脆弱地区,实施必要的生态移民。大力实施山区美丽乡村行动计划,提升山区社会主义新农村的建设水平。

三是有效防御自然灾害。建立健全山区防灾救灾应急体系、抗灾保障体系和救灾预备金制度,在灾区推行洪涝等灾害保险。进一步做好地震、滑坡、崩塌、泥石流、地面塌陷、地面沉降等地质灾害的防治。建立和完善建设项目地质灾害危险性评估制度、地质灾害群测群防系统、灾害应急管理系统和紧急救援体系。完善专业气象防灾减灾服务系统,提高气象防灾减灾服务能力。建立健全人工影响天气业务技术和管理体系,提高人工影响天气为气象防灾减灾服务的能力。

2.创新产权制度,活化山区资源利用

山区资源产权交易品种非常丰富,涉及范围广泛,包括土地承包经营权、"四荒地"使用权、养殖水面承包经营权、林地使用权和林木所有权、农业知识产权、农村集体经济组织股权、农村房屋所有权、农村宅基地使用权和农业生产性设施使用权等九大类。山区的各类资源,尤其是水资源、山林资源、山地资源、耕地资源、矿藏资源、碳汇资源、宅基地资源等,是山区发展最重要、最为核心的资源。因此,应对山区各类资源进行价值评估,确定资源可利用与开发的用途及其价值,并且确权颁证,明确各类资源的产权归属和权能属性。能明确到微观主体的或区域主体的,尽可能明确到位。同时,要建立山区资源产权交易平台,以市场化方式进行开发运作,实现山区资源的活化利用、整合利用与可持续利用,以促进山区经济的集聚发展、集约发展、集成发展。

四、山区转型发展与绿色发展的制度保障

(一)完善山区发展考核体系

改变目前针对山区政府和干部的 GDP 和财政导向的考评体系,探索使用绿色 GDP 和幸福民生考评体系,建立经济增长、生态保护、民生评价、文化发展等多方面考量的综合考核评价体系,将山区的生态保护和民生幸福作为考核体系的核心内容。

对于山区发展的主体——企业和农民,建立相应的激励约束机制。通过政策鼓励、资金扶持、精神奖励等方式,对山区企业和农民的行为方式进行科学引导。对于通过破坏生态环境牟利的企业和个人实施严格的惩罚;对于保护生态环境、促进山区生态发展的企业和个人给予多方面的激励和扶持。

(二)创新山区资源补偿机制

要跳出单纯依靠政府转移支付的资源补偿思路,走政府、市场、社会

"三位一体"的山区资源补偿路子。

1.加大财政转移支付

一是加大中央和地方财政对欠发达山区转移支付的力度,将"因素法"作为转移支付分配的重要方法,把生态环境保护及质量作为重要因素进行考核。二是以项目为载体,加大对欠发达山区的倾斜力度。三是重视产业扶持型转移支付、技术支持型转移支付、认证培训型转移支付等"造血型"补偿方式。

2.建立生态补偿基金

一是在现有水权交易模式下,围绕建立流域补偿基金理事会和加强流域补偿基金监督机制两大环节,探索建立流域生态补偿基金制度。二是借鉴中国绿色碳基金运行模式,成立区域碳基金管理委员会,结合低碳经济发展规划。若某市(县)碳源总量高于碳汇总量,就对其超出部分征收费用,直接缴入地方碳基金;碳源总量低于碳汇总量的地区则可获得相应补偿。建议将"水资源"的使用列入资源税征收范围,作为山区生态补偿公共财政的来源之一。

3.实行生态配额交易

配额交易是生态效益补偿市场化的重要途径之一。可选取自然保护区配额交易模式作为生态效益市场化补偿的试点。如:按照地方环境保护目标,确定森林覆盖率作为各地市的配额标准。交易方式可以是:以地市为单位,对于森林覆盖率低于均值的地市,通过对其他富余地市进行购买或直接建设的方式,实施配额交易,签订长期的购买合同;由地方政府牵头成立专门的管理协调委员会,协调各地方政府和林业、国土、税收、环保等部门,在各地市之间进行配额交易和利益互补。

4.建立生态标签制度

生态标签作为生态环境服务的间接支付方式,对于吸引公众参与生态补偿能起重要作用。生态标签制度建设应重点围绕:①成立生态标签授予机构(或经由授权的第三方认证),确定生态标签认证的产品目录。②制定产品的环保性能标准、认证体系、使用规范和监督机制。③实施政府主导型生态标签产品营销推广模式。④大力推动绿色政府采购计划。⑤对来自具有生态屏障功能的限制开发区和禁止开发区的产品标签使用费给予减免。

5.推行碳汇市场交易

要支持发展碳汇交易的相关金融衍生产品开发,应加大碳汇测量、碳汇交易标准等基础性研究的支持力度,尽快成立碳汇交易所。交易所应由清洁发展机制(CDM)信息服务中心、生态补偿促进中心、自愿交易中心等主要业务构成。起步阶段以省内自愿交易市场的区域性试点为突破口。该交易平台建立起来之后,将为不少资源生态丰裕的山区带来可观的交易性收入,并推动碳汇林业的发展,还可以吸引世界各地资金来买"碳",交易碳汇指标。

(三)加大对山区革命老区的扶持开发力度

加大对山区革命老区的扶持力度,使革命老区与国家同步实现全面小康,这既是一项重要的经济任务,更是一项重大的政治任务,也是山区可持续发展必须完成的攻坚任务。要以感恩之情、回报之心,把进一步扶持革命老区发展放到更加突出和重要的位置,作为新时期扶贫开发的战略重点。研究制定"加快革命老区全面奔小康的行动计划",制定相应的发展规划、有针对性的财政扶持和"结对帮扶"等政策措施。

(四)加大山区开放与开发力度

建议:①选择若干山区市县,建立山区改革发展试验区;②出台相关政策,加大山区低丘缓坡改造与开发力度;③深化山海协作,出台山海联动发展新政策;④完善规划以及山区基础设施和公共服务体系;⑤加大山区人才政策扶持力度,加强山区人才引进和人才队伍建设;⑥创新机制,深化山区投融资和保险体制改革。

西部农业融入"一带一路"建设的战略路径研究①

一、西部农业发展面临的机遇和挑战

在国家深入推进"一带一路"建设背景下,西部农业转型发展挑战和机遇并存。"一带一路"沿线国家以新兴经济体和发展中国家为主体,其经济发展速度整体上高于同期世界平均水平,这些国家是未来具有较大潜力的经济增长带。同时,围绕"一带一路"倡议的实施,我国与大部分沿线国家已签署了双边农业合作协议,系列配套支持政策的制定为开展农业国际合作提供了良好的政策环境。此外,在我国推进农业适度规模化经营背景下,西部地区新一代农业经营者对于凭借绿色化理念和互联网技术提升农业经营效率,以及改造传统农业经营方式的需求和动力已日益显现,西部地区依托农业信息化和互联网发展"精准农业"、"电商农业"和高效生态农业的市场空间巨大。

不过值得注意的是,现代农业经营具有投资资金需求量大、资金周转周期长以及回报见效慢等特点,我国西部农业往往面临着融资渠道单一、融资成本高昂和经营资金短缺等问题。同时,在"走出去"的过程中,西部涉农企业大多缺乏一支熟悉国际贸易规则以及目标市场经济政策、

① 本文作者为黄祖辉、霍学喜。本文内容发表于《中国西部》2018 年第 1 期。本文研究得到西北农林科技大学西部发展研究院招标项目"推进国家'一带一路'战略,加快西部农业转型发展研究"项目支持。2018 年 1 月 9 日,该项研究成果的建议获中央农办主要领导肯定性批示。

风俗习惯的复合型人才队伍,缺乏掌握先进农业品种研发、产品加工的高素质技术人才和具备国际视野的企业家队伍。此外,沿线国家电力、交通、通信等基础设施建设普遍滞后,部分国家甚至存在政局动荡、恐怖主义盛行、腐败成风等问题,还有一部分国家对外国投资项目实行严格的关税限制乃至国有化政策。薄弱的基础设施以及潜在的非市场风险,直接制约着我国西部涉农企业对外业务的进一步拓展。

总体而言,对西部地区来讲,国家"一带一路"建设无疑是继西部大开发战略后的又一重大机遇,即西部大开发的机遇。抓住这一重大机遇,西部完全有可能实现转型发展和跨越式发展。就农业而言,我国农业与世界农业已高度关联,推进"一带一路"建设,农业合作意义重大,既是我国扩大和深化对外开放的需要,也是世界农业持续健康发展的需要,有利于推动形成全球农业国际合作新格局,有利于沿线各国发挥比较优势,促进"一带一路"区域内农业要素有序流动、农业资源高效配置、农产品市场深度融合,推动沿线各国实现经济互利共赢发展。①

在国家"一带一路"建设架构下,西部农业必须确立开放引领、创新驱动、绿色主导、合作共赢的发展思路,形成西部大改革、大开发与大开放相协同的新格局和"开放发展、创新发展、绿色发展、合作发展"的西部农业发展新格局。具体而言,就是要形成政策开放、市场开放、区域开放的西部农业开放发展,改革创新、科技创新、集成创新的西部农业创新发展,高效生态、特色鲜明、功能多样的西部农业绿色发展,中外合作、区内合作、东西合作的西部农业合作发展的新格局。

二、开放引领,加快西部农业开放发展

必须扭转西部大开放滞后于大开发的局面,推进西部大开放和大开发相互协同。加快西部农业开放发展的关键,是在把握好西部边境开放

---

① 中华人民共和国农业部,中华人民共和国国家发展改革委员会,中华人民共和国商务部,中华人民共和国外交部. 共同推进"一带一路"建设农业合作的愿景与行动 [N].农民日报,2017-05-12(1).

与国家安全关系的同时,突破区域行政和制度壁垒,重点突出政策开放、市场开放、区域开放这三个相互关联的开放发展。

(一)政策开放

西部相关省份应加快制定对接与融入国家"一带一路"倡议的西部农业开放战略与相关政策,如投资、准入、信贷、税收、土地、人才等方面的政策,要大力鼓励西部农业走出去,参与国际农业开发,特别是要加强与"一带一路"沿线国家开展农业合作、增强农业国际竞争力的相关政策措施的制定与落地以及体制机制的改革创新。

(二)市场开放

在西部内陆自贸区与沿边自贸区或示范区,挑选若干有代表性的点进行区域农产品贸易自由化的试点,充分利用综合保税区功能,实行"一区两国、境内关外、自由贸易、封闭运作"模式,实现真正意义上的农业"自由贸易"。

(三)区域开放

西部应实施内外联动的开放战略。不仅要对相关周边国家开放,而且要对国内东中部地区开放,既发挥我国农业对外开放的桥头堡作用,又发挥西部农业在我国"一带一路"倡议的枢纽作用,鼓励在西部相关示范区的基础上,建立区域联动的农业科技研发中心、农产品加工与储运保鲜园、互联网平台、区域一体化市场或区域性发展"飞地",实现不同区域农业的优势互补、利益均沾、协同开放的格局。

三、创新驱动,加快西部农业创新发展

(一)加快改革创新

首先,推进区域农业调控体制改革,优化西部农业治理结构。要通

过地方政府职能的进一步转换和政绩考核体系的完善,处理好政府与市场的关系,有效发挥市场调节供求关系和引导经营者行为的基础性作用。还应通过赋权扩能的改革,加快跨区域农业行业组织发展,充分发挥行业组织在产能控制、供给调整、质量监控、品牌打造、信息服务、价格协调、贸易促进等方面的作用。其次,推进农业经营制度改革,提高西部农业经营水平。要从现代农业全产业链和开放性农业的视角,建立新型农业经营体系;要通过农业经营制度和组织制度的优化,充分发挥农户家庭经营、农民合作经营、企业公司经营和行业自我协调的制度优势。再次,推进农业要素制度改革,提高农业要素配置效率。我国农产品市场的价格扭曲,不仅与政府干预过度有关,而且与农业生产要素市场化滞后有关,因此,要重点推进土地、劳动力、资本这些农业基本生产要素的市场化改革,也就是要在"三权分置"和"长久不变"的农村土地与经营制度的框架下,以深化农村土地及生态资源产权制度、农民住房制度、社会保障制度和农村金融制度等改革为重点,赋予农民更多财产权利和更完整的要素经营权,切实提高市场对农业生产要素的配置能力与效率。

(二)加快科技创新

要切实加大对西部农业院校和农业科技部门的支持力度,深化产学研体制改革,构建西部科技大平台与农业推广大联盟,充分发挥杨凌农业研发集群、西部高新技术示范区和西部国家农业科技园的作用,加快种子种苗种畜、加工储运保鲜等技术领域的自主创新、嫁接创新,使技术创新成为西部农业转型发展、绿色发展和开放发展中新产业、新业态、新格局形成的核心动能和支撑。

(三)加快集成创新

在专业化分工、社会化生产、市场化竞争时代,集成创新的重要性日趋凸显。为此,西部农业要突出不同调控手段、不同政策资源、不同经营机制、不同生产要素的集成创新。也就是说,要形成政府调控、市场调控和行业调控的功能互补和集成创新,农业公共政策、支持政策的优化整合和集成创新,家庭经营、合作经营和公司经营的优势互补和集成创新,土地、劳动力、资本、技术、制度的优化配置和集成创新。

四、绿色导向，加快西部农业绿色发展

我国西部不少地区，尤其是西南地区，资源禀赋和生态环境总体上不错，具有践行习近平总书记"绿水青山就是金山银山"理念，推进绿色发展的资源条件和后发优势。

（一）发展高效"生态＋"农业

包括大力发展高效生态农林业、草地生态畜牧业、生态循环制造业、生态休闲旅游业、生态养生人居业、生态智慧服务业等"生态＋"的现代农业和美丽经济，促进西部农业特色化、精品化、品牌化提升。

（二）创建一批现代"农业＋"产业

要顺应农业"接二连三"、功能多样、融合发展的趋势，以现代"农业＋"的思路，发展农业新产业和新业态。积极发展"现代农业＋旅游产业"的休闲观光农业、"现代农业＋文化产业"的文化创意农业、"现代农业＋健康产业"的绿色养生农业、"现代农业＋互联网"的智慧电商农业、"现代农业＋循环经济"的生态循环农业等新型农业业态，打造西部绿色农业板块经济区。

（三）构建西部绿色农业经营体系

要突出集约化、规模化、专业化、组织化、网络化、品牌化相结合，集约利用资源，发展多种类型农业适度规模经营和以合作社为核心的多元化、专业化、网络化农业服务；整合现有品牌资源，打造农产品区域公共品牌，做大、做强、做优西部的农业名品、名企、名家。

（四）强化绿色农业发展制度保障

一方面，要建立健全农产品质量检测公共平台，鼓励西部涉农企业和其他经营主体开展"三品一标"认证,建立生态标签制度,严格按照标准组织生产和质量检验。另一方面,要健全农副产品质量安全风险预警与快速反应机制,建立与完善重要农副产品的全程追溯体系。此外,西部地区还应结合地域、土壤特征以及作物品种等特点,优化农药、化肥使用结构和强度,特别要推广秸秆综合利用和测土配方施肥技术,推广高效低毒低残留农药,有效保障农产品质量安全,提升农业经营收益和竞争力。

五、合作共赢,加快西部农业合作发展

加快西部农业融入国家"一带一路"建设,不仅要坚持开放引领、创新驱动和绿色导向,而且要谋求合作共赢。其中,开放是前提,合作是途径,共赢是目的。

(一)推进中外合作

要充分利用和深化我国与沿线国家签署的多边与双边农业合作协议,加快西部农业的国际化合作。西部地区应从自身资源禀赋和发展特点出发,结合国内外市场需求动态,培育跨国农业企业与公司,不仅将农业种植养殖、加工以及营销等上下游产业链的发展纳入到农业"走出去"和"引进来"的布局中,而且要将农产品物流、仓储、加工等资本密集型行业,以及种子、产品研发等技术密集型行业的发展纳入西部农业对外合作框架,不断提高农业对外合作层次。在农业"走出去"方面,要鼓励西部农业企业和企业联盟在"一带一路"沿线国家,采用参股、合资或并购的方式,围绕作物种植、收购、加工、仓储物流、贸易等涉农产业链,开展上下游合作;在农业"引进来"方面,应着重加强与境外农业企业和科研机构的交流合作,特别是引进国外先进的农业技术和优质的种质资源,通过全方位、多渠道、多层次的农业对外合作,实现西部农业的合作共赢和转型发展。

(二)加快区内合作

我国西部区域辽阔,区域内资源禀赋与农业产业既有差异性,又有相似性,在国家"一带一路"建设框架下,应加快西部区域内合作与联动,消除区域行政壁垒和同质性过度竞争。为此,要加快政府行政体制改革和政府职能转变,如建立西部农业发展联席会议制度和跨区域农业行业组织,以发挥政府和行业组织在西部农业开放发展中的协调作用,形成西部农业发展合力和竞争力。此外,目前我国西部农产品产地市场数量少、建设标准低,特别是一些优势农产品生产区域的产地市场建设比较滞后,基础设施相对薄弱,信息服务功能不全,明显制约了西部农业的发展。因此,要加快落实《全国农产品产地市场发展纲要》,加快构建现代西部区域性农产品产地市场体系,建立统一的农产品产地信息服务平台和合作网络。

(三)深化东西合作

我国东部地区具有民营经济和资本的比较优势,西部地区具有资源和劳动力的比较优势,应该充分发挥各自比较优势和优势互补作用,深化东西部农业合作,推进西部农业在国家"一带一路"建设中的转型发展和跨越发展。首先,牢牢把握西部大开发和大开放的机遇,通过西部的政策开放、市场开放和区域开放,吸引和鼓励东部企业、资本、人才在西部开展多种形式的农业合作、投资合作或建立"飞地"。其次,将东部对口支持西部计划项目与西部农业发展、扶贫攻坚、新型农业主体培育等紧密结合,增强西部农业发展活力。再次,加快东西部高速、高铁建设与联网,增强"义新欧"(义乌—新疆—中亚五国—马德里)国际集装箱专线功能,在西部重要产地市场建立集运枢纽。此外,进一步完善东西部合作模式与共赢机制,坚持政府支持、市场运作、农民主体、企业龙头、社会参与的协同方针,建立健全互促共进、充满活力的东西部农业合作体系和体制机制。

高质量、高效率推进乡村振兴战略[①]

党的十九大报告提出乡村振兴战略以后,全国各地都在全力推进与实施,但一些地方出现将乡村振兴战略简化为乡村工程项目建设的情形。高质量、高效率的乡村振兴必须将乡村振兴战略置于全局的视野中把握与推进,既要切实落实农业农村优先发展,以新型城镇化引领乡村振兴,又要深化农村集体产权制度改革,激发乡村活力和释放乡村发展动能。除了生活富裕的目标以外,产业振兴与生态宜居、乡村文明与治理有效须有机结合、互为促进。在产业振兴中应妥善处理政府与市场的关系,发挥行业组织的作用。在生态环境建设与绿色发展中应深化对"绿水青山就是金山银山"理念的认识和践行。

一、切实落实农业农村优先发展方针

2019 年中央一号文件提出的农业农村优先发展,与就业优先、教育优先共同构成我国现阶段三大优先发展战略,其中,农业农村优先发展是以乡村振兴战略为总抓手。当前,我国面临很大的就业压力,应该说,这种就业压力主要不是来自大学生的就业压力,而是来自庞大农民工群体能否稳定就业的压力,确切地说,是来自改革开放 40 多年来已经从农业农村转移出来、文化层次不高、公共保障没有完全覆盖的 2.86 亿农民

① 本文作者为黄祖辉。本文内容发表于《中共南京市委党校学报》2019 年第 3 期,被中国人民大学期刊复印资料《农业经济研究》2019 年第 10 期全文转载。本文为本人在南京市委党校中高层干部专题班上的报告录音整理稿。感谢该校张淑萍老师的协助。

工的就业压力。由于经济下行压力加大,同时不少企业面临较大的市场和资源环境冲击,吸纳了大量农村劳动力的沿海发达地区这几年纷纷谋求"腾笼换鸟"、"机器换人"、"电商换市",加快产业转型升级。按照十九大提出的"三步走"战略部署,到 2035 年国家要基本实现现代化,这也意味着留给我国产业转型的时间并不宽裕,这对那些适应于粗放型与低端类产业领域就业的农民工来说,意味着严峻的就业转型挑战。我国改革开放以来保持了较长时期的高速增长,经济总量已达世界第二,但高增长的代价也很大,不仅环境资源粗放利用,难以持续支撑高增长,而且人力资源使用也很粗放,主要表现为城乡公共保障体系滞后,人力资本质量提升缓慢,跟不上经济转型升级的需要。目前,在城市第二、第三产业的从业人员中,农民工占了 2/3,而他们的文化程度平均仅为初中,很显然,这样的人力资本结构,既难以适应产业转型升级和经济高质量增长,又会对社会稳定就业带来空前压力。因此,中央在十九大上不仅提出农业农村优先发展战略,而且还提出就业、教育优先发展战略,应该是基于这一形势所做出的重大战略决策,而这三大优先战略,本质上还是与"三农"密切相关,可见,以乡村振兴为总抓手的农业农村优先发展,在当前是至关重要的战略。

农业农村优先发展是我国经济稳定运行的压舱石。当前,农业农村发展面临四大硬任务。一是脱贫攻坚任务。按现行国家农村贫困标准测算,2018 年我国贫困发生率已下降到 1.7%,但是有些地方贫困率仍然超过 10.0%,剩余 1660 万贫困人口的脱贫任务非常艰巨。这些人口往往是经济社会发展中难以消化的特困人口,是脱贫攻坚中难啃的硬骨头,主要集中在生存环境极其恶劣的农村偏远山区、少数民族地区和一些革命老区。即使通过制度兜底和精准扶贫使这些人口在收入上脱贫,但是这些对象的可持续脱贫压力依然较大,"两不愁三保障"问题并没有真正解决,极易再次返贫。此外,如果就业形势稳不住,还可能出现因失业而返贫的情况。二是 2020 年全面建成小康社会。在全面小康路上,要做到一户不少、一个不落,全面小康不仅有收入要求,更要有社会公共保障等指标要求,任务并不轻松。三是国民收入倍增计划。按照 2010 年的不变价格计算,到 2020 年,人均国民收入和城乡居民收入要比 2010 年翻一番。改革开放 40 年来,随着工业化和城市化的发展,我国产业结构已发生较大变化,2018 年,我国农业净增加值占 GDP 总量的比重已下降到 7.2%,而从就业结构看,尽管已有 2.86 亿农业劳动力转向非农产业,但农业劳动力占全社会劳动力的比重仍然接近 27.0%。这表明农业劳动力的比重下降速度明显滞后于农业产业增加值的下降速度,这就导致农业劳动生产率依然大大低于第二、第三产业的劳动生产率,农民对国民收入这块蛋糕的人均分享份额是大大低于第二、第三产业劳动力的,农民收入的增长与翻番依然不容乐观。四是农村环境整治。要求到 2020 年全国村域层面的生态环境和人居环境有明显改善。国家乡村振兴战略要分三步走,其中到 2020 年要取得重要进展,这四大硬任务的完成应该是衡量乡村振兴战略取得重要进展的重要标志,因此,乡村振兴不仅要突出农业农村优先发展,而且要从全局来把握,高质量、高效率地推进。

二、以新型城镇化引领乡村振兴战略

乡村振兴是乡村价值提升的过程。乡村价值是相对于城市价值而言的,人类社会发展和演进的规律表明,乡村价值会呈现 U 形的轨迹。在农耕文明时代,乡村价值要高于城市价值,随着工业化和城市化的兴起,乡村价值步入低于城市价值的阶段,但到了工业化和城市化的高级阶段,城市对乡村的需求进一步扩大,不仅是食物需求,而且更有生态环境和休闲养生与旅游的需求,城市对乡村需求的变化与提升,将使乡村价值再现,甚至超过城市的价值。乡村价值不仅与工业化和城市化的进程有关,而且也与互联网和信息化的发展有关,互联网与信息化的发展能够改变时空关系,有助于缩短时空距离和提升乡村价值,这为欠发达地区的乡村价值提升提供了可能。当前,我国总体上已处在工业化转型升级、城市化提升发展和信息化加快发展时期,在一些发达地区,如长三角和珠三角区域,工业化与城市化已进入高级阶段,相应地,这些区域的乡村正呈现出价值再现与提升的态势。充分认识乡村价值的 U 形特征,把握机遇与规律,对于科学推进乡村振兴战略意义重大。

从上述意义上讲,城市化的充分发展是乡村振兴的前提,乡村振兴要以城市化引领,乡村振兴既是乡村本土人口减少的过程,也是乡村人口空间优化的过程。在我国,城市化引领乡村振兴,一是通过城乡二元体制的破解,解决好进城农业转移人口的市民化问题,也就是说,城市不仅要吸纳农村劳动力进城就业,而且要解决农村居民居家迁移进城的公共保障问题,这也是解决中国小农问题的基本路径,小农的基本出路就是通过分工分业,转向非农产业就业,而小农的城市化与市民化是主要的方向。与此同时,农村应通过集体产权制度的深化改革,助推进城农民的市民化。城市对乡村振兴的引领,还应体现在以城带乡方面,要鼓励与支持城市人才、技术与资本下乡助推乡村振兴,要改善乡村基础设施和信息化体系,优化生态环境,激活乡村休闲市场,吸引更多城市居民下乡,繁荣乡村市场。

城市化的本质是产业和人口在空间的集聚过程,以城市化引领乡村振兴,还应包括乡村自身人口在空间的优化过程,使乡村人口更趋于经济分布和市场分布,更有利于公共服务的有效覆盖。基于此,乡村振兴并非都要以村为载体,如果考虑到一些地区乡村人口的空间优化与相对集聚,也可以将乡镇作为载体,打造和形成与城市群相匹配,生产、生活、生态一体,公共服务空间有效覆盖的乡村群。具体而言,乡村振兴应从乡村区位以及人口、产业、资源禀赋的实际与优化视角出发,对现有村庄进行科学分类与定位,通过科学规划、利益置换、公共服务有效覆盖与吸引,搬迁一些村庄,同时,保护与发展具有产业或文化的特色村,改造与转型一些城(镇)中村与城(镇)郊村,提升与优化中心村与集聚村,形成产业兴旺、生态宜居、治理有效、公共服务有效覆盖的乡村群,使乡村成为进城农业转移人口市民化的助推器,城市群与田园生态城镇的新空间,城市居民美好生活向往的所在地。

三、将生态宜居有效融入产业发展

乡村振兴过程中的产业兴旺与生态宜居应该相互结合,关键是要深化对产业兴旺和生态宜居的认识,尤其要将生态宜居纳入产业体系范畴,作为产业发展的组成部分,而不是就生态论生态。就乡村产业发展而言,一方面,乡村产业发展主要应由市场来主导;另一方面,乡村产业发展不能局限于第一产业的发展。第一产业的农产品大多是生活必需品,需求收入弹性较小,因此,第一产业的发展不像第二、第三产业那样有足够的发展空间与市场。第一产业发展的重点是提高农产品质量和供给效率,以提高农业竞争力。参照国际经验,提高农业竞争力的出路,一是技术进步,二是减少农业劳动力,后者主要取决于城市化与工业化对农业劳动力的吸收。此外,乡村产业兴旺还必须走"接二连三"和功能多样的道路,也就是要推进农业与第二、第三产业的融合发展和多功能发展。这样的产业,不仅附加值高,而且能触及市场终端,这样的农业就能做大和做强。以美国为例,第一产业的农业仅占国民生产总值的百分之一点几,但"接二连三"和功能多样的农业却可以接近国民生产总值的20%,从这一意义上讲,我国乡村振兴中农业产业发展的潜力和空间还很大。

生态宜居也是乡村振兴的重要标志。实现生态宜居的目标,不仅要有优良的生态环境作为保障,而且要有便捷与整洁的环境设施相匹配,然而,这些环境设施大多具有公共的属性,实践中往往难以有效维护、营运和可持续供给。中央要求全国村域环境到 2020 年有明显改善,并且发文要求把浙江的"千万工程"经验向全国推广。浙江的"千万工程"就是"千村示范、万村整治"工程,从 2003 年开始实施,包括乡村道路硬化、垃圾分类和集中处理、乡村污水治理、村庄厕所改造和村容村貌改善等五大村庄环境整治工程。2018 年,浙江省被联合国授予"地球卫士奖",表彰中国对生态环境保护与治理的贡献。浙江的"千万工程"经验可以概括四个要点。一是政府高度重视,并且将"千万工程"作为一把手工程。二是增加村庄环境投入,并且每年保持增长。三是建立环境规制,并且严格监管与考核。四是动员群众广泛参与,并且发挥市场激励作用。也就是说,调动农民参与环境整治的积极性,不仅要重视生态文明思想在民众中的传播与渗透,而且要引入市场机制,将环境公共品转变为市场品。在浙江,乡村生态宜居不仅仅是为了村民宜居,也是为了城市居民来宜居,也就是将宜居生态作为产业组成部分,作为乡村休闲旅游、民宿与农家旅社的基础条件,并且与农民的利益相挂钩,这样,广大村民就有内在动力,就会更有积极性参与乡村环境整治与维护,就会使乡村环境的改善具有可持续性。这实质上是习近平"绿水青山就是金山银山"理念的精髓所在,即一方面,资源生态环境不能成为发展代价;另一方面,资源生态环境也不能不产生效益,应该成为绿色发展、生态富民的本底。前者是底线思维,后者是发展思维,两者辩证统一。

四、将乡风文明有效融入治理体系

在乡村振兴中切实推进乡风文明建设,除了重视乡村文化基础设施建设,扎实抓好精神文明建设,将传统文明和现代文明融为一体,弘扬社会主义核心价值观,还应该将乡风文明建设提升到乡村治理高度,融入乡村治理体系建设。乡村基层治理有效的制度基础是自治、法治和德治相结合。首先,要实现乡村自治和他治的有机结合。自治是相对于他治而言的,自治与他治的有机匹配,有助于提高社会治理效率。但自治需要解决赋权问题,需要处理好自治组织和他治组织的关系,以防止组织冲突。从当前我国治理结构特征看,他治是处于主导地位的,因此,要提升乡村自治能力与水平,既需要为自治组织提供组织空间,又需要转变政府某些职能,同时为社会组织发展营造宽松环境。其次,要实现乡村法治与德治的有效结合。从本质上看,法治和德治是国家治理体系的两大制度安排,制度则是约束人们行为方式的一系列规范,是人类行为的指南。制度包括正规性制度和非正规性制度两大类别,正规性制度是指具有强制性,治理对象若不遵从就会付出代价的制度,法治属于正规性制度的范畴与制度安排。非正规性制度是指不具强制性,但治理对象仍然遵从的制度,德治就属于非正规性制度的范畴与制度安排。德治在现实中既与伦理道德体系建构有关,更与文化、习俗、惯例、宗教、权威等建构与运用有关。

正规性制度的特点是对治理对象行为的约束性强,其局限性体现在两个方面,一是制度实施成本有时很高,以至于难以有效实施。二是治理对象的行为改变往往不是出于内心,而是具有表面性,一旦放松制度,又会"死灰复燃"。因此,有效的乡村治理体系,不仅要发挥正规性制度的作用,而且要发挥依靠道德约束,不强制但又被遵从的非正规性制度的作用。将乡风文明与治理有效紧密结合,就是要将文化元素与德治结合,就是要将德治作为一种非正规性制度,与法治这一正规性制度有效匹配,形成高效的治理结构与体系。在乡村振兴进程中,国家大力弘扬乡风文明,主张移风易俗,去除农村陋习,比如乡村红白喜事盲目攀比的风气,目的不是要打乱农村的健康习俗与文化,而是要营造喜庆、健康的人情往来,目的是更好发挥健康习俗与文化在乡村治理中的作用,以真正体现现代乡风文明。法治与德治在乡村治理中的有效匹配,实际上就是体现刚柔相济、张弛有度的治理,或者说体现法治的威严与刚性和文化习俗惯例的柔性这两者的相得益彰。充分发挥德治这一非正规性制度的作用,不是法制不重要,而是农村中很多问题的解决还上升不到法治层面。例如打击村霸,恐怕有些人还算不上真正的村霸,构不成刑事责任。再如农村环境整治,严格讲村委会不是执法单位,没有处罚权,进而治理乱扔垃圾行为不能简单粗暴地予以行政处罚,但是可以道德规劝。对于不遵守村规民约的行为主体,可以上道德黑名单,通过加强道德评判或村务监督来约束此类行为。总体上,只有把乡风文明上升到农村基层治理层面,上升到德治的高度,充分发挥非正规性制度的作用,才能使乡风文明建设产生实效,并且具有可持续性,才能避免乡风文明建设落入形式主义的窠臼。

五、深化农村集体产权制度改革

深化农村改革,尤其是深化农村集体产权制度改革,意义十分重大,它既是乡村振兴与发展必须攻克的难题,也是党的十九大所提出的中国经济体制改革的重点所在,即完善产权制度和实现要素市场化配置,其核心是要发挥市场机制在经济发展中的作用,但同时,在农村又要坚持土地的集体所有。这就引出了我国农村集体产权制度改革必须兼顾的三个要点,一是巩固和完善农村基本经营制度,二是保障和赋予农民财产权益,三是发展壮大村集体经济。改革开放以来,通过农村土地的农户家庭承包经营,我国不仅转变了农业的经营制度,而且变革了农村集体的产权制度,逐步建立了以土地"三权分置"为特点的农村集体产权与农业基本经营制度,其本质是兼顾经济要求和政治要求,这一制度可以说是中国特色社会主义制度在农村基层的重要体现和基本要求。换言之,巩固和完善中国农村基本经营制度,实质上就是要巩固和完善土地集体所有基础上的农户市场经营制度,而这一集体所有和农户经营的制度又是以长久不变的土地农户家庭承包制来维系的。相应地,保障并且赋予农民更多财产权益就不仅仅是为了增加农民的财产收益,而是要使农民能真正成为市场经济的主体,这实际上是市场体制能真正发挥作用的前提条件,因为市场经济是交易经济,因而市场主体的产权完整性就是必要条件。而发展壮大村集体经济,并不仅仅是指集体经济本身的发展,也涵盖了村集体作为集体土地与集体资产所有者,以及作为农村基层社会管理者的重要地位,这恰恰是中国特色社会主义制度的特点所在。事实上,实践中的我国农村集体经济组织并不单纯是经济组织,而是一个集村党支部、村民委员会、村经济合作社三个组织,也就是集政治、社会、经济三大功能于一体、"三块牌子、一套班子"的农村集体组织。因此,从某种意义上讲,如果保障和赋予农民财产权益是市场经济体制建构的需要,那么发展壮大村集体经济就是我国农村基层政治社会体制的要求,而两者的有效结合,则是中国特色社会主义制度在农村的体现。

如何在农村集体产权制度改革中兼顾这两者的关系,实现集体公有制产权与市场经济制度的有效结合,有必要在现行集体产权"三权分置"架构下,探索集体与农民混合所有的集体产权有效形式和制度安排。从产权经济学看,权属和权能是产权的两个基本维度。权属是产权的归属,权能是一系列的权利束,包括所有权、使用权、收益权、处置权、抵押权和继承权等。在产权归属清晰的基础上,充分的权能是实现产权市场交易和实现市场效率的前提。从目前我国农村集体产权的"三权分置"架构看,权属关系是比较清晰了,但权能无论从集体还是农民看,都不很充分。就集体而言,尽管所有权是明确的,但是作为所有者的集体的权能却是缺失的,体现在村集体既没有获得土地承包者交纳的承包款,也没有获得宅基地上农民出租房屋的租金,以及改革后的村集体股份合作社普遍没有集体股。从农民角度看,尽管拥有了长久不变的土地承包权和宅基地与建房的资格权,以及集体股份合作社的股权,但权能也是不充分的,比如:土地只有经营权可以流转交易,但承包权却难以有偿退出与交易；宅基地上的房屋可以出租，却不能买卖；集体确认的股权可以在村范围内转让交易，但不能对外转让交易；等等。这样的农村集体产权制度安排，既不利于具有农村基层政治社会功能的集体经济的发展壮大，又不利于作为市场经济主体的农民的充分发展和市场机制的有效发挥。很显然，权能不充分的市场主体是难以与权能充分的市场主体进行平等竞争的，比如，同样是从事农业投资和经营，城市居民就能用可以买卖的房产进行抵押获得贷款，而农民用不能买卖的房产进行抵押，就难以获得贷款，农民在市场竞争中已经输在了起跑线上。权能的不充分，还不利于劳动力要素的高效流动和优化配置，比如，在城市化的进程中，农业转移劳动力的市民化问题解决，实际上不仅受制于城乡分割的社保体制，而且也受制于权能不充分的农村集体产权制度。研究调查表明，即使流入地政府能解决基本公共服务常住人口全覆盖的问题，绝大部分的农民工仍表示今后不会定居城市，其原因并非乡愁、落叶归根或生活习惯与文化差异，而是他在农村的诸多权益不能被有效处置，而这些权益他又不愿意无偿放弃。

集体和农民的混合所有将是我国农村集体所有制的有效实现形式，具体的实现路径，不是从农民这儿收回权能，或者放弃集体的所有权，而是先把产权的权能赋足，也就是先把产权这一蛋糕做大，然后将蛋糕在集体和农民这两个主体之间进行合理的切割。也就是说，混合所有的产权制度框架下，农村集体仍然拥有所有权，同时将其他权能充分赋予农民，使农民能依靠市场化交易产权，把集体经济的蛋糕做大，与此同时，村集体必须从集体产权（承包土地、宅基地、集体资产）的交易收益获得相应的份额，以体现集体公有产权所有者的具体权益和中国制度特色。值得指出的是，实施混合所有的农村集体产权制度，还需要消除相关制约因素，要有相应改革做配套。一是尽快建立城乡一体和区域均衡的公共保障体系，尤其是要实现农民的保障由公共保障对土地保障的替代。二是有序推进农村集体经济由政社不分向政社分类转变，以及农民权益由不能交易的身份依附向可交易的契约依附转变。三是深化农村宅基地制度改革。要在建立城乡一体社会保障体系的同时，既赋予农民可充分交易的房产权，又了断无偿的宅基地供给制度。

六、形成政府、市场与行业组织合力

高质量推进乡村振兴,政府要有为和适度,而不能缺位或过度。政府主导推进乡村振兴,是我国政治与行政体制的优势体现。但政府主导并不意味着政府无所不为和取代市场。实践中,政府推进乡村振兴战略是分三步走,不宜操之过急,更不能把乡村振兴单纯作为"硬件"工程建设来抓,毕竟乡村振兴还有相当重要的乡风文明、治理有效的内容,属于"软件"工程,不是"硬件"工程项目所能涵盖的。对于公共性领域,比如社会保障、环境保护和公共基础设施建设,政府强力介入有必要且正当,但是对于非公共性领域,比如产业发展,政府应着眼于调控和引导,如规划引导、政策引导、投入引导和示范引导等。一旦政府引导变成政府包办,市场的作用就难以发挥,结果往往是地方政府忙着招商引资,铺摊子、上项目,各种名目繁多的产业园区、示范区以及模范村、示范村层出不穷,但实际上大多是政绩工程。尤其是对新型农业经营主体的培育,政府偏重补贴与奖励等政策支持,政策的偏差性比较明显,集中反映在没能处理好新型主体和普通小农的关系,由此,既导致了农民的过度分化,又导致不少新型主体的行为扭曲及其组织异化。农民的过度分化使得农民难以组织化,从而小农难以与现代农业有机衔接。新型主体的行为扭曲及其组织异化,使得这些主体不惧市场,从事农业不以市场为导向,只以政府为导向,致使市场缺失真正主体,市场机制难以奏效,而政府财政负担则不断加重,农产品市场处于无序竞争状态,产业兴旺演变为产业过剩,这样一来真正的受损者并不是新型主体,而是那些普通农民和小农,因为他们得到政府的补贴并不多。

因此,在实施乡村振兴战略的过程中,尤其是在产业发展过程中,必须处理好政府和市场的关系,同时重视行业组织的作用,要形成政府、市场、行业组织的合力。需要充分认识到的是,有为的政府应该既是能在公共领域发挥主导作用的政府,也是能够充分发挥市场和行业组织作用的政府。政府发挥市场和行业组织的作用,一方面是要转变政府的部分职能,将这些职能转由市场和行业组织来行使。除了市场以外,不能低估行业组织的作用,因为在经济运行中存在政府和市场都低效或失灵的情况,这时候行业组织的作用是极其重要的。行业组织的重要性在于它能够突破区域行政壁垒,有效避免地方政府本位主义和各自为战的局面,同时,行业组织还能通过行业自律和行业内的协调,避免同业市场过度竞争对市场主体的伤害。另一方面,还应着力建立有效的市场运作的体系,核心是建立市场赖以运行的产权制度,即建立权属清晰、权能充分的产权制度。针对农业供给侧的结构性改革,重点是要通过完善产权制度和要素市场化配置的改革,激活市场、主体和要素,建立起政府、市场、行业组织协同运作、"三位一体"的农业供给侧的制度架构,为乡村产业兴旺和振兴发展提供制度性保障。

七、深化"绿水青山就是金山银山"理念认识与践行

2005 年 8 月,时任浙江省委书记的习近平同志在浙江湖州安吉考察时提出了"绿水青山就是金山银山"的论断,这一论断具有很丰富的思想内涵。这一理念的基本精髓在于两个要点。一是在温饱问题已经解决的情况下,资源生态是不能作为发展代价的,也就是不能靠牺牲环境获得发展,这是习近平同志生态文明、绿色发展的底线思维。二是资源生态也不能光沉睡在那里,而是应该转化为财富,即成为"金山银山",这是习近平同志生态文明、绿色发展的发展思维。只有将底线思维与发展思维相结合,才能够实现既保护环境又发展经济和致富百姓的多重目标。习近平同志的"绿水青山"还是个广义的概念,它还涵盖冰天雪地、海浪沙滩、戈壁沙漠、草原湖泊、蓝天白云、优质的空气、宜人的气候。也就是说,"绿水青山"是普遍存在的,但要使"绿水青山"变为"金山银山",按照习近平同志的思想,关键是要做好"转换"这篇文章。实践中,随着温饱问题的解决,我国不少欠发达地区,如沿海的丘陵山区、大多数中部地区、西南地区和东北地区,生态环境得到了较快的恢复。尽管这些地区的生态环境也曾经被破坏过,但大多是一种生存性的破坏,而不是工业化的污染性破坏,因此,一旦解决了温饱问题,并且劳动力外出就业,对当地生态环境的生存性依赖就明显减弱,这些区域的生态环境的自主

性恢复就很快，就能再次呈现"绿水青山"的景象；然而，它们基本上还没有转换为"金山银山"，这说明，将"绿水青山"转换为"金山银山"既要有个过程，还需要有"转换"的路径和机制。这个过程与老百姓对生态环境的认识变化有关，也就是习近平同志所指出的"三个阶段"的认识变化。第一阶段，在温饱问题没有解决的情况下，老百姓的思想往往是"要用绿水青山换金山银山"，这时候生态环境的破坏很难避免；第二阶段，当温饱问题已经解决的情况下，老百姓的思想往往就变成"既要绿水青山，又要金山银山"，这时候处理好经济发展和环境保护的关系就很重要；第三阶段，当不少百姓都达到小康富裕水平的时候，许多人就会认为，这个"绿水青山本来就是金山银山"，当然，这个"许多人"往往还不是"绿水青山"所在地的百姓，而是收入水平相对高，已经先富裕起来的城市居民，他们的需求是"绿水青山"转换为"金山银山"的关键。

基于我国资源禀赋的多样性，区域发展和城乡发展差异性大的现实特点，要使"绿水青山"转换为"金山银山"，尤其是使广大欠发达地区的"绿水青山"转换为"金山银山"，就需要确立生态经济化、经济生态化的绿色发展理念，按照城乡一体和区域协同的发展思路，并且通过市场的机制来实现这种"转换"。具体说来，"绿水青山"转换成"金山银山"的路径：一是保护"绿水青山"。这是"绿水青山"转换成"金山银山"的前提。由于生态具有公共属性，为了激励生态保护，需要对保护者进行激励，这就要对生态保护进行补偿。为此，要建立着眼于提高补偿水平、多元化补偿、多渠道筹集、差异化补偿的生态保护体系与补偿机制。要创新政府生态补偿的转移支付方式，增强产业扶持型、技术支持型和人才培训型的转移支付，同时高度重视和发挥市场、社会组织和个人在生态保护和补偿体系中的作用。二是发展"绿水青山"产业。这是以"绿水青山"相容性和配套性产业发展为载体，在相关产品和服务中体现和转换"绿水青山"价值的路径。主要包括两种类型的产业，首先是"绿水青山"内生性产业的发展。内生性产业是指这种产业与业态是与相关资源生态高度相容与共生的，比如林下经济、休闲养生等产业的发展。由于生态资源的承载量是有限的，这类产业的发展规模应适度，要避免产业规模超过生态资源承载量。其次是"绿水青山"外生性产业的发展。主要是指关联性配套产业，尤其是相关服务业，如餐饮、住宿、娱乐、购物、通信、交通等产业的发展。这类产业的发展空间较大,是"绿水青山"转换成"金山银山",做大"绿水青山"经济的重要路径。三是推进"绿水青山"产权交易。这是将生态资源直接转换成"金山银山"的路径,关键是深化土地、林权和相关自然资源产权与环境管理制度的改革。对于难以或不宜确权到人或户的"绿水青山"资源,可以采用分权化和地方化的思路,将资源产权确权到相应的主体或产权共同体,同时建立自然资源产权或生态配额的市场交易体系与制度。首先可以考虑和实施的项目有:建立和完善水权交易体系和市场;建立碳排放配额和碳汇交易市场;建立森林覆盖率配额交易体系和市场;建立生态标志认证体系和标志产品溢价交易体系。四是创新"绿水青山"营销方式。"绿水青山"转换成"金山银山"的关键是城市居民向往"绿水青山",因此,要善于营销"绿水青山",以质量为根本、品牌为龙头、网络为渠道、组织为载体,着力打造产地消费市场,使"绿水青山"成为致富产地百姓的"金山银山"。

消费替代还是信任补偿？

——转移支付收入对农民公共品供给意愿的影响研究[①]

一、引言

21世纪以来，我国政府的"三农"投入不断增加，2003年，中央财政"三农"支出为2144.16亿元，而2013年，中央财政"三农"支出已增长到13799.00亿元。[②] 完善农村公共品供给作为提升农民生活水平与促进农村繁荣发展的重要手段，占据财政"三农"支出的重要比例。然而，在对农村公共品自上而下的公共支出力度如此大的情况下，我国农村公共品供给依然普遍严重不足（李燕凌，2016）。究其原因，政府主导供给农村公共品的模式忽视了社会多元参与对解决公共品筹资问题、实现公共品供求匹配的积极作用，因而供给绩效不尽如人意（林万龙，2007；沈坤荣、张璟，2007；郁建兴、高翔，2009；范逢春、李晓梅，2014）。因此，本文将从农民公共品供给意愿出发，自下而上地研究和解决农村公共品供给不足问题。

农民作为公共品供给的直接受益者和重要参与者，从提升农民公共品自主供给意愿的角度来研究解决公共品供给不足的问题，具有理论上

① 本文作者为黄祖辉、王雨祥、刘炎周、胡伟斌。本文内容发表于《管理世界》2020年第9期，被中国人民大学期刊复印资料《农业经济研究》2021年第3期全文转载。本文研究受到教育部基地"十三五"规划重大项目"城乡发展一体化背景下的新型农村建设与治理研究"（16JJD790053）的资助。

② 数据来源：中国政府网。

的可行性。然而现实中,农民一方面收入水平较低而缺乏分摊公共品供给费用的能力(马晓河、方松海,2005),另一方面因乡村人情信任瓦解而丧失承担公共品供给责任的积极性(周生春、汪杰贵,2012)。近些年,随着国家对农民民生保障的重视程度逐渐提升,城乡居民基本养老保险制度、城乡居民统一医疗保险制度以及低保制度等社会保障制度相继落实并推广,农民获得的转移支付收入不断增加。在此情形下,农民获得的转移支付收入既提升了农民的收入水平从而放松了农民自愿供给公共品的能力约束(消费替代效应),又提升了农民对村两委的信任程度[①],从而放松了农民自愿供给公共品的积极性约束(信任补偿效应),因而可能最终提高农民的公共品供给意愿。

从消费理论来看,公共品作为一种正常商品,收入的提升可能会使得农民私人物品消费的边际效用不断递减,因而最终更偏好供给并消费公共品,即用公共物品消费替代了私人物品消费,这是从理性人效用最大化角度出发能够直接推断出的结论,是农民的"经济人"属性的重要体现,因此我们必然需要关注消费替代效应。而从信任这种社会资本的角度出发来关注信任补偿效应主要有三方面原因。理论方面,Olson(1965)的开创性研究提出了公共品供给的"集体行动问题",后续相关理论研究则发现,社会资本有利于解决"集体行动问题",促进公共品供给(Arrow,1972;Coleman,1990;Putnam,1993)。Guiso et al. (2010)也指出,经济学家通常将社会资本定义为"一系列能够促进合作与克服'搭便车'问题的信念"。村干部在向村民告知转移支付信息、发放转移支付款项的过程中,村民积累了对村干部的信任这一社会资本。我们认为,这种信任会补偿原本由"搭便车"心理造成的公共品供给意愿不足。实证方面,关于我国农村的实证研究指出,社会资本有助于解决公共品供给中的集体行动问题,从而提升村庄的公共品供给水平(Tsai,2007;Xu and Yao,2015)。但他们的社会资本均是指宗教或宗族力量,而且他们的研究聚焦于村庄层面的公共品供给;而本文则从农民个体层面出发,

---

① 调研发现,绝大部分农民都通过村主任和村书记获知转移支付(如农村养老保险、医疗保险等)信息、参与转移支付项目及领取转移支付资金。在各类社保的参保农民中,分别有 78.44% 和 77.08% 的农民由村主任和村书记告知并参加城乡居民养老保险和城乡居民医疗保险。

研究信任这一社会资本对于解决公共品供给中"搭便车"现象的作用。最后，出于研究的完备性，信任这一社会资本能够对农民公共品供给意愿产生作用也是农民"社会人"属性的重要体现，这与消费替代效应中农民的"经济人"属性相互对应。

因而，在农民转移支付收入不断提升的背景下，本文主要研究以下两个问题：第一，农民获得的转移支付收入是否会提升农民的公共品供给意愿？第二，农民的转移支付收入提升是通过何种机制促进其公共品供给意愿的？本文首先构建一个简单的农民跨期决策理论模型，从理论上论证在不同的转移支付额度下，以上两个问题的答案会有所不同。然后利用城乡居民基本养老保险这一政策，构造断点回归，结合工具变量（RD-IV）的识别策略，实证检验了理论预测，并估计了农民转移支付收入对农民公共品供给意愿的影响效应的大小。研究发现，农民的转移支付收入每提升 1000 元，其愿意参与公共品供给的概率平均上升约16%，且该促进效应主要通过信任补偿机制实现。

理论层面，本文通过构建理论模型挖掘转移支付对农民参与公共品供给的影响机理，同时通过实证分析给出了推论的现实证据，并从因果层面上对不同影响机理的强弱程度进行了挖掘，丰富了农村公共品供给微观层面的相关理论与实证研究。现实层面，本文的研究连接了农村转移支付和村庄公共品供给这两个重要议题，研究结论对于探讨和解决在十九届四中全会提出"坚持和完善统筹城乡的民生保障制度"的背景下，村庄公共品的有效供给不足这一问题具有一定借鉴意义。

本文其余部分结构安排如下：第二节回顾已有文献研究；第三节给出一个简单的理论框架；第四节讨论数据来源、变量设置及识别策略；第五节报告实证结果；最后一节为结论性评述。

二、文献回顾

关于公共品供给的影响因素，已有大量理论和实证研究。在理论方面，已有研究分别从社会精英阶层为了维护社会稳定和限制官员权力的角度，构建理论模型，分析了民主化对国家公共品供给的影响

（Acemoglu and Robinson，2001；Lizzeri and Persico，2001）。Bardhan and Mookherjee(2006)则从地方官员负责性的角度,研究了权力下放对地方公共品供给的影响。在实证方面,国外已有文献研究了官员身份特点(Chattopadhyay and Duflo，2004；Besley et al.，2004)、族群分化(Miguel and Gugerty,2005)、农村团体(Tsai,2007)、审计监督(Olken,2007；Bjorkman and Svensson,2009)和官员连任动机(Janvry et al.,2012)对村庄公共品供给的影响。

此外,直接探讨转移支付影响公共品供给的文献也比较丰富。绝大部分文献研究了转移支付对公共品供给水平的影响以及影响机制。Oates(1972)发现当存在地区间转移支付时,各地政府为了吸引资本、技术等要素流入,会增加对当地公共品支出投入。Baretti et al.(2002)则从另一种视角出发得出了相反的结论,他们发现,由于转移支付与地方税收之间构成直接的成本替代,因而可能抑制地方供给公共品。Shih et al.(2005)从我国的财政管理体制出发进行研究发现,地方各级政府都倾向于尽可能多地占有财政收入并将支出责任推至下级政府,他们会把对下转移支付维持在尽可能低的水平,这意味着转移支付对提升地方公共品供给基本没有帮助。可以发现,由于从宏观层面研究转移支付对公共品供给的影响具有多重复杂性,已有研究关于转移支付对公共品供给的影响尚无定论。因此,一部分文献则转而关注转移支付制度,指出转移支付能否促进公共品供给,关键取决于转移支付的制度设计。已有研究发现,如果设计得当,转移支付可以激励地方政府的负责性,增加本地居民的社会性公共品供给(Bucovetsky and Smart,2006；Hindriks et al.,2008；Weingast,2009)。Allers(2012)也发现,良好的转移支付制度可以消除中央与地方政府间的信息不对称,有助于在各地区间更有效地配置公共品。与之相对的,Ivanyna(2010)则发现,如果转移支付仅被用来补偿地方政府的财政缺口,反而会抑制地方政府的公共品供给激励。

实证层面上,国内学者主要从省级层面对转移支付是否影响各地区总体公共品供给水平进行了大量研究。已有研究均发现,转移支付会促进地方公共品供给水平提升(范子英、张军,2013；亓寿伟、胡洪曙,2015；赵永辉、付文林,2017)。也有一些文献研究了转移支付对各地区内部不同类型公共品供给的结构性影响。郭庆旺和贾俊雪(2008)发现,中央转移支付有助于促进各地区医疗卫生和交通设施的改善,但对基础教育则不具有显著影响。傅勇(2010)发现,中央转移支付促进了社会性公共品的供给,该结论与 Hines and Thaler(1995)的研究一致。李永友和张子楠(2017)在考虑了地区间的竞争后却得出了相反的结论,他们发现,由于地方官员面临考核压力与晋升的"政治锦标赛",转移支付反而降低了地方政府供给社会性公共品的激励。此外,转移支付在理论上有助于改善地区间财力均等化水平,并促进各地区公共品供给收敛(Boadway and Shah,2007),但国内关于转移支付对不同地区之间公共品供给均等化影响的实证研究并不支持该结论(谢垩,2007;赵永辉、付文林,2017)。其中第一篇发现税收返回对各地的公共品差距扩大起了强化作用;第二篇则发现转移支付并未显著缩小地区之间的公共品供给差距。

从现有研究看,由于我国公共品供给体制中自上而下的财政投入仍然占据主导,所以绝大部分文献从省级层面研究了各省获得的转移支付对地区公共品供给的影响。一方面,由于省级层面公共品供给研究具有太多的决定因素和混杂因素,因而从微观层面对转移支付和公共品供给之间的因果关系进行识别,有助于得出更为可靠的结论。另一方面,由于我国农村公共品供给的多元主体特征,农村公共品供给与城市公共品供给具有很大异质性,而忽略这一异质性,特别是忽视作为农村公共品的直接受益者和重要参与者的农民在公共品供给中可能发挥的作用,直接照搬现有文献对于城市公共品供给的研究结论,则不具备可靠的政策参考性,但现有文献对农民个体层面公共品供给意愿的有效讨论比较匮乏。另外,受限于省级层面的宏观研究视角,既有文献大多笼统地探讨转移支付对公共品供给的影响,而较少系统地挖掘当中的作用机制。范子英和张军(2013)的研究是为数不多讨论转移支付影响公共品供给作用机制的文献,但他们对机制的讨论仅限于理论推理,而缺少严谨的实证分析。因此,本文从农民层面的微观视角出发,研究微观农民主体获得的转移支付收入对其公共品供给意愿的影响,有助于解释当前农村层面公共品供给不足的问题,进而推动农村公共品的有效供给。同时,得益于转移支付收入的特殊性,我们不仅可以探讨传统消费理论框架下的消费替代效应,也进一步探讨了社会资本理论视角下的信任补偿效应,并且基于微观数据对这两种效应进行了实证检验。

三、理论框架

本部分将刻画农民转移支付收入影响农民公共品供给意愿的理论机制,从而分解出转移支付促进农民公共品供给意愿是因为纯粹的收入增加,还是因为增强了对村干部的信任。我们在一个不包含储蓄决策[①]的两期模型中讨论该问题:在第一期中,农民获得外生给定的收入 y_1 和转移支付 T_{r1}[②],决定是否参与当期公共品供给 $I = \{0, 1\}$ 并同时确定当期消费 c_1,如参与公共品供给,则支付"份子钱"R;在第二期中,农民同样取得给定的收入 y_2,另外为更贴近本研究的实证部分,转移支付采取养老金的形式,即农民在第二期得到转移支付 T_{r2}。

一般化地,农民终生效用为时间可分形式,即 $u(c_1, c_2, g) = u(c_1, g) + \beta u(c_2, g)$,其中 β 为跨期贴现因子,g 为公共物品消费量[③],第一期公共品存量 g_0 标准化为 0。任一期效用函数关于私人消费与公共消费的边际效用均为正,且私人消费的边际效用递减,即 $\frac{\partial u(c, g)}{\partial c}$、$\frac{\partial u(c, g)}{\partial g} > 0$,且 $\frac{\partial u^2(c, g)}{\partial c^2} < 0$。

基于公共品供给的实际情况,考虑农村公共品供给分为两个阶段: ①村"两委"出面号召农民集资进行村庄公共品建设,若集资失败,则在第二期仅能获得补偿性的最低公共品增量 $\underline{\Delta g}$,若集资成功则进入②阶段。显然,农民个人的参与并不能完全决定集资是否成功,对其个人而

---

① 引入储蓄决策不改变本部分主要结论。

② T_{r1} 在本文的实证框架内即以养老金收入来刻画,它体现了农民在 60 岁附近的外生转移支付收入变动。

③ 赵宇、姜海臣(2007)研究发现,农村公共品供给质量差已经取代供给数量不足而成为农村公共品供给中的首要问题。现实中,村干部在公共品供给中更容易通过提供低质量的公共品而非降低公共品数量来谋取私利(Olken 2007),农民对干部供给公共品的不信任更多的是质量层面而非数量层面,因此这里的 g 也可以从公共品的质量角度来理解。

言,如参与供给则集资成功概率为 p_1,否则为 p_0,显然有 $1>p_1>p_0>0$。注意到,即使农民个人不参与供给,仍然有正的概率 p_0 享受公共品建设成果,且就算以 $1-p_0$ 的概率集资失败,其仍然可以获得补偿性的公共品增量 $\Delta \underline{g}$,这反映出农民存在着"搭便车"动机。②若进入到公共品建设阶段,则对农民个人而言,第二期取得的期望效用为

$$E[u(c_2,\Delta g)\mid\delta]=\int_{\Delta \underline{g}}^{\Delta \bar{g}}u(c_2,\Delta g)f(\Delta g,\delta)\mathrm{d}\Delta g,$$ 其中 Δg 为第二期的公共品增量,对集资决策期的农民而言是一个随机变量,其密度函数为 $f(\Delta g,\delta)$,而 δ 刻画了农民对村委会工作的信任程度,容易假设:对任意 $\mathrm{d}\delta>0$,$f(\Delta g,\delta+\mathrm{d}\delta)$ 一阶随机优于 $f(\Delta g,\delta)$,即 $\dfrac{\partial E[u(c_2,\Delta g)\mid\delta]}{\partial\delta}=$

$$\dfrac{\partial\displaystyle\int_{\Delta \underline{g}}^{\Delta \bar{g}}u(c_2,\Delta g)f(\Delta g,\delta)\mathrm{d}\Delta g}{\partial\delta}>0,$$ 基于以上设定进行后续分析。

(一)转移支付收入对农民公共品供给意愿的消费替代效应

首先考虑一种反事实的情形,我们分离出转移支付对农民的政府信任方面的影响,仅将 $T_{r1}(T_{r1}\geqslant0)$ 作为一种彩票收入,此时农民的政府信任为常数 δ_0,期望效用最大化问题可以如下表述①:

$$\max_{I}u(c_1,0)+\beta\{p_IE[u(c_2,\Delta g)\mid\delta_0]+(1-p_I)u(c_2,\Delta \underline{g})\} \quad (1)$$

$$\mathrm{s.t.}\ c_1+\bar{R}\cdot I=y_1+T_{r1} \quad (2)$$

$$c_2=y_2+T_{r2} \quad (3)$$

将(2)式、(3)式代入(1)式,并整理可以得到:

---

① 现实中,农村 60 岁左右的老年人向城镇流动情况相对较少,因而不考虑政府转移支付对其流动意愿产生影响,进而降低其公共物品供给意愿这一可能机制。此外,由于我们讨论政府转移支付,不会出现农民因为获得一笔政府转移支付而损失其他补贴导致总转移收入降低的情况,故这一机制也应该排除。

$$\Delta \bar{V}(T_{r1}) = \Delta \bar{u} + \beta \Delta p \Big\{ E[u(y_2 + T_{r2}, \Delta g) \mid \delta_0] -$$

$$u(y_2 + T_{r2}, \Delta \underline{g}) \Big\} \tag{4}$$

其中，$\Delta \bar{u} = u(y_1 + T_{r1} - \bar{R}, 0) - u(y_1 + T_{r1}, 0) < 0$、$\Delta p = p_1 - p_0 > 0$ 而 $\Delta \bar{V}(T_{r1}) = \bar{V}(I=1) - \bar{V}(I=0)$，其中 $\bar{V}(I=1)$ 为仅考虑消费替代效应时农民参与公共品供给的期望间接效用函数，$\bar{V}(I=0)$ 反之。记 ΔV_0 为未获得任何首期转移支付时的间接效用之差，考虑农民此时不愿意参与公共品供给的情况 $\Delta V_0 = \Delta \bar{V}(0) < 0$，那么由 $\dfrac{\partial u^2(c,g)}{\partial c^2} < 0$ 可得：

$$\frac{\partial \Delta \bar{V}(T_{r1})}{\partial T_r} = \frac{\partial u(y_1 + T_{r1} - \bar{R}, 0)}{\partial c_1} - \frac{\partial u(y_1 + T_{r1}, 0)}{\partial c_1} > 0 \tag{5}$$

于是有如下命题：

命题 1：必然存在一个 $T_{r1}{}^*$ 使得 $\Delta \bar{V}(T_{r1}{}^*) = 0$，当转移支付大到满足 $T_{r1} > T_{r1}{}^*$ 时，即使在仅考虑消费替代效应时，转移支付 T_{r1} 也会提高农民参与公共品供给的意愿。原因在于农民收入提高带来私人消费 c_1 的提高，当 T_{r1} 高于 $T_{r1}{}^*$ 从而 $\Delta \bar{V}(T_{r1}) > 0$ 时，由于私人消费的边际效用递减，此时增加 $\Delta c = \bar{R}$ 的私人消费所带来的效用增量，已经小于农民将 $\bar{R}$ 用于参与公共品供给所带来的期望效用增量，故其将放弃"搭便车"而参与公共品供给。

（二）转移支付收入对农民公共品供给意愿的信任补偿效应

考虑另一种反事实的情形，分离出第一期转移支付收入对农民消费方面的影响，仅将 $T_{r1}(T_{r1} \geqslant 0)$ 作为一种增进农民对村"两委"信任感的来源，即转移支付也将提高村民对于村"两委"的信任与满意程度，这将从另一个机制促进农民公共品供给意愿。此时农民村"两委"信任度为关于转移支付 T_{r1} 的单调增函数 $\delta(T_{r1})[\delta'(T_{r1}) > 0]$，显然有 $\delta(0) = \delta_0$，则期望效用最大化问题如下：

$$\max_{I} u(c_1,0)+\beta\{p_I E[u(c_2,\Delta g)\,|\,\delta(T_{r1})]+$$

$$(1-p_I)u(c_2,\Delta \underline{g})\} \tag{6}$$

$$\text{s. t. } c_1+\bar{R}\Delta I=y_1 \tag{7}$$

$$c_2=y_2+T_{r2} \tag{8}$$

将(7)式、(8)式代入(6)式并整理得:

$$\Delta \widehat{V}(T_{r1})=\widehat{\Delta u}+\beta\Delta p\{E[u(y_2+T_{r2},\Delta g)\,|\,\delta(T_{r1})]-$$

$$u(y_2+T_{r2},\Delta \underline{g})\} \tag{9}$$

其中,$\widehat{\Delta u}=u(y_1-\bar{R},0)-u(y_1,0)<0$,而 $\Delta \widehat{V}(T_{r1})=\widehat{V}(I=1)-\widehat{V}(I=0)$,其中 $\widehat{V}(I=1)$ 为仅考虑信任补偿效应时农民参与公共品供给的期望间接效用函数,$\widehat{V}(I=0)$ 反之。易知:

$$\frac{\partial \Delta \widehat{V}(T_{r1})}{\partial T_r}=\beta\Delta p\,\frac{\partial E[u(y_2+T_{r2},\Delta g)\,|\,\delta(T_{r1})]}{\partial \delta}\delta'(T_{r1})>0 \tag{10}$$

由于 $\Delta \widehat{V}(0)=\Delta V_0<0$,则有如下命题:

命题 2:必然存在一个 T_{r1}^{**} 使 $\Delta \widehat{V}(T_{r1}^{**})=0$,当转移支付满足 $T_{r1}>T_{r1}^{**}$ 时,即使在仅考虑信任补偿效应时,转移支付 T_{r1} 也会提高农民参与公共品供给的意愿,随着 T_{r1} 的提高,农民对村"两委"信任与满意的提高增加了其参与公共品供给的期望效用。

(三)转移支付收入对农民公共品供给意愿的复合效应

下面考虑现实情景,农民期望效用最大化问题同(6)式,但其余约束条件同(2)式、(3)式,将(2)式、(3)式代入(6)式并整理可得:

$$\Delta \widetilde{V}(T_{r1})=\bar{\Delta u}+\beta\Delta p\{E[u(y_2+T_{r2},\Delta g)\,|\,\delta(T_{r1})]-$$

$$u(y_2+T_{r2},\Delta \underline{g})\} \tag{11}$$

其中 $\Delta \widetilde{V}(T_r)=\widetilde{V}(I=1)-\widetilde{V}(I=0)$,而 $\widetilde{V}(I=1)$ 为现实情况下农民参与公共品供给的期望间接效用函数,$\widetilde{V}(I=0)$ 类似。记 $\Delta Trust=\Delta \widetilde{V}(T_{r1})-\Delta \bar{V}(T_{r1})$,则对任意 $T_{r1}\neq 0$,我们有:

$$\Delta Trust = \beta \Delta p 2\{E[u(y_2+T_{r2},\Delta g)|\delta(T_{r1})]-$$
$$E[u(y_2+T_{r2},\Delta g)|\delta_0]\}>0 \tag{12}$$

于是容易验证：

$$\Delta \bar{V}(0)=\Delta \widehat{V}(0)=\Delta \widetilde{V}(0)=\Delta V_0<0 \tag{13}$$

$$\Delta \widetilde{V}(T_{r1}{}^*)=\Delta \bar{V}(T_{r1}{}^*)+\Delta Trust=\Delta Trust>0 \tag{14}$$

由于 $\Delta \widetilde{V}(T_{r1})$ 关于 T_{r1} 是连续的，则必然存在 $0<T_{r1}{}^{***}<T_{r1}{}^*$ 使得 $\Delta \widetilde{V}(T_r{}^{***})=0$，同理可证 $0<T_{r1}{}^{***}<T_{r1}{}^{**}$，但这里我们并不能知道消费替代效应与信任补偿效应的相对强弱，即我们未知 $T_{r1}{}^*$ 与 $T_{r1}{}^{**}$ 的关系。这里假设 $T_{r1}{}^*>T_{r1}{}^{**}$，即信任补偿效应对于促进农民的公共品供给意愿有更大的帮助，关于这一点，将在后文的实证研究中进行检验并得到验证，于是有 $0<T_{r1}{}^{***}<T_{r1}{}^{**}<T_{r1}{}^*$，见图 1。

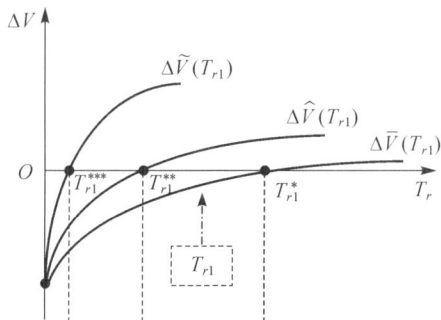

图 1　机制分析

命题 3：平均而言，若当前针对农民的平均真实转移支付收入 $T_{r1}\in(0,T_{r1}{}^{***})$，则我们将观测不到转移支付对农民公共品供给意愿的促进效应；若平均真实转移支付收入 $T_{r1}\in(T_{r1}{}^{***},T_{r1}{}^{**})$，则我们将观测到转移支付对农民公共品供给意愿的促进效应；若平均真实转移支付收入 $T_{r1}\in(T_{r1}{}^{**},T_{r1}{}^*)$，我们不仅能观测到转移支付对农民公共品供给意愿的促进效应，且即使控制了消费替代效应后，T_{r1} 的提高仍将通过信任补偿效应提高农民的公共品供给意愿；若平均真实转移支付收入 $T_{r1}\in(T_{r1}{}^*,+\infty)$，我们不仅能观测到转移支付对农民公共品供给意愿的促进效应,且不论控制消费还是信任补偿效应后,T_{r1} 的提高仍将通过另一效应提高农民的公共品供给意愿。

四、数据来源与识别策略

(一)数据来源

本文使用的数据来自中国新型农村社区建设与治理调查(下简称农村治理调查)2018 年开展的全国基础调查。农村治理调查是浙江大学中国农村发展研究院(CARD)于 2018 年主导的一次全国家户调查,调查对象为我国农村地区 15 岁以上的居民,调查样本分布在全国 18 个省(自治区、直辖市)的 87 个村,共计 1657 人。使用农村治理调查数据研究转移支付收入对农民公共品供给意愿的影响具有若干优势:第一,调查覆盖我国大部分省份,样本具有广泛的代表性,同时也可以对不同地区的不同类型村庄①进行更加细致的比较分析;第二,农村治理调查主要针对农村社区建设和治理问题,包含丰富的农村公共品建设、农民对社区治理的评价、农民公共品供给意愿等信息,便于准确识别转移支付收入对农民公共品供给意愿的影响程度以及深入挖掘当中的影响机制。

我们感兴趣的自变量是农民获得的转移支付收入,由问卷中的政府补贴和政府救济两部分相加而成。调研过程中发现,部分农民将农村养老保险收入填入了政府补贴部分,部分农民将农村养老保险填入了政府救济部分。由于本文的识别策略只需用到农民转移支付收入的变动,故将这两部分同时纳入感兴趣的自变量,从而避免低估农村养老保险的影响。因变量是农民公共品供给意愿,问卷中设置了问题"您是否愿意参与供给社区的公共品?"此处的公共品是各种类型公共品的统称,本文后续有通过对公共品分类来进行异质性分析。本文加入农民性别、主观生活水平认知和社区责任感等可能影响农民公共品供给意愿的变量作为控制变量,并在实证中对比未加入控制变量和加入控制变量的估计结

---

① 调查村庄按照城(镇)中村、中心村、合并村、传统村进行分类。

果,几乎一致的估计结果表明潜在的遗漏变量问题已经在 RD 设计中得到较好的处理。本文全部变量的具体定义和描述性统计详见附录表 A1。

(二)识别策略

本文的识别利用了城乡居民基本养老保险这一外生政策[①],政策规定参保人年满 60 周岁后可以按月领取养老金。政策实施时已年满 60 周岁的,直接认定为参保人并按月领取基础养老金,但其符合参保条件的子女应当参保缴费;距领取年龄不足 15 年的,应按年缴费,允许一次性补缴;距领取年龄超过 15 年的,应按年缴费,累计缴费不少于 15 年。同时,城乡居民基本养老保险养老金的主要来源为基础养老金部分,而基础养老金部分完全由政府财政负担,这就意味城乡居民基本养老保险带有很强的公共转移支付性质。

为识别转移支付收入对农民公共品供给意愿的影响,我们首先利用城乡居民基本养老保险制度设计的特点,采用模糊断点回归(fuzzy RD)获得转移支付收入的外生拟合值,然后将农民公共品供给意愿直接对该转移支付拟合值进行回归。断点回归的基本思想是一个干预变量(D)完全依赖于一个参考变量(forcing variable,X)是否大于或等于某个阈值,假设其他可能影响结果的因素(Z)是连续的,那么当经济个体不能够完全操纵参考变量时,结果变量在断点处的跳跃就可以解释为原因变量的影响。根据农村养老保险制度的规定,只有年满 60 周岁,才可以领取养老金,但现实操作层面,是否领取养老金还受到其他不可观测因素的影响,因此农民在 60 岁前后领取养老金的概率会从 0 上升跳跃到一个小于 1 的值,具体表达如下[②]:

$$P[D_i = 1 | Age_i] = \begin{cases} g_1(Age_i), Age_i \geqslant 60.5 \\ g_0(Age_i), Age_i < 60.5 \end{cases},$$

---

①　该政策前身为新型农村社会养老保险,于 2014 年 2 月 7 日与城镇居民社会养老保险合并。

②　调研时间为 2018 年,故我们收集的转移支付数据属于 2017 年,取断点为 60.5,以排除在调研年份年龄为 60 岁但 2017 年未获取养老金的群体,避免估计偏差。

$$0 = g_0(Age_i) < g_1(Age_i) < 1 \tag{15}$$

其中，Age_i 表示受访农民的年龄，D_i 为干预变量，此处指是否领取养老金，参保并属于老人则取 1，否则为 0。如果（15）式成立，则可以采用 Fuzzy RD 估计养老保险对农民转移支付收入的影响，进而获得农民转移支付收入的外生拟合值。Fuzzy RD 估计可等价地视为 IV 估计，可通过两阶段最小二乘（2SLS）进行估计（Angrist and Pischke，2009）。具体地，根据 Imbens and Lemieux（2008）的建议，分别估计以下回归方程：

$$D_i = \beta_0 + \tau_D T_i + \beta_1 Ac_i + \beta_2 T_i Ac_i + \beta_3 Z_i + \mu_i \ (h^* \leqslant Ac_i \leqslant h^*) \tag{16}$$

$$TRA_i = \gamma_0 + \tau_T \widehat{D}_i + \gamma_1 Ac_i + \gamma_2 T_i Ac_i + \gamma_3 Z_i + \nu_i \ (h^* \leqslant Ac_i \leqslant h^*)$$
$$\tag{17}$$

其中，T_i 指农民是否大于 60.5 岁，大于 60.5 岁取值为 1，否则取值为 0；TRA_i 为农民获得的转移支付收入；$Ac_i = (Age_i - 60.5)$ 为农户年龄减去断点值 60.5；h^* 为最优带宽；Z_i 为其他控制变量，包括性别、生活水平认知和社区责任感，并在实证中对比未加入控制变量和加入控制变量的估计结果，几乎一致的估计结果表明潜在的遗漏变量问题已经在 RD 设计中得到较好的处理。通过对（16）和（17）分别进行最小二乘（OLS）估计，即可得到农民转移支付收入 TRA_i 的外生拟合值 $\widehat{TRA}_i$。

　　本文在 RD 阶段报告参数 2SLS 估计结果。在基准回归中，我们通过将样本限制在断点附近来进行局部线性回归，并采用 Imbens and Kalyanaraman（2012）改进后的交叉验证方法计算 IK 最优带宽。

　　在第三阶段，为避免出现 forbidden regression 导致估计不一致的问题（Wooldridge，2001；Angrist and Pischke，2009），我们没有采用 Logit 或 Probit 这类非线性模型，而是采用线性概率模型（LPM），即用感兴趣的因变量 PG_i 对转移支付的外生拟合值 $\widehat{TRA}_i$ 进行回归，并采用 OLS 估计。具体地，第三阶段的回归方程可以表示为：

$$PG_i = \rho_0 + \tau_P \widehat{TRA}_i + \rho_1 Ac_i + \rho_2 T_i Ac_i + \rho_3 Z_i +$$
$$\varepsilon_i \ (h^* \leqslant Ac_i \leqslant h^*) \tag{18}$$

其中，PG_i 指农民 i 的公共品供给意愿，$\widehat{TRA}_i$ 指农民转移支付收入的外拟合值,我们感兴趣的系数为 τ_P,为保证估计的一致性,第三阶段采用与 RD 中相同的带宽。

五、实证分析

(一)图形分析

在进行回归分析之前,我们通过作图的方式直观地展现 RD 设计的合理性。图 2 描述了农民获得养老金概率与年龄的关系。从图 3 中可以看出,2018 年年龄小于 60.5 岁的农民均未在 2017 年领取到养老金,而年龄大于等于 60.5 岁的农民则都以一定的正的概率领取到了养老金,这与农村养老保险制度的政策规定相吻合,也印证了我们识别策略假设的合理性。图 3 展示了农民获得的转移支付收入与年龄的关系。从图中可以看出,由于养老保险政策的存在,农民获得的转移支付在 60.5 岁前后有一个明显的跳跃。图 4[①] 为年龄的概率密度图。断点回归设计的合理性依赖于经济个体无法完全操控参考变量,即本研究中农民不能通过虚报年龄提前获得养老金。由图 4 可知,年龄在断点两侧的置信区间高度重合,即年龄分布在断点处连续,排除农民虚报年龄的可能性。

(二)基准回归与稳健性检验

图形分析只是给出一个直观初步的结果,精确的系数估计仍要以回归结果为准(Lee and Lemieux,2010)。此外,我们感兴趣的是第三阶段的回归估计,RD 阶段只是为第三阶段提供外生的转移支付拟合值。故后续的实证分析以回归分析为主,且主要聚焦于第三阶段转移支付系数的估计与检验。在以下回归结果表中,Panel 1—Panel 3 均分别对应于

---

①　年龄的取值范围 15—86 岁,有部分年龄的取值概率为 0,这是因为部分特定年龄的农民未进入样本。该情况不会影响年龄的概率密度函数的估计,也不影响年龄在断点处的连续性检验。

回归方程(16)—(18)。

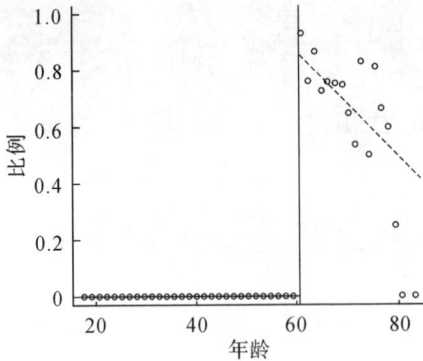

图 2　各年龄领取养老金比例　　　　图 3　各年龄领取转移支付(千元)

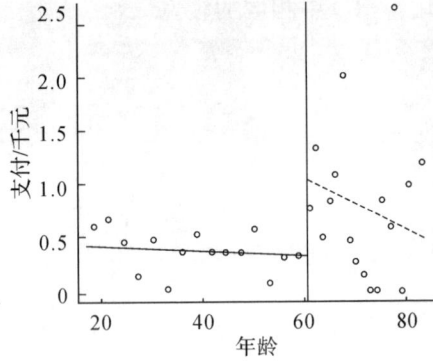

注:竖直线表示年龄=60.5,为本 RD 估计所采用的年龄断点。拟合线为获得养老保险的概率和转移支付收入对年龄的一次线性拟合。

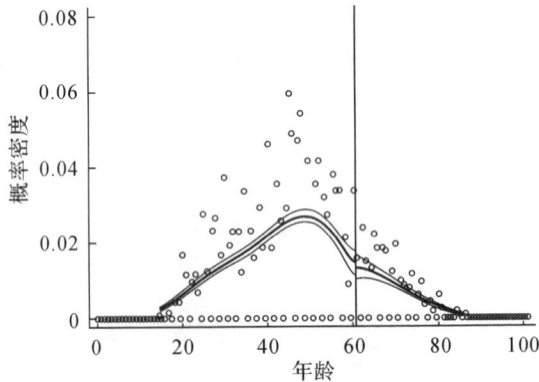

图 4　年龄概率密度图

　　表 1 报告了转移支付收入对农民公共品供给意愿影响的基准回归结果及相关的稳健性检验。第(1)列中,未加入控制变量,Panel 1 和 Panel 2 显示,前两阶段关键变量的系数估计均正向显著,即年满 60 岁显著增加了农民获得养老金的概率,从而增加了农民的转移支付收入。在感兴趣的 Panel 3 中,农民获得的转移支付收入每提升 1000 元,农民愿意供给公共品的概率平均提升 17.9%。第(2)列为加入控制变量的结果,前两阶段的估计结果基本不变,第三阶段估计系数变为

15.8％，即农民获得的转移支付收入每提升 1000 元，农民愿意供给公共品的概率平均提升 15.8％。第(3)、第(6)列为安慰剂检验，分别将断点替换为 37 和 73 岁[①]，并依然采用 IK 最优带宽，可以发现第(3)、第(6)列中无论第二阶段还是第三阶段估计系数都不显著[②]，说明了断点选择的合理性。第(9)列则借鉴 Chen et al.(2013)的做法，将带宽扩大为 IK 最优带宽的两倍并加入年龄与断点之差的二次项、年龄与断点之差的平方与是否为老人的交互项[③]进行局部多项式回归，以检验断点的稳健性，Panel 1 和 Panel 2 的结果都显示，RD 的结果对不同带宽设定具有稳健性。[④]

　　值得注意的是，作为稳健性检验的第(3)、第(6)、第(9)列中的样本量与基准回归中第(1)列和第(2)列的样本量有差异，所以此处 RD 的稳健性检验结果有可能受到样本量的影响，但是有以下理由使我们可以排除这种可能性。第一，此处样本量的变动是我们采取的稳健性检验策略的必然结果，而非主观随意的选择样本。第(3)、第(6)列中，我们将断点替换为 37 岁和 73 岁，而带宽保持为最优带宽不变，从图 4 可以看出人口年龄分布并非均匀分布，因此样本量必然发生改变。而第(9)列中我们保持断点为 60 岁不变，但将带宽扩大为 IK 最优带宽的两倍，这也必然导致样本量的增加。第二，第(3)列中在样本量增加的情况下，Panel 2 的结果依然不显著，这实际上更加增强了此处安慰剂检验的可信度。此外，在第(4)、第(5)列中，我们放弃最优带宽而分别选择 4 岁和 3 岁作为带宽，相应的样本量减少到 183 和 121，此时第二阶段估计系数依然

---

　　①　安慰剂检验的断点由基准回归断点(60.5)分别与年龄最小值(15)和年龄最大值(86)取平均值求得。

　　②　第(3)列和第(6)列中，第一阶段均正向显著，这是因为小于 37 岁必然小于 60.5 岁，大于 73 岁必然大于 60.5 岁，这导致在三种不同断点设定下，"是否为老人"这个二元变量有大部分取值重复，故(3)和(6)中 Panel 1 的系数估计正向显著是合理的。

　　③　即在回归方程(4)—(6)中，再加入控制变量 Ac_i^2 和 $T_iAc_i^2$。

　　④　此处第三阶段不再显著。一方面，带宽的稳健性检验主要针对 Fuzzy RD，即第一阶段和第二阶段的 OLS 回归，故第三阶段显著与否不是我们此处稳健性检验关注的部分。另一方面，第三阶段不显著的原因，可能在于带宽扩大后，不同年龄带来的异质性无法被年龄二次项完全捕获，因而导致估计失效，当然也可能是 RD 设计的弱外部有效性所致。

保持不显著,与第(3)列结果一致。第三,第(6)列中的样本量虽然有所下降,但 Panel 2 中获得养老金的系数估计的 t 值仅有 0.68,远远不足以达到显著的要求。此外,在第(7)、第(8)列中,我们放弃最优带宽而分别选择 9 岁和 10 岁作为带宽,相应的样本量增加到 160 和 174,此时第二阶段估计系数依然保持不显著,与第(6)列结果一致。第四,第(9)列中由于将带宽扩大为两倍,因而样本量大大增加,因此 Panel 2 中系数估计结果显著可能是受此影响。但我们也同时借鉴了 Chen et al. (2013)的做法,加入了年龄与断点之差的二次项、年龄与断点之差的平方与是否为老人的交互项进行局部多项式回归,这一做法也符合 Angrist and Pischke(2009)对于避免自变量和因变量之间的非线性关系造成的"虚假"断点的处理方法。总的来说,以上四点理由足以让我们无须过多担心 RD 的稳健性检验结果主要是受到样本量的影响,进而相信我们的识别策略具有合理性与稳健性。

表1　转移支付对农民公共品供给意愿的影响

统计量	(1)	(2)	(3)	(4)	(5)	(6)	(7)	(8)	(9)
Panel 1:是否获得养老保险(1st)									
是否为老人	0.807***	0.813***	0.557***	0.476***	0.355**	0.819***	0.872***	0.881***	0.855***
	(0.095)	(0.093)	(0.118)	(0.125)	(0.148)	(0.124)	(0.107)	(0.109)	(0.080)
Panel 2:转移支付(2nd)									
获得养老金	1.360**	1.612**	0.589	0.487	1.447	−1.393	−1.953	−2.391	2.450**
	(0.652)	(0.748)	(0.792)	(0.767)	(1.612)	(2.051)	(1.935)	(1.880)	(1.102)
Panel 3:公共品供给意愿(3rd)									
转移支付	0.179*	0.158**	−0.072	0.031	0.028	0.065	0.029	0.027	0.032
	(0.091)	(0.074)	(0.149)	(0.221)	(0.104)	(0.091)	(0.067)	(0.054)	(0.032)
控制变量	No	Yes	Yes	Yes	Yes	Yes	Yes	Yes	Yes
高阶项	No	No	No	No	No	No	No	No	Yes
断点	60.5	60.5	37.0	37.0	37.0	73.0	73.0	73.0	60.5
样本量	160	160	226	183	121	114	160	174	369

注:(1)—(3)、(6)带宽为 IK 最优带宽,只加入年龄与断点之差,以及是否为老人与年龄断点之差的交互项;(9)带宽为 2 倍 IK 最优带宽。Panel 1—Panel 3 分别对应于回归方程(16)—(18)。控制变量包括:性别、生活水平认知和社区责任感。括号中为村级层面的聚类稳健标准误。* 表示 $p<0.10$,** 表示 $p<0.05$,*** 表示 $p<0.01$。

表 2　影响公共品供给意愿的其他变量断点处连续

	变量	系数	标准误	p 值
Panel A： 已控制	性别	0.18	0.11	0.11
	生活水平认知	0.12	0.15	0.43
	社区责任感	−0.07	0.20	0.73
Panel B： 未控制	受教育年限	0.63	0.92	0.50
	是否为党员	−0.09	0.09	0.30
	是否为第一大姓	0.13	0.12	0.30

注：断点均为 60.5。* 表示 $p<0.10$，** 表示 $p<0.05$，*** 表示 $p<0.01$。

此外，RD 识别策略的合理性需要其他影响公共品供给意愿的因素在断点处连续。表 2 给出了相关变量在断点处的连续性检验，所有这些变量在断点处的跳跃均不显著。

(三)机制分析

1.回归分析：厘清消费替代机制与信任补偿机制

在理论框架部分，我们综合考虑转移支付额度、乡村人情信任和农民消费，得到了三个命题。其中，命题 3 整合了命题 1、2 的内容，为理论部分的核心命题。故本部分将通过实证确定命题 3 中关键变量 T_{r1} 的取值范围，进而厘清转移支付收入提升农民公共品供给意愿的作用机制。换言之，这部分将通过实证分析回答以下问题：转移支付收入能够促进农民供给公共品的供给意愿，其原因是纯粹的收入增加而愿意消费私人物品以外的公共物品(消费替代效应)，还是对村干部的信任与感激上升而出于报偿心理自愿供给公共品(信任补偿效应)？

表 3 第(1)列为加入控制变量后的基准回归，作为机制分析的对照。基准回归的结果表明，转移支付能够促进农民公共品供给意愿，实证确定了 $T_{r1}^{***}<T_{r1}$。首先，我们在第(2)列和第(3)列分别引入农民对村主任和村书记的信任。第(2)列 Panel 3 中回归结果显示，控制住农民对村主任的信任度后，转移支付增加 1000 元对农民公共品供给意愿的提升效应从 15.8% 下降到 14.1%，且农民对村主任的信任度显著地促进了

农民的公共品供给意愿。第(3)列 Panel 3 中回归结果显示,控制住农民对村书记的信任后,转移支付增加 1000 元对农民公共品供给意愿的提升效应从 15.8% 下降到 14.0%,且该估计系数不再显著,而农民对村书记的信任度也显著促进了农民的公共品供给意愿。第(4)列中,我们同时引入农民对村主任和村书记的信任。此时,转移支付收入对农民公共品供给意愿的提升效应进一步下降为 12.4%,且该系数不再显著。第 2 到第(4)列的回归结果表明,控制住信任补偿机制后,转移支付的增加并不能提高农户公共品供给意愿,这说明消费替代效应尚未得以实现,故实证确定了 $T_{r1} < T_{r1}^*$。

接下来,我们在第(5)列引入弹性消费[①],回归结果表明,弹性消费本身对农民公共品供给意愿没有显著影响,这进一步说明了消费替代机制尚未得以实现。换言之,当前农民的私人消费仍严重不足,故将有限的转移支付收入 T_{r1} 投入到私人消费获得的边际效用仍大于将其投入到公共品中获得的边际效用,因而转移支付收入无法通过消费替代机制促进农民的公共品供给意愿。此外,转移支付对农民公共品供给意愿的影响基本保持不变(从 15.8% 变为 15.3%),并依然保持显著,这说明转移支付对农民公共品供给意愿的影响主要通过信任补偿机制发挥作用,故实证确定了 $T_{r1}^{**} < T_{r1}$。

最后,我们在第(6)列同时纳入农民对村主任的信任、农民对村书记的信任和弹性消费。回归结果显示,转移支付收入的系数估计与只纳入信任变量的结果相近,且均不显著。此外,农民对村主任的信任依然显著地促进了农民的公共品供给意愿,而农民的弹性消费对农民公共品供给意愿的影响依然保持不显著。该结果进一步印证了第(2)列到第(5)列的主要结论,即转移支付对农民公共品供给意愿的促进作用主要通过信任补偿机制实现,而消费替代机制尚未发挥作用。第(7)列将弹性消费换成总消费,作为第(6)列回归结果的稳健性检验,回归结果与第(6)列基本一致,一定程度上保证了机制分析结论的稳健性。

---

① 由于弹性消费的变动对收入提升更为敏感,更能捕捉消费替代机制,因而弹性消费更适合用来实证检验本文的理论预测。第(7)列将弹性消费换成总消费,实证结论基本保持不变。

　　机制分析的结论回应了理论框架中的核心命题,并且实证确定了现实中平均转移支付 T_{r1} 的范围,即 $T_{r1}^{***}<T_{r1}^{**}<T_{r1}<T_{r1}^{*}$。当转移支付处于该范围内时,由命题 3 可以得出,转移支付能够提升农民公共品供给意愿,该供给意愿的提升主要通过信任补偿机制起作用,一旦控制住信任补偿机制,消费替代机制将不足以促进农民的公共品供给意愿。理论模型结合实证分析得出的上述结论符合当今农村转移支付绝对水平较低、农民私人消费远未达到满足的现实情况。此外,这一发现也实证补充了"出当今农村依然是一个熟人社会与人情社会,信任这一社会资本在公共品供给的集体动员中仍发挥着重要作用"的结论(周春生、汪杰贵,2012)。

表 3　转移支付对公共品供给意愿影响机制分析(信任补偿效应和消费替代效应)

统计量	(1)	(2)	(3)	(4)	(5)	(6)	(7)
Panel 1:是否获得养老保险(1st)							
是否为老人	0.813*** (0.093)	0.812*** (0.094)	0.843*** (0.096)	0.844*** (0.097)	0.816*** (0.093)	0.847*** (0.972)	0.854*** (0.10)
Panel 2:转移支付(2nd)							
获得养老金	1.612** (0.748)	1.683** (0.766)	1.413* (0.75)	1.537** (0.786)	1.667** (0.735)	1.606** (0.785)	1.441* (0.79)
Panel 3:公共品供给意愿(3rd)							
转移支付	0.158** (0.074)	0.141** (0.069)	0.140 (0.095)	0.124 (0.085)	0.153** (0.072)	0.118 (0.081)	0.107 (0.096)
对村主任的信任度		0.159*** (0.045)		0.122** (0.059)		0.115** (0.046)	0.111* (0.061)
对村书记的信任度			0.126* (0.068)	0.056 (0.059)		0.059 (0.061)	0.045 (0.064)
弹性消费					−0.008 (0.008)	−0.007 (0.096)	
总消费							−0.001 (0.001)
样本量	160	159	139	139	159	139	125

　　注:均加入控制变量性别、生活水平认知和社区责任感。断点均为 60.5。所有估计的带宽选择采用 IK 最优带宽,Panel 1—Panel 3 分别对应于回归方程(16)—(18)。括号中为村级层面的聚类稳健标准误。* 表示 $p<0.10$,** 表示 $p<0.05$,*** 表示 $p<0.01$。

2.案例分析:对信任补偿机制实现方式的进一步探讨

上述机制分析虽然证实了信任补偿机制在公共品供给中发挥的重要作用,但在现实中该机制如何具体发挥效果仍然值得进一步探讨。利用本次农村治理调查中各调研员针对调研村庄撰写的调研报告[①],我们可以为信任补偿机制的具体实现方式提供一些案例证据。

GL村的调研报告中指出,该村在2010年合并后面临"基础设施、公共服务设施的数量、质量不能满足合并后村民的需求"的问题。但是由于村书记和村主任"经验丰富,平易近人,与村民关系友好,切实为村民服务",在两人的带领下,村庄于2017年已实现"村庄基础设施基本完善"。以该村2017年的一项道路项目为例,项目伊始,在村"两委"的争取下,"该项目获得一事一议财政奖补资金13.5万元"。此后,村"两委"召集全村村民进行筹款,村民们也纷纷响应,最终"村民自筹4.0万元,共计预算投资17.5万元"。该项目最终修建道路"长290.00米,宽4.50米,护砌280.00米,宽0.65米,高1.20米"。该项目的实施"解决了(GL村)YWL村民组40多户140人多年来的出行难问题"。据村民反映,道路的修缮"有效改善了生产生活条件,给自己带来了实惠"。由此可见,如果村民信任村干部,他们会相信村干部能为村庄保质保量供给公共品,因而更加愿意通过筹款等行动支持村庄公共建设。此外,村民对村干部的信任也会激发村干部的工作积极性,他们会更加细致地了解村民的公共品需求,提出更符合村民需求的公共品建设方案,因而更容易获得村民的响应。信任补偿机制两种实现途径的示意图见图5。

CM村与GL村情况类似,虽然目前村庄公共品供给匮乏,但由于干群关系好,村民信任村干部,所以村民总体的公共品供给意愿依然很强。当村民被问及公共品供给意愿时,大部分村民均表示"愿意投身于公共产品的建设之中,也愿意为村庄公共产品出钱出力"。而作为反面案例的SY村,情况则完全相反。村主任因在选举中存在"选票并未完全发放,而是留有一部分没发放"的舞弊行为而失去了村民的信任,"这种不信任最终大大降低了村民参与村庄公共事务的积极性"。

---

① 调研报告的引用均已得到相关调研员的许可,但本文文责自负。

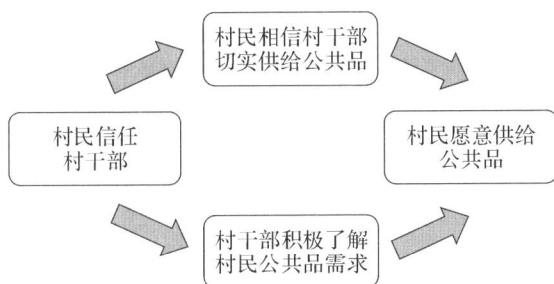

图 5　信任补偿机制实现途径

总而言之,由于我国农村的特殊性和传统性,村庄内人情关系和联系的密切程度都远高于城市,农民在进行个人决策时不仅是一个"经济人",更是作为一个村庄社会关系集合内的"社会人",因而在当下农民普遍私人消费需求还未得以完全满足的情况下,转移支付能够克服以往农村公共物品供给中存在的问题,从而实现村民参与公共物品供给意愿提升的关键就在于信任补偿机制。

(四)异质性分析

转移支付收入对农民公共品供给意愿的影响可能具有异质性。一方面,农民对不同类型的公共品的满意度和需求强度不同,因而投资和供给意愿也不同(李强等,2006)。另一方面,随着农村经济的市场化和农户独立经营主体地位的确立,由于资源禀赋不同,农户之间的差异在拉大。这种差异表现在受教育水平和生产结构上,农户之间的这些差异必然会引发他们对农村公共品需求的差异(林万龙,2007)。

表 4 检验转移支付收入对农民供给不同类型公共品的意愿的影响是否存在差异。回归结果显示,转移支付会显著提升农民对社区卫生和社区绿化的供给意愿,然而转移支付并不会提升农民对交通设施和教育设施的供给意愿。可能的原因有:第一,目前的农村公共支出中,与农业生产直接相关的生产性支出和基础建设支出占比过高,因此农民更倾向于供给目前缺口更大的生活性公共物品(沈坤荣、张璟,2007)。第二,在农民的主观认知中,社区卫生和社区绿化是应当由私人负责供给的,而交通设施和教育设施则更多地应当由政府负责供给

(岳书铭等,2005)。

表 4　转移支付对不同类型公共品供给意愿影响的异质性分析

项目	(1)	(2)	(3)	(4)
Panel 3: 公共品供给意愿	社区卫生	社区绿化	交通设施	教育设施
转移支付	0.172** (0.076)	0.140* (0.084)	0.083 (0.076)	0.089 (0.081)
控制变量	Yes	Yes	Yes	Yes
样本量	151	151	151	143

注:断点均为 60.5。第一阶段和第二阶段回归均同表 1 第(2)列 Panel 1 和 Panel 2。所有估计的带宽均采用 IK 最优带宽。Panel 3 对应回归方程(18)。控制变量包括:性别、生活水平认知和社区责任感。括号中均报告稳健标准误。* 表示 $p < 0.10$,** 表示 $p < 0.05$,*** 表示 $p < 0.01$。

表 5 检验转移支付对不同特征农民的公共品供给意愿的影响是否存在差异。大体可以将我国农村划分为两种类型:一种是农村人口流出、留在村庄农民仍然从事传统农业的中西部农村地区,这些地区仍然保持了传统农村的主要特征;另一种是农村人口流入、村庄工业化程度很高,农民主要来自东部沿海发达地区的农村(贺雪峰,2017)。因此在村庄层面,我们将农民划分为沿海地区农民和非沿海地区农民、传统村庄农民和非传统村庄农民。[1] 第(1)列到第(4)列回归结果显示,转移支付对非沿海地区农民和传统村庄农民的公共品供给意愿有显著的促进作用。可能的原因有:第一,沿海地区的农村公共品供给依托于沿海城市已经较为完备,而非沿海村庄的公共品供给则相对不足。第二,非沿海地区的传统村庄中,人情往来更为紧密,信任等非正式制度存续得更为完好,因而信任补偿机制更易发挥作用。

在个体层面,我们将农民按是否接受过九年义务教育以及是否主要从事农业劳动两个维度进行划分。第(5)列和第(6)列回归结果显示,接受过九年义务教育的农民在获得转移支付后,对农村公共品供给意愿会显著提升。这与受教育水平会显著提升个体的公民意识,让个体更加积

---

[1]　非传统村庄指城(镇)中村、中心村与合并村这三类新型农村社区。

极地参与公共事务的研究结论一致(Dee,2004;Milligan et al. ,2004)。第(7)列和第(8)列的回归结果显示,主要从事农业劳动的农民在收到转移支付后,会显著地提升他们的公共品供给意愿。可能的原因有:第一,农民对农业生产依赖程度越高,则其对生产性公共品及其余的生活性公共品依赖程度也越高(刘蕾,2016)。第二,以农业劳动为主的农民相较而言过着更加传统的农耕生活,更加认同传统的乡土人情关系,因而信任补偿机制更易产生效果(贺雪峰,2013)。

表5　转移支付对不同特征农民公共品供给意愿影响的异质性分析

统计量	(1)	(2)	(3)	(4)	(5)	(6)	(7)	(8)
	沿海地区		传统村庄		接受九年义务教育		主要从事农业劳动	
	是	否	是	否	是	否	是	否
Panel 3:公共品供给意愿								
转移支付	0.078 (0.087)	0.753** (0.376)	0.310** (0.119)	−0.036 (0.117)	2.179* (1.267)	0.079 (0.065)	0.560*** (0.190)	0.005 (0.574)
控制变量	Yes	Yes	Yes	Yes	Yes	Yes	Yes	Yes
样本量	97	57	74	84	50	109	75	53

注:断点均为60.5。第一阶段和第二阶段回归均同表1第(2)列Panel 1和Panel 2。所有估计的带宽均采用IK最优带宽。Panel 3对应回归方程(18)。控制变量包括:性别、生活水平认知和社区责任感。由于回归(1)—(8)中样本量较小,括号中均报告普通标准误。* 表示 $p<0.10$,** p 表示<0.05,*** 表示 $p<0.01$。

六、结论性评述

分税制改革以来,地方政府特别是县乡一级政府长期面临着财政困难的问题,因而尽管公共品供给不足已成为乡村治理中存在的一个突出的问题。但仅依赖于县乡财政提供农村地区的公共品供给显然不太现实,为推进农村公共品供给改革,提升农村公共品供给水平,多元的公共品供给体系就显得尤为重要,而多元公共品供给体系的核心就在于农民的自主参与。但就目前而言,农民对公共品的供给参与仍显不足。

针对这一现状,结合十九届四中全会提出"坚持和完善统筹城乡的民生保障制度"的政策背景,农民获得了日益提高的转移支付收入,我们感兴趣的问题就在于——农民获得的转移支付收入的不断提高,能否促进农民自发长效地参与农村公共物品的供给,在公共品多元供给的角度上提高农村公共品的持续供给能力?本文利用城乡居民基本养老保险政策,通过 RD-IV 的识别策略,主要研究结论和有待提高的方面如下:第一,平均而言,农民从各级政府获得的转移支付每增加 1000 元,其愿意参与公共品供给的概率大约平均提高 16%。第二,在目前整体补贴力度下,转移支付主要通过提高农民对于村委会的信任从而促进其参与公共品供给,剥离信任补偿机制的影响后,目前转移支付力度尚无法通过农民私人消费替代的机制促进其公共品供给。第三,以上结论主要针对 60 岁附近的参保老年人群体有效(LATE),这一定程度上限制了本文结论的可推广性,也是日后研究的提升空间所在。第四,出于识别策略的考虑,我们需要获得转移支付收入的外生变动,因此采用了养老金作为变动的来源。但是养老金只是农民获得的转移支付的一个组成部分,其提供转移支付的金额和方式与其他类型转移支付存在着差异,因而对农民公共品供给意愿的影响也可能具有异质性,但目前我们尚没有发现更好的、更为一般化的农民转移支付层面的外生冲击,这也是本文为了识别因果而面临的局限性,在未来更为一般化的农民转移支付政策实施后,这一点或可以得到更好的改进。[①]

在理论层面,本文的研究是对消费理论和社会资本理论的一个融合。一方面,商品消费中的收入效应是消费理论中的一个重要问题,公共品作为一种正常商品,本文的消费替代效应实质上就是探究公共品需求的(纯)收入效应。[②]换言之,消费替代效应关注农民在获得转移支付收入后,其对公共品的需求是否会上升。另一方面,我国乡村作为一个

---

① 本文出于两方面考虑,没有直接探讨养老金对农民公共品供给意愿的影响。第一,在调研中,我们没有直接获得农民的养老金额度数据,而是获得了农民获得的转移支付收入数据。第二,相对养老金影响公共品供给而言,转移支付影响公共品供给是一个学术关注度更高、相关争论也更大的研究话题,我们对该话题进行研究的价值更大。

② 公共品具有非排他性,一旦供给则所有人皆可对其消费,因而研究农民的公共品供给意愿实质也是研究农民对公共品的消费支付意愿。

关系型社会,社会关系深刻地影响了人们的经济行为与社会行为,而社会资本理论是研究社会关系的常用范式。本文的信任补偿机制便是关注由转移支付塑造的村民对干部的信任这一社会资本,如何补偿村民原本因"搭便车"心理而导致的公共品供给意愿的不足。单独讨论收入效应或社会资本的研究较多,但本文利用转移支付收入的特殊性,在理论上构建模型分解了转移支付影响公共品供给意愿的消费替代效应和信任补偿效应,从而从农民"经济人"与"社会人"双重视角切入,拓展了有关研究的完备性,并对此进行了实证检验。这是本研究相对于当前微观经济理论可能的创新之处。

本文的研究结论隐含的政策意义为:首先,在基层政府财政普遍困难的当下,为乡镇层面的政府部门提供了一个公共品供给的新思路,即村级层面的公共品建设资金与对农民的转移支付资金之间的比例可能需要重新权衡,在考虑转移支付可以促进农民的公共品供给后,或许可以在财政支出中适当提高转移支付比例。那么也许在合理利用公共品多元供给渠道的基础上,可以在不减少村级层面整体公共品供给的前提下,提高农民的私人消费水平,实现帕累托改进。其次,由于信任度在农民能否积极参与乡村公共品供给中扮演了重要的角色,乡镇政府除了按时足额公正透明地向农民发放转移支付之外,乡镇干部需要在日常工作中注意与农民群众的沟通与交流,建立起农民群众对自身的信赖感,从而在公共品建设的集资筹力过程中得到当地农民的积极支持。这也是在乡村治理的"三治"中,兼顾"法治"、"自治"与"德治"的体现。最后,当前各级政府对于农民的整体转移支付力度仍然不足,尽管农村保障制度为大部分农民已基本实现兜底,但日常弹性消费仍然存在较大的缺口,绝大部分农民还处于努力实现"独善其身"的阶段,而无法做到"兼济天下"。因此,完善农村民生保障、促进农民增收致富依然任重道远。

参考文献

[1]范逢春、李晓梅:《农村公共服务多元主体动态协同治理模型研究》,《管理世界》,2014年第9期。

[2]范子英、张军:《转移支付、公共品供给与政府规模的膨胀》,《世界

经济文汇》,2013 年第 2 期。

[3]傅勇:《财政分权、政府治理与非经济性公共物品供给》,《经济研究》,2010 年第 8 期。

[4]郭庆旺、贾俊雪:《中央财政转移支付与地方公共服务提供》,《世界经济》,2008 年第 9 期。

[5]贺雪峰:《乡村治理现代化:村庄与体制》,《求索》,2017 年第 10 期。

[6]贺雪峰:《新乡土中国(修订版)》,北京大学出版社,2013 年。

[7]李强、罗仁福、刘承芳、张林秀:《新农村建设中农民最需要什么样的公共服务——农民对农村公共物品投资的意愿分析》,《农业经济问题》,2006 年第 10 期。

[8]林万龙:《中国农村公共服务供求的结构性失衡:表现及成因》,《管理世界》,2007 年第 9 期。

[9]李燕凌:《农村公共产品供给侧结构性改革:模式选择与绩效提升——基于 5 省 93 个样本村调查的实证分析》,《管理世界》,2016 年第 11 期。

[10]李永友、张子楠:《转移支付提高了政府社会性公共品供给激励吗?》,《经济研究》,2017 年第 1 期。

[11]刘蕾:《人口空心化、居民参与意愿与农村公共品供给——来自山东省 758 位农村居民的调查》,《农业经济问题》,2016 年第 2 期。

[12]马晓河、方松海:《我国农村公共品的供给现状、问题与对策》,《农业经济问题》,2005 年第 4 期。

[13]亓寿伟、胡洪曙:《转移支付、政府偏好与公共产品供给》,《财政研究》,2015 年第 7 期。

[14]沈坤荣、张璟:《中国农村公共支出及其绩效分析——基于农民收入增长和城乡收入差距的经验研究》,《管理世界》,2007 年第 1 期。

[15]谢垩:《转移支付与公共品均等化分析》,《统计研究》,2007 年第 6 期。

[16]郁建兴、高翔:《农业农村发展中的政府与市场、社会:一个分析框架》,《中国社会科学》,2009 年第 6 期。

[17]岳书铭、綦好东、杨学成:《基于农户意愿的农村公共品融资问题分析》,《中国农村经济》,2005 年第 11 期。

[18]赵永辉、付文林:《转移支付、财力均等化与地区公共品供给》,《财

政研究》，2017 年第 5 期。

[19]赵宇、姜海辰：《基于农民视角的主要农村公共品供给情况——以山东省 11 个县（市）的 32 个行政村为例》，《中国农村经济》，2007 年第 5 期。

[20]周生春、汪杰贵：《乡村社会资本与农村公共服务农民自主供给效率——基于集体行动视角的研究》，《浙江大学学报（人文社会科学版）》，2012 年第 3 期。

[21] Acemoglu，D. and Robinson，J. A.，2001，"A Theory of Political Transitions"，*American Economic Review*，Vol. 91（4），pp. 938-963.

[22]Allers，M. A.，2012，"Yardstick Competition，Fiscal Disparities，and Equalization"，*Economics Letters*，Vol. 117，pp. 4-6.

[23]Angrist，J. and Pischke，J.，2008，*Mostly Harmless Econometrics：An Empiricist's Companion*，Princeton，New Jersey：Princeton University Press.

[24] Arrow，K.，1972，"Gifts and Exchanges"，*Philosophy and Public Affairs*，Vol. 1，pp. 343-362.

[25]Bardhan，P. and Mookherjee，D.，2006，"Decentralization and Accountability in Infrastructure Delivery in Developing Countries"，*Economic Journal*，Vol. 116，pp. 101-127.

[26]Baretti，C.，Huber，B. and Lichtblau，K.，2002，"A Tax on Tax Revenue：The Incentive Effects of Equalizing Transfers：Evidence from Germany"，*International Tax and Public Finance*，Vol. 9，pp. 631-649.

[27]Besley，T.，Pande R.，Rahman，L. and Rao，V.，2004，"The Politics of Public Good Provision：Evidence from Indian Local Governments"，*Journal of the European Economic Association*，Vol. 2，pp. 416-426.

[28]Björkman，M. and Svensson，J.，2009，"Power to the People：Evidence from a Randomized Field Experiment on Community-Based Monitoring in Uganda"，*Quarterly Journal of Economics*，Vol. 124（2），pp. 735-769.

［29］Boadway, R. W. and Shah, A. , 2007, *Intergovernmental Fiscal Transfers: Principles and Practice*, US: World Bank Publications.

［30］Bucovetsky, S. and Smart, M. , 2006, "The Efficiency Consequences of Local Revenue Equalization: Tax Competition and Tax Distortions", *Journal of Public Economic Theory*, Vol. 8(1), pp. 119-144.

［31］Chattopadhyay, R. and Duflo, E. , 2004, "Women as Policy Makers: Evidence from a Randomized Policy Experiment in India", *Econometrica*, Vol. 72(5), pp. 1409-1443.

［32］Chen, Y. , Ebenstein, A. , Greenstone, M. and Li H. , 2013, "Evidence on the Impact of Sustained Exposure to Air Pollution on Life Expectancy form China's Huai River Policy", *Proceedings of the National Academy of Sciences of the United States of America*, Vol. 110(32), pp. 12936-12941.

［33］Coleman, J. S. , 1990, *Foundations of Social Theory*, Cambridge, MA: Harvard University Press.

［34］Dee, T. S. , 2004, "Are There Civic Returns to Education?", *Journal of Public Economics*, Vol. 88, 1697-1720.

［35］Guiso, L. , Sapienza, P. and Zingales, L. , 2010, "Civic Capital as the Missing Link", in Benhabib, J. , Bisin, A. and Jackson, M. O. , eds: *Handbook of Social Economics*, San Diego: Elsevier.

［36］Hindriks, J. , Peralta, S. and Weber, S. , 2008, "Competing in Taxes and Investment under Fiscal Equalization", *Journal of Public Economics*, Vol. 92, pp. 2392-2402.

［37］Hines, J. R. and Thaler, R. H. , 1995, "Anomalies: The Flypaper Effect", *Journal of Economic Perspectives*, Vol. 9(4), pp. 176-191.

［38］Imbens, G. W. and Lemieux, T. , 2008, "Regression Discontinuity Designs: A Guide to Practice", *Journal of Econometrics*, Vol. 142(2), pp. 615-635.

［39］Imbens, G. W. and Kalyanaraman, K. , 2012, "Optimal

Bandwidth Choice for the Regression Discontinuity Estimator", *The Review of Economic Studies*, Vol. 79(3), pp. 933-959.

[40]Ivanyna, M., 2010, "Theory of Efficiency-enhancing Interjurisdictional Transfers", University Regensburg Working Paper Series.

[41]Janvry, A. de, Finan, F. and Sadoulet, E., 2012, "Local Electoral Incentives and Decentralized Program Performance", *Review of Economics and Statistics*, Vol. 94(3), pp. 672-685.

[42]Lee, D. and Lemieux, T., 2010, "Regression Discontinuity Designs in Economics", *Journal of Economic Literature*, Vol. 48, pp. 281-355.

[43]Lizzeri, A. and Persico, N., 2001, "The Provision of Public Goods Under Alternative Electoral Incentives", *American Economic Review*, Vol. 91(1), pp. 225-239.

[44]Miguel, E. and Gugerty, M. K., 2005, "Ethnic Diversity, Social Sanctions, and Public Goods in Kenya", *Journal of Public Economics*, Vol. 89, pp. 2325-2368.

[45]Milligan, K., Moretti, E. and Oreopoulos, P., 2004, "Does Education Improve Citizenship? Evidence from the United States and the United Kingdom", *Journal of Public Economics*, Vol. 88, 1667-1695.

[46]Oates, W., 1972, *Fiscal Federalism*, New York: Harcourt Brace Jovanovich.

[47]Olken, B. A., 2007, "Monitoring Corruption: Evidence from a Field Experiment in Indonesia", *Journal of Political Economy*, Vol. 115 (2), pp. 200-249.

[48]Olson, M., 1965, *The Logic of Collective Action: Public Goods and the Theory of Groups*, Cambridge, MA: Harvard University Press.

[49]Putnam, R. P., 1993, *Making Democracy Work: Civic Traditions in Modern Italy*, Princeton, NJ: Princeton University Press.

[50]Shih, V., Liu, M. and Zhang, Q., 2005, "Eating Budget: The Logical of Fiscal Transfers under Predatory Fiscal Federalism", FED

Working Paper Series, No. FE20050009.

[51]Tsai, L. L., 2007, "Solidary Groups, Informal Accountability, and Local Public Goods Provision in Rural China", *American Political Science Review*, Vol. 101(2), pp. 355-372.

[52]Weingast, B. R., 2009, "Second Generation Fiscal Federalism: The Implications of Fiscal Incentives", *Journal of Urban Economics*, Vol. 65, pp. 279-293.

[53]Wooldridge, J., 2001, *Econometric Analysis of Cross Section and Panel Data*, Cambridge, MA: MIT Press.

[54]Xu, Y. and Yao, Y., 2015, "Informal Institutions, Collective Action, and Public Investment in Rural China", *American Political Science Review*, Vol. 109(2), pp. 371-391.

我国乡村建设的关键
与浙江"千万工程"启示[①]

一、引言

2018年5月,习近平总书记对"千村示范、万村整治"工程(以下简称"千万工程")做出重要指示,指出"要结合实施农村人居环境整治三年行动计划和乡村振兴战略,进一步推广浙江好的经验做法,建设好生态宜居的美丽乡村"。为遵循总书记指示,《中央农办、农业农村部、国家发展改革委关于深入学习浙江"千村示范、万村整治"工程经验扎实推进农村人居环境整治工作的报告》[1]出台,要求各地区各部门结合实际认真学习、贯彻、落实"千万工程"发展经验。早在"千万工程"孕育之时,时任浙江省委书记的习近平同志就赋予其推动农村全面小康建设、统筹城乡发展、优化农村环境和造福农民群众等期待与功能。事实证明,"千万工程"在给浙江农村带来了生态环境变革的同时,也带来了农业发展的高质量转变与农民生活的高水平提升,开启了新时代美丽乡村现代化建设新征程。

2020年,党的十九届五中全会提出"实施乡村建设行动",2021年,21世纪以来第18个中央一号文件——《中共中央 国务院关于全面推进

① 　本文作者为黄祖辉、傅琳琳。本文内容发表在《华中农业大学学报(社会科学版)》2021年第3期。本文为国家自然科学基金青年项目"农业产业融合中经营主体'互利共生'的机理与效应研究"(71903178)的研究成果。

乡村振兴加快农业农村现代化的意见》[2]和《中华人民共和国国民经济和社会发展第十四个五年规划和2035年远景目标纲要》[3]先后发布,均强调把乡村建设摆在社会主义现代化建设的重要位置,并从村庄规划、乡村公共基础设施建设、农村人居环境整治提升和县域内城乡融合发展等关键领域提出了一系列新举措。可以说,"大力实施乡村建设行动"不仅是全面推进乡村振兴的战略部署,也是新时期改变农村面貌、拉动内需和双循环战略实施的现实需要,更是弥补农业农村发展短板和加快实现农业农村现代化的重要抓手。改革开放以来,我国先后实施了新农村建设、脱贫攻坚、乡村振兴等重大战略,广大乡村在生态环境、基础设施、公共服务和居住条件、文化传承等方面发生了翻天覆地的变化,实现了从积贫积弱到全面小康的转变,乡村建设已取得明显进展。但如同我国经济社会发展中不平衡不充分的问题依然存在,全面小康社会建设的短板依然突出一样,我国的乡村建设也存在区域不平衡和发展不充分的问题。总的来说,我国乡村建设依然滞后,不能充分满足农业农村现代化和共同富裕的目标要求,这是现阶段大力实施乡村建设行动的基本动因。因此,在"大力实施乡村建设行动"过程中,需要吸取浙江"千万工程"的普适性经验,在村庄规划、空间布局以及制度安排等方面下功夫。

本文在对我国乡村建设的内涵与特点进行阐释的基础上,提出乡村建设应重视三个关键:一是既要坚持政府主导,又要引入市场力量;二是既要解决有效供给,又要重视有效管护;三是既要防止大拆大建,又要避免低效配置。同时,结合浙江"千万工程"的实践与经验分析,提出可供我国乡村建设的启示,即在农村社区人居环境建设和治理中,应探索建立"四位一体"的治理体系,也就是"党政合一"的科层治理、"智治合一"的精准治理、"调动群众"的柔性治理以及"激励相容"的市场治理,以充分发挥不同制度对行为主体在乡村社区公共品供给和营运管护中的激励与约束作用。

二、我国乡村建设内涵特点与三个关键

（一）我国乡村建设的内涵与特点

我国乡村建设的内涵可概括为四个方面[2]：一是推进村庄规划，即规划先行，要在立足现有基础，保留乡村特色风貌的基础上，明确村庄布局分类，防止"千村一面"，更重要的是要充分尊重农民意愿，不搞大拆大建。二是加强乡村公共基础设施建设，把公共基础设施的建设重点放在广大农村，着力推进往村覆盖、往户延伸，从根本上实现路、水、气、电、网等基础设施对村、对户的有效覆盖和科学管护。三是深化农村人居环境整治，实施农村人居环境整治提升五年行动，着重推进农村厕所、垃圾、污水"三大革命"，加快开展村庄洁化、绿化、美化"三大行动"。四是提升农村基本公共服务水平，着眼于城乡统筹与城乡一体的就业、医保、养老、文化等公共服务建设，建立城乡公共资源均衡配置机制，强化农村基本公共服务供给县乡村三级统筹，逐步实现标准统一、制度并轨、城乡一体。

我国乡村建设有两大特点。第一，硬件建设与软件建设相结合。实施乡村建设行动，要注重"硬件"和"软件"共发力。一是建好硬件。乡村建设要突出乡村宜居，推动农村公共基础设施往村覆盖、往户延伸，全面改善路、水、电、气等设施条件；并以农村人居环境整治提升为配套，统筹推进农村"三大革命"和改善村容村貌。乡村建设还要突出宜业，聚焦数字化改革总目标，以数字化、智能化、创新型基础设施为主攻方向，支持5G、物联网、冷链物流等既方便生活又促进生产的新基建向乡村覆盖延伸，提升"三农"领域新型基础设施保障服务能力，完善长效管护机制。二是抓好软件。一方面，加强乡村公共服务，聚焦基础教育、医疗卫生、社会保障等关键领域，持续推进城乡基本公共服务"保基本、广覆盖、促均等、可持续"；另一方面，改进乡村治理，建立健全党委领导、政府负责、民主协商、社会协同、公众参与、法治保障、科技支撑的现代乡村社会治理体制[4]。

第二,乡村公共性与社区公共性并存。乡村社区公共性是乡村公共性的组成部分,两者的差异在于公共性的范围及其归属主体的不同。乡村社区公共性是以村庄为范围和主体的公共性,这种公共性对社区以外具有一定的排他性。"公共性"是具有历史性、变动性、多元性的概念,学界并没有完全一致的观点。公共产品及其服务具有非竞争性和非排他性的特征是主流经济学的基本观点,而新制度经济在此基础上对公共产品及其服务的认识又进行了深化,认为在一定的条件下,通过制度设计与安排,某些公共产品及其服务也可以转化为准公共产品或市场品。而无论是政治学强调的共识达成和结果公共利益导向,还是社会学认为的过程集体参与,均意识到公共性这一公共领域的核心属性,以及平等自由、开放包容、公共参与、公益共享等共性特征,并将其视为一种"互利共生"的社会关系。乡村公共性的内涵较广,跳出了空间的概念,包含了乡村各类基础设施和公共服务等公共品投入、可达性高的公共场所、合作参与的集体行动、多元包容的空间理念、混杂复合的社会功能和公益共享的价值追求等方面[5],在我国,社区公共性内含了村集体的空间及组织边界概念,在其所处的社区空间场域中,以村社公共资源为发展基础,以村集体经济组织为组织依托,以集体参与为行为载体,以实现社区公共利益为价值追求的一种社会属性,在产权上体现的是社区共有的概念。乡村公共性与社区公共性的价值重塑,需从共建、共治、共享三个方面展开。共建,就是在提供和建设乡村公共品的过程中,发挥政府、市场、集体和村民等主体的协同参与作用,解决谁来建的问题;共治,就是实现多元主体共同参与到乡村公共品的管护、营运和治理中来,解决由谁、怎么样来管的问题;共享,就是社区主体共同分享乡村公共品及服务所带来的效应,解决乡村公共建设为了谁的问题。此外,重塑乡村公共性与社区公共性,还应体现乡村及其社区公共品在空间配置的效率,回答的是乡村公共品的供给和公共服务既要讲究对受众体的公平性,又要注重公共品的配置效率问题。

(二)我国乡村建设的三个关键

1.既要坚持政府主导,又要引入市场力量

在我国乡村建设中,不仅大规模基础设施的投入要靠政府,而且农

村社区性的公共品供给也主要靠政府财政的支持与投入,但供给仍然满足不了需求,除了少数经济发达地区的农村公共品供给水平稍高之外,绝大多数地区农村公共品的供给状况仍不容乐观。目前,我国农村社区公共品供给的主要问题和难点是供给主体过于单一,企业和社会资本的参与积极性不高。大力实施乡村建设行动,保障农村社区公共品供给,资金需求量巨大,政府的财政投入和金融支持已成为关键保障。2021年中央一号文件继续把农业农村作为财政支出的优先保障领域,中央预算内投资继续向"三农"补短板领域倾斜,且要求各地区、各部门强化措施,不断完善涉农资金统筹整合长效机制;同时,提出支持地方政府发行一般债券和专项债券用于现代农业设施建设和乡村建设行动,创新支持绿色、科技创新等领域债券扩容。除此之外,还支持以市场化方式设立乡村振兴基金,鼓励银行业金融机构建立服务乡村振兴的内设机构,加快普惠金融、民生金融、绿色金融等服务模式创新,撬动金融资本、社会力量参与,重点支持农产品加工业、乡村特色产业、乡村休闲旅游业、乡村新型服务业等乡村产业发展。但在实践中,尤其是在经济下行态势没有得到根本转变,各级政府财政压力不断加大的形势下,农村公共品,特别是农村社区性公共品的供给,单纯依靠政府的力量还是不够的。为了扩大农村公共品供给规模,提高其质量与效率,政府既需要提高公共支出的比重与效率,还需深入挖掘社会资本和自治组织力量的参与潜力。[6-7]因此,在加大政府对乡村公共品投入的同时,发挥财政投入"四两拨千斤"的杠杆撬动作用,引入市场机制,吸引企业、社会资本、村集体和村民共同投资和参与乡村建设,将是解决农村社区公共品供给主体单一,缺乏多主体参与难题的基本思路。

2. 既要解决有效供给,又要重视有效管护

作为农村社区的公共产品,即便解决了供给问题,也不意味着能解决好公共品的有效营运和管护问题。实践中,相对于私人品的供给,政府对农村社区公共品的供给,还存在公共品营运与管护的效率低下问题,如村庄厕所清洁化问题、污水治理常态化问题、垃圾分类处理问题,不仅需要投入设施等硬件,而且还需要持续营运与管护。也就是说,在农村社区公共品的营运与管护过程中,还必须解决好的一个问题是政府、企业、集体、农民等主体谁来对类似公共设施进行营运与管护的问

题。这实质上是对公共产品的治理问题,基本的思路,一是明确相关公共设施的产权及其管护主体,然后责任到主体。二是强化公共设施规制及其监督实施,发挥乡村基层组织在这方面的作用。三是发挥乡村治理中的自治功能,调动社区群众主动参与社区公共设施管护的积极性。四是在公共设施营运管护中导入市场机制。通过对乡村建设赋权,也就是在乡村建设中加快公共资源和资产的产权制度改革与营运制度创新,吸引市场力量投资并营运乡村建设项目。如鼓励市场力量在对乡村垃圾分类集中处理与管护的同时,从事再生资源回收经营,实现乡村垃圾分类与再生资源回收"两网融合";鼓励市场力量在对乡村路网、水网、电网、物流网等公共设施投资建设的同时,从事乡村休闲旅游业,开辟跨界增收、跨域获利渠道;鼓励市场力量和村集体经济通过股份合作等制度安排,构建"农户+村集体+市场主体"产业化联合体,共同进行乡村建设和发展营运。浙江的"千万工程"建设在这方面进行了不少探索,积累了不少经验启示,本文在第三部分内容中将做进一步的阐释。

3.既要防止大拆大建,又要避免低效配置

乡村建设涉及众多基础设施、人居环境和公共服务,不但具有公共属性,而且存在公共品服务对象的规模效应问题。换言之,大多数公共品都存在一定的规模要求,使用者过多,会导致公共品的使用过度拥挤,反之,会导致公共品使用的不经济。联系到要大力推进的乡村建设,需要特别注意的是,乡村建设不仅要防止脱离乡村自然与文化特点的大拆大建,也要避免由乡村公共建设项目缺乏规模效率导致的低效配置。这意味着,往村覆盖、往户延伸的乡村建设不应该是静态的,而是伴随着乡村人口相对集聚、空间布局不断优化的演进过程。也就是说,乡村建设一方面要通过乡村基础设施和公共服务的改善来吸引乡村人口的相对集聚、带动乡村布局日益优化;另一方面要通过乡村人口的相对集聚与布局优化来提高乡村基础设施和公共服务建设的效率与水平。只有这样,乡村建设才能在更好实现乡村公共品往村覆盖、往户延伸的同时,提高乡村公共建设投资和覆盖延伸的效率。此外,从空间和体制上看,广义的乡村包括县城及以下区域,县域经济实际就是广义的乡村经济,不要局限于"就乡村说乡村",因此,推进乡村建设,县域经济是关键切口,乡村建设一定要与以县城和乡镇为重点的城乡融合发展紧密结合,实现

从县域经济到镇域经济再到村庄经济的全面振兴,这不仅有利于更好破解城乡二元结构和体制,还有利于城乡要素、产业、基础设施和公共服务实现城乡空间融合与资源优化配置,使乡村建设既立足乡村又跳出乡村,具有更大的拓展空间和联动效应。

三、浙江"千万工程"实践与启示

(一)浙江"千万工程"实践与基本经验

2003 年,时任浙江省委书记习近平同志针对浙江农村经济粗放发展与乡村环境"脏、乱、差"的现象,亲自调研、亲自点题、亲自谋划、亲自部署,启动了以整治乡村环境为重点的"千村示范、万村整治"工程,开启了浙江美丽乡村建设的宏伟篇章。18 年来,浙江按照习近平总书记当年的战略擘画,一张蓝图绘到底。"千万工程"始于抓好道路硬化、路灯亮化、卫生洁化、村庄绿化、河道净化等环节,在发展过程中拓展到面源污染治理、农房改造、历史文化村落保护、农村公共服务设施建设、乡村产业发展、乡风文明与乡村治理等领域,塑造了乡村文明和谐的新风尚,走出了一条独具浙江特色的示范带动、整体推进、深化拓展、转型升级的农村人居环境整治和美丽乡村建设的新路径。表 1 具体展示了浙江"千万工程"的演化历程和重要时间节点的目标任务、配套支撑及其重要抓手。浙江久久为功推进"千万工程",推动全省乡村面貌发生了全方位的历史性变化:实现了美丽生态的新蝶变,催生了美丽经济的新产业,探索了城乡融合发展的新机制,形成了共建共治共享的新局面。2018 年,浙江省"千万工程"荣获联合国最高环保荣誉"地球卫士奖"。

表1 浙江省"千万工程"演化历程

版本	时间	目标任务	配套支撑	主要抓手
"千万工程"1.0版	2003年	从全省选择1万个左右的行政村进行全面整治，把其中1000个左右的村建成全面小康示范村	启动"千村示范、万村整治"工程	以农村生产、生活、生态的"三生"环境改善为重点，以改善农村生态环境、提高农民生活质量为核心的村庄整治建设大行动
"千万工程"2.0版	2010年	"四美三宜两园"	《浙江省美丽乡村建设行动计划（2011—2015年）》	推进农村生态人居体系、农村生态环境体系、农村生态经济体系和农村生态文化体系建设，建设美丽乡村
"千万工程"3.0版	2014年	"两美浙江"	《浙江省深化美丽乡村建设行动计划（2016—2020年）》	美丽乡村建设从"一处美"向"一片美"、"全域美"拓展，大力发展美丽经济，以实现环境美与产业美、自然美与人文美、形态美与制度美相统一，打造美丽乡村升级版
"千万工程"4.0版	2017年	"千村AAA景区、万村A级景区"	浙江省第十四次党代会做出推进"万村景区化"建设的新决策	大力发展全域旅游，积极培育旅游风情小镇，推进万村景区化建设，提升发展乡村旅游、民宿经济，创建千个乡村振兴精品村、万个美丽乡村景区村
"千万工程"5.0版	2020年	共建共享全域美丽大花园	全省深化"千万工程"建设新时代美丽乡村现场会	以"两进两回"为重要抓手，全面实施新时代美丽乡村"六大行动"，到2025年，基本建成具有"国际范、江南韵、乡愁味、时尚风、活力劲"浙江气质的美丽乡村

　　浙江"千万工程"走出了从人居环境整治向乡村全面建设的新路径，其核心的要义和基本经验，不仅在于解决了农村人居环境问题，而且还解决了农村社区公共品的有效供给与管护问题以及乡村人居环境的特色风貌问题。首先，浙江在"千万工程"推进中，探索了多元主体参与农村社区公共品的供给机制和多种制度结合下的农村公共品营运方式，既

有效解决了社区公共品的多元供给问题,又有效解决了社区公共品的营运与管护问题。其次,在"千万工程"的建设中,浙江对不同类型社区公共环境的建设,坚持"因地制宜、精准施策、规划先行、需求引领、突出特色"的原则,立足村庄自然禀赋和民俗特点,坚持高起点规划、高品质建设,同时发挥政府有为、市场有效和群众参与的作用,杜绝千篇一律、一哄而上的运动式建设模式,而是充分发掘村庄原有的个性与特色,注重生态优先,更好保护乡村绿水青山和田园风光,并且重视乡村文化和历史传承,为文化传承和再现创造有利条件,将自然生态与人文生态相互融合,充分显示和提升乡村价值,全方位、多类型打造与营运"一村一品一景一韵一魂"的新时代美丽乡村建设新格局。

(二)浙江"千万工程"经验启示

在"千万工程"实践过程中,浙江探索建立了"四位一体"的制度安排与治理体系,即"党政合一"的科层治理、"智治合一"的精准治理、"调动群众"的柔性治理以及"激励相容"的市场治理。这种"四位一体"的制度设计和安排,充分体现了农村社区公共事务和公共产品治理中的党政领导和群众参与的相互协同、科层制度与市场制度的功能互补、他治与自治的合理匹配、法治与德治的相互融合、科技与治理的有效结合,进而不仅实现了"千万工程"的建设目标和可持续性,而且为农村社区公共品的有效供给和营运管护,提供了既有理论创新,又契合中国特色与实践的治理模式,值得借鉴到我国的乡村建设进程中。

1."党政合一"的科层治理

"千万工程"之所以能一以贯之、一抓到底,一任接着一任干,久久为功不停步,关键在于发挥党政合一的垂直治理的制度功能,也就是坚持党管干部,通过一级抓一级、一级管一级、一级带一级,把党管干部的原则落到实处。其一,坚持"一把手"亲自抓。始终把"千万工程"列为"书记工程",落实"一把手"责任制,形成省、市、县(市、区)、乡镇、村"五级书记"共抓共管的推进机制,建立各级党政主要领导联系一个村制度,如习近平同志在浙江任省委书记期间将下姜村作为自己的基层联系点。其二,坚持各方协同抓。政府层面,各级均成立"千万工程"领导小组,建立党委政府领导、职能部门负责、镇村实施、多方共同参与的工作推进机制;社会层面,坚持群众所需、施策所向,积极发动群众、依靠群众,使广大群众既是"千万工程"受益者,也是参与者、推动者、建设者。其三,坚持分级联动抓。建立"第一书记亲自抓、分管领导直接抓、一级抓一级、层层抓落实"的分级负责制度;在各级职责分工方面,省级层面主抓顶层设计、服务指导与监督落实,市县层面主抓统筹协调、资源整合与组织实施,镇村层面主抓政策落实、具体实施和建设管护。

2."智治合一"的精准治理

在"千万工程"实施过程中,针对公共产品管理有规制措施,但规制主体职责不清和不到位的难题,探索了将压实地方责任和数字化、信息化相互匹配的规制办法。其中,2003 年,长兴县在全国率先实行河长制并取得了巨大成效,并于 2017 年开始在全国推广。此后,浙江以河长制为典型的行政责任制治理方式为范本,先后探索出了道长制、所长制、林长制、田长制等可参照的"简约化"的制度选择与安排。"某长制"建立了协同治理机制,强调对人居环境整治进行分级治理,通过行政层面一级压一级的方式,将公共性资源环境治理责任落实到行政层级与干部,其机制包含行政首长负责制、自上而下行政问责,破解了公共资源规制中的"辖区壁垒"和相互推诿问题。浙江"某长制"的成功还依赖于农业农村领域数字经济"一号工程"的全面推广。开展农业农村管理数据和空间数据上图入库,实现全省农业农村信息资源网络化、空间化和可视化,将数字与信息技术同责任制相匹配,实现"智治合一"的精准问责和精准治理。以"智慧河长"建设为例,2018 年起,浙江省在全国率先上线了覆盖省、市、县、乡、村五级的河长制信息化平台,各级河长只需打开手机上的河长制 APP,就可以点一点开始河长履职、拍一拍上传巡查照片、扫一扫检查河道水质。

3."调动群众"的柔性治理

群众参与是我党群众路线的基本准绳和法宝,是做好乡村公共事务和社区公共产品治理不可或缺的力量。如何调动群众参与公共事务的积极性,既要发动群众、带动群众,更要通过合适的制度安排来激励群众参与,其中德治与自治是关键。1963 年,浙江诸暨的枫桥镇,因乡村治理"小事不出村、大事不出镇、矛盾不上交",得到了毛泽东同志的肯定,"枫桥经验"闻名全国。2003 年,习近平同志在浙江工作期间再次批示肯定,要求坚持和发展"枫桥经验"。2017 年,嘉兴桐乡首创的一种新型基层治理模式——自治、法治、德治"三治融合",写入了党的十九大报告,以"一约"(村规民约)、"两会"(百姓议事会、乡贤参事会)、"三团"(百姓参政团、道德评判团、百事服务团)为载体,成为新时代"枫桥经验"的精髓和基层社会治理创新的发展方向。一是深化村民自治,以自治消化内在矛盾。充分激发党员群众和社会组织参与乡村治理的活力,建立村民议事会、乡贤促进会等相关自组织,推动实现自我管理、自我监督、自我服务。二是增强法治保障,以法治强化行为规则。引导干部群众形成自觉守法、全民懂法、遇事找法的乡村法治良序。三是激发德治活力,以德治调动群众参与。发挥村规民俗等非正式制度对村民行为的引导,鼓励群众自愿参与公共事务,担任"河小二"、"池大爷"、"塘大妈"、"垃圾管理员"、"护绿小卫士"等,创新三治积分制管理,形成"让有德者有所得"的激励机制,用崇德向善的力量,实现乡村有效治理。

4."激励相容"的市场治理

市场机制是最能体现激励与约束相融的制度。市场制度不仅能对非公共性领域的资源与要素配置发挥高效率的作用,而且可以通过一定的制度设计,在公共性领域,尤其是对类似乡村社区公共性领域的资源与要素配置,发挥高效率的作用。随着浙江"千村示范、万村整治"工程广度和深度的拓展,"美丽乡村"的内涵也不断丰富,浙江积极引入市场激励制度,赋予相关主体(农民、企业)生态资源使用权与经营权,并且通过生态产业化和产业生态化的途径,将社区公共品转化为市场品,打通"绿水青山"向"金山银山"的转化通道,实现从美丽生态到美丽经济,再到美丽生活的"三美融合"。例如,通过赋权不同经营主体发展再生资源开发利用产业、高效生态农业、民宿休闲度假、乡村文化旅游、健康养生养老等绿色产业与业态,将社区环境建设和保护与绿色经济发展紧密结合。这一做法使得不同经营主体在发展绿色产业的同时,对社区环境与公共设施建设、管护的内生动力被充分激活,既降低了乡村社区在环境建设与保护上的成本,又发展了生态环境友好型绿色产业。

参考文献

[1] 中共中央办公厅、国务院办公厅转发《中央农办、农业农村部、国家发展改革委关于深入学习浙江"千村示范、万村整治"工程经验扎实推进农村人居环境整治工作的报告》[J].农村工作通讯,2019(6):6-8.

[2] 中共中央 国务院关于全面推进乡村振兴加快农业农村现代化的意见[J].中华人民共和国国务院公报,2021(7):14-21.

[3] 中华人民共和国国民经济和社会发展第十四个五年规划和2035年远景目标纲要[N].人民日报,2021-03-13(1).

[4] 中共中央办公厅、国务院办公厅关于加强和改进乡村治理的指导意见[J].农村经营管理,2019(7):6-9.

[5] 张诚,刘祖云.乡村公共空间的公共性困境及其重塑[J].华中农业大学学报(社会科学版),2019(2):1-7,163.

[6] 阮荣平,刘力.中国农村非正式社会保障供给研究——基于宗教社会保障功能的分析[J].管理世界,2011(4):46-57,187-188.

[7] 韩小威.重构农村公共服务供给模式的判断基准及实现障碍[J].经济纵横,2013(6):31-34.

图书在版编目(CIP)数据

黄祖辉文集. 第三卷,城乡关系与变革 / 黄祖辉编著
. —杭州:浙江大学出版社,2022.6

ISBN 978-7-308-22679-0

Ⅰ.①黄…　Ⅱ.①黄…　Ⅲ.①城乡关系－中国－文集
Ⅳ.①F3－53

中国版本图书馆 CIP 数据核字(2022)第 088590 号